Una Teología del Nuevo Pacto

Introducción a la Teología del Nuevo Testamento

Editado por Departamento de Educación Teológica de la
Editorial Universitaria Libertad

Educación
para la libertad

Contenido

Prefacio

Esperamos que el libro llene las necesidades de los estudiantes serios del Nuevo Testamento de una orientación teológica breve de cada texto del Nuevo Testamento. También esperamos haber presentado un argumento persuasivo de que aunque cada texto se arraiga en su propio mundo cultural, los veintisiete textos, cuando se leen con ojos favorables, están teológicamente unificados. En cierto nivel, por consiguiente, espero que el libro provea una introducción teológica al texto particular del Nuevo Testamento que interesa al lector, sea este un estudiante que principia un curso sobre el Evangelio de Juan, un pastor que empieza una serie de sermones sobre Romanos, o un profesor que prepara un curso sobre Apocalipsis. En un segundo nivel, espero que el libro sea útil para que el lector pueda dar un vistazo general a los intereses teológicos de todo el Nuevo Testamento, al ver su coherencia teológica y al apreciar la naturaleza contundente de su cosmovisión.

Nuestro enfoque al tema se halla en algún punto entre aquellos cuyas teologías del Nuevo Testamento son básicamente historias teológicas del cristianismo primitivo y los que se apegan estrechamente a asuntos teológicos del canon del Nuevo Testamento. Hemos tratado de tomar en serio la crítica que tratar solo lo que los textos del Nuevo Testamento dicen en cuanto a una variedad de temas corre el peligro de separar estos pasajes de las culturas, políticas y tradiciones religiosas que los anclaba a la vida real. Pero también hemos considerado en serio la perspectiva de muchos otros de que no es ni irracional ni irrazonable leer estos textos con ojos favorables, tal como quieren que se los lea y desde la perspectiva de una fe cristiana que los reconoce como Palabra de Dios. Por consiguiente, hemos tratado de producir una teología del Nuevo Testamento antes que una historia teológica del cristianismo primitivo, pero también hemos tratado de describir los asuntos teológicos de cada libro del Nuevo Testamento y del Nuevo Testamento como un todo, desde la perspectiva de los tiempos y circunstancias en los que cada texto fue escrito.

Nuestro método también se halla en algún punto entre los que han escrito teologías sintéticas en las cuales los varios autores del Nuevo Testamento están en constante conversación uno con otro, y aquellos cuyos estudios teológicos se enfocan sólo en un autor y en un texto. Tal vez ingenuamente hemos tratado de hacer ambas cosas. En un esfuerzo por mostrar la unidad teológica fundamental de los textos del Nuevo Testamento, hemos tratado cada una de las tres partes principales del canon del Nuevo Testamento como una unidad teológica. En un esfuerzo por dar atención a las contingencias históricas de cada texto y para permitirle a cada texto su propia voz teológica, le hemos dado a cada documento del Nuevo Testamento su propio capítulo. El duende de la uniformidad me ha impulsado a proveer capítulos separados para Filemón, Tito y 3 Juan.

Podríamos seguir un orden estrictamente cronológico, empezando con las cartas paulinas y terminando con la literatura juanina. En realidad, sin embargo, la cronología de los textos del Nuevo Testamento es incierta y asignarle al Evangelio de Juan un lugar antes de Apocalipsis, o a 2 Timoteo un lugar antes de 2 Pedro, por ejemplo, parecía casi arbitrario. En forma alterna, podía seguir el orden canónigo de los textos según aparecen en las Biblias modernas impresas, pero eso parecía darle a este orden un privilegio por sobre otros arreglos igualmente sensibles y antiguos de los textos hallados en algunas de las ediciones más tempranas del Nuevo Testamento. Al fin, decidimos seguir un método aproximadamente cronológico, no tanto en cuanto a los textos mismos como a la historia del cristianismo primitivo que presuponen.

Hemos tratado de escribir a un nivel inteligible para estudiantes cuyo enfoque primario es la teología y para pastores con educación teológica. Hemos dado por sentado que el lector ha leído con cuidado el texto bíblico bajo consideración y tiene el texto abierto a mano. Por consiguiente, no citamos extensamente el texto bíblico. También hemos dado por sentado un conocimiento básico de la disciplina de «introducción» del Nuevo Testamento y por eso sólo ocasionalmente toco asuntos tales como la autoría, fecha y procedencia de los documentos del Nuevo Testamento.

Capítulo 1

Introducción

A. La Historia de la Teología del Nuevo Testamento

La Edad Media

En la Edad Media, el estudio de la Biblia estaba totalmente subordinado al Dogma eclesiástico. La teología de la Biblia se utilizaba sólo para reforzar las enseñanzas dogmáticas de la iglesia, que se basaban tanto en la Biblia como en la tradición de la Iglesia. La fuente de la Teología dogmática no era sólo la Biblia, sino la Biblia interpretada por la tradición de la Iglesia.

La Reforma

Los reformadores reaccionaron contra la naturaleza bíblica de la Teología dogmática e insistieron en que la Teología se basara sólo en la Biblia. El Dogma debería ser la formulación sistemática de las enseñanzas de la Biblia. Este nuevo énfasis condujo al estudio de las lenguas originales de la Escritura y a la conciencia del papel de la Historia en la teología bíblica. Los reformadores insistieron en que la Biblia se interpretara de forma literal y no alegórica, y esto condujo al inicio de una Teología bíblica auténtica. A pesar de ello, el sentido de la Historia de los reformadores era imperfecto, de modo que, a menudo, no se interpretaba el Antiguo Testamento fuera de su contexto histórico sino en función de la verdad del Nuevo Testamento. Por ejemplo, Calvino escribe como si los judíos hubieran conocido y entendido, aunque imperfectamente, la doctrina neotestamentaria de Cristo (Institutos II, vi, 4).

El Escolasticismo ortodoxo

Los progresos de los reformadores en el estudio histórico de la Biblia muy pronto se perdieron en el período de la post-reforma; una vez más se utilizó la Biblia de forma acrítica e histórica para apoyar la doctrina ortodoxa. La Biblia no sólo se consideró como un libro libre de errores y contradicciones, sino también sin desarrollo o progreso. Se atribuía a toda la Biblia el mismo valor teológico. La Historia se perdió totalmente en el Dogma y la Filología se convirtió en una rama del mismo.

La reacción racionalista

La Teología bíblica con su disciplina autóctona es un producto del impacto de la Ilustración en los estudios bíblicos. En el siglo XVIII surgió un nuevo enfoque para el estudio de la Biblia que pretendía librarse gradualmente de forma total del control eclesiástico y teológico e interpretar la Biblia con "completa objetividad", viéndola solamente como un producto de la Historia. Algunas influencias interrelacionadas dieron lugar a este movimiento. El Racionalismo con su reacción contra lo sobrenatural, el desarrollo del Método histórico y la Crítica literaria condujeron a ver los relatos bíblicos no como la Palabra de Dios, escritos bajo la inspiración del Espíritu, sino como relatos históricos humanos, como podría serlo cualquier otra obra literaria antigua.

Estas influencias, centradas en el estudio de la Teología, dieron lugar a la conclusión de que la erudición consistía, no en buscar en la Biblia una teología, sino sólo la Historia de la religión. La Biblia es una compilación de escritos religiosos antiguos que conservan la historia de un pueblo semítico antiguo, y debe estudiarse bajo los mismos presupuestos que se estudian las otras religiones semitas. Esta conclusión la elaboró con claridad por primera vez **J. P. Gabler**, quien en un discurso inaugural en 1787 distinguió con precisión entre la Teología bíblica y la Teología dogmática. Aquélla debía ser rigurosamente histórica e independiente de ésta, buscando el origen de las ideas religiosas en Israel y exponiendo lo que los escritores bíblicos pensaban acerca de cuestiones religiosas. La Teología dogmática, por su parte, utiliza la Teología bíblica, extrayendo de la misma lo que es pertinente desde el punto de vista universal y utilizando conceptos filosóficos. Es lo que un teólogo concreto decide acerca de temas divinos, considerados desde puntos de vista filosóficos y racionales, de acuerdo con la perspectiva y urgencia de la propia época, mientras que la Teología bíblica se ocupa sólo de lo que creyeron los hombres hace mucho tiempo.

Gabler fue básicamente un racionalista y su enfoque de la Teología tuvo bastante importancia durante unos cincuenta años. Escribieron obras sobre teología bíblica Kaiser (1813), De Wette (1813), Baumgarten-Crusius (1828) y Von Cölln (1836). Algunos estudiosos de este período fueron sumamente racionalistas, encontrando en la Biblia ideas religiosas acordes con la leyes universales de la Razón. Otros trataron de reconciliar la Teología cristiana con la forma de pensar del Período Moderno. Si bien el Racionalismo como tal hace tiempo que ha pasado de moda, es obvio que este enfoque básico del estudio de la Biblia todavía se utiliza en Erudición moderna; incluso el erudito evangélico utiliza el método histórico, a pesar de sus limitaciones.

El surgimiento de la Filosofía de la religión

El Racionalismo pasó a segundo plano bajo la influencia de la filosofía idealista de Hegel (m. 1813), que vio en la Idea Absoluta o del Espíritu Absoluto la manifestación eterna del universo y de los asuntos humanos. Hegel enseñó que el movimiento del pensamiento humano seguía una pauta dialéctica a partir de una posición (tesis) hacia una posición opuesta (antítesis); y de la interacción de las dos surgía una nueva percepción o aspecto de la realidad (síntesis). Hegel vio en la Historia de la religión la evolución del Espíritu en su aprehensión dialéctica de lo divino a partir de las religiones naturales, desde las religiones de la individualidad espiritual, hasta la Religión Absoluta, que es el Cristianismo.

Bajo la influencia de Hegel, **F. C. Baur** abandonó el esfuerzo racionalista de encontrar la verdad atemporal en el Nuevo Testamento para bus-car en los movimientos históricos de la Iglesia primitiva la manifestación de la sabiduría y del espíritu. La enseñanza de Jesús constituía el punto de partida. Las enseñanzas de Jesús todavía no eran Teología, sino la expresión de su conciencia religiosa. La reflexión teológica comenzó con cuestiones sobre la Ley. Pablo, el primer teólogo, adoptó la posición de que el cristiano había sido liberado de la Ley (tesis). El cristianismo judío, representado sobre todo por Santiago y Pedro, adoptó la posición opuesta, que la Ley seguía siendo válida y debía seguir siendo siempre un elemento esencial en la Iglesia cristiana (antítesis). Baur interpretaba la Historia del cristianismo apostólico en función de este conflicto entre el cristianismo paulino y el judaico. De este conflicto surgió en el siglo II la Iglesia Católica antigua, que armonizó con éxito estas dos posiciones (síntesis).

Baur se preocupa menos de la verdad de las Escrituras que del esfuerzo por identificar el desarrollo histórico. Su contribución ha sido importante porque el principio de que la Teología bíblica está inseparablemente relacionada con la Historia es bueno, aunque no se pueda decir lo mismo de la aplicación que Baur hizo del mismo. La interpretación de Baur condujo a la llamada "Escuela de Tübingen," que tuvo mucha influencia en los estudios alemanes del Nuevo Testamento.

La reacción conservadora

Estas nuevas aproximaciones al estudio de la Biblia toparon lógicamente con fuerte resistencia por parte de los círculos ortodoxos, no sólo de quienes negaban la validez del enfoque histórico, sino de quienes trataban de combinarlo con la fe en la revelación. Tuvo mucha influencia **E. W. Hengstenberg** con sus obras *Christology of the OT* (1829–35) y *History of the Kingdom of God under the OT* (1869–71). Hengstenberg le vio poco progreso a la Revelación, hizo pocas distinciones entre los dos Testamentos, e interpretó a los Profetas de forma espiritual y con poco contenido histórico. A partir de 1841, **J. C. K. Hofmann** elaboró una serie de escritos (*Prophecy and Fulfillment*) donde desarrolló un enfoque más histórico. Trató de defender con recursos históricos la autoridad e inspiración de la Biblia, desarrollando su teología *Heilsgeschichte* (Historia de la salvación). Hofmann encontró en la Biblia un relato del proceso de salvación o historia santa que busca la redención de todo el género humano. Este proceso no se cumpliría hasta la consumación escatológica. Él trató de poner cada libro de la Biblia en su lugar lógico dentro del esquema de la historia de la redención. Los estudiosos (ver también J. A. Bengel, J. T. Beck) de la "Escuela de Erlangen" no consideraban la Biblia como una colección de textos seguros o un depósito doctrinal, sino como el testimonio de lo que Dios había hecho en la historia de la salvación. Creían que las afirmaciones sustanciales de las Escrituras no eran un fin en sí mismas ni tampoco objeto de fe, sino que tienen el propósito de dar testimonio de las acciones redentoras de Dios.

La escuela de Erlangen tuvo una gran influencia en círculos conservadores, en estudiosos como F. A. G. Tholuck, T. Zahn y P. Feine, y se encuentra reflejada en la teología de F. Büchsel (1937), A. Schlatter (1907) y **Ethelbert Stauffer** (1941). Stauffer rechaza el enfoque de "sistemas doctrinales" y no pretende explicar el desarrollo de la comprensión cristiana de la persona y obra de Jesús. Más bien, presenta una "teología cristocéntrica de la historia del Nuevo Testamento", es decir, una teología del plan de salvación presentada en la historia del Nuevo Testamento. El libro tiene los defectos de no distinguir entre los Escritos canónicos y los no canónicos y de hacer caso omiso de la diversidad de interpretaciones del significado de Cristo en el Nuevo Testamento.

Recientemente ha surgido una nueva forma de teología *Heilsgeschichte*, porque hay una gran aceptación de que la revelación se ha producido en la historia redentora, y que la *Heilsgeschichte* es la mejor clave para entender la unidad de la Biblia. Más adelante se elabora más este punto.

Liberalismo e Historicismo en la Teología del Nuevo Testamento

Bultmann ha señalado que la consecuencia lógica del método de Baur es un completo relativismo porque la mente liberal no puede concebir la verdad absoluta en las relatividades de la Historia. Esto se evitó gracias a la influencia del Romanticismo, en el cual se interpreta la personalidad como un poder que hace historia. Bajo la influencia de la teología ritschliana, se interpretó la esencia del Cristianismo como una religión ético-espiritual pura, proclamada por Jesús y encarnada en su vida y misión. El Reino de Dios es el bien más elevado, el ideal ético. El corazón de la religión es la comunión espiritual con Dios Padre.

Esta interpretación teológica se vio reforzada por la solución del problema sinóptico al descubrirse la prioridad de Marcos y Q, el documento hipotético. Los estudiosos de este "viejo liberalismo" creían que en estos documentos tan antiguos la ciencia histórica había descubierto por fin al verdadero Jesús, libre de toda interpretación teológica. Los teólogos bíblicos de esta escuela partieron de este panorama "histórico" de la religión ética de Jesús para describir los diversos sistemas doctrinales (*Lehrbegriffe*) que surgieron como resultado de la reflexión y especulación posteriores. El gran clásico de esta escuela es H. J. Holtzmann con su *Lehrbuch der*

NT Theologie (1896–97, 1911). Otra ilustración es *The Beginnings of Our Religion* de Paul Wernle (1903–4). La obra *What is Christianity?* (1901) de Adolf von Harnack que es una presentación clásica de este punto de vista liberal.

Este enfoque "liberal antiguo" influyó incluso en los escritores conservadores. Tanto **B. Weiss** (*Theology of the NT*, 1868, tr. ing. 1903) como **W. Beyschlag** (*NT Theology*, 1891, tr. ing. 1895) interpretaron primordialmente a Jesús en sentido espiritual, con un gran énfasis en la centralidad de la paternidad de Dios. Estos autores son conservadores por cuanto aceptan la realidad de la revelación y la validez del Canon, pero su presentación de Jesús comparte las características del liberalismo. También utilizan el método de "sistemas doctrinales", hasta el extremo de que Weiss identifica cuatro períodos diferentes de desarrollo teológico en Pablo, los cuales examina por separado. Este enfoque se encuentra en inglés en los escritos de Orello Cone, *The Gospel and Its Earliest Interpreters* (1893); G. B. Stevens, *The Theology of the NT* (1899); R. P. Gould, *The Biblical Theology of the NT* (1900); y A. C. Zenos, *The Plastic Age of the Gospel* (1927). El mismo método es utilizado incluso por escritores más conservadores en Alemania, como T. Zahn, *Grundriss de NT Theologie* (1932) y P. Feine, *Theologie des NT* (1910, 1950).

El triunfo de la religión sobre la teología

Junto al Liberalismo se fue desarrollando la *religionsgeschichte Schule* (Escuela de la Historia de la Religión). El Liberalismo encontró en las sencillas enseñanzas éticas de Jesús el elemento distintivo de la Teología bíblica. Aunque sus representantes prestaron cierta atención a la influencia del ambiente religioso del cristianismo primitivo (la teología de Holtzmann dedicó 120 páginas a describir el trasfondo judío y helénico), se presentaba la esencia del Cristianismo como algo único. Holtzmann sí reconoce influencias helenistas en Pablo.

Otto Pfleiderer inició un nuevo enfoque. La primera edición de *Das Urchristentum* (1887) asumió la misma posición que Harnack y Holtzmann; pero en la segunda edición (1902, tr. ing. 1906, *Primitive Christianity*) interpretó muchos elementos de la Teología del Nuevo Testamento en función de su entorno religioso. El esquema de este nuevo enfoque lo expuso **W. Wrede** en 1897 en su librito titulado *Concerning the Task and Method of the So-called NT Theology*.

Atacó el método prevalente que interpretaba la Teología del Nuevo Testamento como una serie de sistemas doctrinales porque la fe cristiana es una religión, no una teología ni sistema de ideas. La Teología del Nuevo Testamento no pretende formular verdades atemporales, aunque éstas hayan sido transmitidas por una revelación sobrenatural o descubiertas de forma racional, sino que busca formular expresiones de las experiencias religiosas vivas del cristianismo primitivo, entendido a la luz del ámbito religioso. Por tanto, la Teología del Nuevo Testamento debe ser sustituida por la Historia de la religión en el cristianismo primitivo.

Este nuevo enfoque tenía varios centros de interés: la interpretación de las ideas del Nuevo Testamento en función de expresiones de experiencia religiosa, y la explicación de este surgimiento en función del entorno religioso. Uno de los primeros en intentarlo fue **H. Weinel** en su **Biblische Theologie des NT** (1913, 19284). Weinel no se interesó ni por el valor ni por la verdad del Cristianismo, sino únicamente por su naturaleza en comparación con otras religiones. Elaboró tipos de religiones con las cuales ha de compararse y entenderse el cristianismo como una religión ética de redención. En inglés algunos libros que reflejan esta influencia son S. J. Case, *The Evolution of Early Christianity* (1914); E. W. Parsons, *The Religion of the NT* (1939); y E. F. Scott, *The Varieties of NT Religion* (1943).

Los supuestos básicos de este enfoque condujeron a elaboraciones muy diferentes acerca de Jesús y de Pablo. En 1892, **J. Weiss** publicó un librito de sesenta y seis páginas acerca de *The Preaching of Jesus about the Kingdom of God* en el cual interpretaba el mensaje de Jesús acerca del Reino en función del ambiente de la Apocalipsis judía. Este enfoque lo popularizó **Albert Schweitzer** en su *The Quest of the Historical Jesus* (1906, tr. ing. 1910), el cual contiene una historia de la interpretación de Jesús para después, en un centenar de páginas, interpretar a Jesús en función de una "Escatología Consecuente", es decir, como un apocalíptico judío del primer siglo que es algo poco relevante para el hombre moderno. Este predicador escatológico se opone diametralmente al maestro de la religión pura de la eternidad de Dios de Harnack y Holtzmann, en que el Jesús "liberal antiguo" no era sino una clara modernización. Se presenta la Escatología como el corazón mismo del mensaje de Jesús en lugar de ser el envoltorio del mismo (Harnack).

Si a Jesús se le interpretaba en función de la apocalipsis judía, a Pablo se le interpretaba en función del judaísmo helénico o del culto helénico de las religiones mistéricas. Algunos eruditos, como W. Bousset seguían interpretando a Jesús según el esquema liberal aunque aplicaban a Pablo el *religiongeschichte Methode* (el método de la Historia de la salvación). **M. Brückner** propuso que Pablo había encontrado en el judaísmo una doctrina ya elaborada de un hombre divino que aplicó a Jesús. **H. Gunkel** sostuvo que en Oriente había surgido una religión sincretista, de naturaleza gnóstica, en que mantenía la resurrección como doctrina básica. Este gnosticismo precristiano había penetrado en el judaísmo y, a través de éste, influido en el cristianismo incluso antes de Pablo. **W. Bousset** le dio una base más sólida a este punto de vista, defendiendo que el gnosticismo no era una elaboración nueva dentro del cristianismo, como Harnack había creído, sino un fenómeno pagano precristiano, oriental más que griego, y religioso y místico más que filosófico. En *su Kyrios Christos* Bousset describió la historia de la creencia en Jesús de la Iglesia primitiva, distinguiendo claramente entre la conciencia religiosa de Jesús, la fe del cristianismo primitivo, que consideraba a Jesús como el Hijo trascendental del Hombre de la apocalipsis judía, y el Jesús de la iglesia helenística y de Pablo, que consideraban que Jesús era una deidad como los señores de los cultos griegos.

La teología más importante que incorporó este enfoque fue la de **Rudolf Bultmann** (1951). Este autor difiere de Bousset en su interpretación de Jesús en función de la apocalipsis judía, pero le sigue en su interpretación de la Iglesia helenista y de Pablo. Sin embargo, Bultmann añadió un nuevo elemento a su interpretación existencial de estos mitos del Nuevo Testamento, que se expondrá más adelante.

El retorno contemporáneo a la teología bíblica

En la década de 1920 comenzó a dejarse sentir un nuevo punto de vista que dio lugar a un avivamiento de la teología bíblica. Dentan sugiere tres factores que contribuyeron a ello: la pérdida de fe en el naturalismo evolutivo, la reacción en contra del método histórico que pretendía una absoluta objetividad y creía que los hechos eran suficientes para descubrir la verdad de la historia y la recuperación de la idea de revelación.

Esto llevó al convencimiento de que la Biblia contenía no sólo Historia, sino ideas acerca del significado último de la propia Historia. Este nuevo enfoque teológico cambió la fisonomía de los estudios del Nuevo Testamento. La seguridad histórica del Liberalismo ha sido cuestionada por **Martin Kähler** en un libro penetrante que se adelantó mucho a su tiempo y que es decisivo para el debate moderno. Kähler planteó el problema de acuerdo con "El llamado Jesús histórico (*historische*) y el Cristo bíblico histórico (*geschichtliche*)". El Jesús *historische* era el retrato de Jesús elaborado por el método crítico liberal. Kähler sostenía que este Jesús nunca existió realmente en la Historia, sino sólo en la reconstrucción crítica de la erudición. El único Jesús real es el Cristo que se describe en la Biblia, cuyo carácter no permite una reconstrucción siguiendo los métodos historiográficos. Los Evangelios no son documentos históricos (*historische*) en el sentido científico del término, sino testimonios de Cristo. Son kerigma, no "Historia" y resulta imposible penetrar el kerigma. En realidad, el "Jesús histórico" sirve sólo para oscurecer al Cristo bíblico viviente. El Cristo *geschichtliche* verdadero es el Cristo del que los Evangelios dan testimonio y la Iglesia predica.

Otro hito que apunta hacia la misma dirección fue el libro de **W. Wrede**, *The Messianic Secret in the Gospels* (1901). Wrede hizo pedazos la descripción liberal del Jesús histórico al demostrar que el Jesús de Marcos no era el profeta inspirado, sino un ser mesiánico (divino). Wrede discrepaba de Kähler en que no aceptaba como genuino el retrato que Marcos presenta de Jesús, pero trató de explicar históricamente cómo el Jesús no mesiánico e histórico llegó a convertirse en el Cristo mesiánico de los Evangelios.

En los años siguientes, la crítica de los Evangelios se dedicó al estudio del período de la tradición oral evangélica (*Formgeschichte*; "Historia de las formas") para tratar de descubrir las leyes que rigen la tradición y que pueden explicar la transformación del Jesús "histórico" en el Cristo kerigmático (divino). Un resultado positivo de este estudio es la admisión de que la Crítica formal no podía encontrar en ningún estrato de la tradición evangélica a un Jesús puramente histórico (o sea, humano). Esto ha dado lugar a dos resultados diferentes. Por una parte está el agnosticismo de los críticos formales como **Rudolf Bultmann**, que cree que el Jesús histórico ha estado tan oculto por el Cristo de la fe que no podemos saber casi nada de la vida y la personalidad de Jesús. Bultmann ve sólo discontinuidad entre el Jesús de la historia y el Cristo del kerigma, y ha excluido a Jesús como tema de la teología del Nuevo Testamento. R. H. Lightfoot en Inglaterra ha asumido una posición semejante.

Por otra parte, **E. H. Hoskyns** y **Noel Davey** en *The Riddle of the NT* (1931) muestran que todas las pruebas del Nuevo Testamento convergen en un solo punto: Dios se reveló a sí mismo en Jesús para la salvación del hombre. El método crítico ha puesto de manifiesto con suma claridad la unidad viva de los documentos del Nuevo Testamento. El historiador se ve obligado a afirmar que tanto la unidad como la unicidad de dicha afirmación son hechos históricos. Esta afirmación, aunque se da en la historia, la transciende porque exige del historiador lo que no puede dar como tal: un juicio teológico de significado decisivo.

Esta interpretación "kerigmática" de la teología del Nuevo Testamento recibió su mayor impulso en los escritos de **C. H. Dodd**. En su conferencia inaugural en la Universidad de Cambridge, Dodd pidió que en lugar del enfoque analítico que había prevalecido durante todo el siglo anterior se enfatizara la unidad de pensamiento del Nuevo Testamento. Ese mismo año él mismo puso en práctica su propia sugerencia en *The Apostolic Preaching and Its Development*. Dodd encuentra la unidad del mensaje del Nuevo Testamento en el kerigma, cuya médula es la proclamación de la llegada de la Nueva Era en la persona y misión de Jesús. Por primera vez en esta obra se utilizó un solo concepto bíblico para relacionar todos los elementos del Nuevo Testamento en un desarrollo uniforme. Dodd ha ampliado esta tesis en *The Parables of the Kingdom* (1935) y *The Interpretation of the Fourth Gospel* (1953), donde interpreta tanto el mensaje de Jesús como el del Evangelio de Juan en función de la irrupción del Siglo Venidero. Aunque esta aproximación resulta aceptable, la obra de Dodd tiene el defecto de entender el Siglo Venidero de acuerdo con el pensamiento platónico y no con la Escatología bíblica. El Siglo Venidero es lo radicalmente otro, la penetración de lo eterno en lo temporal, en lugar de ser la era futura penetrando en el presente.

Este enfoque kerigmático ha producido gran cantidad de obras. El protagonista americano más destacado ha sido **F. V. Filson**. Su **One Lord, One Faith** (1943) defiende la unidad del mensaje del Nuevo Testamento, y su *Jesus Christ the Risen Lord* (1956) defiende que la Teología del Nuevo Testamento debe entender la historia del Nuevo Testamento desde un punto de vista teológico, es decir, del Dios vivo que actúa en la Historia, siendo el suceso más notable la resurrección de Cristo. Filson interpreta toda la Teología del Nuevo Testamento a la luz de la resurrección.

A. M. Hunter expuso *The Unity of the NT* (1944; publicado en Norteamérica bajo el título *The Message of the NT*) en función del principio Un Señor, Una Iglesia, Una Salvación. Más recientemente, en un pequeño volumen Introducing NT Theology (1957) ha interpretado el "Hecho de Cristo", incluyendo en este término "la totalidad de lo que la venida de Jesucristo implicó sobre su persona, obra y palabras, desde luego, pero también la resurrección, la venida del Espíritu y la creación del nuevo Israel (…)" (p. 9).

Oscar Cullmann también sigue la interpretación *Heilsgeschichte* ("la historia de la salvación") y proporciona un correctivo excelente al enfoque platónico de Dodd. En *Christ and Time* (1946, tr. ing. 1950), defendió que el Nuevo Testamento encuentra su unidad en una concepción común del tiempo y la historia antes que en las ideas de esencia, naturaleza, verdad eterna o existencial. La Teología es el significado de lo histórico en el tiempo. En la obra de Cullmann la Teología *Heilsgeschichte* toma una forma nueva y el principio de la *Heilsgeschichte* como núcleo unificador de la Teología del Nuevo Testamento vino a ser ampliamente aceptado. Podemos aceptar la validez básica del enfoque de Cullmann sin estar de acuerdo con él en que el Nuevo Testamento no sólo interesa por los problemas de la naturaleza y el ser sino también por una "Cristología funcional". Cullmann ha publicado una segunda obra, Salvation in History (1967), en la cual contrasta la *Heilsgeschichte* con la teología existencial.

Alan Richardson en su *Introduction to the Theology of the NT* (1958) toma el enfoque kerigmático al aceptar la hipótesis de que la "brillante reinterpretación del esquema de salvación del Antiguo Testamento que se encuentra en el Nuevo" se remonta a Jesús mismo y no es producto de la comunidad creyente. En un ensayo acerca de "Historical Theology and Biblical Theology", Richardson arguyó que la Teología bíblica no puede utilizar un enfoque puramente objetivo, científico y neutral, sino que debe interpretar la Historia bíblica desde el punto de vista de la fe bíblica.

W. G. Kümmel con su *The Theology of the New Testament According to Its Major Witnesses* (1969, tr. ing. 1973) se puede considerar como parte de la escuela *Heilsgeschichte*. En esta primera obra trata sólo de Jesús, de la Iglesia primitiva, de Pablo y Juan, y centra su interés sobre todo en la búsqueda del mensaje básico de los principales testigos. Lo encuentra en el acto salvador de Dios en Jesucristo. En Cristo Dios ha comenzado la salvación prometida para el fin de los tiempos, y en este evento cristológico Dios nos sale al encuentro para rescatarnos del encarcelamiento en este mundo y para hacernos libres para amar. Esta actividad divina la expresan en forma diferente los distintos testigos, pero los cuatro evangelios, en formas diferentes, dan testimonio del evento redentor básico en la historia de Jesucristo.

La escuela de Bultmann

Los exponentes de este enfoque "kerigmático" dan por sentado que no hay solución de continuidad entre el Cristo proclamado con el kerigma y el Jesús histórico. El factor "kerigmático" es el elemento interpretativo que, por necesidad, acompaña al evento. Esta posición la ha repudiado totalmente el más influyente de los eruditos alemanes actuales en

Nuevo Testamento, *Rudolf Bultmann*. Este autor es también un teólogo "kerigmático", pero utiliza el concepto del kerigma de la *Geschichte* de una forma muy diferente de los estudiosos presentados antes. Para Bultmann el Jesús histórico ha quedado muy opaco bajo el peso de la tradición de la fe, la cual reinterpretó el significado del Jesús histórico en términos mitológicos. Históricamente, Jesús fue sólo un profeta judío que proclamó el inminente final apocalíptico del mundo y avisó a la gente para que se preparara para la catástrofe del juicio. No se comprendió a sí mismo como Mesías ni como Hijo del Hombre. Sí poseyó, sin embargo, un sentido irresistible de la realidad de Dios, y se dio cuenta de que era el portador de la Palabra de Dios para los últimos tiempos, que colocaba a los hombres ante la exigencia de tomar una decisión. Su muerte fue una tragedia incomparable salvada, sin embargo, de ser tomada como sin sentido gracias a la fe cristiana en la resurrección. La Iglesia primitiva interpretó a Jesús, primero en función del concepto apocalíptico judío del Hijo del Hombre y, luego, en función de una combinación entre el concepto apocalíptico de Hijo del Hombre y del hombre celestial gnóstico. Todo esto es, sin embargo, kerigma mitológico con el que la Iglesia primitiva interpretó qué significaba Cristo para ella. El kerigma, o sea, la proclamación que hacía de Cristo la Iglesia primitiva, es un hecho histórico en la vida del cristianismo primitivo y, en consecuencia, hay continuidad entre el Jesús histórico y el kerigma. Fue Jesús quien hizo que se produjera el kerigma. Si no hubiera existido Jesús, no habría habido kerigma. Sin embargo, el Jesús que se proclama en el kerigma es simplemente un artificio mitológico y no existió en la Historia, porque la Mitología es por definición no histórica. Por consiguiente, no puede haber continuidad entre el Jesús histórico y el del kerigma. El kerigma es la expresión del significado de Cristo para los primeros cristianos formulado en términos mitológicos.

La interpretación que hace Bultmann de la Teología del Nuevo Testamento está regida por tres hechos. Primero la realidad histórica debe entenderse en función de una causalidad histórica ininterrumpida. Si se creía que Dios actuaba en la Historia, la acción debe estar siempre oculta en hechos históricos y resultar evidente sólo a los ojos de la fe. Todas las ideas de hechos sobrenaturales – la verdadera encarnación, el nacimiento virginal, los milagros, la resurrección corporal, etc. – son *ipso facto* históricas, pero mitológicas. Segundo, los Evangelios Sinópticos nos ofrecen un cuadro tan teológico de Jesús que no pueden ser históricos. El Jesús *historische* casi se pierde totalmente de vista bajo la capa del Cristo *geschichtliche* de la fe de la Iglesia. Tercero, la Teología nada pierde por ello, por cuanto la fe no puede apoyarse en la seguridad de la investigación histórica, sino que debe confiar en la sola Palabra de Dios, en el kerigma de Dios. Sin embargo, el kerigma mismo se expresa en términos mitológicos y, por tanto, debe ser "desmitificado" si se quiere transcribir su significado existencial. El hombre puede lograr la "existencia genuina" – libertad del pasado y apertura al futuro – sólo por la fe en el kerigma desmitologizado, no en el Jesús de la Historia. Bultmann no ve ninguna continuidad entre el Jesús de la historia y el Cristo de la fe – sólo se encuentra entre el Jesús de la historia y el kerigma.

La Nueva Búsqueda del Jesús histórico

Los seguidores de Bultmann se sintieron turbados ante lo radical de su posición, que divorciaba al Jesús histórico de la fe cristiana y lo eliminaba de la Teología cristiana. En consecuencia, iniciaron una "nueva búsqueda" del Jesús histórico, que tuviera una cierta continuidad con el Cristo del kerigma. Lo han conseguido sobre la base de postular la misma existencia genuina en respuesta al Jesús histórico que ante el kerigma. Esta nueva búsqueda comenzó en el ensayo de 1945 del estudiante de Bultmann, E. Käsemann (tr. inglés, "The

Problem of the Historical Jesús," [*Essays on NT Themes* (1964), 15–47]). Los productos más destacados de esta escuela "postbultmanniana" hasta la fecha han sido *A New Quest of the Historical Jesús* (1959) de James Robinson, *Jesús of Nazareth* (1960) de G. Bornkamm y *An Outline of the Theology of the NT (1969)* de Hans Conzelmann.

Joachim Jeremias representa una posición independiente. No se considera uno de los "Nuevos Buscadores," porque nunca ha dejado de buscar. Opina que, con la ayuda de la crítica formal, puede ir eliminando los elementos que se han superpuesto en la tradición evangélica para llegar a descubrir la *ipsissima vox* si no la *ipsissima verba* del Jesús histórico. Sólo en el mensaje de Jesús se encuentra la Revelación. Las cartas no son Revelación, sino la respuesta de la comunidad creyente a la revelación de Jesús. Jesús adquiere una autoridad única como Hijo de Dios para revelar a su Padre. Jesús proclamó el inminente Reino de Dios y anticipó su propia exaltación como el Hijo celestial de Dios. Se vio a sí mismo como Siervo Sufriente que daba la vida por los pecados de las personas. En la resurrección sus discípulos vivieron la parusía de Jesús, la cual significó su entronización en el cielo y la venida del eschaton. Sus obras más notables en relación con este tema son *The Problem of the Historical Jesus* (1964) y *NT Theology* (1971).

El panorama norteamericano

Los estudiosos norteamericanos no se han destacado por sus contribuciones creativas a la Teología del Nuevo Testamento. El último libro de texto completo que presentó esta disciplina de una forma amplia fue *The Theology of the NT* (1906) de George Barker Stevens.

Los últimos veinticinco años han sido testigos de un debate entre el enfoque teológico en la interpretación del Nuevo Testamento y el enfoque estrictamente "científico" que insiste en que los aspectos de fe pertenecen a la disciplina de la Teología sistemática. La Teología del Nuevo Testamento debe interpretar las Escrituras con la aplicación minuciosa del método "histórico-crítico". **C. C. McCown** sostuvo que la historia es el resultado de la compleja interacción de fuerzas naturales y sociales y de las acciones y reacciones de los hombres. Dios actúa por medio de los hombres (*JBL* 75 [1956], 12–18; ver su libro, *The Search for the Real Jesus* [1940]). **H. J. Cadbury** llamó arcaico el enfoque de la "Teología de la historia," y en consecuencia acientífico (*Int* 3 [1949], 331–7). Este enfoque "científico" se interesaba más por la religión que por la Teología. **Millar Burrows** escribió *An Outline of Biblical Theology* (1946) en el que define la Teología como los elementos en la religión bíblica que son de valor atemporal y significado permanente. Como podríamos esperar, esta escuela, si así se la puede llamar, se ha interesado poco por tratar de producir obras de Teología del Nuevo Testamento.

Otros estudiosos han abrazado el enfoque teológico para la interpretación del Nuevo Testamento, insistiendo en que la así llamada objetividad científica no es ni deseable ni alcanzable, y sosteniendo que la revelación se ha dado realmente en la Historia, aunque se la reconoce sólo con los ojos de la fe. Éste ha sido el movimiento más destacado en la Teología del Nuevo Testamento en los Estados Unidos de América; lo han documentado Connolly Gamble, Jr. "The Literature of Biblical Theology", *Int* 7 (1953), 466–80, y G. E. Ladd, "The Search for Perspective", *Int* 25 (1971), 41–43. **A. N. Wilder**, al recorrer la situación de la Teología del Nuevo Testamento, opinó que la *Heilsgeschichte* o la *Geschichtstheologie* ("la teología de historia") era el enfoque más prometedor en la tarea contemporánea. Si bien se encuentra este enfoque en muchos artículos de revistas, sólo ha producido algunos libros. Entre ellos están *God in History* (1939) de **Otto Piper**, el cual defiende explícitamente la *Heilsgeschichte*; *Jesus Christ the Risen Lord* (1956) de **Floyd V. Filson**, breve volumen de Teología del Nuevo Testamento desde la perspectiva de la Resurrección; y *Religion to Maturity* (1948) y *Prophetic Realism and the Gospel* (1955) de **John Wick Bowman**. Este autor defiende enérgicamente que la Revelación se ha dado en el plano de la Historia, pero la posición parece ir demasiado lejos al rechazar "la religión del trono", a saber, apocalíptica. Incluso **F. C. Grant** acepta el concepto de *Heilsgechichte*.

Una de las características de la mayoría de estos libros es que utilizan el enfoque temático o sintético más que el histórico o analítico. W. D. Davies ha elaborado un excelente análisis que se ocupa de los Sinópticos, Pablo y Juan, pero el nivel que alcanza es más adecuado para el lector no iniciado que para el estudioso. Ralph Knudsen y Frank Stagg han escrito estudios temáticos de Teología del Nuevo Testamento, pero son de alcance demasiado limitado como para resultar útiles para el estudiante de Teología.

Aunque en fechas recientes se ha declarado ya fenecido este movimiento de Teología bíblica, **Brevard Childs** lo examina en *Biblical Theology in Crisis* (1970). La crisis, según él, se debe al hecho de que el movimiento de la Teología bíblica trató de combinar una metodología crítica liberal con una teología bíblica normativa. No acertaron a llenar el vacío entre Exégesis y Teología. Childs opina que esto se puede lograr si se considera a la Biblia en su propio contexto, el de la literatura canónica. Debe reconocerse a la Biblia como el instrumento normativo de la Revelación y, en consecuencia, inspirado.

Gerhard Hasel nos ha ofrecido un examen excelente de la Teología del Antiguo Testamento en *OT Theology: Basic Issues in the Current Debate* (1972), en el cual trata los mismos temas que encontramos en la Teología del Nuevo Testamento. Insiste en que hay "una dimensión trascendente o divina en la historia bíblica que el método histórico-crítico no está en condiciones de tratar" (p. 85). La Teología bíblica debe elaborarse desde un punto de partida de orientación bíblico-histórica. Sólo con este enfoque se puede tratar de forma adecuada la realidad de Dios y su penetración en la Historia. Esta es la metodología que utiliza el autor de este libro en el estudio de la Teología del Nuevo Testamento.

Con excepción de los escritores dispensacionalistas, los evangélicos estadounidenses han contribuido muy poco a la literatura teológica del Nuevo Testamento. La única obra amplia es la de Gerhardus Vos, *Biblical Theology* (1948), pero se interrumpe bruscamente a mitad del ministerio de Jesús y resulta más un largo ensayo acerca de la Revelación en el Antiguo Testamento que una Teología bíblica. Su *Self-Disclosure of Jesus* (1926), pasado de moda hace tiempo ya, contiene algunos capítulos que siguen siendo de gran valor para el problema cristológico del Nuevo Testamento. Uno de los portavoces de los grupos evangélicos ha dicho: "si los protestantes evangélicos no superan su preocupación por la crítica negativa de las distintas desviaciones teológicas contemporáneas a expensas de la elaboración de alternativas preferibles, no llegarán a construir en absoluto una fuerza doctrinal en la década venidera". Este libro se escribió con la intención de superar este reto.

Teología Bíblica en los últimos veinte años

En este apartado queremos presentar una breve descripción de la evolución que ha experimentado la Teología bíblica, y más concretamente la Teología del Nuevo Testamento, en las dos décadas transcurridas desde la primera edición de esta obra. Cuando Ladd estaba trabajando en ella, la disciplina de la Teología bíblica ya estaba viviendo ciertos trastornos; de hecho, algunos dicen que estaba en plena crisis. Pero Ladd no se dejó influenciar por la crisis, por dos razones. En primer lugar, porque no se dejó influenciar completamente por la línea neo-ortodoxa americana del llamado "movimiento de teología bíblica"; en segundo, porque no estaba dispuesto a modificar el método histórico-crítico para que fuera más apropiado para el contenido del Nuevo Testamento (ver el resto del capítulo). Así que Ladd escribió su teología del Nuevo Testamento con lo que hoy describiríamos como una increíble confianza en sí mismo.

Afortunadamente, las profecías sobre el fin de la Teología bíblica fueron prematuras. Pero aparte de algunas excepciones recientes provenientes de Alemania y de evangélicos de países de habla inglesa (ver abajo), la labor de los teólogos del Nuevo Testamento se ha limitado a ciertos aspectos del contenido o al método, en vez de escribir teologías exhaustivas, completas. La vívida metáfora de L.E. Keck se puede aplicar a la Teología del Nuevo Testamento, cuando dice que el estado de la Teología en general es "como una exposición sin un pasillo central: todas las obras parecen tener la misma importancia, no hay ninguna que destaque sobre las demás". La situación de la Teología en la actualidad, o al menos la mayoría de ella, se puede describir como un estado de confusión metodológica.

Esta confusión es consecuencia de la aparición de una gran variedad de métodos en la disciplina del Nuevo Testamento. De hecho, es impresionante la forma en la que este campo ha evolucionado en estas dos últimas décadas. Los investigadores, en búsqueda de una mejor comprensión del Nuevo Testamento, se han ido interesando en otras disciplinas. La lista es interminable: algunas, como la Semántica y la Semiótica, provienen de la Lingüística; otras, como la Narratología, el Criticismo retórico, y la Teoría de la reacción del lector provienen sobre todo del que deberíamos llamar la "Nueva" Crítica literaria. Son disciplinas cuya frontera no está muy bien definida. Otras, como el Estructuralismo, la Deconstrucción, y las nuevas líneas de la Hermenéutica, son también categorías que se solapan; otras, como la Crítica del canon son una categoría por sí solas. Además, algunas están yendo en la dirección de disciplinas como la Sociología, la Antropología, e incluso la Psicología. También, otras fuerzas de influencia en el estudio del Nuevo Testamento son las que podríamos llamar de "interés especial", como la Hermenéutica negra, la feminista, o la de dos tercios del mundo.

Aún no podemos saber el grado en el que todo esto afectará a la Teología del Nuevo Testamento. Algunas de las nuevas perspectivas parecen bastante problemáticas. Aquí nos vamos a centrar en dos áreas, que además, están relacionadas. En primer lugar, algunos defensores de los nuevos avances de la Crítica literaria insisten en que los relatos del Nuevo Testamento deben entenderse de forma no-referencial. Según sus exponentes, los Evangelios, por ejemplo, deberían verse como historias que tienen un significado en sí mismas, que no tiene nada que ver con el mundo real. De ahí, que consideran irrelevante cualquier cuestión sobre el contexto histórico. El sentido o significado se extrae de los relatos del mismo modo que se extrae de las novelas u otras obras de arte. En segundo lugar, algunos defensores de la Teoría de la reacción del lector arguyen que el único significado importante de un texto es el que el lector entiende. Por ello, cualquier intento de determinar la intención de los autores del Nuevo Testamento es innecesario y, de hecho, fútil. Todas las interpretaciones son válidas. Es obvio que las consecuencias de un enfoque así son, para la Teología del Nuevo Testamento, desastrosas; al menos para lo que tradicionalmente se entiende por Teología.

Afortunadamente, los únicos que quieren aplicar estos métodos hasta las últimas consecuencias son algunos extremistas. Aún podemos aprender mucho de la aplicación de estas nuevas disciplinas al Nuevo Testamento. Pensamos no sólo en aquellas disciplinas que son consideradas como extensión del estudio ya realizado por la exégesis de la Crítica histórica tradicional, sino también de aquellas que tratan al texto como un objeto en sí mismo. Así que la Teoría de la reacción del lector apuntaría a la inevitabilidad de la mediación del lector a la hora de buscar el significado de un texto. La línea no-referencial nos recuerda que deberíamos ver los textos como piezas enteras, y que analizar los aspectos narrativos de los relatos históricos puede ser muy instructivo. Lo verdaderamente importante es que veamos estos métodos como suplementarios, y no como sustitutos, del método histórico-crítico. Éste debe seguir siendo el pilar fundamental de la interpretación de los documentos bíblicos. Es indispensable que así sea.

Estos nuevos métodos ya han empezado a impactar a la Teología del Nuevo Testamento a través de los estudios especializados. Pero las teologías del Nuevo Testamento escritas estrictamente desde la perspectiva y orientación de cualquiera de estas nuevas aproximaciones son cada vez menos completas y exhaustivas. Esto se debe a que, para poder escribir una teología del Nuevo Testamento completa, se necesita tratar ciertas cuestiones que estos nuevos métodos no entienden. Lo que sí que ocurrirá es que aumentará la cantidad de aproximaciones estándar. Es fácil prever que esto ocurrirá en algunos campos – por ejemplo, en los que prestan atención a cuestiones sociológicas. Sin embargo, en otros campos, como en el nuevo método de la crítica literaria, es más difícil que esto llegue a ocurrir.

Sólo contamos con el ejemplo de un intento de construir una teología completa desde una de estas nuevas tendencias. El mismo Brevard Childs que articuló la crisis de la Teología bíblica en 1970 ha escrito una Teología de la Biblia, de los dos Testamentos, desde la perspectiva de la Crítica del canon. Sin embargo, de forma sorprendente, esta nueva obra tiene mucho de tradicional; es un tipo de Teología bíblica histórico-crítica hecha sólo a partir de un énfasis especial en la totalidad del canon. Para todas las diferencias que podría haber habido, no se tiene la impresión de que ha pasado a una órbita completamente diferente a la de Ladd. También hay otros trabajos menos sustanciales, como el de H.C. Kee, quien bajo la rúbrica "identidad pactal y social" ha realizado un "acercamiento a la Teología del Nuevo Testamento" que utiliza los resultados del acercamiento sociológico al Nuevo Testamento". El análisis narrativo se ha aplicado principalmente al ámbito de la Cristología[31].

Las pocas teologías exhaustivas que han aparecido en los últimos veinte años muestran la poca influencia que las nuevas tendencias han tenido en los estudios del Nuevo Testamento. Desde que Ladd publicó esta obra, en lengua inglesa sólo se han escrito dos teologías del Nuevo Testamento desde una perspectiva evangélica. La primera, y la mejor de las dos, es una obra de D. Guthrie (1981). Guthrie escribe por temas, empezando con "Dios", "El hombre y su mundo", "Cristología", etc. Guthrie supera, hasta cierto punto, los problemas que encierra una presentación temática, agrupando el contenido de cada apartado según la fuente, y proveyendo así algo de perspectiva histórica. De todos modos, tenemos que decir que el uso que Guthrie hace del marco de la Teología sistemática no hace justicia al carácter histórico de la Teología bíblica.

Leon Morris publicó una Teología más breve en 1986. La elabora de una manera más habitual, examinando varias cartas del Nuevo Testamento en orden cronológico, más o menos; empieza con las cartas de Pablo. Aunque Morris no niega una evolución de los autores del Nuevo Testamento, no se muestra nada optimista en cuanto a nuestra capacidad de descubrir esa evolución.

Nos siguen llegando muchas teologías del Nuevo Testamento de Alemania. La de L. Goppelt apareció de forma póstuma en 1974 y se tradujo al inglés en dos volúmenes en 1981 y 1982. Las teologías de Ladd y Goppelt, aunque el proceso de escritura de una no tiene nada que ver con el de la otra, presentan básicamente la misma perspectiva, es decir, la de la Historia de la salvación, y esta similitud de enfoque muestra que la Teología de Ladd aún puede considerarse viable. Ahora están saliendo a la luz dos nuevas teologías del Nuevo Testamento en alemán, en varios volúmenes. Hans Hübner ha dedicado un volumen al prolegómeno, en el que trata extensamente la relación teológica entre el Antiguo y el Nuevo Testamento. Peter Stuhlmacher dedica todo su primer volumen a Jesús y a Pablo[34]. La obra de Stuhlmacher se va a traducir al inglés, y será muy interesante e interesará sobre todo a los lectores evangélicos. Ésta es una obra que, en muchos sentidos, está en la línea de Goppelt y Ladd.

Por todo lo dicho, no parece que la Teología de Ladd, aunque escrita hace veinte años, esté anticuada. Al contrario, el contenido básico de su obra continúa siendo atractivo. Y ello se debe simplemente a que Ladd se ha mantenido fiel al estudio histórico del Nuevo Testamento, con la novedad de que también busca la verdad teológica. Según él, su labor ha sido fundamentalmente descriptiva, centrándose en lo que el texto "quiso decir". Pero como acepta que la Biblia es un compendio de la actuación de Dios para redimir al mundo, acepta el carácter normativo de los testigos del Nuevo Testamento y la relevancia que éste tiene para la sociedad actual, es decir, la importancia de lo que el texto "quiere decir". Por eso Ladd se niega a ver la Teología del Nuevo Testamento solamente como la Historia de los primeros cristianos. Usa el método histórico-crítico, pero de modo que le permite mantenerse abierto ante la posibilidad de lo trascendente, y así puede hacer justicia al contenido de los documentos que analiza.

Por estos motivos, cuando J.D. Smart se pronunció sobre el futuro de la teología bíblica, dejó bien claro que si veía algo de esperanza, ésta estaba en el evangelicalismo de Ladd, al que nombra especialmente. Para Smart, la promesa futura está en los estudiosos que han empezado a "combinar una investigación de carácter profundamente histórico, con una firme devoción a la fe bíblica". Si miramos detalladamente las propuestas que G. Hasel hace en cuanto a la Teología del Nuevo Testamento, llegaremos a la conclusión de que, aún en el caso de que el trabajo de Ladd no sea perfecto, debemos reconocer que al menos va por buen camino.

Sin duda alguna la Teología de Ladd refleja la línea de una comunidad con una interpretación concreta, la que hoy en día se conoce bajo el nombre de "evangelicalismo". Ladd ayudó a muchos fundamentalistas a ver por primera vez no sólo la aceptabilidad del método histórico-crítico, sino también lo indispensable que es. Los evangélicos – al menos muchos de ellos – se han abierto más a muchos de los estudios de la investigación crítica (por ejemplo, en relación con la autoría y la fecha de los escritos del Nuevo Testamento, y las implicaciones para el desarrollo en el Nuevo Testamento) en estos últimos veinte años, después de que Ladd publicara su Teología. Sin embargo, aún continúan compartiendo las básicas convicciones que Ladd expuso en su acercamiento a la Teología bíblica. Aunque hay una gran diversidad entre los escritos del Nuevo Testamento, al mismo tiempo sigue habiendo una unidad natural y genuina entre ellos. Aunque cada uno tiene sus características históricas, al mismo tiempo presentan una autoridad normativa para la iglesia. Y si, como J. Reumann ha escrito recientemente, "la prueba definitiva para evaluar cualquier teología bíblica será ver si lleva a que se ejercite la fe y la obediencia a la palabra de Dios", preocupación que Ladd compartía. La comunidad interpretativa a la que Ladd pertenece continúa abrazando los objetivos de la fe y la obediencia. Y los evangélicos siempre estarán abiertos a todo aquello cuyo fin sea aumentar la fe y llevar a una obediencia más eficaz.

B. Teología bíblica, Historia y Revelación

La Teología bíblica es la disciplina que presenta el mensaje de los libros de la Biblia en su marco histórico. Es por encima de todo una disciplina descriptiva. No se ocupa en principio del significado último de las enseñanzas de la Biblia ni de su pertinencia para el tiempo actual. Esto corresponde a la Teología sistemática. La Teología bíblica tiene la tarea de explicar la Teología que contiene la Biblia en su propio marco histórico, y con sus propios términos, categorías y formas conceptuales. La Biblia tiene la intención obvia de narrar algo acerca de Dios y su actuación en la Historia para la salvación de las personas. Para Bultmann la idea de la Revelación en la Historia es mitológica. Arguye que la intención real del Nuevo Testamento es describir la situación existencial del hombre. Sin embargo, esto es modernización. Sea o no mitología, la intención de la Biblia es narrar lo que Dios ha hecho, lo cual afecta también a la existencia humana. Sin embargo, la Teología bíblica no puede cerrar los ojos ante el segundo problema: la veracidad del relato bíblico.

El problema es que, al tratar de reconstruir el mensaje bíblico, siempre se introducen supuestos acerca de la naturaleza de la Historia. Por ejemplo, los Evangelios presentan a Jesús como a un hombre divino y consciente de su poder divino. ¿Puede esto ser así en la Historia? Los estudiosos que se sienten dominados por el método histórico secular opinan que en la Historia no caben los hombres divinos. Por tanto, tras el Jesús de los Evangelios debe ocultarse un Jesús histórico. El Nuevo Testamento describió a la Iglesia basada en la resurrección de Cristo. ¿Resucitó Jesús, de hecho, de entre los muertos? En la experiencia histórica ordinaria, los muertos no resucitan. Estos supuestos afectan a la metodología de los teólogos bíblicos.

Sin embargo, como la Teología bíblica se ocupa de la auto-revelación de Dios y de la redención de los hombres, la idea misma de revelación y de redención implica ciertos supuestos que están implícitos en todas partes y a menudo explícitos en la Biblia. Estos supuestos son: Dios, humanidad y pecado. En todas partes se presume la realidad de Dios. La Biblia no se preocupa de demostrar la existencia de Dios ni de examinar el ateísmo de manera filosófica. Presupone un ser personal, poderoso y auto existente que crea al mundo y a la raza humana y está preocupado por ellos. La preocupación divina nace del pecado humano, el cual ha llevado a la humanidad a un estado de separación de Dios y a que lleve consigo la maldición de la muerte. La condición humana ha afectado no sólo a la existencia individual, sino también al curso de la Historia, así como al mundo de la Naturaleza en el que está situada la humanidad. La Redención es la actividad divina cuyo objetivo es la liberación de los seres humanos, como personas y como sociedad, de su situación pecaminosa y su restauración a la situación de comunión con Dios y de favor ante él.

La Teología bíblica no es ni el relato de la búsqueda de Dios por parte de la humanidad, ni la descripción de una historia de experiencias religiosas. La Teología bíblica es, sobre todo, un relato acerca de Dios y su preocupación por los seres humanos. Existe sólo como iniciativa divina que se concreta en una serie de actos cuyo objetivo es la redención de la humanidad.

Teología bíblica, Revelación e Historia

El vínculo que une el Antiguo y el Nuevo Testamento es este sentido de la actividad divina en la Historia. La Teología ortodoxa tradicionalmente ha infravalorado o, por lo menos, no enfatiza el papel de los hechos redentores de Dios en la Revelación. El ensayo clásico de B. B. Warfield reconoce el hecho de la Revelación por medio de la instrumentalización de los hechos históricos, pero subordina la Revelación a través de los hechos a la revelación por la palabra. Un evangélico contemporáneo ha definido la Revelación en "el sentido bíblico de la palabra", como la "comunicación de información"[45]. Este punto de vista no exige Historia, sino sólo comunicación por medio del pensamiento y el habla. Es más exacto decir que la "Revelación se manifiesta en la dimensión del encuentro personal (…) Éste es de hecho el fin de toda revelación, ver el rostro de Dios". Lo que Dios revela es no sólo información acerca de sí mismo y del destino humano: se revela a sí mismo y, este relato ha ocurrido en una serie de sucesos históricos.

Por esto Henry ha escrito: "La revelación no puede equipararse simplemente a las Escrituras hebreo-cristianas, la Biblia es un segmento especial dentro de una actividad divina más amplia de revelación (…) La revelación especial implica una serie de sucesos históricos únicos de liberación divina, culminando en la Encarnación, Expiación y Resurrección de Jesucristo".

El acto mayor de revelación de Dios en el Antiguo Testamento fue la liberación de Israel de la esclavitud en Egipto. Este evento no fue un evento histórico cualquiera como los que les ocurrieron a otras naciones. No fue un logro de los israelitas. No se debió al genio y liderato de Moisés. Fue un acto de Dios. "Vosotros visteis lo que hice a los egipcios, y cómo los tomé sobre alas de águilas (Éx. 19:4).

Esta liberación no fue simplemente un acto de Dios: fue un acto por medio del cual Dios se dio a conocer a la Humanidad y por el que Israel debe conocer y servir a Dios. "Yo soy Jehová, y yo os sacaré de debajo de las tareas pesadas de Egipto, y os libraré de su servidumbre (…) y *vosotros sabréis que yo soy Jehová vuestro Dios*" (Éx. 6:30).

En la historia posterior de Israel, se recita una y otra vez el Éxodo como el acto redentor con el cual Dios se dio a conocer a su pueblo. Oseas recurre a la redención histórica de Israel y a las experiencias subsiguientes como pruebas del amor de Dios. "Cuando Israel era muchacho, yo lo amé, y de Egipto llamé a mi hijo (…) Con cuerdas humanas los atraje, con cuerdas de amor" (Os. 11:1, 4).

La historia también revela a Dios en ira y juicio. Oseas sigue diciendo de inmediato que Israel está a punto de volver al cautiverio debido a sus pecados. Amós interpreta la inminente destrucción histórica de Israel con las palabras: "Por tanto, de esta manera te haré a ti, oh Israel; y por esto, prepárate para venir al encuentro de tu Dios, oh Israel" (Am. 4:12). La revelación de Dios como Juez de su pueblo en sucesos históricos se ve claramente reflejada en la designación de la derrota histórica de Israel por los asirios como el día de Jehová (Am. 5:18).

La historia de Israel es diferente de las demás historias. Si bien Dios es el Señor de toda la Historia, Dios se ha revelado a sí mismo en una serie de sucesos como en ninguna otra parte. Los teólogos alemanes acuñaron el útil término Heilsgeschichte ("la historia de salvación") para designar este flujo de historia que revela. En inglés se habla de redemptive history ("historia redentora") o de holy history "historia santa". Por supuesto, Dios dirigió el curso de Egipto y Asiria, de Babilonia y Persia. En la historia hay una Providencia general, pero sólo en la historia de Israel ha comunicado Dios a las personas un conocimiento personal de sí mismo.

El Nuevo Testamento se ubica en este flujo de "historia santa". El relato de las acciones de Dios en la Historia es la esencia de la proclamación cristiana. La primera exposición de fe que se asemeja a un credo se encuentra en 1 Corintios 15:3ss., y es una enumeración de sucesos: Cristo murió, fue sepultado, resucitó, apareció. La prueba neotestamentaria del amor de Dios no descansa en la reflexión acerca de la naturaleza de Dios, sino en un relato. Dios amó hasta tal extremo que se entregó (Jn. 3:16). Dios nos muestra su amor en que Cristo murió por nosotros (Ro. 5:8). La revelación de Dios en la historia redentora de Israel encuentra su expresión más clara en el suceso histórico de la vida, muerte y resurrección de Cristo (Heb. 1:1, 2).

La Teología del Nuevo Testamento, por tanto, no consiste simplemente en los diversos estratos del Nuevo Testamento. Consiste, sobre todo, en relatar lo que Dios ha hecho a través de Jesús de Nazaret. El hecho redentor de Dios en Jesús no es sino la culminación de una larga serie de actos redentores en Israel. El mensaje de los Profetas enfatiza mucho la esperanza, lo que Dios todavía hará en el futuro. El Nuevo Testamento vuelve constantemente al tema de que lo que Dios había prometido lo estaba realizando en ese momento. Marcos sintetiza el mensaje de Jesús con las palabras, "el tiempo se ha cumplido" (Mc. 1:15). Lucas dice lo mismo, citando "hoy se ha cumplido esta Escritura delante de vosotros" (Lc. 4:21). Mateo recuerda con frecuencia las profecías del Antiguo Testamento para mostrar que Dios las estaba cumpliendo. Los Evangelios registran las obras y palabras de Jesús, Hechos relata el establecimiento y extensión del movimiento iniciado en el ministerio de Jesús, las Epístolas abundan en el significado de la misión redentora de Jesús y Apocalipsis expone la consumación de la obra redentora de Cristo para el mundo y la historia humana, lo cual resulta posible gracias a lo que Él mismo hizo en la Historia (Ap. 5).

La Teología bíblica y la naturaleza de la Historia

El punto de vista bíblico de la *Heilsgeschichte* plantea dos dificultades al pensador moderno. Primera, ¿es concebible que la Historia pueda recibir una revelación de Dios? Platón consideró el ámbito de tiempo y espacio como en flujo y cambio. La Historia, por definición, implica relatividad, particularidad, capricho, arbitrariedad, en tanto que la Revelación debe comunicar lo universal, lo absoluto, lo final. Se ha llamado a la Historia "un abismo en el que el Cristianismo se ha visto más bien engullido en contra de su voluntad".

¿Cómo puede conocerse lo Infinito en lo Finito, lo Eterno en lo Temporal, lo Absoluto en las relatividades de la Historia? Desde una perspectiva puramente humana, esto parece imposible; pero precisamente en este punto se encuentra quizá el mayor milagro de la fe bíblica. Dios es el Dios vivo, y Él, el Eterno, el Inmutable, ha comunicado conocimiento de sí mismo por medio de los vaivenes de la experiencia histórica. Esto, como ha señalado Cullmann, es el escándalo supremo de la fe cristiana.

En esto precisamente, ciertos eruditos como Rudolf Bultmann encuentran problemas. Les resulta increíble que Dios pudiera actuar de la forma en que lo presenta el Nuevo Testamento. Para Bultmann, la "Mitología" incluye no sólo las ideas de Dios y de sus acciones, sino también las acciones de Dios en el marco de los fenómenos de la Historia del mundo. Bultmann opina que "debemos hablar de Dios en el único sentido de que actúa en mí aquí y ahora". Para Bultmann, por definición, no puede haber una *Heilsgeschichte* en el sentido en que la hemos descrito, y ha tratado de reinterpretar el significado de la actividad redentora de Dios en función de la existencia humana personal. Sin embargo, ha hecho esto a costa de sacrificar el Evangelio mismo, el cual proclama una historia redentora de la que Cristo es la culminación. El punto fundamental en discusión no es la naturaleza de la Historia, sino la de Dios.

Hay que hacerle frente también a una segunda dificultad. La Biblia no sólo es consciente de que Dios ha estado "redentoramente" activo en una sucesión de eventos históricos de forma diferente que en el resto de la Historia; también es consciente de que en momentos determinados Dios ha actuado trascendiendo la experiencia histórica común.

Un examen breve de la naturaleza de la "Historia" permitirá darse cuenta de este punto. El no iniciado piensa que la Historia es el conjunto de hechos pasados, pero un poco de reflexión mostrará que carecemos de un acceso total a amplias esferas de los mismos. No puede haber Historia si no hay documentos — registros de hechos pasados. Sin embargo, los registros antiguos no constituyen por sí mismos "Historia". Los escritos de Herodoto son una especie de historia, pero están llenos de fantasías, imaginación y errores. La "historia" por consiguiente debe entenderse como la reconstrucción por parte del historiador moderno de los hechos del pasado por medio del uso crítico de documentos antiguos. En tal reconstrucción deben aceptarse procedimientos críticos, "reglas básicas". Cuando uno lee en la Literatura griega las supuestas actividades de los dioses entre los hombres, no considera que esto sea Historia, sino Mitología.

Muchos historiadores opinan que debe aplicarse esta misma definición crítica de la historia al estudio de Historia bíblica. Esto, sin embargo, crea un problema difícil. A menudo la Biblia presenta a Dios como actuando por medio de hechos históricos "ordinarios". El curso de acontecimientos que condujo a Israel al cautiverio de Babilonia y luego produjo su restauración en Palestina, fueron hechos históricos "naturales". Dios utilizó a los caldeos para derrotar al pueblo escogido y desterrarlo de su tierra, pero con todo fue un juicio divino. También utilizó a Ciro, "su ungido" (Is. 45:1), como agente para realizar el propósito divino de devolverle a su pueblo la tierra propia. Dios estaba activo en la historia, llevando a cabo su propósito redentor por medio de la nación de Israel. Este episodio histórico contiene un significado que lo separa de todos los demás en el curso de la Historia. El ojo de la fe puede ver la acción de Dios en los hechos históricos.

A menudo, sin embargo, se presenta a Dios como actuando de formas no usuales. A veces, el hecho revelador asume una forma que el historiador secular moderno llama histórica. El Dios que se revela a sí mismo en la Historia redentora es tanto el Señor de la Creación como el Señor de la Historia y es, por tanto, capaz no sólo de moldear el curso de los sucesos históricos ordinarios, sino también de actuar directamente en formas que trascienden la experiencia histórica común.

La ilustración más elocuente de esto es la resurrección de Cristo. Desde el punto de vista de la crítica histórica científica, la resurrección no puede ser "histórica", porque es un suceso no causado por otro suceso histórico y además no tiene análogos. Dios, y sólo Dios, es la causa de la Resurrección. En consecuencia, no tiene relación causal con otros sucesos históricos. Además, nunca ocurrió nada similar en ninguna parte. La resurrección de Cristo no es la restauración de un muerto a la vida, sino el surgimiento de un nuevo orden de vida – la vida resucitada. Si el relato bíblico es correcto no puede haber ni explicación "histórica" ni analogía de la resurrección de Cristo. En realidad, el hecho mismo de que agravie a la crítica histórica científica es una especie de apoyo negativo a su índole sobrenatural.

El problema subyacente es teológico. ¿Es un suceso así, supuestamente sobrenatural, consecuente con la naturaleza y objetivos del Dios que se ha revelado a sí mismo en la Historia santa? ¿Es la historia como tal la medida de todas las cosas, o es en realidad el Dios vivo el Señor de la Historia? La respuesta bíblica a este problema está fuera de dudas. El Señor de la Historia trasciende a ésta aunque no es ajeno a la misma. Puede, pues, hacer que ocurran en el tiempo y el espacio sucesos que son auténticos y que, con todo, son "suprahistóricos" por naturaleza. Esto significa simplemente que estos sucesos reveladores no los produce la Historia, sino que el Señor de la Historia, que está por encima de la misma, actúa dentro de ella para la redención de las criaturas históricas. La redención de la Historia debe proceder de fuera de la Historia, de Dios mismo. Esto no implica el descuido del método histórico en el estudio de la Biblia. Sí significa que en ciertos momentos la índole de las acciones de Dios es tal que trasciende el método histórico, y que el historiador como tal, nada puede decir acerca de ellas.

Historia y Revelación

Si bien la Revelación se ha dado en la Historia, la Historia reveladora no es meritoria. Dios no actuó en la Historia de manera que los hechos históricos fueran elocuentes en sí mismos y por sí mismos. Cristo murió. Este es un simple hecho histórico que la crítica histórica científica puede dejar establecido a satisfacción. Pero Cristo murió por nuestros pecados. Cristo murió mostrando el amor de Dios. Estos no son "meros" hechos históricos. La cruz por sí mima no habló de amor y perdón. Prueba de esto es la experiencia de quienes vieron morir a Jesús.

¿Alguno de los testigos se sintió acaso sobrecogido por una sensación del amor de Dios, consciente de que estaba contemplando el espectáculo aterrador de la expiación que se hacía por sus propios pecados? ¿Acaso Juan, o María, o el centurión, o el Sumo Sacerdote se arrojaron llenos de gozo al suelo ante la cruz exclamando: "¡Nunca imaginé cuánto me amaba Dios!"?

Los sucesos históricos son reveladores *sólo cuando van acompañados de la palabra reveladora*. Ésta, sin embargo, no es una formulación precisa si sugiere dos modos separados de Revelación. El hecho es que la palabra de Dios es su acción, y su acción es su palabra. Sería, pues, más exacto hablar de la Revelación-acción-palabra.

La acción de Dios es su palabra. Ezequiel describe el cautiverio de Judá con las palabras, "Y todos sus fugitivos, con todas sus tropas, caerán a espada, y los que queden serán esparcidos a todos los vientos; y sabréis que yo Jehová he hablado". (Ez. 17:21). El cautiverio fue en sí mismo la palabra de Dios, para juzgar a Israel. El hecho es una palabra de Dios.

Con todo, el hecho va siempre acompañado de palabras. En este caso, las palabras pronunciadas por el profeta Ezequiel. Nunca se deja que el hecho hable por sí mismo, ni se deja que las personas infieran en las conclusiones del hecho. La palabra hablada siempre acompaña y explica la índole reveladora. Por tanto, la Revelación no es el hecho en sí mismo, sino el hecho-palabra.

Lo mismo hay que decir del Nuevo Testamento. Que *Cristo murió* es un hecho, pero que Cristo murió *por nuestros pecados* es la palabra interpretativa que hace que el hecho sea revelador. Sólo después de que la palabra interpretiva se entregara a los discípulos, éstos entendieron que la muerte de Cristo revelaba el amor de Dios.

Debemos dar un paso más. La palabra de Dios no sólo sigue al hecho histórico y le da una interpretación normativa: a menudo antecede y crea el hecho histórico. La prueba para saber si un profeta pronuncia o no la palabra del Señor consiste en comprobar si su palabra se cumple o no (Dt. 18:22). Porque cuando Dios habla, algo sucede. Ocurren hechos. "Yo Jehová he hablado; así haré a toda esta multitud perversa (…) morirán" (Nm. 14:35). "Jehová ha hablado, y yo lo haré" (Ez. 24:14). "En paz morirás (…) Porque he hablado la palabra, dice Jehová" (Jer. 34:5).

La palabra reveladora puede ser tanto hablada como escrita. Jeremías habló y también escribió la Palabra del Señor. Tanto sus manifestaciones habladas como escritas fueron "las palabras de Jehová" (Jer. 34:4, 6). Con este trasfondo, el Nuevo Testamento se refiere a las Escrituras del Antiguo Testamento como "la Palabra de Dios" (Jn. 10:35). Por este motivo el teólogo tiene razón, es más, así debe mantenerse al reconocer la Biblia como la Palabra de Dios.

La Revelación se ha dado en los sucesos únicos de la historia redentora. Estos acontecimientos se vieron acompañados por la palabra divinamente dada para su interpretación. La palabra, tanto hablada como escrita, es en sí misma parte del hecho total. La Biblia es tanto el registro de esta historia redentora como el resultado de la palabra interpretativa. Es la explicación necesaria y normativa de la índole reveladora de las acciones de Dios, porque está incluida en la revelación de Dios por medio del conjunto acción-palabra que constituye la Revelación.

Teología bíblica y el Canon

Se planteará en algún momento el interrogante de por qué el estudio de la Teología bíblica se limita a los sesenta y seis libros canónicos de la Biblia. ¿No debería usar la literatura intertestamentaria judía? ¿Acaso 1 Enoc no es igual de importante que el libro de Daniel? ¿Y 4 Esdras que el Apocalipsis de Juan? ¿Y Judit que Ester? De hecho, Stauffer insiste en que la "tradición bíblica antigua" en la que se basa la Teología bíblica debería incluir esta literatura judía no canónica. Sin embargo, Stauffer omite un hecho muy importante. Los escritos canónicos son conscientes de participar en la historia redentora en tanto que los escritos no canónicos carecen de este sentido de historia redentora.

La Antigüedad está repleta de registros literarios que preservan las experiencias históricas, las aspiraciones religiosas, las hazañas literarias de otras épocas. En cierto sentido de la palabra, las Escrituras canónicas son como otros escritos antiguos en cuanto son los productos históricos y literarios de hombres que vivieron en un medio histórico distinto para conseguir objetivos inmediatos específicos. Pero hay una diferencia: los escritos de las Escrituras canónicas comparten la índole de Historia santa. Son los relatos que encarnan para nosotros la participación de Dios en la Historia. Hay muchos elementos que comparten por igual los Libros canónicos y los no canónicos. Jubileos y Génesis tratan, en gran parte, de lo mismo, y 1 Enoc y Daniel comparten muchos rasgos de la literatura apocalíptica. Pero los libros que no están en el Canon carecen del sentido de Historia santa que se encuentra en él. El Apocalipsis de Baruc y el Apocalipsis de Juan fueron escritos más o menos al mismo tiempo y ambos tratan de la Escatología apocalíptica, pero uno refleja la esperanza de un futuro feliz, y el otro constituye la conclusión de toda la narrativa bíblica a que conduce la consumación de los propósitos de Dios expresados en los profetas, manifestados en la Encarnación de Cristo, y explicados en las Epístolas. Estos propósitos divinos, que han estado dirigiendo la Historia santa, llegan, por fin, a realizarse de forma perfecta en la consumación final a que conduce toda la Historia divinamente escogida. Los libros canónicos son parte, pues, de una unidad de historia redentora que les es intrínseca y no impuesta desde afuera. No se podría reunir ninguna colección de sesenta y seis libros, mezcla de los escritos judíos apócrifos y de los escritos cristianos apócrifos que mantuviera una unidad íntima como la que se encuentra en los Libros de la Escritura.

Unidad y Diversidad

Como la Teología bíblica describe los hechos divinos en la Historia redentora, cabe esperar progreso en la Revelación. Las varias etapas de la interpretación profética de la historia de la redención son igualmente inspiradas y autoritativas, pero encarnan grados diferentes de captación de los mensajes implicados. La interpretación del Antiguo Testamento acerca de la redención divina ofrece esquemas amplios de la consumación del propósito final de Dios. Algunos estudiosos dan mucha importancia al hecho de que los Profetas tienen muy poco que decir y, a veces nada, acerca de la Era de la Iglesia. Sin embargo, la perspectiva desde la cual Dios les concedió ver a los Profetas los grandes hechos redentores es la de su propio ambiente: la historia de la nación israelita. Así también, algunos estudiosos distinguen claramente entre el "evangelio del Reino" que Jesús proclamó y el "evangelio de gracia" que Pablo predicó, como si fueran evangelios diferentes. Sin embargo, el evangelio del Reino es en esencia el mismo que el evangelio de gracia: las diferencias aparentes se deben a los puntos de vista diferentes que se dan a lo largo de la historia redentora. Debería resultar obvio que si nuestro Señor tuvo gran dificultad en transmitir a sus discípulos que la muerte mesiánica era un *hecho* dentro del propósito divino (Mt. 16:21–23), difícilmente hubiera podido instruirles acerca del *significado* lleno de gracia y redención de esa muerte. Era inevitable que el Evangelio, las buenas nuevas de la Redención, se presentaran en términos diferentes según fuera antes del suceso o después del mismo.

Por la misma razón, debemos esperar diversidad dentro de una unidad básica y, de hecho, esto es lo que encontramos. En la generación anterior algunos eruditos solían encontrar en la Teología bíblica una diversidad tan radical que destruía cualquier unidad genuina. Sin embargo, la crítica reciente reconoce en gran parte la unidad fundamental. De hecho, A. M. Hunter llega hasta el extremo de expresar el deseo de que todos los libros de texto futuros acerca de la Teología del Nuevo Testamento se escriban desde un punto de vista sintético y no analítico. Creemos, sin embargo, que este enfoque sintético, que siguen Richardson, Filson, Stauffer e incluso F. C. Grant, prescinde del importante hecho del desarrollo dentro del Nuevo Testamento. Hay mucha riqueza en la variedad de la Teología del Nuevo Testamento que no debe sacrificarse. Las enseñanzas del Reino de Dios en los Evangelios Sinópticos, la Vida eterna en Juan, la Justificación y la Vida en Cristo en Pablo, el Sumo Sacerdote celestial en Hebreos y el Cordero que es León e Hijo del Hombre que triunfa en Apocalipsis son diversas formas de describir los distintos aspectos y profundidad de significado encarnados en el Único Gran Evento Redentor: la persona y obra de Jesucristo. Se pierde mucho cuando no se reconoce esta variedad. Nuestro procedimiento, por tanto, no será un desarrollo monocromático de los distintos temas de la Redención, sino que trataremos de presentar el desarrollo, progreso y diversidad de significado que se plasman en los sucesos redentores de la Teología del Nuevo Testamento.

Este tema se desarrolla de forma más extensa en el ensayo de David Wenham que aparece al final de esta obra (capítulo 46).

Primera parte

LOS EVANGELIOS SINÓPTICOS

Capítulo 2

Juan el Bautista

Un nuevo profeta

El significado del ministerio de Juan el Bautista se puede valorar sólo cuando se enmarca en su tiempo. Durante siglos, la voz viva de la profecía no se había dejado sentir. Dios ya no hablaba directamente a su pueblo por medio de una voz humana para dar a conocer su voluntad, para interpretar la razón de la opresión de Israel a manos de los gentiles, para condenar sus pecados, para llamar al arrepentimiento nacional, para amenazar con el juicio si no había tal arrepentimiento, ni para prometer liberación si la nación respondía.

En lugar de la voz viva de la profecía había dos canales de vida religiosa, ambos derivados de una fuente común: la religión escriba, que interpretaba la voluntad de Dios estrictamente en función de la obediencia a la Ley escrita, según la interpretaban los escribas y los apocalípticos, quienes además de la Ley basaban sus esperanzas de salvación futura en los escritos apocalípticos elaborados, por lo general, a partir de un modelo pseudoepigráfico. No tenemos pruebas de que ninguno de los apocalípticos que produjeron un corpus literario tan extenso, se presentara nunca ante el pueblo como heraldo de la liberación escatológica venidera, como predicador de salvación, o sea, como voz profética que anunciara al pueblo "Así dijo el Señor." Tampoco hay pruebas de que sus escritos crearan movimientos escatológicos populares produciendo la expectativa de una intervención inminente de Dios para introducir su Reino. Esto habría sido el resultado inevitable si los apocalípticos hubieran encarnado el genuino espíritu profético. Los qumranianos esperaban una apocalíptica temprana, pero se retiraron al desierto y no trataron de preparar al pueblo para el fin.

Los movimientos de los que queda constancia fueron más bien rebeliones político-militares contra Roma, no pocas en número. Golpear a Roma significaba apoyar el Reino de Dios. Repetidas veces se levantaron en armas grandes grupos de gente, no sólo en apoyo de la independencia nacional, sino para implantar el Reino de Dios, para que sólo Dios y no Roma reinara sobre su pueblo.

Algunos estudiosos han interpretado la comunidad de Qumrán como un movimiento escatológico profético. Estos sectarios creían en realidad que estaban inspirados por el Espíritu Santo, pero esta inspiración los condujo a encontrar nuevos significados en las escrituras del Antiguo Testamento, no a pronunciar una nueva palabra profética: "Así dice el Señor". En el sentido literal de la palabra, la comunidad de Qumrán fue un movimiento legalista. Además, no tenía ningún mensaje para Israel, sino que se retiró al desierto para obedecer la Ley de Dios y esperar la venida del Reino.

El significado histórico de la inesperada aparición de Juan sólo se podrá captar bien con este trasfondo. De repente, a un pueblo que se debatía bajo un régimen pagano que había usurpado la prerrogativa que sólo a Dios le correspondía, que clamaba por la llegada del Reino de Dios y que sentía que Dios permanecía callado, se le apareció un nuevo profeta con el anuncio: "El reino de Dios está cerca".

Al acercarse a la madurez, Juan sintió un impulso interior que lo apartó de los centros de población para llevarlo al desierto (Lc. 1:80). Al cabo de unos años, al parecer dedicados a la meditación y a la espera de Dios, "vino palabra de Dios a Juan" (Lc. 3:2), en respuesta a la cual Juan se apareció en el valle del Jordán para anunciar de forma profética que el Reino de Dios estaba cerca.

La indumentaria de Juan — el manto de pelo y el cinto de cuero –parece ser una imitación ex profeso de los distintivos externos del profeta (cf. Zac. 13:4; 2 R. 1:8, LXX). Algunos eruditos piensan que Juan quiso con ello indicar que se creía ser Elías, pero, según Juan 1:21, Juan negó tal cosa.

Todo el comportamiento de Juan fue de carácter profético. Anunció que Dios estaba a punto de entrar en acción a fin de manifestar su poder real, que en previsión de semejante acontecimiento las personas debían arrepentirse y, como prueba de arrepentimiento, debían someterse al bautismo. Todo esto lo hace por su propia autoridad profética, causado por la palabra de Dios que le había llegado. No es difícil imaginar la expectativa que crearía la aparición de un nuevo profeta con semejante anuncio lleno de emoción. Dios, quien durante siglos, según el pensamiento judío de la época, había permanecido inactivo, por fin comienza a tomar la iniciativa para cumplir las promesas de los profetas y para traer la plenitud del Reino. Al parecer, por toda Judea se difundió como fuego la noticia de la aparición de este nuevo profeta con el resultado de que grandes multitudes acudieron al Jordán, donde estaba predicando (Mc. 1:5), para escuchar su mensaje y someterse a sus exigencias. Por fin, Dios había enviado a un profeta para que manifestara su divina voluntad (Mc. 11:32; Mt. 14:5).

La crisis inminente

El anuncio que hizo Juan acerca de la próxima actividad divina en el Reino conllevaba dos aspectos. Tenía que sobrevenir un doble bautismo: el del Espíritu Santo y el de fuego (Mt. 3:11 = Lc. 3:16). Marcos, en su muy resumido relato del ministerio de Juan, menciona únicamente el bautismo del Espíritu (Mc. 1:8).

Este anuncio de Juan ha recibido dos interpretaciones distintas. La idea preponderante es que Juan anunció tan sólo un bautismo de fuego. Proclamó un juicio inminente de fuego purificador. La idea del bautismo del Espíritu se considera como un agregado cristiano a la luz de la experiencia de Pentecostés. Otro punto de vista es que el bautismo de *pneuma* no es el Espíritu

Santo, sino el soplo poderoso del Mesías que destruirá a sus enemigos (Is. 11:4; 4 Esd. 13), o el viento del juicio divino que soplará sobre la era para llevarse la paja.

Un tercer punto de vista afirma que Juan anuncia un solo bautismo que incluye dos elementos, el castigo de los malos y la purificación do los buenos.

Otro punto de vista lo sugiere el contexto. El que ha de venir bautizará a los justos con el Espíritu Santo y a los malos con fuego. Juan anuncia, como opina Dunn, un solo bautismo, pero es un bautismo que conlleva dos elementos. La palabra "bautismo" se utiliza, desde luego, en sentido metafórico sin ninguna relación con el bautismo de agua. Es cierto que el Antiguo Testamento y el judaísmo no esperaban que el Mesías confiriera el Espíritu, pero no hay razón para negarle a Juan un elemento nuevo.[10]

La expectativa de una manifestación escatológica del Espíritu encuentra una amplia base en el Antiguo Testamento. En una de las profecías del "siervo" de Isaías, Dios promete derramar su Espíritu sobre los descendientes de Jacob con poder vivificante y dador de vida (Is. 44:3–5). Este derramamiento del Espíritu de Dios será un elemento básico para producir una transformación de la era mesiánica en la que el Rey gobernará con justicia y prosperidad, y la justicia y la paz prevalecerán (Is. 32:15). Ezequiel promete la resurrección de la nación cuando Dios ponga su Espíritu dentro de ellos para darles vida (Ez. 37:14). Dios les dará un corazón y espíritu nuevos al poner dentro de ellos su Espíritu, capacitándolos para caminar en obediencia a la voluntad de Dios (Ez. 36:27). En Joel se reitera una promesa parecida (Jl. 2:28–32). El gran y terrible Día del Señor irá acompañado de un gran derramamiento del Espíritu y de señales apocalípticas en los cielos y la tierra. Juan anuncia que estas promesas están a punto de cumplirse, no por su propio medio, sino por medio de alguien que le seguirá. El que ha de venir bautizará con el Espíritu Santo. El gran derramiento mesiánico del Espíritu está a punto de darse. Frente a este trasfondo de expectativa mesiánica no existe ninguna razón válida para insistir en que Juan sólo anunció un bautismo de juicio.

Juan también anuncia un bautismo de fuego. Por el contexto resulta claro que ello se refiere al juicio. El significado del doble bautismo con el Espíritu y el fuego se describe más en detalle con la metáfora de la limpieza de la era: el trigo se colocará en el granero mientras que la paja se consumirá con fuego inextinguible (Mt. 3:12; Lc. 3:17). La descripción del fuego como "inextinguible" apunta a un juicio escatológico porque sobrepasa los límites de los medios ordinarios para destruir la paja (cf. Is. 1:31; 66:24; Jer. 7:20). La venida del Reino, la inminente venida divina, afectará a toda la humanidad. Habrá una distinción: a algunos los apartará el granjero divino y serán bautizados con el Espíritu Santo; otros serán destruidos en juicio con el bautismo de fuego. Esta perspectiva de un juicio venidero se enfatiza más con la advertencia de Juan: "¿Quién os enseñó a huir de la ira venidera?" El juicio está cerca y los árboles estériles serán cortados y arrojados al fuego (Mt. 3:7–10; Lc. 3:7–9). El carácter drástico de este anuncio se puede entender si recordamos que en un país pobre como Palestina, no es normal que se destruyan con fuego los árboles estériles, sino que se guardan para utilizar la madera con fines domésticos o de manufactura. En el anuncio de Juan los árboles estériles serán consumidos en un ígneo holocausto de juicio.

El anuncio de Juan acerca del Reino preveía el cumplimiento de la expectativa del Antiguo Testamento en una doble dirección. Dios va a actuar con su poder real para la salvación de los justos y el juicio de los malos, los dos temas centrales que se encuentran en todo el Antiguo Testamento. El carácter del juicio entra dentro de la categoría "apocalíptica". El juicio de fuego no contempla la presencia histórica de Dios actuando a través de una nación, un agente "ungido" (Is. 45:1), en el que visita a Israel como tal con un juicio histórico de guerra. Es más un juicio de personas, realizado por un individuo mesiánico, con fuego apocalíptico. Esta clase de juicio se prevé en el Antiguo Testamento (Mal. 4:1; Nah. 1:6; Is. 30:33), y la idea se desarrolla extensamente en la literatura intertestamentaria.

Es evidente que Juan, como los profetas del Antiguo Testamento, considera estos dos actos mesiánicos como dos aspectos de una sola visita, aunque no se afirme explícitamente tal hecho. Sin duda, Juan consideró que se daban simultáneamente. Los debía llevar a cabo un personaje mesiánico al que Juan describe con la más sencilla de las frases: el que viene tras de mí (Mt. 3:11), que no era un título mesiánico de la época. No resulta claro cuál es, según Juan, el carácter de este libertador y juez mesiánico. Juan no utiliza para describirlo ni "Mesías" ni "Hijo del Hombre" ni "Siervo". El hecho de que sea el *agente* del juicio sugiere que será una persona sobrehumana más que un rey de la casa de David. Los *Salmos de Salomón*, escritos menos de cien años antes, prevén un rey de la casa de David, el Ungido del Señor, que establecerá el Reino con la destrucción de los perversos, "con la palabra de su boca" (*Sal. Salomón* 17:27), o sea, con poder sobrenatural. En la expectativa de Juan se percibe algo más que esto. El juicio de fuego parece sugerir un evento que acabaría con el siglo presente para comenzar el siglo venidero. Merece notarse que el anuncio de Juan trasciende la expectativa corriente del Antiguo Testamento ya que el personaje mesiánico va a ser tanto Salvador como Juez, en tanto que en el Antiguo Testamento es un rey de la casa de David que no actúa para el establecimiento del Reino.

El bautismo de Juan

Con el fin de preparar al pueblo para el Reino venidero, Juan los invita a arrepentirse y a someterse al bautismo de agua. El arrepentimiento (*metanoia*) es una idea del Antiguo Testamento y significa simplemente apartarse (*shub*) del pecado para volver a Dios. Dios llamó al Israel apóstata diciendo: "convertíos y volveos de vuestros ídolos, y apartad vuestro rostro de todas vuestras abominaciones" (Ez. 14:6; ver 18:30; Is. 55:6–7). La idea de conversión se expresa con el modismo de volver o regresar al Señor (Is. 19:22; 55:7; Ez. 33:11; Os. 14:1; Jl. 2:13). "Conversión" expresa la idea mejor que arrepentimiento. "Arrepentimiento" sugiere, sobre todo, pesar por el pecado; *metanoia* sugiere cambio de mente; la idea hebrea implica que el hombre da una vuelta total hacia Dios.

La literatura apocalíptica enfatizó poco la conversión. Israel era el pueblo de Dios porque era la única nación que había recibido la Ley (4 Esd. 7:20, 23). Dios hizo el mundo por Israel (4 Esd. 6:55; 7:11) y le dio la Ley para que pudiera salvarse (*Ap. Bar.* 48:21–24). Cuando Dios traiga el Reino, Israel se reunirá para gozar de la salvación mesiánica (*Sal. Salomón* 17:46) y para ser testigo del castigo de los gentiles (*As. Mos.* 10:7–10). El problema de los escritores apocalípticos era que el pueblo de Dios era obediente a la Ley aunque seguía sufriendo graves males.

En los escritos rabínicos hay una evidente contradicción en cuanto al arrepentimiento. Por una parte, los hijos de Abraham creyeron que su fidelidad había creado un depósito cuyo mérito estaba a disposición de todos los judíos. Por otra parte, los rabinos le daban tanto valor al arrepentimiento que ha llegado a decirse que tal concepto es la doctrina judía de la salvación.[16] La razón estriba en que se entiende el arrepentimiento a la luz de la Ley. La idea prevalente de *teshuba* (arrepentimiento) es la legal. La conversión significa volver a la Ley en obediencia a la voluntad expresa de Dios. Significa, por tanto, hacer obras buenas. La conversión se puede repetir cuando se incumplen los mandamientos y luego se vuelve a la obediencia.[18]

La idea de arrepentimiento también se enfatiza en la literatura de Qumrán, en la que los sectarios se llamaban a sí mismo, "los convertidos de Israel" (CD 6:5; 8:16) y enfatizaban tanto la pureza ritual como la conversión interna. "Que (el malo) no entre en el agua para tocar la purificación del santo, porque el hombre no es puro a no ser que se convierta de su maldad. Porque está manchado mientras incumpla su palabra" (1QS 5:13–14). Los sectarios practicaban a diario purificaciones corporales frecuentes para conseguir pureza ritual. Pero estas aguas de purificación tenían significado sólo cuando había, simultáneamente, rectitud moral (1QS 3:4–9). Sin embargo, todo el contexto de la conversión qumraniana significaba separación social de "los hijos de las tinieblas" y obediencia estricta a la interpretación sectaria de la Ley. Este punto de vista de ellos ha venido a denominarse "idea legalista de la conversión", por la que el ser humano "se separa del pecado y se aparta completamente de los pecadores para observar la Ley en su forma más pura".

El bautismo de Juan rechazaba cualquier idea de rectitud nacionalista o legal y exigía una vuelta religioso-moral a Dios. No aceptaba que un pueblo fuera justo. Sólo los que se arrepienten, los que manifiestan arrepentimiento con una conducta diferente, eludirán el juicio venidero. De nada servirá ser descendiente de Abraham para vivir la salvación mesiánica. Los árboles estériles serán cortados y quemados, aunque, según la creencia de la época, hayan sido plantados por el Señor. La base de la salvación mesiánica es fundamentalmente ético-religiosa y no nacionalista. Juan amonestó en términos violentos a los líderes religiosos de Israel (Mt. 3:7) a que huyeran, como serpientes ante el fuego, de la ira venidera. También éste es lenguaje escatológico con trasfondo del Antiguo Testamento. El pensamiento judío de la época esperaba la visita de la ira de Dios, pero para que cayera sobre los gentiles. Juan dirige la ira hacia los judíos no arrepentidos.

Lucas ilustra el cambio que Juan pedía. Los que poseían en abundancia debían ayudar a los necesitados. Los cobradores de impuestos, en lugar de oprimir al pueblo para obtener más y más, deben recaudar sólo lo establecido. Esta exigencia los "haría enfrentarse con las estructuras económicas y sociales de las que eran parte". A los soldados se les decía que se contentaran con la paga que tenían y que no se dedicaran a saqueos.

Un punto difícil es el de la relación exacta entre el bautismo de Juan y el perdón de pecados. Muchos eruditos le ven un significado sacramental a su bautismo; es "un acto sacramental de purificación que produce la remisión de pecados (…) y la conversión". Marcos (1:4) y Lucas (3:3) hablan de un "bautismo de arrepentimiento para (*eis*) perdón de pecados". Lucas 3:3 muestra que el "arrepentimiento para (*eis*) perdón de pecados" es una expresión compacta y deberíamos, probablemente, entender toda la frase de Lucas 3:3 como descripción del bautismo, con *eis* relacionado sólo con arrepentimiento. No es un *bautismo* de arrepentimiento el que produce perdón de pecados, sino que el bautismo de Juan es la expresión del *arrepentimiento* que lleva al perdón de pecados.

El origen del bautismo de Juan

Los eruditos no están de acuerdo con respecto al origen del bautismo de Juan. Algunos (Robinson, Brown, Scobie) piensan que Juan adaptó las purificaciones de los qumranianos a su bautismo de arrepentimiento. Scobie da mucha importancia a un pasaje del *Manual de Disciplina* (1QS 2:25–3:12) en el que encuentra una purificación de iniciación (bautismo). Sin embargo, no resulta claro que los qumranianos tuvieran un bautismo distinto de iniciación. El contexto de este pasaje sugiere las purificaciones cotidianas de los que ya eran miembros de la secta.[26] Sigue siendo posible que Juan las adaptara, no obstante, a un solo rito irrepetible y escatológico.

Otros ven los antecedentes en el bautismo de prosélitos. Cuando un gentil abrazaba el judaísmo, tenía que someterse al baño ritual (bautismo) y a la circuncisión, y ofrecer sacrificios. El problema es que el bautismo de prosélitos se efectuaba ya en la época del Nuevo Testamento. A veces se niega tal cosa, pero los expertos en literatura judaica lo afirman.[28] Como la inmersión de prosélitos la exponen en la Mishnah, las escuelas de Hillel y Shammai, resulta que la práctica se remonta hasta muy cerca de la época neotestamentaria.

Algunos estudiosos han argumentado que sería demasiado paradójico que Juan tratara a los judíos como si fueran paganos, pero puede muy bien ser que éste sea precisamente el punto de partida del bautismo de Juan. El acercamiento del Reino de Dios significaba que los judíos no podían encontrar seguridad en el hecho de que fueran hijos de Abraham; que los judíos, aparte del arrepentimiento, no tenían más seguridad de entrar en el Reino que los gentiles; que tanto judíos como gentiles debían arrepentirse y manifestar ese arrepentimiento sometiéndose al bautismo.

Hay ciertos elementos de similitud entre el bautismo de Juan y el bautismo de prosélitos. En ambos ritos, el candidato se sumergía totalmente o lo sumergían totalmente en agua. Ambos bautismos implicaban un elemento ético por cuanto la persona bautizada rompía con su antigua forma de conducta para dedicarse a una vida nueva. En ambos casos, el rito era de iniciación, para introducir al bautizado en una nueva comunión: uno en la comunión del pueblo judío, el otro en el círculo de aquellos que estaban dispuestos a compartir la salvación del Reino mesiánico venidero. Ambos ritos, en contraste con las purificaciones judías corrientes, se realizaban una vez para siempre.

Hay, sin embargo, varias diferencias marcadas entre los dos bautismos. El de Juan era de naturaleza escatológica, o sea, su *raison d'être* era preparar a las personas para el Reino venidero. Este hecho le da al bautismo de Juan su naturaleza irrepetible. La diferencia más notable es que, en tanto que el bautismo de prosélitos se administraba sólo a gentiles, el de Juan se impartía a los judíos.

Es posible que los antecedentes del bautismo de Juan no sean ni el bautismo qumraniano ni el de prosélitos, sino simplemente las purificaciones rituales del Antiguo Testamento. A los sacerdotes se les exigía que se lavaran antes de realizar sus funciones en el santuario, y al pueblo se le pedía que efectuara ciertos ritos de purificación en varias ocasiones (Lv. 11–15; Núm. 19). Muchas expresiones proféticas bien conocidas exhortan a la purificación moral bajo la metáfora de limpiarse con agua (Is. 1:16ss.; Jer. 4:14), y otras prevén una purificación a manos de Dios en los últimos tiempos (Ez. 36:25; Zac. 13:1). Además, Isaías 44:3 relaciona el don del Espíritu con la purificación futura. Cualesquiera que sean los antecedentes, Juan da un nuevo significado al rito de inmersión cuando invita al arrepentimiento ante el Reino venidero.

Jesús y Juan

El significado del ministerio de Juan lo explica Jesús en un difícil pasaje, Mt. 11:2ss. Después de haber sido encarcelado, Juan envió a Jesús a unos discípulos para que le preguntaran si era o no el Cristo. Muchos han interpretado esto en el sentido de que durante su encarcelamiento a manos de Herodes Antipas Juan se sintió desalentado y comenzó a poner en duda la realidad de su propio llamamiento y misión. Sin embargo, la clave se encuentra en Mateo 11:2: "Y al oír Juan (...) los hechos de Cristo". El punto es que no eran los hechos que Juan esperaba. No era ni bautismo de Espíritu ni de fuego. El Reino no había venido. El mundo seguía igual. Lo que Jesús hacía no era sino predicar amor y sanar enfermos. Esto no era lo que Juan había esperado. Nunca había puesto en duda su llamamiento y mensaje, sólo se interrogaba acerca de si Jesús era en realidad el que había de traer el Reino con poder apocalíptico.

Como respuesta, Jesús afirmó que la profecía mesiánica de Isaías 35:5 se había ido cumpliendo en su misión. Habían llegado los días del cumplimiento mesiánico. Luego le dio a Juan un espaldarazo de elogio; nunca antes había sido alguien tan grande, aunque el menor en el Reino de los cielos es mayor que él. "Desde los días de Juan el Bautista hasta ahora, el reino de los cielos *biazetai* (…) Porque todos los profetas y la ley profetizaron hasta Juan" (Mt. 11:12, 13). Luego Jesús afirmó que Juan era el Elías que habría de anunciar el Día del Señor (Mal. 4:5). Es imposible decidir si la expresión "desde los días de Juan" tiene un sentido inclusivo o exclusivo: empezando con los días de Juan o *a partir* de los días de Juan. Wink hace mucho hincapié en este pasaje para argüir que la preposición *apo* en expresiones temporales es siempre inclusiva. Argumenta que la forma de hablar incluye a Juan en la era del Reino. Sin embargo, esto no parece exacto. En Mateo 1:17 "desde David hasta la deportación" es exclusiva; David pertenece al período desde Abraham hasta David. La expresión, "ni osó alguno desde aquel día preguntarle más" (Mt. 22:46) significa "después de aquel día" en sentido exclusivo. Le hacían preguntas a Jesús acerca de ese día. Además, en el contexto, Juan no está en el Reino aunque era el mayor de los profetas. El último en el Reino es mayor que Juan (Mt. 11:11). Concluimos que Jesús quiere decir que Juan es el mayor de los profetas; de hecho él es el último de los profetas. Con él llega a su fin la era de la Ley y los profetas. A partir de Juan, comienza a actuar en el mundo el Reino de Dios y el último en esta nueva era conoce más bendiciones que las que Juan conoció, porque disfruta de la comunión personal con el Mesías y de las bendiciones que ello conlleva. Juan es el heraldo que indica que ha concluido la Antigua Era y que la nueva está a punto de aparecer.

Juan en el Cuarto Evangelio

El relato del ministerio de Juan en el Cuarto Evangelio es bastante diferente del que se encuentra en los Sinópticos, porque Juan describe al que ha de venir como el Cordero de Dios que quita los pecados del mundo (Jn. 1:29). La crítica moderna suele ver en el relato juanino una reinterpretación radical del ministerio de Juan por parte de la iglesia cristiana a la luz del ministerio mismo de Jesús. El anuncio sinóptico se deja de lado para centrarse en la Soteriología. El relato de Juan, por tanto, no es Historia sino reinterpretación teológica. Sin embargo, esta conclusión resulta del todo innecesaria y prescinde de hechos importantes. El relato es históricamente consecuente y sicológicamente razonable tal cual lo tenemos. El relato del Evangelio de Juan presume los sucesos de los Evangelios Sinópticos. Así se indica claramente en Juan 1:32–33, donde ya ha ocurrido el bautismo de Jesús, y también por el hecho de que la misión de los sacerdotes y levitas para interrogar a Juan acerca de su autoridad debe haberse originado en sucesos como los que se describen en los Evangelios Sinópticos. El Cuarto Evangelio no pretende ofrecer un relato diferente del de los Sinópticos, sino que representa una tradición diferente.

Esta proclamación distinta del ministerio mesiánico del Bautista debe entenderse como la interpretación que hace Juan de su experiencia en el bautismo de Jesús y bajo ulterior iluminación profética. Debería recordarse que si bien el ministerio del Bautista en los Sinópticos tiene varios puntos de contacto con el pensamiento escatológico y apocalíptico de la época, los elementos de divergencia son todavía más evidentes. "El misterio esencial de la percepción profética y de la inspiración divina" no puede explicarse con las limitaciones de una metodología naturalista. El historiador cristiano no negará, pues, su realidad, porque es uno de los hechos básicos de la historia bíblica. La misma inspiración profética que condujo a Juan a anunciar la inminencia de la actividad divina para la salvación mesiánica, ahora, a la luz de su experiencia frente a Jesús, lo impulsa a agregar algo más. Cuando Jesús llegó a Juan para que lo bautizara, Juan reconoció que se encontraba ante la presencia de una persona diferente de los otros hombres. Jesús no tenía pecados que confesar ni lo llevaba al arrepentimiento ningún sentimiento de culpa. No podemos decidir si el reconocimiento por parte de Juan de la ausencia de pecado en Jesús se basó en una conversación en la que le hizo preguntas indagadoras o solamente en una iluminación profética. Es probable que hubiera algo de ambos elementos. Sea como fuere, Juan se convenció de su propia condición de pecado frente a la ausencia total del mismo en Jesús. Sin embargo, Jesús insistió en ser bautizado a fin de cumplir "toda justicia" (Mt. 3:15). En el acto del bautismo Dios le mostró a Juan que Jesús no sólo era hombre sin pecado, sino en realidad el que había de venir y Juan mismo había anunciado (Jn. 1:31–33). Al meditar más Juan acerca del significado de estos sucesos, el Espíritu profético lo condujo a agregar un nuevo elemento a su mensaje en que el que había de venir era el Cordero de Dios que quita el pecado del mundo.

Otro elemento en la descripción que hace Juan del que había de venir, según RV, NVI y DHH, es que es el Hijo de Dios (1:34). Sin embargo, otras versiones dicen "Éste es el Escogido de Dios", y esta versión la siguen Brown y Morris. Se basa en una variación textual muy fuerte que se encontró posiblemente en un papiro del siglo tercero y, sin duda alguna, en la Escritura original del Sinaítico, en las versiones antiguas latina y siríaca y en varios Padres. Como lo señalan tanto Brown como Morris, es fácil explicar el cambio de texto de "Escogido de Dios" a "Hijo de Dios" pero no sería fácil explicar el proceso inverso. Si aceptamos esta lectura, Juan está diciendo que Jesús es el objeto del llamamiento divino, y esto no presenta ningún problema teológico.

Capítulo 3

La necesidad del Reino: el mundo y la humanidad

Poco después de ser bautizado por Juan el Bautista, Jesús inició su ministerio de proclamar el Reino de Dios. Marcos describe el inicio de dicho ministerio con las palabras "después que Juan fue encarcelado, Jesús vino a Galilea predicando el evangelio del reino de Dios, diciendo: el tiempo se ha cumplido, y el reino de Dios se ha acercado" (Mc. 1:14–15). Mateo sintetiza dicho ministerio con las palabras: "y recorrió Jesús toda Galilea, enseñando en las sinagogas de ellos, y predicando el evangelio del reino, y sanando toda enfermedad y toda dolencia en el pueblo" (Mt. 4:23). Lucas relata un incidente en Nazaret donde Jesús leyó una profecía acerca de la venida del Ungido por el Espíritu del Señor. Este ungido proclamaría la venida del año aceptable del Señor, y luego afirmó, "Hoy se ha cumplido esta Escritura delante de vosotros" (Lc. 4:18–21). No se pueden entender el mensaje y los milagros de Jesús a no ser que se interpreten en el marco de su idea acerca del mundo y de la humanidad, y de la necesidad de la venida del Reino.

Dualismo escatológico

Los profetas del Antiguo Testamento esperaban el Día del Señor y la visita divina que purificaría el mundo del mal y del pecado para constituir el Reino perfecto de Dios en la tierra. Encontramos, pues, en el Antiguo Testamento, un contraste entre el orden actual de cosas y el orden redimido del Reino de Dios. La diferencia entre los órdenes antiguo y nuevo se describe de manera diferente, con grados distintos de continuidad y discontinuidad entre ambos; Amós (9:13–15) describe el Reino en términos muy de este mundo, en tanto que Isaías ve el orden nuevo como los cielos nuevos y la tierra nueva (Is. 65:17).

La idea de un orden nuevo redimido se describe en términos diferentes en la literatura del judaísmo tardío. A veces se describe el Reino de Dios en términos muy mundanos, como si el orden nuevo significara sencillamente la perfección del orden antiguo a veces conlleva una transformación radical del orden antiguo de forma que se describe el orden nuevo con un idioma transcendental.[3] En algunos apocalipsis tardíos, hay primero un reino terrenal temporal, seguido de un nuevo orden eterno transformado.

En algún momento de este desarrollo histórico surgió una nueva expresión de este siglo y el siglo venidero. No podemos determinar con precisión la evolución de la expresión. La primera prueba de que se dispone se encuentra en *1 Enoc* 71:15, que se refiere al "mundo venidero" y, probablemente, representa el *olam haba* hebreo – el siglo venidero. La expresión no adquiere su significado pleno en la literatura judía hasta el siglo primero d. C. en los libros 4 Esdras y *Apocalipsis de Baruc*.

La expresión acerca de dos siglos se volvió muy común en la literatura rabínica a partir de *Pirke Aboth*, que contiene refranes rabínicos del siglo tercero A. C. La más antigua de estas referencias no parece ser anterior al siglo primero d. C.

Cualquiera que sea el origen de esta expresión concreta, la idea que expresa se remonta al contraste que presenta el Antiguo Testamento entre el mundo presente y el mundo futuro redimido. Proporciona el marco de referencia para todo el mensaje y ministerio de Jesús que relatan los Evangelios Sinópticos. La expresión completa se encuentra en Mateo 12:32: "al que hable contra el Espíritu Santo, no le será perdonado, ni en este siglo ni en el venidero. Aunque la expresión en este lugar podría ser una fórmula especial de Mateo, vuelve a aparecer en la pregunta del joven rico acerca del camino hacia la vida eterna. En la conversación posterior con los discípulos, Jesús contrapone la situación de ellos "en este tiempo" con la vida eterna que experimentarán "en el siglo venidero" (Mt. 10:30). La expresión "este tiempo" (*en tó kaió toutó*) es sinónimo de "este siglo" (ver Ro. 8:18).

Cullmann ha expuesto correctamente la idea de que el dualismo escatológico es la infraestructura de la historia redentora. En el Nuevo Testamento no hay ninguna palabra para "eternidad", y no debemos pensar en ella como hicieron los griegos, en algo distinto del tiempo. En el pensamiento bíblico eternidad es tiempo sin fin. En el helenismo la humanidad anhela la liberación del ámbito temporal para estar en un mundo del más allá atemporal, pero en el pensamiento bíblico el tiempo es la esfera de la existencia humana tanto ahora como en el futuro. La impresión que produce una versión de Apocalipsis 10:6, "el tiempo no sería más", la corrigen otras versiones cuando dicen, "ya no habrá más demora". Todo el Nuevo Testamento expresa la idea de eternidad con la frase *eis ton aióna*, traducida como "para siempre" o "jamás" (Mc. 3:29) o *eis tous aiónas* (Lc. 1:33, 55) o a veces *eis tous aiónas tón aionon* (Gá. 1:5; 1 P. 4:11; Ap. 1:18), traducida "por los siglos de los siglos."

El siglo venidero y el Reino de Dios a veces son términos intercambiables. En respuesta al joven rico que preguntaba cuál era el camino hacia la vida eterna, Jesús contestó que la vida eterna es la vida del siglo venidero (Mc. 10:30). Siempre se considera el siglo venidero desde el punto de vista del propósito redentor de Dios para la humanidad, no desde el punto de vista del injusto. La consecución de "ese siglo", es decir, del siglo venidero, es una bendición reservada para el pueblo de Dios. Se iniciará con la resurrección de los muertos (Lc. 20:35) y es el siglo en el que ya no habrá muerte. Los que lo alcanzan serán como los ángeles por cuanto serán inmortales. Sólo entonces experimentarán todo lo que significa ser hijos de Dios (Lc. 20:34–36). La vida resucitada es, por tanto, vida eterna – la vida del siglo venidero – la vida del Reino de Dios.

No sólo la resurrección señala la transición de este siglo al venidero: la parusía de Cristo indicará la finalización de este siglo (Mt. 24:3). El Hijo del Hombre vendrá con poder y gran gloria y enviará a sus ángeles para que reúnan a los elegidos de los cuatro puntos cardinales de la tierra en el Reino de Dios (24:30–31).

La versión que ofrece Mateo de las parábolas del Reino habla tres veces del fin del siglo (Mt. 13:39, 40, 49), pero el concepto persiste en todos los Evangelios. La parábola del trigo y la cizaña (Mt. 13:36–43) contrapone la situación en este siglo a la que existirá en el Reino de Dios. En este siglo, el trigo y la cizaña – hijos del Reino e hijos del Maligno – viven juntos en una sociedad mixta. La separación de justos e injustos se producirá únicamente en la cosecha – el juicio. Luego "todos los que sirven de tropiezo" y "los que hacen iniquidad" sufrirán el juicio divino, mientras que "los justos resplandecerán como el sol en el reino de su Padre" (Mt. 13:42–43).

La naturaleza de este siglo es tal que se contrapone al siglo venidero y al Reino de Dios. Así se presenta en la parábola del sembrador. El sembrador siembra la semilla, que es "la palabra del reino" (Mt. 13:19). La palabra parece echar raíz en muchas vidas, pero las preocupaciones de este siglo (Mc. 4:19; Mt. 13:22) la ahogan de modo que resulta estéril. Desde este punto de vista, este siglo no es pecaminoso en sí mismo, sino que cuando las preocupaciones de la vida se convierten en el objeto principal de interés de modo que los hombres olvidan el Reino de Dios, entonces se vuelven pecaminosas.

Pablo va más lejos aún que las palabras de Jesús y habla acerca del "presente siglo malo" (Gá.1:4) La sabiduría de este siglo no puede alcanzar a Dios (1 Co. 2:6). Exhorta a los romanos a que no se conformen a este siglo, sino a que se transformen con el poder nuevo que actúa en aquellos que creen en Cristo (Ro. 12:2). Todo esto es consecuente con el concepto de los dos siglos que se encuentra en los Sinópticos.

En este dualismo escatológico, Jesús y Pablo tuvieron la misma idea del mundo que predominaba en el judaísmo. Es en esencia la idea apocalíptica de la Historia. Algunos estudiosos defienden que esa idea no era un desarrollo natural de la genuina esperanza profética hebrea, la cual buscaba un reino terrenal dentro de la Historia. Sin embargo, se puede argüir que la esperanza profética del Antiguo Testamento respecto a la venida del Reino conllevaba siempre una entrada catastrófica por parte de Dios e implicaba siempre continuidad y discontinuidad respecto al orden antiguo. Vos opina que este dualismo escatológico que se desarrolla en el judaísmo se introdujo debido a la inspiración divina ejercida sobre los escritores de la época del Nuevo Testamento. De ser así, fue un desarrollo de la esperanza profética del Antiguo Testamento.

En resumen, este siglo, que se extiende desde la creación hasta el Día del Señor, que en los Evangelios se designa en función de la parusía de Cristo, de la resurrección y el juicio, es el siglo de la existencia humana caracterizada por la debilidad y mortalidad, del mal, del pecado y de la muerte. El siglo venidero verá la realización de todo lo que significa el Reino de Dios y será el siglo de resurrección en la eterna vida del Reino de Dios. Cada detalle de los Evangelios apunta hacia la idea de que la vida en el Reino de Dios en el siglo venidero será vida en la tierra, aunque vida transformada gracias al gobierno real de Dios cuando su pueblo llegue a la plenitud total de las bendiciones divinas (Mt. 19:28).

En consecuencia, cuando Jesús proclamó la venida del Reino de Dios, lo hizo con el trasfondo del pensamiento hebreo-judío, que consideraba a los hombres como viviendo en una situación dominada por el pecado, el mal y la muerte, y de la que necesitaban ser rescatados. Su proclamación del Reino incluye la esperanza, que se remonta a los profetas del Antiguo Testamento, que prevé un nuevo siglo en el que todos los males del siglo antiguo se verán purificados, por la acción de Dios, de su existencia humana y terrenal.

El Mundo Espiritual

Satanás

Después de su bautismo, Jesús fue conducido por el Espíritu al desierto para que fuera tentado por el Diablo (Mt. 4:1). Una de las tentaciones consistió en ser llevado a un montículo – probablemente en su imaginación – para que le fueran presentados todos los reinos del mundo en toda su gloria. Entonces el Diablo le dijo a Jesús, "A ti te daré toda esta potestad, y la gloria de ellos; porque a mí me ha sido entregada, y a quien quiero la doy" (Lc. 4:6). A lo largo de los Evangelios Sinópticos, se describe a Satanás como un espíritu sobrenatural y maligno que está al frente de una hueste de espíritus malignos inferiores, llamados demonios. Como éstos es "el príncipe de los demonios" (Mc. 3:22).

Los antecedentes de este concepto se encuentran en el Antiguo Testamento, que describe a Dios como rodeado de una hueste celestial de espíritus que le sirven y cumplen sus órdenes (Sal. 82:1; 89:6; Dn. 1:10). Muchos eruditos ven en Deuteronomio 32:8, donde la versión revisada en inglés (ver la nota de RV 1995) usa "hijos de Dios", un reflejo de la idea de que Dios cuidaba de las naciones por medio de seres espirituales subordinados.[16] En Job 1–2 Satanás es uno de estos "hijos de Dios" que aparece ante Dios para acusar a Job y recibir permiso para someterlo a prueba. En 1 Cr. 21:1, Satanás incita a David a pecar.

El judaísmo intertestamentario multiplicó el concepto de espíritus malignos. Pocas veces se llama a Satanás el cabecilla de los espíritus; en vez de ello aparecen nombres como Mastema, Azazel, Semjaza, Belial y Asmodeo. Belial es el término más común en los escritos de Qumrán. El término "demonios" no aparece con frecuencia, pero hay huestes de espíritus malignos que están sometidas al cabecilla de los espíritus. En *1 Enoc* estos espíritus malos eran los espíritus de gigantes resultados de la unión de ángeles caídos, llamados "vigilantes", con mujeres (*1 En.* 15). Estos espíritus malignos son la fuente de toda clase de males en la tierra. La caída de estos ángeles se describe en *1 Enoc* 6, con los nombres de dieciocho líderes, todos bajo el liderato de Semiazaz. Tuvieron que descender a la tierra desde el cielo porque desearon a mujeres y se emparejaron con ellas. Estos ángeles enseñaron a los hombres toda clase de prácticas y toda la tierra se corrompió por las acciones de estos ángeles caídos, sobre todo Azazel, al que se atribuye toda clase de pecado, (*1 En.*10:8). A veces en *1 Enoc* se llama a los espíritus malignos, satanes, que acusan a los hombres como en el Antiguo Testamento (*1 En.* 40:7; 65:6) y los tientan para que pequen (*1 En.* 69:4ss.). Sólo un cabecilla, Satanás, se menciona dos veces (*1 En.* 54:3, 6).

La función principal de Satanás en los Evangelio es oponerse al propósito redentor de Dios. En el relato de la tentación se atribuye un poder sobre el mundo que Jesús no pone en duda. La tentación consiste en el esfuerzo por desviarlo de su misión divinamente recibida como Siervo Sufriente y obtener poder mediante la sujeción a Satanás. Esta idea la expresa en forma todavía más viva Pablo cuando llama a Satanás "dios de este siglo" (2 Co. 4:4). En el judaísmo se encuentra la misma teología de un reino del mal. El *Testamento de Daniel* describe al presente como "el reino del enemigo" (*Test. Dan.* 6:4). El *Manual de Disciplina* habla de este siglo como del tiempo del "dominio de Belial" (1QS 1:17, 23; 2:19), e igual hace el *Rollo de la Guerra* (1QM 14:19). La misma idea se refleja en Mateo 12:29 donde Jesús invade "la casa del hombre fuerte" – este siglo – para saquearlo.

Ni en el judaísmo ni en el Nuevo Testamento se vuelve en dualismo absoluto este antitético reino del mal que se opone al Reino de Dios. Los ángeles caídos nada pueden delante del poder de Dios y sus ángeles. En el Nuevo Testamento, todos estos poderes espirituales son criaturas de Dios y, por tanto, están sujetas a su poder. En la literatura apocalíptica serán condenadas en el Día del juicio.

La doctrina de Satanás y de los demonios tiene varias implicaciones teológicas. Dios no impone a los hombres el mal de forma directa, ni tampoco es el mal un azar ciego o destino caprichoso. El mal tiene su raíz en la personalidad. Pero el mal no es mayor que la humanidad. La voluntad humana lo puede resistir, aunque también puede ceder ante el mismo. Con todo, el mal no es un conflicto desorganizado y caótico de poderes, como en el animismo, sino que está bajo la dirección de una sola voluntad cuyo propósito es frustrar la voluntad de Dios. Además, no falta una base racional a favor de la creación de poderes espirituales a los que se les permitiera ser hostiles a Dios. "Cuando ya se han eliminado adornos fantásticos y mitológicos del esquema apocalíptico, subsiste el postulado central que es el fundamento de todos los intentos por encontrar una solución satisfactoria al problema del mal, a saber, que hay que pagar un precio por la libertad."

En los Sinópticos, la actividad de Satanás se aprecia en varios aspectos. En un caso se habla de una mujer, tullida durante dieciocho años, como atada a Satanás (Lc. 13:16). Pero las actividades de Satanás son, sobre todo, éticas. En la parábola del trigo y la cizaña, que representa la sociedad mixta de este mundo, el trigo simboliza a los "hijos del reino" en tanto que la cizaña son "los hijos del mal" (Mt. 13:38). La sociedad se divide, pues, en dos clases contrapuestas: los que escuchan y reciben la palabra del Reino y los que no la conocen o la rechazan. Además, el propósito de Satanás es, siempre que puede, arrancar la palabra del Reino, de los corazones que están demasiado endurecidos para recibirla (Mt. 4:15). Trató de desviar a Jesús de su misión redentora en la tentación, y habló por medio de Pedro para sugerir que el papel del Mesías no podía ser sufrir y morir (Mc. 8:33). Satanás entró en Judas, guiándole a entregar a Jesús a los sacerdotes (Lc. 22:3). También quiso zarandear a Pedro para demostrar lo falso de su fe (Lc. 22:31), para mostrar que en realidad no era sino paja. El propósito satánico en este caso fracasó ante la oración de Jesús.

Este trasfondo de mal satánico constituye el antecedente cósmico de la misión de Jesús y de su proclamación del Reino de Dios. En cuanto a si existe semejante personaje espiritual malo o no, ni la Ciencia ni la Filosofía tienen nada que decir. No es, en realidad, más difícil creer en la existencia de un espíritu malévolo tras los desastres de la Historia humana que creer en la existencia de un espíritu bueno, Dios. Nuestro propósito es, primariamente, mostrar que la teología del Reino de Dios es esencialmente la teología del conflicto y del triunfo sobre el reino de Satanás.

Un hecho es muy significativo: ni los Sinópticos ni el resto del Nuevo Testamento muestran ningún interés especulativo ni por Satanás ni por los demonios tal como lo hacen algunos apocalípticos judíos. Los diversos nombres de los apocalípticos así lo atestiguan. El interés del Nuevo Testamento es totalmente profético y redentor. Reconoce el poder sobrenatural del mal, pero centra su interés en la obra redentora de Dios por rescatar a la humanidad de estas fuerzas malignas.

Demonios

En los Sinópticos, la prueba más característica del poder de Satanás es la capacidad de los demonios para posesionarse del centro de la personalidad de los hombres. Con toda claridad se presenta a los demonios como espíritus sobrenaturales malos. Al comienzo mismo de su ministerio en Capernaum, Jesús se encontró cara a cara con el poder demoníaco. De inmediato, el demonio reconoció a Jesús por percepción directa y dijo, "¿Qué tienes con nosotros, Jesús nazareno? ¿Has venido para destruirnos? Sé quién eres, el Santo de Dios" (Mc. 1:24). En el judaísmo, la destrucción de los poderes satánicos se esperaba al final del siglo cuando llegara el Reino de Dios. El demonio reconoce en Jesús un poder sobrenatural que es capaz de aplastar al poder satánico en cualquier tiempo y lugar.

La posesión demoníaca se manifestaba de varias maneras. A veces aparecía con otras aflicciones de índole física: con la mudez (Mt. 9:32), con la ceguera y la mudez (Mt. 12:22) y con la epilepsia (Mt. 17:15, 18). Hay un único lugar en el que se identifica la posesión demoníaca con la enfermedad mental. Obviamente, el poseído gadareno que moraba en los sepulcros y tenía una fortaleza sobrehumana, estaba loco. El relato dice que después de ser sanado encontraron al hombre vestido y en su juicio (Mc. 5:15). Si bien todo esto sugiere que el hombre había estado loco, no es necesario concluir que su enfermedad era un caso de simple locura. Más bien el trastorno se debía a que el centro de su personalidad estaba bajo el influjo de poderes extraños.

No es exacto, sin embargo, diluir la explicación de la posesión diabólica diciendo que "es una interpretación antigua de lo que ahora conocemos como distintas formas de locura. A menudo en los Sinópticos se distingue la posesión diabólica de las otras enfermedades. Jesús sanó tanto a los enfermos como a los posesos (Mc. 1:32). Se distingue la posesión diabólica de la epilepsia y la parálisis (Mt. 4:24), de la enfermedad y la lepra (Mt. 10:8). Sin embargo, el exorcismo de la posesión fue una de las acciones más características del poder de Jesús. Había, claro está, personas que practicaban las artes mágicas y los sortilegios y que pretendían echar a los demonios. Sin embargo, en el mundo antiguo la creencia en los demonios y su exorcismo estaba entremezclada con una magia tosca. Por el contrario, lo sorprendente en el ministerio de Jesús fue el poder de su simple palabra: "¿Qué es esto? ¿Qué nueva doctrina es ésta que con autoridad manda aún a los espíritus inmundos y le obedecen?" (Mc. 1:27).

El papel que representa el exorcismo de los demonio en el ministerio de Jesús ha sido piedra de tropiezo para los intérpretes modernos. Dado que la Teología bíblica es primordialmente una disciplina descriptiva, nuestra tarea principal es presentar la misión de Jesús en su marco histórico y no podemos eludir la conclusión, como veremos, de que el mensaje de Jesús acerca de la venida del Reino de Dios implicaba una lucha fundamental con esta esfera espiritual del mal y su triunfo sobre ella. Con todo, no podemos permanecer indiferentes ante la pertinencia de la Teología del Nuevo Testamento para nuestra propia época.

Algunos estudiosos admiten que Jesús parece haber creído en Satanás y en los demonios, pero esto es una simple adaptación a los conceptos de la época y no representa, de ninguna manera, el contenido de las enseñanzas de Jesús; tampoco se vería disminuida su autoridad como maestro porque hubiera reconocido que los demonios no existen. El propósito de Jesús fue ético y utilizaba los conceptos de su tiempo como símbolos útiles para sus fines éticos. No pretendió dar información acerca de la existencia o la conducta de seres sobrenaturales. Esta explicación es totalmente inadecuada.[23]

Otra interpretación parecida a ésta dice que Jesús fue hijo de su tiempo y se equivocó al creer en los demonios. Lo que los antiguos llamaban posesión diabólica, de hecho, no era sino perturbación mental y el hombre contemporáneo hubiera descrito el fenómeno en términos de enfermedad mental. McCasland defiende, además, la sabiduría y elevada índole moral de Jesús. Fue un hombre de gran autoridad, lleno del Espíritu Santo. Sin embargo, si esto es así, surge una gran dificultad en la admisión de que Jesús erró creyendo en los demonios, porque el exorcismo de éstos no fue una actividad tangencial de su ministerio, sino una manifestación del propósito esencial del Reino de Dios en este siglo perverso. Debemos reconocer en el exorcismo de demonios la conciencia por parte de Jesús de comprometerse con un conflicto real con el mundo espiritual, conflicto que formaba parte de la médula misma de su misión mesiánica. Decir que "los demonios y los ángeles son para el Evangelio de Jesús simples elementos irracionales sin una función obvia en su enseñanza como un todo" no refleja los Evangelios. Lo demoníaco es absolutamente esencial para comprender la interpretación que hace Jesús de la situación de pecado y de la necesidad que tiene la humanidad del Reino de Dios. La humanidad está esclavizada por un poder personal más fuerte que ella. En la médula misma de la misión de nuestro Señor está la necesidad de rescatar a las personas de la esclavitud del reino satánico y de conducirlas a la esfera del Reino de Dios. Todo lo que sea menos que esto implica una reinterpretación esencial de algunos de los hechos básicos del evangelio.

Una tercera interpretación va más lejos que las dos anteriores. Encuentra en el concepto bíblico de los demonios una verdad esencial: hay un elemento demoníaco en la experiencia humana. "Al contemplar la Historia, lo que vemos a menudo no es simplemente lo impersonal y vacío, sino lo irracional y demente. El rostro que nos contempla a menudo se asemeja al loco. Es cierto que cuando Jesús contemplaba a las personas, no siempre las veía como unidades morales racionales o espíritus autónomos independientes; veía sus almas como un campo de batalla, un ruedo o anfiteatro de conflictos trágicos entre los poderes cósmicos contrapuestos del Espíritu Santo de Dios y de Satanás."

Sin duda, la historia de la creencia de la Iglesia en los demonios y brujos la ha utilizado el pueblo supersticioso para producir mucho mal y sufrimiento. Pero a pesar de los abusos del concepto, ni la Ciencia ni la Filosofía pueden probar o afirmar razonablemente que no existen los espíritus o seres sobrehumanos. Si por razones lógicas rechazamos *a priori* la creencia de Jesús en la existencia de una esfera de poderes espirituales malignos, resulta difícil entender por qué no se puede también eliminar la creencia de Cristo en un Dios personal, o por qué semejante proceso de eliminación no podría aplicarse con éxito a toda la literatura contemporánea. Una vez que se han tenido en cuenta las teorías de ajuste y enfermedad mental y el impacto de una personalidad poderosa, "estamos frente a una especie de misterio y muchas preguntas sin respuesta".[28]

El mundo

Si bien Jesús compartió la actitud general neotestamentaria de este siglo como dominio de Satanás, no considera el mundo creado como malo. El dualismo griego contraponía el mundo nominal, al que pertenece el alma del hombre, al mundo fenoménico, que incluye el cuerpo del ser humano. Era sabio quien sometía a disciplina su mente y controlaba los apetitos de su cuerpo de tal forma que el alma se veía libre de las influencias obstaculizantes del mundo material. En el pensamiento gnóstico posterior el mundo material era *ipso facto* del mal. El pensamiento hebreo, por otra parte, consideraba el mundo como creación de Dios y, aunque estaba lleno de males, en sí mismo era bueno.

Jesús compartió la idea hebrea del mundo. Consideraba claramente a Dios como el Creador y tanto la humanidad como el mundo eran creaciones suyas. (Mc. 13:19; Mt. 19:4). Jesús empleaba constantemente comparaciones de la naturaleza para ilustrar sus enseñanzas, tomando el orden y regularidad de la naturaleza como prueba del cuidado constante e inmutable de Dios por sus criaturas. Dios no sólo creó el mundo, sino que también lo sostiene. Viste a los lirios del campo y alimenta a los cuervos (Lc. 12:22ss.). Incluso se preocupa de los gorriones, uno de los pájaros más insignificantes (Lc. 12:4–7). Dios hace que salga el sol sobre el malo y el bueno y envía la lluvia al justo y al injusto (Mt. 5:45). Es el Señor de cielos y tierra (Lc. 10:21). No se encuentra ni en las enseñanzas ni en la conducta de Jesús el espíritu de negación del mundo o el ascetismo. En realidad, se atrajo la ira de los puristas religiosos de la época debido a su costumbre de comer con personas consideradas irreligiosas (Mt. 9:10; Lc. 15:1–2). Utilizaba a menudo la metáfora de celebrar banquetes y fiestas para ilustrar las alegrías del Reino escatológico de Dios. Incluso se le acusó de "comilón, y bebedor de vino" (Mt. 11:19). Sin duda que, si bien Satanás era el señor de este siglo, el mundo seguía siendo el mundo de Dios. Nada hay moralmente malo en la creación y la condición pecaminosa de la humanidad no depende de que sea una criatura con apetitos corporales. Jesús enseñó a sus discípulos a confiar en que Dios satisfaría sus necesidades físicas.

Al mismo tiempo, no obstante, el bien más elevado de la humanidad no se puede encontrar en el ámbito de la creación. De nada le aprovechará al hombre "si ganare todo el mundo, y perdiere su alma" (Mt. 8:34). En este contexto el "mundo" (*kosmos*) no es el mundo físico o el mundo humano, sino todo el complejo mundo de experiencias humanas terrenales. No es malo alcanzar todo lo que uno pueda desear como ser humano, pero esto no colma la auténtica vida del mismo. Lo puede ganar todo y perder la verdadera vida que sólo puede hallarse en la relación con Dios. Cuando las riquezas del mundo se constituyen en el principal interés de la persona, excluyendo las cosas de Dios, se convierten en instrumento de pecado y muerte (Lc. 12:16–21, 30). Es fácil que el que tiene mucho ame sus bienes. Sólo una acción de Dios que le capacite para ponerlo en primer lugar, puede superar este amor humano natural por el mundo (Lc. 10:27).

La humanidad

La antigua interpretación liberal de la humanidad tuvo gran influencia en círculos tanto teológicos como pastorales. "En la combinación de ideas tales como las de Dios Padre, la Providencia, la posición de los hombres como hijos de Dios, el valor infinito del alma humana, se expresa todo el Evangelio". "La idea de toda una familia – paternidad, filiación, hermandad – es la concepción unificadora en su doctrina de la naturaleza humana; hacemos bien en clasificar y poner a prueba todos nuestros propósitos por medio de ella, incluyendo toda nuestra idea del Reino de Dios".[32] Robinson distingue entre lo que es transitorio y externo y lo que es permanente en la enseñanza de Jesús. La Escatología pertenece a los elementos transitorios. El núcleo permanente es la relación filial entre la humanidad y Dios. Se deducen las enseñanzas básicas que constituyen las líneas principales del núcleo permanente. Primero: el valor supremo del ser humano como hijo de Dios. A los ojos de Dios la vida humana tiene un valor único e incalculable. Segundo: el deber del ser humano como hijo de Dios. El ser humano le debe a Dios una relación de confianza y obediencia filiales. Tercero: la deducción natural de la hermandad de los hombres. Ésta es universal porque la Paternidad de Dios también lo es. Cuarto: se reconoce que el pecado ha roto la relación de filiación, pero no ha dañado de ninguna manera la Paternidad de Dios. La misión de Jesús busca restaurar lo que idealmente pertenece a la humanidad.

Esto, sin embargo, distorsiona la idea que Jesús tiene de la humanidad. Veremos más adelante que, si bien la Paternidad de Dios es una de las características más importantes de la idea de Jesús acerca de Dios, nunca habla de Dios como Padre con nadie excepto con sus discípulos. La paternidad es el don del Reino de Dios.

Jesús, en realidad, ve a la humanidad con más valor que al mundo animal. Como el ser humano es criatura de Dios, tiene más valor que los pájaros del cielo y los lirios del campo (Mt. 6:26–30; 10:31). Dios cuida de las personas: incluso los mismos cabellos de su cabeza están contados (Mt. 10:30).

Como criatura de Dios, el ser humano tiene que servir a Dios. No tiene ningún derecho frente a su Señor divino. Una vez que ha hecho todo lo que puede hacer, no ha hecho más que lo que se debe esperar de un siervo: cumplir con su deber (Lc. 17:7–10). Como criatura de Dios, el ser humano depende completamente de Dios. No puede hacer que su cabello sea blanco o negro; no puede hacer mayor su estatura; no puede determinar la duración de su vida (Mt. 5:36; 6:27). El ser humano puede buscar seguridad en lo que posee, pero Dios puede separar al rico de sus posesiones antes de que pueda disfrutarlas (Lc. 12:16–21). Dios puede condenar al ser humano al infierno (Mt. 10:28) y juzgarlo según su conducta frente a las tareas que le han sido asignadas (Mt. 25:41ss.).

Jesús consideró pecadoras a todas las personas. Esto lo demuestra el hecho de que dirigió a todas las personas su invitación al arrepentimiento y discipulado. Las tragedias de la experiencia humana no recaen sobre los seres humanos proporcionalmente a su pecado, pero todos ellos deben arrepentirse o morirán (Lc. 13:1–5). Incluso Israel, el pueblo del Pacto, está perdido: Jesús vino a buscarlo y salvarlo (Mt. 10:6; 15:24; Lc. 19:10). Cuando Jesús dijo que no vino a llamar a los justos sino a los pecadores (Mc. 2:17), o cuando habla de los justos que no necesitan de arrepentimiento (Lc. 15:7), no quiere decir que haya quienes sean de hecho justos que no necesiten nada. Sólo refleja la idea de los judíos religiosos que se consideraban justos y no escuchaban su invitación. "Su intención es decir a sus contrarios, que se consideran justos y no pecadores, que su llamamiento a la salvación va precisamente dirigido a los que están dispuestos a escucharlo por ser conscientes de su condición de pecadores. El error de sus oponentes radica en el hecho de que se excluyen a sí mismos de examinar su propia condición de pecado, en tanto que Jesús presupone que todos los seres humanos, incluyendo a estos 'justos', son pecadores".

El ser humano encuentra su valor final en función de su relación con Dios. La parábola del rico necio enseña que el ser humano no puede satisfacer su vida con graneros repletos y comodidades físicas; también debe ser rico frente a Dios (Lc. 12:15–21). Es locura ganar todo el mundo y perder su propia vida verdadera (Mt. 16:26), que se consigue sólo en comunión con Dios. El ser humano ha sido, pues, creado para ser hijo de Dios. Dios no se deleita en lo que éste es en sí mismo, porque no es más que un pecador perdido, sino que toda persona puede responder al amor de Dios y convertirse en hija suya. Sólo cuando el pecador se arrepiente hay gozo en el cielo (Lc. 15:7).

Capítulo 4

El Reino de Dios

La erudición moderna sostiene de forma más bien unánime que el Reino de Dios fue el mensaje central de Jesús. Marcos introduce la misión de Jesús con las palabras "después que Juan fue encarcelado, Jesús vino a Galilea predicando el evangelio del reino de Dios, diciendo: el tiempo se ha cumplido, y el reino de Dios se ha acercado; arrepentíos, y creed en el evangelio" (Mc. 1:14–15). Mateo sintetiza su ministerio con las palabras: "recorrió Jesús toda Galilea, enseñando en las sinagogas de ellos, y predicando el Evangelio del reino" (Mt. 4:23). La escena introductoria en Lucas no menciona el Reino de Dios, pero, en su lugar, cita una profecía de Isaías acerca del advenimiento del Reino y luego agrega la afirmación de Jesús, "Hoy se ha cumplido esta Escritura delante de vosotros" (Lc. 4:21).

Interpretaciones del Reino de Dios

Las interpretaciones acerca del Reino de Dios han asumido varias formas distintas, con una variedad casi infinita en cuanto a detalles. Desde Agustín hasta los reformadores, la idea predominante fue que el Reino en algún sentido se identificaba con la Iglesia. En la actualidad pocas veces se defiende tal posición, ni siquiera entre los eruditos católicos. La Iglesia es el pueblo del Reino, pero no se puede identificar con el Reino.

La idea liberal antigua se representa el *What is Christianity?* de Harnack, donde el Reino de Dios se entiende como la religión puramente profética que Jesús enseñó: la paternidad de Dios y la hermandad de los hombres, y el valor infinito del alma individual y la ética del amor. El elemento ciertamente apocalíptico en la enseñanza de Jesús fue sólo la corteza impuesta por su tiempo que contenía la pulpa de su verdadero mensaje religioso. Las interpretaciones no escatológicas del Reino de Dios han sido innumerables. Muchos estudiosos han entendido el Reino primordialmente en términos de una experiencia religiosa personal del reinado de Dios en el alma individual.

En 1892, Johannes Weiss publicó un librito titulado "The Preaching of Jesús About the Kingdom of God" (La predicación de Jesús acerca del Reino de Dios), en el que defendió que la idea de Jesús acerca del Reino fue la de los apocalipsis judíos: totalmente futura y escatológica. El triunfo del Reino de Dios sobre Satanás ya se había obtenido en el cielo; por consiguiente Jesús proclama su venida a la Tierra. El Reino será totalmente una acción sobrenatural de Dios, y cuando venga, Jesús será el Hijo del Hombre celestial.

Albert Schweitzer recogió esta idea e interpretó toda la carrera de Jesús desde el punto de vista de la comprensión escatológica del Reino, que Jesús esperó que llegara en un futuro inmediato – interpretación que llamó *konsequente Eschatologie* (escatología consecuente). La enseñanza ética de Jesús estuvo destinada sólo al breve intervalo antes de que llegara el fin (ética interina), no a la vida ordinaria de los hombres en la sociedad. El Reino no vino y Jesús murió desesperado y desilusionado. Este fue para Schweitzer "el Jesús histórico", un apocalíptico engañado del siglo primero.

A partir de Weiss y Schweitzer la mayoría de los estudiosos han reconocido que el elemento apocalíptico forma parte del núcleo de la enseñanza de Jesús y no sólo de la corteza, si bien algunos estudiosos contemporáneos consideran que el Reino es exclusivamente escatológico. Richard Hiers es una excepción. Rudolf Bultmann ha aceptado el enfoque inminente del Reino escatológico como la interpretación histórica correcta del mensaje de Jesús, aunque el significado genuino debe entenderse en términos existenciales: la cercanía y la exigencia de Dios.

En Gran Bretaña, la interpretación más influyente ha sido la "escatología realizada" de C. H. Dodd. Dodd no sólo deja simplemente de lado el lenguaje apocalíptico como hizo Harnack; lo entiende como una serie de símbolos que representan realidades que la mente humana no puede comprender de forma directa. El Reino de Dios, que se describe en lenguaje apocalíptico, es en realidad el orden trascendente más allá del tiempo y del espacio que ha entrado en la historia gracias a la misión de Jesús. En él, el "totalmente otro" ha penetrado en la historia. Este "totalmente otro" trascendente es, en el pensamiento de Dodd, más platónico que bíblico. En este suceso se ha hecho realidad todo lo que los profetas habían deseado. Esto es lo que quiere decir Dodd con "escatología realizada".

A Dodd se le ha criticado que haya minimizado el aspecto futurista del Reino, y en su última publicación admite que el Reino sigue esperando la consumación "más allá de la historia". Sin embargo, muchos estudiosos han seguido el pensamiento de Dodd de que el elemento más peculiar de la enseñanza de Jesús fue la presencia del Reino.

Donde la mayoría de los estudiosos han llegado casi a un consenso es en el aspecto de que el Reino es, en sentido real, tanto presente como futuro. W. G. Kümmel afirma que el significado primario del Reino es el eschaton, el siglo nuevo análogo a la apocalíptica judía. Jesús proclamó que estaba cerca el siglo nuevo. Pero Kümmel sostiene que también está presente aunque sólo en la persona de Jesús, no en sus discípulos. El Reino escatológico futuro ya ha comenzado su actividad en la misión de Jesús. No resulta totalmente claro cómo, en el pensamiento de Kümmel, el Reino puede ser tanto el eschaton futuro como una actividad actual de Jesús. Otros estudiosos han resuelto el problema afirmando que el Reino era totalmente futuro, pero también estaba tan próximo que ya se podía sentir su poder, como la aurora precede a la salida del sol; o bien estaban presentes las señales del Reino aunque no el Reino mismo.

Jeremías sostiene una posición propia. Si bien alaba a Dodd por haber conseguido dar un paso significativo en la historia de la interpretación al enfatizar la irrupción actual del Reino, lo critica por minimizar el aspecto escatológico. En lugar de la "escatología realizada" de Dodd, Jeremías sugiere una "escatología en proceso de hacerse realidad". Jeremías entiende todo el ministerio de Jesús como un suceso en el que se hace realidad el Reino. Incluso ve a Juan el Bautista presente en el momento del cumplimiento en que el Espíritu vino sobre él, con lo que comenzó el tiempo de salvación. Con el mensaje de Jesús acerca del Reino de Dios y sus milagros de exorcismo, el Reino habría entrado en la Historia. Sin embargo, Jesús esperaba la consumación escatológica inminente del Reino que conllevaría la resurrección y parusía. Jeremías sigue la sugerencia de Dodd de que Jesús consideró su resurrección, parusía y la consumación del Reino como una sola cosa en la que se manifestaría el triunfo de Dios. En sus apariciones tras la resurrección, los discípulos experimentaron la parusía de Jesús.[9] Sólo después de la Pascua la iglesia primitiva distinguió entre la parusía y la resurrección. Es difícil encontrar alguna diferencia concreta entre el pensamiento de Jeremías y el de Dodd, al que critica.

En ciertos círculos evangélicos en los Estados Unidos de América y Gran Bretaña ha ejercido gran influencia una idea bastante novedosa acerca del Reino. Partiendo del concepto de que todas las profecías a Israel deben cumplirse literalmente, los dispensacionalistas han distinguido claramente entre el Reino de Dios y el Reino de los Cielos. Éste es el gobierno de los cielos (Dios) sobre la tierra y se refiere primordialmente al reino teocrático terrenal prometido al Israel del Antiguo Testamento. Sólo el Evangelio de Mateo nos proporciona el aspecto judío del Reino. Cuando Jesús proclamó que el Reino de los Cielos estaba cerca, se refirió al reino teocrático terrenal prometido a Israel. Sin embargo, Israel rechazó el ofrecimiento del Reino, y en lugar de establecer el Reino para Israel, Jesús introdujo un mensaje nuevo, en el que ofreció paz y servicio a todos los que creyeran, con lo que inició la formación de una nueva familia de fe que prescinde de toda diferencia racial. El misterio del Reino de los Cielos en Mateo 13 es la esfera de la profesión cristiana, el Cristianismo, forma en que se asume el reinado de Dios en la Tierra entre los dos advenimientos de Cristo. La levadura (Mt. 13:33) siempre representa el mal; en el Reino de los Cielos, la iglesia creyente, la doctrina verdadera se verá corrompida por la doctrina falsa. El Sermón del Monte es la ley del Reino de los Cielos, la Ley mosaica del reino teocrático del Antiguo Testamento, interpretada por Cristo, destinada a ser el código receptor del Reino terrenal. El Reino de los Cielos, rechazado por Israel, se hará realidad al retorno de Cristo cuando Israel se convierta y se cumplan literalmente las promesas del Antiguo Testamento acerca de la restauración del reino de David. El principio básico de esta teología es que hay dos pueblos de Dios – Israel y la Iglesia – con dos destinos sujetos a dos programas divinos.

En el curso de un año (1963–64) aparecieron tres libros de forma independiente que interpretaron el Reino de la misma forma básica, en función de la manifestación de la Historia redentora. El Reino es el gobierno real de Dios que tiene dos instancias: el cumplimiento de las promesas del Antiguo Testamento en la misión histórica de Jesús y la consumación al final del siglo, con lo que se inicia el Siglo Venidero.

El Reino de Dios en el judaísmo

Aunque la expresión "el Reino de Dios no se encuentra en el Antiguo Testamento, la idea está presente en los Profetas. Hay un énfasis doble en el reinado de Dios. A menudo se habla de él como el Rey, tanto de Israel (Éx. 15:18; Nm. 23:21; Dt. 33:5; Is. 43:15) como de toda la Tierra (2 R. 19:15; Is. 6:5; Jer. 46:18; Sal. 29:10; 99:1–4). Si bien Dios ya es Rey, otras referencias hablan del día en que llegará a ser Rey y gobernará a su pueblo (Is. 24:23; 33:22; 52:7; Sof. 3:15; Zac. 14:9ss.). Esto lleva a la conclusión de que aunque Dios es Rey, también debe llegar a verse como tal, o sea, debe manifestar su realeza en el mundo de los hombres y naciones.

La forma del Reino futuro la expresan de diferente forma los diversos Profetas. Muchos estudiosos ven dos clases claramente diferentes de esperanza en el Antiguo Testamento y el judaísmo. La esperanza genuinamente hebrea, profética, espera que el Reino surja de la Historia y lo gobierne un descendiente de David en un marco terrenal (Is. 9, 11). Cuando esta esperanza se desvaneció después del regreso del exilio, los judíos perdieron la esperanza de un Reino en la Historia. En su lugar, esperaron una penetración apocalíptica de Dios en la persona de un Hijo del Hombre celestial con un Reino completamente trascendental "más allá de la Historia" (Dn. 7). Este autor ha defendido en otro lugar que si bien hay una diversidad considerable en la descripción del Reino en el Antiguo Testamento, siempre implica una entrada de Dios en la Historia cuando el propósito redentor de Dios se haga plena realidad. El Reino es siempre una esperanza terrenal, aunque sea una tierra redimida de la maldición del mal. Sin embargo, la esperanza del Antiguo Testamento siempre es ética y no especulativa. Deja que la luz del futuro brille en el presente, que Israel se vea frente a la historia en el aquí y el ahora. Por esta razón, hay una amalgama del futuro cercano y del remoto. Dios actuará en el futuro cercano para salvar y juzgar a Israel, pero también actuará en el futuro indeterminado para producir el cumplimiento de la esperanza escatológica. Los Profetas no distinguen claramente entre el futuro cercano y el remoto porque ambos verán la acción de Dios a favor de su pueblo.

El judaísmo apocalíptico también tenía esperanzas diversas. Algunos escritores ponen de relieve el aspecto terrenal, histórico del Reino (*1 En.* 1–36; *Sal. Salomón* 17–18). Sin embargo, el énfasis es siempre escatológico. De hecho, la apocalíptica judía perdió el sentido de la actuación de Dios en el presente histórico. Debido a ello, el apocalipticismo se volvió pesimista, no con relación a la acción final de Dios para establecer su Reino, sino en relación con la actuación de Dios en la Historia actual para salvar y bendecir a su pueblo. La apocalíptica judía desconfiaba de la Historia, bajo la sensación de que había caído en manos de poderes malignos. El pueblo de Dios sólo podía esperar sufrimiento y aflicción en este siglo hasta que Dios actuara para establecer su Reino en el Siglo Venidero.

La comunidad de Qumrán compartió una esperanza parecida en cuanto al Reino. En la consumación escatológica, esperaban que los ángeles descendieran para unirse a ellos – "los hijos de la luz" – en la lucha contra sus enemigos – los hijos de las tinieblas – y dar el triunfo a los qumranianos frente a todo el resto de los pueblos, ya fueran judíos mundanos o gentiles.

La literatura rabínica desarrolló una Escatología parecida, aunque utilizó algo más el término "el reino de los cielos". El Reino de Dios era la Soberanía de Dios, el ejercicio de la misma. A lo largo del curso de la Historia humana, Dios ejerció dicha soberanía por medio de la Ley. Cualquiera que se someta a la Ley se somete con ello a la soberanía de Dios. Cuando un gentil pasa al judaísmo y adopta la Ley, con ello "se impone la soberanía (reino) de Dios".[17] La obediencia a la Ley equivale, pues, a la experiencia del Reino o gobierno de Dios. Se deduce de ello que el Reino de Dios en la Tierra está limitado a Israel. Más aun, no viene a los hombres; está aquí, encarnado en la Ley, disponible para todos los que quieran someterse a la misma.

Al final de los tiempos, Dios manifestará su Soberanía en todo el mundo. Una oración muy antigua concluye con el deseo: "y que Él (Dios) establezca su Soberanía durante tus días, y durante los días de toda la casa de Israel, (sí) rápidamente, y en tiempo próximo". La *Asunción de Moisés* dice: "y luego su Reino se presentará en toda su creación" (*As. Moi.* 10:1). En este siglo, el gobierno de Dios está reducido a los que aceptan la Ley; al final de los tiempos, en cambio, someterá a todo el que se *resista* a Su voluntad. La experiencia de la Soberanía de Dios en el presente depende de la decisión libre del ser humano; pero cuando *aparezca* al final de los tiempos, "el Ser Celestial surgirá de su trono real" (*As. Moi.* 10:3) para castigar a los malos y colocar al Israel justo en un orden redimido de bendición.

Hubo otro movimiento del judaísmo que se preocupó por el establecimiento del Reino de Dios: los zelotes. En las primeras décadas del siglo primero d. C. se produjeron repetidas insurrecciones contra Roma, promovidas por los zelotes. El Nuevo Testamento habla de la insurrección bajo Judas y Teudas (Hch. 5:36, 37), y de otra revuelta bajo un egipcio sin nombre (Hch. 21:38). Josefo habla de otros movimientos revolucionarios no mencionados en el Nuevo Testamento. No les da nombre a estos revolucionarios, pero en la última rebelión del 132 d. C. el líder, Bar Kokhba, fue llamado el Mesías por Akiba, el rabino más famoso de su tiempo. Los zelotes eran judíos radicales que no se contentaban con esperar tranquilamente a que Dios trajera su Reino, sino que deseaban acelerar dicha venida con la espada.[22] Es posible, e incluso probable, que toda la serie de revueltas contra Roma fueran mesiánicas, es decir, que no se realizaran sólo con fines políticos o nacionalistas, sino que estuvieran religiosamente motivadas para acelerar la venida del Reino de Dios.

Sea como fuere, a lo largo del judaísmo, la venida del Reino de Dios se esperaba que fuera una acción de Dios (quizá por medio de hombres) para derrotar a los enemigos de Israel y para reunir a Israel, una vez hubiera triunfado sobre sus enemigos, en su tierra prometida, bajo el gobierno exclusivo de Dios.

El significado de basileia tou theou

Los estudiosos no están de acuerdo en el significado básico de *basileia* (heb. *malkuth*). Muchos han defendido la posición de que *basileia* es el "eschaton", el orden escatológico final. Si se toma esto como punto de partida, resulta difícil ver cómo el eschaton pueda ser tanto futuro como presente; debe ser exclusivamente futuro. Sin embargo, la palabra hebrea contiene la idea o dinámica abstracta de soberanía, gobierno o dominio. "La gloria de tu reino digan, y hablen de tu poder (…) Tu reino es reino de todos los siglos, y tu señorío en todas las generaciones" (Sal. 145:11, 13). "Jehová estableció en los cielos su trono, y su reino domina sobre todos" (Sal. 103:19). En el judaísmo tardío, el Reino de Dios significa el gobierno o soberanía de Dios.[26] Éste es también el mejor punto de partida para entender los Evangelios. Varias veces RV traduce *basileia* por "reino" (Lc. 19:12; 23:42; Jn.15:27; Ap.17:12). El significado de "reino" o "gobierno" es obvio en otros pasajes. La venida del Reino que pedimos en la oración dominical significa que la voluntad de Dios se haga en la Tierra, es decir, que su gobierno sea una realidad completa (Mt. 6:10). El "reino" que Jesús asignó a sus discípulos (Lc. 22:29) es "rango real".

Esto es importante para la interpretación del mensaje de Jesús porque uno de los mayores problemas es cómo el Reino de Dios puede ser a la vez futuro y presente. Si el Reino es primordialmente eschaton, la Era escatológica de salvación, es difícil ver cómo esta esfera futura puede ser también presente. Sin embargo, hemos visto que tanto en el Antiguo Testamento como en el judaísmo rabínico, el Reino de Dios, su Soberanía, puede poseer más significado. Dios es ahora el Rey, pero debe llegar a ser manifestado como Rey. Ésta es la clave para la solución del problema de los Evangelios.

El reino de los cielos

La frase "el reino de los cielos" se encuentra sólo en Mateo, donde se usa treinta y cuatro veces.[30] En el resto del Nuevo Testamento, y algunas veces en el propio Mateo, se utiliza la expresión "reino de Dios". "El reino de los cielos" es una expresión semítica, en la que cielos sustituye al nombre divino (ver Lc. 15:18). Como la tradición evangélica muestra que Jesús no eludió sistemáticamente la palabra "Dios", es posible que "el reino de los cielos" sea una expresión propia del medio judeocristiano que conservó la tradición evangélica en Mateo, sin reflejar el empleo que hizo Jesús de esas palabras. Es posible que se utilizaran ambas expresiones y que los Evangelios, destinados a un auditorio gentil, omitieran la expresión semítica, que hubiera resultado inexpresiva a sus oídos.

De hecho, tanto "el reino de Dios" como "el reino de los cielos" se utilizan muy pocas veces en la literatura judaica anterior a Jesús. Jeremías subraya el hecho de que en la enseñanza de Jesús aparece una gran cantidad de expresiones nuevas acerca de la *basileia* que no son propias de la literatura de su tiempo, hecho al que todavía no se le ha prestado suficiente atención.

El reino escatológico

Hemos visto antes que la estructura básica del pensamiento de Jesús es el dualismo escatológico de los dos siglos. La venida del Reino de Dios (Mt. 6:10) o su aparición (Lc 19:11) es lo que concluirá este siglo e inaugurará el siglo venidero. Es importante advertir, sin embargo, que *basileia* puede indicar tanto la manifestación como la venida del dominio soberano de Dios y la esfera escatológica en la que se disfruta de ese dominio. En este sentido, heredar la vida eterna y entrar en el Reino de Dios son sinónimos de entrar en el siglo venidero. Cuando el joven rico le preguntó a Jesús qué debía hacer para heredar la vida eterna, pensaba en la vida escatológica de Dn. 12:2. Jesús contestó que le es difícil a un rico entrar en el Reino de Dios. Luego, volviéndose a los discípulos, les aseguró que recibirían vida eterna en el siglo venidero por haber dejado casa y familia para seguirle. (Mc. 10:17–31).

La venida del Reino de Dios significará la destrucción final y total del demonio y sus ángeles (Mt. 25:41), la formación de una sociedad de redimidos sin mezcla de mal (Mt. 13:36–43), comunión perfecta con Dios en el festín mesiánico (Lc. 13:28–29). En este sentido el Reino de Dios es sinónimo de siglo venidero.

Uno de los hechos más distintivos que diferencian la enseñanza de Jesús del judaísmo fue la universalización del concepto. Tanto en el Antiguo Testamento como en el judaísmo, el Reino se describía siempre en términos de Israel. En el Antiguo Testamento, algunas veces los gentiles serían conquistados por Israel (Am. 9:12; Mi. 5:9; Is. 45:14–16; 60:12, 14), otras veces les presenta como convertidos (Sof. 3:9, 20; 2:2–4; Zac. 8:20–23). Pero el reino es siempre de Israel. El judaísmo tardío se había vuelto muy nacionalista y el establecimiento del Reino de Dios significaba la soberanía de Israel sobre sus enemigos políticos y nacionales: "Entonces tú, oh Israel, serás feliz, y te subirás a cuellos y alas del águila (…) y mirarás desde las alturas y verás a los enemigos en el Gehenna, y los reconocerás y te regocijarás" (*As. Moi.* 10:8–10).

Hemos visto que Juan el Bautista rechazó este particularismo judío y consideró que los judíos más religiosos necesitaban arrepentirse para entrar en el Reino venidero. Jesús hizo de la respuesta frente a su persona y mensaje el factor determinante para entrar en el Reino escatológico. De hecho, Jesús afirmó que Israel, "hijos del reino" naturales, será rechazado por el Reino y su lugar lo ocuparían otros (Mt. 8:12). Los verdaderos "hijos del reino" son los que responden a Jesús y aceptan su palabra (Mt. 13:38). Se debe recibir la proclamación del Reino con actitud infantil de dependencia completa si se quiere entrar en el Reino escatológico (Mt. 10:15).

El reino actual

No era nada nueva la expectativa respecto a la venida del Reino escatológico en la enseñanza de Jesús. Se remonta a los Profetas y, en el judaísmo, se desarrolló de diferentes maneras. C. H. Dodd tiene razón al afirmar que los dichos más característicos y distintivos del Evangelio son los que hablan de la venida actual del Reino. Tales dichos no tienen paralelo en la enseñanza judía de las oraciones de la época.

Jesús vio su ministerio como cumplimiento de la promesa del Antiguo Testamento en la Historia, lejos de la consumación apocalíptica. Esto se ve con claridad sobre todo en dos pasajes. En la sinagoga de Nazaret, Jesús leyó la profecía mesiánica de Isaías 61:1–2 acerca de la venida del Ungido para proclamar el año agradable del Señor y, luego afirmó solemnemente: "Hoy se ha cumplido esta Escritura delante de vosotros" (Lc. 4:21). Cuando Juan el Bautista, dubitativo, envió emisarios a que le preguntaran a Jesús si era realmente el que había de venir, Jesús contestó con la cita de la profecía mesiánica de Isaías 35:5–6 y les dijo que informaran a Juan de que la profecía se estaba cumpliendo (Mt. 11:2–6). A lo largo de los Evangelios Sinópticos, la misión de Jesús se entiende repetidas veces como el cumplimiento de las promesas del Antiguo Testamento.

Los dichos acerca del Reino de Dios como realidad actual deben interpretarse a la luz de este contexto. La afirmación más enérgica se encuentra en Mateo 12:28: "Pero si yo por el Espíritu de Dios echo fuera los demonios, ciertamente ha llegado a vosotros el reino de Dios". Uno de los milagros más característicos de Jesús fue el exorcismo de demonios. Jesús sorprendía al pueblo porque hablaba con autoridad y las personas se veían de inmediato liberados de la atadura satánica (Mc. 1:28). Cuando se le acusó de que ejercía poder satánico, contestó que arrojaba los demonios con el poder de Dios y que esto demostraba que el Reino de Dios ya les había llegado.

Se ha sostenido un fuerte debate respecto al significado preciso de la palabra griega *phthasen*, "ha venido". Muchos han interpretado que la palabra significa proximidad, no presencia real. Pero otros usos de la misma no dejan lugar a duda de que el verbo connota presencia real, no sólo proximidad.

Lo que está presente no es el eschaton, sino el poder soberano de Dios, que se enfrentaba al dominio de Satanás y liberaba a los hombres del poder del mal. "Porque, ¿cómo puede alguno entrar en la casa del hombre fuerte, y saquear sus bienes, si primero no le ata? Y entonces podrá saquear su casa" (Mt. 12:29). Con estas palabras, Jesús afirma que ha invadido el reino de Satanás y que ha "atado" al hombre fuerte.

En estos dos versículos se encarna la teología esencial del Reino de Dios. En lugar de esperar hasta el final del siglo para revelar su poder soberano y destruir el mal satánico, Jesús afirma que Dios ha actuado con su poder soberano para dominar el poder de Satanás. En otras palabras, el Reino de Dios en la enseñanza de Jesús tiene una doble manifestación: el final del siglo con la destrucción de Satanás y la misión de Jesús, atándolo. Antes de la destrucción final de Satanás, las personas pueden ser liberadas de su poder. "Atar" es, desde luego, una metáfora y designa en un sentido real un triunfo sobre Satanás de forma que su poder resulta reprimido. A veces, no se reconoce la índole metafórica de la expresión y se piensa que la frase debe significar que Satanás queda totalmente impotente.[40] Sin embargo, Satanás sigue estando activo: arrebata la palabra cuando no encuentra verdadera aceptación entre las personas (Mt. 13:19); pudo hablar por medio de Pedro (Mc. 8:33); entró en Judas (Lc. 22:3); y también quiso tomar posesión de Pedro (Lc. 22:31). Cullmann interpreta la rara expresión de la atadura de Satanás en el sentido de que está amarrado, pero con una soga larga. Satanás no está impotente, sino que su poder ha sido quebrantado. Cullmann vuelve a ilustrar este hecho con una expresión militar. Antes de conseguir la victoria final se puede ganar la batalla decisiva en una guerra y puede cambiar la suerte de la misma.[42] Toda la misión de Jesús, incluyendo sus palabras, acciones, muerte y resurrección, constituyeron una derrota inicial del poder satánico, lo cual asegura el resultado final y el triunfo del Reino de Dios. "Cada vez que Jesús echa un espíritu malo es un anticipo de la hora en la que Satanás se verá despojado visiblemente de su poder. Los triunfos sobre sus instrumentos son un goce anticipado del eschaton".

Los estudiosos han debatido acerca del momento en que se produjo la atadura de Satanás. Muchos lo relacionan con el suceso concreto del triunfo de Jesús sobre Satanás en el desierto; pero "la explicación más sencilla es que los exorcismos mismos se consideran como combates victoriosos sobre el demonio y su reino. Cada vez que se arroja a un demonio del cuerpo significa que Satanás ha sido derrotado y despojado de sus bienes". "En cada acto de exorcismo Jesús vio una derrota de Satanás".[46]

Se ve la misma victoria sobre Satanás en el poder que Jesús otorgó a sus discípulos cuando les encomendó que fueran por toda Galilea, predicando el Reino de Dios (Lc. 10:9). Cuando regresaron los enviados, informaron con gozo que incluso los demonios se les habían sometido en nombre de Jesús. Entonces Jesús dijo: "Yo veía a Satanás caer del cielo como un rayo" (Lc. 10:18). No hace falta pensar en una visión en la que Jesús viera cómo echaban a Satanás del cielo. El contexto sugiere que Jesús vio en la misión exitosa de los setenta una prueba de la derrota de Satanás. Una vez más el lenguaje metafórico utiliza una expresión diferente para afirmar que en la misión de Jesús se consiguió una victoria decisiva. Satanás ha sido atado, ha caído de su lugar de poder; pero su destrucción final espera al fin del siglo.

Estamos frente a un misterio insoluble en la teología del Nuevo Testamento, que se encuentra no sólo en los Sinópticos, sino en otras partes. Los enemigos del Reino de Dios se ven ahora no como naciones hostiles, como en el Antiguo Testamento, sino como poderes espirituales malos. La victoria del Reino de Dios es una victoria en el mundo espiritual: el triunfo de Dios sobre Satanás. Pablo afirma la misma verdad en 1 Corintios 15:25: "Porque preciso es que él reine hasta que haya puesto a todos sus enemigos debajo de sus pies". La pregunta interesante es: ¿Por qué el Nuevo Testamento no describe esto como una batalla exclusivamente del mundo espiritual? ¿Por qué la victoria sobre el mal sólo se puede conseguir en el ámbito de la Historia? Nada se explica, pero la respuesta se encuentra en el hecho de que en la lucha está envuelto el destino de los seres humanos. De alguna forma que está más allá de la comprensión humana, Jesús luchó con los poderes del mal, consiguió triunfar sobre ellos y, al final del siglo, estos poderes podrán ser quebrantados de forma definitiva.

Esto coloca al Evangelio cristiano en una posición distinta del judaísmo. La apocalíptica contemporánea veía al siglo bajo el poder del mal en tanto que Dios se había apartado del escenario de la historia humana. En las *Visiones en Sueños de Enoc*, se describe a Dios como retirando su liderato personal sobre Israel después del cautiverio de éste. Puso a su pueblo en manos de fieras feroces que lo destruían y devoraban. Dios "permaneció impasible, aunque lo vio, y se regocijó de que fueran devorados, engullidos y despojados, y los dejó en manos de todas las fieras para que los devoraran" (*1 En.* 89:58). En el Día del Juicio, Israel será liberada y sus verdugos serán castigados; pero en la Historia Dios ha permanecido alejado e impasible ante los sufrimientos de su pueblo.

El mensaje de Jesús es que, en su propia persona y misión, Dios ha intervenido en la Historia humana y ha triunfado sobre el mal, aunque la liberación final ocurrirá únicamente al final del siglo.

La presencia del Reino se afirma en Lucas 17:20. Cuando los fariseos preguntaron *cuándo* llegaría el Reino apocalíptico, Jesús les respondió, de forma algo enigmática, que el Reino ya estaba en medio de ellos, pero de una forma inesperada. No iba acompañado con las señales y manifestaciones externas que los fariseos esperaban y sin las cuales no se iban a sentir satisfechos. La expresión *entos hymon* puede significar o "dentro de vosotros", o sea, en vuestros corazones, o "en medio de vosotros". Si bien Marcos 10:15 dice claramente que hay que recibir el Reino en el interior del hombre, es improbable que Jesús les hubiera dicho a los fariseos: "el reino de Dios está dentro de *vosotros*". La traducción "en medio de vosotros", en la persona de Jesús, encaja mejor en el contexto total de su enseñanza.

La nueva estructura escatológica

La enseñanza de Jesús acerca del Reino de Dios modifica radicalmente el elemento temporal de la redención. El Antiguo Testamento y el judaísmo esperaban un único día – el Día del Señor – en el que Dios actuaría para establecer su reino en la tierra. Se puede dibujar con una línea recta:

Cullmann arguye que Cristo ha modificado el elemento temporal al darle un nuevo centro. Mantuvo la misma estructura básica del judaísmo, pero el centro se desplazó. Se ha criticado con razón a Cullmann por enfatizar demasiado el punto medio de la historia en detrimento del final.[52]

Hace tiempo que Geerhardus Vos sugirió una línea temporal parecida, pero quizá mejor.

Este esquema tiene la ventaja de ilustrar que el Siglo Venidero se ubica en un nivel más elevado que este siglo, y que el tiempo entre la resurrección y la parusía es un tiempo de superposición de los dos siglos. La Iglesia vive "entre los tiempos"; el siglo viejo perdura, pero los poderes del nuevo siglo han entrado en el siglo viejo.

Sugeriríamos otra modificación mejor para ilustrar la línea temporal del Nuevo Testamento:

Hay un dualismo doble en el Nuevo Testamento: la voluntad de Dios se cumple en el cielo, su Reino se introduce en la Tierra. En el Siglo Venidero, los cielos descienden a la Tierra y elevan la existencia histórica a un nuevo nivel de vida redimida (Ap. 21:2–3). En los Evangelios se sugiere esto, aunque no se explica. Los que "fueren tenidos dignos de alcanzar aquel siglo y la resurrección de entre los muertos, ni se casan, ni se dan en casamiento. Porque no pueden ya más morir, pues son iguales a los ángeles, y son hijos de Dios, al ser hijos de la resurrección" (Lc. 20:35–36). He aquí un orden verdaderamente inconcebible de existencia. No hay analogías humanas para describir la existencia sin los vínculos fisiológicos y sociológicos del sexo y la familia. Pero ésta es la voluntad de Dios: dominar el mal y conducir finalmente a su pueblo a la inmortalidad bendita de la vida eterna del Siglo Venidero.

Este diagrama también sugiere que el Reino de Dios estuvo activo en el Antiguo Testamento. En sucesos tales como el Éxodo y la Cautividad de Babilonia, Dios estuvo actuando con su poder soberano para liberar o juzgar a su pueblo. Sin embargo, en algún sentido verdadero el Reino de Dios *vino* a la Historia en la persona y misión de Jesús.

Capítulo 5

El nuevo siglo de salvación

Vimos en el capítulo anterior que el significado de *basileia* no se puede entender como un único concepto, sino que su complejidad abarca diversas facetas. Su significado básico es el reino o gobierno de Dios. Puede designar la acción escatológica de Dios cuando Dios actúa con poder soberano para destruir a sus enemigos y salvar a su pueblo. También puede designar el reino futuro de salvación en el que se reunirá el pueblo de Dios para disfrutar de las bendiciones de su soberanía. Como tal, es intercambiable con el Siglo Venidero.

El hecho más peculiar en la proclamación del Reino por parte de Jesús fue su intervención en la Historia con su propia persona y misión. No debería sorprendernos encontrar *basileia tou theou* utilizado como un nuevo reino de bendición redentor donde entran las personas al recibir el mensaje de Jesús acerca del Reino de Dios.

El reino como dominio actual de bendiciones

Hay muchos textos que hablan de la entrada en el Reino como de una realidad actual. Jesús lanzó un anatema a los escribas y fariseos porque "cerráis las puertas de los cielos delante de los hombres; pues ni entráis vosotros, ni dejáis entrar a los que están entrando" (Mt. 23:13). El versículo paralelo en Lucas es todavía más claro: "¡Ay de vosotros, intérpretes de la ley! porque habéis quitado la llave de la ciencia; vosotros mismos no entrasteis, y a los que entraban se lo impedisteis" (Lc. 11:52). En otra ocasión, Jesús dijo: "los publicanos y las rameras van delante de vosotros al reino de Dios", es decir, los líderes religiosos de Israel (Mt. 21:31). La interpretación más natural de tales pasajes es aplicarlos a la situación contemporánea. "Las clases marginadas entran en el Reino y no hay pruebas de que los líderes externamente respetables vayan a responder. Ni siquiera la visión de tantos marginados que entran en el Reino ha cambiado su actitud".

La expresión más interesante y, a la vez más difícil, es la de Mateo 11:11–13. En respuesta a los emisarios de Juan el Bautista, Jesús contestó a su pregunta de si era o no el Mesías con una alusión a la profecía mesiánica en Isaías 35:5–6, diciendo, "esta profecía se está cumpliendo ahora; está aquí el siglo de la salvación mesiánica" (Mt. 11:2–6). Luego, hablando del Bautista, en esos momentos encarcelado por Herodes, Jesús afirmó que "entre los que nacen de mujer no se ha levantado otro mayor que Juan el Bautista; pero el más pequeño en el reino de los cielos, mayor es que él. Desde los días de Juan el Bautista hasta ahora, el reino de los cielos sufre violencia, y los violentos lo arrebatan. Porque los Profetas y la Ley profetizaron hasta Juan" (Mt. 11:11–13).

Este pasaje conlleva tres problemas difíciles: el significado de *biazetai*, de "los violentos", y de "el más pequeño en el reino de los cielos".

El verbo *biaz* significa "utilizar fuerza o violencia" y puede estar en voz pasiva, "ser tratado con violencia", o en voz media, "ejercer fuerza". En otra parte hemos examinado seis interpretaciones diferentes de esta palabra, por lo que ahora podemos limitarnos a presentar las conclusiones. Se ajusta mejor a la idea dinámica del Reino de Dios como reinado soberano de Dios manifestado en acción en la misión de Jesús. Entenderemos el verbo en voz media, "el reino de los cielos ha venido con violencia", pues no hay objeciones filológicas para esta interpretación.[3] El gobierno de Dios se abre camino con gran fuerza y los entusiastas perspicaces se apoderan de él, es decir, desean tener parte en el mismo. La misión de Jesús ha iniciado un movimiento poderoso. El poder de Dios está actuando con energía entre las personas. Exige una reacción igualmente poderosa. Esto coloca la enseñanza de Jesús en un plano separado de la enseñanza rabínica. Los rabinos enseñaban que las personas debían tomar sobre sí el yugo del Reino y aceptar la Ley como la norma de la voluntad de Dios. Jesús enseñaba que esto no bastaba. Por el contrario, Dios estaba actuando con poder en su propia misión y, debido a que este poder dinámico del Reino había entrado en el mundo, las personas habían de responder con una reacción radical. Jesús, a veces, describió esta reacción por medio de acciones violentas. "Si tu mano te fuere ocasión de caer, córtala (…) y si tu ojo te fuere ocasión de caer, sácalo" (Mc. 9:43, 47). Estas acciones violentas son las que se exigen de quienes quieran entrar en el Reino. En otros pasajes, Jesús utiliza el lenguaje agresivo del odio por la propia familia a causa de él (Lc. 14:26). Dijo que no vino a traer la paz, sino la espada (Mt. 10:34). La presencia del Reino exige una reacción radical.

Es evidente que Lucas entendió este pasaje de esta manera. Expresa así este concepto: "el reino de Dios es anunciado, y todos se esfuerzan por entrar en él" (*eis auten biazetai*, Lc. 16:16). También aquí se usa *biazetai* en voz media.

En ambos pasajes el reino de Dios es su gobierno dinámico actuando en Jesús; también es el dominio actual de bendiciones en el que entran las personas que reciben la palabra de Jesús. Jesús llama a Juan el Bautista el hombre más grande de todos. Todos los profetas y la Ley habían profetizado hasta Juan algo nuevo. Fue el último de los profetas. Desde los días de Juan algo nuevo había estado sucediendo, creando una nueva situación, con el resultado de que, "por grande que Juan fuera, el último en el naciente Reino es mayor; no en logros personales y valor, sino porque, por el don de Dios, esta persona, a diferencia de Juan, estaba en el Reino".[7] El contraste no se establece entre Juan y otras personas, sino entre el siglo antiguo de los profetas y el nuevo siglo del Reino que había comenzado con el ministerio de Jesús.

El reino como don actual

Cuando preguntamos acerca del contenido de este nuevo dominio de bendiciones, descubrimos que *basileia* significa no sólo la soberanía dinámica de Dios y el dominio de salvación; también se utiliza para designar el don de vida y salvación. He aquí otro elemento sin igual en la enseñanza de Jesús. El Reino de Dios resulta un término que comprende todo lo que incluía la salvación mesiánica. Dalman reconoció que el Reino en la enseñanza de Jesús podía ser "un bien que admite ser anhelado, ser ortogado, ser poseído y ser aceptado".[10]

En la consumación escatológica, el Reino es algo que heredarán gratuitamente los justos (Mt. 25:34). La palabra en este caso no designa ni el reinado de Dios ni el Siglo Venidero, sino la bendición de vida que es el don del gobierno de Dios en el siglo venidero (Mt. 24:46). En respuesta a la pregunta del joven acerca de heredar la vida eterna (Mc. 10:17), Jesús habló de entrar en el Reino (10:23–24) y de recibir la vida eterna (10:30) como si fueran conceptos sinónimos. El Reino es un don que le place al Padre otorgar al pequeño rebaño de discípulos de Jesús (Lc. 12:32).

Si el Reino de Dios es el don de vida otorgado a su pueblo cuando manifieste su gobierno en la gloria escatológica, y si el Reino de Dios es también el gobierno de Dios que penetra en la Historia antes de la consumación escatológica, se deduce que podemos esperar que el gobierno de Dios de la actualidad conlleve una bendición preliminar para su pueblo. Esto es, de hecho, lo que encontramos. El Reino no es sólo un don escatológico que pertenece al Siglo Venidero, también era un don que se podía recibir en la época antigua.

Esto se refleja en numerosas expresiones. El Reino es como un tesoro o perla valiosa cuya posesión excede a todos los otros bienes (Mt. 13:44–46). Es algo que hay que buscar aquí y ahora (Mt. 6:33) y que hay que recibir como los que reciben un regalo (Mc. 10:15 = Lc. 18:16–17). En esta expresión el Reino es el gobierno de Dios, pero incluye el don de su gobierno. El reinado divino no es un poder aterrador ante el cual las personas se ven obligadas a rendirse, sino un don. Los niños son ejemplo de la confianza y receptividad que se exigen de los "hijos del Reino". El Reino les pertenece, no porque su humildad sea una virtud que lo merece, sino porque responden. "El Reino les pertenece porque lo reciben como don (…) es el don del gobierno divino". Mateo 19:14 refleja el mismo pensamiento de que el Reino de Dios es una posesión actual de los que son como niños. La promesa de que los que pidan recibirán y de que los que busquen hallarán (Mt. 7:7) debe entenderse en este contexto. "Lo que hay que buscar es el Reino de Dios, el cual, una vez hallado, constituye la satisfacción de todas las necesidades (Lc. 12:31). La puerta a la que hay que llamar es la puerta que da entrada al Reino de Dios".

Las Bienaventuranzas presentan al Reino como un don. Los pobres en espíritu, los perseguidos por la justicia, reciben el don (Mt. 5:3, 10). No es fácil decidir si el Reino en estos versículos es futuro o presente. Las bienaventuranzas, ciertamente, tienen una tendencia escatológica. Los textos acerca de heredar la tierra, obtener misericordia (en el Día del Juicio) y ver a Dios son primordialmente escatológicos. Sin embargo, el objetivo principal de las Bienaventuranzas es enseñar una condición bienaventurada presente más que prometer una bendición en la consumación. El consuelo para quienes están apesadumbrados debido a su pobreza es tanto actual como futuro, como lo es la satisfacción del hambre (Mt. 5:4, 6). El don del Reino, mencionado dos veces, incluye probablemente tanto el presente como el futuro. Las Bienaventuranzas exponen tanto la salvación escatológica como la condición bienaventurada actual.

El don de salvación

El Reino como don de Dios puede ilustrarse mejor si se estudia la palabra "salvación". En los Evangelios, las palabras "salvar" y "salvación" se refieren tanto a una bendición escatológica como a una bendición actual.

La salvación es, primordialmente, un don escatológico. En la respuesta de Jesús al joven rico acerca de la vida eterna, salvación es sinónimo de vida eterna y entrada en el Reino de Dios en el Siglo Venidero (Mc. 10:17–30). Esta salvación escatológica se describe en otras partes simplemente como salvación de la vida (verdadera), en contraste con la pérdida de la vida física propia (Mc. 8:35; Mt. 10:39; Lc. 17:33). Esta salvación escatológica se puede describir simplemente como entrada en la vida (eterna) (Mc. 9:43; Mt. 25:46) o en el gozo del Señor (Mt. 25:21, 23).

Esta salvación futura significa dos cosas: liberación de la condición mortal y comunión perfeccionada con Dios. Los Evangelios no dicen mucho acerca de la resurrección, pero las palabras de Lucas 20:34–36 (cf. Mc. 12:24–27) aclaran que la salvación escatológica abarca todo el ser. La vida resucitada tendrá algo en común con los ángeles, a saber, la posesión de la inmortalidad. La vida resucitada inmortal es la vida del Siglo Venidero (Lc. 20:35). Los males de la debilidad física, la enfermedad y la muerte desaparecerán en la vida del Reino de Dios (Mt. 25:34, 46).

La salvación escatológica significa no sólo la redención del cuerpo, sino también la restauración de la comunión entre Dios y el hombre que se había perdido por el pecado. Los limpios de corazón verán a Dios (Mt. 5:8) y entrarán en el gozo del Señor (Mt. 25:21, 23). Esta consumación escatológica se suele describir con ilustraciones tomadas de la vida diaria. Se efectuará la cosecha y se recogerá el grano en el granero (Mt. 13:30, 39; Mc. 4:29; cf. Mt. 3:12; Ap. 14:15). Se separarán las ovejas de los cabritos y serán conducidas a salvo al rebaño (Mt. 25:32). La ilustración más común es la del festín o mesa de comunión. Jesús beberá vino otra vez con sus discípulos en el Renio de Dios (Mc. 14:25). Comerán y beberán en la mesa de Jesús en el Reino (Lc. 22:30). Reunirá a las personas de todos los puntos de la tierra para que se sienten a la mesa con los santos del Antiguo Testamento (Mt. 8:11–12; Lc. 13:29). La consumación se compara con la fiesta de bodas (Mt. 22:1–14; 25:1–12) y con un banquete (Lc. 14:16–24). Todas estas metáforas describen la restauración de la comunión entre Dios y las personas que se había roto por el pecado.

La dimensión religiosa de la salvación escatológica se contrasta fuertemente con lo que significa estar perdido. La palabra griega (*apollumi*) tiene dos significados: destruir o matar y perder (pasivo: estar perdido, morir o perecer). Ambos significados, destruir y perecer, se utilizan para la destrucción escatológica (*apoleia*, Mt. 7:13). No ser salvo significa perder la propia vida (Mc. 8:35; cf. Mt. 10:39; 16:25; Lc. 9:24; 17:33), y perder la propia vida es perderlo todo (Mc. 8:36) porque se ha perdido uno a sí mismo (Lc. 9:25). Así pues, perder la propia vida es ser destruido. Dios tiene poder para destruir no sólo el cuerpo, sino también el alma y esta destrucción se describe en términos de fuego del Gehenna (Mt. 10:28; Mc. 9:42–48), fuego eterno (Mt. 18:8; 25:41) y tinieblas (Mt. 8:12; 22:13; 25:30). Como fuego y tinieblas no son conceptos homólogos, lo fundamental no es la forma de esta destrucción final, sino su significado religioso. Éste se encuentra en las palabras "nunca os conocí; apartaos de mí, hacedores de maldad" (Mt. 7:23; Lc. 13:27). He aquí el significado de destrucción: exclusión de los goces y placeres de la presencia de Dios en el Reino.

La misión de Jesús de salvar a las ovejas perdidas de la casa de Israel (Mt. 10:6; 15:24) se enmarca en este trasfondo escatológico. Su "condición perdida es tanto actual como futura, porque se habían apartado de Dios y perdido el derecho a la vida. Como están perdidos, se encuentran bajo la amenaza de la destrucción eterna. El hijo perdido estaba de hecho muerto; ni "salvación" o restauración a la casa de su padre significan vuelta a la vida (Lc. 15:24).

La misión de Jesús de salvar a los perdidos tiene una dimensión tanto actual como futura. Buscó al pecador no sólo para salvarlo de la condenación futura, sino para conducirlo a la salvación actual. A un Zaqueo arrepentido Jesús le dice: "Hoy ha venido la salvación a esta casa. Porque el Hijo del Hombre vino a buscar y a salvar lo que se había perdido" (Lc. 19:9–10). Frente a este trasfondo del significado de "perdido", se puede apoyar la decisión de Arndt, Gingrich y Danker, quienes siguen a Bauer, de incluir a los "perdidos" de Lucas 19:10 en el significado de "muerte eterna". Los perdidos no sólo se han extraviado, sino que están en peligro de morir a no ser que sean rescatados. Dios prometió por medio de Ezequiel (34:16, 22): "yo buscaré la perdida (…) Yo salvaré a mis ovejas". *Jesús afirmó que esta misión la estaba cumpliendo.* La salvación que Jesús le dio a Zaqueo fue una visitación contemporánea, aunque sus bendiciones se proyectaran en el futuro.

Las parábolas de la oveja perdida, de la moneda perdida y del hijo perdido no son escatológicas, sino que describen una salvación presente (Lc. 15). La restauración del hijo perdido al goce de la casa de su padre ilustra la bendición de la salvación presente que Jesús produjo en Zaqueo, los publicanos y los pecadores que se acogieron a su comunión. El hermano mayor representaba a los fariseos y escribas. Así como pretendían ser el verdadero Israel, único que había obedecido la Ley de Dios, así el hermano mayor había permanecido bajo el techo de su padre. Pero también él estaba perdido, porque ni conocía la comunión verdadera con él ni el gozo de su casa.

Este don de la comunión presente como anticipo de la consumación escatológica es el motivo que se ilustra con la parábola escenificada del banquete. Los escribas se sentían ofendidos porque Jesús había participado en una cena con publicanos y pecadores (Mc. 2:15ss.). No se trataba de una comida ordinaria, sino de una fiesta. Los judíos no siguieron la costumbre gentil de yacer como en las comidas ordinarias, sino que se sentaron a la mesa. Los judíos yacían sólo en ocasiones especiales – fiestas, bodas, banquetes reales –. La metáfora de un festín era común entre los judíos para ilustrar la salvación escatológica[18] y la comunión de Jesús con sus discípulos y los que los seguían debe entenderse como anticipo del gozo y comunión del Reino escatológico. El significado religioso de esta comida se refleja en las palabras de Jesús: "no he venido a llamar a justos, sino a pecadores" (Mc. 2:17). Estaba cumpliendo su misión mesiánica al reunir a los pecadores en comunión consigo.

Dos expresiones más ilustran el hecho de que lo anterior no representaba un caso aislado. Lucas relata que una de las causas principales de la crítica por parte de los escribas y fariseos era que Jesús recibía a pecadores y comía con ellos (Lc. 15:1–2). Las tres parábolas que siguen ponen de relieve el hecho del gozo cuando se recuperan pecadores perdidos. La verdad básica es la del gozo en el cielo por un pecador que se arrepiente (Lc. 15:7), pero es un gozo que se anticipaba en la tierra, en la mesa de comunión de Jesús con pecadores arrepentidos.

Tan típica del ministerio de Jesús fue esta comunión gozosa que sus críticos lo acusaron de comilón y bebedor de vino (Mt. 11:18). La misma nota de gozo mesiánico se escucha en la respuesta de Jesús a la crítica de que él y sus discípulos no seguían el ejemplo de los fariseos en cuanto al ayuno. El ayuno no es parte de una celebración de bodas. La presencia del novio exige gozo, no ayuno (Mc. 2:18–19). Aunque no hay pruebas de que la metáfora del novio se aplicara al Mesías en el judaísmo, la fiesta de bodas es símbolo del Reino de Dios. Durante los siete días de los festejos nupciales, los amigos e invitados del novio estaban exentos de la observancia de muchos deberes religiosos graves a fin de que pudieran participar en dichos festejos. Jesús describió su presencia en medio de los discípulos con este símbolo mesiánico de la boda. Ha llegado el día de salvación, se oyen los cánticos nupciales; no queda lugar para el duelo, sino para el gozo. Por tanto, los discípulos de Jesús no pueden ayunar.[20]

La presencia de la salvación mesiánica también se ve en los milagros de curación que Jesús hizo, para los cuales se utiliza el verbo griego que significa "salvar". La presencia del Reino de Dios en Jesús significaba liberación del flujo de sangre (Mc. 5:34), de la ceguera (Mc. 10:52), de la posesión diabólica (Lc. 8:36), e incluso de la muerte misma (Mc. 5:23). Jesús afirmó que estas liberaciones eran prueba de la presencia de la salvación mesiánica (Mt. 11:4–5). Eran promesas de la vida del Reino escatológico que, en última instancia, significa inmortalidad corporal. El Reino de Dios se preocupa no sólo de las almas de las personas, sino de la salvación de todo ser humano.

La limitación de estas liberaciones físicas ilustra la naturaleza del Reino actual en contraposición con sus manifestaciones futuras. En el Reino escatológico, "los que fueren tenidos por dignos de alcanzar aquel siglo" (Lc. 20:35) serán salvados de enfermedad y muerte en la vida inmortal de la resurrección. En la actividad actual del Reino, este poder salvador sólo alcanzó a unos pocos. No eran salvos todos los enfermos y tullidos, ni todos los muertos eran resucitados. En los Evangelios se mencionan sólo tres resurrecciones. Los hombres deben entrar en contacto directo con Jesús o sus discípulos para ser sanados (Mc. 6:56). El poder salvador del Reino no estaba en acción de forma universal. Sólo lo poseían Jesús mismo y aquellos a quienes Él había comisionado (Mt. 10:8; Lc. 10:9).

Sin embargo, ni siquiera todos los que entraban en contacto con Jesús experimentaban la vida sanadora del Reino; esta salvación física exigía una respuesta de fe. No actuaba *ex opere operato*. "Tu fe te ha hecho salva" (Mc. 5:34: 10:52). Era necesaria una respuesta espiritual para recibir la bendición física. Los milagros de sanidad, por importantes que fueran, no eran un fin en sí mismos. No constituían el bien más elevado de la salvación mesiánica. Este hecho lo ilustra la distribución de las expresiones arregladas en Mateo 11:4–5. Mayor que la liberación del ciego y el paralítico, de los leprosos y los mudos, incluso que la devolución de la vida a los muertos, era la predicación de las buenas nuevas a los pobres. Este "evangelio" era la presencia misma de Jesús, y el gozo y comunión que traía a los pobres.

Que la salvación de dolencias físicas era sólo el aspecto externo de la salvación espiritual se demuestra con una expresión relacionada con el exorcismo de demonios. Si bien este milagro fue una de las pruebas más convincentes de la presencia del Reino (Mt. 12:28), fue el preámbulo de que Dios tomara posesión de la morada vacía. En otras palabras, el ser humano es como una casa ordenada y limpia, pero vacía (Mt. 12:44 = Lc. 11:25). A no ser que el poder de Dios tome posesión de esa vida, el demonio puede volver trayendo consigo siete demonios más, y la persona estará peor de lo que estaba antes. Las curaciones y los exorcismos de demonios eran el lado negativo de la salvación; el positivo era la entrada del poder y vida de Dios.

El vínculo entre la salvación física y su aspecto espiritual se ilustra en la sanación de los diez leprosos. Los diez fueron "limpiados" y "sanados "(Lc. 17:14s.). Al samaritano que regresó para expresar su agradecimiento, Jesús le dijo: "tu fe te ha salvado" (Lc. 17:19). Son las mismas palabras que se utilizan en otras partes para curaciones. ¿Debemos suponer que los otros nueve no fueron realmente sanados? Muchos comentaristas opinan que el texto es confuso. Sin embargo, en vista del hecho de que se utilizan claramente estas mismas palabras para la salvación "espiritual" (Lc. 7:50), podemos estar de acuerdo con los expositores que opinan que al samaritano se le otorgó una bendición mayor que a los otros nueve. Su "salvación" fue más que una curación física. Conllevó un estado espiritual saludable.

El incidente de la mujer pecadora en casa de Simón, demuestra que esta "salvación" actual es tanto espiritual como física. Sus lágrimas y muestras de afecto reflejan el arrepentimiento. Jesús le dijo: "tu fe te ha salvado, ve en paz" (Lc. 7:50). No se había realizado ningún milagro de curación. Su enfermedad era totalmente moral y espiritual. El significado de su "salvación" se explica con las palabras "tus pecados te son perdonados" (Lc. 7:48).

El don del perdón

Esta mención del perdón apunta hacia un significado más profundo de la salvación mesiánica. Según Marcos, el conflicto entre Jesús y los escribas comenzó cuando Jesús se atribuyó el perdón de pecados. Tal pretensión no era sino una blasfemia, porque sólo Dios tenía el derecho de perdonar pecados (Mc. 2:7). Si se parte de los supuestos sobre los que los escribas operaban, tenían razón (Sal. 103:3; Is. 43:25). En los Profetas, el perdón sería una de las bendiciones de la Era mesiánica. El Señor, que es juez, soberano y rey, salvaría a su pueblo de forma que ya no hubiera enfermedad pues Él perdonaría toda iniquidad (Is. 33:24). El remanente salvo sería perdonado porque sus pecados se arrojarían en las profundidades del mar (Mi. 7:18–20). Dios establecería un nuevo pacto y grabaría su ley en el corazón, otorgando una comunión perfecta consigo mismo y el perdón de pecados (Jer. 31:31–34; cf. también Ez. 18:31; 36:22–28). Para la casa de David se abriría un manantial que purificaría al pueblo de Dios de todo pecado (Zac. 13:1).

Con una sola excepción posible, esta función era exclusiva de Dios. Una profecía habla del siervo del Señor que llevará las iniquidades del pueblo y se entregará como ofrenda por el pecado (Is. 53:11–12), pero el judaísmo no aplicó esta profecía al Mesías hasta el siglo tercero y posteriormente. No conocemos ninguna fuente en la que el Mesías, en virtud de su propia autoridad, prometa a las personas el perdón de pecados. Además, si bien se creía que Dios perdonaba los pecados, el judaísmo nunca resolvió el problema creado por la tensión entre la justicia y la gracia de Dios.[25] La persona justa no era la que había sido perdonada por Dios, sino aquélla cuyos méritos sobrepasaran su deuda. La justicia es el perdón divino en el día del juicio, pero este perdón escatológico está sujeto a una teoría del mérito. La posición del ser humano frente a Dios la determina el equilibrio entre sus buenas obras y sus transgresiones. Si aquéllas sobrepasan a éstas, será perdonado. [*]

Con estos antecedentes, se puede muy bien entender la sorpresa y consternación entre los escribas cuando Jesús, con autoridad propia, pronunció el perdón gratuito de pecados. Juan el Bautista había prometido perdón (Mc. 1:4); Jesús cumplía esta promesa. La curación del paralítico fue la prueba externa de que "el Hijo del Hombre tiene potestad en la tierra para perdonar pecados" (Mc. 2:10). El Hijo del Hombre era la figura celestial de Daniel 7:13 que representaba a los santos del Altísimo y quién iba a venir con las nubes del cielo para traer el Reino de Dios y juzgar a los hombres. En esta expresión Jesús se atribuyó ser este juez celestial y haber venido a la tierra para ejercer la prerrogativa divina de perdonar pecados. Ésta fue la señal de la presencia de la salvación mesiánica.

El carácter básico del perdón de pecados en el concepto del Reino de Dios se ilustra con la parábola del perdón (Mt. 18:23–35). Presenta la relación entre el perdón divino y humano en el Reino de Dios. El perdón divino antecede y condiciona al perdón humano. Si bien Jeremías enfatiza el elemento escatológico del juicio, reconoce también que la parábola enseña primordialmente la misericordia de Dios porque el juicio escatológico se basará en una experiencia anterior del don de perdón de Dios. El don gratuito de perdón de Dios pone en las personas la exigencia de tener el espíritu dispuesto a perdonar.

Jesús no enseña una nueva doctrina de perdón: trajo a los pecadores perdidos una nueva experiencia de perdón. No le dijo a la mujer en la casa de Simón que Dios la perdonaba ni le explicó la forma en que podría encontrar salvación; declaró que sus pecados estaban perdonados (Lc. 7:48). Ésta fue su "salvación". Jesús hizo lo que anunció. La presencia del Reino de Dios no fue una nueva enseñanza acerca de Dios, fue una nueva actividad de Dios en la persona de Jesús: traer a las personas, como experiencia presente, lo que los profetas habían prometido en el Reino escatológico.

El don de justicia

Estrechamente relacionada con el perdón está la justicia. La justicia no es primordialmente una cualidad ética, sino una relación justa, el descargo divino de la culpa del pecado. Buscar el Reino de Dios significa buscar la justicia de Dios (Mt. 6:33); y recibir el Reino de Dios significa recibir la justicia concomitante.

La justicia en el pensamiento judío era una actividad humana. Los rabinos enseñaban que era una exigencia de Dios y a la vez un don suyo. Para entrar en el Reino escatológico se exigía una justicia que excediera la de los escribas y fariseos (Mt. 5:20). Esta justicia incluye libertad de toda ira, concupiscencia, revancha (Mt. 5:21–48). Si se deja al esfuerzo humano la consecución de semejante justicia perfecta, nadie puede conseguirla; debe ser don de Dios.

He aquí el núcleo de la enseñanza ética de Jesús: la renuncia a la justicia conseguida por medios propios y la disposición a convertirse en niños que nada tienen y todo lo deben recibir. Los escribas no estuvieron dispuestos a dejar de lado el orgullo que sentían por su justicia para convertirse en nada y así poder recibir el don de la justicia de Dios. Por cuanto se consideraban justos (Mc. 2:17; Lc. 18:9), no sentían la necesidad del don de Dios. En contraposición al fariseo autojustificado está el publicano, quien se arroja totalmente a la misericordia de Dios. Nada tenía: ni actos de justicia, ni actos meritorios. Estaba, por ello, abierto a Dios. "Éste descendió a su casa justificado" (Lc. 18:14). Obviamente, no había alcanzado la justicia por sí mismo, sino que era don de Dios. La enseñanza de esta parábola es la misma que la doctrina paulina de la justificación gratuita, con la excepción de que en la parábola no se menciona la cruz.

La justicia del Sermón del Monte también es don de Dios. La promesa de satisfacción a los que tienen hambre y sed de justicia (Mt. 5:6) es una promesa para aquellos que son conscientes de su propia injusticia, pero sienten hambre y sed de ser justos delante de Dios. En contraposición al pensamiento judío en cuanto al mérito, *dikaiosune* se considera totalmente como un don que Dios otorga a los que lo piden.

Así pues, la presencia imprevista de la salvación escatológica queda ilustrada en muchos aspectos del mensaje y misión de Jesús y debe verse mucho más allá de la terminología utilizada respecto al Reino de Dios. La misión de Jesús no trajo una nueva enseñanza, sino un nuevo suceso. Jesús no prometió el perdón de pecados; lo otorgó. No dio simplemente seguridad a los hombres respecto a la comunión futura del Reino; invitó a los hombres a la comunión con él como portador del Reino. No les prometió únicamente la vindicación en el Día del juicio; les otorgó una justicia actual. No sólo enseñó una liberación escatológica del mal físico; demostró repetidas veces el poder redentor del Reino, liberando a los hombres de enfermedades e incluso de la muerte.

Éste es el significado de la presencia del Reino como una nueva era de salvación. Recibir el Reino de Dios, someterse al reinado de Dios, significaba recibir el don del Reino y entrar en el gozo de sus bendiciones. El siglo del cumplimiento ya está presente, aunque el momento de la consumación espera todavía el Siglo Venidero.

Capítulo 6

El Dios del Reino

La comprensión dinámica de la *basileia tou theou* se ha basado, principalmente, en el estudio exegético y lingüístico del significado y uso del término mismo. Esta interpretación dinámica recibe una ulterior ilustración con la teología de los Evangelios, hablando en sentido estricto, o sea, con su doctrina acerca de Dios.

El Reino es el Reino de Dios, no del hombre: *basileia tou theou*. Se enfatiza la tercera palabra, no la primera; es el Reino de *Dios*. "El hecho al que debe prestarse siempre atención es que, en la enseñanza de Jesús, la concepción acerca de Dios lo determina todo, incluyendo sus conceptos del Reino y del Mesías". Si el Reino es el gobierno de Dios, entonces todos los aspectos del Reino deben derivarse de la naturaleza y acción de Dios. La presencia del Reino debe entenderse a partir de la naturaleza de la actividad presente de Dios y el futuro del Reino es la manifestación redentora de su gobierno soberano al final del siglo.

Esto también era así en el judaísmo. El Reino de Dios era el gobierno soberano general. Nunca dejó de ser el Dios cuya providencia soberana, en última instancia, dirigía toda existencia. Además, el gobierno de Dios se podía conocer siempre y en todas partes por medio de la Ley y Él actuaría para establecer su Reino al fin del siglo. La proclamación de Jesús acerca de la presencia del Reino significa que Dios se ha vuelto redentoramente activo en la Historia para bien de su pueblo. Esto no deja sin sentido el aspecto escatológico del Reino en cuanto a su contenido, porque el Dios que actuaba en la Historia en la persona y misión de Jesús volvería a actuar al final del siglo para manifestar su gloria y poder salvador. Tanto la manifestación actual como futura del Reino de Dios, en el presente y en el futuro, son el escenario de la actuación redentora de Dios.

El Dios que busca

Esta tesis se basa en un estudio del concepto específico de Dios hallado en las enseñanzas de Jesús. En ellas encontramos un hecho notable: el elemento novedoso en la proclamación de Jesús en cuanto al Reino va acompañado de un elemento nuevo en su enseñanza acerca de Dios, a saber, que Dios es el Dios que busca. No se quiere sugerir que el propósito de Jesús fuera comunicar una nueva verdad acerca de Dios. Dios es alguien que. hay que experimentar y no una enseñanza que hay que impartir. Esto no excluye la pregunta acerca de si el concepto de Dios se refleja en la enseñanza y misión de Jesús o no. En un sentido, el Dios del judaísmo tardío no era el Dios del Antiguo Testamento. El Dios de los Profetas estaba constantemente en acción en la Historia, tanto para juzgar como para salvar a su pueblo; el Dios del Judaísmo tardío se había apartado del mundo malo y ya no estaba actuando redentoramente en la Historia. Al final del siglo se esperaba una nueva acción redentora, pero mientras tanto Dios se mantenía apartado.

El mensaje de Jesús acerca del Reino proclamaba que Dios no sólo actuaría al final, sino que Dios volvería a actuar redentoramente en la Historia. De hecho, Dios había actuado en ella de tal forma y en tal medida que los Profetas no lo habían reconocido. El cumplimiento de las promesas del Antiguo Testamento ya estaba ocurriendo: estaba ya presente la misión mesiánica; el Reino de Dios se había acercado. Dios estaba visitando a su pueblo. En Jesús, Dios había asumido la iniciativa, buscando al pecador y llevando a los perdidos a la bendición de su reinado. En resumen, era el Dios que buscaba.

Algunos estudiosos interpretan la idea de Jesús acerca del Reino en conformidad con el pensamiento rabínico, pero en lugar del papel de la Ley colocan la experiencia religiosa de Jesús. El núcleo del Reino de Dios era la experiencia interior de Jesús de Dios como Padre. Su misión era compartir esta experiencia con las personas. A medida que ellas comparten la experiencia de Jesús sobre Dios, el Reino de Dios, su soberanía "viene" a ellas. En la medida en que un mayor número de personas vive esta experiencia, el Reino de Dios crece y se va extendiendo por el mundo.

Si bien en esta interpretación hay un elemento importante que debe preservarse, resulta inadecuada porque pasa por alto la naturaleza dinámica del Reino de Dios. En la médula misma del mensaje y misión de nuestro Señor se encarnaba la realidad de Dios como amor que busca. Dios ya no esperaba a que los pecadores abandonaran el pecado; Dios buscaba a los pecadores.

Este hecho se manifestaba en la misión de Jesús. Cuando los fariseos lo criticaron por violar sus normas de justicia y por asociarse con los pecadores, contestó que su misión era atender a los pecadores (Mc. 2:15–17). Los que saben que están enfermos son los que necesitan al médico. Jesús debe traer las buenas noticias salvadoras del Reino a tales pecadores. No niega que haya pecadores, ni toma a la ligera su culpa. Más bien se fija en su necesidad y la atiende.

La gran verdad de que Dios busca al pecador se presenta extensamente en Lucas 15, en tres parábolas expuestas para callar la crítica que se le hacía a Jesús por acoger a pecadores en la comunión de la mesa. Dijo que el propósito divino era buscar a la oveja extraviada, buscar la moneda perdida, acoger al hijo pródigo en la familia aun cuando no mereciera el perdón. En cada una de estas parábolas hay una iniciativa divina: el pastor busca a la oveja; la mujer barre la casa en busca de la moneda; el padre ansía el retorno del hijo pródigo. El personaje principal de la parábola del "hijo pródigo" no es el hijo, sino el padre que anhela. La parábola ilustra primordialmente no la prodigalidad del hombre, sino el amor y la gracia de Dios.

Los estudiosos judíos admiten que esta preocupación por el pecador era algo nuevo. Abraham insiste en que el fariseísmo enseñó que Dios siempre estaba dispuesto a dar el primer paso; sin embargo admite que, por lo general, le correspondía al pecador tomar la iniciativa de regresar a Dios. Montefiore reconoce que la "grandeza y originalidad" dc Jesús abrió "un capítulo nuevo en las actitudes de las personas hacía el pecado y los pecadores" porque buscó a los pecadores en lugar de eludirlos.[5] Esta preocupación por los pecadores es totalmente novedosa en el judaísmo y contrasta notoriamente con sentimientos como los expresados en Esdras 4, donde al autor, afligido por el diminuto número de justos, se le dice, "porque en realidad no me preocuparé acerca de la suerte de los que han pecado, ni de su muerte, su juicio y su destrucción; pero me regocijaré en la creación de los justos, en su peregrinar también, y en su salvación" (8:38s.). La médula de las "buenas noticias" del Reino es que Dios ha asumido la iniciativa de buscar y salvar lo que estaba perdido.

El Dios que invita

El Dios que busca es también el Dios que invita. Jesús describió la salvación escatológica en términos de un banquete o fiesta a la que se invita a muchos (Mt. 22:1ss.; Lc. 14:16ss.; cf. Mt. 8:11). Con este trasfondo se puede entender la comunión frecuente en la mesa entre Jesús y sus seguidores, como una parábola escenificada representando un ofrecimiento y un ofrecimiento a las bendiciones del Reino de Dios. Compartir la mesa era para el judío una relación muy íntima, y desempeñó un papel importante en el ministerio de Jesús (Mc. 2:15). Los fariseos se sintieron ofendidos porque comía con pecadores (Lc. 15:2). Lo llamaron "comilón, y bebedor de vino, amigo de publicanos y de pecadores" (Mt. 11:19). La palabra "llamar" significa invitar. "Invitar a los pecadores al Gran Banquete del Reino era precisamente la misión del Señor".

Jesús llamó a las personas al arrepentimiento, pero el requerimiento fue también una invitación. De hecho, la naturaleza del requerimiento de Jesús al arrepentimiento como invitación hace que su llamamiento sea diferente de la enseñanza judía. En el judaísmo, la doctrina del arrepentimiento tenía un lugar importante, porque era uno de los medios por los que conseguir la salvación. El arrepentimiento se entendía, principalmente, en términos de la Ley y significaba, negativamente, romper con las obras malas y ofensas a la Ley y, positivamente, obedecer la Ley como expresión de la voluntad divina. El "yugo de la Ley" también podía llamarse el "yugo del arrepentimiento". El orden de los sucesos es: el ser humano se arrepiente, Dios perdona. La acción humana debe preceder a la divina. "Según la enseñanza judía, el perdón de los pecados depende del pecador, porque ni se piensa en un mediador".

La exigencia de Jesús en cuanto al arrepentimiento no era simplemente un requerimiento hecho a las personas para que dejaran el pecado y se volvieran a Dios; era más bien un llamamiento para que respondieran a la invitación divina y estaba condicionado por esta invitación, que era nada menos que un don del Reino de Dios. Este elemento distinguió el llamamiento de Jesús al del arrepentimiento de Juan el Bautista. Juan invitó a las personas a que dejaran el pecado ya que se aproximaba el Día del juicio; Jesús las llamó a que aceptaran la invitación.

El mensaje de Jesús acerca del Reino de Dios es el anuncio con palabras y obras de que Dios está actuando y manifestando dinámicamente su voluntad redentora en la Historia. Dios busca a los pecadores: los invita a entrar en la bendición mesiánica, les pide una respuesta favorable a este ofrecimiento gratuito. Dios ha hablado de nuevo. Ha aparecido un nuevo profeta, de hecho alguien que es más que profeta, alguien que trae a los seres humanos la bendición misma que promete.

El Dios Paternal

Dios busca a los pecadores y los invita a someterse a su soberanía a fin de poder ser su Padre. Existe una relación inseparable entre el Reino de Dios y su Paternidad; y merece mención especial que esta afinidad entre los dos conceptos aparezca casi siempre en un marco escatológico. En la salvación escatológica, el justo entrará en el Reino de su Padre (Mt. 13:43). El Padre es quien ha preparado para los bienaventurados la herencia escatológica de Reino (Mt. 25:34). El Padre será quien dé a los discípulos de Jesús el don del Reino (Lc. 12:32). El don más elevado de la Paternidad de Dios es la participación en la soberanía de Dios, que debe ejercerse sobre todo el mundo. En ese día Jesús disfrutará de una comunión renovada con sus discípulos en el Reino del Padre (Mt. 26:29). Como el gozo más grande de los hijos de Dios es compartir las bendiciones del Reino, Jesús enseñó a sus discípulos a que oraran, "Padre nuestro que estás en los cielos (…) Venga tu reino" (Mt. 6:9, 10). Hay una relación estrecha evidente entre los conceptos de Realeza y Paternidad.

Estos textos escatológicos ilustran un hecho importante acerca de la Paternidad de Dios. Es una bendición y una relación que no todas las personas pueden disfrutar, sino sólo las que entren en el Reino escatológico. El concepto de Paternidad está condicionado por el del Reino. Como Padre, Dios concederá a las personas la entrada en el Reino escatológico y se deduce que quienes no entren en el Reino, no disfrutarán de la relación con Dios como Padre suyo.

El don de la Paternidad no sólo forma parte de la consumación escatológica, sino que también es un don actual. Además, la bendición futura del Reino depende de una relación actual. Esto se ve en el hecho de que Jesús enseñó a sus discípulos a llamar Padre a Dios y a considerarlo como tal. Pero incluso en esta relación actual, la Paternidad es inseparable del Reino. Los que conocen a Dios como a su Padre son aquellos para quienes el bien más elevado de la vida es el Reino de Dios y su justicia (Mt. 6:32, 33; Lc. 12:30).

Esto suscita la importante pregunta de cuál es la fuente y naturaleza de la enseñanza de Jesús acerca de la Paternidad de Dios. El concepto tiene sus raíces en el Antiguo Testamento donde la Paternidad es una forma de describir la relación contractual entre Dios e Israel. Israel es el primogénito de Dios debido a este pacto (Éx. 4:22). Dios, por tanto, se concibe a menudo como el Padre de la nación (Dt. 32:6; Is. 64:8; Mal. 2:10). No es una relación basada en la naturaleza, sino creada por iniciativa divina. Si bien Dios era el Padre de la nación como un todo, cuando Israel cayó en la infidelidad, la Paternidad de Dios quedó limitada al remanente fiel de justos dentro de Israel (Sal. 103:13; Mal. 3:17). En la literatura postcanónica se enfatiza particularmente la paternidad de Dios con referencias al individuo (Sir. 23:1; Sabiduría 2:16). El significado pleno de la Paternidad es escatológico y se experimentará en el Reino de Dios (*Sal. Salomón* 17:30; *Jub.* 1:24). En la literatura rabínica, la Paternidad de Dios es una relación ética entre Dios e Israel.

La idea liberal antigua del Reino de Dios hizo de este concepto de la Paternidad de Dios en la enseñanza de Jesús el tema determinante, interpretado en términos universales. Consideran que Jesús tomó la enseñanza judía acerca de la Paternidad de Dios, ahondó en ella y la enriqueció, extendiéndola a todas las personas. Dios es Padre de todas ellas porque es perfecto en amor y el amor es la síntesis de todas sus perfecciones morales. Dios es el Padre universal porque siempre es lo que debería ser.

La crítica reciente ha reconocido que "a pesar de lo que suele suponerse, no hay fundamento ninguno para afirmar que Jesús enseñó una doctrina de "la Paternidad de Dios y la Fraternidad del ser humano". Dos hechos se deducen del estudio de la terminología: (a) Jesús nunca se puso en el mismo grupo que sus discípulos como hijos de Dios. El uso en Juan 20:17 es todavía más explícito que en los Sinópticos: "Subo a mi Padre y a vuestro Padre, a mi Dios y a vuestro Dios". La misión mesiánica de Jesús es diferente de la filiación de sus discípulos. (b) Jesús nunca aplicó la categoría de hijo a nadie que no fuera su discípulo. Las personas llegaban a ser hijas de Dios al reconocer su propia filiación mesiánica.

Se ha visto una Paternidad universal de Dios en la expresión de Jesús: "Amad a vuestros enemigos, bendecid a los que os maldicen, haced bien a los que os aborrecen, y orad por los que os ultrajan y os persiguen; para que seáis hijos de vuestro Padre que está en los cielos, que hace salir su sol sobre malos y buenos, y que hace llover sobre justos e injustos" (Mt. 5:44s.). Este texto se ha interpretado en el sentido de que se exige el amor a los enemigos porque Dios es el Padre universal y los discípulos de Jesús deben amar a todas las personas porque Dios las ama como hijas suyas. En realidad, a Dios se le considera como Padre de los discípulos de Jesús. La bondad de Dios al enviar la lluvia a todos, buenos y malos por igual, no debe confundirse con la Paternidad divina. La misma exégesis llevaría a la conclusión de que Dios es también el Padre de todas las criaturas. "Mirad las aves del cielo, que no siembran, ni siegan, ni recogen en graneros. Y vuestro Padre celestial las alimenta" (Mt. 6:26). Dios no cuida a las aves como Padre, ni tampoco como Padre otorga bendiciones a los que no son sus hijos. La Paternidad de Dios pertenece a quienes han respondido al amor divino que busca y se han sometido al Reino de Dios. Dios busca a las personas, no porque sea su Padre, sino porque querría llegar a serlo.

La Paternidad universal de Dios también se puede apreciar en la parábola del hijo pródigo (Lc. 15:11–24). Se ha interpretado en el sentido de que todo ser humano es, por naturaleza, hijo de Dios y que lo único que necesita es regresar a donde pertenece. Esto prescinde del hecho de que las parábolas son relatos tomados de la vida cotidiana con el propósito de proponer una verdad básica, sin que se deban forzar los detalles. Es tan inadecuado decir que esta parábola enseña que los seres humanos son, por naturaleza, hijos de Dios como lo sería afirmar que torpes animales (Lc. 15:1–7) son hijos de Dios. La enseñanza fundamental de las tres parábolas es la del ansia de Dios como el que busca a la oveja perdida, rastrea la moneda perdida y anhela el regreso del hijo pródigo. Ésta es una parábola acerca del Padre, no acerca del hijo. El único elemento que presentan las tres parábolas acerca de lo perdido es la pertenencia: la oveja perdida pertenece al rebaño; la moneda perdida pertenece a los bienes del ama de casa; el hijo pertenece a la casa del padre. El lugar adecuado del ser humano es la casa del Padre.

Esto enseña, sin duda, la Paternidad universal potencial de Dios, pero no la Paternidad de hecho. Mientras el hijo estuvo en un país extraño, su filiación fue algo vacuo, sin contenido. Sin embargo, pertenecía a la casa del Padre y al volver en sí, regresó a donde pertenecía. Así pues, Dios no sólo quiere, sino que ansía recibir a todos los que vuelven en sí para regresar al Padre, de manera que puedan entrar a participar del gozo de sus bendiciones.

El significado de Dios como Padre lo ha analizado Jeremías. Resulta claro que Jesús utilizó la palabra aramea *abba* para dirigirse a Dios y también les enseñó a los discípulos a que lo hicieran así. Este apelativo aparece con ropaje griego en las epístolas (Ro. 8:15; Gá. 4:6). La palabra *abba* procede del lenguaje infantil y es algo así como nuestro "papá". Los judíos no utilizaban esta palabra para dirigirse a Dios porque era demasiado íntima y hubiera parecido irrespetuosa. Jesús habló a Dios como un niño y enseñó a sus discípulos a hacer lo mismo. Les prohibió utilizar "Padre" en el lenguaje cotidiano como título de cortesía (Mt. 23:9); debían reservarlo para Dios. *Abba* representa una nueva relación de confianza e intimidad que Jesús comunicó a las personas.

El Dios que juzga

Si bien Dios busca al pecador y le ofrece el don del Reino, sigue siendo un Dios de justicia retributiva para quienes rechazan su graciosa oferta. Su preocupación por los perdidos no convierte su santidad divina en bondad benigna. Dios es amor que busca, pero también es amor santo. Es el Padre celestial: su nombre ha de ser santificado (Mt. 6:9). Por consiguiente, los que rechazan la oferta del Reino deben enfrentarse a su juicio.

En realidad, el hecho mismo de que Dios sea amor que busca pone al ser humano en dificultades. La persona debe responder a esa iniciativa de amor; de lo contrario le espera una condena mayor. Bultmann habla de Dios a través de la imagen de alguien que se ha acercado a los seres humanos como "el Exigente". Cuando la persona de Jesús se le presenta, la persona se encuentra frente a Dios y debe tomar una decisión. El resultado será o la salvación del Reino o el juicio.

Este elemento de justicia retributiva se encuentra a menudo en la proclamación que Jesús hace del Reino. En la predicación del Bautista, la venida del Reino escatológico significará salvación para los justos y juicio para los injustos (Mt. 3:12). Jesús enseñó lo mismo. Lo contrario de heredar el Reino será sufrir el castigo del fuego eterno (Mt. 25:34, 41). A los que no quisieron entrar en el Reino y trataron de impedir que otros entraran (Mt. 23:13), Jesús les dijo: "¡Serpientes, generación de víboras! ¿Cómo escaparéis de la condenación del infierno?" (Mt. 23:33). El poder del Reino estuvo presente y activo en Jesús para liberar a los seres humanos de la esclavitud del mal, y Dios no sólo ofrece perdón gratuito al penitente, sino que incluso sale a buscar al pecador para atraerlo así. Cuando el ser humano se ha vuelto tan ciego que no sabe distinguir entre el poder del Reino de Dios y la acción del demonio, llegando incluso a pensar que el Reino de Dios es demoníaco, nunca puede ser perdonado; es reo de pecado eterno (Mc. 3:29). A los que intentan apartar a los creyentes del Reino de Dios les espera una terrible condenación (Mt. 18:6). La gran verdad de que Dios es amor que busca, no elimina la justicia y rectitud de Dios. El significado del Reino de Dios es tanto salvación como juicio.

Este juicio escatológico del Reino de Dios se decide, en principio, en la misión de Jesús entre las personas. Según reaccionen frente a Jesús y su proclamación, se determina su destino escatológico (Mc. 8:38; Mt. 10:32–33). Cuando los discípulos de Jesús visitaron varias ciudades para proclamar el Reino y fueron rechazados, tuvieron que limpiarse el polvo de los pies en una parábola escenificada de juicio, y su anuncio: "pero esto sabed: que el reino de Dios se ha acercado a vosotros" se convierte en una amenaza en lugar de una promesa. A tal ciudad le espera un juicio terrible.

Jesús también sentenció a ciudades donde había predicado y realizado las obras del Reino: Corazín, Betsaida, Capernaum (Mt. 11:20–24; Lc. 10:13–15). La naturaleza del juicio pronunciado sobre Capernaum no resulta totalmente clara. Lucas (10:14), igual que Mateo (11:22), describe en términos escatológicos el juicio que caerá sobre Corazín y Betsaida. Pero tanto Lucas (10:15) como Mateo (11:23) hablan del juicio sobre Capernaum en términos menos escatológicos, diciendo simplemente que esta orgullosa ciudad, que fue el centro del ministerio galileo de Jesús y había oído muchas veces el mensaje del Reino, sería abatida hasta el Hades. Si bien Mateo agrega un elemento escatológico (Mt. 11:24), es evidente que interpretó estas palabras en el sentido de juicio histórico, porque agrega que si se hubieran realizado en Sodoma las obras del Reino que se habían visto en las calles de Capernaum, Sodoma "habría permanecido hasta el día de hoy" (Mt. 11:23). En este juicio de Capernaum, Jesús utiliza la canción burlona dirigida a Babilonia en Isaías 14:13–15, si bien no la cita de forma directa.

Un elemento importante que incluyen tanto Mateo como Lucas es éste: el juicio por rechazar el Reino se da en la Historia tanto como en el día escatológico. Capernaum, que se ha alzado con orgullo mundano, será reducida al nivel más ínfimo de vergüenza. Capernaum sufriría el mismo destino que Sodoma: la extinción. Ahí radica lo pertinente de la alusión a Isaías 14: Capernaum, como Babilonia, sería reducida a ruinas. Jesús, igual que los profetas, vio la visitación divina con juicio tanto en términos históricos como escatológicos. La destrucción de Capernaum sería el juicio del Reino de Dios.

No sólo en esta ocasión habló Jesús del juicio en términos históricos. Una serie de textos declaran el juicio sobre Jerusalén y sus habitantes por su ceguera espiritual y fallo en reconocer la salvación mesiánica ofrecida. Jesús lloró sobre Jerusalén porque había rechazado el ofrecimiento del Reino (Mt. 23:37–39; Lc. 13:34–35). La metáfora de la gallina que reúne a su cría está tomada del Antiguo Testamento (Dt. 32:11; Sal. 17:8; 36:7, del judío que convierte a un gentil se dice que lo lleva bajo las alas de la Shekinah (la presencia de Dios). "El sentido es muy sencillo: llevar a las personas al Reino de Dios".[22] El repudio de dicha invitación significará que "tu casa será abandonada y desolada". No resulta claro si "tu casa" se refiere al Templo o a la comunidad judía, pero el sentido es el mismo porque el Templo y la Comunidad judía tienen un destino común. Como el ofrecimiento del Reino ha sido rechazado, Jerusalén, considerada por los judíos como la futura capital del mundo redimido, y el Templo, el único santuario del género humano, iban a ser abandonados por Dios para convertirse en ruinas.

Esta idea se repite en Lucas 19:41–44. Jesús lloró sobre Jerusalén porque no reconoció "el tiempo de su visitación". En esta palabra (*episkopë*) se refleja la idea profética del Dios que llega a visitar a su pueblo. En este texto, Dios ha visitado por gracia Jerusalén a través de la misión de Jesús de llevarle paz. El Reino de Dios se había acercado a Israel en gracia y misericordia. Israel, sin embargo, rechazó la oferta de misericordia para escoger el camino que conducía al desastre.[24] La catástrofe es una visitación histórica que trae muerte y destrucción a la ciudad.

No hace falta pasar revista a otros pasajes que hablan del juicio histórico que iba a caer sobre Jerusalén (Lc. 21:20–24; 23:27–31) y el Templo (Mc. 13:2; cf. 14:58; 15:29). Wilder tiene razón al decir que Jesús puede mirar hacia el futuro de dos maneras diferentes. Puede describir la visitación en términos de una catástrofe histórica inminente y, en otras ocasiones, como un evento apocalíptico trascendental. Tanto la histórica como la escatológica son visitaciones divinas que traen juicio a Israel por haber rechazado el Reino de Dios. Éste, una vez más, se ha manifestado activamente en la Historia. Ha visitado a su pueblo en la misión de Jesús para llevarle las bendiciones de su Reino. Sin embargo, cuando la oferta se rechaza, seguirá una visitación de juicio: tanto en la Historia como en el final escatológico. Ambos son juicios del gobierno soberano de Dios.

Capítulo 7

El misterio del Reino

Nuestra tesis central es que el Reino de Dios es el reinado redentor de Dios activo para establecer su soberanía entre los seres humanos y que este Reino, que se presentará como una acción apocalíptica al final del siglo, ya ha penetrado en la historia humana en la persona y misión de Jesús para derrotar el mal, liberar a los seres humanos del poder del mismo y llevarlos a las bendiciones de la soberanía de Dios. El Reino de Dios conlleva dos grandes momentos: el cumplimiento histórico y el final. Precisamente estos antecedentes proporcionan el contexto de las parábolas del Reino.

Cánones de interpretación

Los estudios críticos modernos han establecido dos cánones de interpretación de las parábolas, necesarios para una comprensión histórica correcta. El primero de ellos lo formuló Jülicher, que elaboró el principio esencial de que las parábolas no deben interpretarse como si fueran alegorías. Una alegoría es un relato artificioso creado por un autor determinado como medio de enseñanza. Como los detalles de una alegoría están bajo el control del autor, se puede estructurar de forma que cada uno de ellos contenga un significado importante y distintivo. Una sencilla alegoría es el relato del cardo y el cedro en 2 Reyes 14:9–10.

Una parábola es un relato tomado de la vida diaria para transmitir una verdad religiosa o moral. Como el autor no crea el relato y, en consecuencia, no tiene control total de los detalles, éstos tienen a menudo poca importancia para la verdad transmitida. La parábola tiene como fin transmitir fundamentalmente una sola verdad y no un conjunto de verdades.

Este principio se refleja claramente en la parábola del mayordomo infiel (Lc. 16:1–13). Si se fuerzan los detalles, esta parábola enseñaría que la astucia es mejor que la honradez; pero esto es obviamente imposible. Detalles como *noventa y nueve* ovejas (Lc. 15:4) y *diez* monedas (Lc. 15:8) no tienen ningún significado especial. En la parábola del buen samaritano, el significado alegórico de los ladrones, el sacerdote y el levita, el significado del aceite y el vino, la razón de que sean dos monedas, el significado de Jerusalén, Jericó y la posada no han de interpretarse con más significado del que se interpretaría la identidad del pollino. Debemos, por tanto, bus-car en cada una de las parábolas del Reino una sola verdad básica.

El segundo canon de la crítica es que las parábolas deben entenderse en el marco histórico vital del ministerio de Jesús y no en el de la Iglesia. Esto significa que no es un enfoque histórico sano entender las parábolas como profecías de la acción del Evangelio en el mundo o en el futuro de la Iglesia. La exégesis de las parábolas debe hacerse en términos de la misión misma de Jesús en Palestina. Admitir esto no debe hacernos cerrar los ojos al hecho de que sí existen analogías entre la misión de Jesús y el papel de la Iglesia en el mundo, y se pueden extraer aplicaciones importantes e incluso necesarias en este ámbito. Sin embargo, debemos preocuparnos por tratar de encontrar el significado histórico de las parábolas en el ministerio de Jesús.

El método de Jülicher resulta deficiente en este punto porque encontró en las parábolas verdades religiosas de aplicación general y universal. La erudición moderna, en especial la obra de C. H. Dodd, ha mostrado que la *Sitz im Leben* de las parábolas es la proclamación del Reino de Dios por parte de Jesús. Jeremías considera que esto es un avance mayor de la crítica histórica que inició una nueva era en la interpretación de las parábolas. Sin embargo, critica el énfasis unilateral de Dodd que condujo a una contracción de la Escatología, vaciándola de su contenido futurista. Jeremías pro-pone corregir las conclusiones de Dodd, aunque aceptando su método, y trata de descubrir el mensaje original de las parábolas mediante la recuperación de su forma histórica primitiva. Jeremías sugiere "una escatología en proceso de realización".[3] La misión de

Jesús inició un proceso escatológico que esperaba su consumación en poco tiempo. La iglesia primitiva dividió este proceso único en dos eventos y, con ello, aplicó a la parusía parábolas que, en principio, no tenían ningún significado escatológico.

Sin embargo, Jeremías va demasiado lejos en asumir como axioma que el significado original de las parábolas sólo puede recuperarse en términos de lo que deben haber significado para los oyentes judíos de Jesús. Esto supone que el *Sitz im Leben* adecuado de las parábolas es el judaísmo, no las enseñanzas de Jesús. Esto tiende a limitar la originalidad de Jesús. Debemos dar margen a la posibilidad de que sus enseñanzas trascendieran las ideas judías. Por tanto, el *Sitz im Leben* adecuado de las parábolas son las enseñanzas de Jesús, no el judaísmo.

El misterio del Reino

Las parábolas tal como han llegado a nosotros son susceptibles de una interpretación histórica adecuada en el contexto vital de Jesús: no es necesario suponer una transformación tan radical como Jeremías asume. El *Sitz im Leben* histórico de las parábolas se resume en la sola palabra "misterio". Marcos sintetiza el mensaje de las parábolas del Reino cuando refiere las palabras de Jesús a sus discípulos: "A vosotros os es dado saber el misterio del Reino de Dios; más a los que están fuera, por parábolas todas las cosas; para que viendo, vean y no perciban; y oyendo, oigan y no entiendan; para que no se conviertan, y les sean perdonados los pecados" (Mc. 4:11–12). El misterio del Reino es la entrada del Reino en la Historia con antelación a su manifestación apocalíptica. Es, en resumen, "cumplimiento sin consumación". Ésta es la verdad básica que ilustran las distintas parábolas de Marcos 4 y Mateo 13.

Si bien la palabra *mustërion* se encuentra en el Antiguo Testamento en Daniel, la idea de Dios desvelándoles sus secretos a los seres humanos es un concepto frecuente en el Antiguo Testamento. En Daniel se encuentra el antecedente del uso neotestamentario de la palabra. Dios le comunicó al rey un sueño que no pudo comprender sin la revelación onírica dada a Daniel, el siervo inspirado por Dios. El sueño se refería al misterio del propósito escatológico de Dios.

El concepto de misterio (*raz*) también se encuentra en la literatura de Qumrán. Para el Maestro de Justicia, "Dios dio a conocer todos los misterios de las palabras de sus siervos, los profetas". Esto quiere decir que Dios dio una iluminación especial al Maestro de Justicia para que encontrara el significado verdadero y oculto en las Escrituras proféticas. Estos misterios se refieren tanto a los eventos que la comunidad de Qumrán esperaba que sucedieran al final de los tiempos[8] como a las decisiones "divinas, inescrutables e inalterables" de Dios.

Hay amplios antecedentes de la idea de misterio en el Antiguo Testamento y en la literatura judía. Si bien el término sigue un curso distinto en el Nuevo Testamento, no es totalmente novedoso, sino que amplía la idea que ya se encuentra en Daniel. Pablo entendió que los "misterios" eran secretos que había que revelar, propósitos divinos ocultos a los seres humanos durante mucho tiempo, pero finalmente revelados a todos (Ro. 16:25–26). Un misterio no es algo esotérico, anunciado sólo a iniciados. Misterio designa "los pensamientos, planes y dispensaciones secretos de Dios que están ocultos a la razón humana, así como a toda otra comprensión por debajo del nivel divino y que, en consecuencia, deben ser revelados a aquellos a quienes están destinados". Sin embargo, el misterio se proclama a todos los seres humanos aunque sólo lo entiendan aquellos que creen. A todos se les invita a la fe, sólo los que responden entienden realmente.

Esta interpretación del misterio refuerza la idea del Reino de Dios defendida en este estudio. El simple hecho de que Dios se proponga introducir su Reino no es ningún secreto, prácticamente cualquier escrito apocalíptico judío refleja esa expectación en una u otra forma. Los que siguen la Escatología Consecuente de Schweitzer no le dan a este hecho el lugar que le corresponde. Tampoco era ningún secreto que el Reino tenía que llegar con poder apocalíptico; también lo afirmaba la teología judía ortodoxa. El misterio es una nueva manifestación del propósito de Dios respecto al establecimiento de su Reino. La nueva verdad, ahora comunicada a los seres humanos por revelación en la persona y misión de Jesús, es que el Reino que va a venir por fin con poder apocalíptico, tal como lo preveyó Daniel, ya ha entrado de hecho en el mundo con antelación en una forma oculta para actuar secretamente dentro de los hombres y entre ellos.

La parábola del sembrador (Mt. 13:3–9, 18–23 y paralelos)

La parábola del sembrador conlleva elementos alegóricos, pero no por ello se puede rechazar razonablemente ni la autenticidad de la parábola ni su interpretación. No hay fundamento *a priori* para presumir que Jesús no pudo haber utilizado parábolas alegóricas. Sin embargo, no se trata de una verdadera alegoría, porque los detalles son secundarios respecto a la enseñanza básica de la parábola. Hay cuatro clases de terreno, pero sólo uno da fruto. El mensaje de la parábola no quedaría afectado en lo más mínimo si hubiera sólo dos clases de terreno, o si fueran tres o seis. Tampoco quedaría afectado el mensaje si los tres terrenos que no dan fruto fueran estériles por razones diferentes a las que se alegan. Los tiernos brotes de trigo pueden quedar aplastados bajo el pie de un caminante descuidado. Algunas semillas pueden ser devoradas por los roedores. Estos detalles no afectarían al mensaje básico: el Reino de Dios ha entrado en el mundo para que lo reciban algunos, mientras otros lo rechazan. El Reino en el presente sólo va a tener un éxito parcial y este éxito depende de la respuesta humana.

Si bien la parábola puede tener cierta aplicación al Evangelio en el mundo durante la época de la Iglesia como pensaron los intérpretes más antiguos, éste no es su significado histórico. El *Sitz im Leben* de la parábola es el anuncio de Jesús de que el Reino de Dios había llegado a las personas. Los judíos pensaban que la venida del Reino iba a significar el ejercicio del poder de Dios ante el cual nadie se resistiría. El Reino de Dios iba a destruir a las naciones impías (Dn. 2:44). La dominación de los gobernantes perversos quedaría destruida y el Reino sería dado a los santos del Altísimo, a fin de que todas las naciones los sirvieran y obedecieran (Dn. 7:27). En desacuerdo aparente con las promesas del Antiguo Testamento, que habían sido elaboradas con detalle en las expectativas apocalípticas de la época, Jesús dijo que el Reino había llegado en realidad a los seres humanos, pero no con el propósito de destruir el mal. No va por el momento acompañado de una manifestación apocalíptica de poder irresistible. Antes bien, el Reino en su acción actual es como el sembrador que siembra la semilla. No acaba con los malos. De hecho, la palabra en la que se proclama el Reino puede quedar como la semilla al borde del camino y nunca germinar; o puede ser recibida superficialmente para morir pronto; o puede ser sofocada por las preocupaciones del siglo, que es hostil al Reino de Dios.

El Reino actúa mansamente, secretamente entre las personas. No se impone a nadie; debe ser recibido voluntariamente. Pero donde quiera que es recibido, la palabra del Reino, que es prácticamente idéntica al Reino mismo, produce mucho fruto. No se enfatiza la cosecha, ni en la parábola ni en la interpretación. Sólo se enfatiza la naturaleza de la siembra: la acción actual del Reino de Dios.

La cizaña (Mt. 13:24–30, 36–43)

La parábola de la cizaña ilustra más el misterio del Reino, o sea, su presencia oculta e inesperada en el mundo. Para comenzar habría que advertir que en la parábola hay detalles que no le dan ningún significado a su interpretación. Nada significa la identidad de los siervos. El hecho de que "el enemigo se retira después de haber sembrado la semilla no tiene importancia. Los manojos que se forman con la cizaña son para dar, que los siervos duerman no denota negligencia. Cualquier empleado hace lo mismo después de un día de trabajo. No hay que buscarle, así mismo, significado al hecho de que se preparen los manojos de cizaña antes que los de trigo.

La interpretación de la parábola que prevaleció entre los estudiosos protestantes antiguos fue la de identificar el Reino con la Iglesia. La parábola describe el estado de cosas que va a existir en el Reino-iglesia. Cuando venga el Hijo del Hombre, recogerá de su Reino a todos los que causan y practican iniquidad (Mt. 13:41). Esto muestra que la Iglesia tiene personas buenas y malas, y que el Reino existe en el mundo como Iglesia antes de la consumación final. Sin embargo, la parábola dice que el campo es el mundo (v. 38), no la Iglesia.

La venida del Reino, predicha en el Antiguo Testamento y en la literatura apocalíptica judía, produciría el fin del siglo e iniciaría el Siglo Venidero, perturbando a la sociedad humana con la destrucción de los injustos. Jesús afirma que en medio del siglo actual, aunque la sociedad siga con su mezcla de buenos y malos, antes de la venida del Hijo del Hombre y de la manifestación gloriosa del Reino de Dios, los poderes de ese siglo futuro han entrado en el mundo para crear "hijos del reino", personas que disfruten de su poder y bendiciones. El Reino ha llegado, la sociedad no es destruida. Éste es el misterio del Reino.

La única dificultad real de esta interpretación es la expresión "(los ángeles) recogerán de su reino a todos los que sirven de tropiezo y a los que hacen iniquidad" (Mt. 13:41). Esta forma de hablar parece distinguir entre el Reino del Hijo y el Reino del Padre. ¿No indica acaso esto que los malos están en el Reino (quizá en la Iglesia) antes de la consumación escatológica? A primera vista esta interpretación parece plausible, pero de ninguna forma es la única, ni tampoco convincente. No hay justificación satisfactoria, ni en los Evangelios ni en el resto del Nuevo Testamento, para distinguir entre el Reino del Hijo y el Reino de Dios. Además, no hay afirmaciones de Jesús en las que se identifique claramente el Reino con la Iglesia y no debería hacerse semejante identificación a no ser que resulte inevitable.

Ni la parábola ni su interpretación exigen esta identificación. El lenguaje de Mateo 13:41 no se puede forzar para hacerle querer decir que los que hacen iniquidad y serán recogidos "de su reino" han estado, de hecho, en el Reino. Significa tan sólo que serán separados de los justos de forma que no entren en el Reino. Esta interpretación recibe sostén de Mateo 8:12 donde se habla de que vendrán de lejos para entrar en el Reino de los cielos junto con los patriarcas, en tanto que "los hijos del reino serán echados a las tinieblas de afuera". La palabra griega que designa "serán echados" indica que los judíos que, por la Historia y el Pacto eran "hijos del reino", serán excluidos de entrar en el Reino, no rechazados después de haber entrado. Así pues, la afirmación de que los malos vayan a ser recogidos "de su reino" no significa nada más que se les impedirá que entren en él.

El significado de la parábola resulta claro si se interpreta en función del misterio del Reino: su acción actual, pero secreta en el mundo. El Reino ha entrado en la Historia, pero de tal forma que la sociedad no sufre perturbaciones. Los hijos del Reino han recibido la soberanía de Dios y entrado en sus bendiciones. Con todo, deben seguir viviendo en este siglo, mezclados con los malos en una sociedad mixta. Sólo en la venida escatológica del Reino se dará la separación. En esto consiste la revelación de una nueva verdad: que el Reino de Dios puede llegar de hecho al mundo, creando hijos que gocen de sus bendiciones sin afectar al juicio escatológico. Sin embargo, llegará sin lugar a dudas esta separación. El Reino que está presente aunque oculto en el mundo se manifestará de forma gloriosa en el futuro. Entonces la sociedad mixta concluirá. Se excluirá a los malos y los justos brillarán como el sol en el Reino escatológico.

La semilla de mostaza (Mt. 13:31–32 y paralelos)

La parábola de la semilla de mostaza ilustra la verdad de que el Reino, que un día será un gran árbol, ya está presente en el mundo de forma pequeña, insignificante. Muchos intérpretes han visto en la parábola una predicción del crecimiento de la Iglesia hasta llegar a ser una gran institución. Esto se interpreta al identificar el Reino con la Iglesia, idea que sostuvimos como inaceptable. Otros intérpretes, sin aplicar la parábola a la Iglesia, encuentran su significado en el crecimiento del círculo de discípulos de Jesús, a quienes se puede considerar como la nueva comunidad. Sin embargo, la semilla de mostaza, de rápido crecimiento, no es una ilustración adecuada de un crecimiento lento y gradual, si esto es lo que se pretende. Un roble que se desarrolla a partir de una bellota sería una ilustración mucho más adecuada de esta verdad (Am. 2:9).

La mayoría de los exégetas modernos consideran que la parábola enfatiza el contraste entre un diminuto inicio y un gran final y, sin duda, esto forma el núcleo de la parábola. La semilla de mostaza, aunque no sea la semilla más pequeña que se conoce, era una ilustración proverbial de pequeñez.[22] La pregunta apremiante con la que se enfrentaron los discípulos de Jesús fue cómo el Reino de Dios podía en realidad estar presente en un campo de acción tan insignificante como el de su ministerio. Los judíos esperaban que el Reino fuera como un gran árbol bajo el cual se pudieran acoger las naciones. No podían entender cómo se podía hablar del Reino sino como una manifestación universal del gobierno de Dios. ¿Cómo podía el Reino glorioso venidero tener ninguna relación con el pequeño grupo de discípulos de Jesús? Rechazado por los líderes religiosos, acogido por publicanos y pecadores, Jesús parecía más un soñador iluso que el portador del Reino de Dios.

La respuesta de Jesús es: primero la diminuta semilla, luego el árbol frondoso. La pequeñez e insignificancia relativa de lo que sucedía en su ministerio no excluía la presencia secreta del Reino mismo de Dios.

La levadura (Mt. 13:33; Lc. 13:20–21)

La parábola de la levadura contiene la misma verdad básica que la de la mostaza: que el Reino de Dios, que un día regirá en toda la tierra, ha entrado en el mundo de forma que resulta apenas perceptible. Esta parábola tiene interés especial por cuanto se ha utilizado para demostrar conceptos diametralmente diferentes. Muchos intérpretes han visto como verdad central el proceso lento, pero persistente de penetración. Se opina que la parábola muestra cómo crece el Reino. Por una parte hay quienes encuentran la verdad de que el Reino de Dios está destinado a impregnar a toda la sociedad humana hasta que el mundo se transforme por un proceso de penetración lenta, gradual e interna. Algunos de estos intérpretes contrastan el carácter de levadura del Reino con la idea apocalíptica, en detrimento de ésta.

Por otra parte, se halla la interpretación del llamado Dispensacionalismo, el cual considera la levadura como la doctrina mala que invade a una iglesia cristiana apóstata. Sin embargo, la levadura en el pensamiento hebreo y judío no siempre era símbolo del mal, y el concepto del

Reino como un poder transformador por medio de una penetración lenta y gradual puede resultar un concepto atractivo en un mundo familiarizado con las ideas de progreso y evolución, pero resulta ajeno tanto a la mentalidad de Jesús como al pensamiento judío.

La interpretación que armoniza con el marco histórico del ministerio de Jesús es la que considera que la verdad central es el contraste entre la irrelevante diminuta cantidad de levadura y la gran cantidad de alimento. Es cierto que se enfatiza el hecho de que toda la masa de harina fermenta, no que la cantidad de levadura sea pequeña.[29] En esto radica la diferencia entre esta parábola y la de la semilla de mostaza. Ésta enseña que la manifestación del Reino, que llegará a ser un gran árbol, es por ahora una pequeña semilla. La levadura enseña que el Reino un día prevalecerá de forma que no existirá ninguna soberanía con la que rivalice. Toda la masa de harina fermenta.

Esta parábola tiene ese significado sólo cuando se interpreta en el marco vital del ministerio de Jesús. El carácter poderoso e irresistible del Reino escatológico lo entendían todos los judíos. La venida del Reino significaría un cambio completo en el orden de cosas. El orden malo actual del mundo y la sociedad quedarían totalmente desplazados por el Reino de Dios. El problema era que el ministerio de Jesús no iniciaba ninguna transformación así. Predicaba la presencia del Reino de Dios, pero el mundo seguía como antes. ¿Cómo podía ser esto el Reino?

La respuesta de Jesús es que cuando se pone un poquito de levadura en una masa de harina, parece que no sucede nada. De hecho, la levadura parece más bien absorbida por la harina. Con el tiempo sí sucede algo y el resultado es la transformación completa de la masa. No hay que enfatizar la forma en que se efectúa la transformación. La idea del Reino de Dios que conquista al mundo con una penetración gradual y una transformación interna era totalmente ajena al pensamiento judío. Si éste fue el significado de Jesús, sin duda debió de haber tenido que repetir a menudo esta verdad, como lo hizo con la verdad tan nueva de que el Hijo del Hombre debía morir. La idea de que el proceso era gradual era contraria a lo que enseñaban las parábolas de la cizaña y de la red, en las que el Reino llega con un juicio apocalíptico y con la separación del mal más que con una transformación gradual del mundo.

El énfasis de la parábola está en el contraste entre la victoria final y completa del Reino cuando llega el nuevo orden y la forma actual, oculta, del Reino tal como ha entrado en el mundo. Nadie sospecharía nunca que Jesús y su pequeño grupo de discípulos tuvieran nada que ver con el Reino futuro y glorioso de Dios. Sin embargo, lo que ya está presente en el mundo es, en realidad, el Reino mismo. Éste es el misterio, la nueva verdad acerca del Reino. No es intención de la parábola decir cómo o cuándo llegará el Reino futuro.

El tesoro y la perla (Mt. 13:44–46)

No hace falta entretenerse mucho en las parábolas del tesoro y la perla. La identidad del hombre o del campo, y el contraste entre el descubrimiento accidental del tesoro y la búsqueda minuciosa del mercader, no son parte del mensaje esencial de las parábolas, sino un adorno colorista. Debemos admitir que la conducta del hombre que encontró el tesoro supuso una práctica un tanto exhaustiva, pero esto forma parte de la naturaleza literaria del relato. Las personas hacían cosas como ésa. Tampoco debe suscitarse ninguna objeción por el hecho de que en ambas parábolas el tesoro y la perla se compren.

El pensamiento común en ambas parábolas es que el Reino de Dios es de valor inestimable y ha de buscarse por encima de todos los demás bienes. Si le cuesta a alguien todo lo que tiene, es un precio pequeño a cambio de conseguir el Reino. Dicho así, sin embargo, resulta una perogrullada. Si no hay "misterio" del Reino, Jesús en este caso no dijo nada más que lo que ya creían los judíos devotos. Anhelaban el Reino de Dios. Lo que les da a estas parábolas su peculiaridad es el hecho de que el Reino había venido a las personas de una forma inesperada, de manera que podía muy fácilmente pasarse por alto o ser despreciada. Aceptar el "yugo del Reino" y unirse al círculo de los fariseos en su devoción incondicional a la Ley daba gran prestigio ante los judíos. El ofrecimiento de dirigir una revuelta contra Roma para establecer el Reino podía despertar una respuesta entusiasta.[33] Seguir a Jesús, sin embargo, significaba asociarse con publicanos y pecadores. ¿Cómo podía semejante relación tener nada que ver con el Reino del Dios?

Estas parábolas extraen el mensaje principal del hecho de que, en oposición a cualquier valoración superficial, ser discípulo, para Jesús, significa participar en el Reino de Dios. En la persona y obra de Jesús, sin manifestaciones externas ni gloria visible, estaba presente el Reino de Dios mismo. Es por tanto un tesoro más valioso que todos los otros bienes, una perla que vale más que todo. Los seres humanos deben buscar alcanzar la posesión de la misma a toda costa.

La red (Mt. 13:47–50)

En la última parábola que ilustra el misterio del Reino, se habla de una red que es lanzada al mar para capturar toda clase de peces. Una vez se escoge la pesca, los peces buenos se conservan y los malos se tiran.

La interpretación antigua vio en esta parábola una profecía de la Iglesia. El Reino-iglesia va a consistir en una mezcla de gente buena y mala que debe ser separada en el Día del juicio. Otros intérpretes, aunque no mencionan a la Iglesia, ven en la parábola una identificación del Reino de Dios con una sociedad de personas que incluye a buenos y malos. Esta interpretación tiene la falta de no reconocer debidamente el marco histórico de la parábola en el ministerio de Jesús, e implica la identificación del Reino con la Iglesia, para lo cual no se halla apoyo exegético claro.

Esta parábola es similar a la del trigo y la cizaña, pero agrega un elemento más. Ambas parábolas deben entenderse en función del marco vital del ministerio de Jesús, en el sentido de que el Reino ha venido ya al mundo sin efectuar esta separación escatológica y de que va a actuar en una sociedad mixta. La parábola de la red agrega el hecho de que incluso la comunidad creada por la acción del Reino en el mundo no va a ser una comunidad pura hasta que se dé la separación escatológica.

Históricamente, la parábola responde al interrogante acerca de la índole extraña de los seguidores de Jesús. Atrajo a publicanos y pecadores. En la expectativa popular, la venida del Reino iba a significar no sólo que el Mesías destruiría a "las naciones impías con las palabras de su boca; (…) y condenaría a los pecadores por los pensamientos de sus corazones" sino que también "reuniría a un pueblo santo al que guiaría en justicia", "y no habrá injusticia en sus días en medio de ellos, porque todos serán santos" (*Sal. Salomón* 17:28, 36). Jesús no reunió a este pueblo santo. Por el contrario, dijo que "no he venido a llamar a los justos, sino a pecadores" (Mc. 2:17). La invitación al festín mesiánico fue rechazada por los invitados y su lugar ocupado por los haraganes de las calles (Mt. 22:1–10). ¿Cómo podía tener alguna relación con gente tan extraña el Reino de Dios? ¿No es función del Reino, por definición, destruir a todos los pecadores y crear una comunidad sin pecado?

Jesús responde que un día el Reino creará una comunidad perfecta. Pero antes de este suceso se ha presentado una manifestación inesperada del Reino de Dios parecida a una red que captura peces tanto buenos como malos. La invitación se extiende a toda clase de personas y todos los que responden son aceptados en el discipulado actual del Reino. La comunidad perfecta, santa, debe esperar el último día. Si bien la parábola tiene cierta aplicación para la Iglesia que, como desarrollo posterior de los discípulos de Jesús, es en realidad un pueblo mixto, se aplica primordialmente a la situación real del ministerio de Jesús.

La semilla que crece sola (Mc. 4:26–29)

Marcos relata una parábola que omiten los otros evangelistas y que ilustra la naturaleza sobrenatural del Reino de Dios. Debemos recordar que las parábolas no son alegorías y que los detalles de las parábolas no son esenciales para el mensaje central que contienen. La identidad del sembrador y del cosechador no debería resultar un problema, porque el mensaje de la parábola se refiere a la actividad del Reino y no a la identificación del sembrador. Que un hombre siembre no significa nada más que la semilla se siembra. Que el sembrador duerma y se despierte significa solamente que el hombre no puede ayudar a que la semilla viva y crezca. El elemento de crecimiento se ha considerado a menudo como la verdad básica de la parábola y se le ha concedido excesiva importancia a las etapas de crecimiento: la hierba, la espiga y por fin la espiga llena de grano. Se ha creído que ilustra la analogía entre el mundo natural y el Reino de Dios. Así como hay leyes de crecimiento congénitas en la Naturaleza, también hay leyes de crecimiento espiritual por las cuales el Reino debe pasar hasta que la diminuta semilla del evangelio haya producido una gran cosecha. La interpretación del crecimiento gradual la han abrazado representantes de muchas posiciones teológicas.

Sin embargo, tres hechos se oponen a esta interpretación. Cuando no habló por parábolas, Jesús nunca anunció la idea del crecimiento gradual del Reino. Si éste fuera un elemento esencial de su enseñanza, debía haberlo manifestado con claridad, ya que el crecimiento gradual del Reino de Dios era una idea totalmente nueva para los judíos del siglo primero. En segundo lugar, el concepto de sembrar y plantar se encuentra a menudo en la literatura cristiana y judía, pero nunca se utiliza para ilustrar un desarrollo gradual. En tercer lugar, la metáfora de la siembra y la cosecha se utiliza en la literatura cristiana para ilustrar lo sobrenatural.[39]

La clave del significado de la parábola la descubrió la escuela escatológica, aunque creemos que la interpretación escatológica consecuente debe modificarse para que encaje en el contexto total del mensaje de Jesús. Se ve el Reino como el suceso escatológico, el cual es totalmente independiente de todo esfuerzo humano. J. Weiss opinó que la parábola enseña que Jesús no tenía nada que ver con la venida del Reino. No podía preverla; sólo Dios la podía producir. El ser humano no puede hacer nada, sino esperar. Muchos otros intérpretes han visto la verdad de la parábola en la independencia total de la cosecha escatológica futura respecto a toda actividad humana.

Esta verdad acerca del Reino es ciertamente indispensable. Sin embargo, esta interpretación es tan unilateral como la de la escatología hecha realidad, porque olvida el elemento único y básico del mensaje de Jesús: la presencia del Reino en su propia misión. No acierta, pues, a relacionar el ministerio de Jesús con la venida escatológica del Reino a excepción de que lo ve como un anuncio adelantado. La dificultad más obvia de la interpretación estrictamente futurista es que carece de color, ningún judío necesitaba que se le dijera que la consumación escatológica del Reino era un milagro. No podía ser más que un acto sobrenatural de Dios.

No es alegorizar insistir en que hay en la parábola una relación necesaria entre sembrar y cosechar. En algún sentido, el ministerio de Jesús conllevaba la "semilla" del Reino que un día vendría con plenitud de cosecha. Se estaba sembrando la semilla: un día llegaría la cosecha.

Ambas son manifestaciones del Reino de Dios. "Al ocultamiento y ambigüedad actuales del Reino de Dios le sucederá su manifestación gloriosa".

He aquí la verdad central de la parábola. Tiempo de siembra y de cosecha, ambas son obras de Dios. Ambas son esencialmente sobrenaturales. La tierra produce fruto por sí misma. La semilla tiene en sí poderes que el hombre no pone en ella y que trascienden completamente todo lo que puede hacer. El hombre puede sembrar la semilla, pero el Reino mismo es obra de Dios.

La índole sobrenatural del Reino actual se confirma con las palabras que encontramos en relación con el mismo. Se utilizan una serie de verbos que tienen al Reino mismo como sujeto. El Reino se ha acercado a los seres humanos (Mt. 3:2; 4:17; Mc. 1:15, etc.); puede venir (Mt. 6:10; Lc. 17:20; etc.); llegar (Mt. 12:28); aparecer (Lc. 19:11); estar activo (Mt. 11:12). Dios puede quitar el Reino a los seres humanos (Mt. 21:43; Lc. 12:32), pero ellos no pueden darse el Reino unos a otros. Además, Dios puede quitarles el Reino (Mt. 21:43), pero ellos no se lo quitan unos a otros, aunque pueden impedir que otros entren en él. Los seres humanos pueden entrar en el Reino (Mt. 5:20; 7:21; Mc. 9:47; 10:23, etc.), pero nunca se dice que lo levanten o constituyan. Las personas pueden recibir el Reino (Mc. 10:15; Lc. 18:17), heredarlo (Mt. 25:34) y poseerlo (Mt. 5:4), pero nunca lo establecen. Pueden rechazar el Reino, es decir, negarse a recibirlo (Lc. 10:11) o a entrar en él (Mt. 23:13), pero no lo pueden destruir. Pueden esperarlo (Lc. 23:51), pedir que venga (Mt. 6:10), y buscarlo (Mt. 6:33; Lc. 12:31), pero no lo pueden traer. Los seres humanos pueden estar en el Reino (Mt. 5:19; 8:11; Lc. 13:29, etc.), pero no se nos dice que el Reino crezca. Ellos pueden hacer cosas por el Reino (Mt. 19:12; Lc. 18:29), pero no se dice que actúen en el Reino mismo. Las personas pueden predicar el Reino (Mt. 10:7; Lc. 10:9), pero sólo Dios se lo puede dar (Lc. 12:32).

La índole del Reino reflejada en estas expresiones se sintetiza en un texto conservado en el Evangelio de Juan: "Mi *basileia* no es de este mundo; si mi *basileia* fuera de este mundo, mis servidores pelearían para que no fuera entregado a los judíos; pero mi reino no es de aquí" (Jn. 18:36). Algunas versiones traducen *basileia* por "reinado". La fuente y la índole del Reino de Jesús son de un orden más elevado que este mundo; provienen de Dios y no de este mundo. El Reino es la obra externa de la voluntad de Dios; es la acción de Dios mismo. Está relacionado con los seres humanos y puede actuar en ellos y por medio de ellos, pero nunca se sujetan a ellos. Sigue siendo siempre Reino de Dios. Es significativo que aunque las personas deben recibir el Reino, esta acción humana individual de recibir no se describe como una venida del Reino. El Reino no viene cuando los seres humanos lo reciben. El fundamento de la exigencia de que los seres humanos reciban el Reino se encuentra en el hecho de que en Jesús el Reino ha entrado en la Historia. Dios ha hecho algo nuevo. Ha visitado a su pueblo en la misión de Jesús, llevándole la salvación mesiánica. La acción divina exige una respuesta humana aunque siga siendo una acción divina.

Capítulo 8

El Reino y la Iglesia

Uno de las cuestiones más difíciles del estudio del Reino de Dios es la relación de éste con la Iglesia. ¿Podemos identificar el Reino de Dios con la Iglesia? Si no podemos, ¿qué tipo de relación hay entre ambos? Para los cristianos de los tres primeros siglos de nuestra era, el Reino era un concepto plenamente escatológico. Una oración de principios del siglo II dice así: "Señor, recuerda a tu Iglesia, (...) hazla santa, llámala de los cuatro vientos y tráela a tu Reino, el cual tú has preparado para ella". San Agustín identificaba el Reino de Dios con la Iglesia, identificación que continúa en la doctrina Católica[3], aunque Schnackenburg nos recuerda que el nuevo concepto Católico concibe el Reino desde la línea de la "Historia de la Salvación" (*heilsgeschichtlichen*), por lo cual el Reino sería la obra redentora de Dios a través de la Iglesia. Por medio de la tradición reformada[5], y desde entonces hasta nuestros días, contamos con otra medida de identificación entre el Reino y la Iglesia. Es necesario examinar detenidamente estos dos conceptos para determinar qué relación existe entre ellos.

Muchos estudiosos han negado que el objetivo de Jesús fuera crear una Iglesia. Alfred Loisy lo expresó de la siguiente manera: Jesús anunciaba el Reino de Dios, pero lo que surgió fue la Iglesia.

Por sorprendente que parezca, el Dispensacionalismo presenta una posición similar: Jesús ofreció a Israel el reino davídico terrenal (del milenio), pero cuando lo rechazó, introdujo un nuevo elemento: la Iglesia. Según este posicionamiento, entre Israel y la Iglesia no existe ningún tipo de continuidad. Así que es evidente que tenemos que examinar las muchas facetas de este problema.

Si la misión de Jesús era, tal y como creemos, inaugurar un tiempo de cumplimiento anterior a una consumación escatológica, y si, como parte de esta misión, el Reino de Dios se introdujo en la Historia de una forma totalmente inesperada, entonces podemos concluir que aquellos que reciben la proclamación del Reino eran considerados como el pueblo que tenía que heredar el Reino escatológico, y también como el pueblo del Reino en el presente, es decir, la Iglesia. En primer lugar debemos analizar la actitud de Jesús hacia Israel, el concepto del discipulado, y la relación de Israel y de los discípulos de Jesús con el Reino de Dios. A continuación, y partiendo de este análisis, trataremos el significado del establecimiento de la Iglesia.

Jesús e Israel

En este análisis, es esencial tener en cuenta algunos hechos. En primer lugar, el propósito del ministerio de Jesús no era iniciar un nuevo movimiento, ya fuera dentro o fuera de Israel. Vino como judío, y vino al pueblo judío. Aceptaba la autoridad del Antiguo Testamento, se ceñía a los ritos cúlticos, adoraba en las sinagogas y, durante toda su vida, vivió como un judío. Aunque alguna vez viajó por tierras extranjeras, insistía en que su misión estaba dirigida a "las ovejas perdidas de la casa de Israel" (Mt. 15:24). Les dijo a sus discípulos que se alejaran de los gentiles, y que sólo predicaran a Israel (Mt. 10:5–6). La razón es bastante obvia. Jesús tenía en mente el pacto veterotestamentario y las promesas de los profetas, y reconocía a Israel – con quien Dios había hecho el pacto y a quien Dios había dado las promesas – como los verdaderos "hijos del reino" (Mt. 8:12). El dicho sobre las ovejas perdidas de la casa de Israel no significa que los gentiles no estuvieran perdidos, sino que sólo Israel era pueblo de Dios y, por ello, la promesa del Reino le pertenecía. Por tanto, la misión de Jesús era anunciar a Israel que Dios estaba actuando para cumplir sus promesas y llevar a Israel a su verdadero destino. Como Israel era el pueblo escogido de Dios, la era del cumplimiento no se ofrecía al mundo entero, sino a los hijos del pacto.

El segundo hecho a tener en cuenta es que Israel rechazó a Jesús y el mensaje del Reino. Es cierto que Jesús apeló a Israel hasta el final, pero lo más seguro es que en las últimas etapas de su ministerio ya no esperara que la nación le fuera a aceptar, ni que iba a poder instaurar un reino de moralidad y justicia que llevaría al pueblo judío a una conquista moral que le pondría por encima de Roma. La realidad de la decepción de Jesús y la tristeza producida por el rechazo de Israel (Mt. 23:37ss.) y la profecía de su destrucción (Lc. 19:42ss.) no tienen por qué hacernos pensar que Jesús no supo reconocer ya al principio la intransigencia y el rechazo de Israel. Es cierto que debido al carácter de los evangelios no podemos reconstruir una cronología exacta de los acontecimientos ni de los momentos clave que llevaron a un rechazo total de Jesús. Sin embargo, podemos concluir que el rechazo es uno de los temas principales desde los primeros momentos de su ministerio. Lucas, de forma deliberada, coloca el rechazo en Nazaret al principio de su evangelio (Lc. 4:16–30; cf. Mc. 6:1–6) para destacar el cumplimiento de la profecía y la prontitud con la que Israel rechaza el ministerio de Jesús. Marcos introduce el tema del conflicto y el rechazo desde el principio, y recoge un dicho que probablemente contiene una alusión velada a un fin violento esperado: "Vendrán días cuando el esposo les será quitado, y entonces en aquellos días ayunarán" (Mc. 2:20). Si bien las razones del repudio de Jesús por parte de los judíos eran complejas, J. M. Robinson encuentra en el corazón del conflicto entre Jesús y las autoridades judías el repudio de éstas hacia el Reino que Jesús proclamaba y hacia el arrepentimiento que exigía dicha proclamación. La proclamación del Reino y el llamamiento al arrepentimiento caracterizaron la misión de Jesús desde el comienzo y es, pues, lógico tanto sicológica como históricamente, que surgiera pronto la oposición, que fue intensificándose hasta que se produjo la muerte de Jesús.

Un tercer hecho es igualmente importante. En tanto que Israel como un todo, incluyendo tanto a líderes como a pueblo, se negó a aceptar el ofrecimiento que Jesús le hacía del Reino, un grupo considerable sí respondió con fe. El discipulado respecto a Jesús no fue como el discipulado hacia un rabino judío. Los rabinos esclavizaban a sus discípulos a la Torá, no a sí mismos. Jesús los ataba a sí mismo. Los rabinos ofrecían algo fuera de sí mismos; Jesús se ofrecía a sí. Jesús exigía que sus discípulos se rindieran sin reservas a su autoridad. Con ello se convertían no sólo en discípulos, sino también en *douloi*, esclavos (Mt. 10:24s.; 24:45ss.; Lc. 12:35ss., 42ss.). Esta relación no tenía paralelo en el judaísmo. El discipulado respecto a Jesús implicaba mucho más que seguirlo como parte de su séquito, significaba nada menos que un compromiso personal completo con él y su mensaje. La razón de ello es la presencia del Reino de Dios en la persona y mensaje de Jesús. En él, Dios mismo se les presentaba.

Se sigue que si Jesús proclamaba la salvación mesiánica, si ofrecía a Israel el cumplimiento de su verdadero destino, entonces este destino se cumplía realmente en aquellos que recibían su mensaje. Los receptores de la salvación mesiánica se convirtieron en el verdadero Israel, representantes de la nación como un todo. Si bien es cierto que la palabra "Israel" nunca se aplica a los discípulos de Jesús, la idea sí está presente, aunque no lo esté el término. Los discípulos de Jesús son los receptores de la salvación mesiánica, el pueblo del Reino, el verdadero Israel.

El remanente creyente

Este concepto de los discípulos de Jesús como el verdadero Israel se puede entender sobre la base del concepto veterotestamentario de un remanente creyente. Los profetas vieron a Israel como un todo, rebelde y desobediente y, en consecuencia, destinado a sufrir el juicio divino. No obstante, dentro de la nación infiel perduró un remanente de creyentes que eran objeto del cuidado de Dios. En el remanente creyente estaba el verdadero pueblo de Dios.

Es cierto que Jesús no utiliza explícitamente el concepto de remanente. Sin embargo, ¿acaso llamar a los discípulos "manada pequeña" (Lc. 12:32) es una referencia explícita al concepto veterotestamentario de Israel como las ovejas del rebaño de Dios, ahora encarnado en los discípulos de Jesús (Is. 40:11)? ¿Acaso esto no sugiere precisamente el remanente fiel? Esto no significa un rebaño separado. Israel sigue siendo idealmente el rebaño de Dios (Mt. 10:6; 15:24), pero es un rebaño desobediente, pertinaz, "ovejas perdidas". Jesús ha venido como pastor (Mc. 14:27; cf. Jn. 10:11) "a buscar y a salvar lo que se había perdido" (Lc. 19:10) en cumplimiento de Ezequiel 34:15s., para rescatar a las ovejas perdidas de Israel, para conducirlas al rebaño de la salvación mesiánica. Israel como un todo estaba sordo a la voz del pastor, pero los que escuchaban y seguían al pastor constituyen su rebaño, la pequeña manada, el verdadero Israel. Hay vínculos directos y explícitos entre la imagen del rebaño y la comunidad del pacto de Israel.

Si bien el dicho de Lucas 12:32 subraya el aspecto escatológico del Reino, los discípulos de Jesús heredarán el Reino porque ahora son su pequeña manada. El pastor las ha encontrado y conducido a casa (Lc. 15:3–7). Como ya son el verdadero rebaño, el pueblo de Dios, Dios les dará el Reino escatológico.

El llamado de Jesús a los doce discípulos, a que sean parte de su misión, ha sido reconocido por la mayoría de estudiosos como un acto simbólico que establece la continuidad que hay entre sus discípulos e Israel. La función escatológica de los doce demuestra que representan a Israel. Se sentarán en doce tronos, "para juzgar a las doce tribus de Israel" (Mt. 19:28; Lc. 22:30). Indistintamente de que este dicho se refiera a que los discípulos determinarán el destino de Israel, o a que gobernarán al pueblo[17], lo que está claro es que los doce han sido destinados a ser la cabeza del Israel escatológico.

El reconocer que los doce estaban destinados a constituir el núcleo del verdadero Israel no excluye el punto de vista de que el número doce también implicaba una pretensión sobre todo el pueblo como qahal de Jesús. Doce como número simbólico se proyecta tanto hacia el pasado como hacia el futuro: hacia el pasado al antiguo Israel y hacia el futuro al Israel escatológico[19].

Los doce están destinados a ser los líderes del Israel escatológico, pero son ya receptores de las bendiciones y poderes del Reino escatológico. Por consiguiente, representan no sólo el pueblo escatológico de Dios, sino también aquellos que aceptan el ofrecimiento actual de la salvación mesiánica. Con la parábola dramatizada de la elección de los doce, Jesús enseñó que estaba formando una nueva congregación que sustituiría a la nación que rechazaba su mensaje.

Mateo 16:18–19

Con este trasfondo del discipulado y su relación con Israel y el Reino de Dios, el texto de Mateo 16:18s es consecuente con la enseñanza total de Jesús. De hecho, el pasaje expresa de forma explícita un concepto básico que subyace a toda la misión de Jesús y a la respuesta de Israel a la misma. El versículo no habla de la formación de un organismo o institución, ni ha de interpretarse en función de la ekklesia específicamente cristiana como el cuerpo y la esposa de Cristo, sino en función del concepto veterotestamentario de Israel como pueblo de Dios. La idea de "edificar" un pueblo es una idea del Antiguo Testamento. Además, ekklesia es un término bíblico que designa a Israel como la congregación o asamblea de Jehová, traduciendo la palabra hebrea qahal. No es seguro que Jesús utilizara la palabra qahal y no edhah, cualquiera de las cuales se utiliza comúnmente en el Antiguo Testamento para Israel como pueblo de Dios. K. L. Schmidt ha sostenido el uso de un término posterior, kenishta, sobre la base de que Jesús veía a sus discípulos como una sinagoga especial que encarnaba al verdadero Israel. Sin embargo, Jesús no indicó intenciones de establecer una sinagoga separada. Jesús pudo haber considerado la comunión de sus discípulos como al verdadero Israel dentro de la nación desobediente y no como una comunión separatista o "cerrada". No instituyó una nueva forma de culto, ni una nueva religión, ni una nueva organización. Su predicación y enseñanza permanecieron dentro del contexto total de la fe y práctica de Israel. El anuncio que hizo Jesús de su intención de edificar su *ekklesia* sugiere primordialmente lo que ya hemos identificado en nuestro estudio del discipulado, a saber, que la comunión que Jesús estableció tiene continuidad con el Israel del Antiguo Testamento. El elemento distintivo es que esta *ekklesia* es en un sentido peculiar la *ekklesia* de Jesús: "Mi *ekklesia*". Es decir, el verdadero Israel encuentra ahora su identidad específica en su relación con Jesús. Israel como nación rechazó la salvación mesiánica que Jesús proclamó, pero muchos la aceptaron. Jesús ve a sus discípulos como quien ocupa el lugar de Israel como el verdadero pueblo de Dios.

No hace falta examinar de forma extensa el significado de la roca sobre la cual se fundamentaría este nuevo pueblo. En vista del uso semita que subyace al texto griego, no deberíamos ver ningún juego con las dos palabras griegas, *petros* (Pedro) y *petra* (roca). Jesús probablemente dijo: "Tú eres *kepha* y sobre esta *kepha* edificaré mi iglesia". Muchos intérpretes protestantes han reaccionado con fuerza en contra de la idea que tiene la iglesia católica acerca de Pedro como la roca con carácter oficial y, por ello, han interpretado que la roca es o Cristo mismo (Lutero) o la fe de Pedro en Cristo (Calvino). Sin embargo, Cullmann ha defendido de forma persuasiva que la roca es de hecho Pedro, no en una situación oficial o en virtud de méritos personales, sino como representante de los doce que confesaban a Jesús como Mesías. La roca es Pedro confesor[26]. Jesús prevé una nueva fase en la experiencia de sus discípulos en la que Pedro ejercerá un liderato significativo. En el contexto no hay indicios de que se trate de un liderato oficial que Pedro pueda transmitir a sus sucesores. En realidad, Pedro, roca de fundamento, se puede difícilmente convertir en roca de tropiezo, como lo muestran los versículos siguientes.

El texto acerca de la fundación de la Iglesia encaja en toda la enseñanza de Jesús y significa que vio en el círculo de quienes recibieron su mensaje a los hijos del Reino, al verdadero Israel, al pueblo de Dios. Nada se sugiere en cuanto a la forma que asumiría el nuevo pueblo. El texto sobre la disciplina en la "Iglesia" (Mt. 18:17) considera a los discípulos como a un grupo distinto análogo a la sinagoga judía, pero arroja poca luz en cuanto a la forma u organización que asumiría el nuevo grupo. La Iglesia como cuerpo separado del judaísmo, con su propia organización y ritos, es un desarrollo histórico posterior; pero es una manifestación histórica de una nueva comunión que Jesús produjo como verdadero pueblo de Dios y que, habiendo recibido la salvación mesiánica, iba a ocupar el lugar de la nación rebelde como verdadero Israel.

El Reino y la Iglesia

Debemos examinar ahora la relación específica entre el Reino y la Iglesia, aceptando el círculo de discípulos de Jesús como a la Iglesia incipiente aunque aún no como la Iglesia propiamente dicha. La solución a este problema dependerá de la definición básica que se formule acerca del Reino. Si es correcto el concepto dinámico del Reino, nunca deberá identificarse con la Iglesia. El Reino es primordialmente el reinado dinámico o gobierno real de Dios y, de forma derivada, la esfera en que se vive dicho gobierno. En el lenguaje bíblico, el Reino no se identifica con sus sujetos. Éstos son el pueblo del gobierno de Dios, cuyos miembros entran en él, viven bajo él y son gobernados por él. La Iglesia es la comunidad del Reino, pero nunca el Reino mismo. Los discípulos de Jesús pertenecen al Reino ya que el Reino les pertenece, pero no son el Reino. El Reino es el gobierno de Dios, la Iglesia es una sociedad de personas[30].

La Iglesia no es el Reino

Esta relación se puede explicar en cinco puntos. Primero, el Nuevo Testamento no equipara a los creyentes con el Reino. Fueron los primeros misioneros quienes predicaron el Reino de Dios, no la Iglesia (Hch. 8:12; 19:8; 20:25; 28:23, 31). Es imposible utilizar "Iglesia" en vez de "Reino" en esos versículos. Las únicas alusiones al pueblo como *basileia* son Apocalipsis 1:6 y 5:10; pero se le llama así al pueblo no porque sean sujetos del reinado de Dios sino porque compartirán el reinado de Cristo. "Y reinaremos sobre la tierra" (Ap. 5:10). En estos textos, "reino" es sinónimo de "reyes", no de pueblo sobre el que Dios gobierna.

Ninguno de los pasajes de los Evangelios equipara a los discípulos de Jesús con el Reino. Con frecuencia se ha querido ver semejante identificación en la parábola de la cizaña y, en realidad, la afirmación de que el Hijo del Hombre recogerá a todos los causantes de pecado "de su reino" (Mt. 13:41) antes de la llegada del Reino del Padre (13:43) parece sugerir que se equipara a la Iglesia con el Reino de Cristo. Sin embargo, la parábola misma afirma expresamente que el campo es el mundo, no la Iglesia (Mt. 13:38). El mensaje de la parábola no tiene nada que ver con la naturaleza de la Iglesia, sino que enseña que el Reino de Dios ha penetrado en la Historia sin perturbar la estructura actual de la sociedad. El bien y el mal vivirán juntos en el mundo hasta la consumación escatológica, aunque el Reino de Dios ya haya llegado. La expresión acerca de recoger el mal del Reino se proyecta hacia el futuro, no hacia el pasado.

También resulta equivocado basar en Mateo 16:18–19 la identificación del Reino con la Iglesia. Vos insiste demasiado en el lenguaje metafórico cuando afirma repetidas veces que esta identificación debe hacerse porque la primera parte del texto habla del fundamento del edificio y la segunda ve ya la casa como terminada con puertas y llaves. "Se excluye claramente que la casa pueda significar una cosa en la primera afirmación y otra en la segunda". En consecuencia, Vos afirma con toda seguridad que la Iglesia es el Reino.

Sin embargo, precisamente la índole del lenguaje metafórico es tener semejante fluidez. Este pasaje propone la relación inseparable entre la Iglesia y el Reino, pero no su identidad. Los muchos pasajes acerca de entrar en el Reino no equivalen a entrar en la Iglesia. Resulta confuso decir que "la Iglesia es la forma del Reino de Dios que se manifiesta entre la partida y el retorno de Jesús". Hay, desde luego, cierta analogía entre los dos conceptos por cuanto tanto el Reino y la esfera del gobierno de Dios como la Iglesia son ámbitos en los que las personas pueden entrar. Pero el Reino como esfera actual del gobierno de Dios es invisible, no es un fenómeno de este mundo, en tanto que la Iglesia es un cuerpo empírico de personas. John Bright tiene razón cuando afirma que nunca hay ni la más mínima insinuación de que la Iglesia visible pueda ser el Reino de Dios o producirlo[35]. La Iglesia es el pueblo de Dios, nunca el Reino mismo. Por tanto, no ayuda ni siquiera decir que la Iglesia es "parte del Reino", o que en la consumación escatológica la Iglesia y el reino se convierten en sinónimos.

El Reino crea la Iglesia

Segundo, el Reino crea la Iglesia. El gobierno dinámico de Dios, presente en la misión de Jesús, invitaba a las personas a responder, conduciéndolas a una nueva comunión. La presencia del Reino significó el cumplimiento de la esperanza mesiánica del Antiguo Testamento prometido a Israel, pero cuando la nación como un todo rechazó el ofrecimiento, los que lo aceptaron constituyeron el nuevo pueblo de Dios, los hijos del Reino, el verdadero Israel, la iglesia incipiente. "La Iglesia no es sino el resultado de la venida del Reino de Dios al mundo por medio de la misión de Jesucristo".

La parábola de la red es instructiva en cuanto a la naturaleza de la Iglesia y a su relación con el Reino. El Reino es una acción que se parece a echar la red en el mar. Al moverse captura no sólo peces buenos sino también malos y, cuando se saca la red, hay que escoger los peces. Así es la acción del Reino de Dios entre los seres humanos. En la actualidad no está creando una comunión pura: en el séquito de Jesús podía haber incluso un traidor. Si bien debe interpretarse esta parábola en función del ministerio de Jesús, los principios que se deducen de la misma se aplican a la Iglesia. La acción del Reino de Dios entre los seres humanos creó una comunión mixta, primero en los discípulos de Jesús y luego en la Iglesia. La venida escatológica del Reino significará juicio tanto para la sociedad humana en general (cizaña) como para la Iglesia en particular (echar la red). Hasta entonces, la comunión creada con la acción actual del Reino de Dios incluirá a seres humanos que no son verdaderos hijos del Reino. Así pues, la entrada en el Reino significa participación en la Iglesia, pero la entrada en la Iglesia no es necesariamente sinónimo de entrada en el Reino.

La Iglesia da testimonio del Reino

Tercero, la misión de la Iglesia es dar testimonio del Reino. La Iglesia no puede edificar el Reino o convertirse en el Reino, pero sí da testimonio del Reino: de los actos redentores de Dios en Cristo tanto pasados como futuros. Esto se refleja en la comisión que Jesús dio a los doce (Mt. 10) y a los setenta (Lc. 10) y se refuerza con la proclamación de los apóstoles en el libro de Hechos.

El número de emisarios en las dos misiones de predicación parece tener significado simbólico. La mayoría de los estudiosos que niegan que la selección de los doce apóstoles-discípulos tuviera como fin representar el núcleo del verdadero Israel reconoce en el número el significado simbólico de que Jesús destinaba su mensaje a todo Israel. En consecuencia, también deberíamos reconocer que setenta tiene un significado simbólico. Como era una tradición judía común que había setenta naciones en el mundo y que la Torá fue dada originalmente en setenta idiomas a todos los hombres, el envío de setenta emisarios es una afirmación implícita de que el mensaje de Jesús debe oírlo no sólo Israel, sino todas las personas.

La inclusión de los gentiles como receptores del Reino se enseña en otros textos. Cuando Israel rechazó el ofrecimiento del Reino de forma irreversible, Jesús anunció solemnemente que Israel ya no sería el pueblo del gobierno de Dios, sino que su lugar lo ocuparían otros que sí darían prueba de ser dignos de confianza (Mc. 12:1–9). Mateo interpreta este texto en el sentido de que "el reino de Dios será quitado de vosotros y será dado a gente que produzca los frutos de él" (Mt. 21:43). Jeremías opina que el significado original de esta parábola es la vindicación de la predicación de Jesús a los pobres. Como los líderes del pueblo rechazaron el mensaje, deben ocupar su lugar como receptores del evangelio los pobres que oyen y responden.

Sin embargo, dado que en Isaías 5 la viña es Israel mismo, es más probable que la interpretación de Mateo sea correcta y que la parábola signifique que Israel ya no será el pueblo de la viña de Dios, sino que será reemplazado por otro pueblo que recibirá el mensaje del Reino.

Una idea parecida aparece en un marco escatológico en el pasaje del repudio de los hijos del Reino – Israel – y su sustitución por muchos gentiles que vendrán de Oriente y Occidente para sentarse en el banquete mesiánico del Reino escatológico de Dios (Mt. 8:11–12).

El modo en que se llevará a cabo esta salvación de los gentiles lo indica el Sermón del Monte de los Olivos. Antes de que llegue el fin, "es necesario que el evangelio sea predicado antes a todas las naciones" (Mc. 13:10); y la versión de Mateo, que Jeremías opina que es la versión más antigua, aclara que éstas son las buenas nuevas acerca del Reino de Dios (Mt. 24:14) que Jesús mismo había predicado (Mt. 4:23; 9:35). La crítica reciente ha negado la autenticidad de este pasaje o lo ha interpretado como una proclamación escatológica por medio de ángeles en que al fin se produciría una salvación de los gentiles[43]. Sin embargo, Cranfield señala que el verbo *keryssein* en Marcos se refiere siempre a un ministerio humano y que es, por lo tanto, mucho más probable que esta palabra en Marcos 13:10 tenga su sentido característico neotestamentario. Es parte del propósito escatológico de Dios que, antes del fin, todas las naciones tengan la oportunidad de oír el evangelio.

Encontramos aquí una prolongación de la teología del discipulado: será misión de la Iglesia dar testimonio del evangelio del Reino en el mundo. Israel ya no es el testimonio del Reino de Dios, la Iglesia ha tomado su lugar. Por tanto K. E. Skydegaard ha dicho que la historia del Reino de Dios ha pasado a ser la historia de las misiones cristianas.

Si los discípulos de Jesús son quienes reciben la vida y comunión del Reino, y si esta vida es de hecho un anticipo del Reino escatológico, entonces se concluye que una de las tareas principales de la Iglesia es presentar en este perverso siglo presente la vida y comunión del Siglo Venidero. La Iglesia tiene una índole doble, correspondiente a los dos siglos. Es el pueblo del Siglo Venidero, pero sigue viviendo en este siglo, estando compuesto de hombres mortales pecadores. Esto significa que, si bien la Iglesia en este siglo, no alcanzará nunca la perfección, debe sin embargo presentar la vida del orden perfecto, el Reino escatológico de Dios.

Se encuentra apoyo exegético implícito para esta idea en el gran énfasis que Jesús puso en el perdón y la humildad entre sus discípulos. La preocupación por la grandeza, aunque sea natural en este siglo, es una contradicción con la vida del Reino (Mc. 10:35ss.). Quienes han experimentado el Reino de Dios deben vivir su vida con una voluntad humilde de servir en lugar de buscar su propio bien.

Otra prueba de la vida del Reino es la comunión imperturbable por la mala voluntad o animadversión. Por esto Jesús tuvo tanto que decir acerca del perdón, porque el perdón perfecto es prueba de amor. Jesús enseñó, incluso, que el perdón humano y el divino son inseparables (Mt. 6:12, 14). La parábola acerca del perdón dice con claridad que el perdón humano está condicionado por el perdón divino (Mt. 18:23–35). El punto de esta parábola es que cuando alguien pretende haber recibido el perdón incondicional e inmerecido de Dios, que es uno de los dones del Reino, y luego no está dispuesto a perdonar ofensas relativamente triviales en contra de sí mismo, niega la realidad de su misma profesión de perdón divino y, con su conducta, contradice la vida e índole del Reino. Tal persona no ha experimentado en realidad el perdón de Dios. Es, por tanto, deber de la Iglesia manifestar en un siglo egoísta de búsqueda de uno mismo, orgullo y animadversión, la vida y comunión del Reino de Dios y del Siglo Venidero. Esta manifestación de la vida del Reino es un elemento esencial en el testimonio de la Iglesia respecto al Reino de Dios.

La Iglesia es el instrumento del Reino

Cuarto, la iglesia es el instrumento del Reino. Los discípulos de Jesús no sólo proclamaron las buenas nuevas acerca de la presencia del Reino; también fueron instrumentos del Reino en tanto que las obras del Reino fueron realizadas por medio de ellos, como lo habían sido por medio del propio Jesús. Mientras iban predicando el Reino, también curaban a los enfermos y arrojaban demonios (Mt. 10:8; Lc. 10:17). Aunque su poder era delegado, por medio de ellos actuaba el mismo poder del Reino que actuaba en Jesús. La conciencia de que estos milagros se realizaban gracias a un poder que no les era inherente, explica el hecho de que nunca realizaron milagros con espíritu competitivo o jactancioso. El informe de los setenta se da con completo desinterés y devoción, como de personas que son instrumentos de Dios.

Esta verdad está implícita en la afirmación de que las puertas del Hades no prevalecerán contra la Iglesia (Mt. 16:18). Esta imagen de las puertas del reino de los muertos es un concepto semítico familiar. El significado exacto de este texto resulta claro. Puede significar que las puertas del Hades, que se considera que se cierran tras los muertos, ahora no podrán detener a sus víctimas, sino que se verán obligadas a abrirse ante los poderes del Reino ejercido por medio de la Iglesia. Ésta será más fuerte que la muerte y rescatará a las personas de la dominación del Hades para que participen del reino de la vida[48]. Sin embargo, en vista del verbo que se utiliza, parece que el reino de la muerte es el agresor, que ataca a la Iglesia. El significado, entonces, sería que cuando las personas han sido introducidas en la salvación del Reino de Dios por medio de la misión de la Iglesia, las puertas del infierno no podrán prevalecer en su esfuerzo por engullirlas. Frente al poder del Reino de Dios, que actúa por medio de la Iglesia, la muerte ha perdido su poder sobre los seres humanos y es incapaz de pretender el triunfo final. No es necesario relacionar esto con el conflicto escatológico final, como lo hace Jeremías[50]; se puede entender como una extensión del mismo conflicto entre Jesús y Satanás en el cual, de hecho, ya habían entrado los discípulos de Jesús. Como instrumentos del Reino habían visto que las personas eran liberadas de la esclavitud de la enfermedad y la muerte (Mt. 10:8). Esta lucha mesiánica con los poderes de la muerte, que se había desarrollado en el ministerio de Jesús y que los discípulos habían compartido, continuará en el futuro, y la Iglesia será el instrumento del Reino de Dios en esta lucha.

La Iglesia: guardiana del Reino

Quinto, la iglesia es la guardiana del Reino. El concepto rabínico del Reino de Dios veía en Israel el custodio del Reino. El Reino de Dios era el gobierno de Dios que comenzó en la Tierra con Abraham y estaba reservado a Israel por medio de la Ley. Como el gobierno de Dios sólo se podía experimentar por medio de la Ley y como Israel era el custodio de la Ley, Israel era en efecto la guardiana del Reino de Dios. Cuando un gentil pasaba a ser prosélito judío y adoptaba la Ley, tomaba sobre sí la soberanía del cielo, el Reino de Dios. El gobierno de Dios llegaba a los gentiles por la mediación de Israel; sólo ellos eran "los hijos del reino".

En Jesús, el reinado de Dios se manifestaba con un nuevo suceso redentor, exhibiendo de una forma inesperada en la Historia los poderes del Reino escatológico. La nación como un todo rechazó la proclamación de este suceso divino, pero quienes lo aceptaron se convirtieron en los verdaderos hijos del Reino y entraron en el gozo de sus bendiciones y poderes. Estos discípulos de Jesús, su *ekklësia*, pasaron a ser ahora los guardianes del Reino en lugar de la nación de Israel. El Reino es retirado de Israel y dado a otros, la *ekklësia* de Jesús (Mc. 12:9). Los discípulos de Jesús no sólo dan testimonio del Reino y son instrumentos del mismo en la manifestación de sus poderes en este siglo; son también sus guardianes.

Este hecho se expresa en el texto acerca de las llaves. Jesús dará a su *ekklësia* las llaves del Reino de los Cielos, y todo lo que aten o desaten en la Tierra será atado o desatado en el cielo (Mt. 16:19). Como la expresión de atar y desatar en el uso rabínico se refiere a menudo a prohibir o permitir ciertas acciones, este dicho se ha interpretado con frecuencia como referencia al control administrativo de la Iglesia. Se encuentra en Isaías 22:22 un antecedente de este concepto; en ese pasaje Dios confió a Eliakim la llave de la casa de David, acción que incluyó la administración de la casa entera. Según esta interpretación, Jesús dio a Pedro la autoridad de tomar decisiones acerca de la conducta en la Iglesia a la cual debe supervisar. Cuando Pedro descartó ciertas prácticas rituales judías para que hubiera comunión libre con los gentiles, ejerció esta autoridad administrativa (Hch. 10–11).

Aunque esto es posible, es más plausible otra interpretación. Jesús condenó a los escribas y fariseos por haber quitado la llave de la ciencia, negándose a entrar en el Reino de Dios y no permitiendo entrar a otros (Lc. 11:52). El mismo pensamiento se encuentra en el primer Evangelio: "¡Ay de vosotros, escribas y fariseos, hipócritas! porque cerráis el reino de los cielos delante de los hombres, pues ni entráis vosotros, ni dejáis entrar a los que están entrando" (Mt. 23:13). En lenguaje bíblico, ciencia es más que percepción intelectual. Es "una posesión espiritual que descansa en la revelación". La autoridad confiada a Pedro se basa en la revelación, es decir, un conocimiento espiritual que compartía con los doce. Las llaves del Reino son, por tanto, "la penetración espiritual que capacitará a Pedro para guiar a otros a que entren por la puerta de la revelación por la que él mismo había entrado"[54]. La autoridad para atar y desatar implica la admisión y exclusión de personas del Reino de Dios. Cristo edificará su *ekklēsia* sobre Pedro y sobre quiénes compartan la revelación divina de la condición mesiánica de Cristo. A ellos también se les confía, en virtud de esta misma revelación, los medios de permitir que los hombres entren en la esfera de las bendiciones del Reino o de excluir a las personas de dicha participación (cf. Hch. 10).

Esta interpretación recibe apoyo rabínico porque atar y desatar puede también referirse a prohibir o perdonar. Este significado es evidente en Mateo 18:18 donde un miembro de la congregación que se muestra recalcitrante en el pecado contra su hermano va a ser excluido de la comunión, porque "todo lo que atéis en la Tierra, será atado en el cielo; y lo que desatéis en la Tierra, será desatado en el cielo". La misma verdad se encuentra en un pasaje de Juan donde Jesús resucitado escenifica una parábola, soplando sobre sus discípulos, prometiéndoles de esta manera el Espíritu Santo como instrumento de su futura misión. Entonces Jesús dijo: "A quiénes remitiereis los pecados, les serán remitidos; y a quiénes se los retuviereis, les serán retenidos" (Jn. 20:23). Esto no se ha de entender como ejercicio de una autoridad arbitraria: es la consecuencia inevitable de dar testimonio del Reino de Dios. Es, además, una autoridad ejercida no sólo por Pedro, sino por todos los discípulos, la Iglesia.

De hecho, los discípulos ya habían ejercido esta autoridad de atar y desatar cuando visitaron las ciudades de Israel para proclamar el Reino de Dios. Dondequiera que eran aceptados ellos y su mensaje, la paz quedaba en dicha casa, pero donde eran rechazados ellos y su mensaje, el juicio de Dios caía sobre la casa (Mt. 10:14, 15). Eran en realidad instrumentos del Reino en tanto que producían el perdón de pecados y, en virtud de ese mismo hecho, también eran guardianes del Reino. Su ministerio tenía el resultado o de abrir la puerta del Reino a las personas o de cerrársela a aquellos que repudiaban su mensaje.

Esta verdad se expresa en otros textos: "El que a vosotros recibe, a mí me recibe; y el que me recibe a mí, recibe al que me envió" (Mt. 10:40; ver Mc. 9:37). El cuadro dramático del juicio de las ovejas y los cabritos cuenta la misma historia (Mt. 25:31–46). No ha de tomarse esto como un programa de la consumación escatológica, sino como una ilustración parabólica de los aspectos finales de la vida. Jesús va a enviar a sus discípulos (sus "hermanos"; cf. Mt. 12:48–50) al mundo como guardianes del Reino. La índole de su predicación-misión es la descrita en Mateo

10:9–14). La hospitalidad que reciben de manos de sus oyentes es una prueba tangible de la reacción de las personas a su mensaje. Llegarán a algunas ciudades agotados y enfermos, hambrientos y sedientos, y a veces serán encarcelados por predicar el evangelio. Algunos los acogerán, recibirán su mensaje y atenderán a sus necesidades corporales; otros rechazarán tanto el mensaje como a los mensajeros. "Las acciones de los justos no son sólo actos casuales de benevolencia. Son actos con los que se ayudaba a la Misión de Jesús y de sus seguidores, ayuda que a veces suponía un costo para quienes la brindaban, incluso riesgos". Interpretar esta parábola en el sentido de que enseña que quiénes realizan actos de amabilidad son "cristianos inconscientes" sin que sea necesaria la referencia a la misión y mensaje de Jesús es sacar totalmente la parábola de su contexto histórico. La parábola proclama la solidaridad entre Jesús y sus discípulos al enviarlos al mundo con las buenas nuevas del Reino[58]. El destino final de las personas se determinará según reaccionen ante los representantes de Jesús. Recibirlos es recibir al Señor que los envió. Si bien esto no es una función oficial, en un sentido muy real los discípulos de Jesús – su Iglesia – son guardianes del Reino. Por medio de la proclamación del evangelio del Reino en el mundo se decidirá quiénes entrarán en el Reino escatológico y quiénes serán excluidos.

En resumen, si bien hay una relación inseparable entre el Reino y la Iglesia, no deben identificarse. El Reino tiene como punto de partida a Dios, la Iglesia a las personas. El Reino es el reinado de Dios y la esfera en la que se experimentan sus bendiciones. La Iglesia es la comunión de quiénes han experimentado el reinado de Dios y entrado en el goce de sus bendiciones. El Reino crea a la Iglesia, actúa por medio de la Iglesia y es proclamado en el mundo por ella. No puede haber Reino sin Iglesia – los que han reconocido el gobierno de Dios – y no puede haber Iglesia sin Reino de Dios; pero siguen siendo dos conceptos distinguibles: el gobierno de Dios y la comunión de las personas.

Capítulo 9

La ética del Reino

Gran parte de la enseñanza de Jesús se ocupó de la conducta humana. Las Bienaventuranzas, la Regla de oro y la parábola del Buen samaritano están entre las porciones más escogidas de la literatura ética mundial. Ahora debemos tratar de entender la relación entre la enseñanza de Jesús y su predicación del Reino de Dios. Como antecedente de nuestro análisis podemos poner de relieve algunas de las interpretaciones más importantes.

Panorama del problema

Muchos estudiosos están disconformes con la teología de Jesús, pero alaban su enseñanza ética, encontrando en ella un significado permanente. Según F. G. Peabody, la exigencia primordial de Jesús no fue una instrucción ortodoxa ni una experiencia religiosa extática, sino la moralidad. El estudioso judío Klausner preferiría pasar por alto los milagros y los dichos místicos que tienden a deificar al Hijo del Hombre, y conservar sólo los preceptos morales y parábolas, con lo cual se purificaría una de las colecciones más maravillosas de enseñanza ética del mundo. "Si alguna vez llegara el día en que este código ético se viera libre de su ropaje de milagros y misticismo, el Libro de Ética de Jesús sería uno de los tesoros más escogidos de la literatura israelita de todos los tiempos".[2]

La interpretación liberal antigua encontró la verdad esencial del Reino de Dios en categorías religiosas y éticas personales. La superficie que encubría el núcleo espiritual de la enseñanza ética de Jesús era apocalíptica, y podía descartarse sin afectar la sustancia de su enseñanza. Desde este punto de vista, la ética de Jesús era la norma ideal de conducta válida para todos los tiempos y en todas las situaciones y encuentra en sí misma su propia autenticación y sanción.

Referirse a esta interpretación liberal antigua tendría únicamente interés arcaico si no fuera por el hecho de que sigue vigente hoy en día. El análisis reciente que ha efectuado Marshall de la ética de Jesús le concede a la escatología poca más importancia que el de Klausner. Marshall se muestra escéptico en cuanto a los esfuerzos por definir y clasificar las concepciones del Reino de Dios en los Evangelios. Sin embargo, la relación entre la idea que tenía Jesús del Reino y la ética es clarísima. El lugar clásico es Lucas 17:20–21, que enseña que el Reino de Dios es el gobierno de Dios en el alma individual. Marshall recurre a Harnack para esta interpretación. Si bien admite que Jesús habló a menudo de una venida escatológica del Reino, este elemento no juega ningún papel en el análisis de Marshall pues si el Reino entra en la sociedad solo cuando se hace realidad en el presente, se deduce que la consumación del Reino se dará cuando hayan sido ganados todos los hombres. "Toda la enseñanza ética de Jesús es sencillamente una exposición de la ética del Reino de Dios, de la manera en que los hombres se conducen inevitablemente cuando se colocan de hecho bajo el gobierno de Dios".

La tan influyente Escatología hecha Realidad de C. H. Dodd, aunque utiliza lenguaje escatológico, equivale a la misma clase de interpretación. La enseñanza de Jesús no es una ética para quienes esperan el fin del mundo, sino para quienes han experimentado el fin de este mundo y la venida del Reino de Dios. La ética de Jesús es una idea moral ofrecida en términos absolutos y basada en principios religiosos, fundamentales, atemporales, porque el Reino de Dios es la entrada de lo eterno en lo temporal. W. Schweitzer no se equivocó al decir que es difícil ver diferencia alguna entre la opinión de Dodd y una ética basada en la idea de la actividad creadora continua de Dios o la creencia en la Providencia. El resultado parecería ser que la ética puede en última instancia prescindir de la Escatología y que todo lo que se necesita en realidad es la doctrina veterotestamentaria del juicio y la gracia de Dios en la Historia.[5]

La "ética interina" de Albert Schweitzer se opone diametralmente a estas interpretaciones no escatológicas. Albert Schweitzer sostuvo que Jesús no enseño la ética del Reino futuro porque el Reino iba a ser supraético, más allá de la distinción entre el bien y el mal. La ética de Jesús, que era para el breve intervalo antes de que el Reino viniera, consistía primordialmente en el arrepentimiento y la renovación moral. Sin embargo, el movimiento ético ejercería presión sobre el Reino y forzaría su presencia. Como la ética de Jesús es el medio de traer el Reino, la ética escatológica se puede modificar en escatología ética y con ello tener validez permanente.

Pocos estudiosos que hayan aceptado la esencia de la interpretación escatológica de Albert Schweitzer han adoptado también su ética interina. Hans Windisch reexamino el Sermón del Monte a la luz de la opinión de Schweitzer y descubrió que contiene dos clases paralelas de enseñanza ética: ética escatológica condicionada por la expectativa del Reino venidero y ética sapiencial, que es totalmente no escatológica. Windisch insiste en que la exégesis histórica debe reconocer que estas dos clases de ética son ajenas entre sí. La ética predominante de Jesús es escatológica y esencialmente diferente de la ética sapiencial. Hay legislación nueva, es decir, normas de admisión del Reino escatológico por lo que debe entenderse de forma literal y cumplirse de forma total. Su índole radical no está condicionada por la inminencia del Reino, sino por la voluntad absoluta de Dios. De nada sirve preguntar si estas exigencias éticas son prácticas porque la voluntad de Dios no está sometida a consideraciones prácticas. Jesús consideró que las personas podían cumplir sus exigencias y su salvación en el Reino venidero dependía de la obediencia. La religión del Sermón del Monte es predominantemente una religión de obras. Sin embargo, esta ética escatológica es una ética extrema, heroica, anormal, que Jesús mismo no pudo cumplir.

Otros estudiosos, como Martin Dibelius, que creen que Jesús proclamó un Reino escatológico, interpretan su ética como la expresión de la voluntad pura, no condicionada de Dios, sin compromisos de ninguna clase, que Dios impone a las personas en todo tiempo y para todos los tiempos. No es susceptible de cumplimiento total en un mundo malo y, en consecuencia, alcanzará su validez total en el Reino escatológico de Dios, exclusivamente.

El estudio de A. N. Wilder acerca de *Eschatology and Ethics in the Teaching of Jesus* es uno de los análisis recientes más importantes de este problema. En nuestro bosquejo de la interpretación de Wilder, advertimos que admitimos la importancia de la Escatología. Jesús plasmó su ética en forma de exigencia para la entrada en el Reino escatológico venidero y son evidentes las sanciones de recompensa o castigo. Sin embargo, Wilder cree que la apocalíptica es por su misma naturaleza de índole mítica. Es una forma imaginativa de describir lo inefable. Jesús esperaba una gran crisis histórica que describió en lenguaje apocalíptico poético cuyo significado no deseaba que fuera literal. Por ello, la sanción escatológica de la ética de Jesús es formal y secundaria. Además del Reino apocalíptico con su sanción escatológica, Jesús enseñó que con la presencia de Juan el Bautista y la suya propia había surgido una situación nueva y la ética de esta situación nueva la determinaba no la Escatología, sino la naturaleza e índole de Dios. La relación entre el Reino escatológico futuro y el tiempo actual de salvación es sólo formal.

Rudolf Bultmann acepta la Escatología Consecuente, pero ve el significado del mensaje de Jesús no en la inminencia del Reino, sino en el sentido abrumador de la proximidad de Dios. Bultmann considera que la ética de Jesús establece las condiciones para entrar en el Reino venidero. Estas condiciones no son, sin embargo, reglas y normas que hay que obedecer para poder merecer la entrada en el Reino venidero. El contenido de la ética de Jesús es una simple exigencia. Como el Reino está cerca, como Dios está cerca, se exige una sola cosa: elección en la decisión escatológica. De esta forma, Bultmann convierte la ética de Jesús en una exigencia existencial de decisión. Jesús no fue un maestro de ética, ni personal ni social. No enseñó principios absolutos ni estableció normas de conducta. Exigió sólo una cosa: decisión.

El dispensacionalismo, con la teoría del reino davídico pospuesto, interpreta la ética del Sermón del Monte como un nuevo legalismo que no tiene nada que ver con el Evangelio de gracia, sino sólo con la forma davídica del Reino. Este sermón tiene una aplicación moral para el cristiano, pero se aplica en forma literal y primaria al reino terrenal futuro y no a la vida cristiana. Es la constitución del gobierno justo en la tierra para la era del milenio. "No nos dice cómo ser aceptables a Dios, sino que nos revela quiénes agradarán a Dios en el reino (…)" "El Sermón del Monte es legal por naturaleza; es la Ley de Moisés elevada a su potencia máxima." "Todas las promesas del reino al individuo se basan en el mérito humano (…) Es un pacto de obras solamente y la palabra enfática es hacer (…) Tal como la persona perdone será perdonada".[12] Como norma se dirige a los judíos de antes de la crucifixión y al judío en el Reino venidero y, por tanto, no está en vigor en la actualidad". "Cuán lejos está una justicia de simple hechura humana, que excede a la justicia de escribas y fariseos, del 'don de justicia' otorgado a quiénes reciben 'abundancia de gracia'. Con todo, algunos abrazan un sistema que exige obligaciones supermeritorias y no parecen reconocer que se olvidan de las cosas valiosas que pertenecen tanto a una posición perfecta como a la seguridad eterna en Cristo".[14]

Los escritos recientes de los dispensacionalistas han mostrado más cautela en la forma de expresarse y han tratado de combinar la Ley del reino terrenal – el Sermón del Monte – con la gracia. "El Sermón del Monte expresa las exigencias legales del Reino que sólo la gracia puede hacer que los hombres cumplan". Esto, sin embargo, es entender mal el Reino de Dios y el Sermón del Monte.

Este panorama pone de relieve que es obvio que la enseñanza ética de Jesús y su idea del Reino deben estudiarse juntos. Afirmaríamos que la forma mejor de interpretar la ética de Jesús es en función del concepto dinámico del gobierno de Dios, que ya se ha manifestado en su persona, pero que llegará a la consumación solamente en la hora escatológica.

Jesús y la Ley

Jesús tuvo con la Ley de Moisés una relación algo parecida a su relación con Israel como pueblo de Dios. Ofreció a Israel el cumplimiento de la salvación mesiánica prometida, pero cuando la rechazaron, encontró en sus propios discípulos al verdadero pueblo de Dios en quién se cumplió la esperanza del Antiguo Testamento. También hay elementos tanto de la continuidad como de la discontinuidad en la actitud de Jesús hacia la Ley de Moisés. Consideró al Antiguo Testamento como la Palabra inspirada de Dios y a la Ley como la norma de vida divinamente dada. Él mismo obedeció las imposiciones de la Ley (Mt. 17:27; 23:23; Mc. 14:12) y nunca criticó el Antiguo Testamento *per se* de no ser la Palabra de Dios. De hecho, su misión realiza el cumplimiento de la verdadera intención de la Ley (Mt. 5:17). El Antiguo Testamento, por tanto, tiene validez permanente (Mt. 5:17–18).

Esta exigencia de cumplimiento significa que se ha iniciado una nueva era que reclama una nueva definición del papel de la Ley. La Ley y los Profetas tuvieron vigencia hasta Juan: después de Juan viene el tiempo de la salvación mesiánica (Mt. 11:13 = Lc. 16:16). En este nuevo orden, se ha establecido una relación nueva entre el ser humano y Dios. Esta relación ya no va a tener que ser mediada por la Ley, sino por la persona de Jesús y del Reino de Dios que penetra a través de Él. Jesús consideró todo el progreso del Antiguo Testamento como un proceso dirigido divinamente y concluido con su persona, misión mesiánica y la presencia del Reino, que son el cumplimiento de la Ley y los Profetas.

En consecuencia, Jesús asumió una autoridad equivalente a la del Antiguo Testamento. La índole de su predicación está enmarcada en contraste con el método rabínico, que se basaba en la autoridad de los rabinos anteriores. La predicación de Jesús ni siquiera sigue la formulación profética, "Así dijo el Señor". Antes bien, su mensaje se apoya en su propia autoridad y una y otra vez se introduce con las palabras: "Yo os digo". El "Amén" que tan a menudo repite, con el que introdujo tantas sentencias, debe entenderse desde esta perspectiva porque tiene la fuerza de la expresión veterotestamentaria: "Así dijo el Señor".

Con la autoridad de su propia palabra Jesús rechazó las interpretaciones de la Ley que ofrecían los escribas, las cuales se consideraban como parte de la Ley misma. Esto incluye las enseñanzas de los escribas respecto al sábado (Mc. 2:23–28; 3:1–6; Lc. 13:10–21; 14:1–24), al ayuno (Mc. 2:18–22), a la pureza y lavados rituales (Mt. 15:1–30; Mc. 7:1–23; Lc. 11:37–54), y las distinciones entre "justos" y "pecadores" (Mc. 2:15–17; Lc. 15:1–32). Además, reinterpretó el papel de la Ley en el siglo de la salvación mesiánica. Cuando afirmó que al hombre no lo podía contaminar lo que comía (Mc. 7:15), con ello declaró que todo alimento era limpio, como explica Marcos (7:19), anulan-do así toda la tradición de observancia ritual. Partiendo exclusivamente de su sola autoridad, Jesús descartó el principio de la pureza ritual encarnado en gran parte de la legislación mosaica. Esto era un corolario del hecho de que la justicia del Reino ya no iba a tener que ser mediada por la Ley, sino por un nuevo acto redentor de Dios, previsto por los Profetas, pero ya en proceso de ser realidad en el evento de su propia misión.

La ética del reinado de Dios

Ahora debemos examinar la cuestión de la relación positiva entre la enseñanza ética de Jesús y su mensaje acerca del Reino de Dios. Una de las contribuciones más importantes del libro de Windisch es la distinción que propone entre la exégesis histórica y la teológica. La exégesis histórica debe interpretar el Sermón del Monte rigurosamente en función de las categorías veterotestamentarias y judías y considerar el Reino como la "habitación santa de la salvación mesiánica, etc.," es decir, el Siglo Venidero. Esto es Escatología Consecuente y, a la luz de la misma, la ética de Jesús son normas que determinan quienes entrarán en el Reino escatológico. Esta interpretación histórica le dice poco al hombre moderno, porque ya no está esperando un reino apocalíptico y la ética escatológica de Jesús es, en realidad, impracticable e incumplible. Por consiguiente, el hombre moderno debe recurrir a la exégesis teológica que "hará un uso agradecido del importante descubrimiento de la exégesis histórica de que en el Talmud la palabra que Jesús debe haber empleado (*malkuth*) casi siempre significa el Señorío de Dios, el gobierno que se establece dondequiera que los hombres tratan de cumplir la Ley de Dios".

El uso que hace Windisch de esta distinción le parece arbitrario a este autor, con el resultado de oscurecer el significado fundamental del Reino de Dios. Si la exégesis histórica ha descubierto que *malkuth* en el pensamiento rabínico significa el Señorío de Dios y si el pensamiento rabínico es un hecho importante en el medio histórico en que vivió Jesús, ¿acaso no es posible que éste fuera históricamente el significado fundamental del término en la enseñanza de Jesús? Windisch admite que la inminencia del Reino escatológico no es la sanción básica: es el hecho de que Dios gobernará.[24] A la luz de estos hechos, afirmaríamos que la proclamación del Reino de Dios por parte de Jesús, si se considera históricamente, significa el gobierno de Dios. Las dos clases de ética se pueden entender desde esta perspectiva porque la así llamada ética sapiencial es ética del gobierno actual de Dios. Windisch admite que el Sermón del Monte es para los discípulos, "para los ya convertidos, para los hijos de Dios, dentro del pacto de Israel (...)" Pero cuando Windisch agrega, "o la comunidad cristiana", dice mucho más de lo que sugiere el texto. Concediendo que los Evangelios sean producto de la comunidad cristiana, el Sermón no presupone nada acerca del nuevo nacimiento ni de la morada del Espíritu Santo, que se puede entender como el reinado de Dios tanto futuro como actual. Es cierto, como ha señalado Jeremías, que el Sermón presupone algo: la proclamación del Reino de Dios. El Sermón no es Ley, sino Evangelio. El don de Dios precede a su exigencia. El reinado de Dios presente en la misión de Jesús suministra la motivación interna de la que habla Windisch. El Dios que Jesús proclamó es el Dios que ha visitado a los hombres en la persona y misión de Jesús para llevarlos a la salvación mesiánica de perdón y comunión. Este hecho une las éticas sapiencial y escatológica. Quienes han experimentado el gobierno actual de Dios entrarán en la consumación escatológica. La "soteriología diferente" que Windisch detecta en las bienaventuranzas en realidad no es diferente; es el rasgo más distintivo de la misión y mensaje de Jesús. "Entendido aparte del hecho de que Dios establece ahora su reinado aquí en la tierra, el Sermón del Monte sería idealismo excesivo o fanatismo patológico y autodestructor".[28]

Un segundo importante estudio llega a conclusiones muy diferentes de las de Windisch. Wilder, como Windisch, ve tanto una ética escatológicamente sancionadora como una ética no escatológica del tiempo actual de salvación cuya sanción es la pura voluntad de Dios. Wilder difiere de Windisch en su insistencia en que la sanción primaria es la voluntad de Dios, en tanto que la sanción escatológica es simplemente formal y secundaria. Como hemos visto, esto condujo a algunos críticos a extraer la conclusión de que Wilder ha tratado de eliminar totalmente el significado de la sanción escatológica. Estamos de acuerdo con Wilder en que la plástica apocalíptica no ha de tomarse en un sentido literal, sino que se utiliza para describir un futuro inefable. Esto también es verdad en el caso de afirmaciones no apocalípticas acerca del futuro. Jesús dijo que en la resurrección la existencia redimida diferiría del orden presente hasta tal punto que no habría vida sexual como en la actualidad, sino que "los hijos de aquel siglo" serán como ángeles, quiénes no tienen necesidad de procrear (Mc. 12:24 = Lc. 20:35). ¿Quién puede imaginar, en función de la experiencia humana conocida, cómo será la vida sin motivaciones sexuales? ¿Quién puede describir una sociedad que no esté organizada alrededor del hogar y de las relaciones marido-mujer, padres-hijos? Un orden así es, en realidad, inefable.

El reconocimiento de la índole simbólica del lenguaje escatológico no exige la conclusión de que la sanción escatológica sea en realidad secundaria y exclusivamente formal, porque el lenguaje simbólico se puede utilizar para designar un futuro real, aunque sea inefable. Quizás se podría decir que la forma de la sanción escatológica, tal como el lago de fuego o las tinieblas exteriores, por una parte, y el banquete mesiánico, por otra, es ornamental y secundaria. El núcleo de la sanción escatológica es el hecho de que al final las personas se encontrarán frente a frente con Dios y experimentarán o su juicio o su salvación; y esto no es una sanción formal sino esencial, que está en el corazón mismo de la religión bíblica. Wilder no ha dejado establecido con claridad que Jesús utilizó el lenguaje apocalíptico sólo como plástica simbólica de una crisis histórica y del mundo que ve acercarse el futuro. Wilder admite que más allá de la crisis histórica, Jesús vio un evento escatológico. Hemos llegado a la conclusión de que los críticos que opinan que Wilder trata de eliminar totalmente la dimensión escatológica no lo han interpretado correctamente, porque niega expresamente que desee excluir totalmente el lugar de la sanción escatológica. Por consiguiente, aunque el lenguaje apocalíptico es un lenguaje simbólico utilizado para describir el futuro inefable es, sin embargo, un futuro real que será el futuro de Dios. Si, pues, como dice correctamente Wilder, la sanción primaria de la ética de Jesús es la voluntad de Dios relevante para las personas gracias a la nueva situación creada por la misión de Jesús, la cual se puede describir como el tiempo de salvación, la sanción escatológica también debe tomarse como una sanción primaria, porque la consumación escatológica no es sino la manifestación final y completa del reinado y de la voluntad de Dios que ha sido puesta de manifiesto en el presente.

La ética de Jesús, pues, es la ética del Reino, la ética del reinado de Dios. Es imposible separarla del contexto total del mensaje y misión de Jesús. Sólo es pertinente para quienes han experimentado el reinado de Dios. Es cierto que la mayor parte de las máximas éticas de Jesús pueden tener paralelo en las enseñanzas judías, pero ninguna colección de ética judía produce sobre el lector el impacto que causa la ética de Jesús. Leer un pasaje de la Mishná es una experiencia diferente a la de leer el Sermón del Monte. El elemento exclusivo en la enseñanza de Jesús es que en su persona el Reino de Dios ha entrado en la historia humana, y las personas se hallan no sólo bajo la exigencia ética del reinado de Dios, sino que, en virtud de esta misma experiencia del reinado de Dios, están en condiciones de hacer realidad una nueva medida de justicia.

Ética absoluta

Si la ética de Jesús es de hecho la ética del reinado de Dios, se sigue de ello que debe ser una ética absoluta. Dibelius tiene razón: Jesús enseñó la voluntad pura e incondicional de Dios sin compromisos de ninguna clase, la cual Dios puso sobre las personas en todos los tiempos y para todos los tiempos. Tal conducta es de hecho alcanzable sólo en el Siglo Venidero, cuando todo el mal ha quedado excluido, pero está muy claro por el Sermón del Monte que Jesús esperó que sus discípulos practicaran sus enseñanzas en este siglo. De no ser así los dichos acerca de la luz del mundo y la sal de la tierra no tienen sentido (Mt. 5:13–14). La ética de Jesús encarna la norma de justicia que un Dios santo debe exigir de las personas de cualquier era.

Este hecho es el que ha suscitado el difícil problema de la factibilidad de la ética de Jesús. En cierta manera, resulta impracticable y totalmente inalcanzable. Si el Sermón del Monte es una legislación que determina la admisión en el reino futuro, entonces todos los seres humanos quedan excluidos, como lo reconoce Windisch. Podríamos agregar que incluso Jesús mismo queda excluido ya que Windisch admite que Jesús no cumplió su propia ética heroica. Su recriminación de los fariseos no suena como una expresión de amor (Mt. 23); y delante de Anás no pone la otra mejilla (Jn 18:22s.). Jesús enseñó que la ira es pecado y lleva a la condenación. La lujuria es pecado y quien mira a una mujer con deseo es reo de pecado. Jesús exigió honradez absoluta, una honradez tan absoluta que un sí y un no equivalen a un juramento. Jesús exigió un amor perfecto, un amor tan perfecto como el amor de Dios por las personas. Si Jesús exigió una obediencia solamente legalista a su enseñanza, entonces dejó a los seres humanos oscilando sobre el precipicio de la desesperación sin tabla de salvación. Sin embargo, el Sermón del Monte no es Ley. Retrata el ideal de ser humano en cuya vida el reino de Dios ha hecho mella absoluta. Esta justicia, como ha dicho Dibelius, se puede experimentar perfectamente sólo en el Reino escatológico de Dios. Sin embargo, puede llegar a alcanzarse hasta cierto grado en este siglo, en tanto que el reinado de Dios se experimenta de hecho. Una pregunta importante es si la experiencia perfecta del gobierno de Dios en este siglo es un prerrequisito necesario para entrar en el Reino escatológico y esta pregunta no se puede contestar fuera de la enseñanza de Jesús sobre la gracia.

Hay analogía entre la manifestación del Reino de Dios mismo y el logro de la justicia del Reino. El Reino ha venido en Jesús en cumplimiento de la salvación mesiánica dentro del Siglo Antiguo, pero la consumación espera el Siglo Venidero. El Reino está presente en realidad, pero de forma nueva e inesperada. Ha entrado en la Historia sin transformarla. Ha entrado en la sociedad humana sin purificarla. Por analogía, la justicia del reinado de Dios se puede experimentar en realidad y en forma sustancial incluso en este siglo, pero la justicia perfecta del Reino, como el Reino mismo, espera la consumación escatológica. Como el Reino ha penetrado en el siglo pecador para traer a las personas una experiencia parcial, aunque real, de las bendiciones del Reino escatológico, así también la justicia del Reino es alcanzable en parte, pero no a la perfección, en el orden actual. La ética, como el Reino mismo, sufre la tensión entre la realización actual y la perfección escatológica futura.

Ética de la vida interior

La ética del Reino da un énfasis nuevo a la justicia del corazón. Para ser admitido en el Reino de los cielos es necesaria una justicia que es superior a la de los escribas y fariseos (Mt. 5:20). Las ilustraciones de este principio contrastan con el Antiguo Testamento según se interpretaba en la enseñanza rabínica corriente. Se enfatiza sobre todo la índole íntima que subyace a la conducta externa. La Ley condenaba el homicidio; Jesús condenó la ira como pecado (Mt. 5:21–26). Es difícil entender cómo se puede interpretar esto de forma legalista. La legislación se ocupa de la conducta que se puede controlar; la ira es parte de la esfera íntima, de la actitud e índole interna. La Ley condenaba el adulterio; Jesús condenó el deseo lujurioso. La lujuria no la pueden controlar las leyes. Las normas acerca de la venganza son ilustraciones radicales de una actitud de la voluntad: alguien podría presentar la otra mejilla en obediencia legal a una norma externa y, sin embargo, estar enfurecido o envenenado internamente con deseos de venganza. El amor por los enemigos es más profundo que la simple amabilidad en las relaciones externas. Uno de los misterios más profundos de la personalidad o índole humana es que alguien pueda sincera y hondamente desear lo mejor para quien ha tratado de herirle. Esto y sólo esto es amor. Es carácter; es el don del reinado de Dios.

T. W. Manson ha insistido en que la diferencia entre la ética de Jesús y la de los rabinos no fue la diferencia existente entre los motivos internos de la acción y los hechos externos. Es cierto, desde luego, que el judaísmo no olvidó del todo la motivación interna. La enseñanza ética de los *Testamentos de los Doce Patriarcas* es una exigencia conmovedora de justicia interna. "Amaos los unos a los otros de corazón y si alguien peca contra ti, háblale con paz, y no fomentes rencor en su alma, y si se arrepiente y confiesa, perdónalo. Pero si no quiere, no te dejes llevar por la pasión contra él" (*Test. Gad* 6:3). "El que es de mente pura no mira a la mujer con deseo de fornicación porque en su corazón no hay mancha, porque el Espíritu de Dios está con él" (*Test. Benjamín* 8:2).

Sin embargo, esto no es típico. La lectura más superficial de la Mishná deja ver con claridad que el punto focal de la ética rabínica era la observancia externa a la letra de la Ley. Por el contrario, Jesús exigió una justicia interna perfecta. Wilder sintetiza la enseñanza de Jesús en que exige que no haya "ira, ni deseo de venganza, ni odio, que los corazones deben ser totalmente puros". La ira, el deseo, el odio, pertenecen a la esfera del hombre interior y de la intención que motiva las acciones. La exigencia primordial de Jesús es la justicia total.

Esta exigencia se encuentra en otros pasajes de la enseñanza Jesús. El hombre bueno hace el bien por la bondad de su corazón, y el malo hace el mal como consecuencia del mal tesoro de su corazón (Lc. 6:4–5). El fruto bueno o malo es la manifestación de la naturaleza íntima del árbol (Mt. 7:17). En el juicio, las personas rendirán cuentas de cualquier palabra ociosa que hayan dicho (Mt. 12:36) porque en la palabra dicha por descuido, cuando no se está al tanto, se manifiesta la índole verdadera del corazón y la disposición. El perdón o condenación no dependerá de la conducta formal de la persona, sino de la naturaleza verdadera del ser íntimo.

Así, pues, la justicia esencial del Reino, como es justicia de corazón, de hecho es alcanzable, no en calidad, pero sí en cantidad. La plenitud llegará con la venida del Reino escatológico aunque, en esencia, se puede hacer realidad aquí y ahora, en este siglo.

Le consecución de la justicia

¿Cómo debe alcanzarse la justicia del Reino? Si bien Windisch insiste en que la ética de Jesús es legalista, es decir, una justicia determinada por la obediencia a los mandamientos, también admite que Jesús presupuso una renovación interior que permitiría a los hombres cumplir con sus enseñanzas. Esta renovación interior o se presupone que ya la experimentó el pueblo del pacto de Dios, o Jesús creyó que su propia enseñanza pondría en el corazón de sus oyentes los mandamientos de Dios. "La fe en el Reino que se enciende así con la proclamación de Jesús es también, en consecuencia, la actitud concreta que pone en movimiento la disposición y el poder de obedecer estos nuevos mandamientos del Reino". "El poder se pone a disposición de la persona que cree en el Reino". "Habiendo demostrado Jesús la relación entre ser hijo de Dios y tener una actitud amorosa hacia los enemigos, está convencido de haber implantado en el corazón de sus seguidores esa disposición". El problema es que Windisch no explica cómo se realiza esta nueva disposición y progreso. Este problema no lo pueden eludir los seguidores de la Escatología Consecuente, pero no resulta problema si el Reino de Dios es no sólo la esfera escatológica de salvación, sino también la acción redentora actual de Dios. El Reino futuro ha penetrado en el orden actual para traer a los hombres las bendiciones del Siglo Venidero. Las personas ya no necesitan esperar la consumación escatológica para experimentar el Reino de Dios; se ha hecho realidad en la persona y misión de Jesús. La justicia del Reino, por tanto, sólo la puede experimentar la persona que se ha sometido al reinado de Dios manifestado en Jesús y que, en consecuencia, ha experimentado los poderes del Reino de Dios. Cuando alguien ha sido restablecido a la comunión con Dios, se convierte en hijo de Dios y en receptor de un nuevo poder, el del Reino de Dios. Por el poder de Dios se alcanza la justicia del Reino. Gutbrod sintetiza esta nueva situación diciendo que Jesús consideró la Ley ya no como algo que el ser humano debía cumplir en un esfuerzo por ganar el veredicto del perdón por parte de Dios. Por el contrario, se presupone un nuevo estado como hijo de Dios, que comienza a existir gracias a la compañía de Jesús, y que consiste en el perdón que se le concede.[37]

La justicia del Reino es, por tanto, alcanzable e inalcanzable. Se puede alcanzar, pero no en su plenitud. S. M. Gilmour ha expresado esta idea con viveza desde la perspectiva cristiana posterior: "En tanto que el cristiano es parte de la Iglesia (…) la ética de Jesús es una ética practicable. En cuanto es parte del mundo es pertinente, pero impracticable".

Esta interpretación es más susceptible de credibilidad si se tiene en cuenta que la exigencia más básica de Jesús para ser su discípulo fue la de una decisión radical, incondicional. El ser humano debe tomar una decisión tan radical que conlleve dar la espalda a todas las otras relaciones. Puede implicar el propio hogar (Lc. 9:58). La exigencia del Reino debe tener supremacía sobre las obligaciones humanas cotidianas (Lc. 9:60). Incluso puede conllevar la ruptura de las relaciones familiares (Lc. 9:61). De hecho, cuando la lealtad al Reino entra en conflicto con otras lealtades, aun cuando impliquen las relaciones más queridas de la vida, las lealtades secundarias deben ceder. El discipulado significará a veces que el hijo habrá de enfrentarse a su padre, la hija a su madre, la nuera a su suegra; y los enemigos del hombre serán los de su propia casa. El que ama al padre o a la madre más que a Jesús no es digno del Reino (Mt. 10:34–39). El afecto que uno siente por los seres amados se describe como odio (Lc. 14:26) comparado con el amor por el Reino de Dios.

Cualquier vínculo o afecto humano que interfiera con la decisión en favor del Reino y de Jesús debe ser roto. Por esto Jesús exigió al joven rico que se despojara de sus bienes para luego convertirse en discípulo suyo, Jesús pone el dedo en el objeto específico del afecto de este hombre: debe renunciar antes de que sea realidad el discipulado. La persona debe estar dispuesta a renunciar a cualquier afecto cuando decide a favor del Reino (Lc. 14:33). La forma más radical de esta renuncia incluye la vida misma de ser humano: a no ser que odie su propia vida no puede ser discípulo (Lc. 14:26). Obviamente, esto no significa que todo discípulo deba morir: debe, sin embargo, estar dispuesto a ello. Ya no vive para sí mismo, sino para el Reino de Dios. Lo que le suceda no es importante; lo que sí tiene importancia total es el destino del Reino. Éste es el significado de las palabras: "Si alguno quiere venir en pos de mí, niéguese a sí mismo y tome su cruz, y sígame" (Mt. 16:24). Esto no significa autonegación, es decir, negarse a los goces y placeres de la vida. La autonegación puede tener un punto egoísta. Con la práctica de la autonegación las personas han buscado su propio provecho egoísta. Negar el yo es lo opuesto: significa renuncia a la voluntad propia para que el Reino de Dios pueda convertirse en la preocupación suprema de la vida. Tomar la cruz no significa asumir cargas. La cruz no es una carga, sino un instrumento de muerte. Tomar la cruz significa la muerte del yo, de la ambición personal y de los fines egoístas. En lugar del logro egoísta, por altruista y noble que sea, se ha de desear sólo el gobierno de Dios.

El destino del ser humano depende de esta decisión. Cuando uno ha tomado esta decisión radical de negarse y mortificarse, cuando con ello ha puesto en entredicho su vida, tiene la promesa del Hijo del Hombre de que en el día de la parusía obtendrá la recompensa por lo hecho. En la persona de Jesús, las personas se encuentran frente a frente aquí y ahora con el Reino de Dios y el que se decide por Jesús y su Reino entrará en el Reino futuro, pero quién niegue a Jesús y su Reino será rechazado (Mt. 10:32, 33). Los que experimentan el Reino de Dios y su justicia en este siglo, entrarán en el Reino en el siglo venidero.

Un corolario de la exigencia de decisión es la exigencia de amar a Dios con todo el ser (Mc. 12:28ss.; Mt. 22:40). Jesús exige amor con una exclusividad que significa que todos los otros mandatos se resumen en éste y toda la justicia halla en esto su norma. El amor es asunto de voluntad y de acción. Amar a Dios significa "basar todo el ser en Dios, unirse a Él con confianza y sin reservas, dejar en Él todos los cuidados y la responsabilidad última".[41] Amar a Dios excluye el amor a las riquezas y al yo. El amor al prestigio y al estatus personal es incompatible con el amor de Dios (Lc. 11:43).

El amor a Dios debe expresarse en el amor al prójimo. El judaísmo también enseñó el amor al prójimo, pero tal amor las más de las veces no va más allá de los límites del pueblo de Dios. El mandamiento de amar al prójimo en Levítico 19:18 se aplica indiscutiblemente a los miembros del pacto de Yahveh y no a todas las personas. En relación con esto resalta el ideal de la comunidad de Qumrán de "amar a todos los hijos de la luz" – los miembros de la comunidad – y "odiar a todos los hijos de la tiniebla" – los que no formaban parte de la comunidad (1QS 1:9–10). Jesús define el significado del amor al prójimo: significa amar a todo el que está en necesidad (Lc. 10:29ss.) y, en particular, a los enemigos de uno (Mt. 5:44). Ésta es una nueva exigencia del siglo que Jesús ha inaugurado. Jesús mismo dijo que la ley del amor abarca toda la enseñanza del Antiguo Testamento (Mt. 22:40). Esta ley de amor es original de Jesús y es la síntesis de toda su enseñanza ética.

Recompensa y gracia

Reino como recompensa. El pensamiento judío de la época insistió mucho en la doctrina del mérito y la recompensa y, a primera vista, esto parece ser cierto también en el caso de Jesús. Habrá recompensa por la persecución (Mt. 5:12), por practicar el amor hacia los propios enemigos (Mt. 5:46), por dar limosna cuando ello se hace con la intención recta (Mt. 6:4), por ayunar (Mt. 6:18). La relación entre Dios y el ser humano es la del patrón o amo y sus empleados o esclavos (Mt. 20:1–16; 24:45–51; 25:14–30). La recompensa a veces parece como equivalente de algo hecho (Mt. 5:7; 10:32, 41s.; 25:29), o como recompensa por una pérdida o abnegación (Mt. 10:39; Lc. 14:8–11). En otras ocasiones, se promete según la medida del éxito con que se cumple el deber (Mt. 5:19; 18:1–4; Mc. 9:41; Lc. 19:17, 19) y, a veces, el castigo tiene una graduación semejante (Mt. 10:15; 11:22, 24; Lc. 12:47s.). Este aspecto de la enseñanza de Jesús se parece al concepto judío ordinario de mérito según el cual la recompensa era un pago concebido cuantitativamente.

Hay, sin embargo, otros ejemplos que confieren a la enseñanza de la recompensa un matiz totalmente diferente. Si bien Jesús recurre a la recompensa, nunca utiliza la ética del mérito. La fidelidad nunca debe ejercerse con los ojos puestos en la recompensa: la recompensa misma es fruto exclusivo de la gracia. Las parábolas que hablan de la recompensa dicen, precisamente con claridad, que ésta es una cuestión de gracia. Cuando la persona obra con la máxima fidelidad nada merece, pues no ha cumplido más que con su deber (Lc. 17:7–10). La misma recompensa se otorga a todos los que han sido fieles, prescindiendo del resultado de su esfuerzo (Mt. 25:21, 23). La recompensa es el Reino de Dios mismo (Mt. 5:3, 10), que se da a aquellos para quienes ha sido preparado (Mt. 20:23; 25:34). Incluso las oportunidades de servir son en sí mismas un don divino (Mt. 25:14s.). La recompensa entonces se convierte en gracia inmerecida y gratuita y se describe como fuera de toda proporción en relación con el servicio prestado (Mt. 19:29; 24:47; 25:21, 23; Lc. 7:48; 12:37). Si bien los seres humanos han de buscar el Reino de Dios, esto es don de Dios (Lc. 12:31, 32). Lo que libera al ser humano es el acto libre de vindicación por parte de Dios, no la fidelidad de la conducta religiosa de la persona (Lc. 18:9–14).

Este don gratuito de gracia se ilustra con la curación del ciego, del paralítico, de los leprosos, del mudo, con la resurrección de muertos, y con la predicación de las buenas nuevas a los pobres (Mt. 11:5). La parábola de los obreros de la viña tiene como fin mostrar que la norma divina de la recompensa es totalmente diferente de las normas humanas de pago: es un asunto de pura gracia (Mt. 20:1–16). Los operarios que trabajaron todo el día recibieron un denario, que era el salario diario corriente: ello merecieron. Otros que fueron enviados al campo a la hora undécima y trabajaron una hora recibieron el mismo salario que los que habían soportado el calor y carga de todo el día. Éste es el estilo de Dios: dar a los que no merecen, sobre la base de la gracia, el don de las bendiciones del Reino de Dios. El trato del ser humano es: un día de trabajo, un día de paga; el trato de Dios es: una hora de trabajo, un día de paga. Lo primero es mérito y recompensa; lo segundo es gracia.

Ante estas enseñanzas, difícilmente se puede concluir que el Reino en su forma escatológica es una recompensa otorgada por la obediencia a las enseñanzas de Jesús. Es el don de la gracia de Dios. Pero el Reino no es sólo un don futuro: es también un don presente para quiénes renuncien a todo lo demás y se arrojen sin reservas en brazos de la gracia de Dios. Para ellos se incluye en el don gratuito de Dios tanto el Reino como su justicia.

Capítulo 10

El Mesías

El título y concepto de Mesías (*Christos* = *Mashiah* = ungido) es el más importante de todos los conceptos mesiánicos desde el punto de vista histórico, aunque no teológico, porque vino a ser la forma básica de designar la idea cristiana de Jesús. Esto se refleja en el hecho de que *Christos*, que en realidad es un título que designa al "ungido", muy pronto se convirtió en nombre propio. Jesús pasó a ser conocido no sólo como Jesús el Cristo o Mesías (Hch. 3:20), sino como Jesucristo o Cristo Jesús. Alguna que otra vez Pablo habla de Jesús, pero casi siempre utiliza el nombre compuesto y habla con más frecuencia de "Cristo" que de "Jesús". Si bien no hay seguridad de ello, parece que *Christos* se convirtió en nombre propio cuando el evangelio de

Jesús como Mesías se introdujo por primera vez en el mundo gentil, que no entendía la tradición judía de ungir y para el cual, en consecuencia, el término "ungido" carecía de significado. Esto lo sugiere el hecho de que los discípulos fueron llamados por primera vez "cristianos" (*Christianioi*) en Antioquía (Hch. 11:26) y esta palabra designa a los partidarios de cierto grupo.

Se suscita la cuestión histórica, ¿por qué los primeros cristianos designaron a Jesús como Mesías cuando el papel que desempeñó fue tan diferente de las expectativas judías prevalecientes? ¿Acaso el título "el Cristo" se remonta a Jesús mismo? ¿Fue reconocido como el Mesías durante su vida terrenal? Para contestar esto, debemos pasar revista tanto a la esperanza mesiánica del Antiguo Testamento como a las expectativas mesiánicas judías de la época, para analizar luego la cuestión mesiánica en los Evangelios sinópticos.

El Mesías en el Antiguo Testamento

En la economía del Antiguo Testamento, varias personas fueron ungidas con aceite y con ello separadas para cumplir en la teocracia alguna función divinamente prescrita. Así por ejemplo, los sacerdotes eran ungidos (Lv. 4:3; 6:22), los reyes eran ungidos (l S. 24:10; 2 S. 19:21; 23:1; Lm. 4:20), y posiblemente los profetas (1 R. 19:16). Esta unción indicaba el nombramiento divino para un puesto teocrático determinado y, en consecuencia indicaba que, en virtud de la unción, las personas elegidas pertenecían a un grupo especial de siervos de Dios y sus personas eran sagradas e inviolables (1 Cr. 16:22). Se consideraba que la persona ungida participaba de la santidad de su puesto (1 S. 24:6; 26:9; 2 S. 1:14). A veces, Dios habla de ciertas personas como de "sus ungidos" porque en la mente de Dios habían sido separadas para llevar a cabo el propósito divino, aunque de hecho no hubieran sido ungidas con el aceite de consagración. Así Ciro, el persa, es llamado "su ungido" (Is. 45:1) – del Señor –, los patriarcas son llamados "mis ungidos" (Sal. 105:15), e Israel también es llamado ungido de Dios (Hab. 3:13).

A menudo se supone que el Antiguo Testamento está repleto del título mesiánico "el Mesías". Esto, sin embargo, está en contra de los hechos. En realidad, el término simple "el Mesías" no se encuentra nunca en el Antiguo Testamento. La palabra va siempre acompañada de un genitivo o sufijo que califica, "el Mesías de Jehová", "mi Mesías". Algunos estudiosos insisten en que en ninguna parte del Antiguo Testamento se aplica el título de Mesías a un rey escatológico. Esta conclusión, sin embargo, es debatible. En el Salmo 2:2, el título parece referirse a un rey mesiánico. Este es el caso más notorio del uso mesiánico de la palabra en el Antiguo Testamento. El rey que viene es tanto hijo de Dios como el ungido que gobernará en nombre de Dios y sobre toda la Tierra. Daniel 9:26 es probable que sea también mesiánico: habla de la venida de un "Mesías". Los críticos conservadores han considerado que esto es una profecía de Cristo. Otros lo consideran como referencia a Onías III, quien es sumo sacerdote en tiempo de la insurrección macabea, o a algún líder desconocido del tiempo de los macabeos.

El uso más antiguo de "Mesías" en un contexto mesiánico es el que se encuentra en el cántico de Ana (1 S. 2:10) cuando ora, "Jehová juzgará los confines de la tierra, dará poder a su Rey, y exaltará el poderío de su Ungido". Esta profecía no considera solamente su cumplimiento inmediato en la casa de David y Salomón, sino que va mucho más allá, al referirse también al cumplimiento escatológico en el gran Rey mesiánico, el Hijo de David. En la mayor parte de las profecías que consideran el Rey definitivo de la casa de David, no se aplica la palabra "mesías". Hay, sin embargo, una serie de profecías importantes que contemplan el gobierno de un rey de la casa de David. La profecía de 2 Samuel 7:12ss. promete que el reinado de David durará para siempre. Cuando la Historia parece negar el cumplimiento de esta profecía se espera su cumplimiento en un Hijo más grande de David, en un día de cumplimiento escatológico.

Las profecías mesiánicas más notables del Antiguo Testamento, que dan la pauta al judaísmo posterior, fueron Isaías 9 y 11. Si bien no se le llama "mesías", es un rey del linaje de David que recibirá dones sobrenaturales de forma que "herirá la tierra con la vara de su boca, y con el espíritu de sus labios matará al impío" (Is. 11:4). Purificará la tierra de toda maldad, reunirá al Israel fiel, y reinará para siempre desde el trono de David sobre una tierra transformada.

Zacarías describe al rey como a alguien que garantiza el triunfo y gana la paz para los hijos de Jerusalén. Entrará en Jerusalén de forma triunfal y victoriosa sobre un pollino, desterrará toda guerra, traerá la paz a las naciones y señoreará sobre toda la tierra (Zac. 9:9–10). El hecho de que cabalgue en un pollino en lugar de hacerlo en un caballo o carruaje (Jer. 22:4) sugiere que ha triunfado y retorna a Jerusalén en paz.

La idea mesiánica en el judaísmo

La palabra "mesías" no se presenta con mucha frecuencia en la literatura intertestamentaria. Los *Salmos de Salomón* los escribió un autor desconocido que vivió en el círculo de los fariseos poco después de que Pompeyo sojuzgara a Palestina para Roma en el 63 d. C. Este judío devoto pide la venida del Reino de Dios (17:4) por medio del rey prometido, el Hijo de David (17:5, 23). Este rey ha de ser "el ungido del Señor" (17:6), quién al levantarse herirá la Tierra con la palabra de su boca, purificará a la tierra de pecado, aplastará a las naciones paganas y liberará a Jerusalén, y después de reunir a las tribus de Israel, reinará para siempre como rey. He aquí una oración que pide el cumplimiento de las profecías del Antiguo Testamento acerca del rey de la casa de David que surgirá de entre el pueblo para liberar a Israel de sus enemigos, para traer el Reino de Dios y señorear sobre él como Rey ungido de Dios. El Reino deseado es terrenal y político en cuanto a la forma, aunque se deja sentir un elemento fuertemente religioso. El rey de la casa de David recibirá dones sobrenaturales porque sus armas no serán las de la violencia física y armamento militar, sino que "con vara de hierro hará pedazos todas sus riquezas, destruirá a las naciones impías con la palabra de su boca" (17:26, 27).

La comunidad de Qumrán esperaba a dos ungidos: un sacerdote ungido (de Aarón) y un rey ungido (de Israel). El mesías sacerdotal tiene más importancia que el mesías real porque los sectarios de Qumrán eran de extracción sacerdotal y exaltaban su propio oficio. Sin embargo, el mesías de la casa de David juega un papel importante en sus expectativas. "A la tribu de Judá no le faltará un monarca cuando Israel señoree, ni a David le faltará un descendiente sentado en el trono. Porque el personal del comandante es el Pacto de realeza, y los soldados son los millares de israelitas. Hasta que venga el Mesías de Justicia, la Rama de David; porque a él y a su descendencia les ha sido dado el pacto de realeza de su pueblo por generaciones perpetuas".

Las *Semejanzas de Enoc* contienen un concepto diferente: un Hijo del Hombre preexistente, celestial, sobrenatural, mantenido en la presencia de Dios hasta que llegue el tiempo, para establecer entonces el Reino de Dios en la tierra. Se trata obviamente de un midrash acerca de "uno como un hijo de hombre" de Daniel 7:13. Este Hijo del Hombre celestial es muy diferente del rey terrenal de la casa de David. Sin embargo, en dos lugares (*1 En.* 48:10; 52:4) el Hijo del Hombre se llama Mesías.

El Mesías aparece en dos apocalipsis del siglo primero d. C. En 4 Esdras, se "revela" "mi hijo el Mesías", el cual reina sobre un reino mesiánico temporal de cuatrocientos años de duración. Luego muere, junto con todos los demás hombres; y después de esto se inicia el siglo venidero (4 Esd. 7:28, 29). En otro pasaje el Mesías es alguien "a quien el Altísimo ha conservado hasta el fin de los tiempos, y que surgirá de entre la posteridad de David (…) Los [a los malos] hará presentarse delante de su tribunal, y cuando los haya condenado los destruirá. Pero libera con misericordia al remanente de mi pueblo" (4 Esd. 12:32–34). En el *Apocalipsis de Baruc* se revela el principado del Mesías para que reine en un reino mesiánico temporal (*Ap. Bar.* 29:3; 30:1). Destruirá al "último líder de ese tiempo" y reinara (*Ap. Bar.* 49:1–3). Juzgará a las naciones sobre la base del trato que le hayan dado a Israel, y reinará en un reino de paz (*Ap. Bar.* 72:1ss.). Si bien estos dos apocalipsis son postcristianos, sin duda conservan las ideas prevalecientes del tiempo de Jesús.

En la literatura rabínica, no se puede citar a ningún rabino antes del año 70 d. C. que haya utilizado *mashiah* en sentido absoluto. El índice de la Mishná incluye mesías sólo dos veces. Sin embargo, en la literatura rabínica como un todo, el mesías real de la casa de David se convierte en la figura central de la esperanza mesiánica, en tanto que cae en desuso el Hijo del Hombre.

La expectativa mesiánica en los Evangelios

Muchos estudios acerca de la esperanza mesiánica judía omiten una de las fuentes más importantes: los Evangelios mismos. Cuando uno los lee para descubrir qué clase de esperanza tenía el pueblo judío, encuentra una esperanza parecida a la que se refleja en los *Salmos de Salomón*. Está muy claro que el pueblo esperaba que apareciera un Mesías (Jn. 1:20, 41; 4:29; 7:31; Lc. 3:15). Iba a ser hijo de David (Mt. 21:9; 22:42), y si bien iba a nacer en Belén (Jn. 7:40–42; Mt. 2:5), existía una tradición que lo hacía aparecer de repente entre el pueblo, pero con procedencia oscura (Jn. 7:26–27). Cuando apareciera el Mesías, permanecería para siempre (Jn. 12:34).

El elemento más importante de esta expectativa es que el Mesías sería el rey de la casa de David. Los sabios orientales acudieron a buscar al que había nacido como rey de los judíos. Los escribas entendieron el significado de la pregunta de los sabios acerca de semejante rey y los encaminaron hacia Belén, donde tenía que nacer el señor prometido. Herodes, el Grande, entendió la profecía en función del poder político porque temía por su propio trono. No podía soportar a ningún rival y por ello trató de destruir a Jesús (Mt. 2:1–18). Resulta claro que el ministerio de Jesús parecía conllevar un elemento mesiánico con implicaciones políticas, especialmente si se piensa en el temor de los fariseos y sacerdotes de que la popularidad de Jesús pudiera suscitar un movimiento de tal naturaleza que los romanos lo pudieran interpretar como rebelión y, por ello, trataban de aplastar tanto al movimiento como a la nación judía (Jn. 11:47–48). Lo que el pueblo deseaba de su Mesías era precisamente un líder poderoso que expulsara a Roma. En la cúspide de su popularidad, cuando Jesús hubo manifestado el poder divino que tenía en la multiplicación de los panes y peces para alimentar a cinco mil personas, se produjo un movimiento espontáneo en el que las multitudes trataron de apoderarse de Jesús por la fuerza para hacerlo rey (Jn. 6:15), con la esperanza de poderlo persuadir de que utilizara sus notables poderes, expulsando el yugo pagano y liberando a su pueblo de la esclavitud a la que estaba sometido, con lo cual se iniciaría el Reino de Dios. El significado de esta esperanza se puede valorar cuando se recuerda la serie de revueltas mesiánicas que caracterizaron aquellos tiempos. Si el propósito de Jesús hubiera sido ofrecer a los judíos un reino terrenal y político, lo habrían aceptado sin más y habrían estado dispuestos a seguirlo hasta la muerte de ser necesario, con tal de ver iniciado tal reino. Sin embargo, cuando Jesús rechazó esto e indicó que su misión era de una naturaleza totalmente diferente y que su Reino iba a ser un Reino espiritual en el que las personas comerían su carne y beberían su sangre, las multitudes se rebelaron contra él y su popularidad se desvaneció (Jn. 6:66). Querían un rey que los liberara de Roma, no un salvador que los redimiera de sus pecados.

Cuando fue sometido a juicio ante Pilato, se acusa a Jesús de pretender ser rey (Lc. 23:2). Pilato debe de haber entendido el significado de "el ungido", pero Jesús no tenía en lo más mínimo el aspecto de alguien amenazante para el gobierno romano. Cuando se refirió a Jesús como el "llamado Cristo" (Mt. 27:17, 22), probablemente habló con sorna. Jesús no era ciertamente un rey mesiánico. En la cruz, los sacerdotes y escribas llamaron a Jesús con burla el Cristo, el Rey de Israel (Mc. 15:32).

Si pues, como parece ser el caso, "Mesías" sugería en la mente del pueblo un rey de David a quien Dios ungiría para que produjera la liberación política de Israel del yugo de los paganos y para que estableciera el reino terrenal, resulta de inmediato evidente que iba a ser necesario que Jesús utilizara el término sólo con gran reserva. Si Jesús hubiera proclamado públicamente que era el Mesías, esa proclamación habría sido recibida por el pueblo como un llamamiento a la rebelión contra Roma. En este caso se venía a cumplir de inmediato el temor de los fariseos y sacerdotes (Jn. 11:47–48). El mesianismo que Jesús vino a ejercer era de una índole muy diferente a lo que el término sugería en la mente popular. En las cartas de Pablo, el concepto mesiánico ha venido a tener connotaciones soteriológicas muy diferentes, pero si el ministerio de Jesús se dirigía en esa dirección y no iba a conllevar en ese tiempo ninguna forma de manifestación política, podemos entender por qué no utilizó mucho el término que sugería en la mente popular algo muy diferente de lo que Jesús pretendía. En este contexto podemos entender por qué la palabra se utilizó con exclusividad a Jesús sólo después de su resurrección, cuando su misión mesiánica por fin se comprendió y la categoría mesiánica se reinterpretó sufriendo una transformación completa (Jn. 20:31).

Jesús y el Mesías

La palabra *Christos* con muy pocas excepciones se encuentra en los cuatro Evangelios como título y no como nombre propio. En tres lugares se utiliza la palabra como nombre propio, en pasajes editoriales donde resulta totalmente legítimo. Pilato al parecer utilizó la palabra con sarcasmo. En varios lugares más, se encuentra la palabra sin el artículo definido, pero parece que se utilizó, sin embargo, como título y no como nombre propio.[17] Según el texto griego de Marcos 9:41, *Christos* es puesto en boca de Jesús como nombre propio, pero hay una posibilidad genuina de que el texto se haya corrompido con la transmisión y que Marcos hubiera escrito originalmente "porque sois míos". En ninguna parte los discípulos se dirigen a Jesús llamándolo Mesías. En todas las demás referencias, se utiliza la palabra como título del Mesías.

Estos datos sugieren de inmediato un elemento fuerte de control histórico sobre la tradición evangélica en la comunidad cristiana. Si la tradición hubiera estado tan radicalmente influida por la fe de la comunidad cristiana, como lo afirman muchos críticos formales, esperaríamos encontrar la palabra Cristo como nombre propio en la tradición evangélica porque se utilizaba mucho en la iglesia helénica, cuando se escribieron los Evangelios. El hecho de que la iglesia cristiana preservara la terminología mesiánica en su forma histórica correcta sin mezclarla con su propia terminología teológica sugiere que la tradición es históricamente sana.

Hay dos pasajes que merecen atención profunda: la confesión en Cesarea de Filipos y el juicio de Jesús ante el Sanedrín. Marcos relata que en medio de su ministerio, Jesús planteó a sus discípulos el problema de su identidad con la pregunta: "¿Quién dicen los hombres que soy yo?"

(Mc. 8:27). Pedro contestó, "Tú eres el Cristo" (Mc. 8:29). Entonces Jesús les encargó que no le hablaran a nadie acerca de él mismo. A partir de este momento, Jesús comenzó a enseñar a los discípulos que debía sufrir y morir. Cuando Pedro le reprendió por tal idea, Jesús a su vez reprendió a Pedro, llamándolo Satanás (Mc. 8:33).

Mateo amplía el incidente. La respuesta de Pedro es, "Tú eres el Cristo, el Hijo del Dios viviente" (Mt. 16:16). Mateo agrega luego una breve sección procedente de la peculiar fuente de edificar su iglesia sobre la roca, Pedro, y la respuesta de Jesús a la confesión de Pedro: "Bienaventurado eres, Simón, hijo de Jonás, porque no te lo reveló carne ni sangre, sino mi Padre que está en los cielos (Mt. 16:17).

Se discute qué quiso decir Pedro con su confesión del mesianismo de Cristo. Algunos críticos creen que con "Cristo", Pedro estaba pensando en la esperanza judía contemporánea de un rey de la casa de David, ungido por Dios y con dones sobrenaturales que destruiría las estructuras políticas de poder contemporáneas y malas y reuniría a Israel bajo el Reino de Dios. Una crítica formal radical reduce la narración de Marcos a la confesión de Pedro y el rechazo tajante por parte de Jesús de su mesianidad como tentación diabólica. Jesús llama a Pedro Satanás no porque Pedro rechazara la idea de un Mesías sufriente sino porque contemplaba la idea de la mesianidad. Otra solución parecida explica la forma de Mateo acerca de la confesión de Pedro y de la bienaventuranza que Jesús le dio a Pedro como un evento que ocurrió en un contexto histórico diferente (ver Jn. 6:69) pero que el evangelista amplía erróneamente con el incidente de Cesarea de Filipos. Según esto, Jesús también rechaza la confesión de mesianismo que hace Pedro como un total malentendido de la misión de Jesús, suponiendo una tentación satánica que Jesús rechaza y por la que censura a Pedro.

Sin embargo, es una cuestión importante determinar si Pedro con su "el Cristo" quiso decir el conquistador real de los *Salmos de Salomón*. La solicitud de Santiago y Juan de ocupar puestos de honor en el Reino refleja el Reino apocalíptico del Hijo del Hombre más que el reinado triunfal del conquistador de la casa de David (Mc. 10:37). Además, en la conducta de Jesús no había nada que hubiera podido sugerir que iba a ser un rey conquistador. Los discípulos debían de haber oído la respuesta de Jesús a la pregunta de Juan el Bautista, respuesta en la que afirmó que era en realidad el cumplimento de la esperanza mesiánica del Antiguo Testamento, pero de una manera que podía molestar a los hombres (Mt. 11:2–6). Pedro había oído el mensaje de Jesús acerca del Reino de Dios y visto sus milagros de exorcismo y curación. Es más fácil, pues, concluir que con "el Cristo" Pedro quiso decir aquel que va a cumplir la esperanza mesiánica del Antiguo Testamento, *aunque no sea a la manera de un rey conquistador*. Pedro todavía no entiende qué significa el mesianismo de Jesús aunque ha captado un destello. Mateo vuelve esto explícito al interpretar su confesión como refiriéndose a alguien que es el Hijo de Dios. Resulta claro, también, que ésta debe de haber sido la idea de Marcos porque sostiene una cristología del Hijo de Dios (Mc. 1:1). La bendición que Jesús pronunció sobre Pedro porque esta verdad le había sido revelada (Mt. 16:17) tiene que ver con la filiación respecto a Dios más que con el mesianismo. La comprensión de la filiación divina de Jesús requeriría en realidad una revelación, pero no era ése el caso.

Un segundo pasaje es el juicio de Jesús ante el Sanedrín, el cual buscaba algún fundamento legal para condenar a muerte a Jesús. Una serie de testigos dieron testimonios contradictorios y por esto se les llama testigos falsos (Mc. 14:56). Finalmente, el Sumo Sacerdote le hace la pregunta directa: "¿Eres tú el Cristo, el Hijo del Bendito?" (Mc. 14:61). No resulta del todo claro qué quiso decir el Sacerdote con "Hijo de Dios". Como éste no era un título mesiánico popular, es probable que el Sumo Sacerdote hubiera escuchado rumores de que Jesús había hecho alguna afirmación así.[24] Según el relato de Marcos, Jesús contestó con una afirmación rotunda, "Yo soy" (Mc. 14:62), pero de inmediato define la naturaleza del mesianismo: es de la clase del Hijo celestial del Hombre, no del rey mesiánico.

Mateo contiene una variante en la respuesta de Jesús: "Tú lo has dicho" (Mt. 26:64). Un texto alternativo de Marcos, con buen fundamento, contiene la misma forma que Mateo. Si Jesús no respondió con una afirmación rotunda, la forma alternativa de la respuesta no es ninguna negación. "La respuesta es afirmativa, pero contiene una diferencia de interpretación", una diferencia que Jesús explica con las palabras acerca del Hijo celestial del Hombre, y sobre cuya base fue de inmediato condenado a muerte por blasfemo. No hay pruebas de que la pretensión de ser Mesías fuera blasfema.[26] La afirmación de Jesús de que se sentaría a la diestra de Dios condujo a su condenación por el Sanedrín; sin embargo, esto no hubiera preocupado al gobernador romano, por lo que ante Pilato fue acusado de ser un "mesías" (Lc. 23:2). Pilato le preguntó si era el Rey de los judíos (Mc. 15:2) y Jesús contestó con palabras semejantes a su respuesta ante el Sanedrín, "tú lo has dicho". Esto no fue ni una negación franca ni una afirmación clara, pero a Pilato le resultó obvio que Jesús era inocente de sedición. Con todo, Pilato cedió ante la presión de los líderes judíos y Jesús fue ejecutado bajo la acusación formal de sedición, de confesar ser un ascendiente real en desafío a Roma (Mc. 15:26).

Resumimos este panorama con la conclusión de que Jesús no pretendió abiertamente ser Mesías, aunque no lo rechazó se le atribuyó y, ante el Sanedrín, cuando se le acusó directamente, asintió, pero dando su propia definición del término. Era el Mesías celestial de la clase del Hijo del Hombre.

Es probable que en su última entrada en Jerusalén, a lomos de un pollino, Jesús quisiera con este acto simbólico cumplir la profecía de Zacarías 9:9 de un rey pacífico. La acogida entusiasta de la multitud y su clamor: "¡Bendito el reino de nuestro padre David que viene!" (Mc. 11:10), dio a entender con claridad que las palabras y acciones de Jesús habían suscitado las esperanzas mesiánicas del pueblo febrilmente. Sin embargo, cuando unos días después Pilato presentó a Jesús a la multitud, golpeado, amarrado y lleno de sangre, parecía de todo menos un triunfador sobre los enemigos de Israel. El cambio completo del pueblo en su juicio acerca de Jesús y su voluntad de verlo crucificado (Mc. 15:13) son sicológicamente aceptables, teniendo en cuenta las esperanzas mesiánicas judías.

El Hijo de David

El Antiguo Testamento esperaba a un rey que sería descendiente de David (Jer. 23:5; 33:15). El ungido del Señor en los *Salmos de Salomón* es el Hijo de David (*Sal* 17:23). En el judaísmo postcristiano, "Hijo de David" se presenta con frecuencia como título del Mesías. En varias ocasiones, según el relato de Mateo, a Jesús se le reconoció como el Hijo de David. Este título se encuentra sólo una vez en Marcos (10:47), porque hubiera tenido menos significado para un auditorio gentil que para judíos. Que se supiera que Jesús iba a ser descendiente de David resulta claro por Romanos 1:3. Jesús "era del linaje de David según la carne".

Hay un pasaje de interés especial. Jesús pasó a la ofensiva contra los líderes judíos con la pregunta: "¿Cómo dicen los escribas que el Cristo es Hijo de David? Porque el mismo David dijo por el Espíritu Santo: Dijo el Señor a mi Señor: Siéntate a mi diestra, hasta que ponga a tus enemigos por estrado de tus pies. David mismo le llama Señor; ¿cómo, pues, es su Hijo?" (Mc. 12:35–37). Algunos estudiosos interpretan esto en el sentido de que es un rechazo completo de la filiación de David. Es improbable, sin embargo, porque la descendencia de David en el caso del

Mesías nunca se niega en los escritos cristianos del siglo primero. Otros interpretan el texto en el sentido de que la filiación de David no tiene valor en la misión mesiánica de Jesús. Una mejor interpretación afirma que Jesús acusa a los expertos escribas de una comprensión inadecuada del Mesías. Es, en realidad, Hijo de David, pero esto no basta. David mismo escribió: "Dijo el Señor (Dios) a mi Señor (el rey mesiánico): siéntate a mi diestra". No hay, desde luego, respuesta racional a la pregunta: ¿cómo puede el Mesías ser hijo de David si es también Señor de David?, al menos según los supuestos de los escribas. Ahí Jesús toca el genuino secreto mesiánico. "Parece [Mc. 12:35–37], aunque no formula la pretensión, que Jesús es de dignidad y origen sobrenatural y que su filiación no es algo de simple descendencia humana".

Ésta es la clave para el empleo que hace Jesús del término "mesías". Era el Mesías, pero no el conquistador guerrero de las esperanzas judías de la época. Evitó el título debido a las implicaciones nacionalistas que tenía para los judíos; a veces aceptó el título, pero lo reinterpretó, sobre todo con el empleo del término "Hijo del Hombre".

Históricamente, hay fundamento sólido para aceptar la exactitud de la tradición evangélica. Jesús inició un movimiento que condujo a que muchos creyeran que era el "Mesías". Afirmó ser el que cumplía las promesas mesiánicas del Antiguo Testamento (Lc. 4:21; Mt. 11:4–5), por medio del cual el Reino de Dios está presente en el mundo (Lc. 11:20 = Mt. 12:28). El Sanedrín lo interrogó y lo entregó a Pilato con la acusación de que afirmaba ser un rey mesiánico. Por esta razón fue crucificado. La categoría de mesías era tan importante que *Christos* se convirtió en nombre propio. La memoria de la Iglesia lo vio con claridad como el Mesías.

La explicación más natural de estos hechos es que Jesús, de algún modo, actuaba como el Mesías, pero muy diferente del de las esperanzas judías de la época. Es difícil creer que Jesús desempeñara un papel del cual fuera inconsciente. Debió de saber que era el Mesías.

Capítulo 11

El Hijo del Hombre

Desde el punto de vista teológico, una de las designaciones mesiánicas más importantes de los Evangelios Sinópticos es la de Hijo del Hombre. Son importantísimas tres cuestiones. En la tradición evangélica el Hijo del Hombre era la forma favorita de Jesús para identificarse a sí mismo; de hecho, es el único título que utilizó con total libertad. Segundo, nadie utiliza nunca ese título para designar a Jesús.

Tercero, no hay pruebas en los Hechos o en las cartas de que la Iglesia primitiva llamara a Jesús Hijo del Hombre. La única ocasión en la que aparece el título aparte de los Evangelios es en la visión de Esteban (Hch. 7:56). Los Evangelios lo ponen en boca de Jesús más de sesenta y cinco veces. Es sorprendente que este título nunca llegara a ser una designación mesiánica de Jesús en la Iglesia primitiva.

Los Padres de la Iglesia entendieron la expresión como una referencia a la humanidad encarnada del Hijo del Hombre. Muchos comentarios y exposiciones antiguos asumen esta interpretación teológica y la consideran como una referencia primordial a la humanidad de Jesús y a su identificación con los seres humanos.

Esto es erróneo porque ignora los antecedentes y el significado histórico de esta expresión.

Una objeción a la idea evangélica es que Jesús nunca pudo haberse aplicado este título a sí mismo porque no existe en arameo – lengua materna de Jesús – y porque por razones lingüísticas es un término imposible. Es cierto que la expresión griega, *ho huios tou anthropou*, en griego es intolerable y es una traducción literal del arameo bar enasha. Esta expresión sólo podía significar "hombre". Esto está claro en el Antiguo Testamento. "Dios no es hombre para que mienta, ni hijo de hombre para que se arrepienta" (Nm. 23:19). "Oh Jehová, ¿qué es el hombre, para que en él pienses, o el hijo del hombre para que lo estimes?" (Sal. 144:3). Este argumento ha sido examinado minuciosamente por Dalman, que ha llegado a la conclusión de que aunque no es un título muy común, se podía utilizar como una designación mesiánica en los lenguajes poético y profético.

En realidad es extraño, si el argumento lingüístico tiene algún peso, que la expresión no se use en otras partes de los Evangelios como perífrasis de hombre, argumento que es muy poderoso puesto que el plural "los hijos de los hombres" sí se encuentra en Marcos 3:28. La conclusión de Dalman de que el Hijo del Hombre podría ser un título mesiánico ha sido ampliamente aceptada en los estudios bíblicos contemporáneos.

Otra objeción es que el Hijo del Hombre en boca de Jesús es sólo un sustituto del pronombre de primera persona y por tanto significa "yo". Hay algunos textos que parecen sugerir ese uso (cf. Mt. 5:11 con Lc. 6:22); pero en este caso Dalman también ha señalado que no era una costumbre general entre los judíos hablar de uno mismo en tercera persona, y si Jesús lo hubiera hecho, el término utilizado es tan poco usual que requiere una explicación especial.

La forma en la que una expresión común puede convertirse en un término técnico puede ilustrarse con la palabra alemana "Der Führer". Esta expresión significa sencillamente "el líder", "guía", "director"; pero aplicado a Hitler se convierte en una designación técnica para el jefe del Reich alemán.

Relacionados con el título "Hijo del Hombre", deben examinarse varios aspectos. ¿Qué connotaciones tenía para los contemporáneos de Jesús? Esto es algo muy importante, porque debería resultar obvio que Jesús no utilizaría una determinada designación sin tener en cuenta el significado y las sutilezas que podría transmitir a sus oyentes. Segundo, ¿cómo utilizó Jesús este título? Y por fin, ¿qué contenido dio a esta expresión? ¿Qué significado quiso transmitir?

Los antecedentes de "Hijo del Hombre"

Ya hemos visto que "hijo del hombre" es una expresión frecuente en el Antiguo Testamento para designar sencillamente a un hombre. A menudo se ha recurrido a este uso para explicar algunas de las expresiones evangélicas. En el libro de Ezequiel se encuentra esta expresión como un nombre concreto con el que Dios se dirige al profeta. Algunos intérpretes han visto en Ezequiel un antecedente del uso de esta expresión utilizada por Jesús[8].

Sin embargo, esto no explica el uso escatológico de "Hijo del Hombre" en los Evangelios.

La visión de Daniel, en la que ve cuatro fieras furiosas, puede ser un antecedente más probable en el Antiguo Testamento. Estas fieras simbolizan cuatro imperios mundiales que se suceden. Después "Miraba (…) y he aquí con las nubes del cielo venía uno como un hijo de hombre, que vino hasta el Anciano de días, y le hicieron acercarse delante de él. Y le fue dado dominio, gloria y reino, para que todos los pueblos, naciones y lenguas le sirvieran; su dominio es dominio eterno, que nunca pasará, y su reino uno que no será destruido" (Dn. 7:13–14). En la interpretación de la visión en los versículos siguientes, ése que es como un hijo de hombre no se menciona. En su lugar están "los santos del Altísimo" (Dn. 7:22), que al principio son oprimidos y acosados por la cuarta bestia, pero que después reciben un reino eterno y señorean sobre toda la tierra (Dn. 7:21–27).

Una cosa está clara. En Daniel la expresión "hijo del hombre" todavía no es un título mesiánico, sino una forma de presentar una figura de hombre en contraste con la figura de las cuatro bestias de las visiones. Aparte de esto, las interpretaciones difieren entre sí, sobre todo en tres aspectos: ¿Ése que es como un hijo de hombre es un individuo, o un símbolo que representa a los santos del Altísimo? ¿Vino ese hijo del hombre a la tierra, o a la presencia de Dios? ¿Es una figura celestial o es una mezcla de sufrimiento y vindicación? Parece claro que ese "hijo del hombre" es identificado con los santos, pero esto no excluye la posibilidad de que además sea un individuo[10]. Aunque el texto no afirma que esa figura de hombre venga a la tierra, parece estar implícito. En realidad viene a la presencia de Dios entre las nubes, pero cuando el reino es entregado a los santos para que reinen sobre la tierra, es porque la figura de hombre que ha recibido el reino se lo trae a los santos de la tierra.

Aunque muchos investigadores opinan que la figura que presenta Daniel combina el sufrimiento con la vindicación porque los santos al principio son oprimidos y luego vindicados, esto no está tan claro; porque los santos sufren en la tierra mientras el hijo del hombre recibe el reino en los cielos, y después, supuestamente, lo trae a los santos que han sido afligidos en la tierra[12]. Nuestra conclusión es que el hijo del hombre que presenta Daniel es una figura mesiánica escatológica y celestial que trae el reino a los santos que sufren en la tierra.

En las Semejanzas de Enoc (1 Enoc 37–71) el Hijo del Hombre se ha convertido en un título mesiánico que señala a una figura celestial preexistente que desciende a la tierra para sentarse en el trono para juzgar y destruir a los malos, liberar a los justos, y reinar en un reino de gloria en el que éstos serán vestidos con un atuendo de gloria y de vida para entrar en una comunión bendita con el Hijo del Hombre para siempre.

No está del todo claro el uso que se le puede dar a este celestial Hijo del Hombre como antecedente en el Nuevo Testamento. 1 Enoc consta de cinco partes, y se han encontrado fragmentos de cuatro de ellas en los escritos de Qumrán, aunque no se ha encontrado de las Semejanzas. Esto ha llevado a muchos estudiosos a la conclusión de que las Semejanzas no pueden ser precristianas y, por tanto, utilizadas para interpretar el concepto novotestamentario de Hijo del Hombre. Aunque esto resulte atractivo, es imposible aceptar las Semejanzas como un escrito judeocristiano, porque carece absolutamente de las características necesarias.

Por tanto, debemos concluir que aunque la fecha de las Semejanzas es posterior a la del resto de 1 Enoc, es un escrito judío que presenta cómo ciertos círculos del judaísmo interpretaron el "hijo del hombre" de Daniel en la época del Nuevo Testamento. No hay pruebas, sin embargo, de que Jesús conociera las Semejanzas. Lo único que podemos hacer es utilizarlas para comprender el pensamiento judío de la época en la que "Hijo del Hombre" se ha convertido en un título mesiánico que se aplica a un ser celestial preexistente que viene a la tierra con el Reino glorioso de Dios.

El "Hijo del hombre" en los Evangelios Sinópticos

El uso de "Hijo del Hombre" en los Sinópticos responde a tres categorías distintas: el Hijo del Hombre sirviendo en la tierra; el Hijo del Hombre en sufrimiento y muerte, y el Hijo del Hombre en la gloria escatológica.

A. El Hijo terrenal del Hombre

Mc. 2:10 = Mt. 9:6 = Lc. 5:24. Autoridad para perdonar pecados.
Mc. 2:27 = Mt. 12:8 = Lc. 6:5. Señor del sábado.
Mt. 11:29 = Lc. 7:34. El Hijo del Hombre ha venido y come y bebe.
Mt. 8:20 = Lc. 9:58. El Hijo del Hombre no tiene dónde reposar la cabeza.
Mt. 12:32 = Lc. 12:10. Se perdonará la palabra contra el Hijo del Hombre.
[Mt. 16:13] (Mc. 8:28 lo omite). ¿Quién dicen los hombres que es el Hijo del Hombre?
Mt. 13:37. El Hijo del Hombre siembra la buena semilla.
[Lc. 6:22] (Mt. 5:11 lo omite). Persecución por causa del Hijo del Hombre.
Lc. 19:10. El Hijo del Hombre vino a buscar y salvar lo que se había perdido.
Lc. 22:48. ¿Entregaría Judas al Hijo del Hombre con un beso?

B. El Hijo del Hombre sufriente

Mc. 8:31 = Lc. 9:22 (Mt. 16:21 lo omite). El Hijo del Hombre debe sufrir.
Mc. 9:12 = Mt. 17:12. El Hijo del Hombre sufrirá.
Mc. 9:9 = Mt. 17:9. El Hijo del Hombre resucitado de entre los muertos.
Mc. 9:31 = Mt. 17:22 = Lc. 9:44. El Hijo del Hombre entregado en manos de los hombres.
Mc. 10:33 = Mt. 20:18 = Lc. 18:31. El Hijo del Hombre entregado a los líderes religiosos, condenado a muerte, y resucitado.
Mc. 10:45 = Mt. 20:28. El Hijo del Hombre vino para servir y para dar su vida.
Mc. 14:21 = Mt. 26:24 = Lc. 22:22. El Hijo del Hombre hace como está escrito acerca de él, pero ¡ay del traidor!
Mc. 14:41 = Mt. 26:45. El Hijo del Hombre es traicionado y entregado a los pecadores.
Mt. 12:40 = Lc. 11:30. El Hijo del hombre estará tres días bajo la tierra.

C. El hijo del Hombre apocalíptico

Mc. 8:38 = Mt. 16:27 = Lc. 9:26. Cuando venga en la gloria de su Padre con los santos ángeles.
Mc. 13:26 = Mt. 24:30 = Lc. 21:27. Verán al Hijo del Hombre venir entre las nubes y gran gloria.
Mc. 14:62 = Mt. 26:64 = Lc. 22:69. Verán al Hijo del hombre sentado a la diestra del poder y viniendo entre las nubes del cielo.
Lc. 12:40 = Mt. 24:44. El Hijo del Hombre vendrá cuando nadie lo espera.
Lc. 17:24 = Mt. 24:27. Como el relámpago cruza el firmamento, así será el Hijo del Hombre en su día.
Lc. 17:26 = Mt. 24:37. Como en días de Noé, así será en los días del Hijo del Hombre.
Mt. 10:23 [Este quizá no sea apocalíptico]. No habrá pasado por todas las ciudades de Israel antes de que el Hijo del Hombre venga.
Mt. 13:41. El Hijo del Hombre enviará a sus ángeles.
[Mt. 16:28] (Mc. 9:1). Algunos no gustarán la muerte antes de ver al Hijo del Hombre que viene en su Reino.
Mt. 19:28. El Hijo del Hombre se sentará en su trono glorioso.
Mt. 24:30. Los poderes de los cielos serán sacudidos. Luego aparecerá la señal del Hijo del Hombre.
[Mt. 24:39] (Lc. 17:27 lo omite). Así será la venida del Hijo del Hombre.

Mt. 25:31. Cuando el Hijo del Hombre venga en su gloria.

Lc. 12:8 (Mt. 10:32 lo omite). Todo el que me reconoce delante de los hombres, el Hijo del Hombre lo reconocerá delante de los ángeles de Dios.

Lc. 17:22. Desearás ver uno de los días del Hijo del Hombre.

Lc. 17:30. Así será en el día en el que el Hijo del Hombre sea revelado. Lc. 18:8. Cuando el Hijo del Hombre venga, ¿encontrará fe en la tierra?

Lc. 21:36. Orando para que tengan fortaleza para huir de todas estas cosas… y estar de pie delante del Hijo del Hombre.

Las referencias que están entre corchetes, probablemente son añadidos a modo de comentario. Marcos contiene textos de los tres tipos; Q sólo incluye un posible texto sobre el sufrimiento; la fuente de Mateo y la de Lucas contienen textos acerca del Hijo del Hombre terreno y del Hijo del Hombre apocalíptico. En todas las fuentes del Evangelio se puede encontrar una distribución aceptablemente amplia.

La cuestión sobre si estos dichos se remontan a los tiempos de Jesús o se incorporaron a la tradición evangélica en varias fases de su historia ha sido respondida de diferentes formas. Pueden ser enumeradas cinco de ellas. (1) La conservadora, representada por los estudiosos Vos, Turner, Mowinckel, Cranfield, Taylor, Cullmann, y Marshall, que acepta a las tres clases, si no todos los textos concretos, como originadas en Jesús y representativos de su mentalidad. (2) La posición de A. Schweitzer, defendida actualmente por J. Jeremías, que afirma que todos los textos escatológicos son auténticos, y que Jesús esperaba ser el Hijo del Hombre celestial al final inminente del siglo. (3) La opinión de Bultmann, seguida por Bornkamm, Tödt, Hahn y Higgins: sólo los textos apocalípticos son auténticos, pero Jesús no se refirió a sí mismo como el futuro Hijo del Hombre, sino que hablaba de otra figura apocalíptica que juzgaría a la humanidad al fin de la edad en función de la relación de éstas con Jesús (Lc. 12:8). Recientemente, algunos investigadores bastante radicales han rechazado la autenticidad de todos los textos y los han atribuido a la comunidad cristiana. Ver Teeple y Perrin. (5) Algunos, sobre todo E. Schweizer, defienden la autenticidad de los textos sobre el Jesús terrenal, aunque se muestran escépticos respecto a la configuración actual de los otros dos grupos. Schweizer acepta la autenticidad de algunos textos apocalípticos, pero los interpreta en función de la exaltación. Jesús esperaba que Dios lo exaltara por sus sufrimientos y su humillación, y que diera testimonio a favor o en contra de los que se presentaran delante del trono de Dios en el juicio final. M. Black está de acuerdo con la opinión de Schweizer.

Las consideraciones dogmáticas influyen en el juicio de los investigadores al valorar los textos sobre el Hijo del Hombre. Es evidente que la forma en la que un investigador entiende la naturaleza de la Historia determina su idea de la verdad sobre Jesús. "Un elemento decisivo en la discusión del problema del Hijo del Hombre no es la autenticidad de unos textos frente a otros, sino la cuestión de la naturaleza de la Historia". La erudición moderna reconoce que la descripción de Jesús que se hace en los Evangelios es la de un hombre con una autoconciencia trascendente, que según creía la Iglesia primitiva, había afirmado que sería el Hijo del Hombre escatológico en el día del juicio. Sin embargo, la "Historia" es un relato acerca de hombres, no de hombres divinos. La Historia no tiene un lugar para la categoría "deidad encarnada". Por tanto, la descripción de Jesús que se hace en los Evangelios tiene que ser un producto comunitario – una creación de la fe cristiana.

Una aproximación algo diferente al mismo problema la hacen algunos investigadores que están seguros de que Jesús no podía haber pretendido ser el Hijo del Hombre escatológico, porque ésta es una pretensión que ningún hombre equilibrado o bueno podría albergar. Además, el uso del título Hijo del Hombre en su ministerio terrenal implicaba una pretensión que pocos han advertido: la de ser algo así como un mesías celestial preexistente que ha aparecido de forma inesperada como hombre entre los hombres. Teeple ha reconocido este significado: "si Jesús creía que ya era el Hijo del Hombre en su situación presente, tendría que haber dado algunos pasos igualmente poco probables en su forma de pensar. Hubiera tenido que creer que había existido en el cielo como el Hijo del Hombre desde el comienzo de los tiempos, que había descendido a la tierra, y que ascendería de nuevo al cielo para volver otra vez a la tierra"[21]. La misma afirmación de que una creencia así por parte de Jesús sea "improbable" refleja presupuestos sobre lo que podría ser cierto o no en la Historia.

Otro factor que influye en el juicio de los estudiosos es la insistencia en la armonía formal. Si un conjunto de textos es auténtico, esto excluye *ipso facto* la autenticidad de otro. Si "Hijo del Hombre" sólo puede tener un sentido de Mesías supraterrestre trascendente (…) entonces no podemos explicar cómo Jesús fue capaz de atribuirse en el presente la condición y los derechos de "Hijo del Hombre". Que las ideas de un Hijo del Hombre apocalíptico y un Hijo del Hombre terreno no son necesariamente excluyentes se demuestra por el hecho de que estos dos conceptos aparecen juntos en los Evangelios. No hay, por tanto, una razón *a priori* para afirmar que no pudieran estarlo en la mente de Jesús. La idea de que el Hijo del Hombre podía ser una figura escatológica diferente de Jesús – que es la idea que prevalece en la teología germana – es difícil de mantener porque no hay ni rastro de que Jesús esperara la venida de alguien mayor que él mismo, mientras que hay muchas pruebas de lo contrario[24].

Sostenemos que la única posición crítica sólida es que en todas nuestras fuentes novotestamentarias, Jesús y sólo Jesús utilizó el término Hijo del Hombre para designarse a sí mismo. Los críticos formales subrayan un criterio de disimilitud; es decir, sólo pueden considerarse como auténticos con toda seguridad los textos que no tienen paralelo ni en el judaísmo ni en la Iglesia primitiva. Si se aplica este principio a los versículos acerca del Hijo del Hombre, la idea de que éste aparecería en la tierra en humillación para sufrir y morir no tiene paralelo ni en el judaísmo ni en la Iglesia primitiva. La Iglesia hablaba con frecuencia de los sufrimientos del Cristo o de Jesucristo, pero nunca del Hijo del Hombre. El hecho de que "Hijo del Hombre" aparezca sólo en palabras de Jesús, "parece demostrar de forma concluyente que este título tuvo que haber sido verdadera e indiscutiblemente la designación que utilizó Jesús para sí mismo"[26]. Esto resulta bastante sólido, aunque la mayoría de los críticos, incluyendo a Bornkamm, no acierten a reconocer su fuerza. Si Jesús habló de sí mismo como del Hijo del Hombre en su actividad terrena, entonces el único argumento convincente contra la autenticidad de los textos escatológicos es su supuesta incompatibilidad con los dichos terrenos. Además, encaja con el criterio de disimilitud aplicar la idea de un Hijo del Hombre escatológico a alguien que ya estaba en la tierra en humillación[28]. Existe, por tanto, una buena razón crítica para hacer un tratamiento inductivo y abierto que acepte las tres clases de dichos como auténticos.

D. El Hijo del Hombre terreno

En el Evangelio de Marcos se puede detectar una pauta. Cesarea de Filipos y el reconocimiento de Pedro de la mesianidad de Jesús constituyen un punto decisivo en la automanifestación de Jesús a sus discípulos. Antes de Cesarea de Filipos, había hablado de sí mismo sólo como del Hijo del Hombre terreno. Después de Cesarea de Filipos se introducen dos elementos nuevos: el Hijo del Hombre debe sufrir y morir, y después vendría como el Hijo del Hombre escatológico para juzgar y señorear en el Reino venidero de Dios.

Marcos presenta dos usos del título cuando Jesús comienza su ministerio. Cuando fue criticado por perdonar los pecados del paralítico, Jesús dijo, "el Hijo del Hombre tiene potestad en la tierra para perdonar pecados" (Mc. 2:10). Esta expresión se ha interpretado a menudo como sinónimo de hombre y no como un título mesiánico, pero debido al contexto esto difícilmente es posible. Debe seguir siendo la prerrogativa de Dios y no de los hombres perdonar los pecados. En realidad, a Jesús se le acusó de blasfemia ya que sólo Dios podía hacer eso (v. 7). Él, como Hijo del Hombre, se apropia en este caso de la autoridad de perdonar pecados. Además, la expresión "en la tierra" no puede ignorarse. Hay implícito un contraste entre cielo y tierra, pero puede que no lo haya entre la prerrogativa divina que se ejerce en el cielo y la autoridad de Jesús en la tierra. Este contraste puede sugerir más bien dos esferas de la autoridad de Jesús. Como el Hijo del Hombre celestial posee esta autoridad, ahora la ha traído a la tierra y la ejerce entre los seres humanos[31].

Jesús contrastó su propia conducta con la de Juan el Bautista. Juan vino como asceta; Jesús, como el Hijo del Hombre, vino como un ser humano normal, que comía y bebía (Mt. 11:19 = Lc. 7:34).

De nuevo, Jesús fue condenado por los fariseos por no cumplir con las tradiciones de los escribas de la observancia sabática. Para defender su conducta, dijo: "El día de reposo fue hecho por causa del hombre y no el hombre por causa del día de reposo. Por tanto, el Hijo del Hombre es Señor aún del día de reposo" (Mc. 2:27, 28). Sea lo que fuere lo que implique este versículo, no puede sugerir que el género humano como tal esté por encima del sábado y, por tanto, que cualquier hombre pueda establecer sus propias normas en cuanto a la observancia sabática. Jesús se arroga la autoridad como el Hijo del Hombre para interpretar las reglas de los escribas respecto al sábado. El principio es que el sábado no es un fin en sí mismo sino que fue hecho para el hombre. En este contexto, el título Hijo del Hombre conlleva ciertas implicaciones relacionadas con la naturaleza humana de Jesús. Su papel mesiánico conlleva una participación de la naturaleza humana; y todo lo que le pertenece a ella está, por tanto, bajo la autoridad del Hijo del Hombre. Es completamente imposible que Jesús pudiera haber considerado que como tal estuviera por encima del sábado. También es significativo que Jesús dijera que el Hijo del Hombre es Señor aún del sábado. La autoridad que el Hijo del Hombre tiene se manifiesta incluso hasta el extremo de afectar al sábado.

Al hablar de la blasfemia contra el Espíritu Santo, Jesús se asoció con el poder que estaba actuando en él. Se puede hablar en contra del Hijo del Hombre y ser perdonado; pero cuando alguien está tan espiritualmente ciego que no sabe distinguir entre el Espíritu de Dios y el poder satánico y atribuye el poder que actúa en él al demonio, ha llegado a un estado de ofuscación que nunca podrá ser perdonado (Mt. 12:31, 32). Jesús no quiso, en esta ocasión, contrastar su propia obra como el Hijo del Hombre con la del Espíritu Santo; describe más bien dos etapas en la obnubilación progresiva del corazón de los seres humanos. Podían hablar en contra de Jesús, el Hijo del Hombre, y aun así ser perdonados. Jesús reconoció que su papel mesiánico hacía que resultara fácil que la gente se sintiera mal con Él (Mt. 11:6). Pero cuando alguien se excede al hablar contra Jesús y afirma que su poder mesiánico es de origen satánico, se sitúa más allá de la salvación.

Otro verso difícil de ubicar cronológicamente puede entenderse mejor en función de la dignidad mesiánica. Jesús le dijo a un escriba que le seguía "Las zorras tienen guaridas, y las aves del cielo nidos; más el Hijo del Hombre no tiene donde recostar su cabeza" (Mt. 8:20; Lc.

9:58). Este texto resultaría bastante superficial si "Hijo del Hombre" fuera sólo un sinónimo de "yo"; pero si se reconocen las connotaciones celestiales en este título, está lleno de significado. "Yo que poseo la dignidad del Hijo del Hombre estoy sujeto a una vida de humillación que no está de acuerdo con dicha dignidad".

La conciencia de la misión mesiánica se refleja en las palabras: "el Hijo del Hombre vino a buscar y a salvar lo que se había perdido" (Lc. 19:10).

Todos estos textos terrenales causarían una cierta perplejidad en los oyentes judíos de Jesús. Prescindiendo de si las Semejanzas de Enoc representan el pensamiento judío predominante, lo que sí es cierto es que conocían la visión de Daniel de alguien como hijo del hombre, y si Jesús utilizó este título para designarse a sí mismo en su ministerio terrenal, la pretensión implícita de ser un ser celestial, preexistente, es clara. En este contexto, el uso de este título representaba una pretensión sorprendente, que equivalía a adjudicarse la deidad. También era algo que nunca se había oído, que el Hijo del Hombre tuviera que aparecer en la tierra como un hombre entre los hombres. Cómo Jesús podía ser el Hijo del Hombre en humildad y pequeñez, y al mismo tiempo el Hijo del Hombre celestial, preexistente, constituye la esencia del secreto mesiánico.

E. El Hijo del Hombre sufriente

Una vez que los discípulos se habían convencido de que Jesús era en cierto sentido el Mesías que estaba cumpliendo la esperanza profética de Israel, éste introdujo un elemento nuevo: "Era necesario al Hijo del Hombre padecer mucho, y ser desechado por los ancianos, por los principales sacerdotes y por los escribas, y ser muerto, y resucitar después de tres días" (Mc. 8:31). Pedro le censuró por esto; la idea de un Hijo del Hombre o Mesías que iba a morir, resultaba increíble y contradictoria *in terminis*.

Esto plantea otro problema respecto a las expectativas judías de la época: ¿Se había producido alguna combinación entre los conceptos del Hijo del Hombre mesiánico y el Siervo Sufriente de Isaías 53? Es evidente que a veces el judaísmo interpretaba esta gran profecía con un sentido mesiánico. No reviste gran importancia lo que pudiera significar Isaías 53 en su contexto histórico: sólo nos preocupa la forma en la que los judíos lo entendieron. Jeremías ha dicho que la idea de un Mesías sufriente se remonta a los tiempos precristianos. Sin embargo, cuando en el judaísmo el Mesías sufre no es por una muerte expiatoria, sino por un conflicto con sus enemigos. Es cierto que el Hijo del Hombre en 1 Enoc comparte ciertas características con el Siervo de Isaías 53, pero la más importante – la del sufrimiento vicario – está totalmente ausente en 1 Enoc[37]. Por tanto debemos estar de acuerdo con los estudiosos que no encuentran ninguna combinación entre el Mesías y el Siervo Sufriente en el judaísmo precristiano.

Después del anuncio inicial, Marcos dice que Jesús anuncia a sus discípulos en múltiples ocasiones que debía ser entregado en manos de hombres y ser condenado a muerte. Jesús habló de su muerte como el Hijo del Hombre, no como el Mesías; pero esto sólo consiguió aumentar el problema para los discípulos. Si el Mesías es un rey de la casa de David que destruye a sus enemigos con el aliento de su boca, el Hijo del Hombre es un ser celestial, sobrenatural. ¿Cómo podía morir un personaje así?

La afirmación más vívida acerca de su muerte está en Marcos 10:45, y dice que la misión mesiánica como Hijo del Hombre es morir por las personas. "El Hijo del Hombre no vino para ser servido, sino para servir, y para dar su vida en rescate por muchos" (Mc. 10:45). "Aquí encontramos el tema central de los himnos ebed Yahwe (…) Jesús unió conscientemente en su propia persona los dos conceptos centrales de la fe judía, *barnasha y ebed Yahweh*." La idea de rescate (lytron) tiene que ver con la ofrenda por el pecado de Isaías 53:11s., y la frase "por muchos" parece ser un eco de la palabra que se repite en Isaías 53:11s "muchos". Esta idea sobre el uso del término Hijo del Hombre que hace Jesús ha sido ampliamente aceptada por el círculo "conservador". Jesús recoge un tema de Daniel que no aparece en la esperanza judía de la época, y lo reinterpreta de forma radical. El Hijo del Hombre no sólo es un ser celestial, preexistente; aparece en debilidad y humildad como un hombre entre los hombres para cumplir un destino de sufrimiento y muerte. En otras palabras, Jesús vertió el contenido del Siervo Sufriente en el concepto del Hijo del Hombre[41].

F. El Hijo del Hombre apocalíptico

Cuando Jesús anunciaba su sufrimiento, anunciaba también su venida gloriosa. Después de Cesarea de Filipos, son frecuentes las predicciones de su venida en gloria. Esta idea parece resultar bastante familiar para sus oyentes, porque conocían la profecía de Daniel. Pero la idea de que el celestial Hijo de Dios tenía que vivir primero como hombre entre los hombres y someterse al sufrimiento y a la muerte era algo totalmente diferente.

Quizás el texto apocalíptico más vívido es uno que ya hemos examinado: la respuesta de Jesús a la pregunta del Sumo Sacerdote de si él era el Mesías, el Hijo de Dios. El que Jesús contestara: "Yo soy" (Mc. 14:62) o "tú lo has dicho" (Mt. 26:64), da igual, porque en seguida define qué quiere decir con su afirmación respecto al mesianismo: "Veréis al Hijo del Hombre sentado a la diestra del poder de Dios, y viniendo en las nubes del cielo". Jesús es el Mesías, pero un Mesías que es Hijo del Hombre celestial, no un rey terrenal de la casa de David. Jesús, en efecto, dijo a sus acusadores que llegaría un día en el que la situación cambiaría. Ahora estaba ante el tribunal para ser juzgado. Llegaría el momento en el que sus jueces serían los que estarían ante su tribunal, y él, el Hijo del Hombre celestial, desempeñaría el papel de juez escatológico.

Muchos investigadores han aceptado la idea del estudio de Glasson, *The Second Advent*, de que en la respuesta de Jesús a los sacerdotes no se habla de una venida a la Tierra sino de una exaltación y una venida a la presencia de Dios. La venida llega después de sentarse. Este texto combina la exaltación (sentarse) y la parusía (venida).

Conclusión

Podemos concluir, por tanto, que el término Hijo del Hombre, interpretado a la luz de sus antecedentes históricos y religiosos, fue utilizado por Jesús para adjudicarse una dignidad y un papel mesiánicos. De hecho, esta pretensión llevaba implícita algo más que una mera dignidad mesiánica, porque contenía elementos sobrenaturales esenciales en su naturaleza y en su origen. Jesús no dijo de sí mismo que era el Mesías porque su misión representaba algo totalmente diferente a la idea popular de este término mesiánico. Se llamó a sí mismo el Hijo del Hombre por la superioridad de este título y porque al mismo tiempo le permitía dotarlo de un nuevo significado. Esto lo consiguió uniendo el papel del Hijo del Hombre con el del Siervo Sufriente. Cuando los discípulos se convencieron de que Jesús era en realidad el Mesías, aunque no de la clase que ellos esperaban, les informó ampliamente sobre el destino del Hijo del Hombre. Primero tenía que sufrir y morir, y después vendría de forma gloriosa, como lo había profetizado Daniel, para inaugurar el Reino de Dios con poder. Con el término Hijo del Hombre, Jesús se adjudicó una dignidad celestial y probablemente la misma preexistencia, y afirmó ser el que un día inauguraría el Reino glorioso. Pero para cumplir esto, el Hijo del Hombre debe ser también el Siervo Sufriente y someterse a la muerte.

Las enseñanzas de Jesús sobre el Hijo del Hombre y del Reino de Dios son íntimamente análogas en algunos aspectos estructurales. Hemos visto que el Reino de Dios es la realización perfecta del gobierno de Dios que se experimentará sólo cuando se inaugure el Siglo Venidero. Sin embargo, antes de la manifestación perfecta de ese Reino en forma gloriosa, éste ya se ha manifestado entre los seres humanos. En el desarrollo de este siglo perverso, el Reino de Dios ha comenzado a actuar mansamente de una forma casi imperceptible. Su presencia puede ser reconocida sólo por aquellos que tienen una percepción espiritual. En esto consiste el misterio del Reino: el secreto divino que se ha manifestado a los seres humanos por primera vez en el ministerio de Jesús. El reino glorioso, apocalíptico futuro ha venido secretamente para actuar entre los seres humanos antes de su perfecta manifestación.

Esto mismo ocurre con el Hijo del Hombre. Jesús será el Hijo del Hombre glorioso y celestial que vendrá en las nubes del cielo para juzgar a las personas y traer el Reino. Sin embargo, antes de esta manifestación apocalíptica, Jesús es el Hijo del Hombre que vive de incógnito entre los hombres, y cuyo ministerio no es reinar, sino sufrir la humillación y morir por ellos. El Hijo del Hombre celestial y futuro ya está presente entre los seres humanos, pero de una forma que no esperaban. Existe de hecho un secreto mesiánico tanto como un misterio del Reino de Dios.

Al designarse a sí mismo como Hijo del Hombre, Jesús significó ser el Mesías, pero por la forma en la que utilizó el término, su mesianismo no representaba exactamente lo que esperaba el pueblo. El término "Hijo del Hombre" le permitió adjudicarse una dignidad mesiánica, pero interpretó su papel de una forma singular. Era, por tanto, una pretensión que dificultaría el reconocimiento por parte de un pueblo que tenía una comprensión errónea del Mesías, pero que alertaría a los espiritualmente dispuestos para responder a la presencia real del Mesías, aunque con un papel mesiánico imprevisto.

Capítulo 12

El Hijo de Dios

Introducción

La expresión mesiánica más importante en el estudio de la automanifestación de Jesús es la de Hijo de Dios. En la historia del pensamiento teológico, tiene que ver con la divinidad esencial de Jesucristo. Él es el Hijo de Dios, es decir, Dios Hijo, la segunda persona de la Trinidad. Sin embargo, al enfrentarnos con el estudio de esta expresión en los Evangelios Sinópticos, no deberíamos concluir sin un cuidadoso análisis que la expresión tiene esas connotaciones, porque es un hecho histórico que se utilizó en la literatura religiosa del judaísmo y en el Antiguo Testamento con significados diferentes a los que solemos reconocer. Por tanto, debemos repasar la Historia y el uso de este término en sus diversos significados para pasar después a los Evangelios y tratar de determinar cuán elevado es el concepto que transmite.

Significado de "Hijo de Dios"

Vos ha señalado que hay cuatro maneras diferentes de utilizar "hijo de Dios". Una criatura de Dios puede ser llamada "hijo de Dios" en el sentido de que debe su existencia a su actividad creadora. A Adán se le llama hijo de Dios aproximadamente en el mismo sentido en el que Set fue hijo de Adán (Lc. 3:38). Éste puede parecer, en parte, el significado de Éxodo 4:22 donde Dios habla de Israel como de su hijo, su primogénito. "¿No tenemos todos un mismo Padre? ¿No nos ha creado al mismo Dios?" (Mal. 2:10). Probablemente Jesús en este sentido es hijo de Dios en Lucas 1:35, ya que su nacimiento tuvo lugar gracias a un acto creador inmediato del Espíritu Santo en el cuerpo de María.

Esta idea no es única ni peculiar del judaísmo; Platón cuando habla de Dios dice: "ahora bien descubrir al Hacedor y Padre de este universo era en realidad una tarea; y habiéndolo descubierto, declararlo a todos los hombres era algo imposible". En el discurso de Pablo en Atenas se aprecia una teología parecida; utiliza un lenguaje estoico para ilustrar una verdad cristiana: "Porque linaje suyo somos" (Hch. 17:28). He aquí una teología de la Paternidad universal de Dios; de la cual se sigue que todos los seres humanos son criaturas de Dios, hermanos. Sin embargo, esta es una teología de la creación, no de la redención. En ella, la filiación del ser humano con Dios es una verdad universal que pertenece a todos los seres humanos por naturaleza, y como ellos son intrínsecamente sus hijos, este hecho debería determinar su actitud hacia Él y su relación entre ellos. Debemos tratar de determinar hasta qué punto esta teología de la creación formaba parte la enseñanza de Jesús.

Segundo, la expresión hijo de Dios se puede utilizar para describir la relación que las personas tienen con Él como objetos especiales de su amor y de su cuidado. Éste es un uso *religioso-moral* que se puede aplicar tanto a los seres humanos como a la nación de Israel. Éste es el significado de Éxodo 4:22. Israel no sólo es una nación que debe su existencia a la acción de Dios, sino que también es su primogénita, el objeto especial de su amor. Israel es su pueblo elegido. A lo largo del Antiguo Testamento, se describe muchas veces la relación de Israel con Dios en términos de filiación. En el Nuevo Testamento, este concepto tiene un significado aún más profundo cuando describe a los cristianos en términos de filiación respecto a Dios, ya sea por nacimiento (Jn. 3:3; 1:12) o por adopción (Ro. 8:14, 19; Gá. 3:26; 4:5). Hemos examinado esta dimensión en el análisis de la Paternidad de Dios.

Un tercer significado es *mesiánico*; al rey de la casa de David se le llama hijo de Dios (2 S. 7:14). Este uso no implica necesariamente, la naturaleza divina de la persona mesiánica; se refiere a la posición oficial de mesianismo.

Un cuarto significado es el *teológico*. En la revelación del Nuevo Testamento y más tarde en la teología cristiana, "Hijo de Dios" adquirió un significado superior; Jesús es el Hijo de Dios porque es Dios y comparte su naturaleza divina. El propósito del Evangelio de Juan es demostrar que Jesús es el Cristo y el Hijo de Dios, y es evidente en el prólogo de su evangelio que Jesús como Hijo de Dios, el Logos, es Dios preexistente que se encarnó con el propósito de revelar al Padre a los seres humanos. Esto es lo que quiere decir Pablo cuando afirma que Dios envió a su propio Hijo en semejanza de carne de pecado para hacer por los hombres lo que la Ley no podía hacer (Ro 8:3; ver también Gá. 4:4). Al describir el ministerio de nuestro Señor de Sumo Sacerdote, el autor de Hebreos habla de él como de Jesús, el Hijo de Dios; al darle estos dos títulos está sugiriendo las dos naturalezas de nuestro Señor (Heb. 4:14).

La cuestión primordial que nos interesa es si Jesús es el Hijo de Dios meramente en un sentido religioso, o si éste es un título mesiánico que se remonta hasta Jesús mismo como un concepto teológico en el que el Hijo de Dios comparte la naturaleza divina tal y como lo entienden Juan y Pablo. Ya hemos visto que Jesús, en cierto modo, se diferenció de los discípulos en cuanto a la relación de éstos con Dios. En cierto sentido, Dios es el Padre de Jesús de una forma en la que los discípulos de Jesús no podían serlo. Lo que esto implica puede ser determinado por un análisis más profundo de "Hijo de Dios".

El Hijo mesiánico de Dios en el judaísmo

La idea del Hijo mesiánico de Dios se remonta a la promesa hecha a David en relación con los descendientes que le sucederían en el trono de Israel, y va más allá de ellos para referirse a un descendiente más grande que sería el Hijo de Dios mesiánico en el sentido más puro de la palabra. Del hijo de David Dios dijo: "Yo seré a él padre, y él me será a mí hijo" (2 S. 7:14). Esta promesa es ampliada en el Salmo 89 donde Dios dijo de David: "yo también le pondré por primogénito, el más excelso de los reyes de la tierra (…) Pondré su descendencia para siempre, y su trono como los días de los cielos" (vv. 27, 29). La posteridad de David se incluye en su persona, y la gran promesa, nunca cumplida en ninguno de sus sucesores, apunta hacia un hijo de David superior que llegaría a ser el Príncipe de los reyes de la tierra. El significado mesiánico de esta frase puede apreciarse claramente en el Salmo 2 donde a ese Señor que viene se le llama "el ungido del Señor, el rey, e Hijo de Dios": "Mi hijo eres tú, yo te he engendrado hoy" (Sal. 2:7). En virtud de su oficio, al Rey ungido, se le llama "Hijo de Dios".

Aunque en el Antiguo Testamento encontremos una cierta base para justificar una filiación mesiánica, es muy importante tener en cuenta que la expresión Hijo de Dios nunca llegó a ser una designación mesiánica familiar. Antes del siglo I sólo un pasaje parece referirse a este tema. En el libro quinto de *1 Enoc*, Dios dice: "Porque yo y mi Hijo estaremos unidos con ellos para siempre" (*1 En.* 105:2). Sin embargo, este capítulo no está en el fragmento griego de *1 Enoc*. "Hijo de Dios" aparece como título mesiánico en la apocalíptica del siglo I d. C., 4 Esdras. Ahí nos encontramos con algunos lugares en los que el Mesías sobrenatural es llamado "mi Hijo". G. H. Box ha demostrado que esto se basa en una interpretación mesiánica del Salmo 2. Sin embargo, la mayoría de los investigadores están de acuerdo en que el término que subyace a las versiones que quedan de este escrito fue más bien Siervo que Hijo. En un escrito similar, el *Apocalipsis de Baruc*, se habla de "mi Siervo Mesías" (*Ap. Bar.* 70:9). Los estudiosos contemporáneos están de acuerdo con Dalman en que "Hijo de Dios" no era una designación mesiánica común en la época del Nuevo Testamento, aunque algunos creen que es posible que lo fuera.[13]

En Qumrán se ha encontrado una referencia que habla del Mesías de la casa de David con las palabras de 2 Samuel 7:14. Esto ha llevado a Fuller a concluir que "Hijo de Dios" comenzó a usarse como título mesiánico en el judaísmo precristiano.[15] Por tanto, deberíamos contemplar la posibilidad de que "Hijo de Dios" en los Evangelios sea un término que designe a Jesús como Mesías.

El Hombre Divino

Otro posible antecedente de "Hijo de Dios" podría ser la idea griega de hombres divinos. En las religiones orientales, se creía que todos los reyes habían sido engendrados por dioses. En el helenismo, se suponía que había hombres que poseían un poder divino y una capacidad para hacer milagros; se les llamaba *theioi andres*: hombres divinos. Bultmann cree que esta idea podría estar detrás del término "Hijo de Dios" en los Evangelios. "Describen a Jesús como el Hijo de Dios que revela su poder y autoridad divinos haciendo milagros".

"Hijo de Dios" en los Evangelios

Desde el principio, en el evangelio de Marcos se afirma que Cristo es el Hijo de Dios (Mc. 1:1), y Mateo interpreta la confesión de Pedro de Jesús como Mesías en ese sentido (Mt. 16:16). Debemos, por tanto, examinar los Evangelios para descubrir qué significa esto.

Inmediatamente algo nos llama la atención: en los Sinópticos Jesús nunca utiliza este título para designarse a sí mismo; pero sí utiliza con frecuencia el de Hijo. Esto nos lleva a la conclusión de que sea cual fuere el significado que tenía, "Hijo de Dios" no era el único título con el que Jesús se designaba a sí mismo. Esto llama aún más la atención si se tiene en cuenta que en las cartas, "Hijo de Dios" parece una forma preferente para hablar de Jesús.

Cuando fue bautizado, una voz celestial identificó a Jesús como el Hijo de Dios (Mc. 1:11), y también en la transfiguración (Mc. 9:7). Jesús fue tentado suponiendo que era el Hijo de Dios (Mt. 3:11 = Lc. 4:41). Los demonios le reconocen como tal (Mc. 5:7). El Sumo Sacerdote le desafía con la pregunta de si es el Hijo del Bendito (Mc. 14:61). Mateo añade "Hijo de Dios" en varios lugares en los que Marcos no lo incluye; y es evidente que las tradiciones de Marcos y Q presentan a Jesús siendo reconocido como el Hijo de Dios tanto por hombres, como por demonios, como por Dios. Los lugares en los que Mateo añade esta expresión no varían esta tradición, la refuerzan.

Es evidente que en estos textos, "Hijo de Dios" no equivale a "Mesías". El Mesías es un Hijo de David, divinamente ungido para establecer el Reino de Dios con poder. A Jesús se le saluda como el Hijo de Dios por su poder sobre el mundo espiritual (Mc. 3:11; 5:7). El reto que se le presenta en la cruz de salvarse a sí mismo si era el Hijo de Dios indica que se había adjudicado una relación especial con Dios que le proporcionaba poder espiritual. Si no es un añadido posterior de Mateo (en Marcos y Lucas no está), este versículo, refleja que el pueblo creía que Jesús decía ser no sólo el Mesías sino también el Hijo de Dios.

Estos versículos podrían ser interpretados como que a Jesús se le veía como a un hombre divino o hacedor de maravillas en el sentido helenista. Pero hay un elemento que hace que esto sea imposible. Las tentaciones que sufrió Jesús durante cuarenta días le desafiaron precisamente para que desempeñara este papel, y para que haciendo milagros, convenciera al pueblo de que era el Hijo de Dios; para que satisfaciera su hambre transformando las piedras en panes; para que sorprendiera a las multitudes arrojándose desde el pináculo del Templo sin sufrir daño; y para que asumiera el dominio político sobre el mundo (Mt. 4:1–11 = Lc. 4:1–13). Jesús rechazó firmemente este papel de Hijo de Dios. Como veremos, en el bautismo de Juan fue llamado "Hijo de Dios" para cumplir la misión de Siervo del Señor. Las tentaciones pretendían que dejara de lado este papel para seguir el camino de los recursos milagrosos. El rechazo de Jesús de Satanás significa que aquél no abandonaría su papel de Siervo de Dios. "Jesús es el Hijo de Dios no como un milagrero, sino cumpliendo de forma obediente su tarea; precisamente la de sufrir".

Podemos determinar el contenido del término Hijo de Dios examinando algunos textos en los que Jesús se refiere a sí mismo o es designado por otros como "hijo".

El bautismo

Al comienzo de su ministerio, Jesús fue declarado por una voz celestial como el Hijo de Dios y el Mesías escogido: "Tú eres mi Hijo amado; en ti tengo complacencia" (Mc. 1:11). ¿En qué sentido se le llama a Jesús "Hijo de Dios"? Algunos lo interpretan en función del amor filial de Dios que descendió sobre Jesús en el bautismo. Otros sostienen una Cristología adopcionista. En el bautismo, Jesús fue señalado para ser el Mesías, el Hijo de Dios, e instalado en ese puesto.[21] Ésta ha sido una interpretación muy influyente, que identifica filiación y mesianismo. Jesús se convirtió en Hijo de Dios porque en el bautismo fue escogido para ser el Mesías.

Sin embargo, si esta declaración significa una iniciación en la función de su filiación mesiánica, cabría esperar una forma de hablar diferente. El versículo hace referencia al Salmo 2:7, que dice: "Mi hijo eres tú; yo te he engendrado hoy". Estas palabras serían mucho más adecuadas para designar el inicio de una función filial. Sin embargo, en lugar de citar el Salmo 2:7 en su totalidad, la voz completa la primera mitad del versículo con las palabras de Isaías 42:1: "He aquí mi siervo, yo le sostendré, mi escogido en quien mi alma tiene contentamiento". La palabra griega traducida en Marcos 1:11 por "tengo complacencia", podría traducirse por "en quien he puesto mi agrado", lo cual implica una idea de elección. "Lo que se pretende señalar es algo que hace referencia a un decreto secreto de Dios, a saber, la elección del Hijo, que incluye su misión y su nombramiento para la función real de Mesías. Como *huios ho agapetos*, Jesús es el receptor de este contentamiento electivo".

Además, la palabra griega *agapetos*, que se traduce por "amado", a veces es sinónimo de *monogenes*: "solamente". La voz celestial puede, por tanto, traducirse como sigue: "Éste es mi único Hijo: le he elegido a él". La filiación y el mesianismo no son sinónimos. Más bien aquélla es el antecedente y la base de la elección de Jesús para el cumplimiento de su función mesiánica. La referencia a Isaías 42:1 también nos induce a pensar que la función mesiánica debe realizarse como siervo del Señor. La voz del cielo confirma la conciencia filial que ya existía, y que estaba en la raíz de la experiencia de la tentación (Mt. 4:3, 6), y sobre la base de esta relación filial se confirma la dedicación de Jesús a su misión mesiánica como siervo. "Éste es mi único Hijo" describe la situación permanente de Jesús. No *llega es a ser el Hijo; es* el Hijo. La filiación precede al mesianismo y no es sinónimo de ella: en este caso el mesianismo no es (...) la categoría primordial, ni tampoco explica el término 'Hijo de Dios'. La voz es (...) una confirmación de una conciencia filial que ya existía".

La tentación

La tentación de Jesús debe entenderse sobre el fundamento de estos antecedentes. Satanás no desafió a Jesús con las palabras "si eres el Mesías", sino "si eres el Hijo de Dios". Él sabía que Jesús, como Hijo de Dios, podía requerir la ayuda de los ángeles para garantizar su seguridad personal. Las tentaciones, en realidad, tienen que ver con la función mesiánica de Jesús, pero con la que se fundamenta en su filiación.

El reconocimiento de los demonios de Jesús confirma que la filiación contiene un elemento sobrenatural. Marcos dice que en el mismo inicio del ministerio de Jesús, un hombre endemoniado le vio y le reconoció en la sinagoga de Capernaúm, y exclamó "¡Ah! ¿Qué tienes con nosotros, Jesús nazareno? ¿Has venido para destruirnos? Sé quién eres, el Santo de Dios" (Mc. 1:24). El reconocimiento de los demonios fue inmediato y directo. No se basó en la observación o interpretación de las palabras o acciones de Jesús, ni en un conocimiento adquirido, sino que fue más bien intuitivo, de carácter sobrenatural. Si se compara este incidente con la experiencia de Pablo con la muchacha endemoniada de Hechos 16, se puede encontrar un apoyo para esta interpretación. La expresión "el Santo de Dios" no es un título mesiánico conocido ni una forma cristiana primitiva y popular para designar a Jesús. Su fundamento es la designación de Dios en el Antiguo Testamento como el Santo. El endemoniado reconoció en Jesús la presencia de una persona sobrenatural.[29]

Mateo 11:25–27

El pasaje más importante para el estudio de la Cristología de los Sinópticos es un pasaje Q de Mateo 11:25–27 = Lc. 10:21–22. Dibelius admite que esta perícopa está dominada por una idea "mitológica", o sea, sobrenatural. En muchos círculos se ha sostenido, sobre todo en la teología germana, que este pasaje es un producto tardío del cristianismo helénico. Sin embargo, Jeremías ha puesto de manifiesto que su carácter semítico necesita un medio judío, y "si lo rechazamos, debería ser sobre la base de nuestra actitud general ante la persona de Jesús, y no porque su forma o lenguaje sean 'helenistas' o ininteligibles en ningún sentido".

Refiriéndose a la actividad real de Dios que opera en el mundo por medio de él, Jesús dijo: "Te alabo, Padre, Señor del cielo y de la tierra, porque escondiste estas cosas de los sabios y de los entendidos, y las revelaste a los niños". El significado del ministerio de Jesús puede entenderse sólo por una revelación divina. La presencia y el poder del Reino de Dios entre los hombres no eran reconocidos de forma universal. Juan el Bautista anunció que el Reino de Dios estaba cerca y Jesús manifestó su poder en su ministerio mesiánico. Aunque algunos reconocieron el cumplimiento de esa profecía sobre el Reino venidero, "esta ciega generación" veía a Juan como un endemoniado, y acusó a Jesús de glotón y borrachín, e incluso de estar poseído por un demonio (Mt. 12:24). La comprensión correcta de la persona y de la misión de Jesús sólo se podía obtener por medio de la revelación del Padre, que es el Señor soberano de cielos y tierra, y manifiesta su soberanía escondiendo estas cosas a los sabios y entendidos y revelándoselas a los niños.

En el proceso de revelación, el Hijo juega un papel indispensable. "Todas las cosas me fueron entregadas por mi Padre; y nadie conoce al Hijo, sino el Padre, ni al Padre conoce alguno, sino el Hijo, y aquél a quien al Hijo lo quiera revelar" (11:27). "Todas las cosas" se refiere a "estas cosas" del versículo 25, a saber, todo el contenido de la revelación divina. Dios, el Señor de cielos y tierra, ha dado al Hijo el ejercicio de la autoridad en la revelación; esto implica el acto de confiar la verdad a Cristo para que la comunique a otros. El fundamento de esta participación es la filiación de Jesús; porque Dios es su Padre (v. 25) Él ha comisionado de esta forma a su Hijo. Como Jesús es el Hijo de Dios, está capacitado para recibir todas las cosas de su Padre para revelárselas a otros. La misión mesiánica de esa revelación descansa, por tanto, en la filiación que le precede.

Lo que implica esta relación se expone en el versículo 27: "Nadie conoce al Hijo, sino el Padre, ni al Padre conoce alguno, sino el Hijo". Este conocimiento de Dios conlleva algo más que una simple conciencia filial. *Jesús conoce al Padre de la misma forma que el Padre conoce al Hijo.* Entre el Padre y el Hijo existe un conocimiento muto y exclusivo. Dios posee un conocimiento directo e inmediato del Hijo porque es el Padre. Es evidente que este conocimiento del Padre no es adquirido ni basado en la experiencia, sino directo, intuitivo e inmediato. Jesús conoce al Padre de esa misma manera. Su conocimiento es, por tanto, directo, intuitivo e inmediato, y se basa en el hecho de que es su Hijo. De este modo, tanto la relación Padre-Hijo como su mutuo conocimiento son verdadera y únicamente diferentes de las relaciones y conocimientos humanos. Cristo como Hijo posee el mismo conocimiento innato y exclusivo de Dios que Dios como Padre tiene de él.

Como Jesús es el Hijo y posee este conocimiento único, Dios le ha entregado la misión mesiánica de impartir a los seres humanos un conocimiento medio de Dios. Ellos pueden llegar al conocimiento de Dios sólo por medio de la revelación del Hijo. Así como el Padre ejerce una soberanía absoluta en la revelación del Hijo, el Hijo lo hace en la revelación del Padre; lo revela a quién él escoge. Este conocimiento mediado de Dios, que se puede impartir a las personas por la revelación, es similar aunque no idéntico al que Jesús tiene del Padre. Este conocimiento del Hijo es el mismo, directo e intuitivo que el Padre tiene del Hijo. Está, por tanto, a la altura del conocimiento divino. El conocimiento que las personas pueden tener del Padre es mediado, y se debe a la revelación del Hijo. El conocimiento que Jesús tiene del Padre es, por tanto, total y absolutamente único, de la misma forma que su filiación también es única. El conocimiento que se imparte a los humanos es mediado, igual que su filiación es una relación mediada por el Hijo.

Es evidente en este texto que filiación y mesianismo no son lo mismo; la primera precede a la segunda, y de hecho es el fundamento de la misión mesiánica. Por otra parte, la filiación implica algo más que conciencia filial, a saber, una relación única y exclusiva entre Dios y Jesús.

La ignorancia del Hijo

Jesús se refiere a sí mismo como Hijo de Dios cuando se habla del tiempo de su parusía. "Pero de aquel día y de la hora nadie sabe, ni aún los ángeles que están en el cielo, ni el Hijo, sino el Padre" (Mc. 13:32). La fuerza de este dicho radica en el hecho de que estas cosas deberían ser conocidas por los ángeles y por el Hijo tanto como por el Padre. La cuestión es que Jesús se sitúa junto al Padre y a los ángeles: todos comparten, por regla general, un conocimiento sobrenatural. Pero al contrario de lo que cabría esperar, en esto el Hijo es ignorante.

El labrador malvado

En la parábola del labrador malvado (Mc. 12:1–12), de nuevo se hace una distinción entre filiación y mesianismo, siendo aquélla el fundamento que precede a la misión mesiánica. Después de la visita de algunos siervos y de su resultado infructuoso, el dueño de la viña envía a su hijo para que reciba la herencia. Como era el hijo del dueño se espera que esta última misión tenga éxito, y su filiación es totalmente independiente de su misión y anterior a la misma. Como es el hijo, es el heredero de la viña, y enviado para tomar posesión de lo que le pertenece.

El debate con los fariseos

Durante su última semana de vida, Jesús, en un debate que sostuvo con los fariseos, formuló la siguiente pregunta: "¿Cómo dicen los escribas que el Cristo es hijo de David?" Jesús no negó la veracidad de esa afirmación. La ascendencia davídica del Mesías se aceptaba de una forma tan general que no se podía negar (Ro. 1:3) y no hay pruebas de que a Jesús le disgustara que le llamaran Hijo de David. Él corrigió la idea de Mesías farisea, y afirmó que éste tenía que ser más que Hijo de David, ya que David lo llama Señor. "Jehová dijo a mi Señor: siéntate a mi diestra, para que ponga a tus enemigos por estrado de tus pies" (Sal. 110:1). Después, Jesús les hizo la siguiente pregunta: "David mismo le llama Señor; ¿cómo, pues, es su hijo?" (Mc. 12:37). La cuestión es que el concepto que los fariseos tenían del Mesías no era equivocado, sino inadecuado. El Mesías debía ser no sólo el Hijo de David, debía ser también el Hijo de Dios, y como tal el Señor de David. Como Hijo se sentará a la diestra de Dios para ejercer una soberanía universal. El Hijo de David gobernaría el mundo; el Hijo de Dios gobernará el mundo venidero. Jesús sugiere que, de acuerdo con el salmo citado, el Mesías debía ser alguien sobrenatural que se sentará a la diestra de Dios. Estas palabras pueden interpretarse como una referencia a la preexistencia de Jesús. El Mesías es, al mismo tiempo, un ser humano, descendiente de David, y el juez del mundo venidero: Señor de David y su Juez.

Ante el Sanedrín

Una afirmación de filiación con un carácter superior puede apreciarse en el juicio de Jesús ante el Sanedrín. A Jesús se le hicieron varias acusaciones, a las que no contestó. Al final el Sumo Sacerdote le puso bajo juramento (Mt. 26:63) y le hizo una pregunta directa, "¿Eres tú el Cristo, el Hijo del Bendito?" (Mc. 14:61). Algunos investigadores insisten en que es inconcebible que un Sumo Sacerdote hiciera semejante pregunta, pero si el Sumo Sacerdote había oído rumores de que Jesús se había llamado a sí mismo Hijo de Dios y estaba buscando argumentos para condenarle, no hay nada que deba extrañarnos en esta pregunta. No está claro si la expresión del Sumo Sacerdote "hijo del Bendito" o "Hijo de Dios" implicaba algo más que una designación de la función mesiánica y, por tanto, sinónimo de "el Cristo"; pero puesto que esta expresión no es un título habitual de Mesías, podemos suponer que la pregunta tiene un sentido más profundo. Al menos la respuesta de Jesús eliminó parte de esta ambigüedad. Dijo: "Yo soy; y veréis al Hijo del Hombre sentado a la diestra del poder de Dios, y viniendo en las nubes del cielo" (Mc. 14:62). Inmediatamente el Sanedrín acordó condenarle a muerte, acusándole de blasfemia. Es importante advertir que la pretensión de mesianismo no era en sí misma una causa de sentencia condenatoria según la ley judía. La afirmación de un simple rango mesiánico no podía conducir *per se* a una sentencia de muerte. Esta pretensión nunca se podría haber tomado como blasfemia. La pretensión de Jesús, por tanto, implicaba mucho más que mesianismo: a saber, un mesianismo de una clase superior, la de Hijo de Dios. Lo que en realidad dijo Jesús fue: ahora estoy delante de vosotros para ser juzgado; pero llegará un día en el que esta situación cambiará por completo, y veréis a aquél al que estáis juzgando sentado como Hijo del Hombre para juzgar el mundo. El que estáis condenando será entonces vuestro Juez. Así pues, Jesús llevaría a cabo el juicio final, función que pertenecía sólo a Dios, y por esta pretensión de una futura exaltación y del ejercicio de funciones que sólo correspondían a Dios, fue condenado a muerte por blasfemo.

Conclusión

Concluimos que Jesús pensó de sí mismo que era Hijo de Dios en un sentido único; ya que fue separado de todos los demás hombres por cuanto compartía una unidad con Dios que para ellos era imposible. Aún hay otras pruebas; pero hemos limitado nuestro análisis al uso del término Hijo de Dios. Existe una estrecha relación entre Hijo del Hombre e Hijo de Dios. Marshall ha sugerido que Jesús utilizó el título Hijo del Hombre "para expresar de forma cautelosa su relación única con Dios como su Hijo y agente de salvación. El título Mesías resultaba tan inadecuado (…) como desorientador (…) mientras que el de Hijo tenía implicaciones bastante claras. Pero el título Hijo del Hombre tenía méritos propios. Era muy adecuado para expresar la concepción que tenía Jesús de sí mismo, ya que se refería a alguien íntimamente vinculado a Dios y de origen celestial (…) 'Hijo del Hombre' era, por tanto, un instrumento perfecto para expresar la autoconciencia divina de Jesús y al mismo tiempo conservaba la condición secreta de su auto revelación a los que se habían cegado y habían cerrado los oídos". En la Iglesia primitiva "Hijo de Dios" podía utilizarse sin restricciones para indicar el lugar supremo que ocupaba Jesús.

Señor

En la Iglesia primitiva, uno de los títulos más honoríficos que se aplicaban a Jesús era "Señor". Era una confesión originaria de fe en Jesús (Ro. 10:9), y tenía ciertas connotaciones de divinidad. Como Señor, Jesús resucitado y exaltado, estaba sentado a la diestra de Dios (Hch. 2:36, 33), donde reinará hasta que toda la creación reconozca su Señorío (Fil. 2:9–11). Si la tradición del Jesús de la Historia se ha transformado tan radicalmente gracias a la fe cristiana, como dicen los críticos formales, podríamos esperar que este título se abriera camino en la tradición acerca de Jesús.

Sin embargo, esto no es lo que encontramos. La palabra se encuentra a menudo, pero no con esas connotaciones cristológicas tan evidentes. Se utiliza muchas veces en vocativo como una forma de dirigirse a una persona con cortesía (Mt. 18:26; 15:27; Lc. 7:6; 9:57; etc.) y tiene la fuerza que en inglés tiene "Sir" o "Milord". Su equivalente hebreo es "Rabí", el término con el que los alumnos se dirigían a su maestro. Lucas utiliza muchas veces este término con un anacronismo deliberado, que equivale a, "aquél al que ahora conocemos como el Señor" (Lc. 7:13, 19; 10:1, 39, 41, etc.). Hay algunos versículos en los que se utiliza la palabra como una designación de gran honor, pero no tanto como el que le otorga la Cristología de la Iglesia primitiva (Lc. 5:8; Mt. 7:21). * Jesús usó esta palabra para referirse a su dignidad en Marcos 2:28; 11:3; y 12:37. El último pasaje, en el que Jesús alude al Salmo 110:1 en el que al Mesías se le llama *Kyrios*, es muy importante. Taylor piensa que éste es probablemente uno de los factores que llevó a los primeros cristianos a pensar en Jesús como *Kyrios*.

El uso de este término en el Cuarto Evangelio es impresionante. En los primeros diecinueve capítulos, *Kyrios* aparece tres veces (4:1; 6:10; 11:2), aparte de los lugares en los que el vocativo es una forma respetuosa de dirigirse a alguien. Sin embargo, en los dos últimos capítulos sale quince veces. "Es obvio que el Evangelista cree que es apropiado hablar del Señor en estos contextos, pero no se siente libre para utilizarlo en relación con su ministerio inicial". Taylor concluye, con razón, que es muy poco probable que este título se usara en vida de Jesús. Es el Señor que resucitó y ascendió a los cielos el que es *Kyrios*.

Capítulo 13

El problema mesiánico: El Jesús de la Historia y El Jesús histórico

El problema

En los capítulos precedentes hemos estudiado la descripción que de Jesús hacen los Evangelios Sinópticos. En nuestra investigación hemos encontrado en varias ocasiones fundamentos objetivos en los datos evangélicos para creer que esa descripción es correcta, es decir, que básicamente se corresponde con los hechos de la historia de Jesús. Ahora debemos ocuparnos más detenidamente en esta cuestión. Esto se debe a que muchos investigadores rechazarían nuestras conclusiones objetando que esa descripción de Jesús representa la fe de la Iglesia, no la historia real. Esos estudiosos insisten en que debemos ir más allá del Jesús de los Evangelios, que en esencia es el mismo que el Cristo de la fe, para recuperar al Jesús histórico, es decir, a un Jesús no condicionado por la fe.

El problema debe enfrentarse con franqueza. Los Evangelios describen a un hombre que era consciente de que en él moraba la trascendencia. Era el Mesías en el que el reinado de Dios había venido a los hombres; sin embargo no era el Mesías nacionalista y político que se correspondía con las esperanzas judías de la época. Era el ungido del Señor para cumplir las promesas mesiánicas del Antiguo Testamento, pero en el ámbito espiritual, no en el sociopolítico. También era el Hijo del Hombre: un ser divino, celestial y preexistente que venía a la tierra en humildad para sufrir y morir, pero cuyo destino era ser exaltado en el cielo y venir en gloria para juzgar al mundo en la inauguración del Reino de Dios en un orden transformado, en el siglo venidero. Sin embargo, en la etapa terrenal de su misión, es el Siervo Sufriente que entregará su vida en rescate por muchos, derramando su sangre en una muerte expiatoria, sacrificial. Más aún, Jesús no sólo pretende ser el Hijo del Hombre Celestial, también quiere reflejar la conciencia de mantener una relación única con Dios. Al designarse a sí mismo Hijo incluye elementos que van más allá de lo puramente mesiánico y que proporcionan un sentido único de unidad con Dios, es decir, una autoconciencia divina.

Debemos enfrentarnos con honestidad a este problema. El elemento esencial es el de la trascendencia. Se describe a Jesús como un ser trascendente que es consciente de dicha dimensión. Como sabe que es, de forma única, Hijo de Dios, su comunicación a los hombres de la presencia inmediata de Dios es directa.

¿Por qué ha habido un rechazo tan general de la exactitud histórica de la descripción de Jesús que se hace en el evangelio por los estudios críticos actuales? ¿Acaso se ha demostrado que los Evangelios no son dignos de confianza? ¿Ha aparecido alguna prueba arqueológica o teológica nueva que socave su fiabilidad como relato histórico?

El problema reside en la idea moderna de la naturaleza de la Historia. El rechazo de la descripción evangélica no se deriva de un estudio objetivo, inductivo y abierto de los Evangelios, sino de presupuestos filosóficos sobre la naturaleza de la Historia y de los Evangelios. La Historia, dicen, es exclusivamente el estudio del hombre y de sus experiencias. Por otra parte, los Evangelios, son testigos de la fe en Dios y de lo que por ella Él había dado en Jesús. Como Dios no es un personaje histórico sino un ser trascendente, la Historia no puede pretender ocuparse de dar cuenta de una fe que afirma que Dios se ha revelado verdaderamente en Jesús de Nazaret. Por tanto, la investigación histórica de los Evangelios no debe tener en cuenta este postulado de la fe para recrear la Historia de Jesús de Nazaret en términos puramente "históricos", o sea, no sobrenaturales.

Le naturaleza de los Evangelios

Como punto de partida, debe admitirse que los Evangelios se escribieron por hombres de fe que pertenecían a la comunidad creyente. No son historiadores "neutrales y objetivos", si por neutral y objetivo entendemos una actitud indiferente. Son *evangelios*: buenas nuevas de lo que Dios ha hecho en Jesús. Un no creyente no hubiera podido escribir un *evangelio*. Hubiera podido informar sobre las palabras y las acciones de Jesús, pero en un contexto de duda y escepticismo que le presentaría como un charlatán o un perturbado mental. La cuestión es ¿Acaso el que los evangelistas fueran hombres comprometidos y creyentes supone una distorsión o un falseamiento de los hechos históricos? Muchos investigadores entienden la fe y la Historia como categorías antitéticas. Lo que en los Evangelios se corresponde con la fe cristiana no puede ser históricamente fiable. Sin embargo, este presupuesto es falso. Precisamente lo contrario puede ser verdad; sólo la fe podía en realidad valorar e informar de forma adecuada de lo que estaba sucediendo en el Jesús de la Historia. Una gran mayoría de los historiadores actuales admite que toda buena Historia es Historia *interpretada*. La que no es interpretada no es real, sino sólo una crónica fría y sin sentido de personas, lugares, sucesos y fechas. La Historia siempre trata de entender el *sentido* de los sucesos que relata y el hecho de que alguien tenga un determinado punto de vista no significa que sea un historiador deficiente y que distorsione los hechos para favorecer su interpretación.

Más aún, es obvio que los Evangelios no son ni históricos ni biográficos estrictamente hablando. Ellos, evidentemente, ejercitaron en alguna medida una cierta libertad para transmitir tanto las palabras como los hechos de Jesús, libertad que viola las leyes de la composición histórica actual. Mateo y Lucas se sienten libres para reestructurar el material de Marcos, y transmitir las palabras de Jesús con algunas variaciones respecto a la fuente de Marcos, algo que no haría un historiador actual. De igual forma, no hay duda de que los evangelistas a menudo escribieron así para atender a la vida y a las necesidades de la Iglesia.

Además, resulta obvio también que la tradición evangélica, durante algunos años, se limitaba a una forma oral antes de escribirse, y es muy probable que durante esta etapa las tradiciones asumieran formas más o menos estilizadas y se transformaran hasta cierto punto en transmisión.

La Crítica formal y los Evangelios

Los críticos formalistas radicales han considerado la tradición evangélica como algo incontrolable, que se movía libremente y que pasó por una serie de etapas desde el Jesús histórico hasta la Cristología ortodoxa. El "criterio de disimilitud" se ha convertido en una afirmación casi sagrada para esa Crítica "ortodoxa". Sólo pueden aceptarse como auténticos los dichos de Jesús que no tengan un paralelo ni en el judaísmo ni en la Iglesia primitiva. Cuando éste se da, el dicho concreto podría haberse producido por influencias judías o cristianas.

Esta norma viola todos los derechos de la probabilidad histórica. Resulta increíble que Jesús como judío no pudiera utilizar ideas características del judaísmo, basadas a su vez en el Antiguo Testamento. Parece totalmente improbable que Jesús interpretara el Antiguo Testamento de una forma completamente diferente a la de los escribas, y que la Iglesia primitiva, al recordar a Jesús y sus palabras, no utilizara sus enseñanzas en la interpretación de su persona.

Además, estos críticos ignoran la norma de la probabilidad histórica cuando tratan de crear la Historia de la tradición evangélica y afirman la existencia de varias etapas en su desarrollo: del Jesús histórico a la Iglesia judía primitiva, y de ésta a la Iglesia gentil helenista. Sin embargo, estas supuestas etapas no emergen con claridad de nuestras fuentes históricas; son fruto de una reconstrucción crítica e hipotética de los materiales conservados en los Evangelios. Se basan en un presupuesto histórico general por el cual las investigaciones críticas fueron llevadas a cabo de acuerdo con la interpretación *religionsgeschichtliche* del cristianismo primitivo. Esta crítica histórica no es inductiva sino que se basa en una metodología que mantiene una serie de prejuicios en cuanto ha cómo debe haberse desarrollado la Historia. Los "resultados negativos radicales [de muchos críticos] se deben más a sus prejuicios que a los datos que investigan".[8]

En contraposición a esto, debe tenerse en cuenta que la tradición evangélica siempre estuvo bajo el control de testigos oculares que habían visto y oído a Jesús (ver 1 Co. 15:6). Los Evangelios adquirieron forma escrita en torno a una generación posterior a la muerte de Jesús cuando en la Iglesia todavía había testigos oculares. La influencia de estos testigos es ignorada completamente por los críticos. Según las famosas palabras de Vincent Taylor, "si los críticos tienen razón, los discípulos tuvieron que haber sido llevados al cielo inmediatamente después de la resurrección".

Las críticas formales prescinden de otro hecho: aunque la Iglesia primitiva conservó de hecho las palabras y los actos de Jesús para satisfacer sus necesidades inmediatas, una de las más urgentes era responder a las preguntas: ¿Quién fue Jesús? ¿Qué dijo y qué hizo? Para nosotros no hay ninguna discusión posible en cuanto a que la intención de los evangelistas fue dejar por escrito la memoria viva de la Iglesia, de la persona de Jesús, de sus palabras y de sus obras.

Historicidad

De hecho, en los Evangelios hay muchas evidencias de que la tradición no fue remodelada completamente por la fe de la comunidad primitiva, sino que respeta un sentido histórico correcto. Hemos comentado, en nuestro estudio de la terminología mesiánica, que los Evangelios reflejan el *Sitz im Leben Jesu* ("la situación en la vida de Jesús") más que el *Sitz im Leben der Urkirche* ("la situación en la vida de la Iglesia primitiva"). Aunque la Iglesia primitiva le atribuyó el mesianismo con la libertad suficiente para que "Cristo" llegara a ser bastante pronto un nombre propio, este hecho no se introdujo retrospectivamente en los Evangelios. Jesús evitó el título de Mesías y "Cristo" como nombre propio aparece anacrónicamente sólo en raras ocasiones. La designación favorita de Jesús fue "el Hijo del Hombre", pero la Iglesia primitiva nunca lo reconoció como un título mesiánico. Aunque ésta consideró a Jesús como el Hijo de Dios, los Evangelios no le atribuyen este título, sólo le asignan el término más bien velado de "Hijo". Aunque una de las confesiones primitivas de la Iglesia es que Jesús es Señor, y Lucas lo utiliza libremente como un anacronismo deliberado, en raras ocasiones se usa para Jesús en un sentido teológico. Jesús era llamado Siervo (*pais*) en la Iglesia primitiva (Hch. 3:13, 26; 4:25, 30), pero este uso no se introduce retrospectivamente en la tradición evangélica.

Otras evidencias refuerzan la idea de que la tradición evangélica es históricamente correcta y no una creación teológica de la Iglesia primitiva. Aunque el significado redentor de la muerte de Cristo fue un elemento teológico básico en la Iglesia primitiva, los Evangelios tienen muy poco que decir sobre el sentido de la muerte de Jesús. La oración dominical tanto en Mateo como en Lucas no contiene nada que sea explícitamente cristiano. El Sermón del Monte no dice ni una palabra de la gracia de Dios. Además, existen pruebas de que las enseñanzas que se recuerdan de Jesús y de las necesidades de la Iglesia no se fundieron como sugiere la Crítica. Una de las cuestiones en las que más se insiste en la Iglesia primitiva era en la validez de la misión gentil y los términos en los que los gentiles podrían entrar en la Iglesia; en la enseñanza de Jesús no se advierte ningún aspecto de este problema.[12] Él centró su misión en Israel, y la Iglesia primitiva no.

Se ha hablado mucho de que la Iglesia poseía una memoria correcta para informar sobre las palabras y los hechos de Cristo. Los escritores de los Evangelios no pretenden hacer una biografía moderna, y obviamente muestran una considerable libertad en la forma de explicar muchos detalles; están haciendo una descripción de Jesús. Sabían la diferencia entre el Jesús anterior a la resurrección y el Cristo glorificado, y estaban interesados en narrar su historia no sólo porque sus palabras y acciones satisfacían muchas de las necesidades de la Iglesia sino por ellas mismas.[15]

El Jesús histórico

El problema de la historicidad de la descripción evangélica de Jesús se ha suscitado en gran parte debido al concepto actual de Historia y del Jesús histórico. Partiendo de las controversias teológicas de los primeros siglos, la integridad de esa descripción rara vez fue puesta seriamente en entredicho; pero el uso "crítico" actual de la investigación bíblica ha desafiado su historicidad. El surgimiento del Deísmo en Inglaterra y la Ilustración (*Aufklärung*) en Alemania causaron, en los estudios bíblicos, un impacto que permanece en la actualidad. La misma metodología secularista utilizada en las Humanidades fue aplicada a la interpretación bíblica. Este movimiento surgió, en parte, debido a presupuestos antisobrenaturalistas. Albert Schweitzer, excelente portavoz de un nuevo punto de vista, atribuye a la teología griega la creación de un "nuevo evangelio sobrenatural-histórico". El Cristo de la fórmula macedónica oscureció al Jesús histórico. "Este dogma debía ser cuestionado antes de que los hombres pudieran salir de nuevo a la búsqueda del Jesús histórico, para que pudieran captar siquiera el pensamiento de su existencia". En esta expresión, el "Jesús histórico" es una frase técnica, que designa a un Jesús hipotético que podía ser interpretado exclusivamente en categorías históricas humanas, comunes. La descripción evangélica de Jesús es la de un hombre divino; el "Jesús histórico" no podía serlo, porque la Historia no admite la categoría de deidad. El "Jesús histórico" es una hipótesis reconstruida a partir de los Evangelios por el método histórico-crítico basándose en presupuestos naturalistas. Este Jesús debe ser por definición total y absolutamente humano: un Jesús sin trascendencia. "Si queremos hablar del Jesús histórico, debemos acostumbrarnos en primer lugar a prescindir de los dogmas cristológicos de los Evangelios". Robinson reconoce esto claramente. Dice que el "Jesús histórico" sencillamente no es idéntico a "Jesús" o a "Jesús de Nazaret", sino que es un término técnico para referirse a "lo que se puede conocer de Jesús de Nazaret por medio de los métodos científicos del historiador (...) La evidente implicación es que 'Jesús de Nazaret tal y como fue' podría ser muy diferente del 'Jesús histórico' ".[18] El mérito de Bultmann es haber aclarado diáfanamente esta metodología. "El método histórico presupone que la Historia es una unidad en el sentido de un continuo cerrado de efectos en el que los eventos individuales están conectados por la sucesión de causa y efecto". El "Jesús histórico es una mera hipótesis, un jeroglífico en lo que respecta a los Evangelios".[20] No se ha encontrado un "Jesús histórico" que supere con éxito la prueba de la erudición. El viejo liberalismo creía que había descubierto un profeta ético. Schweitzer descubrió un Jesús apocalíptico, que, según él mismo admite, no ayuda, sino que ofende al hombre moderno. Bultmann se muestra escéptico en cuanto a una posible reconstrucción del Jesús histórico. Los post-bultmanianos, como Bornkamm y Robinson, han encontrado un Jesús existencial que consiguió una existencia auténtica. Pero ahora los post-bultmanianos parecen haber perdido su celo por una nueva búsqueda, y su interés se dirige hacia otros aspectos.[22] La futilidad de esa búsqueda ilustra el juicio de Piper de que "no hay un método satisfactorio con el que se puedan armonizar los relatos evangélicos con las ideas idealistas o positivistas modernas de la historia".

Este fracaso del método histórico-crítico para descubrir a un Jesús histórico que fuera lo suficientemente importante como para explicar el surgimiento de la fe cristiana y la descripción evangélica condujeron hace tiempo a M. Kähler a postular una diferencia entre el Jesús *historische* y el Cristo *geschichtliche*. El Jesús *historische* es una creación del método histórico-crítico – un *Holzweg*, un camino que no lleva a ninguna parte. El Jesús que vivió en la Historia es el Cristo bíblico, *geschichtliche*, descrito en los Evangelios. Kähler creía en el principio de causalidad, e insistió en que sólo el Cristo que se describe en los Evangelios, en el que habitó lo sobrenatural (*übergeschichtlich*), es suficientemente importante como para explicar el surgimiento de la fe cristiana. "Quienquiera que trate de explicar los comienzos del cristianismo con algún suceso no trascendental, puramente histórico, tiene que enfrentarse con la dificultad de que no parece haber ningún evento con una magnitud suficiente para que satisfaga tal necesidad".[25] El rechazo de la descripción bíblica de Jesús a favor de un Jesús histórico hipotético, y el esfuerzo por recorrer las diferentes etapas, no resultan de una investigación abierta e inductiva de nuestras fuentes, sino de presupuestos filosóficos sobre la naturaleza de la historia. Hay una muy buena razón para aceptar como básicamente correcta la descripción evangélica.

Historia y fe

Las conclusiones a las que hemos llegado nos llevan a la cuestión de la relación entre historia y fe. ¿Los estudios histórico-críticos prueban la trascendencia de Jesús? ¿Cómo puede la fe serlo realmente si se establece a través de hallazgos históricos y críticos? Bultmann es uno de los más destacados defensores de la posición de que la fe debe serlo sólo en la Palabra de Dios. Si ella descansa en la verificación histórica, ya no es auténtica, se reduce a buenas intenciones del historiador.

Sin embargo, nuestro propósito no ha sido verificar la fe por medio de hallazgos críticos, ni tratar de descubrir la situación histórica en la que Jesús enseñó y vivió, porque la primera tarea de la Teología bíblica consiste en ser una disciplina descriptiva. Es difícil estar de acuerdo con Jeremías en que el resultado final del estudio crítico del Jesús histórico sea "siempre el mismo: nos encontramos frente a Dios mismo".[27] La Historia no lleva necesariamente a Dios. Un ortodoxo racionalista podría admitir intelectualmente los descubrimientos de este estudio y aún así no encontrarse con Dios. La Teología y la Historia son empeños intelectuales; la fe es entrega de todo el ser. Posiblemente el historiador podría concluir que la pretensión de Jesús de ser el Hijo del Hombre encarnado, el unigénito Hijo de Dios es cierta, y aún así reírse de ella. La Historia está llena de hombres con complejo mesiánico. La fe constituye un segundo paso para la investigación histórica y no exigida necesariamente por ella.

Aunque la Historia no prueba la validez de mi fe, es esencial para la fe verdadera, por lo menos para la persona que se preocupa por la Historia. La mayoría de las personas acceden a la fe en respuesta a la proclamación de la Palabra de Dios sin cuestionar críticamente la historicidad de los sucesos que ella proclama. Pero cuando se ha creído en la Palabra y se toma conciencia de la Historia, si nos vemos obligados a concluir que los eventos no son históricos, es difícil entender que la fe se sostenga por sí misma. En este sentido estamos de acuerdo con Moule: "La fe *ciega* no es fe verdadera. Para creer es necesario ver, por lo menos algo. La decisión de aceptar a Jesús como Señor no se puede hacer sin pruebas históricas – sí, históricas – de Jesús. Si fuera una decisión sin ninguna evidencia histórica no sería de Jesús (persona histórica) sino únicamente de una ideología o de un ideal".

Si la expresión "el Jesús histórico" es un producto de presupuestos filosóficos sobre la naturaleza de la Historia, ¿Puede la expresión "el Cristo bíblico" ser un producto de la fe? La respuesta es no. La descripción bíblica de Cristo es un producto del testimonio apostólico. Mi fe no crea una expresión, sino que mi fe en que la naturaleza de Dios y la Historia tienen un lugar para el Jesús de los Evangelios hace posible que acepte el testimonio bíblico. El ser humano consciente de la Historia necesita que se le suministre un fundamento adecuado de la fe. Pero en última instancia, la fe viene por el oír, y el oír por la Palabra de Dios (Ro. 10:17).

El secreto mesiánico

Antes de concluir este capítulo, es necesario examinar brevemente la teoría del "secreto mesiánico". En los Evangelios encontramos otra línea importante de evidencias con respecto a la cuestión del mesianismo de Jesús en el sentido de que Él se mostró reticente en el uso de ese título. Algunas veces, cuando Jesús realizaba algún milagro que podía llamar demasiado la atención, solicitaba de las personas sanadas que no dijeran nada y que evitaran la publicidad. A un leproso le rogó encarecidamente que no dijera a nadie que había sido sanado por Él (Mc. 1:43s.). A unos demonios que le reconocieron se les prohibió hablar y darlo a conocer (Mc. 1:34; 3:11s.). Cuando Jesús resucitó a la hija de Jairo, prohibió a los padres que lo dijeran (Mc. 5:43). A un endemoniado sordomudo, después de su curación, se le encargó que no hablara con nadie de su liberación (Mc. 7:36). Después de la confesión de Pedro del carácter mesiánico de Jesús, éste ordenó a los discípulos que no lo revelaran hasta después de la resurrección (Mc. 8:30; 9:9).

Esta insistencia en mantener silencio fue la base de una elaborada teoría llamada "el secreto mesiánico". Wrede ha sugerido que todas estas órdenes no son históricas sino añadidos de los evangelistas. La Iglesia primitiva – así teoriza Wrede – tuvo que enfrentarse con una situación contradictoria. Tenía una tradición completamente no mesiánica sobre la vida de Jesús. Él nunca pretendió ser el Mesías, ni fue reconocido como tal en su ministerio terrenal. Sin embargo, la Iglesia primitiva llegó a creer que era el Mesías – un Mesías sobrenatural – gracias a la resurrección. ¡He aquí la contradicción! La Iglesia creyó en Jesús como un Mesías sobrenatural, pero su tradición sobre él no era mesiánica.

Para resolver esta contradicción y explicar cómo el Mesías pudo haber ignorado una tradición en ese sentido, surgió la teoría del secreto mesiánico. Jesús era el Mesías, pero no se reconoció como tal hasta después de la resurrección (Mc. 9:9 es el versículo clave). A lo largo de su ministerio, Jesús mantuvo un secreto. Por tanto, la tradición de la vida de Jesús fue no mesiánica. Se supo que Jesús era el Mesías sólo después de la resurrección. El Evangelio de Marcos une dos tradiciones – la creencia cristiana en Jesús como Mesías y una tradición en la que él no pretendía serlo – usando el recurso del secreto mesiánico.

Ésta es una teoría muy hábil, pero carece completamente de evidencias. No existe ningún dato histórico de la existencia de una tradición no mesiánica. Todas las tendencias que pueden ser detectadas en la tradición son totalmente mesiánicas. La existencia de una tradición no mesiánica es una hipótesis crítica sin fundamento histórico. En Alemania se ha aceptado casi como un hecho de "ortodoxia crítica", pero muchos investigadores no están nada convencidos de ello. T. W. Manson llamó a la "Wredestrasse" ("Calle de Wrede") la "calle hacia ninguna parte".[31] No existe ninguna razón convincente para aceptar el secreto mesiánico como un hecho histórico que fuera un elemento importante en la misión de Jesús. El secreto de este carácter es análogo al secreto sobre el Reino de Dios.

Los Evangelios revelan dos líneas de evidencias. Una presenta claramente a Jesús como poseedor de una conciencia mesiánica, aceptando la designación de Mesías cuando se le aplicaba, pronunciando una bienaventuranza sobre los discípulos cuando comenzaron a captar la naturaleza de su mesianismo, y afirmándolo claramente cuando el Sanedrín le desafió. La otra, en la que Jesús no lo proclamó pública y abiertamente, sino que a menudo insistió en que aquellos que le reconocían guardaran silencio.

Esta tensión puede resolverse adecuadamente si se reconoce que Jesús sabía que era el Mesías, pero no del tipo que se esperaba. Su misión era acercar el Reino de Dios, pero no de la clase que el pueblo deseaba. De hecho fue reconocido como el Rey de Israel (Mt. 2:2; Lc. 1:32; Jn. 1:50), pero su Reino era espiritual y su misión mesiánica también lo era. En el futuro sería un Rey poderoso (Mt. 25:34), y su Reino se manifestaría con gran poder (Mt. 13:41–43; Lc. 22:29–

30). Pero mientras tanto, su mesianismo no implicaba un trono, sino una cruz, no gloria sino humildad, no reinado sino muerte. Su papel actual es el del Siervo Sufriente; sólo en un futuro sería el Rey mesiánico glorioso. El concepto mesiánico del pueblo tenía que pasar por una transformación radical. Jesús no podía, por tanto, utilizar libremente la palabra Mesías, porque para la gente implicaba un carácter mesiánico que Él no tenía el propósito de cumplir. Sin embargo, como en realidad era el Mesías, honestamente no podía negar la aplicación de este término cuando se la atribuía. Porque era el Mesías; pero debía sufrir antes de entrar en su gloria (Lc. 24:26).

La conciencia de Jesús debe distinguirse de la revelación mesiánica. Los Evangelios, sin duda describen a Jesús como poseedor de una conciencia mesiánica. El hecho de que sus afirmaciones públicas de esto no sean muy frecuentes, y su énfasis en guardar silencio, deben entenderse en el ámbito de las expectativas populares respecto al Mesías, y de la auto revelación de Jesús de una función mesiánica radicalmente diferente. Su auto revelación mesiánica, por tanto, implica la reeducación de sus discípulos para una nueva interpretación de la misión mesiánica tal y como él la encarnaba.

Capítulo 14

La misión mesiánica

La misión mesiánica de Jesús tiene como objetivo preparar a los hombres para el futuro Reino de Dios. Jesús tenía los ojos constantemente puestos en la venida del Reino escatológico cuando en el juicio final se llevara a cabo una separación entre los seres humanos, los justos para la vida y las bendiciones del Reino, y los malos para la condenación y el castigo. Este destino futuro depende de una decisión en el presente, porque los poderes del futuro Reino escatológico de Dios estaban presentes en Jesús, y son comunicados a los seres humanos en su persona, exigiéndoles una decisión a favor o en contra del gobierno de Dios. Los seres humanos podían encontrar los poderes del Reino escatológico futuro en la persona del Rey mesiánico. Cuando ellos se decidían por el Rey, lo cual significaba decidirse por el Reino futuro, experimentaban el perdón de sus pecados. Cuando se arrepentían y se apartaban de sus pecados para someterse al Reino de Dios, podían hacer realidad en el presente las bendiciones del Reino, aunque sólo de una forma parcial. Se veían libres de las ataduras del reino de Satanás y de la esclavitud al pecado, y experimentaban una justicia interior que era totalmente obra gratuita de Dios. La misión mesiánica de Jesús era conducir la historia del propósito redentor de Dios a un punto crítico. Con su presencia en la tierra y con su misión, introdujo en la Historia una manifestación tal de los poderes del Reino de Dios que quedaba garantizada su gloriosa consumación futura. Esta centralidad de la persona y obra de Cristo en la historia de la redención es la clave de toda la Biblia. Todo el Nuevo Testamento da testimonio de este hecho, y el Antiguo Testamento no se puede entender bien si se prescinde de él. La misión mesiánica de Jesús, según está reflejada en los Evangelios, ofrece el mismo testimonio. Debido a esta crisis en la persona y misión de Cristo, el Reino futuro no sólo queda garantizado, sino que los hombres pueden ya experimentar los poderes del Reino futuro y la realidad de sus bendiciones soteriológicas.

La Iglesia primitiva interpretó la muerte de Jesús como uno de los eventos más importantes para la realización de su misión. Esto se demuestra por la antigua confesión de fe – la de 1

Corintios 15:1–3, que incluye las palabras: "Cristo murió por nuestros pecados conforme a las Escrituras".

El evento de la crucifixión

Históricamente, la muerte de Jesús fue la tragedia de un hombre oprimido por el poder político. Jesús se convirtió en objeto de una hostilidad mortal por parte de escribas y fariseos rechazando su interpretación de la Ley, y socavando así todo el fundamento del judaísmo de los escribas. Fue objeto del temor y la hostilidad de las clases nobles y sacerdotales con su entrada triunfal en Jerusalén, y desafiando su autoridad en la limpieza del templo. No cabe duda de la sinceridad del Sanedrín al desear la muerte de Jesús. Como maestro religioso, representaba una amenaza para la religión farisaica, su popularidad entre el pueblo le hacía políticamente peligroso. Juan relata una reacción del Sanedrín bastante creíble históricamente: ¿Qué haremos? Porque este hombre hace muchas señales. Si le dejamos, todos creerán en él, y vendrán los romanos, y destruirán nuestro lugar santo y nuestra nación" (Jn. 11:47–48). Cuando el Sanedrín condenó a Jesús por blasfemo por pretender ser el Hijo del Hombre que se sentaría a la diestra del trono de Dios (Mc. 14:64), actuó de acuerdo con lo que entendía del Antiguo Testamento. Su pecado consistió en la dureza de corazón que cegó a sus componentes, y no entendieron el significado de ese nuevo evento redentor que se revelaba en Jesús ante sus propios ojos. Pilatos tuvo que compartir la culpa de la ejecución de Jesús. Reconoció que Jesús era un hombre inofensivo y no un revolucionario peligroso, y aún así cedió ante la presión del Sanedrín y crucificó a Jesús como si hubiera sido un fanático sedicioso.

Lo que nos preocupa es la teología de la muerte de Jesús. ¿Preveyó su propia muerte? ¿Qué sentido vio en ella?

Predicciones de la Pasión

Los Evangelios dicen que Jesús predecía con claridad su Pasión. El relato evangélico hace de la confesión de Pedro del mesianismo de Jesús en Cesarea de Filipos un punto decisivo de su ministerio. Después de Cesarea de Filipos se introduce un nuevo elemento en la enseñanza de Jesús, "y comenzó a enseñarles que le era necesario al Hijo del Hombre padecer mucho, y ser desechado por los ancianos, por los principales sacerdotes y por los escribas, y ser muerto, y resucitar después de tres días" (Mc. 8:31). Esta instrucción acerca de su cercana muerte se convirtió en un elemento importante en la enseñanza de los días subsiguientes (Mc. 9:12, 31; 10:33; Mt. 17:12; 20:18, 19; Lc. 17:25).

¿Cómo debe explicarse este nuevo elemento? Un comentario crítico antiguo interpretó Cesarea de Filipos como el límite que decide las fases del ministerio de nuestro Señor: la primera fue de éxito y felicidad; la segunda, de desengaño y fracaso. En la primera parte de su ministerio, el mensaje de Jesús fue ampliamente aceptado, él mismo se sentía seguro de su éxito. Sin embargo, entre los escribas y fariseos surgió hostilidad, y muy pronto resultó evidente para Jesús que su muerte era inevitable. Cesarea de Filipos representa un momento de transición en la interpretación de Jesús de su propio ministerio. Sin embargo, esta interpretación crítica ha dejado de ser popular. "Parece que los Evangelios son bastante correctos desde el punto de vista histórico puesto que dicen que el éxito y el fracaso, la popularidad y la enemistad, formaron parte de la vida de Jesús desde el comienzo".[3]

Resulta popular cuestionar la historicidad de estos relatos acerca de la pasión basándose en que son una predicción tan detallada de lo que sucedió que deben ser un *vaticinium ex eventu* – un producto de la Iglesia primitiva a la luz de la muerte y resurrección de Jesús. Aunque es probable que la forma de ellos haya sido remodelada por la Iglesia en la preservación de la tradición, hay dos hechos que resultan impresionantes. La idea de un Hijo del Hombre sufriente se limita a las palabras de Jesús. Ya hemos visto que no hay pruebas suficientemente claras de que en el judaísmo se unieran los conceptos veterotestamentarios de Hijo del Hombre y de Siervo Sufriente; y la Iglesia primitiva nunca dio a Jesús el título de Hijo del Hombre. Si aplicamos el criterio de disimilitud, deberíamos concluir que el núcleo de estos dichos parte de Jesús. Además, a no ser que Jesús hiciera una interpretación de su propia muerte, resultaría difícil explicar cómo la Teología de la expiación surgió en la Iglesia primitiva. Hace tiempo, Schweitzer criticó la teoría no mesiánica de Wrede que se basaba en que la resurrección nunca llegaría a hacer de Jesús el Mesías en el pensamiento de la Iglesia, y la validez de esta crítica permanece. Además la creencia en la resurrección de Jesús tampoco podría haber conseguido que la Iglesia atribuyera un valor expiatorio a su muerte. La fuente de la teología de la muerte de Jesús debe, por tanto, remontarse a Jesús mismo.

La expectativa de muerte de Jesús

La importancia de su muerte en el cumplimiento de su misión no se basa en unas cuantas predicciones. De hecho, la muerte de Jesús es uno de los temas principales de los Evangelios. Esto resulta obvio si se atiende al espacio que los evangelistas dedican a la historia de su muerte. A menudo se ha dicho que el Evangelio de Marcos es la historia de una pasión con una extensa introducción. En realidad, una de las mejores explicaciones de por qué fue escrito este Evangelio es que pretendía explicar a lectores gentiles cómo el Hijo de Dios pudo morir de una forma tan ignominiosa como la de ser ejecutado en una cruz romana.

La cuestión de la muerte de Jesús no puede separarse de la del Siervo del Señor. Hemos mantenido que Jesús entendió su misión en términos del Hijo del Hombre que cumple la misión del Siervo Sufriente, y que de forma voluntaria se identificó con los hombres en su sufrimiento y muerte. Cuando Juan se mostró reacio a bautizar a Jesús, éste insistió, diciendo: "Así conviene que cumplamos toda justicia" (Mt. 3:15). Estas palabras deben entenderse en el sentido de una identificación con el pueblo. En el bautismo, Jesús se identificó con los que recibían el bautismo de Juan, aunque él no tuviera que confesar ningún pecado. La justicia a cumplir probablemente sea la de Isaías 53:11: "Por su conocimiento justificará mi siervo justo a muchos, y llevará las iniquidades de ellos". Jesús comenzó su ministerio situándose al lado de los pecadores.

Ya hemos visto que la voz que salió del cielo en el bautismo de Jesús utilizó el Salmo 2:7 junto a Isaías 42:1, lo cual fue un llamamiento a la misión del Siervo de Dios. Como era el Hijo de Dios, Él le había escogido para desempeñar el papel del Siervo obediente. Esta alusión al pasaje del siervo en Isaías indica que Jesús supo desde el principio que su misión mesiánica debía llevarse a cabo como Siervo Sufriente del Señor y no tanto como el rey y señor de la casa de David.

En los evangelios encontramos muchos textos que reflejan la conciencia de Jesús de que le esperaba un destino violento. Cuando se le preguntó por qué no enseñaba a sus discípulos a ayunar, Jesús contestó que los invitados a la boda no podían ayunar mientras el novio estuviera con ellos. Sin embargo, "vendrán días cuando el esposo les será quitado, y entonces en aquellos días ayunarán" (Mc. 2:20). El concepto de "novio" se considera mesiánico, por lo que quitar al novio no puede ser interpretado según una experiencia humana cotidiana. Indica, al contrario, que Jesús esperaba para Él algún destino poco usual y que produciría un gran dolor a sus discípulos. Ocurriría un suceso trágico que perturbaría las celebraciones que normalmente acompañaban al gozo del novio y de sus amigos. Esto no puede ser otra cosa más que la muerte.

En una ocasión Santiago y Juan fueron a Jesús para pedirle que se les concediera un lugar de honor en el Reino venidero. Jesús contestó: "No sabéis lo que pedís. ¿Podéis beber del vaso que yo bebo, o ser bautizados con el bautismo con que yo soy bautizado?" (Mc. 10:38). El vaso es sin duda de sufrimiento y muerte; pero a la luz del uso de esta metáfora en el Antiguo Testamento, parece que Jesús está pensando en el vaso de la ira de Dios contra el pecado.[12]

La misma idea de estar destinado a la muerte aparece en Lucas 12:50: "De un bautismo tengo que ser bautizado; y ¡cómo me angustio hasta que se cumpla!" Este dicho indica no sólo que Jesús es consciente de que lo que le espera es la muerte, sino que, de alguna forma, su muerte es la meta de su misión.

En la última cena Jesús dijo a sus discípulos: "Todos os escandalizaréis de mí esta noche; porque escrito está: Heriré al pastor, y las ovejas serán dispersadas" (Mc. 14:27). Ésta es una cita de Zacarías 13:7. El profeta no ve sólo el homicidio del pastor y la dispersión del rebaño, sino también la purificación de un remanente que sobrevive y que se convierte en el pueblo de Dios en el tiempo de salvación. Zacarías no dice cómo se va a realizar su purificación. Sin embargo, en el contexto encontramos una pista. En el día de la lamentación por aquél "a quien traspasaron" (Zac. 12:10), se abrirá un manantial para la casa de David para que se purifique de su pecado y de su inmundicia (Zac. 13:1). Esto nos lleva a pensar en una muerte sustitutoria por el rebaño. Este pasaje ilustra la forma en la que el pensamiento de la muerte de Jesús absorbía su mente y le llevó a ponderar el significado de las profecías del Antiguo Testamento.[14]

Estos pasajes sugieren que Jesús es consciente no sólo de que es el Hijo de Dios y aquél a través del cual Dios trae su Reino a los seres humanos; su misión también incluye sufrimiento y muerte. En las predicciones de su muerte y en los pasajes que hemos mencionado, no hay demasiadas explicaciones de la razón de su muerte o de su significado teológico. Sencillamente, se ve como un elemento esencial de su misión.

El significado de la cruz

Hay dos lugares en los que Jesús dice algo sobre el significado de su muerte: en Marcos 10:45 y en la última cena. Después de la petición de Santiago y Juan, y de la respuesta de Jesús Marcos añade: "el Hijo del Hombre no vino para ser servido, sino para servir, y para dar su vida en rescate por muchos". Estas palabras, a menudo han sido atribuidas a la influencia paulina en la última formación de la tradición evangélica, pero no existe una buena razón para rechazar su autenticidad. "Cualquiera que considere el núcleo de las palabras eucarísticas como genuino no vacilará en derivar de Jesús la sustancia de este *logion*".

Los tres Evangelios, y Pablo, registran palabras de Jesús para instituir la última cena entre sus discípulos. Sin embargo, encontramos algunas variantes, que no dejan de sorprendernos, y lo hacen porque cabría pensar que las palabras de Jesús para instituir ese rito cristiano tendrían que recordarse con precisión. Mateo (26:28) sigue a Marcos (14:24): "Esto es mi sangre, del nuevo pacto, que por muchos es derramada para remisión de los pecados". Mateo también sigue a Marcos cuando Jesús dice que no beberá más del fruto de la vid hasta que lo haga de nuevo "en el reino de Dios" (Mc. 14:25). Pablo añade una explicación con una referencia escatológica:

"Todas las veces que (…) bebiereis esta copa, la muerte del Señor anunciáis hasta que él venga" (1 Co. 11:26).

Resulta interesante que éstos sean los únicos textos (Mc. 10:25 y la última cena) que hablan del significado de la muerte de Jesús. La muerte como un elemento esencial para su misión mesiánica se encuentra a través de todo su ministerio, como ya hemos visto. Sin embargo, la mayoría de los textos de la Pasión no incluyen ninguna *Teología* de la misma. Si la tradición evangélica hubiera sido replanteada en términos de la fe cristiana primitiva de forma tan completa como afirma la Crítica, cabría esperar que hubiera una interpretación teológica mucho más elaborada en los relatos de la Pasión. Según la tradición que ha llegado hasta nosotros, Jesús habló sólo en algunas ocasiones del significado de su muerte. De estos pasajes se pueden sacar las conclusiones siguientes.

La muerte de Jesús es mesiánica

Esto se deduce en parte de las pruebas citadas de que Jesús consideró su muerte como un elemento esencial de su ministerio, y, en parte por el lenguaje que usa en las predicciones de sus sufrimientos: "Le era necesario al Hijo del Hombre sufrir mucho" (Mc. 8:31). Jeremías dice que éstas no pueden ser palabras de Jesús, porque en las lenguas semíticas no hay ninguna palabra que se corresponda con la palabra griega *dei* ("era necesario"). Que este argumento no es concluyente se demuestra porque *dei* se utiliza varias veces en la Septuaginta, sobre todo en la traducción de Daniel 2:28: "Hay un Dios en los cielos, el cual revela los misterios, y él ha hecho saber al rey Nabucodonosor lo que ha de (*dei*) acontecer en los postreros días". Ésta quizá no sea una traducción exacta del arameo. Hay, por tanto, una buena razón para concluir que el *dei* de Marcos puede representar el significado de las palabras de Jesús.

Algunos podrían interpretar que esta necesidad pertenecía a la esfera externa y que, por tanto, Jesús reconoció que, dado el desarrollo de los eventos, estaba claro que su muerte era inevitable. La consecuencia es que cooperaría con lo inevitable para transformar una necesidad externa en una experiencia de valor religioso. Sin embargo, esta interpretación no armoniza con las evidencias, porque cuando Pedro censuró a Jesús por anunciar la proximidad de su muerte, Jesús a su vez censuró a Pedro con las palabras: "¡Quítate de delante de mí, Satanás! porque no pones la mira en las cosas de Dios, sino en las de los hombres" (Mc. 8:33). Pedro pensaba en un nivel puramente humano; a estas alturas todavía era incapaz de ponerse a la altura del pensamiento de Dios. La muerte de Jesús no era meramente un resultado de acciones humanas; formaba parte del propósito divino: era un asunto de Dios. Esta interpretación se apoya en la censura a Pedro, innecesaria por otra parte, en la cual se le llama portavoz de Satanás. Esto sugiere que el propósito de Satanás era apartar a Jesús de la muerte; o por lo menos que dicho propósito se vería cumplido si éste se apartaba de la senda que conduce a la muerte. Por tanto, la muerte de Jesús es uno de los elementos más profundos de su misión mesiánica y de hecho era el propósito que Dios tenía para Él.

Esta interpretación es reforzada por el lenguaje de Marcos 10:45: "El Hijo del Hombre vino para dar su vida en rescate por muchos". Dar la vida es el objetivo por el que vino Jesús; la consumación y el propósito de su misión mesiánica se culminan en la entrega de la vida. Su muerte no será simplemente el resultado de fuerzas externas que llegan a un punto culminante desafortunado y trágico; es más bien la realización del propósito mismo de su misión, la manifestación más elevada de toda su vida al servicio de Dios y del ser humano.

Que la muerte de Jesús es una parte esencial de su misión mesiánica aún se explicita más en Juan que en los Sinópticos. Juan dice muy claramente que la muerte de Jesús no es simplemente un evento histórico; también es un acto redentor voluntario de Jesús: es el buen pastor que da su vida (*psyche*) por las ovejas (Jn. 10:11, 15, 17). Si no se incluyera en su misión mesiánica, nadie podría quitarle la vida. Su muerte es un acto voluntario; éste es el encargo que ha recibido de su Padre (Jn. 10:18).

La muerte de Jesús es expiatoria

El significado redentor de la muerte de Jesús puede apreciarse en Marcos 10:45 que trata del rescate. En este pasaje en que el Hijo del Hombre dará su vida (*psyche*) por muchos subyacen una serie de ideas. La primera es que la vida (*psyche*) de una persona se puede ganar o perder. "¿De qué aprovechará al hombre si ganare todo el mundo, y perdiere su alma?" Cuando la vida del hombre se ha perdido, no hay forma posible de volverla a ganar. No hay un precio suficiente que lo puede redimir. El mundo entero no tiene suficiente valor para rescatar una vida cuando se ha perdido. Viendo perdida la vida de muchos, Jesús da su vida para redimirlos.

El segundo concepto es el de rescate. "La idea de rescate (*lutron*) era bastante común en el mundo helénico y significaba el precio que se pagaba para liberar a un esclavo, o rescatar a prisioneros de guerra u obtener la liberación de alguna atadura. La idea judía es la misma. "El dinero del rescate (...) equivale a la vida perdida".[21] Esta palabra también tiene un significado más amplio como ofrenda vicaria, ofrenda expiatoria, que tiene *asham* en Isaías 53:10. El objetivo de la misión de Jesús era dar la vida como precio del rescate para que aquellos cuyas vidas se habían perdido pudieran volver a ganarlas. No debemos retroceder ante este concepto de rescate por al uso que hicieron de él los Padres griegos primitivos, que lo interpretaron como precio pagado al diablo para que las personas pudieran ser rescatadas de su control. Orígenes enseñaba que Dios había ofrecido el alma de Cristo al diablo a cambio de las almas de los seres humanos, y Satanás, tras aceptar el trato, se dio cuenta de que no podía retener a Cristo después de haberlo tenido en su poder. Gracias a esta estratagema divina, el demonio perdió su dominio tanto sobre las personas como sobre Cristo. La cruz, a veces, se interpretaba como el señuelo con el que Dios atrapó al demonio, o como una ratonera con el cebo de la sangre de Cristo para atrapar al demonio.[23] No hay ningún indicio ni en las enseñanzas de nuestro Señor ni en la enseñanza posterior de Pablo de que la vida de Cristo fuera un pago hecho al demonio. Jesús sí vio, sin embargo, su muerte como el precio con el que se podían rescatar las vidas perdidas de las personas; pero no explica cómo ocurrió esto. Debemos examinar Isaías 53 para encontrar los antecedentes de este concepto; ahí el siervo del Señor entrega su alma a la muerte, se contará entre los pecadores, y llevará el pecado de muchos (v. 12).

La muerte de Jesús es sustitoria

La muerte de Jesús no sólo es redentora; la expiación se realiza con la sustitución. Debe reconocerse un elemento de sustitución tanto en el supuesto concepto general como en el lenguaje concreto que se emplea. La preposición que se utiliza en Marcos 10:45 es *anti*, que significa concretamente "en lugar de". Los muchos que han perdido su vida serán redimidos porque Jesús pone la suya en su lugar. En este pasaje no se explica qué conlleva este elemento de sustitución, ni tampoco podemos esperar una explicación satisfactoria antes de que haya ocurrido el evento. Como hemos visto, el hecho mismo de la muerte mesiánica era una piedra de tropiezo para los discípulos. Por tanto, tampoco deberíamos esperar encontrar una doctrina elaborada de la expiación. Sin embargo, los elementos básicos están en realidad presentes, incluso el elemento de sustitución. Este factor es admitido por escritores actuales como Vincent Taylor. "Sin duda, contiene una idea de sustitución, ya que se hace algo por muchos que no pueden hacer por sí mismos".

La muerte de Jesús es sacrificial

La muerte de Cristo no es sólo sustitoria; también es sacrificial. La descripción del siervo sufriente en Isaías 53, que, como hemos visto, está en el trasfondo de la interpretación que nuestro Señor hace de su muerte, contempla al siervo de Dios ofrendando su alma por el pecado (Is. 53:10). El elemento sacrificial está presente en las palabras de Jesús en la última cena. No sólo ha de ser destruido su cuerpo; cuando ofrece la copa a sus discípulos, dice: "Esto es mi sangre del nuevo pacto, que por muchos es derramada" (Mc. 14:24). El relato de Mateo añade las palabras "para remisión de los pecados" (Mt. 26:28). La forma de 1ª Corintios 11:25 difiere ligeramente. "Esta copa es el nuevo pacto en mi sangre". En el pacto de Sinaí y en el del perdón se encuentran los antecedentes de esta enseñanza que, sin duda, no puede ser sino la de un nuevo pacto. Cuando Moisés recibió la Ley de la mano de Dios, tomó la sangre de las ofrendas cruentas y de las ofrendas de paz para rociar la mitad de ellas sobre el altar. Después de leer al pueblo el pacto y conseguir la promesa de obediencia, roció la otra mitad de la sangre sobre el pueblo, diciendo: "He aquí la sangre del pacto que Jehová ha hecho con vosotros sobre todas estas cosas" (Éx. 24:8). Este pacto está relacionado con el sacrificio, pero no se menciona el perdón de pecados.

El *segundo pacto* es en concreto un pacto de *perdón*. Dios prometió por medio del profeta Jeremías un nuevo pacto por medio del cual escribiría la Ley en el corazón de su pueblo y entraría en una nueva relación íntima con él en la que perdonaría su iniquidad y ya no recordaría más su pecado (Jer. 31:34). Por el símbolo de la copa, Jesús en efecto afirma el cumplimiento de este nuevo pacto, cuyo objetivo es el perdón de pecados. Además este nuevo pacto está asociado con su cuerpo destrozado y su sangre derramada por muchos. Esta terminología implica la cuestión fundamental del significado de la sangre derramada. Algunos estudiosos reconocen formalmente por lo menos un elemento sacrificial y aún así insisten en que el significado primordial del derramamiento de sangre es liberar la vida, que se pone de esta manera a disposición de los hombres para que participen de ella. Por otra parte, Taylor niega explícitamente que las alusiones bíblicas a la sangre sean sinónimos de muerte. La sangre de Cristo significa más bien "la vida de Cristo, entregada libremente y ofrecida por los hombres".[29] Con la sangre del pacto, Jesús quería expresar que "su vida, entregada a Dios y aceptada por él, se ofrece también a las personas y se pone a su disposición. La copa es un símbolo de esta vida; pero, como se les da para beber, es más que un símbolo. Es un medio de bendición, una oportunidad para apropiarse de ella. No se transforma en sangre, sino que es un vehículo de la vida entregada por muchos en el derramamiento de sangre". Este concepto del derramamiento de sangre como símbolo de vida derramada y puesta a disposición de los seres humanos fue defendida por el Obispo Westcott[31] y ha encontrado una calurosa acogida entre muchos estudiosos ingleses. Por muy atractiva que parezca esta interpretación, el concepto bíblico de la sangre derramada no es el de vida liberada; es el de vida entregada en la muerte, sobre todo en la forma de muerte sacrificial. La sangre derramada no es vida entregada por otros, es vida entregada en la muerte. La sangre de Cristo es sinónimo de la muerte de Cristo, porque el derramamiento de sangre conlleva la destrucción de la vida. La sangre de Cristo es "sólo una expresión más fuerte que la de la muerte de Cristo en su significado redentor". La sangre de Cristo derramada por muchos se refiere a su muerte sacrificial de la que muchos obtendrán provecho. Que sus discípulos tengan que beber de la copa no simboliza una participación en su vida sino más bien compartir las bendiciones redentoras que produce la muerte sacrificial de Cristo.

La objeción de que esta enseñanza acerca de la muerte redentora sacrificial difícilmente puede ser una enseñanza genuina de nuestro Señor porque no armoniza con la totalidad de su instrucción sobre la naturaleza de Dios y no se puede mantener, ya sea por la exégesis de textos concretos o por la enseñanza de Jesús sobre la naturaleza de Dios. A veces se ha insistido en que el tema central de la enseñanza de nuestro Señor acerca de Dios y del perdón de pecados es que Él, por su disposición paternal hacia los seres humanos, les perdona los pecados gratuitamente sin ninguna necesidad de sacrificio o expiación. La parábola del hijo pródigo se ha citado a menudo como una ilustración de este perdón gratuito, no mediado, de Dios. El padre perdonó al hijo cuando regresó a casa sin sacrificio ni derramamiento de sangre. Éste, sin embargo, es un argumento peligroso, porque en la parábola del hijo pródigo, no hay ningún mediador de ninguna clase; y si sobre la base de esta parábola fuéramos a eliminar la expiación, deberíamos eliminar también la mediación de cualquier salvador. Esta parábola tiene el propósito de enseñar una verdad, a saber, la naturaleza del amor de Dios hacia los pecadores. No se puede edificar sobre una sola parábola una teología del perdón.

Hemos visto ya que la enseñanza de Jesús sobre la naturaleza y la forma de ser de Dios implica el reconocimiento de que Dios es tanto amor como perdón vindicador. En otras palabras, Dios es amor santo. Como Dios es amor, perdona los pecados de las personas; y como su amor es santo, otorga este perdón por medio de la muerte expiatoria de Cristo. Aunque Taylor no ha reconocido adecuadamente todo lo que implica la muerte de Cristo, se ha expresado muy correctamente al decir: "La idea de que a un Dios santo no se le debe ningún acto de apaciguamiento, o que las personas no lo necesitan, es una noción moderna que sería calumnioso atribuir al mundo antiguo; y decir que Jesús no puede haber hablado de su muerte de esta forma es modernizar su figura y su pensamiento".

La muerte de Jesús es escatológica

La muerte de Cristo tiene un significado escatológico, porque dijo: "De cierto os digo que no beberé más del fruto de la vid, hasta aquel día en que lo beba de nuevo en el Reino de Dios" (Mc. 14:25). La muerte de Cristo crea una nueva comunión que sólo se hará completamente realidad en el Reino escatológico de Dios. Esta orientación escatológica también se aprecia en el comentario de Pablo: "Todas las veces que comiéreis este pan, y bebiereis esta copa, la muerte del Señor anunciáis hasta que él venga" (1 Co. 11:26).

La experiencia de la cruz

Dos detalles de la pasión de Jesús sugieren un significado mucho más profundo que la muerte física, por terrible que ésta fuera. Los tres Sinópticos recogen la oración de Jesús en su agonía de Getsemaní para que su Padre apartara de él "esta copa" (Mc. 14:36). Lucas añade que pasó por una angustia espiritual tan grande que "era su sudor como grandes gotas de sangre que caían hasta la tierra" (Lc. 22:44).

Cullmann contrasta las muertes de Sócrates y Jesús, y dice que Sócrates murió de forma impasible y heroica, mientras que Jesús lo hizo con verdadero temor a la muerte. Cullmann reconoce que la muerte de Jesús significaba que iba a separarse de Dios, y ser entregado en manos del enemigo; pero éste parece ser el significado de la muerte para todos los seres humanos. "Es ajeno al espíritu de Jesús que pidiera que se le apartara la copa si no se refiere más que a un sufrimiento y a una muerte personal",[35] sobre todo a la luz de los martirios cristianos subsiguientes en los que los hombres sufrieron con gozo la misma clase de muerte por amor a Jesús. Tiene que haber algo más profundo que simplemente la muerte física. En el Antiguo Testamento, la copa es una metáfora de castigo y de retribución divina por el pecado. En su identificación con los seres humanos pecadores, es el objeto de la ira santa de Dios contra el pecado, y en Getsemaní, al acercarse la hora de la Pasión, se pone de manifiesto el horror completo a esa ira.[37] Aunque sabía que su muerte formaba parte del núcleo de su misión mesiánica, y aunque se había propuesto cumplirla, lo terrible de la copa de la ira de Dios contra el pecado le lleva a pedir gimiendo la liberación: "si fuese posible" (Mc. 14:35). Aún así, se somete en entrega total para cumplir su misión.

El segundo evento es el grito de abandono en la cruz: "Dios mío, Dios mío, ¿por qué me has desamparado?" (Mc. 15:34). Esto es en realidad una cita del Salmo 22:1, y sin duda significa, por lo menos, que Jesús posee una humanidad sufriente. La idea de que Jesús experimentó un sentimiento de abandono total por parte de su Padre es más satisfactoria.[40] Sin embargo, es posible que "el peso del pecado del mundo, su total autoidentificación con los pecadores, implicara no sólo el sentimiento de abandono del Padre, sino un abandono real".

La victoria de la muerte de Jesús

Algunos textos de Juan señalan otro aspecto del significado de la muerte de Jesús. Hemos visto que en la raíz misma de la misión de Jesús hay una lucha espiritual con los poderes del mal. En la persona y misión de Jesús el Reino de Dios estaba triunfando sobre el reino de Satanás. Juan indica que esta lucha se extiende hasta la cruz. La hora de la muerte significaba que "el príncipe de este mundo" trataba de destruir a Jesús. La traición de Judas se describe como un acto motivado por el demonio (6:70; 13:2, 27). Sin embargo la muerte de Jesús significa que el príncipe de este mundo es "echado fuera" (Jn. 12:31; ver también 16:11). De todos modos, hasta cierto punto, el evangelista no trata de describir esto, la muerte de Jesús" es tanto un acto de Satanás como un acto en el que Jesús obtiene la victoria sobre Él.

Capítulo 15

Escatología

El tema de la Escatología es uno de los problemas más difíciles de los Sinópticos. Además se añaden algunas cuestiones muy complejas que en este capítulo sólo mencionaremos brevemente, presentando algunas conclusiones sin su debida argumentación.

Escatología individual: el estado intermedio

Jesús no proporciona mucha información sobre el destino del individuo aparte de su lugar en el Reino escatológico de Dios. En el Nuevo Testamento se distingue claramente entre el Hades, el estado intermedio, y el Gehenna (infierno), el lugar del castigo final. Hades es el equivalente griego del Seol del Antiguo Testamento. En el Antiguo Testamento, la existencia humana no acaba con la muerte, sino que sigue existiendo en el más allá. No se habla del alma o del espíritu que desciende al Seol; los seres humanos siguen existiendo como "sombras" (*rephaim*). Los *rephaim* son "continuaciones débiles y difuminadas de seres vivos que han perdido su fuerza vital" (Sal. 88:11; Pr. 2:18; 19:18; 21:16; Job 26:5; Is. 14:9). No son "almas extintas sino vidas con poca sustancia". El *Seol*, donde se reúnen las sombras, se describe como un lugar inferior (Sal. 86:13; Pr. 15:24; Ez. 26:20), una región de oscuridad (Job 10:22), un país de silencio (Sal. 88:12; 94:17; 115:17). Aquí los muertos, que están reunidos en tribus (Ez. 32:17–32), reciben a los moribundos (Is. 14:9, 10). Seol no es tanto un lugar como el estado de los muertos. No es la no existencia, pero no es vida, porque ésta sólo se puede disfrutar en la presencia de Dios (Sal. 16:10, 11). Seol es la forma que tiene el Antiguo Testamento de afirmar que la muerte no acaba con la existencia humana.

En el Antiguo Testamento hay algunas insinuaciones de que la muerte no podrá destruir la comunión que el pueblo de Dios ha disfrutado con Él. Como Dios es el Dios vivo y el Señor de todo, no abandonará a su pueblo en el Seol, sino que les capacitará, de una forma que no se especifica, para disfrutar de una comunión ininterrumpida con Él (Sal. 16:9–11; 49:15; 73:24; Job 19:25–26). Estos pasajes no contienen la enseñanza de un estado intermedio de bienaventuranza, apuntan a ello. Los salmistas no pueden concebir que la comunión con Dios pueda ser destruida, ni siquiera por la muerte.

En el Antiguo Testamento, el Seol no es un lugar de castigo. El destino de los justos y de los injustos es el mismo. En el judaísmo surge una doctrina distinta del Seol como lugar de bendición para los justos pero de sufrimiento para los injustos (*1 En.* 22–23; 4 Esd. 7:75–98).

Jesús no dice casi nada del Hades. La palabra aparece muy pocas veces (Mt. 11:23 = Lc. 10:15; Mt. 16:18) dando por sentado un concepto ya conocido. En una parábola Jesús asume las ideas de la época sobre el Hades para poner de manifiesto el peligro al que se enfrentan los seres humanos si se niegan a escuchar la palabra de Dios. La parábola del rico y Lázaro (Lc. 16:19–31) se ha entendido a menudo como un pasaje didáctico que enseña explícitamente la situación de los muertos. Esto, sin embargo, no está tan claro, porque si éste es un texto didáctico, propone algo contrario al resto de las enseñanzas de Jesús, a saber, que la riqueza merece el Hades y la pobreza se recompensa *per se* con el paraíso. La parábola no es un comentario sobre el contexto social de la época, ni tampoco pretende proporcionar determinadas enseñanzas sobre el más allá. En realidad no se trata de un relato sobre el rico y Lázaro, sino de los cinco hermanos. Jesús utilizó un determinado material de su época para enseñar que si las personas no escuchaban la palabra de Dios, ni siquiera un milagro como la resurrección podría convencerles.[4]

Sólo en una ocasión, Jesús aclara algo sobre el destino de los justos. Al ladrón moribundo que manifestó su fe en Jesús en la cruz, él le prometió: "De cierto te digo que hoy estarás conmigo en el paraíso" (Lc. 23:43). He aquí una clara afirmación de que el alma o espíritu del que muere estaría con Jesús en la presencia de Dios. "Paraíso", que significa "parque" o "jardín", se utiliza en la LXX para referirse al jardín del Edén (Ez. 28:13; 31:8) y a veces para la era mesiánica en la que serán restauradas las condiciones del Edén (Ez. 36:35; Is. 51:3). También se utiliza esta palabra en la literatura intertestamentaria para la era mesiánica bienaventurada (*Test. Levi* 18:10s.; *Test. Dan* 5:12; 4 Esd. 7:36; 8:52; *Ap. Bar.* 51:11). En esta literatura también se desarrolla la idea de que los muertos bienaventurados descansaban en un jardín divino (*1 En.*

60:7, 23; 61:12). La palabra sale sólo tres veces en el Nuevo Testamento – en el pasaje de Lucas, en 2 Corintios 12:3 y en Apocalipsis 2:7 – y se refiere sencillamente a la morada de Dios. Debemos concluir, por tanto, que Jesús no proporciona ninguna información sobre el estado de los injustos que han muerto, y sólo afirma que los justos que lo han hecho están con Dios.

Resurrección

Es evidente que el destino individual se entiende como resurrección corporal. En varias ocasiones Jesús resucitó a personas muertas. Estos no son milagros aislados sino señales de la era mesiánica. Es obvio que Jesús compartía la idea judía sobre la resurrección. En el Antiguo Testamento encontramos un precedente de ella en Isaías 26:19, y una afirmación positiva en Daniel 12:2. Aunque en el judaísmo no existía una escatología ortodoxa y en la literatura de la época hay una gran variedad de ideas, la resurrección pasó a ser una creencia común de los judíos, con excepción de los saduceos, que la negaban. Esto proporciona ciertos antecedentes para la deshonesta pregunta sobre la mujer que había tenido siete maridos (Mc. 12:18–23). Jesús contestó que la vida resucitada es diferente de la actual: ya no se morirá más y por tanto no se necesitarán las funciones naturales de hombre y mujer. Es importante advertir que Jesús no dice que los hombres se convertirán en ángeles – sólo que serán *como* ángeles, ya que no morirán (Mc. 12:25). Lucas añade que la resurrección introduce a los seres humanos en la vida de la era futura, es decir, el Reino de Dios. En Lucas 14:14 hay otra referencia casual a la resurrección: "Te será recompensado en la resurrección de los justos".

Infierno

La palabra que utiliza al Nuevo Testamento para designar el lugar del castigo final es *Gehenna*, que procede del hebreo *ge hinnom*. *Ge hinnom* era un valle situado al sur de Jerusalén donde se ofrecían sacrificios a Moloc en los días de Acaz y Manasés II (2 R. 16:3; 21:6). Las amenazas de juicio pronunciadas en Jeremías 7:32; 19:6 sobre este valle siniestro representan la razón por la que en la literatura apocalíptica se llega a equiparar con el infierno del juicio final. En los Sinópticos, Gehenna es un lugar de tormento eterno de fuego inextinguible (Mc. 9:43, 48). Aunque sólo los cuerpos de las personas están en el sepulcro, todos pueden ser arrojados en el infierno (Mt. 10:28). Éste se describe como un abismo ígneo (Mc. 9:43), como un horno de fuego (Mt. 13:42, 50), como un fuego eterno preparado para el demonio y sus ángeles (Mt. 25:41). En los Evangelios no se describen los castigos que se sufren en él, algo muy frecuente en los escritos apocalípticos.

Por otra parte, el castigo final se describe como una experiencia de las tinieblas (Mt. 8:12; 22:13; 25:30). Esto sugiere que tanto el fuego como las tinieblas son metáforas que representan lo indescriptible. "Nunca os conocí; apartaos de mí, hacedores de maldad" (Mt. 7:23); "de cierto os digo que no os conozco" (Mt. 25:12). La esencia del infierno es la exclusión de la presencia de Dios y del disfrute de sus bendiciones.

La idea de Jesús acerca del futuro: las fuentes

Gran parte de la escatología de Jesús, tal y como la refieren los Sinópticos, se relaciona con los eventos que acompañan a la venida del Reino escatológico de Dios. Las ideas escatológicas están presentes en toda su enseñanza. En los Evangelios encontramos dos discursos escatológicos: uno en Lucas (17:22–37) que responde a la pregunta de los fariseos sobre el tiempo de la venida del Reino, y el discurso del monte de los Olivos (Mc. 13; Mt. 24; Lc. 21). Mateo añade bastante material escatológico, parte del cual también está en Lucas (Mt. 24:27–51), y tres parábolas escatológicas (Mt. 25) que se encuentran sólo en el Primer Evangelio.

Hay dos hechos por los que resulta obvio que ni siquiera ése es un discurso completo de Jesús. Esto no quiere decir que no sea escatológico, porque ciertamente lo es. Sin embargo, los tres relatos de ese sermón, tal y como ha llegado hasta nosotros, obviamente son el resultado de un trabajo editorial de los evangelistas, basado en la tradición. Esto queda demostrado por el hecho de que Marcos 13:9b–12 no se recoge en Mateo 24 pero sí en Mateo 10:17–21 en el discurso misionero a los doce. Además, la breve perícopa de Mateo 24:26–28 parece contener algo de material de Q, y aparece también en Lucas 17:23–24.

Hay otra cuestión que hace aún más difícil el problema. Según Marcos 13:4, los discípulos le hicieron a Jesús una doble pregunta: cuándo será destruido el Templo (Mc. 13:12), y qué señal determinará el tiempo en el que "todas estas cosas hayan de cumplirse". No cabe duda de que los discípulos pensaban en la destrucción del Templo como uno de los eventos que acompañarían al fin del siglo y a la venida del Reino escatológico de Dios. Mateo interpreta que la pregunta de Jesús implica los dos sucesos: "¿Cuándo serán estas cosas [es decir, la destrucción del Templo] y qué señal habrá de tu venida, y del fin del siglo?: (Mt. 24:3). La cuestión es: ¿Esperaba Jesús, como los discípulos, que la destrucción del Templo y el fin del siglo ocurrirían en un futuro próximo?

El problema se complica con la cuestión de que estos dos sucesos parecen estar íntimamente relacionados en los tres relatos, aunque el aspecto escatológico se destaca claramente en Mateo y el histórico en Lucas. En los tres Evangelios se relaciona la venida del Hijo del Hombre en las nubes con poder y gran gloria (Mc. 13:26), para reunir a su pueblo en un Reino escatológico (Mc. 13:27; Lucas lo omite). Es razonablemente cierto que la "gran tribulación" (Mc. 13:19) se refiere al "tiempo de las maldiciones mesiánicas" cuya raíz está en el Antiguo Testamento (Jer. 30:7; Dn. 12:1). El sentido de "la abominación desoladora" (Mc. 13:14) es más difícil. La palabra que se traduce por "abominación" (*bdelygma*) se usa en el Antiguo Testamento para todo lo que tiene relación con la idolatría. La expresión se emplea en Daniel 11:31 para la profanación del altar por el representante de Antíoco Epífanes en el año 167 a. C. Esta expresión también está en Daniel 12:11, pero es más probable que se refiera al anticristo escatológico. La expresión del sermón del monte de los Olivos suele entenderse como una referencia al anticristo.[12]

Beasley-Murray ha hecho una fuerte defensa de que esta expresión es una referencia a la profanación de los ejércitos romanos, que llevaban sus insignias paganas, de los recintos sagrados. De todos modos, algunas advertencias armonizan mejor con la situación histórica que con la escatológica. El que huyeran a las montañas, que se apresuraran, que la esperanza de que la tribulación ocurriera en invierno cuando los valles se inundan de agua, puede referirse a una situación histórica, pero es difícil relacionar estas cosas con una tribulación a escala universal desencadenada por un anticristo escatológico.

La mayor dificultad se encuentra en el hecho de que si "la abominación desoladora" de Marcos y Mateo tiene un carácter primordialmente escatológico, en Lucas tiene que ver con una Jerusalén rodeada de ejércitos" (Lc. 21:20). La diferencia entre Mateo y Lucas ha querido resolverse de varias maneras. Muchos intérpretes conservadores siguen el relato de Lucas e interpretan Mateo y Marcos a la luz de Lucas. La gran tribulación y la abominación desoladora deben entenderse históricamente como referencia al asedio de Jerusalén y a la destrucción del Templo por Tito en los años 66–70 d. C. La dificultad de esta interpretación reside en que la parusía sucedería "*inmediatamente* después de la tribulación de aquellos días (Mt. 24:29). O sea, coloca la tribulación y la abominación desoladora como sucesos de los últimos días.

Otra solución al problema es que Marcos y Mateo relatan con precisión la enseñanza de Jesús mientras que Lucas simplemente nos da su interpretación a la luz de la Historia posterior. Esencialmente, la enseñanza de Jesús era escatológica; pero cuando Jerusalén fue destruida, Lucas, que escribió después de los acontecimientos, interpreta esas enseñanzas de acuerdo con ellos. Sin embargo, no es del todo seguro que el Evangelio de Lucas se escribiera después del año 70 d. C., sino que es probable una datación anterior, a saber, hacia el final de la década de los años cincuenta o comienzos de los sesenta.

Por otra parte, algunos intérpretes han sugerido que los Evangelios mencionan dos discursos que se pronunciaron en dos ocasiones diferentes; y aunque estos dos discursos proféticos tienen una estructura similar, uno trata de la historia inmediata, y el otro de la consumación escatológica. Sin embargo, dicha estructura es tan similar en los tres Evangelios que esto parece muy poco probable.

Todavía hay otra solución. Ya hemos comentado que en ese discurso Jesús trataba de responder a una doble pregunta: cuándo será destruido el Templo y cuál será la señal de su parusía del fin del siglo (Mc. 13:4; Mt. 24:3). Hemos visto también que el relato de Marcos incorpora referencias tanto históricas como escatológicas. Debemos concluir que a pesar de la exhaustividad de los críticos, no podemos recuperar la historia de la tradición ni recrear los *ipsissima verba* de Jesús. Sin embargo, en la totalidad de su enseñanza emerge claramente una cosa: Jesús habló tanto de la caída de Jerusalén como de su parusía escatológica. Cranfield ha sugerido que en las ideas de Jesús lo histórico y lo escatológico se mezclan, y que el evento escatológico final puede verse a través de la "transparencia" de los acontecimientos históricos. Este autor ha aplicado esta tesis a los profetas del Antiguo Testamento para descubrir que esta idea abreviada del futuro es uno de los elementos esenciales de la perspectiva profética. En Amós, el Día del Señor es un suceso histórico (Am. 5:18–20) y también escatológico (Am. 7:4; 8:8–9; 9:5). Isaías describe el día histórico de la visitación a Babilonia como si fuera el escatológico Día del Señor (Is. 13). Sofonías presenta ese Día (Sof. 1:7, 14) como un desastre histórico que se lleva a cabo por un enemigo no identificado (Sof. 1:10–12, 16–17; 2:5–15); pero además, también lo hace en términos de una catástrofe mundial en la que todas las criaturas serán eliminadas de la superficie de la tierra (Sof. 1:2–3) y no quedará nada (Sof. 1:18). Esta forma de ver el futuro expresa la idea de que "en las crisis de la historia se vislumbra lo escatológico. Los juicios divinos en la historia son, por así decirlo, ensayos del juicio final, y las sucesivas encarnaciones del anticristo, anticipaciones de la suprema concentración final de la rebelión del demonio antes del fin".[20]

La idea de Jesús sobre el futuro: histórico

Los Evangelios manifiestan que Jesús previó algunos eventos de un futuro histórico. Ya hemos visto que así fue con la caída de Israel por su ceguera espiritual. Este juicio iba a ser histórico y también escatológico. Caerá sobre Jerusalén y sus habitantes (Lc. 13:34s. = Mt. 23:37–39; Lc. 19:41–44; 23:27–31). El Templo será destruido (Mc. 13:1–2). El juicio vendrá sobre esa mala generación (Mt. 11:16–19; Lc. 13:1–5). El Reino de Dios será quitado a Israel y dado a otro pueblo. En la parábola de los labradores malvados, Jesús enseñó que igual que Israel había rechazado a los profetas incluso al propio Hijo de Dios, Él le visitará con juicio y "destruirá a los labradores, y dará su viña a otros" (Mc. 12:9). La interpretación de esta parábola ha sido muy discutida. Muchos críticos piensan que se trata de una alegoría creada por la Iglesia. Jeremías insiste en que no puede ser auténtica debido, precisamente, a sus elementos alegóricos. La parábola original hacía referencia a una sola cuestión: la vindicación del ministerio de Jesús hacia los pobres. Los líderes rechazan la predicación de Jesús del Reino mientras que los pobres la aceptan. Sin embargo, Hunter comenta que este es "un buen ejemplo de hasta qué punto una determinada doctrina puede desorientar a un buen exégeta". Además, la parábola no es una alegoría pura.[25] Los detalles son elementos necesarios del relato. Su esencia se halla en Lucas 11:49–51 = Mateo 23:34–35, donde Jesús habla de la matanza de los profetas y del juicio de Dios sobre su generación. La parábola de los labradores malvados sólo añade que el Hijo también será matado, y el Reino será dado a "otros". Sin embargo, afirma claramente que ya que Israel, representado en sus líderes religiosos, ha rechazado la oferta de Dios del Reino, Él ha rechazado a la nación de Israel, y su lugar como pueblo de Dios será ocupado por "otros"; y si, como hemos argumentado, Jesús consideró a sus discípulos como el remanente del verdadero Israel, pues han aceptado el ofrecimiento del Reino, los "otros" deben ser, precisamente, el círculo de los discípulos de Jesús. Mateo lo explicita más cuando dice que "el reino de Dios será quitado de vosotros, y será dado a gente que produzca los frutos de él" (Mt. 21:43).

Jesús prevé un período en el que los discípulos llevarán a cabo la misión de predicar el Reino más allá de los límites de Palestina. Mateo 10 sigue a Marcos 6 (ver también Lc. 9:1–6) cuando se refiere a una misión de predicación de los doce que debía limitarse a "las ovejas perdidas de la casa de Israel" (Mt. 10:6). Se les encarga expresamente que no vayan a los gentiles. Sin embargo, Mateo inserta un pasaje del discurso del monte de los Olivos de Marcos (Mc. 13:9–13) que anticipa una misión entre los gentiles. Los enviados de Jesús serán puestos ante el concilio, llevados ante gobernadores y reyes por su causa (Mt. 10:17 = Mc. 13:9 = Lc. 21:12). En este contexto Marcos incluye: "es necesario que el evangelio sea predicado a todas las naciones" (Mc. 13:10). Mateo hace una ampliación de este versículo en su relato del discurso del monte de los Olivos: "Será predicado este evangelio del reino en todo el mundo, para testimonio a todas las naciones; y entonces vendrá el fin" (Mt. 24:14). Esto no requiere ser interpretado como una profecía de la universalidad de la misión de la Iglesia; pero sin duda anuncia una misión universal de los discípulos de Jesús.

En el discurso de la misión, Mateo tiene un interés diferente. Incluye un dicho difícil: "De cierto os digo, que no acabaréis de recorrer todas las ciudades de Israel, antes de que venga el Hijo del Hombre" (Mt. 10:23). Este versículo fue utilizado por Schweitzer para señalar que Jesús esperaba que la misión de los doce crearía un gran movimiento de arrepentimiento en Israel de tal forma que el Reino escatológico llegaría antes de que hubieran completado la misión. Esta perícopa, sin duda alguna, va más allá de la propia misión de los doce, hacia su misión futura en el mundo. Este versículo sólo dice que la misión de los discípulos de Jesús en Israel duraría hasta la venida del Hijo del Hombre. Indica que a pesar de la ceguera, Dios no había descartado definitivamente a su pueblo. El nuevo pueblo de Dios se preocupará por Israel hasta que venga el fin.

Hay otros indicios en los Evangelios de que Jesús no sólo ve una misión hacia los gentiles, sino también una misión dirigida a la salvación final de Israel. Cuando Jesús lloró sobre Jerusalén por la proximidad del juicio divino, dijo "porque os digo que desde ahora no me veréis, hasta que digáis: Bendito el que viene en el nombre del Señor" (Mt. 23:39). Esta expresión prevé el arrepentimiento de Israel de tal forma que cuando venga el fin de la historia para llevar a cabo el juicio y la redención final de Dios, un Israel arrepentido le dará la bienvenida.

Una idea parecida está implícita en un texto que Lucas incluye en su versión del discurso del monte de los Olivos. Después de hablarles de la destrucción de Jerusalén y de la dispersión del pueblo, Lucas dice: "Jerusalén será hollada por los gentiles, hasta que los tiempos de los gentiles se cumplan" (Lc. 21:24). Aquí Jesús prevé claramente un tiempo entre la caída de Jerusalén y la parusía que llama "los tiempos de los gentiles". Además, es posible que este dicho implique que Jerusalén volvería a ser de Israel una vez concluidos "los tiempos de los gentiles".[31]

Los dichos que hemos examinado ponen de manifiesto que Jesús tenía una perspectiva histórica independiente que hace referencia al juicio histórico de Israel, a la destrucción del Templo, a la dispersión del pueblo judío, a una misión de sus discípulos que incluye tanto a gentiles como a judíos, y probablemente, al arrepentimiento final de Israel. Todo esto puede ser justificado con el discurso del monte de los Olivos de Marcos 13. En la primera sección de dicho discurso pueden apreciarse dos partes: las señales que precederán al fin (Mc. 13:5–23) y los sucesos del fin (Mc. 13:24–27). Las señales incluyen falsos mesías, maldiciones, persecución, evangelización a escala mundial, la abominación desoladora y la gran tribulación. Los discípulos hicieron la pregunta: "¿Qué señal habrá cuando todas estas cosas hayan de cumplirse?" (Mc. 13:4). Mateo cree que esto significa "la señal de tu venida" (Mt. 24:3). La apocalíptica judía se complacía en referir las señales que presagiarían la inminencia del fin. El autor de 4 Esdras escribió: "Respecto a las señales (…) el sol brillará de repente de noche y la luna de día. De los árboles saldrá sangre, y las piedras hablarán (…) El mar de Sodoma producirá peces (…) con frecuencia se desencadenarán fuegos, las fieras salvajes saldrán de sus guaridas, las mujeres con menstruación parirán monstruos, las aguas saladas se mezclarán con las dulces, y todos los amigos se destruirán entre sí; entonces la razón estará oculta, y la sabiduría totalmente escondida" (4 Esd. 5:1ss.). El motivo de los apocalipsis es que el mal que ha dominado el siglo, al final será tan intenso que el caos será total, tanto en las relaciones humanas como en el orden sociopolítico. Cuando el mal se haya vuelto tan intenso que resulte prácticamente insoportable, Dios intervendrá para traer su Reino.[33] Sin embargo, éste no es el tema del discurso del monte de los Olivos. Las tribulaciones que Jesús describe no son en realidad señales de un fin cercano. De hecho, dijo expresamente que cuando aparezcan estas señales, "aun no es el fin" (Mc. 13:7). Más que ser señales de la proximidad del fin, lo son de su demora. Cranfield sugiere que el tema de toda esa primera parte del discurso es "aún no es el fin". Quizá el versículo más importante en este sentido sea: "principios de dolores son estos" (Mc. 13:8). La palabra que se usa (*odines*) significa "penalidades y en el Antiguo Testamento se utiliza para referirse a los dolores de parto" (Is. 26:17). El Antiguo Testamento habla del nacimiento de una nación a través de un período de penalidades (Is. 66:8; Jer. 22:23; Os. 13:13; Mi. 4:9s.), y de estos versículos el judaísmo construye la idea de que el Reino mesiánico surgiría de un período de sufrimiento llamado "las penalidades mesiánicas" o "los dolores de parto del Mesías". Esto no significa que el Mesías deba sufrir, sino que hace referencia a las penalidades a partir de las cuales alumbrará la era mesiánica.[36] En Marcos 13:19–20 pueden apreciarse explícitamente estas penalidades mesiánicas: "Porque aquellos días serán de tribulación cual nunca ha habido desde el principio de la creación (…) hasta este tiempo. Y si el Señor no hubiese acortado aquellos días, nadie sería salvo". Esta es una alusión directa al tiempo de tribulación de Daniel 12:1. Las guerras y las persecuciones que caracterizarán el tiempo del fin retrasado serán sólo el comienzo de las penalidades que precederán inmediatamente al fin definitivo.

El tema del discurso del monte de los Olivos es diferente al de los apocalipsis. Se trata del contraste entre la naturaleza de este siglo y del Reino de Dios, y del conflicto entre ambos. Dios no ha abandonado el siglo a los poderes del mal. Es necesario que el Evangelio sea predicado antes a todas las naciones" (Mc. 13:10). Pero el Evangelio no conquistará al mundo, ni someterá a todas las naciones. El odio, los conflictos y las guerras seguirán siendo las características de esta edad hasta la venida del Hijo del Hombre. Y no sólo esto, sino que este siglo es hostil al Evangelio y perseguirá a sus seguidores.

He aquí una nota sombría que atraviesa todas las enseñanzas de Jesús. Él dijo en más de una ocasión que para ser su discípulo, el ser humano debe estar dispuesto a tomar la cruz (Mc. 8:34; Mt. 10:38 = Lc. 14:27). Estas palabras se encuentran en Mateo 10:38 en el marco de la misión de los discípulos hacia el mundo. De ningún modo ellos debían esperar una respuesta uniformemente cordial. Serían azotados y condenados a muerte; gobernadores y reyes se les opondrían (Mt. 10:17–21). Las expectativas del ministerio de los discípulos de Jesús son el sufrimiento, la persecución y el martirio. Las palabras "el que persevere hasta el fin" (*eis telos*, Mt. 10:22; Mc. 13:13) pueden querer decir "hasta la muerte". La cruz no es una carga; es un instrumento de muerte. Llevar la propia cruz significa estar dispuesto a llegar, como Jesús, hasta el martirio y la muerte. El nexo entre sufrimiento y participación en la comunidad del Hijo del Hombre no es accidental, sino que está enraizada en el ser mismo de esa comunidad. Accede a la existencia por la obediencia al llamamiento del Mesías rechazado y en virtud de su muerte sacrificial. "La rebelión del mundo contra Dios queda expresada en el homicidio del Hijo de Dios; la comunidad que permanece junto a él debe, necesariamente, ser objeto de la misma hostilidad". Desde el punto de vista de la conflictividad entre el mundo y el Reino de Dios, la pérdida de la vida no es la cuestión principal. El relato de Lucas dice: "Matarán a algunos de vosotros; (…) Pero ni un cabello de vuestra cabeza perecerá. Con vuestra paciencia ganaréis vuestras almas" (Lc. 21:16–19).

Desde esta perspectiva, la terrible persecución final de las penalidades mesiánicas de la "gran tribulación" (Mt. 24:21) armoniza con la relación de la Iglesia con el mundo durante el presente siglo. Jesús está de acuerdo con los apocalípticos en que el mal será un distintivo de esta edad; el Reino de Dios abolirá el mal, pero lo hará en el Siglo Venidero. *Pero Dios no ha abandonado este siglo con mal.* El Hijo de Dios ha hecho que la vida y el poder del Reino de Dios irrumpan en la Historia. Los discípulos de Jesús han recibido la comisión de proclamarlo en todo el mundo. Pero el éxito de la misión no se dará en estado puro. Llevarán la verdad del evangelio al mundo, pero lo harán en el mismo contexto de lucha con los poderes del mal que llevó a Jesús a la muerte. Al final el odio del mundo por el Evangelio de Dios encontrará su expresión en una última persecución convulsiva que diezmará la Iglesia. Esto será algo nuevo sólo debido a lo que respecta a su intensidad. Pero al final el Reino de Dios vendrá y vindicará a su pueblo.

La venida del Reino

El fin del siglo y la venida del Reino se describen brevemente en Marcos 13:24. Primero, Jesús habla de una catástrofe cósmica: el oscurecimiento del sol y de la luna, la caída de las estrellas y la conmoción de las potencias de los cielos. Éste es un lenguaje poético y debe entenderse en el trasfondo del Antiguo Testamento. Este autor ha realizado un estudio detallado de este lenguaje y concluye que es poético y que, por tanto, no debe interpretarse de una forma estrictamente literal, aunque sí pretende describir sucesos cósmicos reales. Estamos de acuerdo con Beasley-Murray cuando dice: "La expresión poética no debe confundirse con la alegoría (…) Cuando Dios interviene para salvación, el Universo palidece ante Él".[40] Este lenguaje no significa necesariamente una destrucción completa del universo; sabemos, por un uso parecido en otras partes, que se refiere al juicio de Dios sobre un mundo caído que comparte la situación del pecado del ser humano, y que de las ruinas del juicio surgirá un nuevo mundo.

En el discurso del monte de los Olivos, la venida del Reino de Dios se describe completamente como la venida del Hijo del Hombre. Se verá "que vendrá en las nubes con gran poder y gloria" (Mc. 13:26). Este lenguaje tiene una conexión directa con Daniel 7:13, donde uno como un Hijo del Hombre viene con las nubes del cielo hasta el Anciano de días para recibir un reino perpetuo. En el pasaje de Lucas encontramos la misma verdad: "Porque como el relámpago que al fulgurar resplandece desde un extremo del cielo hasta el otro, así también será el Hijo del Hombre en su día" (Lc. 17:24). Algunos investigadores actuales han tratado de eliminar de este lenguaje todo el significado escatológico futurista. C. H. Dodd cree que es un símbolo de la penetración del orden eterno en el que no hay ni antes ni después. "El Día del Hijo del Hombre se refiere a un hecho atemporal". T. F. Glasson[43] arguye que la esperanza de la parusía no formaba parte de la enseñanza de Jesús, sino que surgió en la Iglesia a mediados del siglo I, mientras que J. A. T. Robinson interpreta los textos sobre la parusía en función de la vindicación de Jesús en la presencia de su Padre. La cuestión es encontrar una base para el argumento de que en Daniel 7:13 el que es como un Hijo de Hombre, viene al Padre, no a la tierra; y que describe la vindicación por parte de Dios, no un "segundo advenimiento" a la tierra. Sin embargo, en Daniel 7, aunque el Hijo de Hombre va primero al Padre para recibir su reino, éste se da luego a los santos en la tierra, y esto implica claramente que su representante, el Hijo de Hombre, lo trae: "En Daniel 7:22 se afirma claramente que el Anciano de días *vino*, es decir, a la tierra, con una intención de juicio y liberación".

Es imposible ofrecer una imagen visual de este evento, pero la idea es que Jesús ya ha sido exaltado en el cielo; las nubes, en su parusía, descubren la hasta entonces gloria oculta, que es la gloria de Dios, compartiendo Su majestad y Su poder. La Teología que subyace es que la venida del Cristo de Dios en su consumación escatológica es totalmente un acto divino. La historia de este siglo será de conflicto, guerra, odio y persecución; sólo un acto de Dios en la parusía de Cristo puede establecer su Reino.

Resulta interesante que el discurso del monte de los Olivos no diga casi nada acerca de la naturaleza del Reino. Ya hemos comentado la variedad con la que los profetas describen el Reino mesiánico. A veces la apocalíptica judía lo describe en términos muy terrenales, y a veces más trascendentales. Ocasionalmente, el judaísmo combinó los dos aspectos, describiendo primero un reino terrenal temporal, y luego un Reino eterno. Más tarde se refirió a este reino temporal como "los días del Mesías" en contraposición con el Siglo Venidero eterno. El Apocalipsis de Juan se profetiza un reino temporal de mil años (Ap. 20:1–5). El evangelicalismo norteamericano ha enfatizado de una forma injustificada esta doctrina del milenio. Sin embargo, los Evangelios Sinópticos no aportan ningún dato en cuanto a la naturaleza del Reino que Jesús esperaba. Una cosa resulta evidente; su preocupación no estaba en enseñar un reino terrenal temporal que precede al orden eterno del Siglo Venidero. Si compartía esta expectativa, en su pensamiento, un reino temporal no parece importante. La razón es obvia. Como dice Kümmel, Jesús estaba interesado en ofrecer una promesa escatológica, no en dar instrucciones apocalípticas. La predicación de Jesús estaba dirigida a convencer a los hombres de la importancia de reconocer la soberanía de Dios en el presente, para poder vivir en el Siglo Venidero.[52]

La cuestión es que cuando Jesús habla de la consumación, lo hace siempre usando símbolos. Dios es Rey, y a su diestra está sentado el Hijo del Hombre (Mc. 14:62), que está acompañado de sus doce discípulos en un nuevo mundo (Mt. 19:28), y rodeado de santos ángeles (Mc. 8:38). Como el Buen Pastor, alimenta al rebaño purificado (Mc. 14:28; Mt. 25:32s.). El juicio de vivos y muertos se ha llevado a cabo (Mt. 12:41s.) y se ha completado la separación final (Mt. 13:30, 48). Satanás y sus ángeles han sido arrojados al fuego eterno (Mt. 25:41); la muerte queda desterrada (Lc. 20:36). Los puros de corazón ven a Dios (Mt. 5:8); reciben un nuevo nombre (Mc. 5:9), y han entrado en la inmortalidad (Mc. 12:25) o vida eterna (Mc. 9:43), y viven para Dios (Lc. 20:38). Él recompensa al justo (Lc. 14:14) con premios benditos (Mt. 5:12); se distribuye el tesoro acumulado en el cielo (Mt. 6:20). Se recoge la cosecha (Mt. 13:30), se celebra el matrimonio (Mc. 2:19), los gentiles entran para gozar de la fiesta con los patriarcas (Mt. 8:11) en la mesa del Hijo del Hombre (Lc. 22:29). Bebe con ellos el vino del Reino de Dios (Mc. 14:25), y la comunión entre Dios y la persona, rota por el pecado, se restaura.

El único énfasis del discurso del monte de los Olivos es la reunión de sus elegidos desde los cuatro puntos cardinales de la tierra (Mc. 13:27). Se describe esto como realizado por los ángeles. Una vez más, este evento no puede ser visualizado. Parece ser el mismo que describe Pablo como "el arrebatamiento" de los santos, cuando los muertos en Cristo resucitarán de sus tumbas y los santos vivos serán arrebatados (*rapiemur*) en las nubes para salir al encuentro de Cristo que retorna (1 Ts. 4:17). Aunque el discurso del monte de los Olivos no dice nada, hemos de asumir que la resurrección de los muertos ocurre en ese tiempo.

Juicio

Jesús, como relata Mateo, a menudo hizo referencia al juicio. Ante el Sanedrín dijo ser el juez escatológico (Mc. 14:62), y es frecuente que hable de forma casual del día del juicio (Mt. 10:15; 11:22, 24; 12:36, 41, 43; 23:33) y de una separación final de los seres humanos (Mt. 13:41, 49). No se dice gran cosa sobre el juicio aparte de la parábola sobre él. Es imposible elaborar un esquema escatológico siguiendo las enseñanzas de Jesús. Se preocupa por la certeza del futuro y por *la influencia del futuro en el presente*, no de esquemas apocalípticos.

El único pasaje que trata más extensamente el tema del juicio es la parábola de las ovejas y los cabritos en Mateo 25:31–46. El Hijo del Hombre se sentará en el trono de su gloria para juzgar a las naciones. La base del juicio será la forma en la que las naciones han tratado a los "hermanos" de Jesús (Mt. 25:40). No se trata de una didáctica escatológica, sino de una parábola teatral. Se ha interpretado de dos formas completamente diferentes. Una muy importante es que muchas personas se salvarán por sus buenas obras. Aquellos que, por misericordia, dan de comer a los hambrientos, visten a los desnudos, y visitan a los enfermos y encarcelados, son "cristiano inconsciente". Los "hermanos" de Jesús son todos los seres humanos que padecen necesidad. Los que, por amor, atienden las necesidades de los que sufren manifiestan el amor de Cristo; y aunque nunca hayan oído hablar de él, heredarán la vida eterna en el día del juicio como recompensa a sus buenas obras.

Una interpretación radicalmente diferente es la del Dispensacionalismo. Los "hermanos" de Jesús son un remanente judío que estará entre las naciones durante la gran tribulación proclamando el "evangelio del reino". En la literatura dispensacionalista más antigua, el propósito del juicio era determinar qué naciones entrarían en el reinado milenial y cuáles quedarían excluidas, dependiendo del trato que dieran al remanente judío convertido. La literatura más reciente mantiene básicamente la misma posición, aunque admite que el tema del juicio es la salvación o condenación final, como claramente dice Mateo 25:46.

La clave del significado de la parábola está en los "hermanos" de Jesús y tenemos pruebas claras para identificarlo. Jesús mismo dijo que sus hermanos y hermanas eran los que cumplían la voluntad del Padre: los discípulos de Jesús (Mt. 12:50). Jesús utilizó un incidente parabólico de la separación entre ovejas y cabritos para decirles a los discípulos que tenían una misión hacia las naciones del mundo. El destino de los seres humanos se determinará de acuerdo con la forma en la que traten a los representantes de Jesús: sus hermanos. Deben ir como predicadores ambulantes, aceptando alojamiento y comida de los que los reciben (Mt. 10:8–11). Sin embargo, se encontrarán con persecución y cárcel (Mt. 10:17–18). Los que reciben a estos predicadores y los tratan bien reciben de hecho a Cristo. "El que a vosotros recibe a mí me recibe" (Mt. 10:40). Los que los rechazan y los tratan mal rechazan el mensaje de Jesús, y, por tanto, a Cristo mismo. A esos les espera el juicio (Mt. 10:14–15). El destino de las naciones se determinará según su respuesta a los representantes de Jesús. Esto no es un programa escatológico sino una parábola práctica del destino humano.

El tiempo del Reino

El problema más difícil en la idea de Jesús del futuro es su expectativa del tiempo de la venida del Reino. La dificultad está en que los Sinópticos presentan clases diferentes de dichos sobre el futuro.

Inminencia

Se han interpretado tres dichos en el sentido de que Jesús esperaba que el Reino escatológico viniera en un futuro inmediato. Cuando envió a los doce para que predicaran en Galilea, su instrucción incluía las palabras: "No acabaréis de recorrer todas las ciudades de Israel, antes que venga el Hijo del Hombre" (Mt. 10:23). Hemos visto que Schweitzer interpretaba esto en el sentido de que Jesús esperaba que el Reino viniera antes de que los doce hubieran completado su misión en Galilea, es decir, en unos pocos días. Ya hemos examinado este versículo y vimos que se refiere a un futuro indeterminado en el que los discípulos llevarán a cabo su misión tanto entre los gentiles como en Israel.

Un segundo dicho se encuentra inmediatamente antes de la transfiguración. Después de la confesión de la mesianidad de Jesús, éste comenzó a instruir a sus discípulos sobre su muerte mesiánica y su parusía. Aunque iba a ser humillado en sufrimiento y muerte, el destino futuro de las personas se determinará sobre la base de sus relaciones con él aquí y ahora (Mt. 9:38). Entonces Jesús dijo: "Hay algunos de los que están aquí, que no gustarán la muerte hasta que hayan visto el Reino de Dios venir con poder" (Mc. 9:1). Mateo lo formula así: "hasta que hayan visto al Hijo del Hombre viniendo en su reino" (Mt. 16:28). Lucas dice simplemente: "hasta que vean el reino de Dios" (Lc. 9:27). Inmediatamente después viene el relato de la transfiguración.

Un tercer texto está en el Discurso del monte de los Olivos. Marcos, tanto como Mateo y Lucas, dice: "De cierto os digo, que no pasará esta generación hasta que todo esta acontezca: (Mc. 13:37). A primera vista, los dos últimos versos parecen una afirmación clara de que el Reino escatológico vendría en el plazo de una generación – unos treinta años más o menos – cuando algunos de los discípulos todavía estarían vivos.

Tardanza

Estos textos se equilibran con otros que enfatizan la tardanza más que la inminencia. Ya hemos visto que en el discurso del monte de los Olivos Jesús había enseñado que llegarían tiempos de tribulación con guerras y rumores de guerra; y aparecerían algunos con pretensiones de ser el Mesías; "pero aún no es el fin" (Mc. 13:7). De hecho, el Evangelio primero debe ser predicado en todas las naciones (Mc. 13:10). Lucas presenta una parábola sobre un noble que fue a un país *lejano* para tomar posesión de un reino pero que luego regresó porque el pueblo pensaba "que el reino de Dios se manifestaría inmediatamente" (Lc. 19:11). Cuando dice "Tiempo vendrá cuando desearéis ver uno de los días del Hijo del Hombre, y no lo veréis" (Lc. 17:22) se aprecia una nota de tardanza. Los discípulos se encontrarán en situaciones difíciles en las que desearán la realización del retorno de Cristo, pero no lo verán.

También se aprecia la tardanza en la parábola de la viuda impertinente (Lc. 18:1–8). Los que creen en Dios permanecerán firmes suplicando la vindicación divina, cuando parece que se demora. Las parábolas que Mateo pone junto al Discurso del monte de los Olivos parecen poner una nota de tardanza. Cuando el novio se retrasa, los invitados a la boda se van a dormir (Mt. 25:5). Un hombre rico confió sumas diferentes de dinero a sus servidores, y no regresó para arreglar cuentas hasta mucho tiempo después (Mt. 25:19).

Incertidumbre

La nota más fuerte es la incertidumbre en cuanto al tiempo de la venida del Reino. Jesús afirmó directamente que no sabía cuándo ocurriría (Mc. 13:32). "Mirad, velad y orad; porque no sabéis cuándo será el tiempo" (Mc. 13:33). "Velad, pues, porque no sabéis cuándo vendrá el señor de la casa (…) para que cuando venga de repente, no os halle durmiendo" (Mc. 13:35–36).

Mateo añade algún material Q que pone de relieve lo indefinido del tiempo y la necesidad de vigilar. En los días de Noé, el diluvio llegó de repente y acabó con los hombres malos. "Velad, pues, porque no sabéis la hora en que ha de venir vuestro Señor" (Mt. 24:42). Si el dueño de la casa supiera cuándo iba a llegar el ladrón, permanecería despierto. "Por tanto, también vosotros estad preparados; porque el Hijo del Hombre vendrá a la hora que no pensáis" (Mt. 24:44 = Lc. 12:40). El siervo perverso, que usa la tardanza de su amo para maltratar a sus compañeros, se sorprenderá. "Vendrá el señor de aquel siervo en el día que éste no espera, y a la hora que no sabe" (Mt. 24:50 = Lc. 12:46). Las parábolas de Mateo 25 del novio y del noble que se retrasan se dijeron para poner de relieve este tema: "Velad, pues, porque no sabéis el día ni la hora" (Mt. 25:13).

La palabra que en estos versículos se traduce por "velad" no significa "buscar" sino "estar despierto". No denota una actitud intelectual sino una cualidad moral de preparación espiritual para el retorno del Señor. "Vosotros, pues, también, estad preparados" (Lc. 12:40). La incertidumbre en cuanto al tiempo de la parusía significa que las personas deben estar espiritualmente despiertas y listas para encontrarse con el Señor, cuando quiera que él venga.

El problema

Estas tres clases de textos parecen claramente contradictorias entre sí, y muchos comentaristas las ven como mutuamente exclusivos. La tendencia que prevalece es aceptar los dichos acerca de la inminencia del Reino como auténticos, basándose en que la Iglesia nunca habría inventado cosas que no llegaron a cumplirse. De hecho, una buena parte de la erudición occidental entiende que la inminencia es un énfasis básico de la enseñanza de Jesús sobre el Reino escatológico. Como la parusía no tuvo lugar, la Iglesia debió acomodarse a su tardanza; esto es considerado como una de las cuestiones determinantes en el desarrollo de la doctrina cristiana. Los textos acerca de la demora de la parusía se entienden como formulaciones de la Iglesia, no como palabras de Jesús.

Otros tratan de reconciliar las diferentes afirmaciones con la afirmación de que Jesús dijo que el Reino vendría pronto – en la generación actual – pero sólo Dios sabe el día y la hora *exactos*. Otros admiten con franqueza que Jesús estaba equivocado en su expectativa de la venida *inminente* del Reino; pero éste fue inevitablemente uno de los factores humanos que implicaba la encarnación (...) compartir la perspectiva humana acerca del futuro. Cullmann admite que Jesús cometió un error en su expectativa del tiempo del fin, pero que esta equivocación no afecta a la estructura básica de su enseñanza sobre el Reino, que consiste en la tensión del "ya pero todavía no". Jesús no estaba equivocado en cuanto a la verdadera condición futura del Reino, aunque sí lo estuvo en cuanto al tiempo de su advenimiento. En realidad, el significado fundamental de la proximidad del Reino no es cronológico, sino que apunta a la certeza de que el futuro determina el presente. Kümmel interpreta el énfasis de la *inminencia* del Reino en el sentido de que los hombres se enfrentan "con el fin de la Historia a medida que ésta progresa hacia la meta establecida por Dios". A. N. Wilder cree que el lenguaje escatológico es mitológico porque hace referencia a un futuro desconocido. Éste estaba más allá del conocimiento de Jesús, pero él usó conceptos apocalípticos para manifestar su confianza en que el resultado final era una decisión del poder de Dios.[62]

Consideraciones exegéticas

No es del todo cierto que los dos pasajes de Marcos 9:1 y 13:30 se refieran a la parusía o advenimiento de Cristo. Muchos investigadores entienden las palabras sobre el Reino de Dios que viene con poder (Mc. 9:1) como una referencia a la transfiguración, que en sí misma fue una especie de anticipación de la parusía. F. F. Bruce ve el cumplimiento de Marcos 9:1 en Pentecostés. "El derramamiento del Espíritu y la venida del reino de Dios son dos formas diferentes de ver el ministerio de Jesús; ambos se manifiestan de forma parcial antes de su muerte, pero sólo después de su muerte...el reino vendrá con poder, se derramará el Espíritu plenamente".

En la interpretación de Marcos 13:30, la cuestión exegética se refiere al antecedente de "todas estas cosas" (*tauta panta*). En el versículo anterior, Jesús había dicho: "Cuando veáis que suceden estas cosas (*tauta*), conoced que está cerca, a las puertas" (Mc. 13:29). *Tauta* no puede incluir la parusía misma. Sería, sin duda, superfluo decir: "Cuando veáis al Hijo del Hombre, que viene, sabéis que está cerca". La palabra *tauta* en el versículo 29 tiene que referirse a las señales del fin que se describen en los versículos 5 a 23; y *tauta* en el versículo 29 parece ser el antecedente del *tauta panta* que han de ocurrir en esta generación. Parece que lo que Jesús está diciendo es que las señales que presagian el fin no deben entenderse como pertenecientes a un futuro remoto; sus mismos oyentes las experimentarían.

Otros opinan que "esta generación" (*genea*) se refiere el pueblo judío, o a esta clase de gente, a saber, los no creyentes. Ellis presenta otra posibilidad.[67] En el comentario de Qumrán acerca de Habacuc, se dice que la última generación no durará mucho tiempo y sobrepasará todo lo que los profetas dijeron (1QpHab. 7:2, 7). La última generación es aquella en la que vivieron los qumranianos, y designaba el período final antes del fin, por largo que fuera. Sin embargo, la solución de Cranfield parece que es la más probable.

El significado de la inminencia

Concluimos que no queda demostrado que Jesús se equivocara en cuanto a que el Reino escatológico lo verían algunos de sus discípulos, y que las señales que apuntan hacia su venida serían vistas por su propia generación. Otros dichos apuntan hacia una tardanza del Reino hasta un futuro indeterminado. El énfasis predominante está en la incertidumbre del tiempo, por eso los seres humanos deben estar siempre listos. Esta es la perspectiva característica de los profetas del Antiguo Testamento. El Día del Señor está cerca (Is. 56:1; Sof. 1:14; Jl. 3:14; Abd. 15); sin embargo, los profetas también tienen una perspectiva futura. Son capaces de unir el futuro y el presente en una tensión no resuelta. "La tensión entre inminencia y demora en la expectativa del fin es característica de toda la escatología bíblica". "Una palabra puede sonar como si el fin estuviera cerca, otra como si estuviera lejos".[69] Esta quizá no sea una forma de pensar moderna, con capacidad de análisis científico, y la disección de la perspectiva profética a través de una crítica analítica rigurosa sólo puede servir para destruirla. Una metodología histórica adecuada debe tratar de entender las formas de pensar antiguas según ellas mismas, sin aplicarles las categorías analíticas modernas. La impresión general de los Sinópticos es clara. Dejan al lector en una situación en la que no pueden determinar exactamente la fecha del fin; no se puede decir con seguridad que llegará mañana, o la semana que viene, o el año próximo; nadie puede decir que no vendrá hasta dentro de mucho tiempo. La clave es: "Velad, pues, porque no sabéis ni el día ni la hora".

Capítulo 16

Mateo, Marcos y Lucas

La Parte I lleva por título "Los Evangelios Sinópticos". Sin embargo, hasta ahora nos hemos centrado en las palabras y los hechos de Jesús tal y como se narran en estos Evangelios. Se suele citar a Mateo, Marcos y Lucas como transmisores de las enseñanzas de Jesús y no tanto por la contribución que aportan a la Teología global del Nuevo Testamento. Pocas veces se ha hecho referencia a una interpretación concreta que caracterice de forma especial y distintiva a los evangelistas sinópticos. Quizá por ellos deberíamos haber titulado la Parte I "Las enseñanzas de Jesús".

Entonces sí que podríamos decir que la Parte I cubre el temario que su título promete. Claramente, Mateo, Marcos y Lucas escribieron sus libros para que la gente pudiera leer lo que Jesús hizo y enseñó, y en esto consiste precisamente la base de la Teología del Nuevo Testamento. Pero los estudios recientes de los Evangelios, aunque no pretenden de manera alguna negar la centralidad de las enseñanzas de Jesús reconocen que, a la vez, es posible identificar algunas pinceladas pastorales y teológicas que aparecen como las causas que movieron a los escritores de los evangelios a narrar los hechos y las enseñanzas de Jesús de una manera concreta. Mateo, Marcos y Lucas, al igual que Juan, no compilaron la tradición de forma mecánica, sino que transmitieron un mensaje y escribieron según su propia comprensión de Jesús y de la situación de las diferentes iglesias a las que dirigieron los Evangelios. Cuando nos acercamos a estos libros para ver lo que Jesús hizo y dijo, la información nos llega a través de la interpretación que ellos hicieron de la tradición que habían recibido.

Así, si es apropiado para la construcción de una Teología del Nuevo Testamento presentar el análisis de la interpretación del Evangelio de forma individual, una escrita por Juan, otra por Pablo, otra por el autor de la epístola a los Hebreos – y así podríamos continuar con el resto de autores del Nuevo Testamento -, no hay ningún problema en que nosotros veamos las contribuciones de Mateo, Marcos y Lucas de forma individual. Éste será el objetivo de este capítulo, aunque el espacio no permita un análisis de la misma magnitud con el que sí han contado los otros autores del Nuevo Testamento.

Un evangelio – Cuatro narraciones

Una de las características principales de los Evangelios es que constituyen cuatro narraciones canónicas de la "vida de Jesús". Hay alguna otra figura de la antigüedad sobre cuya vida también se escribió más de una vez (por ejemplo, la vida de Sócrates, escrita por Platón y Jenofonte, narraciones que no tienen mucho en común), pero lo cierto es que los cuatro Evangelios son un fenómeno histórico y literario único. Desde que se empezó a escribir el primero hasta que se acabó de escribir el último pasaron tan sólo unas décadas y presentan a la vez una interdependencia e individualidad que han despertado el interés de los investigadores durante siglos. Además, no eran las únicas narraciones de la vida de Jesús, ya que en Lucas 1:1 vemos que fueron "muchos" los que trataron de compilar las cosas sucedidas para escribir un registro similar al suyo y, de hecho, se siguieron escribiendo "evangelios" de todo tipo en el siglo II e incluso más tarde. A mediados del siglo II ya se daba por hecho que las únicas narraciones válidas o con autoridad sobre la vida de Jesús eran los cuatro Evangelios de Mateo, Marcos, Lucas y Juan. Antes de que concluyera el siglo, Ireneo daba por sentado que no podía haber ni más ni menos que cuatro Evangelios, del mismo modo que una brújula tiene cuatro puntos cardinales.

Para algunos cristianos, contar con varias narraciones de la vida de Jesús ha sido más un problema que una bendición, ya que siempre ha sido causa de debate sobre el problema de la armonía, tanto en relación con acontecimientos, palabras o formas concretas, como en relación con la impresión general que los cuatro Evangelios dan de Jesús (diferencia que se ve de forma más clara si se comparan los Sinópticos con Juan.). En consecuencia, se ha trabajado mucho para encontrar las llamadas "armonías" o paralelos de los Evangelios, un intento de resolver todas las diferencias y crear una única narración que fluya de forma natural. Poco después del 150 dC, el apologista sirio Tatiano escribió su *Diatessaron* ("Cuatro narraciones") y, desde entonces, se han realizado muchísimos intentos.

El objetivo de todos estos intentos, no obstante, no ha consistido por lo general en encontrar la "armonía", sino en hacerles cantar al unísono (si se nos permite continuar con la metáfora musical), hacer que los cuatro Evangelios tocaran exactamente la misma partitura y al mismo tiempo. Y la verdadera "armonía" se consigue cuando cuatro instrumentos tocan una melodía diferente, melodías que se unen para crear una pieza mucho más bella de lo que sería con sólo una. Dejando a un lado la metáfora musical, tenemos que aceptar que no sólo se nos ha dado una "biografía autorizada" de Jesús, sino que se nos han dado cuatro Evangelios canónicos que, por un lado, están relacionados y, por otro, son diferentes; pero son testimonios complementarios de la verdad sobre Jesús. Para hacer justicia a una revelación de tales características será importante que veamos cada testimonio por separado y también que hagamos un estudio del conjunto.

Con esto no quiero decir que no hay lugar para la "armonización" de los cuatro Evangelio, pero esto sólo se puede hacer con una sensibilidad histórica y literaria, libre de un deseo mecánico de eliminar todas las diferencias para que parezca más creíble. Del mismo modo que cualquier historiador de la Antigüedad tiene el deber de reconocer las diferencias existentes entre las diversas fuentes que está consultando, el estudiante de los Evangelios tiene que considerar cuál debe ser la razón o la causa de estas diferencias. Es un buen ejercicio intentar reconstruir tanto como se pueda las palabras y los acontecimientos históricos que podría haber habido detrás de las formas diferentes en que los evangelistas las narran, incluso si el resultado es a veces una simple confesión de ignorancia.

El peligro al que se arriesgan los estudiantes de los Evangelios es llegar a convertir esa armonización en una autoridad mayor a la de los textos canónicos de los cuales ha derivado. Muchas veces se cree que la verdadera armonía se encuentra en la *ipsissima verba* de Jesús (en la forma original aramea) y no, por ejemplo, en el griego usado por Mateo, que era tan sólo una reconstrucción de la supuesta *ipsissima verba*. En tal caso, todo lo que aparezca en Mateo que sea una paráfrasis o una interpretación (¡y toda traducción es necesariamente una interpretación!) debe ser desechado, para poder escuchar las verdaderas palabras de Jesús.

Entender así la tarea del estudiante de los Evangelios puede parecer legítimo a los que no aceptan la doctrina de la inspiración y de la autoridad canónica de las Escrituras. Si Mateo es un narrador falible (y probablemente tendencioso) de las palabras de Jesús, entonces haremos bien en deshacernos de su contribución tanto como nos sea posible para poder escuchar la verdadera voz de Jesús.

Pero esta perspectiva es bastante incoherente con la creencia de la inspiración de las Escrituras ya que Mateo es un escritor de las Escrituras, y la revelación se encuentra en su narración, y no en la tradición irrecuperable que se esconde tras sus líneas. Si Mateo ha parafraseado e interpretado las palabras de Jesús, esa interpretación nos es dada con la autoridad de las Escrituras canónicas. Su interpretación, y la de los otros evangelistas y autores del Nuevo Testamento, es el único medio a través del cual podemos llegar a las palabras y a los hechos de Jesús. Así que las diferentes interpretaciones de los cuatro evangelistas son una parte esencial de la narración bíblica de las enseñanzas de Jesús, y toda Teología del Nuevo Testamento que ignore los apuntes teológicos que aparecen en Mateo, Marcos, Lucas y Juan será una Teología incompleta.

Ya hemos comentado la importancia de la *interpretación* y de la *narración* en la revelación bíblica. Lo hacíamos centrándonos en la revelación a través de los *acontecimientos*, debate muy relevante para la narración que los Evangelios hacen de los acontecimientos sucedidos en el ministerio de Jesús. Pero las mismas consideraciones son aplicables a sus *enseñanzas*, ya que las enseñanzas de Jesús nos son dadas en los Evangelios a través de las interpretaciones de los escritores cuya labor era seleccionar de las enseñanzas que recordaban o que la tradición había preservado y convertirlas en una narración de las enseñanzas de Jesús apropiada para unas circunstancias concretas. Y en este proceso de transmisión, las palabras de Jesús se traducían al griego. Además, una comparación de las palabras que aparecen en los pasajes paralelos de los Evangelios sinópticos revela que, incluso las traducciones al griego, las paráfrasis de las palabras de Jesús, no guardaron una forma verbal idéntica. Los que creen que esto sería un argumento en contra deben recordar que encontramos el mismo fenómeno cuando los escritores del Nuevo Testamento – y entre ellos están los evangelistas – citan el Antiguo Testamento. Si Mateo puede, por ejemplo, presentar en 6:2 una paráfrasis de Miqueas 5:2 para que quedara claro que dicha profecía encajaba con las circunstancias del nacimiento de Jesús, no debería sorprendernos que el mismo Mateo hiciera algo parecido para extraer de las palabras de Jesús el énfasis o la aplicación a la que quería que sus lectores prestaran atención. La investigación moderna de los Evangelios apunta hacia esta visión de los evangelistas como pastores y predicadores, y no tan sólo analistas, lo que no pone en duda la veracidad de sus narraciones ni su objetivo o habilidad de transmitirnos una narración históricamente fiable de lo que Jesús hizo y dijo[6].

Algunos temen que reconocer este rol interpretativo de los evangelistas hará que el verdadero mensaje de Jesús desaparezca poco a poco y venga a ser sustituido por una "Teología" hecha *a posteriori*. Pero si el intérprete es un escritor inspirado, cuyo objetivo es plasmar la verdadera esencia de las enseñanzas de Jesús de una forma clara y relevante, ese temor no tiene razón de ser. Puede que parezca posible separar la interpretación de Mateo de la tradición que recogía las palabras de Jesús. Pero una vez hecho esto, la diferencia no está en que nos hallemos ante algo canónico y algo no canónico, ni mucho menos ante algo verdadero y algo falso, sino que se trata de dos momentos diferentes de revelación. Y esos dos momentos forman parte de la Teología del Nuevo Testamento.

Así, en este capítulo dejaremos el estudio de las enseñanzas de Jesús y veremos algunos comentarios sobre la interpretación que Mateo, Marcos, Lucas y Juan hicieron de dichas enseñanzas. En este estudio de los Evangelios como documentos con personalidad propia, entramos en el campo llamado "crítica de la redacción" y antes de entrar de lleno en el estudio particular de los Sinópticos, veremos un poco las características de este campo.

El término alemán *Redaktionsgeschichte* se acuñó para indicar una aproximación al estudio de los Evangelios que alcanzó su auge en la década de los 60, especialmente en la escuela de Bultmann, como una evolución del *Formgeschichte*. Mientras la Crítica de las formas se ha centrado en ver las estructuras anteriores que se esconden detrás de los Evangelios y la historia de las tradiciones sobre Jesús, la Crítica de la redacción, construyendo sobre los logros de la Crítica de las formas, quiso estudiar el uso que los evangelistas hicieron de esas tradiciones para identificar los intereses de cada uno. En este proceso generalmente combinaban dos métodos: en primer lugar, se explicaban y se catalogaban cuidadosamente los cambios que el evangelista había realizado a partir de la que se suponía era la forma previa de cada palabra, de cada perícopa; en segundo lugar, se estudiaba la composición de cada Evangelio como un todo, viendo qué material había usado y cuál había omitido, y viendo también cómo lo había estructurado.

Ninguno de estos métodos era nuevo. Antes de que se oyera hablar del *Redaktionsgeschichte*, muchos comentaristas ya habían hablado de que cada evangelista escribía empujado por unos intereses distintos, como por ejemplo la fascinación de Mateo por el cumplimiento de las profecías, o el énfasis de Lucas en el Espíritu Santo y la oración. Pero los críticos redaccionistas quisieron ser más rigurosos en la búsqueda de rasgos distintivos y tendían a enfatizar las diferencias entre los Evangelios mucho más de lo que se había hecho hasta el momento. Algunos han llevado muy lejos esta aproximación al estudio de los Evangelios, encontrando un significado teológico profundo en cada pequeño cambio, o en cada omisión de un detalle. Pero en general han llevado a cabo un trabajo muy valioso, que nos permite ahora poder escuchar de una manera más eficaz los diferentes mensajes de Mateo, Marcos y Lucas[11].

Quizá describir la Crítica de la redacción como un "método" no es del todo correcto. Aunque sus materias primas son las diferencias observables entre las formas y secciones de los Evangelios y entre las estructuras y los contenidos de los Evangelios como un todo, la manera en que se usan estas materias primas y la importancia que se da a los diferentes tipos de evidencias varía enormemente de un crítico a otro. La comprensión previa que cada crítico tiene de la naturaleza de los Evangelios tiene un papel primordial. Un investigador que cree que los evangelistas eran escritores creativos a los que no les preocupaba la exactitud histórica tenderá a atribuir el contenido de los Evangelios a la imaginación de los autores. Sin embargo, no irá tanto en esa línea alguien que cree que el conocimiento que había de la tradición de lo que Jesús dijo e hizo tuvo que haber ejercido un control sobre la creatividad de los autores. Así, un investigador creerá que cierto evangelista ha introducido nuevas ideas muy radicales, mientras que otro investigador sólo verá diferencias de énfasis y aplicación. Pero independientemente de lo diferentes que sean los resultados, la Crítica narrativa supone un cambio importante y saludable frente a la dirección tomada por la Crítica formal porque reconoce a los evangelistas como pensadores y comunicadores cristianos y les permite hablar por sí mismos, en vez de tratarlos como una mera fuente a través de la cual poder llegar a las tradiciones anteriores.

Con el auge de la Crítica redaccional, algunos investigadores, especialmente en el mundo anglosajón, han ido más allá en la diferenciación de los Evangelios apuntando a los descubrimientos de la Crítica literaria contemporánea. El estudio ahora se centra en el propio Evangelio como pieza literaria, más que en el autor y, sobre todo, en el desarrollo del argumento de cada Evangelio, la descripción y la función de los personajes, el esquema narrativo y otros elementos literarios. Este tipo de estudio ha dado importancia al estudio de cada Evangelio como "una *historia* completa" ("historia" es una palabra clave en esta nueva etapa del estudio de los Evangelios), que impacta al lector por su dinamismo inherente, mucho más que cuando se habla de una comparación detallada de otras narraciones paralelas. Esta nueva etapa de la investigación ha tendido a dar menos importancia al elemento "redaccional" propio de la Crítica de la redacción (es decir, a la labor de redacción del autor a partir del material o fuentes), para dar más importancia al elemento "de composición" (la selección y la ordenación del material). El resultado, igual que en la fase anterior de la Crítica narrativa, ha sido el énfasis de la particularidad o individualidad de cada Evangelio.

El término "Crítica narrativa" se ha aplicado sobre todo al estudio de los Evangelios Sinópticos. Siempre se ha reconocido el carácter diferencial y la rica contribución teológica de Juan. De hecho, dedicaremos la Parte II de este libro al estudio de dicho tema. Pero la similitud, tanto en el esquema general como en el carácter literario de los tres sinópticos, ha hecho que en el pasado el estudio de sus contribuciones como obras independientes se abandonara casi por completo. Sin embargo, la estrecha relación literaria entre Mateo, Marcos y Lucas ofrece una oportunidad excelente para realizar una comparación detallada y así, poder realizar un estudio al estilo de la Crítica narrativa, estudio que raramente se hace del Evangelio de Juan. Obviamente, siempre existe el peligro de conceder demasiada importancia a las diferencias y no dar opción a una apuesta por la variedad literaria sencilla o la preferencia estilística. Pero cuando vemos que un evangelista sigue unas pautas coherentes en el uso que hace de la tradición y los materiales, es razonable tomar esas pautas como guía para descubrir cuáles son sus intereses pastorales y teológicos.

Mateo

La estructura del Evangelio de Mateo es ya la evidencia de una cuidadosa composición. El elemento más claro es la fórmula repetida en 7:28; 11:1; 13:53; 19:1; 26:1, de la cual se ha dicho que marca el comienzo de los cinco "discursos" principales que serían los capítulos 5–7, 10, 13, 18 y 24–25. Cada uno de estos cinco "discursos" es una cuidadosa compilación de las enseñanzas de Jesús sobre un tema en concreto (discipulado, misión, parábolas, relaciones, y el futuro). Pero aún mucho más significativa es la clara progresión narrativa del Evangelio: presenta a Jesús el Mesías en 1:1–4:16; en 4:17–16:20, describe su ministerio público en Galilea, que resulta en el crecimiento de los seguidores y también de la oposición; en 16:21–18:35, a través de la enseñanza en privado a sus discípulos revela que el verdadero objetivo de la misión mesiánica es el rechazo y la muerte; en 19:1–25:46, describe el enfrentamiento entre el Mesías y los líderes de Israel en la visita climática (y única) a Jerusalén (en el capítulo 23, sus últimas palabras en público, vemos el repudio final del judaísmo incrédulo que ha rechazado su llamado); y en 26:1–28:20, acaba con su sufrimiento, muerte y resurrección, que fue el triunfo de su misión mesiánica. El Evangelio, construido de forma efectista, es una presentación de Jesús como el Mesías de Israel que se encuentra ante un Israel incrédulo.

Este esquema narrativo es básicamente el mismo que encontraremos en Marcos. Mateo comparte con Marcos, sobre todo, una perspectiva positiva de Galilea como el lugar de la fe y la esperanza, contrastada con Jerusalén, que se presenta como un lugar de oposición y muerte. Sin embargo, en Mateo este simbolismo geográfico aparece de una manera más marcada (ver por ejemplo 2:3; 4:12–16; 21:10–11) y alcanza el clímax triunfal en la sección final, donde se deja atrás a Jerusalén y a los líderes que están maquinando cómo cubrir el complot, y la atención se centra en el Jesús vindicado que se encuentra con sus discípulos en las colinas de Galilea, para enviarles a todas las naciones.

La palabra que mejor caracteriza la perspectiva teológica de Mateo es "cumplimiento". Podemos verlo sobre todo en las fórmulas que Mateo usa con mayor frecuencia: "Todo esto sucedió para que se cumpliera lo que el Señor había hablado por medio del profeta" o palabras similares (1:22; 2:15, 18, 23; 4:14; 8:17; 12:17; 13:35; 21:4; 27:9; cf. 13:14; 26:54, 56). Estas fórmulas constituyen el comentario que Mateo hace de la Historia e ilustran la capacidad que tenía para relacionar la revelación veterotestamentaria con la vida de Jesús. Esta costumbre no está restringida al uso de fórmulas y de citas que apuntan a predicciones concretas. El Evangelio de Mateo está lleno de alusiones al Antiguo Testamento, muchas de las cuales establecen una relación "tipológica" entre Jesús y los principales aspectos de la actuación de Dios en la Historia de Israel. Encontramos un ejemplo sorprendente en la fórmula que se repite tres veces en el capítulo 12: "Algo mayor que el templo/Jonás/Salomón está aquí" (12:2, 41, 42). De esta forma Mateo presenta a Jesús como el sucesor de aquellos a través de los cuáles Dios guió a su pueblo en el pasado: un sacerdote, un profeta, un rey, un sabio. Además dice que es mayor que ellos.

Los dos primeros capítulos de Mateo ilustran bien este énfasis de la idea del cumplimiento. Las dos primeras palabras del Evangelio se traducirían de forma literal como "el libro del génesis". Empieza con una genealogía (1:1–17) que apunta a Jesús como el clímax de la Historia del Israel del Antiguo Testamento, como el clímax, concretamente, de la línea real davídica. El recordatorio de los capítulos 1 y 2 está compuesto de cinco breves secciones narrativas y cada una de ellas está construida en torno a una cita del Antiguo Testamento, con el objetivo de demostrar que Jesús trae el cumplimiento anunciado en ese fragmento de las Escrituras. El objetivo de la narración del nacimiento y de la infancia de Jesús es demostrar que hay evidencias en las mismas Escrituras de que Jesús es el Mesías. Y las citas explícitas son sólo una parte del colorido escritural que va impregnando el fluir de estas historias, como las referencias a Moisés o al Faraón, y las alusiones en la narración de los magos a varios apuntes mesiánicos o reales del Antiguo Testamento.

Para tratar algunos de los temas principales de la teología de Mateo, nos centraremos en tres áreas principales en las que el cumplimiento se ve de forma muy clara.

Cristología

Para un cristiano, hablar del cumplimiento es hablar de Cristo, aquel en el cual se cumplen los propósitos de Dios. Por ello, Mateo no es el único que habla de este tema, aunque sí vemos en su Evangelio una presentación de Jesús un poco diferente. Jesús es el cumplimiento principal de los propósitos de Dios y en él se basan los otros cumplimientos que trataremos en los apartados siguientes.

La cristología de Mateo es más explícita que la de Marcos. El elemento de misterio o secretismo (lo veremos más adelante) de Marcos también existe en Mateo, pero es una idea más equilibrada, combinada con un reconocimiento más claro de quién es Jesús por parte de los discípulos. El apelativo *kyrie* ("Señor") no conllevaba en sí mismo mayor significado que el de educación o buenos modales; sin embargo, sorprende que en Mateo los discípulos lo usen muy a menudo para dirigirse a Jesús cuando en los textos paralelos de Marcos aparece "maestro" o "rabí". Mientras que en Marcos 6:51 sólo se dice que "[los discípulos] estaban asombrados en gran manera" después de haber visto cómo Jesús caminaba sobre el mar, en Mateo 14:33 vemos que se expresa de una manera más contundente: "le adoraron, diciendo: En verdad eres Hijo de Dios" ("Hijo de Dios" es un título importante en Marcos, como ya veremos, pero el autor no permite que los discípulos lo usen en este punto). Ocurre lo mismo con la confesión de Pedro de que Jesús es "el Cristo" (Marcos 8:29); en Mateo dice más: "el Cristo, el Hijo del Dios viviente" (Mateo 16:16). Y mientras en Marcos, Jesús les pide que guarden el secreto, en Mateo (y sólo en Mateo), aunque también lo hace, lo ordena después de una declaración de aceptación entusiasta por parte de Pedro (16:17–19). En momentos en los que la narrativa de Marcos da lugar a dudas sobre la singularidad de Jesús y, sobre todo, sobre la cuestión de que no hay pecado en Él, Mateo evita este peligro narrando la conversación con Juan el Bautista sobre la necesidad que Jesús tiene de ser bautizado (3:14–15), y repitiendo también de forma cuidadosa la respuesta que Jesús le da al joven rico (19:16–17).

En Lucas vemos que Jesús a veces habla como si fuera el mensajero de la Sabiduría divina; sin embargo, en los textos paralelos de Mateo, al igual que en un importante texto que sólo aparece en Mateo (11:28–30; cf. Sir. 51:23–27), las palabras utilizadas sugieren que Jesús mismo es la Sabiduría divina sobre la tierra.

Uno de los pasajes más sorprendentes que contienen la enseñanza de Jesús, y además es exclusivo del Evangelio de Mateo, es la escena del juicio final (25:31–46). En este texto Jesús es "el Rey", que está sentado en el trono de su gloria, rodeado de sus ángeles, y juzgando a todas las naciones. Hay más pasajes, que sólo aparecen en este Evangelio, que subrayan este tema de la majestad: vemos la referencia al "reino del Hijo del Hombre" en 13:41 y 16:28, y "el trono de su gloria" en 19:28, que culminan con 28:18, donde se le da toda autoridad, cumpliéndose así la profecía de Daniel 7:14. Este último pasaje nos introduce de lleno en la fórmula trinitaria de 28:19, versículo en el que la Cristología de Mateo alcanza su punto climático, cuando "el Hijo" se une al Padre y al Espíritu Santo como objeto de la fidelidad y la alabanza cristianas.

Así que el Evangelio que comienza identificando a Jesús como "Dios con nosotros" (1:23) concluye con la garantía de que su presencia "estará con vosotros todos los días, hasta el fin del mundo" (28:20; cf. 18:20).

Vemos que la Cristología de Mateo es más "elevada" y más explícita que la de Marcos y Lucas. Usa los mismos títulos cristológicos, especialmente "Hijo del Hombre" e "Hijo de Dios", y generalmente lo hace de forma similar, aunque vemos que detrás de ellos se esconde un mayor deseo de presentar a Jesús, incluso en su ministerio en la Tierra, como una figura majestuosa y divina.

Otra característica de Mateo es el continuo énfasis que hace en el papel de Jesús como aquél que cumple las esperanzas o expectativas de Israel. Ya hemos visto que el Evangelio comienza con varios apuntes sobre ese cumplimiento, y también hemos hablado de las relaciones tipológicas que a Mateo tanto le gusta usar. Entre estos temas destaca el de Jesús como el verdadero rey descendiente de David (ver arriba en la genealogía, etc. – 12:6, 42, etc.). Por ello, no nos sorprende que Mateo use siete veces "hijo de David" para referirse a Jesús (que sólo aparece dos veces en Marcos y Lucas), o que la primera escena narrativa del Evangelio sea sobre cómo se persuade a José, "hijo de David" (1:20) para que acepte a Jesús como su hijo. Los tres Evangelios Sinópticos registran el momento en que Jesús pregunta sobre el valor de este título (22:41–45), presumiblemente porque le otorgaban una interpretación demasiado nacionalista, pero para Mateo encierra una verdad demasiado importante como para dejarla pasar de largo.

Otro tema tipológico claro lo encontramos en los capítulos 1 y 2, cuando se dice que Jesús es el nuevo Moisés, perseguido por Herodes del mismo modo que Moisés fue perseguido por el Faraón. Aunque la sugerencia de Bacon de que todo el Evangelio de Mateo está estructurado como un "Pentateuco cristiano", ya que recoge la nueva ley del "profeta como Moisés"[27], no es generalmente aceptada en la actualidad, puede que haya una presentación deliberada de Jesús como el nuevo Moisés, al menos en la escena de la transfiguración en 17:1–8 (que aparece en los demás Sinópticos) y en la introducción del Sermón del Monte (5:1–2), paralelo a cuando Moisés da la ley al pueblo al bajar del monte Sinaí. En el siguiente apartado vamos a ver la importancia que tiene en Mateo la relación de Jesús con el Antiguo Testamento; se trata de una cuestión cristológica, y no tan sólo ética.

Otra posición tipológica importante es la presentación de Jesús como el nuevo Israel, de la que hablaremos más adelante.

La cristología de Mateo comparte muchos motivos y temas con los otros Evangelios Sinópticos, ya que muchos de los acontecimientos y palabras que registra son los mismos. Pero tanto en la selección del material como en su estructuración, y también en su detallada narración, vemos un énfasis especial en (1) el papel de Jesús como aquél en quién se cumplen la historia y las esperanzas de Israel, y (2) y su identidad como el Hijo de Dios en quién no hay pecado, el Señor, Rey y Juez, el omnipresente "Dios con nosotros".

Jesús y la Ley

Si Jesús es el cumplimiento de la revelación del Antiguo Testamento, ¿qué relación tiene Jesús con la parte central de dicha revelación, es decir, la Ley? Ésta era una pregunta importante para Mateo, una cuestión con serias implicaciones prácticas para las(s) iglesia(s) a quienes escribía. Según algunos indicios que aparecen en el Evangelio, parece ser que estaba luchando con dos frentes. Por un lado estaban los que enseñaban que Jesús había venido para abolir la Ley (5:17) y, por lo tanto, no la ponían en práctica o ejercían la antinomia (la *anomia*, "no cumplir la ley", se condena varias veces en el Evangelio: ver 7:23; 13:41; 23:28; 24:12). Por otro lado, estaban los legalistas, representados por los escribas y los fariseos[30], que no miraban más allá de las regulaciones detalladas, y así, no veían los principios éticos que había detrás de la Ley, por lo que su "justicia" (otra palabra característica de Mateo) resultaba inadecuada (5:20).

De nuevo, la palabra clave es "cumplimiento". Jesús ha venido para "cumplir" la Ley y los profetas (5:17). De la misma manera que los profetas, la Ley también apunta hacia un "cumplimiento": "Porque todos los profetas y la ley profetizaron hasta Juan" (11:13). Jesús es aquel al que la Ley apuntaba; la Ley se cumple en él. Y a partir de ese momento, la Ley debe ser entendida y aplicada en relación con su persona, ya que es el único que tiene el derecho de decir "Yo os digo" (5:22, 28, 32, 34, 39, 44) y el único que enseña con autoridad propia, no como los escribas (7:28s.).

En Mateo 5:17–48 el evangelista establece cuál es la relación entre Jesús y la Ley, y el uso que de ésta hace. Se ha debatido mucho si los seis ejemplos que Jesús da en los versículos del 21 al 47 respaldan la Ley (como parece a partir de los versículos 17–19), van más allá (como podría estar sugiriendo el versículo 20), o incluso la abrogan parcialmente (a pesar de lo que dice el versículo 17). Pero como argumenta de forma acertada R.J. Banks, ésta es una aproximación errónea a la cuestión que tenemos entre manos. "A Mateo no le interesa tanto presentar cuál es la postura de *Jesús* ante la Ley, sino lo que la *Ley* tiene que decir sobre él: es el que trae el cumplimiento y el que debe ser centro de toda nuestra atención". Así que nos hallamos de nuevo ante una cuestión cristológica: la Ley, al igual que los Profetas, son testimonio de que Jesús es el que cumple de forma definitiva los propósitos de Dios. Jesús ha traído el "reino de los cielos"[34], que se basa en una nueva relación con Dios que trasciende el mero cumplimiento de la Ley (5:20). Algunos de los ejemplos que aparecen en 5:21–47 muestran que Jesús va más allá de la obediencia literal ya que para él es más importante una profunda comprensión de la voluntad esencial de Dios, de los principios de conducta y de la relación que se esconde detrás de las regulaciones de la Ley del Antiguo Testamento. En algunos casos (sobre todo en 31–32, 33–37, 38–42) el resultado es, en efecto, que las regulaciones mismas ya no pueden funcionar de forma directa como guías de la conducta. El principio preeminente es el *amor* (43–47), un principio que Jesús siempre presenta como resumen de toda la enseñanza de la Ley y los Profetas (7:12; 22:35–40; cf. 19:19). Y todos esos ejemplos se resumen luego en el mandamiento general que dice: "Sed vosotros perfectos como vuestro Padre celestial es perfecto" (5:48). El "cumplimiento" de la Ley no consiste en una nueva Ley, sino en una nueva relación con Dios. Y Jesús vino para que eso fuera posible.

Pero si esta actitud lleva peligrosamente a decir que la "ley" ya no tiene ninguna función, Mateo insiste en que "no cumplir la ley", aunque se disfrace de mucha espiritualidad, sólo lleva a la condenación última (7:21–23). En este pasaje que va desde el versículo 15 al 27, Jesús deja claro que "hacer" la voluntad de Dios es lo que caracteriza al verdadero discípulo y gran parte del Evangelio de Mateo (donde entra la magnífica colección de las enseñanzas sobre el discipulado que Jesús dio en el Sermón del Monte) busca establecer las exigencias éticas de esa nueva vida del reino de los cielos. En 5:18–19 dice que la Ley veterotestamentaria no ha perdido su importancia, a pesar de que su función haya cambiado o sido sustituida por la llegada del "cumplimiento". Sobre esta base, muchas veces se ha dicho que Mateo tiene una actitud muy "conservadora" ante la Ley. Por ejemplo en 15:1–20 parece ser menos radical en su actitud hacia las leyes sobre la comida que Marcos 7:1–23, y 23:3, 23 parece apoyar las tradiciones jurídicas de los escribas, que no aparecen en el Antiguo Testamento (aunque otros pasajes como 5:21–47 y 15:1–20 las rechazan de forma enfática).

Resumiendo, los intérpretes de la actitud de Mateo ante la Ley suelen llegar a conclusiones muy difíciles de reconciliar. La razón es quizá que Mateo está abriendo un camino intermedio entre el legalismo y el antinomismo. Pero la clave está en entender que lo más importante para él es que Jesús es el *cumplimiento* de la Ley. La autoridad de la Ley como palabra de Dios dada a Israel ha de ser interpretada por la autoridad del que dijo "Pero yo os digo", porque en él se cumple toda la Ley (5:18).

Israel, Jesús y la Iglesia

Si Jesús es el cumplimiento de las esperanzas de Israel, ¿qué relación tuvo con el Israel de sus días, concretamente con los líderes del pueblo? ¿Qué tiene que ver la comunidad que creyó en su ministerio con la nación a la que pertenecían? Está claro que cuando Mateo escribió su Evangelio, éste debía ser un tema muy candente y polémico, sobre todo debido al crecimiento de la Iglesia cristiana entre los gentiles, lo que hizo que el abismo entre la Iglesia e Israel como nación se hiciera aún más grande. Mateo era judío y escribió consciente de su herencia nacional, y con ganas de demostrar que el ministerio de Jesús tenía sus raíces en el Antiguo Testamento; ¡y sin embargo se ha llegado a decir que su obra es antijudía! Si investigamos esta paradoja iremos vislumbrando más y más la línea teológica de su Evangelio.

Mateo, sin lugar a dudas, es judío y presenta su nueva fe en Jesús a través del judaísmo: constantemente se refiere al Antiguo Testamento, trata el tema del cumplimiento, y le importa mucho el tema de la función de la Ley judía. Los especialistas también hablan del colorido judío que caracteriza su lenguaje y del contexto cultural judío en el que éste está ubicado. Mateo es el único evangelista que explícitamente restringe la misión de Jesús y sus discípulos a "las ovejas perdidas de la casa de Israel". (10:5s.; 15:24; cf. 10:23). De aquí que algunos han dicho que Mateo era un rabí que se había convertido, o creen que es la persona descrita en 13:52: "el escriba que se ha convertido en un discípulo del reino de Dios".

Pero en el Evangelio se presenta a un Jesús que está en un creciente conflicto con los líderes de la nación (sobre todo con los fariseos). Esta oposición llega a su punto culminante en los capítulos 21–23. En 21:1–22, los actos simbólicos y provocativos que Jesús realiza de manera deliberada (que concluye con la destrucción de la higuera estéril, símbolo del fracaso de Israel) desembocan en una serie de "debates" con varios representantes de Israel, en los que se va viendo cada vez de forma más clara la total incompatibilidad del mensaje de Jesús con la religión del poder establecido. En esta sección también encontramos tres polémicas parábolas (21:28–22:14), que expresan claramente que Dios rechaza a los que no han sabido cumplir con su estatus de pueblo escogido y que les ha sustituido por otros a los que ellos mismos han menospreciado. La última parábola contiene una alusión transparente a la inminente e inevitable destrucción de Jerusalén (22:7). Entonces, en el capítulo 23, en un ataque público a los escribas y fariseos, Jesús expresa su rechazo total a la manera en que practican la religión, lo que le lleva a decir (23:29–36) que el clímax de la rebelión de Israel ya ha llegado y, además, la posterior predicción de la destrucción del templo, símbolo del estatus de Israel como pueblo de Dios (23:37–24:2).

Marcos y Lucas contienen mucho material que también aparece en Mateo. Sin embargo, ninguno de los dos recoge esta idea de Mateo sobre el fracaso de Israel como pueblo de Dios y de las consecuencias que esto tiene. Además, aunque el ataque va dirigido principalmente a los líderes de la nación, Mateo deja claro que la nación también presenta la misma actitud y, en consecuencia, le espera el mismo destino (23:37s.; 27:24s.). Así que los gentiles, como el centurión que creyó, se sentarán a la mesa mesiánica judía, mientras que los "hijos del reino" no podrán entrar (8:11–12; véase la importancia de este apelativo que Mateo usa precisamente en la historia en la que la fe del gentil es mayor que la de Israel). Y Mateo es el único que saca una enseñanza de la parábola de la viña o los labradores malvados: "El reino de los cielos os será quitado y será dado a una nación que produzca los frutos de él" (21:43).

Eso no quiere decir que Mateo propone que todos los judíos están perdidos de forma automática; Jesús y los primeros discípulos (Mateo entre ellos) eran judíos. La "nación" a la que se refiere 21:43 no está formada sólo por "gentiles", que sustituirán a los "judíos". Lo que viene a decir es que pertenecer al verdadero pueblo de Dios ya no dependerá de la nacionalidad que uno posea, sino del arrepentimiento y la fe, que es algo que está al alcance de todos, tanto judíos como gentiles. Éste era el mensaje de Juan el Bautista (3:8–9), y la misión de Jesús necesariamente traía un nuevo pacto (26:28) y una nueva comunidad de los perdonados. Esta enseñanza la encontramos en todos los Evangelios, pero Mateo lo remarca de una manera especial, le da más importancia que los demás evangelistas.

Vemos que la misión que en un principio era patrimonio de Israel, ahora se había convertido en una misión universal. Muchos creen que 28:18–20 es la clave para saber cuál es la teología de este Evangelio. La misión universal que ahí se menciona es el clímax al que se ha ido apuntando a lo largo de todo el Evangelio: la mujer "gentil" en la genealogía de Jesús (1:3–6), los magos de Oriente (2:1–12), el centurión gentil (8:5–13), la mujer cananea (15:21–28), la "nación" de 21:43, los invitados de los caminos (22:8–9), y la futura predicación universal del Evangelio (24:14; 26:13). El Mesías de Israel es la respuesta a las esperanzas de Israel, pero "Israel" es un pueblo mucho más numeroso y va mucho más allá de la propia nación que, por cierto, no ha aceptado a su Mesías.

Para entender bien la idea que Mateo propone sobre "el nuevo Israel", hay que fijarse en la tipología a la que ya nos hemos referido antes, en la cual vemos que las diferentes posiciones que conformaban la vida de la nación encuentran su cumplimiento en Jesús. Cuando 2:15 aplica a Jesús las palabras de Oseas 11:1 – Israel es el "hijo" de Dios que es rescatado de Egipto – no se trata de una cita arbitraria, sino de un reflejo de que Jesús es Israel y que en su experiencia comienza un nuevo éxodo. Él es el representante, el que tiene en sus manos el destino de la nación. Así, para pertenecer a "Israel", uno debe pertenecer a Jesús, y el Israel de Dios se conforma a través de una aceptación y relación personal con Jesús, independientemente de si se es judío o gentil.

"Cuanto hicisteis [todo esto] a uno de estos hermanos, aun a los más pequeños, a mí lo hicisteis" (25:40). Algunos han dicho que este pasaje es el momento "en que Mateo más cerca está (…) del concepto de Iglesia como Cuerpo de Cristo". Los discípulos de Cristo[47], en palabras de Pablo, están "en Cristo" (o, mejor dicho, Él está en ellos; cf. 10:40–42 y 18:20, donde vemos ideas similares). Esta relación con Jesús, el verdadero Israel, les convierte en una comunidad especial, en el pueblo de Dios del nuevo pacto. Por esta razón reciben el nombre de *ekklesia* (Mateo es el único evangelista que lo usa), el término que la Septuaginta utiliza para denominar a la "asamblea" de Israel. La diferencia es que ahora Jesús la puede describir como "*mi ekklesia*" (16:18).

Mateo es conocido como el evangelista "eclesiástico". Es un error usar este término para decir que él plasma a una Iglesia estructurada, con un ministerio formal, un código de disciplina, etc. Esta idea sólo se puede sostener si se adjudica a las palabras y a las ideas del Evangelio un significado de una época posterior: hay que respetar el significado propio y natural que éstas tenían en el contexto en el que Jesús vivió. Sin embargo, lo acertado es pensar que lo usa para decir que Mateo apunta a que el resultado del ministerio de Jesús era la creación de una comunidad de un remanente de creyentes perdonados, el pueblo del Mesías en el que se va a cumplir el destino de Israel. Esa comunidad es la destinataria del Evangelio de Mateo, y lo que a él le preocupa es que la vida en común de esa comunidad sea digna de ese increíble llamado. Los dos pasajes que hablan de la *ekklesia* (16:17–19; 18:15–20) son sólo las expresiones más claras del punto de vista de Mateo, pero también lo podemos ver en los diversos momentos en que se aplican a los discípulos de Jesús citas veterotestamentarias que hablan de Israel como pueblo de Dios.

Para Mateo (y hay muchos más que comparten su interpretación) la llegada de Jesús fue el comienzo de una nueva etapa en el desarrollo del plan divino, etapa tan decisiva que dividió la Historia en dos, tomando como eje al mismo Jesús. Una vez que "Dios [está] con nosotros", empieza una nueva era, en la que las cosas ya no pueden volver a ser como antes. A partir de ese momento, el plan de Dios, incluso el plan que tenía para su pueblo Israel, está personificado en la persona de Jesús. Así que la Cristología es la clave para interpretar el Evangelio de Mateo, sobre todo la visión que tiene de la Ley, de Israel, y de la Iglesia. En estas áreas, como al presentar al mismo Jesús, Mateo proclama que *el cumplimiento se halla en Jesús.*

Marcos

Dado que se cree que el Evangelio de Marcos es anterior a los otros Sinópticos, y que Mateo y Lucas lo usaron como fuente, hacer un intento de establecer una teología de Marcos tiene una clara desventaja: con Mateo y Lucas podemos analizar los cambios que hicieron, pero como no contamos con la fuente en la que Marcos se basó, es difícil diferenciar entre lo que es su contribución, y lo que es tradición. Si R. Pesch tiene razón, y Marcos "no fue un inventor, sino tan sólo compilador de la tradición, (…) no fue un autor creativo, sino más bien un conservador nada literario", entonces no podemos analizar su narración en busca de una "teología marcana". Muchos han intentado distinguir entre lo que es tradición y lo que es aportación de Marcos[54], con la esperanza de que los resultados de estas investigaciones nos ayuden a tener una mayor comprensión de la línea teológica de Marcos. Pero para eso debemos, en primer lugar, realizar un estudio general del contenido y de la forma del Evangelio como un todo. Sólo así entenderemos la interpretación que él mismo hace del material que registró.

Se dice que el término "evangelio" (*euangelion*), usado para describir este género literario, nace a partir del mismo uso que Marcos 1:1 hace de dicho término, independientemente de que Marcos fuera consciente o no. Comienza su relato con las siguiente palabras: "Principio del Evangelio de Jesucristo, Hijo de Dios". No se trata meramente de una información histórica, sino que son "buenas noticias" y esas "buenas noticias" tienen un nombre: Jesús. Así que en el primer versículo ya se nos prepara para que nos adentremos en una presentación teológica, y "evangelística", de la vida y las enseñanzas de Jesús.

La famosa descripción que Martin Kähler hace de Marcos y de los otros evangelios como "relatos de la pasión con largas introducciones", aunque esto no hace justicia al extenso material que aparece en los primeros capítulos, sí acierta en indicar cuál es el interés del libro de Marcos. La estructura misma del Evangelio (que es básicamente la misma que la de Mateo) transmite cuál va a ser su mensaje. Presenta a Jesús como el Mesías y el Hijo de Dios (1:1–13), luego le sigue la pista en su ministerio en Galilea, período en el que gozaba de cierta aceptación entre el pueblo (1:14–6:13); en su ministerio en el norte, donde crece la oposición (6:14–8:26); y en el viaje a Jerusalén, periodo en el que explica a sus discípulos que va a ser rechazado y asesinado (8:27–10:52), y que culmina con la llegada a la ciudad. Allí, su enfrentamiento con los líderes religiosos sentencia su destino (capítulos 11–13), que le lleva al inevitable clímax de la pasión (capítulos 14:16). Llega al punto y final con una nota de misterio y esperanza (16:7–8).

Galilea es el lugar donde se revela, se da a conocer, y donde la gente responde; también es el lugar de esperanza y futuro (14:28; 16:7). Sin embargo, Jerusalén es el lugar de rechazo y muerte, maldito a causa de su incredulidad. Esta "teología geográfica" planteada por E. Lohmeyer, fue desarrollada por W. Marxsen[58], que decía que Marcos escribió en Galilea poco antes de la destrucción de Jerusalén en el 70 dC. para avisar a los cristianos que allí vivían, para que escaparan antes de que fuera demasiado tarde, y que vinieran a Galilea, donde Jesús iba a reaparecer en breve. Esta teoría de Marxsen no ha tenido mucho éxito, pero hemos de reconocer que la idea subyacente del simbolismo contrastado que le adjudica a Galilea y a Jerusalén encaja con la evolución dramática de la narración marcana; en Mateo también vimos esta idea; de hecho, dicha idea es más importante en Mateo que en Marcos.

Al comentar la estructura del Evangelio ya hemos visto que Marcos presenta a Jesús como el Mesías y el Hijo de Dios. Así que el estudio del pensamiento marcano debe realizarse a partir de su Cristología.

Cristología

Hemos visto que "Hijo de Dios" es el título con que Marcos presenta a Jesús el Mesías en 1:1, y se cree que este título es el centro de su mensaje cristológico. Es un tema recurrente que va apareciendo a lo largo del Evangelio: en la escena del bautismo, Dios declara que Jesús es su Hijo amado (1:11); cuando Jesús saca a demonios, estos también le llaman así (3:11; 5:7); la declaración del día del bautismo se repite en 9:7, y es significativo que esto ocurre justo después de que Pedro ha reconocido a Jesús como el Mesías, y después de que Jesús explicara que eso suponía que debía sufrir y morir; en 12:6, Jesús mismo se muestra, aunque no abiertamente, como el Hijo, a través de una parábola mediante la cual también pone en evidencia que los líderes religiosos de Israel no han cumplido su misión; en 14:61–62 desafía a estos líderes religiosos, esta vez declarando abiertamente quién es y, paradójicamente, el clímax lo encontramos cuando, en la muerte de Jesús, un centurión gentil le reconoce como Hijo de Dios (15:39). Vemos que entre todo el rechazo y la incomprensión que Jesús encuentra, Marcos no permite que sus lectores olviden la verdadera identidad de Jesús.

El Evangelio de Marcos es una paradoja. Jesús es el Hijo de Dios, el que actúa con autoridad divina (2:1–12) y aquel que es transfigurado y cuya gloria se hace visible (9:2–8) y, sin embargo, también es humilde, débil y tiene que sufrir. La manera en que Marcos esconde deliberadamente la grandeza de Jesús contrasta con la Cristología más directa de Mateo. La teoría de W. Wrede, que dice que el "secreto mesiánico" es un invento de Marcos, no cuenta con mucha evidencia histórica, pero se basa en una observación detallada del protagonista de este Evangelio. El Jesús que Marcos nos presenta evitaba que se le hiciera publicidad, era reacio a hacer reclamos grandilocuentes sobre su persona en público y no sólo alabó, sino que también practicó una actitud humilde y servicial, acompañada de un deseo de pasar desapercibido, que contrasta con el afán de reconocimiento y de protagonismo que hay en el mundo. Él sabía que era el Mesías, el vencedor sobre Satanás, aunque su misión consistía en morir y ser rechazado por su propio pueblo, en vez de conseguir un triunfo tal y como lo entendemos humanamente. Sabía que era el Hijo de Dios, pero experimentó todas las emociones y miserias del ser humano (por ejemplo: 3:5; 6:5–6; 8:12; 9:19; 10:14; 14:33–36; 15:34). Poseía un conocimiento sobrenatural (por ejemplo: 2:8; 5:30; 8:17; 13:2), pero confesó que no sabía aquello a lo que sólo el Padre tenía acceso (13:32). Sanó y sacó demonios, hizo milagros, y enseñó con una autoridad sin precedentes, pero se durmió en la barca cuando la tempestad estaba acechando a sus discípulos (4:38).

Este retrato de Jesús es tan paradójico que los investigadores han sugerido que Marcos estaba contestando a diversas interpretaciones erróneas que había en su Iglesia. Quizá estaban empezando a olvidar – tal y como hicieron muchos cristianos, y con una rapidez increíble (sobre todo los que estaban bajo la influencia del gnosticismo) – o incluso a negar la verdadera humanidad de Jesús, convirtiéndolo en una teofanía. O quizá, y esta opción parece más plausible dado el contexto en el que Marcos escribe, estaban tan asombrados por los logros espectaculares del Mesías que hacía maravillas, que habían olvidado el verdadero objetivo de su misión, así que existía el peligro de que lo convirtieran en un carismático milagrero más, de los tantos que hubo en la antigüedad. Algunos eruditos han dicho que la mentalidad helena quizá encasilló a Jesús en ese grupo de "hombres divinos", por lo que el Evangelio de Marcos sería un intento de evitar que se le viera como otro *theios aner* y de subrayar su misión y su estatus como Hijo de Dios. Eso explicaría que la presentación que Marcos hace de los milagros de Jesús no sólo enfatiza su poder, sino también la importancia de la fe del receptor (2:5; 5:34; 9:23s.; etc.), hasta el punto de que la falta de fe limitó el poder de Dios (6:1–6); no da lugar a decir que los milagros eran meramente una "señal" de la autoridad de Jesús (8:11–13).

R.P. Martin propone una idea similar: Marcos escribió para una Iglesia que corría el peligro de malinterpretar el mensaje de Pablo. En las cartas de Pablo vemos que le preocupaba que el Evangelio fuera distorsionado por aquellos que se centraban en la enseñanza de la unión del creyente con el Señor resucitado, pero que apenas hablaban de la cruz como elemento central de la resurrección y la exaltación, y quienes se avergonzaban de la cruz. En un discipulado tan triunfalista no había cabida para el rechazo humano, ni para el fracaso o el sufrimiento. Marcos, fiel seguidor de Pablo, vio el peligro de esta distorsión e intentó corregirla subrayando la idea de que el Señor resucitado había alcanzado la gloria a través del rechazo y de la muerte en la cruz así como los que se identifican con Cristo deben estar dispuestos a hacer lo mismo.

Es demasiado ambicioso creer que vamos a poder reconstruir la situación de Marcos con todo detalle, pero sí es cierto que un contexto como el mencionado explicaría otros dos temas importantes en su Evangelio: la misión mesiánica y la gloria divina de Jesús, y el sufrimiento, la humillación y la muerte por la que tuvo que pasar. Vemos una *teologia gloriae*, perfectamente equilibrada por la presencia de una *teologia crucis*. Este enfoque se ve claramente en el uso que se hace del título "el Hijo del Hombre" (en Marcos, más frecuente que el título "Hijo de Dios"), que abarca tanto la misión básica de Jesús – ser rechazado y sufrir (8:31; 9:12, 31; 10:33s., 45; etc.) como la gloria celestial a la que le conducía ese sufrimiento (8:38; 13:26; 14:62). Si creemos que esto se trata de una paradoja, entonces podemos decir que el Evangelio de Marcos es una verdadera paradoja.

Porque aún hay más. Vemos una paradoja similar en la forma en la que Marcos trata el tema de "el reino de Dios", que ya comentamos cuando hablamos de la tradición de los Evangelios Sinópticos. Igual que en los otros Sinópticos, Jesús anuncia la llegada del reinado de Dios (1:15: nótese que en Marcos, el complicado *engiken*, "se ha acercado", es paralelo a otra frase que está libre de ambigüedad: "el tiempo se ha cumplido"), pero también apunta a un tiempo futuro en el que el Reino "habrá venido con poder" (9:1), y en la última cena habla de beber vino de nuevo "en el reino de Dios", como algo que aún tiene que ocurrir (14:25). Esta tensión entre el "ya" y el "pero todavía no" se explica en las parábolas del capítulo 4, sobre todo en el crecimiento espectacular que vemos de la semilla de mostaza, algo insignificante (4:30–32), pero también en el carácter misterioso del crecimiento de la semilla: Crece por sí sola (4:26–29). El tema del misterio o secretismo también es muy importante: "El misterio del reinado de Dios" sólo está al alcance de los discípulos y no "al de los que están fuera" (4:11, donde se usa el simbólico "los que están fuera" de 3:31, 32, marcando un contraste con el "círculo" de los discípulos de Jesús, tal y como los describe el versículo 34). Esta presencia del reinado de Dios, que parece estar de incógnito, dará paso al "poder" de su llegada, que tendrá lugar antes de que algunos de los oyentes de Jesús mueran (9:1), pero hasta entonces, debían vivir con esa paradoja.

Discipulado

El Evangelio de Marcos no es tan sólo la narración de la vida de Jesús, sino que sus discípulos también adquieren un papel importante. Aunque la línea teológica principal sea la Cristología, como tema secundario no podemos olvidar el análisis que hace de lo que significa seguir a Jesús. Explora el tema a través del retrato de los primeros discípulos de Jesús, viendo sus hazañas y sus fracasos, la experiencia de estar con Jesús, y sobre todo la enseñanza que les dio. Marcos presta una especial atención al tema del discipulado, sobre todo en la sección que une su ministerio en Galilea con la visita climática a Jerusalén (8:27–10:45), aunque desde 1:16 los discípulos ya cuentan con un fuerte protagonismo. Si uno de los objetivos del Evangelio de Marcos era desechar las ideas erróneas sobre la naturaleza del Mesías, otro casi igual de importante fue instruir a los lectores sobre lo que verdaderamente implicaba una profesión de fe.

Si la naturaleza del Mesías lleva consigo el rechazo y el sufrimiento, y no tanto la popularidad y el triunfo, entonces los seguidores del Mesías deben esperar lo mismo (8:34–38; 13:9–13; etc.). El tema del sufrimiento por causa de Jesús sugiere que Marcos estaba escribiendo a una Iglesia que ya había experimentado la persecución por ser seguidores del Hijo de Dios. Así que les enseña que la *teologia crucis* del maestro también se aplica a los discípulos. No hay lugar para el triunfalismo privilegiado. "Marcos está en contra de los "cristianos pedestal", que están demasiado arriba para formar parte de la misión y el seguimiento que, según él, supone sacrificarse y llevar la cruz".

La narración de Marcos nos cuenta que a los discípulos de Jesús les costó entender esta lección. De hecho, sólo habían entendido la misión de Jesús de manera superficial y un tanto errónea. Se menciona muchas veces que no alcanzaban a entender (6:52; 7:18; 8:21, 32s; 9:10, 32, 33–37; 10:13s., 35–45; etc.). El retrato marcano de los discípulos, especialmente el de Pedro, no es nada halagador. Mateo y Lucas, por ejemplo, en varias ocasiones omiten o suavizan los incómodos datos que Marcos no duda en usar. ¡Algunos incluso han dicho que Marcos estaba haciendo una campaña en contra de los discípulos!

Esta "torpeza" de los discípulos a la que Marcos hace referencia se aprovecha como una oportunidad para que Jesús les corrija a través de la enseñanza positiva. Así que, de hecho, es una herramienta literaria que le sirve a Marcos para alcanzar su objetivo. T.J. Weeden llegó a decir que Marcos asignó a los discípulos este rol de "oposición" de forma deliberada. Representaban la falsa Cristología (creían que Jesús era tan sólo un "hombre divino", como mencionamos más arriba) contra la que Marcos escribió su Evangelio. Por eso el argumento dramático del Evangelio refleja el conflicto entre la Cristología que Marcos defiende (representada por Jesús) y la de los oponentes de Marcos (representados por los discípulos). Según Weeden, esta oposición se debe más bien a la ingenuidad literaria de Marcos y no tanto a la realidad histórica, y podemos ver en el Evangelio un deterioro progresivo en la relación de los discípulos con Jesús: de la torpeza (1:16–8:26) pasan a la incomprensión total (8:27–14:9), para acabar rechazándolo y abandonándolo (14:10–16:8).

Esta reconstrucción del objetivo literario de Marcos no ha tenido mucha aceptación. Sin embargo, la tesis de Weeden (igual que el "misterio mesiánico" de Wrede) ha conseguido que prestemos atención a un aspecto importante del Evangelio de Marcos. Debido al deseo de Jesús de que todos "estuviesen con él" (3:14), ese Jesús del Evangelio de Marcos continúa para adelante con su misión, por más que sus discípulos no logren entenderla. El gran ímpetu con que Jesús se dirige a Jerusalén, ya que tiene un propósito en mente, y el asombro y el miedo con el que los discípulos le seguían (10:32), resume muy bien la presentación marcana. Jesús luchaba por que tanto sus discípulos como las multitudes se deshicieran de sus prejuicios e ideas preconcebidas y vieran la misión de Jesús desde una perspectiva divina. Así, el discipulado también es un proceso de reorientación y de abandono de los valores de la sociedad humana que se basan en el yo, a favor de una "economía divina" en la que "muchos primeros serán últimos, y los últimos, primeros" (10:31).

Pero de forma bastante diferente a este énfasis en la "torpeza" de los discípulos, en Marcos también encontramos un fuerte énfasis en el *privilegio* del discipulado y en la diferencia fundamental que hay entre los discípulos de Jesús y "los de fuera" (4:11) La explicación que Jesús hace del uso de las parábolas en 4:10–12, 33–34 pone el estatus privilegiado de los discípulos al mismo nivel que la crítica de su torpeza. Aunque no puedan entender las parábolas de Jesús (ni, por tanto, la naturaleza de su misión) por sí mismos, Jesús, en privado, les da las explicaciones necesarias, explicaciones que no va a dar a los demás. Para referirse a esta enseñanza en privado, Marcos utiliza mucho la expresión "en la casa" (por ejemplo 7:17, 9:28, 33; 10:10), que podría ser un simbolismo para subrayar la enseñanza privada y especial que les daba sólo a sus discípulos (4:11). Cuanto más les costaba entender, más tiempo pasaba Jesús enseñándoles, ya que la continuidad de la misión de Jesús dependía de que ellos la comprendieran bien.

Entonces, ser un discípulo, que conlleva una renuncia drástica, es un privilegio (10:29–30) y la torpeza y fracaso de los primeros discípulos se ve compensada con la revelación especial que en última instancia les permite cumplir con la misión a la que han sido llamados. Estos dos aspectos tan diferentes del discipulado reflejan los dos polos de la paradójica Cristología de Marcos.

Palabras y hechos

Se ha dicho muchas veces que no se puede hablar de una "teología" de Marcos. Lo que podemos decir de Marcos es que es un buen narrador. Si lo comparamos con los otros Evangelios, Marcos destaca como un libro de acción, donde el conflicto aumenta gradualmente y ocurren milagros extraordinarios; no destaca, sin embargo, por una teología especulativa. Marcos es el libro que hay que leer si uno está buscando a un Jesús en acción, pero para leer sobre la *enseñanza* de Jesús, más vale consultar los otros Evangelios.

Es cierto que Marcos no contiene una larga lista de instrucciones como el Sermón del Monte, que contiene menos parábolas que Mateo y Lucas, y que no tiene nada que ver con los discursos de la última cena que aparecen en Juan 13–17. Entonces, se puede decir que Marcos, o no sabía mucho de la enseñanza de Jesús ni de que se había registrado en la tradición sinóptica, o bien consideró que no tenía espacio en su relato para recogerla toda.

También es verdad, no obstante, que Marcos da más importancia a la actividad de Jesús como maestro que Mateo y Lucas. Para él, "maestro" es un título honorífico, la forma natural en que los discípulos y las multitudes se dirigían a Jesús y describe a Jesús como alguien que iba por ahí enseñando, tanto de forma pública como privada, con sus discípulos. Entonces, ¿le interesa a Marcos el *hecho* de que Jesús enseñaba más que el *contenido* de lo que enseñaba? ¿Ve la "enseñanza" igual que la sanación y el exorcismo, tan sólo como un aspecto más del dinámico ataque de Jesús contra los poderes malignos?

Hay dos razones por las cuales nos podríamos hacer estas preguntas. La primera es la idea preconcebida tan extendida de que un escritor sólo tiene un objetivo cuando escribe un libro. El deseo de presentar a un Jesús dinámico en acción no tiene por qué ser incompatible con un interés teológico por el contenido de la enseñanza de Jesús. Aunque Marcos es un Evangelio de actividad mesiánica, este hecho no elimina la posibilidad de que el autor quisiera que los lectores asimilaran y siguieran las enseñanzas del Mesías. La segunda razón sería que la interpretación de que a Marcos no le interesaba el contenido de la enseñanza de Jesús nace de no haber sabido analizar su Evangelio según las pautas que él mismo establece. Si lo comparamos con los Evangelios de Mateo y Lucas, que son más largos, Marcos contiene menos enseñanza. Pero si consideramos que los otros dos Sinópticos aún no se habían escrito cuando Marcos escribió su obra, ya no se pueden tomar como una "norma" de la que Marcos se desvió. Y si tomamos el Evangelio de Marcos de forma individual, sin compararlo, veremos que una proporción importante está dedicada al contenido de la enseñanza de Jesús, ya sea en frases cortas, o en párrafos más largos (sobre todo los capítulos 4 y 13), y que mucha de la narración está estructurada en torno a las enseñanzas e importantes reclamos de Jesús, es decir, Marcos pudo haber usado esas historias como introducción a las enseñanzas. Un análisis estadístico muestra que "un 50% del Evangelio de Marcos busca presentar la enseñanza de Jesús (…) Así que si tenemos en cuenta las pautas que Marcos mismo estableció, veremos que consiguió encontrar un perfecto equilibrio entre la acción y la enseñanza".

Concluimos que aunque pueda haber argumentos para describir a Marcos como "un teólogo nada reflexivo ni especulativo que, si hubiera querido, podría haber llegado a escribir un tratado sobre Cristología", es completamente legítimo hablar de "la teología de Marcos", una Teología que se encuentra tanto en los hechos como en las palabras de Jesús, el Mesías, el Hijo de Dios. Cada vez más se acepta y reconoce que la Teología no está confinada a una forma discursiva, sino que también se puede expresar en la narración de acontecimientos. En el Evangelio de Marcos tenemos una narración equilibrada sobre la misión de Jesús que, a su vez, es la base de una explicación realista de lo que significa ser discípulo de Jesús. Es una Teología en la que el rechazo y el triunfo, la humillación y la gloria, se unen en lo que es la nueva escala de valores del reino de Dios.

Lucas

Como Lucas escribió dos libros del Nuevo Testamento, tenemos más posibilidades de ver cuál es su línea teológica. El libro de los Hechos es, en primer lugar, una relación de la vida y el desarrollo de la Iglesia en los treinta años que siguieron a la muerte de Jesús y su resurrección y, por ello, es una valiosa fuente para poder comprender el pensamiento cristiano de aquellos años cruciales entre el final del ministerio de Jesús y el comienzo de la redacción de los libros que conforman el Nuevo Testamento. Pero eso no impide que lo usemos para descubrir la línea teológica del autor, del mismo modo que saber que los evangelistas fueron fieles a la tradición que ya circulaba sobre Jesús no nos impide vislumbrar su contribución teológica.

De hecho, de la singularidad de Lucas ya se había hablado, incluso mucho antes de que el *Redaktionsgeschichte* se conociera, ya que es más fácil de apreciar que la de Mateo o Marcos. Se ha hablado mucho de su perspectiva como creyente gentil y también se han destacado algunos temas recurrentes en sus obras, tanto en el Evangelio, como en los Hechos. Más adelante hablaremos de la frecuencia con la que menciona al Espíritu Santo, y también de su preocupación por los marginados de la sociedad, los pobres, las mujeres, los niños, los samaritanos, los gentiles, y todos los que en las obras de Lucas son presentados como aquellos por quien Dios tiene un interés especial. También aparece con mucha frecuencia la oración: en el Evangelio encontramos siete recuentos de oraciones de Jesús y varias parábolas que exhortan a la oración. En Hechos, muchas veces vemos a los creyentes orando, y el Evangelio está plagado de alabanza, especialmente en la colección única de "cánticos" de los dos primeros capítulos. Todo esto, entre otras cosas, es lo que cuentan los comentarios antiguos sobre Lucas. Sin embargo, la investigación moderna nos ha hecho observar algunos aspectos de la teología de Lucas de una manera más exhaustiva.

Heilsgeschichte (Historia de la Salvación)

Gran parte del estudio moderno sobre la teología de Lucas se ha basado en el concepto que él tiene de la historia de la salvación. Hans Conzelmann, en su libro *Die Mitte der Zeit* encontró en la obra de Lucas que el propósito de Dios en la Historia viene dividido en tres partes: la primera, la etapa de preparación hasta la llegada de Jesús; a continuación, la etapa del ministerio de Jesús; y la última, la etapa a partir de la ascensión de Jesús. En otras palabras: la etapa de Israel, la de Jesús, y la de la Iglesia. Conzelmann establece, aunque de una manera un poco extraña, los puntos concretos donde se pasa de una etapa a la otra: Lucas 4:13, y 22:3. Lo hace arguyendo que Lucas en estos versículos habla de una etapa especial en la que Satanás no estaba activo, la etapa del ministerio de Jesús. Esta declaración, un poco cuestionable, no forma parte de su tesis central, porque ésta se centra en la importancia del modelo de las tres etapas, diciendo que subraya el deseo de Lucas de dar un fundamento a la existencia y a la misión de la Iglesia una vez acabado el ministerio de Jesús. Según Conzelmann, Lucas intentó así resolver el problema que estaba suponiendo el hecho de que la *parusía* no llegaba. Como esperaban que la *parusía* llegara antes de que los contemporáneos de Jesús murieran, el período después de la ascensión era simplemente una etapa de espera, que no tenía ningún sentido en sí misma. Pero la tardanza de la *parusía* requería que se hiciera una reevaluación y Lucas, según Conzelmann, así lo hizo: eliminó la Escatología del Evangelio. En vez de la expectativa inminente de la *parusía*, Lucas ofrecía una salvación celestial para el creyente y, para la Iglesia, un concepto de continuidad indefinida del plan de salvación divino.

Lucas describió un traspaso de la misión de Jesús a la Iglesia a través de una secuencia de acontecimientos que unen sus dos libros: la resurrección, la enseñanza después de la resurrección, la ascensión (mencionada dos veces, lo que demuestra la importancia que tenía para Lucas) y Pentecostés, donde el Espíritu Santo toma el relevo de la misión que Jesús empezó y está presente en la Iglesia (Hechos 1:1). Lucas no sólo recoge los acontecimientos históricos, sino que interpreta el significado del proceso histórico: él es "San Lucas, el teólogo de la Historia de la Redención". La misión de Jesús y sus consecuencias era lo que *estaba establecido* que pasara (Lucas 24:6–7, 26–27, 44–47). Era el plan que Dios había proclamado en el Antiguo Testamento y que se acababa de cumplir y ese plan o propósito incluye que la misión de la Iglesia continúa como testigo de la salvación que Jesús ha traído (Lucas 24:47–49; Hechos 1:4–8). En el resto de los Hechos, pues, vemos que la progresiva extensión del Evangelio, anunciada en Hechos 1:8, se cumple: de Jerusalén, Judea y Samaria a los gentiles (representados por Cornelio), a Antioquía, a Chipre, a Asia Menor, a Europa y a Roma, donde el libro de los Hechos concluye de forma triunfante. Y todo esto no ocurrió por azar, o debido a las circunstancias, sino que había estado planeado y fue dirigido paso a paso por el Espíritu Santo, cuya llegada hizo que se emprendiera esta misión (ver Hechos 16:6–10, donde vemos un ejemplo sorprendente que respalda esta afirmación).

El análisis de Conzelmann, no obstante, presenta algunos problemas, sobre todo en cuanto al tema de la tardanza de la *parusía*, ya que a él le supone un problema teológico. No llega a entender la combinación tan frecuente en la Apocalíptica, tanto la judía como la cristiana, de los temas de la inminencia y de la tardanza. Tampoco tiene razón al decir que Lucas elimina de sus libros la expectativa escatológica (ver sobre todo Lucas 12:35s.; 17:22s.; 21:25s.). Sin embargo, es cierto que la reflexión de Conzelmann sobre la positiva visión lucana de la Historia de la salvación ha sido una contribución importante que nos ha ayudado a comprender un poco mejor el pensamiento de este autor.

Sin embargo, I.H. Marshall ha argumentado que Conzelmann ha puesto un énfasis demasiado grande sobre el aspecto de la "historia", y que el concepto que verdaderamente le interesa a Lucas es el de la "salvación", lo que se ve de forma evidente en el lenguaje usado en sus obras. Esta salvación no deriva del proceso histórico, sino que deriva de la iniciativa soberana de Dios en Cristo, que va seguida de una aceptación de Jesús como Salvador, y no simplemente de alistarse a las filas de la Iglesia. Con esta idea por bandera, Marshall se levanta en contra de la tendencia de algunos eruditos de clasificar a Lucas como un exponente del *Frühkatholizismus* ("catolicismo temprano"), es decir, verlo como alguien que defendía que la salvación venía a través de la Iglesia institucional.

Judíos y gentiles

Más adelante veremos que el relato del libro de los Hechos trata temas suscitados por la extensión del Evangelio más allá de las fronteras judías y que presta atención a los debates que había en la Iglesia de Jerusalén sobre estos temas (especialmente en Hechos 11 y 15); Lucas busca deliberadamente exponer el contraste de actitudes frente al Evangelio: la incredulidad de Israel y la aceptación de muchos gentiles. Detrás de estos temas se esconde la cuestión sobre la relación teológica entre la Iglesia e Israel que, como ya vimos anteriormente, también es uno de los temas centrales en Mateo.

Se cree que Lucas era gentil, aunque conocía muy bien el judaísmo, especialmente el Antiguo Testamento, en la versión de la Septuaginta. Como es gentil, se espera en cierto sentido que su obra sea una apología de la misión entre los gentiles, que choca con el conservadurismo de algunos cristianos judíos. Pero, ¿es correcto decir que la orientación de Lucas encierra una actitud hostil hacia el judaísmo, un rechazo de Israel a favor de lo que Mateo llama la otra "nación"? Pasajes como Hechos 13:44–51 y 28:17–18 se han interpretado así muchas veces: Israel rechazó el Evangelio y esto fue la catapulta para que los gentiles lo sustituyeran como pueblo de Dios.

J. Jervell realiza una fuerte crítica de este punto de vista. Niega que Lucas quiera plasmar esta idea de "el rechazo de Israel". Dice que, para Lucas, Israel estaba "dividido en dos", debido a la incredulidad de algunos, pero que el propósito de Dios continuaba en los judíos que creían. La entrada de los gentiles en el pueblo de Dios no es el resultado de la incredulidad judía: al contrario, ya que es el resultado del éxito que tuvo el Evangelio entre los judíos porque, según Hechos, miles de ellos se convirtieron y fueron ellos los misioneros que "llevaron el Evangelio a los gentiles, cumpliendo las promesas que Dios le había hecho a Israel de que los gentiles se les unirían en el final de los tiempos". Así que no aparece la idea de un "nuevo Israel".

Es cierto que Lucas y Hechos no presentan la salvación de los gentiles como una idea nueva, sino que la presentan como algo que ya estaba establecido y que ya se había empezado a dar en el Antiguo Testamento. Así que el *manifesto* de Jesús de Nazaret, considerado el pasaje clave de la teología de Lucas, amplía la misión liberadora de Jesús predicha ya en Isaías 61:1s., mencionando que Dios ya ha bendecido a los gentiles en el pasado, a veces incluso antes que a los israelitas (Lucas 4:25–27). Además, los textos que hablan de dirigirse a los gentiles por causa de la incredulidad de los judíos están basados en principios del Antiguo Testamento (Hechos 13:47; 28:26s.). Así que queda claro que Lucas no concibe una discontinuidad radical entre Israel y la Iglesia; esta perspectiva se parece a (e incluso pudo recibir la influencia de) la perspectiva de Pablo en Romanos 11, donde la pérdida de algunas ramas del olivo (Israel) a causa de la incredulidad no anula la identidad continuada del árbol, ni siquiera cuando al árbol se le injertan ramas nuevas que sustituyen a las antiguas.

Esta teología también explica la increíble frecuencia con la que Lucas hace referencia a Jerusalén. Mientras que en Mateo y Marcos Jerusalén funciona como un símbolo de la oposición al reino de Dios, en Lucas es una imagen mucho más positiva. La mayor parte de los dos primeros capítulos de Lucas tienen lugar en Jerusalén, y el Templo es el lugar elegido para hacer la presentación de Jesús, y el lugar que Jesús llama "la casa de mi Padre" cuando es tan sólo un niño. Lucas presta más atención al viaje a Jerusalén que Mateo y Marcos (Lucas 9:51–19:44), lo que no quiere decir que haya en estos dos un mayor sentido de presagio o anuncio: Jerusalén es el lugar indicado para que muera un profeta (13:33–35). Pero después de la resurrección, en Lucas y Hechos Jesús se encuentra con sus discípulos en Jerusalén, y no en Galilea; el Espíritu viene sobre los discípulos en Jerusalén, y en esa ciudad comienza el aspecto corporativo de la vida de Iglesia, con la conversión de muchos de sus habitantes. En Jerusalén sigue habiendo mucha oposición, la cual provoca la dispersión de la Iglesia, pero aún así los apóstoles se quedan en la ciudad (Hechos 8:1) y, por eso, se realiza allí una reunión de los Apóstoles y los Ancianos de la iglesia (Hechos 15). Incluso Pablo, el apóstol de los gentiles, ve a Jerusalén como el centro natural del cristianismo (Hechos 19:21; 20:16, 22; 21:10–17; etc.). Así, este interés de Lucas por la ciudad de Jerusalén enlaza con un importante tema de la profecía del Antiguo Testamento.

Pero aunque Jervell ha discutido – y con razón – que se aboque por el concepto de una discontinuidad tan marcada, la alternativa que ofrece es, a su vez, demasiado extrema. La inclusión de los gentiles incircuncisos en el pueblo de Dios era un tema muy polémico, tal y como vemos en Hechos 11 y 15, y, por otro lado, Lucas y Hechos también mencionan muchas veces que muchos judíos rechazaban el Evangelio. Desde una perspectiva totalmente opuesta, J.T. Sanders[98] presenta a un Lucas extremadamente antijudío, particularmente en los discursos de Hechos. Sanders ve una continua hostilidad hacia todos los judíos y no sólo hacia aquellos que abiertamente rechazaban el cristianismo; se les rechaza tan sólo por el simple hecho de ser judíos. Sanders explica que, para Lucas, guardar la ley judía es un signo de la equivocada motivación del fracasado sistema religioso judío, y no de que la Iglesia fuera una parte del cumplimiento del judaísmo, como Jervell defendía. La posición de Sanders ha sido criticada por centrarse de forma aislada y artificial en un aspecto muy complejo de la perspectiva lucana y por no prestar atención a las importantes evidencias que prueban lo contrario. Pero el hecho de que de los dos mismos escritos novotestamentarios se puedan sustraer dos puntos de vista tan encontrados hace evidente que no es fácil establecer cuál es el pensamiento de Lucas.

Por eso, el lector entenderá que la mayor parte de nuestro estudio nos haya llevado a la conclusión – quizá un poco pesimista – de que "la característica más sorprendente de Lucas y de Hechos es, precisamente, la ausencia de una teología coherente sobre los gentiles". S. G. Wilson aún dice más: "Comparado con la profunda lógica de la compleja teología de Pablo, casi podemos decir que no hallamos en Lucas ningún tipo de Teología. Sus objetivos eran históricos y prácticos (…) Era un pastor y un historiador, no un teólogo". En un estudio que hizo más adelante sobre el estatus de la Ley[102], Wilson rechaza totalmente la interpretación que Jervell hace de Lucas, argumentando que es muy "conservadora" por lo que a la Ley se refiere y vuelve sobre la idea de la incoherencia de los escritos de Lucas. Llega a la conclusión de que se entiende que los judíos cristianos debían seguir guardando la ley, pero que por lo que a los gentiles se refiere, Lucas se muestra un tanto ambivalente.

Decir que Lucas no es un teólogo es quizá demasiado exagerado. Es verdad que no se trata de Pablo. Pero, de hecho, el estudio de Wilson saca a la luz una serie de temas sobre la comprensión de Lucas en cuanto a la misión entre los gentiles, los cuales, si bien no conforman una teología, son mucho más que una simple colección de ideas inconexas e incompatibles. A través de sus escritos, podemos contemplar a un Lucas que es un cristiano gentil de carácter sensible, con un buen conocimiento del judaísmo, por el que siente simpatía, que está luchando con uno de los temas más difíciles para la Iglesia de entonces y llegando a unas conclusiones importantes. Entre ellas, encontramos al menos que el pueblo de Dios es, en lo sucesivo, diferente de la nación que hasta el momento ocupaba dicha posición, pero también vemos que este cambio, que proviene de la respuesta a Jesús, el Mesías judío, tanto de los judíos como de los gentiles, representa el cumplimiento de un plan que ya se ve en las Escrituras judías y no un cambio súbito de opinión por parte de Dios. El triunfo del plan de Dios para traer salvación hasta lo último de la Tierra es el cumplimiento de la visión de los profetas de Israel. Y en este plan, la Iglesia, compuesta tanto por judíos como por gentiles, es el instrumento que va a cumplir con la responsabilidad que Dios ha dado a su pueblo de dar testimonio de Jesús con el poder del Espíritu Santo.

"Buenas nuevas para los pobres"

El plan de Dios para los gentiles en Lucas es un aspecto que forma parte de un tema lucano importante: que Dios no hace acepción de personas (Hechos 10:34). Dios ha planeado que la salvación alcance a todo tipo de personas: ricas o pobres, hombres o mujeres, judíos, samaritanos o gentiles. Las magníficas parábolas de Lucas 15 nos enseñan que no menospreciemos a aquellos a los que Dios ama. "De algún modo (…), los marginados siempre se las arreglan para ser los protagonistas principales en las parábolas de este Evangelio"; y la historia de Zaqueo es uno de los muchos ejemplos que demuestran que Jesús "vino a buscar y a salvar lo que se había perdido" (Lucas 19:10).

De hecho, parece que Lucas le atribuye a Dios una "parcialidad invertida", ya que el Evangelio está dedicado especialmente a los pobres, los marginados, los que no tienen recursos. Éste es el enfoque de Isaías 61, texto sobre el que Jesús basa su mensaje y que explica el objetivo de su misión (Lucas 4:18s.). Lucas da mucha importancia a este episodio en particular, la visita de Jesús a Nazaret: a diferencia de Mateo y Marcos, que lo incluyen de forma breve entre otros acontecimientos ocurridos en Galilea, Lucas lo coloca en un lugar importante al principio del ministerio público de Jesús: la introducción que hace al sermón de Jesús, igual que el contenido de éste, dejan claro que el propósito principal es la misión liberadora y "las buenas nuevas para los pobres" de Isaías 61.

Esta línea ya se ha visto de forma clara en el Magnificat (Lucas 1:46–55) con el tema de dar un giro radical a la escala de valores del mundo. Así, es natural y coherente que los que van a visitar a Jesús en el pesebre en 2:8s. sean pastores y no ricos dignatarios y que la ofrenda que hace la familia de Jesús, descrita en 2:24, es la ofrenda típica de los pobres (cf. Levítico 12:8). La versión lucana del gran sermón empieza con una bienaventuranza dirigida a los pobres – "bienaventurados vosotros los pobres, (…) los que ahora tenéis hambre (…)" – contrastada con los ayes dirigidos a los ricos y a los que están saciados (6:20–26; cf. el tono "espiritual" que tienen las bienaventuranzas en Mateo 5:3–10). En Lucas 12:13–34; 14:7–33; 16:1–31, encontramos tres secciones más sobre las riquezas y las posesiones que siguen en la línea de denunciar el materialismo despiadado y de hacer un llamamiento a la generosidad responsable no apegada a la preocupación por las cosas materiales.

Aunque es verdad que Lucas sigue en la misma línea que algunos escritores del Antiguo Testamento (particularmente los Salmos) que usaban el término "los pobres" para referirse al pueblo oprimido y que dependía de Dios, estos pasajes dejan bien claro que para Lucas la pobreza material (en sentido literal) era una gran preocupación. Las injusticias de la sociedad actual no tendrán lugar en la nueva era. Así que a aquellos que pertenecen al Reino, les toca mostrar compasión por los pobres y evitar todo estilo de vida que pueda llevar a la autosuficiencia y a la idea de que la salvación es algo innecesario. Como ocurre en tantas otras ocasiones, en este punto el reino de Dios también invierte los valores del mundo. Y aquí Lucas no está hablando de una reorientación puramente teórica, ya que aprueba la puesta en común de todas las cosas que caracterizaba a la comunidad de la iglesia primitiva de Jerusalén (Hechos 2:44s.; 4:32–5:11). Las "buenas nuevas para los pobres", de Jesús, toman forma en la creación de una nueva comunidad, un orden alternativo, en el que se abandonan los valores convencionales de la sociedad y se destruyen las barreras divisorias internas.

El Espíritu Santo

Ya en el Evangelio, Lucas hace más referencia al Espíritu Santo que Mateo y Marcos (especialmente en los capítulos 1 y 2); pero en 24:49 las referencias crípticas a "la promesa de mi Padre" y al "poder desde lo alto" apuntan a lo que será el tema principal de la segunda entrega de Lucas, que muchas veces ha sido descrita como "Los Hechos del Espíritu Santo". En Hechos 1 vemos que es un tiempo de espera (vers. 4–8), y no es hasta la llegada del Espíritu en Pentecostés en el capítulo 2, que los discípulos pueden comenzar su misión. A partir de ese momento, Lucas enfatiza constantemente que los discípulos dependen del poder del Espíritu Santo para dar testimonio (por ejemplo, 48, 31; 5:32; 6:10; 7:50) y que es el Espíritu Santo el que dirige el desarrollo de la misión (por ejemplo, 8:29, 39; 10:19; 13:2, 4; 16:6–10). Toda la operación está dirigida por el Espíritu Santo; sin el Espíritu no habría misión, y Lucas no habría tenido nada que contar.

No podemos olvidar que sigue siendo la misión de Jesús; el Espíritu es "el Espíritu de Jesús" (Hechos 16:7), el que da poder a la Iglesia para ser testigos de Jesús (1:8). Cuando los creyentes se bautizan en el nombre de Jesús reciben el Espíritu (2:38; 10:42, etc.). Pentecostés, momento inicial del gran don del Espíritu, es descrito como la obra de Jesús (Lucas 24:49), el Señor exaltado que ha "derramado esto que vosotros veis y oís" (Hechos 2:33). Así que, para Lucas, el don del Espíritu servía básicamente para equipar a la Iglesia para su misión: dar testimonio de Jesús. "Según Lucas, este aspecto *misionero* es probablemente el aspecto más importante del episodio [de Pentecostés]".

"Desde el principio, la actividad del Espíritu es la característica de la nueva era". J. D. G. Dunn[111] dice que nos demos cuenta de la simpatía con la que Lucas describe el carácter entusiasta y carismático de los primeros cristianos después de Pentecostés, etapa en la que prodigan los milagros y la profecía. La doctrina sobre el Espíritu que Lucas desarrolla le lleva, según Dunn, a crear una imagen idealizada de la Iglesia primitiva, una comunidad que actúa bajo la espontaneidad del Espíritu, que aún no ha desarrollado la estructura institucional y formal que se puede ver más adelante en el mismo Nuevo Testamento.

Algunos han sugerido que, para Lucas, el Espíritu Santo, que está activo en la Iglesia, ha tomado el lugar de la esperanza escatológica que la experiencia actual de la Iglesia es la *Escatología*, que ya se ha cumplido en "la nueva era del Espíritu". Éste sería un aspecto importante de la línea que ya mencionamos anteriormente, que apunta a que Lucas eliminó la Escatología de su Evangelio. La venida del Espíritu es el cumplimiento de las esperanzas escatológicas del Antiguo Testamento (Hechos 2:16–21), y su presencia ha inaugurado la Era de la Iglesia, que es el interés principal de Lucas. Aunque Hechos hace alguna mención a una consumación futura (3:21; 17:31, etc.), ésta no es un tema importante.

Esta opinión podría sostenerse haciendo referencia sólo al libro de Hechos, pero el mismo autor introdujo en su Evangelio, tal y como hemos visto antes, una clara doctrina de la *parusía*, no como una creencia formal y vacía, sino como la expectativa de algo inminente y un incentivo a preocuparse por realizar un discipulado eficaz. Tampoco tiene por qué haber una incompatibilidad entre una doctrina de la presencia del Espíritu en la Iglesia y una convicción de que la misión de la iglesia debe concluirse, ya sea antes o después, con el retorno en gloria de aquél de quién el Espíritu da testimonio. Si Lucas sólo hubiera escrito el Evangelio, a nadie se le ocurriría decir que el énfasis que hace en el Espíritu le hace olvidarse de la Escatología; es el contenido de Hechos que le obliga, en su segunda obra, a poner más énfasis en lo que el Espíritu estaba haciendo en la Iglesia en aquel momento.

Diremos que las dos obras de Lucas han aportado al pensamiento del Nuevo Testamento una perspectiva diferente, por lo que a algunos temas se refiere. Ofrece una teología de la salvación de gran alcance, firmemente construida en la experiencia de la Iglesia que cumple su llamada de ser instrumento para continuar la misión de Jesús y llevarla a todas las naciones, una misión que no depende del esfuerzo humano, sino que va guiada por el plan y el poder del "Espíritu de Jesús".

Segunda parte

El Cuarto Evangelio

Capítulo 17

El problema crítico

Teología de Juan

En los capítulos precedentes, en los que se ha tratado la misión y la enseñanza de Jesús, los Evangelios Sinópticos han tenido una mayor importancia, y nos hemos referido al cuarto evangelio sólo circunstancialmente. Una aproximación acrítica debería estudiar de forma sintética las enseñanzas de Jesús en los cuatro evangelios; pero una Teología bíblica crítica debería estudiarlos por separado. La razón de esto es obvia. El cuarto evangelio es tan diferente que su contenido debe ser cuidadosamente contrastado, para tratar de definir si realmente refleja las enseñanzas de Jesús, o si la fe cristiana ha sido tan modificada por la tradición que la Historia ha sido engullida por la interpretación teológica.

Las diferencias entre Juan y los Sinópticos

Las diferencias entre Juan y los Sinópticos no deberían ignorarse. Éstas, en la Teología, son corolarios de las diferencias en las cuestiones de introducción. Hay una diferencia sobre el escenario del ministerio de Jesús. En los Sinópticos, a excepción de la última semana, el ministerio de Jesús se desarrolla principalmente en Galilea, mientras que en Juan se concentra en las visitas a Jerusalén. Hay una diferencia cronológica. Los Sinópticos mencionan una sola Pascua y parece que recuerdan sólo lo sucedido durante un año o quizás dos; pero en Juan por lo menos hay tres Pascuas (2:13; 6:4; 13:1), tal vez cuatro (5:1). En el Cuarto Evangelio no se incluyen algunos materiales importantes que sí encontramos en los Sinópticos: el nacimiento de Jesús, su bautismo, su transfiguración, el exorcismo de demonios, su agonía en Getsemaní, la Última Cena, y el Discurso del monte de los Olivos.

Una diferencia muy importante, relacionada con la cuestión teológica, es el estilo literario. El recurso literario más importante de los Sinópticos es la parábola; y también hay muchos pasajes breves, vívidos, fáciles de recordar, y pequeños incidentes acompañados de frases didácticas. En Juan, el estilo de las enseñanzas de Jesús se presenta por medio de largos discursos. En lugar de parábolas hay discursos, y los pasajes breves e incisivos están ausentes.

El estilo del griego también es diferente. Tanto en el Evangelio como en las cartas se distingue por su sencillez. La solución más socorrida es que las enseñanzas de Jesús se expresan en un lenguaje juanino. Esto es más fácil que pensar que el estilo de Juan es una copia del de Jesús, y que aquél escribió su carta en el lenguaje que aprendió de él.

Si ésta es la solución correcta, y si debemos concluir que el Cuarto Evangelio se presenta en lenguaje juanino, surge una pregunta muy importante: ¿Hasta qué punto la Teología del Cuarto Evangelio es más de Juan que de Jesús? ¿Ha asimilado Juan la enseñanza de Jesús hasta el punto de que lo que tenemos es más una interpretación juanina que una presentación precisa de ella?

Que no se trata de un problema puramente académico puede verse en que algunos de los temas más destacados de los Sinópticos están ausentes en Juan; y sus énfasis más característicos no son obvios en los Sinópticos. Juan no tiene nada que decir sobre el arrepentimiento; en el Cuarto Evangelio no aparecen ni el verbo ni el sustantivo. El Reino de Dios, tan importante en los Sinópticos, casi ha desaparecido de las enseñanzas de Jesús (ver Jn. 3:3, 5; 18:36). En su lugar nos encontramos con la idea de vida eterna como mensaje central. Sin embargo, aunque la vida eterna aparece unas cuantas veces en los Sinópticos, siempre es una bendición futura, escatológica (Mc. 9:43, 45; Mt. 7:14; 25:46); al contrario, en Juan el énfasis principal es la vida eterna como una bendición presente, hecha realidad (Jn. 3:36 *et passim*).

Por otra parte, los puntos más peculiares de Juan no se ven en los Sinópticos. Quizá su expresión más distintiva sea *ego eimi*: "Yo soy el pan de vida" (Jn. 6:35), "la luz del mundo" (Jn. 8:12), "la puerta" (Jn. 10:7), "el buen pastor" (Jn. 10:11), "la resurrección y la vida" (Jn. 11:25), "el camino, la verdad y la vida" (Jn. 14:6), la vid verdadera" (Jn. 15:1). Todo ello como una manifestación de una conciencia absoluta: "Antes que Abraham fuese, yo soy" (Jn. 8:58).

No sólo hay diferencias en los énfasis teológicos específicos, sino que la estructura del Cuarto Evangelio en su totalidad parece diferente de la de los Sinópticos. En ellos la enseñanza de Jesús sigue muy de cerca la apocalíptica judía y su expectativa de una acción escatológica de Dios para poner fin a la Historia y establecer el Reino de Dios en el Siglo Venidero. Se trata de un dualismo temporal entre dos siglos y su constante contraste entre presente y futuro (Mc. 10:15; Mt. 7:21).

La estructura del pensamiento de Juan, a primera vista, parece transcurrir en un mundo diferente. Ya no aparecen los términos "este siglo" y "el Siglo Venidero". El discurso del monte de los Olivos como expectativa escatológica del fin del siglo y la venida del Hijo del Hombre celestial para establecer el Reino de Dios está ausente. Este dualismo escatológico temporal parece reemplazarse por otro. En lugar de la tensión entre el presente y el futuro encontramos la de arriba y abajo, cielo y tierra, esfera de Dios y mundo. Esto queda expresado más gráficamente por la afirmación: "Vosotros sois de abajo, yo soy de arriba; vosotros sois del este mundo, yo no soy de este mundo" (Jn. 8:23; ver Jn. 3:12, 13:31; 6:33, 62). La expresión "mundo" (*kosmos*), que aparece muy pocas veces en los Sinópticos, es una de las palabras favoritas de Juan y se refiere al ámbito humano y de sus asuntos en contraste con el mundo de arriba y el ámbito de Dios. Cuando Jesús dijo que su reino no era de este mundo (Jn. 18:36), lo que quería expresar era que su autoridad no procedía del mundo inferior, de los gobiernos humanos, sino del mundo de Dios.

Otro elemento notable en el dualismo juanino es el contraste entre luz y tinieblas. Uno de los temas que aparecen en las primeras palabras del Evangelio es el conflicto entre luz y tinieblas. "La luz en las tinieblas resplandece, y las tinieblas no prevalecieron contra ella" (1:5). El mundo es el reino de las tinieblas, pero Dios es luz (1 Jn. 1:5), y Jesús vino para traer luz en medio de las tinieblas (3:10; 12:46; 8:12). He aquí la única fuente de verdadera luz; todo el que encuentra la luz debe encontrarla en Cristo (1:9). Esta luz brilla todavía y las tinieblas no han podido extinguirla (1:5). La antítesis de luz y tinieblas es un aspecto más del dualismo juanino del arriba frente al abajo, del cielo frente al mundo, y parece reemplazar "el dualismo temporal-escatológico de los Sinópticos con uno actual "vertical".

El vocabulario básico de Jesús, según el relato de Juan, es diferente del de los Sinópticos. Además de palabras como vida eterna, luz y tinieblas, hay otras que son más frecuentes que en los Sinópticos, que aparecen sólo en muy raras ocasiones, como el verbo amar y el sustantivo amor; verdad, verdadero y genuino (*alethinos*); saber; trabajar; mundo; juzgar; permanecer; enviar; dar testimonio; y sobre todo creer en (*eis*). Además, muchas palabras frecuentes en los Sinópticos no aparecen en Juan: justo; poder o milagro (*dynamis*); sentir misericordia o piedad; llamar; arrepentirse; parábola; orar.

El trasfondo del Cuarto evangelio

Estas diferencias tan evidentes entre Juan y los Sinópticos llevaron a muchos investigadores que nos precedieron a interpretar el Evangelio como un producto del siglo II, caracterizado por el pensamiento helenista, y en el que el mensaje de Jesús sobre del Reino de Dios se había transformado en una religión helénica de salvación. "Durante muchos años la opinión crítica que prevaleció fue que Juan era el Evangelio de los helenistas; escrito por un pensador griego para los griegos y que señala un punto decisivo en la helenización de la fe cristiana".

Desde este punto de vista, este Evangelio está muy lejos de Jesús. Se interesa por la verdad eterna, no por hechos objetivos; por la Teología, no por la Historia. Sus milagros son únicamente símbolos de realidades espirituales; sus dichos son alegorías. Pero el descubrimiento de tres papiros que contienen todo Juan o una buena parte, y que se remontan a los inicios del siglo II excluyen estas ideas. Sin embargo, la búsqueda de un *Sitz im Leben* ("situación en la vida") religioso que pueda explicar el lenguaje y la Teología del Cuarto Evangelio continúa. No se puede negar que parte de la terminología típica de Juan se parece mucho a la de la tradición Hermética – colección de escritos religiosos egipcios, probablemente de los siglos II y III. Estos escritos tienen mucho que decir sobre la luz y la vida, la palabra, la salvación por el conocimiento, así como sobre la regeneración o el nuevo nacimiento. C. H. Dodd opina que la tradición Hermética proporciona un valioso antecedente para entender a Juan. Sin embargo, muchos de los términos teológicos más típicos de dicha tradición, como *gnosis, mysterion, athanasia, demiourgos, nous,* etc., no aparecen en Juan, y el lenguaje juanino en general tiene más en común con la LXX que con la tradición Hermética.

Bultmann defiende una opinión crítica que muchos de sus discípulos han aceptado, a saber, que a partir de la literatura de los siglos VII y VIII d. C. se puede reconstruir un movimiento que se remonta a la época precristiana y que era algo parecido a un sincretismo entre la filosofía helenista popular y el misticismo oriental que dio lugar a una especie de religión "proto-gnóstica". Esta *"gnosis"* precristiana finalmente llegó a un Gnosticismo Total En Los Siglos II Y III D. C., Y Puede Encontrarse En Padres De La Iglesia Como Ireneo. Mientras que la opinión crítica prevaleciente había sido que el gnosticismo del siglo II era una herejía típicamente cristiana, esta nueva teoría asumió que se trataba sólo de la cristalización de un movimiento que, en sus elementos esenciales, precedió al cristianismo y que tuvo mucha influencia en la teología juanina. La esencia de esta teología gnóstica consiste en un dualismo cosmológico en el que el mundo material es malo. Las almas de los seres humanos, que pertenecen a un ámbito celestial de luz y de vida, han caído en un mundo material de tinieblas y de muerte. Dios envió un redentor celestial a los hombres para iluminarles y darles un conocimiento (*gnosis*) de su verdadera naturaleza, con lo cual les capacitaba en el momento de la muerte para rechazar su compromiso con un mundo material y poder regresar así a su verdadero hogar celestial. El cielo es el hogar natural del ser humano; el mundo es una cárcel. A la salvación se accede por el conocimiento impartido por el redentor celestial que desciende y asciende.

Se ha suscitado un interesante debate entre los investigadores en cuanto a si esta teología gnóstica precedió al cristianismo e influyó en la teología del Cristo preexistente, encarnado, que asciende a los cielos. Debe ponerse de relieve que aunque esta teología puede encontrarse en el gnosticismo del siglo II como una desviación de la fe cristiana, la teoría de que fue un movimiento sincretista precristiano que ayudó a modelar la Cristología cristiana, sobre todo la juanina, es una reconstrucción crítica basada en textos postcristianos. Aunque en el judaísmo y en el helenismo pueden encontrarse tendencias del pensamiento gnóstico, la figura de un redentor celestial no está en ningún documento precristiano.

El descubrimiento de una biblioteca gnóstica en 1947, en Nag Hammadi, Egipto, que consiste en trece manuscritos con cuarenta y nueve documentos diferentes, nos ha dado por primera vez una extensa colección de fuentes primarias del gnosticismo egipcio. Aunque Robinson se muestra esperanzado en que esta literatura puede suministrar documentación que llene el vacío que existe entre la literatura judía precristiana y el gnosticismo cristiano, una de nuestras mayores autoridades en religión helénica está convencido de que los nuevos textos de Nag Hammadi "vindican absolutamente la idea tradicional del gnosticismo como una herejía cristiana cuyas raíces se encuentran en el pensamiento especulativo". Nock también nos recuerda que la tradición Hermética en ningún momento presenta la figura de un redentor personal.

Otro descubrimiento arqueológico ha revolucionado la búsqueda del marco teológico del Cuarto Evangelio. Gracias a un descubrimiento accidental en 1947 de varios rollos en Khirbet Qumrán, cerca de la parte superior del Mar Muerto, se encontraron los restos de la biblioteca de un grupo separatista al que muchos estudiosos identifican como los esenios o como sus precursores. Hay unas semejanzas tan sorprendentes de lenguaje y pensamiento entre Juan y los escritos de Qumrán que muchos estudiosos han creído que debe haber alguna relación significativa entre ambos. Posiblemente Juan el Bautista había sido qumraniano durante los años que estuvo en el desierto.[16]

Aunque no se puede establecer una dependencia directa entre Juan y los escritos de Qumrán, las semejanzas demuestran que las pautas idiomáticas y conceptuales del Cuarto Evangelio podrían haber surgido en Palestina a mediados del siglo I d. C. – posición que pocos estudiosos críticos de la generación anterior hubieran osado apoyar. Esto ha llevado a "la nueva perspectiva del Cuarto Evangelio", que ha revolucionado la crítica juanina. Muchos investigadores contemporáneos reconocen una sólida tradición juanina independiente de los Sinópticos, que surge en Palestina y que del 30 al 66 d. C., y que atribuyen al Cuarto Evangelio un grado de valor histórico que no podía haber sido ni siquiera soñado por una generación anterior, a excepción de los investigadores más conservadores.

El lenguaje y la Teología de Juan

A pesar de todo, el problema de la diferencia entre el Jesús de los Sinópticos y el de Juan permanece. Éste se complica porque el lenguaje y la Teología del Evangelio son prácticamente iguales a los de la Primera Carta de Juan. Deberíamos considerar la alternativa de que el Cuarto Evangelio sea el resultado final de una tradición que Juan recordó, proclamó y sopesó, hasta quedar totalmente absorbido por ella y la expresó con sus propias palabras e ideas. Si, sin embargo, el lenguaje y el pensamiento son de Juan más que de Jesús, nos enfrentamos con el problema de que el autor del Evangelio fue un genio creador más grande que Jesús.

Otra solución es que Juan reformuló e interpretó deliberadamente las palabras de Jesús para que armonizaran con su propia situación, percibiendo detrás de su obra la autoridad de Jesús mismo, ya glorificado y resucitado de entre los muertos, y continuando la instrucción de su pueblo por medio del Espíritu (Jn. 14:26; 16:12).

También podría ser que Jesús fuera un maestro demasiado bueno como para limitarse a un solo estilo y a un solo lenguaje en sus enseñanzas. Posiblemente utilizó un estilo vívido, pintoresco, parabólico con las multitudes en Galilea y una forma más profunda y extensa de razonar con la gente más educada de Jerusalén y con sus discípulos. La dificultad en este caso está en el discurso del pan de vida en Juan 6, pronunciado en Galilea después de dar de comer a los cinco mil, que está formulado en un lenguaje totalmente "juanino". Sin embargo, Juan 6:59

afirma que Jesús pronunció el discurso en la sinagoga de Capernaúm, por lo que no se trataba de un discurso popular pensado para las multitudes, y un estudio reciente ha demostrado que las ideas de este discurso armonizan totalmente con los conceptos judíos de la Pascua. Es posible que en sus últimos días Jesús utilizara un estilo diferente para comunicar a sus discípulos verdades más profundas acerca de su persona y su misión, y Juan, a propósito elaboró todo el Evangelio usando este lenguaje. Éste es un problema para el que quizá nunca se encuentre una solución definitiva. Podemos, sin embargo, citar las poderosas palabras de W. F. Albright:

> *No hay una diferencia fundamental, entre la enseñanza de Juan y la de los Sinópticos; el contraste entre ellos está en la concentración de la tradición de acuerdo con ciertos aspectos de las enseñanzas de Jesús, sobre todo los que parecen asemejarse más a la enseñanza de los esenios.*
>
> *No hay absolutamente nada que demuestre que alguna de las enseñanzas de Jesús haya sido distorsionada o falseada, o que se le haya añadido algún nuevo elemento vital. Que las necesidades de la Iglesia primitiva influyeron en la selección de los elementos a incluir en los Evangelios, podemos admitirlo sin dificultad, pero no hay ninguna razón para suponer que esas necesidades fueran las responsables de alguna invención o innovación de importancia teológica.*
>
> *Uno de los presupuestos más fuertes de los estudiosos y teólogos críticos del Nuevo Testamento es que el pensamiento de Jesús se había producido de forma tan limitada que cualquier contraste evidente entre Juan y los Sinópticos tuvo que deberse a algunas diferencias entre los primeros teólogos cristianos. Toda personalidad importante será interpretada de forma diferente por amigos y oyentes diferentes, los cuales elegirán lo que les parezca más acertado o más útil entre lo que han visto y oído.*

Esto no significa que podamos pasar por alto las diferencias entre Juan y los Sinópticos, sobre todo en lo que respecta a la divergencia entre énfasis teológicos. Es difícil no llegar a la conclusión de que Juan es más teológico que los Sinópticos. Sin embargo, hace ya mucho que la creencia de que los Sinópticos presentaban historia "pura" ha sido descartada. Fueron escritos por hombres que llegaron a convencerse, con la resurrección, de que Jesús era el Mesías y el Hijo de Dios (Mc. 1:1) y escribieron las "buenas nuevas" a la luz de esa fe. Los Evangelios Sinópticos son teología y no sólo Historia. Lo que hace Juan es explicitar más lo que siempre había estado implícito en los Sinópticos y explicitado sólo algunas veces (Mt. 11:25–30). "La diferencia no es que Juan sea teológico y los otros no, sino que todos son teológicos aunque de forma diferente". La Historia interpretada puede presentar mejor una situación determinada que una simple crónica de sucesos. Si Juan es una interpretación teológica, lo es de eventos de los que él está convencido que sucedieron históricamente. Obviamente, los Evangelios Sinópticos no tienen la intención de relatar los *ipsissima verba* de Jesús, ni tampoco de ofrecer su biografía. Son descripciones de Jesús y síntesis de su enseñanza. Mateo y Lucas se sienten libres para reorganizar el material de Marcos y para referir las enseñanzas de Jesús con una considerable libertad. Si Juan es más libre en su presentación que Mateo y Lucas, es porque deseaba ofrecer una descripción de Jesús más profunda y, en última instancia, más real. La tradición histórica "objetiva" está tan entremezclada con la interpretación juanina que resulta imposible distinguirlas[27].

Conclusión

El hecho de que Juan escriba una interpretación teológica profunda no explica ni la forma ni el lenguaje específicos del Evangelio. Las similitudes entre Juan y Qumrán demuestran al menos que el lenguaje y las ideas, del Cuarto Evangelio pudieron surgir en Palestina a comienzos del siglo I d. C. No se responde totalmente al problema de por qué el Cuarto Evangelio se desarrolla de una forma tan peculiar. La tesis de que debe entenderse como un producto del pensamiento filosófico o gnóstico helenista casi no tiene fuerza. Sin embargo, las semejanzas entre Juan y el pensamiento helenista popular difícilmente son accidentales, a pesar de las similitudes con Qumrán. La mejor solución parece ser que el Evangelio fue escrito para refutar una tendencia gnóstica en la Iglesia, como sugiere la tradición patrística, a finales del siglo I. Una clave podría estar en la Primera Carta, que probablemente surgió dentro del mismo círculo que el Evangelio: la negación de que Jesús había venido en carne (1 Jn. 4:2). En la Iglesia habían surgido falsos maestros que encarnaban el espíritu del anticristo (1 Jn. 2:18–19) y negaban el verdadero carácter mesiánico de Jesús. Si el Evangelio, como la Primera Carta, se escribió para refutar un gnosticismo incipiente, está claro que la particularidad del lenguaje y del mensaje se debe a una intención de contrarrestar esas tendencias gnósticas, para lo cual utiliza una terminología parecida. El fundamento de su lenguaje se remonta a Palestina, y sin duda a Jesús mismo. Pero Juan decidió formular todo su Evangelio en un lenguaje que quizás Jesús sólo utilizó para sus conversaciones íntimas con sus discípulos o para las discusiones teológicas con escribas ilustrados, para destacar el pleno significado de la Palabra eterna que se había hecho carne (Jn. 1:14) en el evento histórico de Jesucristo.

De cualquier modo, nuestra tarea al estudiar la Teología del Cuarto Evangelio no sólo es exponer de forma positiva el pensamiento juanino sino también tratar de descubrir sus concordancias y diferencias con los Sinópticos. ¿Expuso Juan una teología radicalmente reinterpretada, o acaso se trata esencialmente de la misma aunque con un énfasis diferente? Ésta es nuestra doble tarea.

Capítulo 18

El dualismo juanino

Los dos mundos

El problema más difícil de la Teología juanina es su dualismo, aparentemente distinto al dualismo esencialmente horizontal de los Sinópticos: un contraste entre dos siglos – este siglo y el Siglo Venidero. El dualismo de Juan es fundamentalmente vertical: un contraste entre dos mundos – el de arriba y el de abajo. "Vosotros sois de abajo, yo soy de arriba; vosotros sois de este mundo, yo no soy de este mundo" (Jn. 8:23). Los Sinópticos contrastan este siglo con el Siglo Venidero, y sabemos por el uso paulino que "este mundo" puede equivaler a "este siglo" en un dualismo escatológico. Pero en Juan, "este mundo" casi siempre se presenta contrastado con el mundo de arriba. "Este mundo" es malo y tiene al diablo como su príncipe (16:11). Jesús ha venido para ser la luz del mundo (11:9). La autoridad de su misión no procede de "este mundo" sino de arriba – de Dios (18:36). Cuando se haya completado, debe partir de "este mundo" (13:1).

Este mismo dualismo resulta obvio en el lenguaje de Jesús que desciende del cielo a la tierra para ascender de nuevo al cielo. "Nadie subió al cielo, sino el que descendió del cielo" (3:13). Jesús ha descendido del cielo para cumplir una misión que ha recibido de Dios (6:32). Ha descendido del cielo como "pan de vida". Si alguien come de este pan, nunca morirá sino que tendrá vida eterna (6:33, 41, 50, 51, 58). Cuando esa misión se haya cumplido, debe ascender al cielo de donde había venido (6:62). Después de la resurrección, cuando María le tocó, él le dijo que no lo hiciera, porque todavía no había ascendido al Padre. En su lugar, ella debía ir donde estaban los discípulos para decirles: "Subo a mí Padre y a vuestro Padre, a mi Dios y a vuestro Dios" (20:17).

Tinieblas y luz

El mundo de abajo es el reino de las tinieblas, mientras que el de arriba es el de la luz. Cristo ha venido al reino de las tinieblas para traer la luz. Luz y tinieblas se ven como dos principios enfrentados continuamente. "La luz en ha tinieblas resplandece, y las tinieblas no prevalecieron contra ella" (1:5). Jesús mismo es la luz (8:12) y ha venido para que los hombres no sigan en las tinieblas sino que puedan tener la luz de la vida y así poder caminar en ella y no tropezar (8:12; 9:5; 11:9; 12:35, 46). Los que reciben la luz se convierten en hijos de luz (12:36). Sin embargo, y a pesar de que la luz ha venido al mundo, los hombres prefieren más las tinieblas y se niegan a ir a ella porque sus obras son malas. Todo aquel que "practica la verdad" viene a la luz para que se ponga de manifiesto su verdadera naturaleza (3:19–20). En Juan el mal supremo es el odio a la luz – no creer en Jesús.

Carne y espíritu

Otro contraste, aunque se presenta de una forma más limitada, es el de la carne y el espíritu. La carne pertenece al reino de abajo; el Espíritu al ámbito de arriba. La carne no es pecaminosa, como en Pablo, sino que representa la debilidad e impotencia del reino inferior. La vida humana es engendrada "por voluntad de carne" (1:13), es decir, a través de la procreación. La carne no es pecaminosa, porque el "Verbo fue hecho carne y habitó entre nosotros" (1:14). Carne es sinónimo de humanidad – género humano. Sin embargo, la carne está limitada a un ámbito inferior; no puede alcanzar la vida del mundo de arriba. "Lo que es nacido de la carne, carne es" (3:6); los seres humanos deben nacer de arriba. Ser nacido de arriba se describe como haber nacido del Espíritu. La persona en sí misma y por sí misma es débil y mortal; sólo a través de la acción interna del Espíritu de Dios puede entender o experimentar las bendiciones del ámbito celestial (3:12). La vida eterna es el don del Espíritu de Dios; a la luz de la eternidad, la carne de nada sirve. No puede darle al ser humano la capacidad para conseguir la vida eterna (6:63).

En el dualismo juanino puede apreciarse una dimensión diferente en el dicho acerca de la adoración, "Dios es espíritu; y los que le adoran, en espíritu y en verdad es necesario que le adoren" (4:24). "Adorar en espíritu" no quiere expresar un contraste entre una adoración que se expresa a través de ritos externos y la que se hace mentalmente, sino que se trata de la adoración que recibe el poder del Espíritu de Dios. El contraste no es tanto entre el mundo de arriba y el de abajo como entre la adoración de una época anterior y la adoración de la nueva era que Jesús ha inaugurado. Está entre la adoración que se hace en espíritu y en verdad y la que se hace en Jerusalén o Gerizim.[4] He aquí un "sustituto escatológico para las instituciones temporales como el Templo". El "Espíritu eleva a las personas por encima del nivel terrenal, del nivel de la carne, y las capacita para adorar adecuadamente a Dios". Aquí nos encontramos por primera vez con la unión de lo vertical y lo horizontal. Como Jesús ha venido a este mundo desde arriba, ha instaurado un nuevo orden de cosas.

Kosmos

En el desarrollo de nuestro estudio de la teología juanina, es importante entender el uso que hace de la palabra "mundo", *kosmos*. Este término se utiliza de formas distintas. A veces se parece al uso que hacen los Sinópticos, otras al del lenguaje filosófico griego. Puede hacer referencia tanto a todo el orden creado (Jn. 17:5, 24) como a la tierra en particular (Jn. 11:9; 16:21; 21:25). Se refiere a la tierra como la morada de los hombres en un lenguaje que se parece mucho al judío: venir al mundo (6:14; 9:39; 11:27; 18:37), estar en el mundo (9:5a), partir del mundo (13:1; 16:28b). Aunque algunos de estos dichos adquieren significado teológico debido al contexto en el que se usan, el lenguaje puede ser reconocido como terminológicamente judío. Venir al mundo significa simplemente nacer; estar en el mundo es existir; salir del mundo es morir.

No hay ni rastro de que el mundo tenga que ser algo malo. "Todas las cosas por él fueron hechas, y sin él nada de lo que ha sido hecho, fue hecho" (1:3). En Juan no hay ningún elemento de un dualismo cosmológico, ni de una negación del mundo. El mundo creado sigue siendo el mundo de Dios.

Por metonimia, *kosmos* puede designar no sólo el mundo sino también a todos los que habitan en él: el género humano (12:19; 18:20; 7:4; 14:22). El estudio de estos versículos muestra que *kosmos* no quiere designar concretamente a todo a los seres humanos que habitan en la tierra, sino sencillamente el género humano en general. "El mundo se va tras él" (12:19) significa que Jesús ha conseguido una respuesta importante. Él ha hablado abiertamente al mundo (18:20) lo que quiere decir que se ha dedicado a un ministerio público. Juan comparte este uso con el griego helenista y el de la LXX, aunque no era común en el griego clásico. Se encuentra también en los Sinópticos en Mateo 5:14 y 15:7.

El uso más interesante de *kosmos* para referirse al género humano está en los textos que dicen que el mundo – género humano – es el objeto del amor y de la salvación de Dios. Dios ama al mundo (3:16) y envió a su Hijo para salvarlo (3:17c; 12:27). Jesús es el Salvador del mundo (4:42); vino para quitar el pecado del mundo (1:29) y para dar vida al mundo (6:33). Estos textos no enfatizan ninguna clase de universalismo, sencillamente designan al género humano en general como el objeto del amor y acción salvífica de Dios.

Kosmos: la humanidad en enemistad con Dios

Hasta aquí, el uso juanino de *kosmos* equivale al de los Sinópticos. Sin embargo, Juan tiene un empleo propio de *kosmos* que está en los otros tres evangelios. Ve a las personas no simplemente como habitantes de la tierra y objetos del amor y acciones redentoras de Dios, sino como pecadores, rebeldes, alienados de su Creador, como una humanidad caída. El *kosmos* se caracteriza por la maldad (7:7), y no conoce a Dios (17:25) ni a su emisario, Cristo (1:10). Esto no sucede porque haya algo intrínsecamente malo en el mundo. Cuando Juan dice que "el *kosmos* por él fue hecho" (1:10), el contexto sugiere en este caso que se trata del género humano y no simplemente del universo o de la tierra. Lo que hace malo al *kosmos* no es algo innato, sino el hecho de que se ha apartado de su creador para esclavizarse a los poderes del mal. La alienación del mundo respecto a Dios se ve por el odio hacia su enviado (7:7; 15:18), que vino para salvarlo. Al poder del mal que ha esclavizado al mundo en su rebeldía contra Dios se le llama tres veces "el príncipe de este mundo" (12:31; 14:30; 16:11; ver 1 Jn. 5:19). La palabra establece un marcado contraste con los discípulos de Jesús. Estos antes pertenecían al mundo, pero han sido escogidos para pertenecer a Cristo (17:6), aunque tengan que seguir viviendo el mundo (13:1; 17:11, 15). Ya no comparten el mismo mundo porque pertenecen a Jesucristo, pues han recibido su palabra (17:14). Puesto que el propósito de Jesús es vivir de acuerdo con la voluntad de su Padre, no de acuerdo con fines puramente humanos y, por tanto, no es del mundo aunque esté en el mundo, se puede decir lo mismo de los discípulos, que han cambiado su interés por objetivos puramente humanos por Dios, para no ser ya del mundo (15:19; 17:14). De hecho, la venida de Jesús ha producido una gran división entre los seres humanos aunque sigan viviendo juntos. Dios ha escogido a algunos de este mundo (15:19) para que formen parte de una nueva comunión cuyo centro es Jesús (17:15). Así como el mundo odió a Jesús, también odiará a sus seguidores (15:17; 17:14).

La reacción de los discípulos no es la de apartarse del mundo, sino la de vivir en el mundo, motivados por el amor de Dios más que por el amor al mundo. Los discípulos deben llevar a cabo una misión en el mundo que no es sino continuación de la misión de Jesús (17:18). Así como él se dedicó al cumplimiento de la voluntad de su Padre en el mundo y en el desempeño de su propósito redentor, sus seguidores no deben encontrar su seguridad y satisfacción en un nivel humano como hace el mundo, sino en la dedicación al propósito redentor de Dios (17:17, 19). Deben guardarse del mal (17:15) del mundo centrando su afecto en Dios.

Esta separación del género humano como pueblo de Dios y mundo no es, por tanto, una división absoluta. Las personas pueden ser llevadas del mundo al pueblo de Dios si oyen y responden a la misión y mensaje de Jesús (17:6; 3:16). Por tanto, los discípulos deben continuar el ministerio de Jesús en el mundo para que las personas puedan conocer el evangelio y ser salvas (20:31) de él. El mundo no puede recibir el Espíritu (14:17) o dejaría de ser lo que es; pero muchos aceptarán el testimonio de los discípulos de Jesús (17:21), y creerán en él sin haberle visto nunca (20:29).

Satanás

En el Cuarto Evangelio, como en los Sinópticos, se considera que el mundo está en manos de un poder maligno sobrenatural, al que se le llama "el demonio" (8:44; 13:2) y "Satanás" (13:27). Es descrito en un lenguaje muy similar al de Pablo como el "príncipe de este mundo" (12:31; 14:30; 16:11). Los Sinópticos hablan de él como el "príncipe" (*archon* – señor) de los demonios (Mt. 12:24). Juan no habla de su señorío sobre los demonios, pero, como Pablo, dice que "todo el *kosmos* está regido por este *archon*". Su propósito es frustrar la obra de Dios. Cuando Judas estaba dispuesto a traicionar a Jesús, "Satanás entró en él" (13:27). Los judíos decían que eran hijos de Abraham y por ello herederos de las bendiciones prometidas. Jesús contestó que el odio que le tenían demostraba, que en realidad, no eran hijos de Abraham, sino del demonio, porque él era homicida desde el principio y no tenía nada que ver con la verdad porque no hay verdad en él (8:39ss.). Jesús vino para traer la verdad a los seres humanos (1:17); pero el demonio es mentiroso y padre de mentira.

Aunque Juan, a diferencia de los Sinópticos, no relaciona la lucha de Jesús con los demonios, es evidente que su misión implica el mismo conflicto con los poderes sobrenaturales. Como príncipe de este mundo, Satanás trata de derrotar a Jesús (14:30), pero no puede hacerlo. Al contrario, Jesús saldrá victorioso sobre su enemigo. En la cruz Jesús consigue la victoria sobre Satanás de tal forma que se puede decir que éste ha sido "echado fuera" (12:31). En otras palabras, esta victoria puede ser descrita como el juicio del príncipe de este mundo (16:11). Juan no especula en cuanto al origen de Satanás ni a su naturaleza. Lo describe sencillamente como un poder sobrenatural maligno, dueño de este mundo pero a quien Jesús derrota en la cruz.

Muchos estudiosos modernos se niegan a aceptar la idea de un poder sobrenatural como éste, especialmente las palabras de Jesús de que los judíos son hijos del demonio. "Es sencillamente inconcebible que Jesús de Nazaret llegara a decir tales palabras". Afirman que ellas no reflejan las enseñanzas de Jesús sino una fuerte polémica antisemita del autor del Evangelio. Sin embargo, debe admitirse que estas palabras armonizan con la totalidad de la enseñanza del Cuarto Evangelio. "(Los judíos) no pueden pretender ser hijos de Dios, porque sus acciones lo niegan. Su actitud respecto a él, su resistencia a la verdad que el Padre les revela, y su decisión de llevarlo a la muerte estaba muy acorde con la naturaleza de su padre, el demonio, el cual se rebeló contra Dios cuyo reino es la verdad, y que era homicida desde el principio. Es falso por naturaleza, y su lenguaje refleja la mentira. Su envidia y su malicia dieron lugar a la desobediencia y a la muerte de la raza humana. Sus hijos no pueden soportar la revelación que procede del único y verdadero Dios, por lo que se dedican a procurar la destrucción del Hijo al que el Padre ha enviado para que traiga luz y la libertad al mundo humano".[16]

Pecado

En los Sinópticos *hamartia* se utilizó para hacer referencia a actos pecaminosos, a manifestaciones de pecado. En Juan hay un énfasis mayor en el principio de pecado. El Espíritu Santo va a convencer al mundo *de pecado* (no *pecados*) (16:8). El pecado es un principio que en este caso se manifiesta no creyendo en Cristo. Todo el que vive en la práctica del pecado está esclavizado: es esclavo del pecado (8:34). "El pecado humano es una servidumbre al poder demoníaco y por tanto separación completa de Dios". A no ser que las personas crean que Jesús es el Cristo, morirán en sus pecados (8:24).

El pecado es tinieblas; y la naturaleza del mundo pecaminoso también lo es. Pero Dios no ha abandonado al mundo. La luz en las tinieblas resplandece, es decir, por medio del Logos Dios ha penetrado las tinieblas con la luz de su revelación sobrenatural; y por negras que ellas sean, no han podido ahogar la luz (1:5). Jesús se refiere a su misión en términos similares. Les dice a las personas que la luz va a estar con ellas un poco más y que deben caminar mientras la tengan, no sea que, si la rechazan, las tinieblas los envuelvan (*katalambano*). La persona que niega la luz tropieza en las tinieblas, porque no sabe a dónde va. Sólo creyendo en la luz pueden las personas llegar a ser hijos de la luz (12:35).

El pecado es incredulidad

No creer en Cristo es otra manifestación de un odio hacia Dios. La presencia de Jesús entre los seres humanos llevó el odio de éstos hacia Dios a un punto crítico, de tal forma que se puso claramente de manifiesto como odio hacia Cristo (3:19–21). Si alguien toma esta decisión contra Cristo, morirá en sus pecados (8:24). Probablemente, en este contexto debe entenderse el dicho de 1ª Juan 5:16s., sobre el pecado que es para muerte, es decir, el pecado de una incredulidad inflexible, que por sí mismo condena a la persona a una separación perpetua de Dios. Por esta razón se enfatiza tanto creer en Cristo (*pisteueis*). En los Sinópticos la expresión aparece una sola vez (Mt. 18:6). En Juan ocurre trece veces en palabras de Jesús y veintiuna en la interpretación de Juan. La incredulidad es la esencia del pecado (16:9). Si las personas no creen, perecerán (3:16), y la ira de Dios está sobre ellas (3:36).

Muerte

Juan no habla mucho de la muerte excepto para referirse a ella como una realidad de la existencia humana en el mundo. No especula ni sobre el origen de Satanás, ni el del pecado, ni el de la muerte. Aparte de la vida que Cristo trajo, la raza humana está destinada a la muerte, y es responsable de ello porque es pecadora. La muerte es una característica de este mundo; pero la vida ha venido de arriba para que las personas puedan evitar la muerte y entrar en la vida eterna (5:24).

Dualismo escatológico

Hasta ahora hemos tratado el dualismo de Juan en su dimensión vertical. El mundo de abajo es el reino de las tinieblas, del poder satánico, del pecado y de la muerte. El mundo de arriba es el mundo del Espíritu, de la luz, y de la vida. Con la misión de Jesús la luz y la vida han penetrado en la oscuridad para librar a las personas de ella, del pecado y de la muerte, y para darles vida en el Espíritu.

Sin embargo, esto no es todo. La cuestión es que en Juan aparece una tensión entre una escatología vertical y una horizontal. Juan no sólo es consciente de la irrupción del mundo de arriba en el mundo de abajo. Se trata de una irrupción en la *historia*. Bultmann interpreta el dualismo juanino como gnóstico, cosmológico, que ha pasado a ser un dualismo de decisión, y Dodd lo interpreta en términos platónicos, donde "las cosas y los eventos de este mundo se derivan de la realidad que tienen las ideas eternas que encarnan". Es importante, pues, determinar si Juan tiene un sentido redentor de la historia.

Cullmann ha defendido la tesis de que la teología juanina debe verse en el contexto redentor de la historia. Aunque algunas expresiones juaninas son de corte gnóstico, y probablemente sea cierto que Juan utilizó a propósito esta terminología para comunicar el evangelio a gente de tendencia gnóstica, no es necesario pensar que el lenguaje juanino se deriva del pensamiento gnóstico. Este lenguaje también se encuentra en el pensamiento palestino, sobre todo en los escritos de Qumrán. Igualmente importante es el hecho de que Juan sitúe la venida del Logos en la historia. Claro está que Juan no utiliza el Antiguo Testamento como lo hacen los Sinópticos para mostrar que Jesús es el cumplimiento de la expectativa del Antiguo Testamento, aunque en muchas ocasiones sí cita profecías para mostrar que se cumplen en los sucesos de la vida de Jesús. Juan era la voz que preparaba el camino del Señor, como dijo Isaías (1:23). La soberanía de Jesús sobre el templo cumple la palabra del Salmo 69:9. Que Jesús ha inaugurado un nuevo día en el que todos los hombres pueden alcanzar un conocimiento más inmediato de Dios que en el antiguo orden, cumple lo que dicen los profetas, probablemente en Isaías 54:13 (6:45). La entrada en Jerusalén es la visita del rey de Israel, según se predice en el Salmo 118:25 y en Zacarías 9:9 (12:13–15). El rechazo de Jesús por parte de Israel se prevé en Isaías 53:1 y 6:10 (12:38–40). Un anticipo de la traición de Jesús se ve en el Salmo 41:1 (13:18). Incluso su muerte y los eventos en torno a ella cumplen el Salmo 22:19; 34:2 y Zacarías 12:10 (19:24, 36–37). Sin embargo, el tono general del Evangelio y su actitud frente al Antiguo Testamento como un todo es mucho más profundo y supera las citas específicas. "Su método (en general) no consiste en justificar los diferentes elementos de la doctrina e historia cristianas con textos tomados de ésta o aquélla parte del Antiguo Testamento; lo que hace es utilizar todo el cuerpo del Antiguo Testamento como un trasfondo o marco, sobre el cual descansa la nueva revelación". Esto se confirma por el hecho de que todo el contexto histórico de la mayor parte del Evangelio son las fiestas judías en Jerusalén.

Juan es muy consciente de que Jesús ha inaugurado una nueva era cuya realidad es anticipada en el orden del Antiguo Testamento. Este tema está presente como uno de los elementos principales en el prólogo. La Ley fue dada por medio de Moisés; la gracia y la verdad (equivalentes a los *hesed* y *emeth* del Antiguo Testamento) vinieron por medio de Jesucristo (1:17). En las frecuentes referencias a Moisés (11 veces) y en el debate acerca del significado de la descendencia de Abraham (8:33–58), Jesús afirma que ha venido para ofrecer la verdadera libertad que los judíos pensaban tener en Abraham (8:33, 36). Incluso afirma que "Abraham vuestro padre se gozó de que había de ver mi día; y lo vio, y se gozó" (8:56). Como quiera que hagamos la exégesis de este versículo, ésta es una afirmación de que Jesús ha satisfecho la esperanza de Abraham en las promesas de Dios.

Que Jesús es el cumplimiento de la esperanza mesiánica del Antiguo Testamento se ve en el hecho de que se le aplican los mismos términos que en los Sinópticos: Mesías, Rey de Israel, Hijo del Hombre, de Hijo de Dios, aunque en éstos quizá se utilicen de una forma algo diferente. También es importante que Jesús nunca se describe a sí mismo como el Logos de Dios. Este es el testimonio distintivo de Juan acerca de Jesús.

Es indudable que muchos de los sucesos que Juan refiere tienen un significado simbólico que sitúa el ministerio redentor de Jesús en la historia. El primer milagro – la transformación del agua en vino en las bodas de Caná – es una señal (2:11). La boda es un símbolo del tiempo mesiánico (Is. 54:17; 62:12), y en los Sinópticos tanto la boda como el banquete son símbolos de la era mesiánica (Mt. 8:11; 22:1–14; Lc. 22:16–18). Apocalipsis describe la consumación mesiánica como una boda (Ap. 19:9). En nuestro Evangelio, la boda de Caná simboliza la presencia de la salvación mesiánica; el vino simboliza el gozo de la fiesta mesiánica (ver Mc. 2:19); las seis vasijas de piedra que se utilizaban para los ritos judíos de purificación simbolizan la era del Antiguo Testamento que está a punto de terminar; y la afirmación de María, "no tienen vino", se convierte en una reflexión sobre la esterilidad de la purificación judía, muy a tono con Marcos 7:1–24.

Juan coloca deliberadamente la purificación del Templo al comienzo mismo de su Evangelio, igual que Lucas pone el rechazo de Jesús en Nazaret al comienzo de su ministerio como otra señal (2:23). Juan interpreta este hecho como una representación del señorío del Mesías sobre el Templo. Será destruido y sustituido por todo lo que se representa en la resurrección de Jesús (2:19–20). La idea de que el culto del Templo, tanto en Jerusalén como en Samaria, será reemplazado por la adoración inspirada por el Espíritu, se afirma claramente en 4:20–24.

Dos de las palabras favoritas de Juan son "verdad" (*aletheia*) y "verdadero" (*alethinos*). Cuando Juan habla de lo que es verdadero o genuino, se refiere normalmente a la revelación en Cristo, no solo como bendiciones celestiales en contraposición a lo terrenal, sino como bendiciones de una nueva era en contraposición con la anterior. "La luz verdadera" (1:9) contrasta en realidad con las tinieblas de la tierra; pero ese contraste no es con las luces falsas de las religiones paganas sino con la luz parcial e imperfecta que la precedió. En cierto sentido, Juan fue luz (5:35), pero Jesús fue la luz plena. El "pan verdadero" (6:32) es el que satisface el hambre espiritual; éste no se contrapone al alimento cotidiano sino al maná que Dios proveyó por medio de Moisés y que sólo servía para mantener la vida corporal. Cristo es la vid verdadera (15:1) porque suministra la fuente de vida verdadera a aquellos que permanecen en él en contraposición con ser miembro de Israel como vid de la dispensación anterior (Jer. 2:21; Ez. 15:1–8; Sal. 8:8–12).

La centralidad de Jesús en la historia de la salvación aún se pone más de relieve con la "hora" que tanto encontramos en Juan (2:4; 8:20; 12:23, etc.). Es tanto la hora de la pasión de Jesús, de su muerte, resurrección y ascensión como el momento culminante de la larga historia del trato de Dios con los seres humanos. El mismo énfasis está en el uso repetido de "ahora" (*nyn*). "La hora viene, y ahora es" (4:23; 5:25). "Ahora" la misión de Jesús llegará a su culminación, lo cual significará la victoria sobre el demonio y el mundo (12:31), su propia glorificación en la muerte (17:5), y su retorno al Padre (16:5; 17:13). El punto culminante de la historia de la redención también es un anticipo de la consumación escatológica. "Ya en este *nyn* del Cuarto Evangelio (…) hay una conciencia de transición, de estar casi completamente absorbido por la idea de que en el *Ahora* de Cristo está presente el fin, la consumación. Pero el *nyn* juanino (…) no es único. Es sencillamente una forma intensificada de la idea general del cristianismo primitivo".

Juan también mira hacia el futuro. Aunque tiene una doctrina explícita de la iglesia, prevé una misión de los discípulos de Cristo. Su misión es "congregar en uno a los hijos de Dios, que estaban dispersos" (Jn. 1:51). Eso refleja claramente la misión a los gentiles, lo mismo que el dicho de que el Buen Pastor debe traer "otras ovejas que no son de este rebaño" (10:16).

Como veremos, Juan incluye elementos de una escatología realista, futurista. Aunque en Juan la vida eterna suele ser una vida presente de "escatología hecha realidad", a veces también es futura y escatológica (3:36; 5:39). Un texto refleja el dualismo escatológico de los dos siglos (aunque no se utiliza la expresión característica), con más claridad que su paralelo en los Sinópticos: "El que aborrece su vida en este mundo, para vida eterna la guardará" (12:25). La vida es la vida del Siglo Venidero, y "este mundo" es sinónimo de "este siglo" de los Sinópticos.

Concluimos que "la idea juanina de salvación es vertical y horizontal. El aspecto vertical expresa el carácter único de la intervención divina en Jesús; el horizontal establece una relación entre esta intervención y la historia de la salvación". Todavía permanece la cuestión de si ésta es una forma verdaderamente bíblica de pensar consecuente con los Sinópticos, o si representa una mezcla de los enfoques hebreo y helenista de la salvación, lo cual de hecho, distorsiona el evangelio.

Dualismo griego

El dualismo de Juan debe examinarse en el trasfondo del dualismo griego incluyendo el gnosticismo y el recientemente descubierto dualismo judío representado por la literatura de Qumrán. Como ya se ha comentado antes, algunos estudiosos, de los que Bultmann es el más destacado, utilizando el método de la *Religionsgeschichte*, opinan que el gnosticismo no es primordialmente el resultado de una síntesis del dualismo griego con el evangelio sino que es el producto final de un movimiento religioso oriental sincretista cuyos comienzos son anteriores al cristianismo. Sin embargo, hasta que se encuentren las fuentes orientales o judías precristianas que reflejen claramente este dualismo, es más seguro concluir que el "gnosticismo (…) fue en realidad sólo el desarrollo de una tendencia griega, profundamente enraizada".[33]

Que el dualismo estaba profundamente enraizado en el pensamiento filosófico y religioso griego se demuestra haciendo un repaso de escritores tan diversos como el filósofo Platón, el literato Plutarco, y el judío Filón. De ningún modo es insignificante que el judío Filón, que aceptó el Antiguo Testamento como revelación divina, lo interpretara en términos de un dualismo filosófico total. Así, hay dos ámbitos de existencia – el fenoménico y noumenal: el mundo sometido al cambio, transitorio y visible y el ámbito invisible y eterno de Dios. La última realidad pertenece sólo al mundo superior. El ser humano, como el universo, es una dualidad:

cuerpo y alma. El cuerpo pertenece al mundo fenoménico, el alma al noumenal. El mundo visible, incluyendo el cuerpo, no se considera malo en sí mismo, sino que es una carga y un obstáculo para el alma. La famosa expresión que describe la relación entre ambos es *soma-sema*: el cuerpo es el sepulcro o cárcel del alma. El hombre sabio es el que llega a dominar sus pasiones corporales para permitir que su *nous* (mente) domine sus deseos inferiores. La "salvación" es para los que dominan sus pasiones; y en la muerte sus almas serán liberadas de las ataduras terrenales, corporales, y quedarán libres para disfrutar de una bendita inmortalidad. La salvación es un logro humano – a través del conocimiento. Platón decía que la razón humana puede aprehender la verdadera naturaleza del mundo y del ser propio del hombre, y así dominar el cuerpo. Filón también creía que la liberación de las ataduras terrenales se obtenían por el conocimiento de Dios y del mundo; pero mientras Platón alcanzaba este conocimiento con el razonamiento dialéctico, Filón utilizaba la profecía, la revelación en la Ley de Moisés.

Las fuentes antiguas más importantes del gnosticismo son los escritos herméticos, los cuales reflejan una síntesis del Platonismo con otras filosofías. Ya hemos comentado las sorprendentes semejanzas que hay entre Juan y la tradición Hermética.

A Dios se le llama mente, luz y vida. El primer tratado, *Poimandres*, comienza con una visión de luz infinita, que es Dios. En contraste con la luz primigénia hay un océano caótico de tinieblas. Una palabra (*logos*) santa, el Hijo de Dios, surge de la luz y separa los elementos superiores de los inferiores. El cosmos se forma con los elementos inferiores, tierra y agua. Los elementos inferiores de la naturaleza fueron dejados sin razón para que fueran simple materia. El hombre fue hecho a semejanza del *nous*, el cual es luz y vida, pero al enamorarse de la creación, cayó y se mezcló con la naturaleza desprovista de razón. Este hombre es doble: mortal en el cuerpo, inmortal en su ser esencial. La salvación puede alcanzarse después de la muerte cuando el ser humano, paulatinamente, se despoja de los elementos de la naturaleza sensual y, al alcanzar la *gnosis*, llega a deificarse. Aquí el ámbito divino es luz y vida, el inferior es caos y tinieblas.

En el gnosticismo totalmente desarrollado la materia es *ipso facto* mala, y el hombre puede llegar a la salvación sólo recibiendo la *gnosis* comunicada por un redentor que desciende y asciende.

El dualismo de Qumrán

Los escritos de Qumrán presentan un dualismo muy diferente. Un pasaje que representa bien este dualismo y sus elementos esenciales es la *Regla de la Congregación* (1QS) 3:13–26. Hay dos espíritus que luchan entre sí – el Espíritu de Verdad y el Espíritu de Perversidad, y los ángeles de destrucción anunciarán que la ira del Espíritu de Verdad viene de una fuente de luz, el Espíritu de Perversidad de una fuente de tinieblas. Cada uno de estos dos espíritus gobierna sobre una parte de la humanidad, que se divide, de una forma muy marcada, en dos espacios – los hijos de luz y los hijos de perversidad. Sin embargo, ambos espíritus luchan también en los corazones de las personas – concepto que tiene su paralelo en el pensamiento rabínico de que todo hombre tiene en sí mismo dos tendencias – la tendencia buena (*yetzer hatôb*) y la tendencia mala (*yetzer hara*)." El Espíritu de Verdad predomina cuando las personas – como los qumranianos – se dedican a la obediencia estricta de la Ley, tal y como el Maestro de Justicia la interpretaba. Todos los demás están dominados por el Espíritu de Perversidad. Este conflicto no se limita al corazón humano, sino que tiene una dimensión cósmica. Esto es evidente porque la lucha entre los dos espíritus sólo se resolverá en una conflagración escatológica. En el día del juicio Dios desterrará al Espíritu de Perversidad, y los ángeles de destrucción derramarán la ira de Dios tanto sobre el Espíritu malo como sobre todos los que andan en él. Otro rollo (el *Rollo de la Guerra*) describe la batalla escatológica con todo detalle (1QM). El Evangelio y el pasaje de Qumrán en cuestión comparten ciertas fórmulas lingüísticas: el espíritu de verdad, el espíritu santo, hijos de luz, vida eterna, la luz de vida, caminar en tinieblas, la ira de Dios, ojos ciegos, plenitud de gracia, las obras de Dios.

Comparación con Juan

¿Cómo pueden utilizarse el dualismo helenista y el judío para interpretar el dualismo juanino? A pesar de la importancia de la erudición de Bultmann, resulta difícil pensar que Juan estuviera influído por el dualismo gnóstico. Al contrario, Juan parece oponerse a cierto tipo de dualismo gnóstico. Cuando enfatiza que "aquel Verbo fue hecho carne, y habitó entre nosotros" (1:14), se opone deliberadamente a les ideas gnósticas que abrían un abismo entre los mundos espiritual y material. Además, aunque en Juan el papel de la escatología no es tan relevante, la salvación para él no significa la salida del alma del mundo y de la historia como afirmaban los gnósticos, sino una comunión viva con Dios en el mundo y en la historia, que en última instancia se consumará en la resurrección. El descubrimiento del dualismo de Qumrán ha debilitado las semejanzas entre Juan y la tradición Hermética. "Los rollos demostraron que el dualismo del Cuarto Evangelio no tiene nada que ver con la Gnosis sino que es, más bien, de origen palestino". Jeremias pasa a señalar que el dualismo juanino es como el esenio porque es monoteísta, ético y escatológico, y espera la victoria de la luz.

Sin embargo, existen notables diferencias entre el dualismo juanino y el qumraniano. En Qumrán el conflicto se presenta entre dos espíritus, ambos creados por Dios; en Juan el conflicto es entre el mundo y su señor y el Jesús encarnado. Aunque se admite que hay una semejanza verbal entre luz y tinieblas, e hijos de luz e hijos de perversidad (tinieblas), en Juan esto no representa que dos espíritus gobiernan sobre dos clases distintas de personas; pero el Logos encarnado es la luz, y *todos los hombres y las mujeres están en tinieblas* aunque se les invita a ir a la luz. Además, la venida de la luz al mundo tenebroso es un elemento escatológico hecho realidad, totalmente diferente a cualquier elemento de la teología de Qumrán. Más aún, la Teología del pecado es muy diferente. En Qumrán los hijos de luz son los que se dedican a cumplir la Ley de Moisés tal y como la interpretaba el Maestro de Justicia, y se separan del mundo (hijos de perversidad). En Juan los hijos de luz son los que creen en Jesús y por ello reciben la vida eterna. Para Qumrán las tinieblas son la desobediencia a la Ley; para Juan las tinieblas son el rechazo de Jesús. Estas diferencias llevan a la conclusión de que cualquier influencia de Qumrán en Juan se da en el ámbito del lenguaje y de la terminología y no en el de la Teología fundamental.

En algún momento puede apreciarse una similitud entre Qumrán y Juan importante para la comprensión del dualismo juanino. En Qumrán hay un dualismo ético – la luz frente a las tinieblas – y un dualismo escatológico que mira hacia el triunfo final de la luz. Los rollos de Qumrán – no más que Juan – utilizan el lenguaje dualista de los dos siglos. Pero es evidente que los qumranianos esperaban un día de juicio – de visitación divina sobre los poderes de las tinieblas – en el que los malos serían destruidos en una gran batalla escatológica, y se distribuirían recompensas y castigos. Algunos estudiosos creen que los qumranianos esperaban una resurrección corporal; y algunos fragmentos que parecen describir una nueva Jerusalén sugieren que esperaban la creación de un nuevo mundo.[42]

En los escritos apocalípticos judíos es evidente la fusión de un dualismo vertical con otro horizontal. *1º Enoc* contiene muchas revelaciones de secretos ocultos en los cielos en la presencia de Dios, pero su principal preocupación está en la consumación escatológica en el día de la visitación divina. Los apocalipsis de *Esdras* y *Baruc* hablan de una Jerusalén celestial que fue revelada a Adán y a Moisés, y, que, junto al Paraíso, será revelada después del juicio final.

El mismo dualismo caracteriza los escritos bíblicos. Aunque en la estructura bíblica de los Evangelios Sinópticos se aprecia un dualismo escatológico – el mensaje de un Reino escatológico que ha penetrado en la historia a través de Jesús – también puede verse un dualismo vertical. El cielo se concibe como la morada de Dios con el que los discípulos de Jesús pueden relacionarse de una forma dinámica. Los que conocen la bienaventuranza del reinado de Dios y sufren por causa del mismo alcanzarán una gran recompensa en el cielo (Mt. 5:12). Jesús apremia a los hombres a que se hagan un tesoro en el cielo (Mt. 6:20). Si el joven rico superara su amor por las cosas terrenales y siguiera a Jesús, tendría un tesoro en el cielo (Mt. 19:21). La ilustración más vívida es el apocalipsis neotestamentario en el que Juan es arrebatado al cielo en una visión para ser testigo del desenlace del plan redentor de Dios en la historia. Aunque ve las almas de los mártires en el altar celestial (Ap. 6:9ss.), la consumación significa nada menos que el descenso a la tierra de la Jerusalén celestial (Ap. 21:2). La estructura básica de la literatura bíblica es que hay un Dios en los cielos que visita a los seres humanos en la historia y que finalmente los visitará para transformar el orden caído y morar entre ellos en una tierra redimida. Esto difiere completamente del dualismo griego, cuya salvación está en la salida del alma de la historia para ser trasportada al mundo celestial. El dualismo de Juan es bíblico, porque su mensaje es la proclamación de la visitación de Dios en la historia por la persona del Jesús encarnado; y el objetivo final es la resurrección, el juicio y la vida en el Siglo Venidero. Si el énfasis es diferente en Juan que en los Sinópticos, la Teología fundamental no lo es. Los Sinópticos proclaman la salvación en un Reino de Dios escatológico que ha penetrado en la historia en la persona y misión de Jesús. Juan proclama una salvación presente en la persona y misión de Jesús que tendrá una consumación escatológica.

Capítulo 19

Cristología

El mismo Evangelio expone el propósito de su autor: "Estas cosas se han escrito para que creáis que Jesús es el Cristo, el Hijo de Dios, y para que creyendo, tengáis vida en su nombre" (20:31).

Para tratar de definir el auditorio al que Juan dirige su Evangelio es importante tener en cuenta una variante textual. El tiempo presente (*pisteuete*) aparece en el Sinaítico, el Vaticano y probablemente en el papiro Bodmer (66), mientras que los testigos del aoristo (*pisteuete*) son una corrección del Sinaítico, del Alejandrino, y de la mayoría de los demás manuscritos. Si nos decantamos por el tiempo presente, el propósito de Juan sería confirmar a los cristianos en su fe en Jesús como el Mesías e Hijo de Dios debido a una serie de interpretaciones incorrectas que estaban surgiendo en la Iglesia. El principal objetivo de Juan sería, por tanto, proveer una comprensión adecuada de Cristo. La Cristología es básica en este escrito, porque la vida eterna depende de una relación correcta con Cristo.

El Logos

Juan introduce una nota cristológica, al designar a Jesús como "Logos". "En el principio era el Verbo, y el Verbo era con Dios, y el Verbo era Dios (…) Y aquel Verbo fue hecho carne, y habitó entre nosotros" (1:1, 14). No podemos participar del debate en cuanto a si la Teología del Logos que encontramos en el prólogo (1:1–18) domina todo el Evangelio o si fue una composición posterior, como si se tratara de una especie de apéndice prefijado.[2] Incluso si fuera una parte de un himno cristiano, como opinan algunos investigadores, resultaría atractivo tanto para judíos como para griegos.

Los estudiosos a menudo han tratado de encontrar en el pensamiento helenista la fuente del concepto juanino del Logos. La tendencia actual es interpretar este término de acuerdo con los antecedentes que encontramos en el Antiguo Testamento. T. W. Manson quizá exageró al escribir, "Creo que es indiscutible que las raíces de esta doctrina están en el Antiguo Testamento y que su derivación principal es el *debar Yahve*, la Palabra reveladora y creadora de Dios, por la cual fueron hechos el cielo y la tierra y en la que los profetas se inspiraron". La cuestión de los posibles antecedentes de este término es de carácter histórico. Nuestra preocupación debe centrarse primordialmente en la cuestión de lo que quiso decir Juan al llamar a Jesús el Logos y su significado para sus lectores.

Reviste cierta importancia el hecho de que no se presente a Jesús llamándose a sí mismo el Logos, aunque diga muchas cosas que armonicen con la Teología del mismo. La terminología del Logos sólo se encuentra en la literatura juanina: Juan 1:1ss.; 1 Juan 1:1; Apocalipsis 19:13. Parece que Juan utilizó deliberadamente un término conocido, tanto para el mundo helenista como para el judío, por el interés que tenía en proclamar la importancia de Cristo.

La idea del Logos se remonta al filósofo Heráclito (siglo VI a. C.). Él decía que todas las cosas estaban en un continuo fluir, que nada permanece nunca igual. Sin embargo, puede observarse en el Logos – el principio eterno del orden del universo – a pesar del cambio constante, un orden y una pauta. El Logos, como fundamento de ese todo que fluye sin cesar, hace que el mundo sea un cosmos, un todo ordenado.

El Logos fue uno de los elementos más importantes de la Teología estoica. Los estoicos utilizaron esa idea para fundamentar la necesidad de una vida moral racional. Frente al tradicional dualismo griego que establecía una separación absoluta entre Dios y el mundo, ellos utilizaron el concepto de Logos como una idea unitaria que resolvería el gobierno de esa dualidad. El mundo entero se concebía como un todo viviente penetrado totalmente por un poder primigenio concebido como un fuego incesante y avasallador o vapor ígneo. No está del todo claro cuál sea la naturaleza de este fuego esencial; los escritos difieren en su manera de entenderlo. Se pensaba que era una especie tenue y difusa de aire ígneo, que poseía la propiedad de pensar. Se creía que esta sustancia etérea era inmanente a todo el mundo y que se hacía presente en los seres vivos como el alma. Es un poder-mundo divino, que contiene en sí mismo las condiciones y los procesos de todas las cosas, y se llama Logos o Dios. Como poder productor, el Logos divino fue llamado el *spermatikos logos*, el Logos seminal o principio generador del mundo. Esta energía vital penetra el universo además de manifestarse en innumerables *logoi spermatikoi* o fuerzas generadoras que dan energía y vida a los múltiples fenómenos de la naturaleza. Este Logos, que penetra todas las cosas, aporta el orden racional del universo y proporciona la pauta de conducta y del ordenamiento adecuado de la vida para el ser racional. Éste es el que vive de acuerdo con la naturaleza, y en ella encuentra una ley de conducta que determina todas las cosas.

Filón, un judío alejandrino (cerca del 20 a. C. - 42 d. C.), intentó la formidable empresa de casar la religión judía con la filosofía helenista. Conservó una actitud judía ante al Antiguo Testamento como Palabra inspirada de Dios; pero con su interpretación totalmente alegórica, fue capaz de encontrar conceptos filosóficos en el Antiguo Testamento. Sostenía la idea griega de un Dios totalmente trascendente y separado del mundo; y utilizaba el concepto del Logos para proporcionar una forma de mediación entre el Dios trascendente y la creación. Dios mismo es absoluto y está fuera del universo material. Comprende todas las cosas pero él mismo es incomprensible. Está fuera del tiempo y del espacio y no se le puede conocer en su ser puro, *to on*, su ser mismo sin atributos. Como Dios, en sí no puede ser el creador inmediato del mundo, Filón concibe fuerzas o "ideas" como manifestaciones de la actividad divina. Manifestado, pues, como poder creador, que dirige y sostiene el universo, Dios es llamado Logos (Razón). Filón no presenta ningún concepto coherente del Logos y de su relación con Dios. El Logos se concibe como algo interno, o sea, como el plan universal de las cosas tal y como se dan en la mente de Dios; y como externo, es decir, ese mismo plan objetivado en el mundo. El Logos es tanto la pauta original del mundo como el poder que lo moldea. Es a la vez la primera de las fuerzas o ideas que emanan de Dios, y la totalidad de las mismas. En resumen, el concepto de Logos es utilizado por Filón con diversas aplicaciones para proporcionar el concepto de un mediador entre el Dios trascendente y el universo, un poder inmanente activo en la creación y en la revelación.

El Logos también desempeñó su papel en la literatura hermética. En el relato de la creación, *Poimandres* vio en el principio una luz ilimitada, y después de un tiempo unas tinieblas descendientes, aterradores y odiosas. Después las tinieblas se transformaron en una naturaleza húmeda. De la luz salió un Logos santo como poder creador y formador, separando el elemento inferior del superior. El Logos invade el océano del caos, introduciendo orden. El Logos hermético es la expresión activa de la mente de Dios.

La palabra de Dios era un concepto importante para los judíos; la creación se dio y se conservó por la palabra de Dios (Gn. 1:3, "y dijo Dios"; ver Sal. 33:6, 9; 47:9); y esta palabra es la portadora de salvación y de nueva vida (Sal. 107:20; Is. 4:6; Ez. 31:4–5). En el Antiguo Testamento, la palabra no es simplemente una manifestación; es una existencia semi-hipostática que puede hacer realidad el propósito divino (Is. 55:10–11). La palabra de Dios pronunciada en la creación, expresada por medio de los labios de los profetas (cf. Jer. 1:4, 11; 2:1) y en la Ley (Sal. 119:38, 41, 105), tiene una serie de funciones que pueden muy bien compararse con las del Logos de Juan.

El concepto de sabiduría personificada también proporciona un trasfondo judío para el concepto de Logos. En Proverbios 8:22–31, la sabiduría es semi-hipostática. Ella fue la primera de todas las cosas creadas y participó en la creación del mundo, "con él estaba yo ordenándolo todo" (Pr. 8:30). Provenía de Dios y permanecía en Israel para hacer de él el pueblo de Dios (Sir. 24:8). El concepto más desarrollado de sabiduría está en la *Sabiduría de Salomón* 7:22–9:18. Es la que moldea todas las cosas, penetra todos los espíritus, su pureza lo abarca todo, es pura emanación de la gloria del Todopoderoso, el reflejo de la luz eterna. Todo lo puede hacer, renueva todas las cosas, y al pasar a las almas santas hace a algunos amigos de Dios y profetas. Ordena bien todas las cosas, moldea todo lo que existe, e inicia a los seres humanos en el conocimiento de Dios y los conduce a la inmortalidad. En estos pasajes, la sabiduría es una personificación poética del poder de Dios que actúa en el mundo. Pueden establecerse muchas e importantes similitudes entre el Logos y la sabiduría. Sin embargo, nunca se dice que la sabiduría sea la palabra de Dios, incluso cuando procede de la boca del Altísimo (Sir. 24:3), y se la sitúa paralelamente a la palabra en la *Sabiduría de Salomón* (9:1–2). Algunos estudiosos insisten en que el Logos juanino puede entenderse a la luz del uso helenista. "Las frases iniciales del Prólogo son, pues, claramente inteligibles sólo cuando aceptamos que *Logos*, aunque tiene connotaciones de la Palabra del Señor en el Antiguo Testamento, tiene también un significado similar al del estoicismo modificado por Filón, y muestra un paralelismo con la idea de sabiduría en otros escritores judíos. Es el principio racional del universo, su significado, plan o propósito, concebido como una hipótesis divina en la cual el Dios eterno, se revela y está activo". Sin embargo, a pesar de ciertas semejanzas, ni la idea del Logos ni la de sabiduría se acercan a la verdad que Juan propone con su doctrina del Logos: su preexistencia personal y su *encarnación*. El Logos de Filón a veces se hipostasa y personifica, pero nunca se personaliza. Tampoco lo hace la sabiduría judía. El concepto de Logos de Filón se utiliza de forma intensa para referirse a una cosmología dualista que evita el contacto inmediato de Dios con la creación, mientras que en Juan se usa para hacer presente a Dios en la creación por medio de Cristo. Lo que es "ajeno a ambos es la idea de que la acción reveladora, este hablar de Dios al mundo, sucede única y exclusivamente en el marco histórico de una vida humana terrenal".

Lo importante es el uso teológico que hace Juan del Logos, y esto no tiene ningún paralelo ni en la filosofía helenista ni en el pensamiento judío. El primer significado y más importante es la preexistencia de Jesús, el cual es el Logos. "En el principio" apunta más allá de la creación, porque el Logos fue el agente de la misma. Esta expresión sin duda es una alusión deliberada a Génesis 1:1: "En el principio creó Dios los cielos y la tierra". "El principio" en Juan 1:1 va más allá de Génesis 1:1. En el principio mismo, en la eternidad, existía el Verbo.

En otros lugares se refleja la preexistencia de Jesús en su propia enseñanza. "Antes que Abraham fuese, yo soy" (8:58). Esta sorprendente afirmación alude al Antiguo Testamento. Dios se reveló a Moisés como "Yo soy el que soy" (Éx. 3:14). "Ved ahora que yo, yo soy, y no hay dioses conmigo" (Dt. 32:39). También se habla de la preexistencia en la última oración de Jesús: "Padre, glorifícame tú para contigo, con aquella gloria que tuve contigo antes que el mundo fuese (17:5; cf. 6:62). La idea de la preexistencia no es un invento del evangelista. Pablo la expresa claramente en su gran himno de la encarnación (Fil. 2:6; cf. Col. 1:15ss.) y la menciona en las cartas anteriores (1 Co. 8:6; 2 Co. 8:9). Es imposible decir con certeza cuándo y cómo la Iglesia adquirió conciencia de la preexistencia. La escuela de religiones comparadas insiste en que la Iglesia primitiva interpretó a Jesús como si se tratara de un mito de un salvador descendente y ascendente. Sin embargo, la preexistencia fue una idea judía. En *1 Enoc*, el Hijo de Hombre es evidentemente preexistente, un ser celestial (si no divino) que viene a la tierra para establecer el reinado de Dios (*1 En.* 39:7–8; 48:6; 62:7). El uso mismo que hace Jesús del término Hijo de Hombre implicaba una pretensión implícita de la preexistencia. El Jesús juanino sólo afirma de manera más explícita lo que está implícito en los Sinópticos. Sin embargo, la idea de la preexistencia pudo entenderse y llegar a su plena expresión sólo después de la resurrección y ascensión de Jesús; y según consta por las cartas de Pablo, esto sucedió muy pronto en la vida de la Iglesia.

En segundo lugar, Juan utiliza la idea del Logos para afirmar la divinidad de Jesús. El Logos era con (*pros*) Dios, y el Verbo era Dios (*theos en ho logos*). Las palabras griegas expresan dos ideas: la Palabra era la divinidad, aunque no era totalmente idéntica con la divinidad. El artículo definido se utiliza sólo con *logos*. Si Juan lo hubiera utilizado también con *theos*, diría que todo lo que Dios es, es el Logos: una identidad exclusiva. Pero tal como lo expresa, lo que quiere decir es que todo lo que es la Palabra, lo es Dios, lo cual implica que Dios es más que la Palabra.

Tercero, Juan declara que el Logos era el agente de la creación. No es la última fuente de creación, sino el agente por quien Dios, la última fuente, creó el mundo. Esta misma teología se aprecia en las palabras de Pablo: que todas las cosas vienen de (*ek*) Dios por medio de (*dia*) Cristo (1 Co. 8:6; ver también Col. 1:16).

Cuarto, hay una afirmación sorprendente de que "aquel Verbo fue hecho carne" (1:14). Una afirmación así tuvo que asombrar y contradecir todos los dualismos filosóficos y gnósticos helenistas que separaban a Dios del mundo que Él había creado. Incluso Filón, con sus antecedentes judíos de un Dios creador, concibe al Creador como totalmente trascendente. Dios dio vida a un mundo original de ideas; pero el Logos, en este caso una segunda divinidad derivada, engendrada por Dios en la eternidad, moldea el mundo visible. Juan quiere enfatizar que fue Dios mismo quien irrumpió, por la Palabra, en la Historia humana, no como un fantasma, sino como un hombre verdadero de carne y hueso. La palabra traducida por "habitar" (*eskenosen*), o "morar", es una metáfora bíblica de la presencia de Dios. Esta afirmación "implica que Dios mismo estaba presente en carne, en humillación".

El quinto significado de Logos es que ha venido en carne como revelador. Viene para revelar la vida a los hombres (1:4) la luz (1:4–5) la gracia (1:14), la verdad (1:14), la gloria (1:14), incluso a Dios mismo. "A Dios nadie le vio jamás; el unigénito Hijo, que está en el seno del Padre, él le ha dado a conocer" (1:18). Aunque Juan no vuelve a utilizar esta expresión en todo el Evangelio.

Mesías

Hemos visto que en el pensamiento judío de la época Mesías (Cristo) se concebía como el Hijo de David, ungido y divinamente dotado, que destruiría al odiado dominio pagano y liberaría al pueblo de Dios. Es sorprendente que la interpretación teológica que materializa el cuarto Evangelio no se corresponda con la del cristianismo posterior. En todo Juan, exceptuando dos ocasiones (1:17; 17:3), Cristo se utiliza como un título, no como un nombre propio; y la primera de estas dos excepciones es un anacronismo. En este sentido, el Evangelio refleja debidamente su marco judío. El Evangelio fue escrito, no para que los hombres pudieran creer en Jesucristo, sino para que pudieran creer que Jesús es el Cristo. Jesús era su nombre, no Jesucristo. Cristo llegó a ser un nombre propio sólo cuando el Evangelio pasó al mundo helenista (Hch. 11:26). Juan apenas refleja este hecho.

El Evangelio establece una nota cristológica en su comienzo mismo: uno de los primeros discípulos, Andrés, le dice a Pedro que ha encontrado al Mesías (1:41). Al día siguiente Natanael confiesa que Jesús es "el Hijo de Dios; (…) el Rey de Israel" (1:49). El Evangelio refleja con precisión la situación política de la época. "Rey de Israel" no se refiere a un militante revolucionario de acuerdo con la idea judía. De hecho, después de uno de los milagros más importantes de Jesús, el pueblo trató de apoderarse de él por la fuerza para hacerlo Rey (6:15), pero se negó. La última entrada en Jerusalén se describe como la venida del Rey de Israel (12:13, 15). Que Jesús fue acusado de sedición política ante Pilato se refleja en la pregunta de éste: "¿Eres tú el rey de los judíos?" (18:33). Jesús contestó que su autoridad no provenía de este mundo y no podía defenderse por la fuerza de las armas (18:36). Más tarde se burlaron de él como Rey de los judíos (19:3) y le ejecutaron poniendo en la cruz el título "Rey de los judíos" (19:19).

Es obvio que su mesianismo no tiene un carácter político sino espiritual. Así también, el título "*Christos*" no es en sí mismo adecuado para designar a la persona y la misión de Jesús. No sólo es el Mesías, también es el Hijo de Dios (20:31; 1:49; 11:27). Es el Mesías en el sentido de que cumple la esperanza del Antiguo Testamento de un libertador futuro (1:45). Se esperaba que él permaneciera oculto hasta que apareciera de repente (7:27), pero Jesús era una figura muy conocida. Cuando él habló de la inminencia de su muerte, los judíos le contestaron diciendo: "Nosotros hemos oído de la ley, que el Cristo permanece para siempre" (12:34). Al citar estas palabras, Juan no se refiere a ninguna profecía específica sino a la forma en la que los judíos interpretaban el Antiguo Testamento (ver Is. 9:6). Era una contradicción que el Mesías debiera morir, porque su misión era reinar en el Reino eterno de Dios.

Aunque la idea de Jesús como Rey mesiánico no es central en el pensamiento juanino, algunas diferencias en el Evangelio reflejan una situación histórica[15] en la que Jesús hizo y dijo cosas que llevaron a algunas personas a pensar que era el Mesías, aunque no se adaptaba a la idea que se tenía de él. Es difícil creer que esto refleje la situación de la época del evangelista a no ser que escribiera principalmente para un auditorio judío. La confesión normativa de Jesús en el mundo gentil no era que Jesús fuera el Cristo sino que era el Señor (Ro. 10:9). La situación de la época de Juan se refleja mejor en sus cartas, donde Cristo suele ser nombre propio. Sin embargo, Cristo e Hijo de Dios no son intercambiables y no son totalmente sinónimos.[17]

El Hijo del Hombre

Igual que en los Sinópticos, la expresión "Hijo del Hombre" es usada sólo por Jesús para referirse a sí mismo; nunca la dicen los discípulos o el resto de la gente. Todavía se refleja con más claridad la perplejidad de su significado cuando se aplica a un hombre entre los hombres. Jesús le preguntó a un ciego de nacimiento si creía en el Hijo del Hombre; y él contestó: "¿Quién es, Señor, para que crea en él?" (9:35). Cuando Jesús se refirió a la muerte del Hijo del Hombre (12:23), los judíos le preguntaron: "Nosotros hemos oído de la ley, que el Cristo permanece para siempre. ¿Cómo, pues, dices tú que es necesario que el Hijo del Hombre sea levantado? ¿Quién es este Hijo del Hombre? (12:34). Esto puede reflejar una falta de conocimiento de lo que significa la expresión "Hijo del Hombre" y puede entenderse como una prueba de que no tiene connotaciones mesiánicas; pero también puede indicar una cierta confusión por parte de los judíos al aplicarla a un hombre entre los hombres. El hecho de que en Juan, como en los Sinópticos, el título sólo lo use Jesús para sí mismo, parece reflejar una reminiscencia histórica de que Jesús no la utilizó como un título distinto a los que los discípulos les dieron después de la resurrección. El Hijo del Hombre era un ser celestial, sobrenatural, que vendría a la tierra en gloria; ¿Cómo podía estar entre los hombres para que creyeran en él? ¿Cómo podía morir? Estas ideas sobre el Hijo del Hombre eran en realidad increíbles.

Hemos visto que en los Sinópticos, los pasajes acerca del Hijo del Hombre se dividen en tres grupos: el Hijo del Hombre ejerciendo su ministerio en la tierra, el Hijo del Hombre en humillación y muerte, y el Hijo del Hombre que viene en gloria para juzgar a los hombres e inaugurar el Reino de Dios. Los textos juaninos no se adaptan a esta clasificación; Juan utiliza una tradición independiente. Hay varios textos que se refieren al Hijo del Hombre en la Pasión, pero el lenguaje es diferente al de los Sinópticos. Juan dice que Jesús sería levantado de la tierra, y en ello ve su glorificación. Así como la serpiente fue levantada en el desierto, el Hijo del Hombre debe ser levantado para que pueda dar la vida eterna a los que creen en él (3:14–15; ver 8:28). Ser levantado de su muerte sería la manera de atraer a todos los hombres hacia sí (12:32). También significa su glorificación (12:23; 13:31). Su muerte no será una simple tragedia humana sino el medio por el cual volverá a la gloria de la cual había venido. "Ahora, pues, Padre, glorifícame tú al lado tuyo, con aquella gloria que tuve contigo antes que el mundo fuese" (17:5).

Parece que las multitudes entendieron que ser levantado significaba muerte, porque contestaron que esto no se adecuaba a su expectativa de que el Mesías permanecería para siempre" (12:34).

Un reflejo de este sufrimiento se ve en otro dicho acerca del pan de vida. Jesús afirma que es el pan de vida que vino del cielo (6:33–35), y como el Hijo del Hombre da la comida que permanece para la vida eterna (6:27), los hombres deben comer la carne y beber la sangre del Hijo del Hombre para experimentarla (6:53); el pan que les dará es su carne (6:51). "Estos pasajes muestran de forma definitiva una referencia a la muerte de Jesús – dará su carne en la muerte – y sugieren un aspecto sacrificial".

Estos textos, que hasta cierto punto son análogos a los de los Sinópticos, del sufrimiento y muerte del Hijo del Hombre, proporcionan el trasfondo para el elemento más peculiar del uso juanino. Como Hijo del Hombre, Jesús es alguien que descendió del cielo y que asciende a él (3:13). Esta idea a su vez proporciona la clave para la interpretación del versículo más difícil de Juan sobre el Hijo del Hombre: "De aquí en adelante veréis el cielo abierto, y a los ángeles de Dios que suben y descienden sobre el Hijo del Hombre" (1:51). Algunos estudiosos interpretan esto como la venida escatológica del Hijo del Hombre y como un paralelismo de la promesa de Jesús ante el Sanedrín (Mc. 14:62) de que verían al Hijo del Hombre viniendo en las nubes del cielo. Black opina que estas palabras describen los cielos abiertos y a los ángeles de lo alto y más allá que convergen en el Hijo del Hombre, que es la figura central.[21] Sin embargo, este dicho incorpora claramente una alusión a la visión de Jacob de la escalera que llega hasta el cielo, y una interpretación más natural en el contexto del pensamiento juanino de que Jesús, como Hijo del Hombre, ha venido para establecer una comunicación entre cielo y tierra. Esto es "escatología hecha realidad". Los discípulos experimentarán ("verán") en toda la obra de Jesús su exclusiva unión con Dios. Así pues, el Hijo del Hombre es la "puerta del cielo", el lugar de la presencia de la gracia de Dios en la tierra, la morada de Dios entre los hombres.

También algo de escatología hecha realidad es que Dios ha entregado a Jesús, como Hijo del Hombre, toda autoridad para juzgar (5:27). Este dicho tiene lugar en un pasaje en el que se aprecia una tensión entre una escatología futurista (5:28–29) y una escatología presente (5:25). En ambos casos, Jesús como Hijo de Dios es juez. Él ha venido al mundo para juzgar (9:38), y todos los que se nieguen a creer en él ya han sido condenados (3:18). Esto, sin embargo, no se opone a la realidad del futuro juicio escatológico. Espera una resurrección para juicio (6:29).

La diferencia entre el uso que hacen los Sinópticos y el que hace Juan de la expresión Hijo del Hombre no lleva necesariamente a la conclusión de que el Evangelio o la Iglesia primitiva transformaran radicalmente la verdadera tradición histórica. Juan de hecho le quita importancia a los dichos escatológicos, omitiéndolos, para poner de relieve un aspecto que está implícito en los Sinópticos: la preexistencia y encarnación del Hijo del Hombre. Juan probablemente pone de relieve la realidad de la carne de Jesús en los textos acerca del Hijo del Hombre (6:51) para contrarrestar las tendencias docetianas. No hace falta buscar en los antecedentes helenistas el origen del tema descenso-ascenso; precisamente se desarrolló en un entorno judío. Es probable que Juan se basara en una tradición acerca del Hijo del Hombre independiente de la tradición sinóptica, y que la complementa sin contradecirla.

El Hijo de Dios

Una de las diferencias más claras entre los Sinópticos y Juan es el papel que desempeña la filiación entre Dios y Jesús. En la tradición sinóptica, Jesús se muestra reticente para hablar de ella y de la Paternidad de Dios. Jesús utiliza *Pater* para referirse a Dios cuatro veces en Marcos, en Q, ocho o nueve, y en Mateo unas veintitrés veces. En los Sinópticos esta forma de hablar se limita a la segunda mitad de su ministerio, y Jesús la usa sólo cuando habla con los discípulos. Sin embargo, en Juan, él habla de Dios como Padre 106 veces y su uso no se limita a ningún período específico de su ministerio ni a ningún grupo de oyentes. En Juan habla de "mi Padre" veinticuatro veces, dieciocho en Mateo, seis en Marcos, y tres en Lucas. Es obvio que la filiación de Jesús es una idea cristológica central en Juan, y que él escribe su Evangelio para presentar de forma explícita lo que se implica en los Sinópticos. Escribe el Evangelio para que las personas puedan creer que Jesús es el Mesías, y aún más, para que crean que el Mesías es el Hijo de Dios (20:31).

Juan apunta esto en el prólogo: "Y vimos su gloria, gloria como del unigénito del Padre" (1:14). Además, presenta al Bautista confesando que Jesús es el Hijo de Dios al comienzo mismo de su ministerio (1:34; cf. también 1:49), mientras que en los Sinópticos presentan a los discípulos captando esta verdad sólo hacia la mitad de su ministerio (Mc. 8:29). De todos modos, Juan presenta a Jesús como al unigénito y único Hijo de Dios. No está del todo claro lo que él intenta expresar con el adjetivo "unigénito" (*monogenes*). Lo utiliza también en 3:16 y 18; y en 1:18, de acuerdo con los mejores textos, y se refiere a Jesús como el único Dios. Si, de acuerdo con los signos de puntuación que la RSV pone en el texto, las palabras de Jesús acaban en el versículo 15, el término "unigénito" no se le atribuye a Jesús mismo. Es posible que Juan pretenda incluir en ese término la idea de que Jesús fue engendrado por Dios, porque 1 Juan 5:18 dice: "Aquel que fue engendrado por Dios le guarda". Sin embargo, la palabra traducida por "engendrado" proviene de *genos*, que significa clase o especie, no de *gennao*, que es engendrar. Lo que sí está claro es que lo que Juan quiere decir es que Jesús es el único en su especie. Otros pueden convertirse en hijos de Dios, pero la filiación de Jesús es diferente a la de todos los demás hijos.[31] Esto queda refrendado por el hecho de que él nunca habla de Dios como de "nuestro Padre" en el sentido que su relación con Él sea la misma que la de sus discípulos. Al contrario, él habla de su filiación como algo diferente cuando le dice a María: "Subo a mi Padre y a vuestro Padre, a mi Dios y a vuestro Dios" (20:17).

La relación entre el Padre y el Hijo está presente en todo el Evangelio. Esto se refleja sobre todo en la pretensión de Jesús de ser enviado por el Padre. Se habla a menudo de Dios sencillamente como de aquél que envió a Jesús. Todo su ministerio y toda su actividad se ve dominada por la conciencia de que ha sido divinamente comisionado.

El Hijo es el objeto especial del amor divino. "Porque el Padre ama al Hijo, y le muestra todas las cosas que él hace" (5:20). "Por eso me ama el Padre, porque yo pongo mi vida, para volverla a tomar" (10:17). Toda la misión de Jesús se lleva a cabo en el amor del Padre. Al mismo tiempo, Jesús comparte su amor con los discípulos (15:9).

Como es enviado por Dios, sus obras son obras divinas – las obras de Dios mismo. Cuando Jesús dijo: "Mi Padre hasta ahora trabaja, y yo trabajo" (5:17), los judíos entendieron que se hacía igual a Dios (5:18). Jesús añadió: "No puede el Hijo hacer nada por sí mismo, sino lo que ve hacer al Padre" (5:19). Las obras de Jesús proceden del Padre (10:32): de hecho, es el Padre que mora en él el que hace las obras (14:10).

No sólo las obras sino también las palabras de Jesús son de Dios. Jesús le dice al mundo lo que ha escuchado del Padre (8:26); habla sólo lo que el Padre le enseñó (8:28). La verdad que enseña la ha escuchado de Dios (8:40). La palabra de Dios no es suya propia sino del Padre que le envió (14:24).

Como Hijo, Jesús afirma que tiene un conocimiento exclusivo del Padre. Nadie ha visto al Padre excepto el que es de Dios; él ha visto al Padre (6:46). Así como el Padre conoce al Hijo, el

Hijo conoce al Padre (10:15). Aquí, como en Mateo 11:27, el conocimiento que tiene el Hijo del Padre es el mismo, directo e inmediato que el Padre tiene del Hijo. El conocimiento que el Hijo tiene del Padre contrasta con la ignorancia de los demás hombres (17:25).

Como el Padre ama al Hijo y lo ha enviado al mundo para cumplir la voluntad divina, ha puesto todas las cosas en su mano (3:35). Por tanto Jesús el Hijo es digno del mismo honor que Dios de parte de los hombres (5:23). Jesús tiene el derecho a exigirlo porque él y el Padre son uno (10:30). Esta unidad parece que es más que una unidad de propósito e intenciones; es, en cierto modo, incomprensible para los hombres, el Padre está en el Hijo y el Hijo en el Padre (10:38; ver también 14:10, 11).

La misión del Hijo

Como Hijo de Dios, Jesús tiene una misión de origen divino que cumplir. El elemento que se reitera más a menudo en esta misión es ser mediador de la vida para los hombres. El Hijo tiene el mismo poder para conferir vida que el Padre (5:21). Así como el Padre tiene vida en sí mismo, se le ha otorgado al Hijo tener vida en sí mismo (5:26). Por tanto, la fe en Jesús como Hijo de Dios resulta en la posesión de la vida eterna (3:35; 6:40, 47; 10:10). Jesús puede incluso decir: "Yo soy la resurrección y la vida" (11:25). Tiene poder sobre toda carne para dar vida eterna a quien el Padre quiera (17:2).

Esta vida eterna no es algo estático, porque Jesús es mediador no solo ella, sino también de la persona de Dios mismo. Juan ya trata esta cuestión en el prólogo, "a Dios nadie le vio jamás; el unigénito hijo, que está en el seno del Padre [cuando Juan escribía el Evangelio], él le ha dado a conocer" (1:18). El mismo Jesús lo repite. Acusa a los judíos, aunque tienen el Antiguo Testamento, de no haber oído nunca la voz de Dios ni de haberle visto (5:37; cf. 8:19). Jesús afirma que es el camino, la verdad y la vida, y que nadie puede acceder a Dios si no es a través de su persona (14:6–7).

No sólo da la vida eterna a todos los que creen; ejecuta el juicio sobre aquellos que le repudian; y como juez, ocupa el lugar de Dios mismo. "El Padre a nadie juzga, sino que todo el juicio dio al Hijo, para que todos honren al Hijo como honran al Padre" (5:22–23).

La misión salvífica de Jesús implica su muerte. El don de la vida eterna es mediado por su muerte. "Si el grano de trigo no cae en la tierra y muere, queda solo; pero si muere lleva mucho fruto" (12:24). El contexto inmediato de estas palabras es la "glorificación" de Jesús (12:23), es decir, su muerte. Este pensamiento vuelve a expresarse en el versículo 32: "Yo, si fuere levantado de la tierra, a todos atraeré a mí mismo". Esto no puede significar una salvación universal, porque en muchas ocasiones Juan dice que muchos, sobre todo los "judíos", rechazan a Jesús y por tanto se encuentran bajo su juicio. Lo que sí se afirma es que la salvación tiene un propósito universal.

Jesús es plenamente consciente de que la meta de su misión es la muerte. El énfasis de que el Hijo del Hombre sería levantado, en su exaltación, y en la conciencia de Jesús de que su ministerio terrenal se centraba en una "hora" fatal (2:4; 12:23, 27; 13:1; 17:1), junto a algunas afirmaciones explícitas, muestran que la muerte era algo esencial y culminaba su misión. "El buen pastor su vida da por las ovejas (…) pongo mi vida por las ovejas" (10:11, 15). Su muerte no fue un simple evento de la historia humana; fue algo sobre lo que Jesús tenía un pleno control; fue un acto voluntario. "Nadie me la [vida] quita, sino que yo de mí mismo la pongo. Tengo poder para ponerla, y tengo poder para volverla a tomar. Este mandamiento recibí de mi Padre" (10:18).

Juan habla del sufrimiento del redentor en el comienzo mismo de su Evangelio. El Bautista señaló a Jesús con estas palabras: "He aquí el Cordero de Dios, que quita el pecado del mundo" (1:29; ve también 1:36). Este pasaje ha causado muchos problemas a los exégetas. Algunos piensan que el cordero es el símbolo del Mesías conquistador, el líder del rebaño del pueblo de Dios. En Apocalipsis, el "León de la tribu de Judá" es *un cordero* con siete cuernos, lo cual denota una plenitud de poder (Ap. 6:5–6). Otros piensan que el símbolo del cordero apunta hacia el siervo sufriente de Isaías 53 sobre la base de que la palabra aramea *talya* se puede traducir por "cordero" o por "muchacho, siervo". Otros opinan que esta expresión constituye una mezcla deliberada del simbolismo del cordero inmolado en la Pascua, y el siervo que, "como cordero fue llevado al matadero, y como oveja delante de sus trasquiladores, enmudeció, y no abrió su boca" (Is. 53:7). De todos modos, Juan piensa en Jesús como el Cordero, no como el Mesías conquistador, sino como el Salvador que expía. "Quita el pecado del mundo". El significado natural del verbo (*airo*) es "quitar, borrar", y no tomar sobre sí. Lo que Juan entendió con este dicho se ilustra indudablemente en la Primera Carta: "Sabéis que él apareció para quitar [*airo*] nuestros pecados" (1 Jn. 5:3); y Juan entiende "quitar" en el sentido de expiación (1 Jn. 2:2; 4:10; cf. 1:10). El Cordero de Dios es el que expía con el derramamiento de su sangre.

El Hijo divino

Como Hijo de Dios, Jesús es más que un hombre escogido y dedicado; comparte la divinidad. Juan da testimonio de la divinidad de Jesús en la primera frase, "el Verbo era Dios" (1:1), y de nuevo, según la mejor lectura, se refiere a Jesús como "el unigénito Hijo, que está en el seno del Padre" (1:18). La conciencia que tiene Jesús de su divinidad se expresa en dichos acerca de su unidad con el Padre, como ya se ha visto, aunque especialmente en los que dice "yo soy". Estos se presentan en dos formas: "Yo soy" con un predicado, y en forma absoluta. "Yo soy el pan de vida" (6:20); "yo soy la luz del mundo" (8:12); "yo soy la puerta de las ovejas" (10:7); "yo soy el buen pastor" (10:10); "yo soy la resurrección y la vida" (11:25); "yo soy el camino, la verdad y la vida" (14:6); "yo soy la vid verdadera" (15:1). Además de éstos hay otros dichos en los que Jesús se designa a sí mismo sencillamente con las palabras "yo soy" (*ego eimi*; cf. 4:26; 6:20; 8:24, 28; 13:19; 18:5, 6, 8). Esta es una expresión casi imposible de traducir literalmente; en la mayor parte de los contextos, "yo soy" no significa casi nada en español. "Antes de que Abraham fuera (genesthai), yo soy (*ego eimi*)". Este es el único pasaje del Nuevo Testamento donde tenemos un contraste entre *einai* y *genesthai*. Los judíos cogieron piedras para arrojárselas por esta afirmación al parecer blasfema, pero se escapó. En el Evangelio de Juan, la hostilidad y la oposición de los judíos tuvo lugar porque las pretensiones implícitas en el lenguaje de Jesús le hacían igual a Dios (5:18): en realidad, por pretender ser Dios (10:33). Jesús, en ningún momento refutó estas acusaciones.

Los antecedentes de "yo soy", sobre todo la fórmula absoluta, no están en el mundo helenista sino en el Antiguo Testamento. Dios se reveló a sí mismo a Moisés como "yo soy el que soy" (Éx. 3:14), y en Isaías, a Dios se le conoce como "yo soy" (Is. 41:4; 43:10; 46:6, etc.). Stauffer ha argumentado que esta expresión es la "más auténtica, la más audaz, y la más profunda afirmación de Jesús de quién era".[43] Con esta expresión él se puso muy por encima de todas las esperanzas mesiánicas de la época, al mismo tiempo que da a entender que su vida es una epifanía de Dios. "Dios mismo se había convertido en hombre, más humano que cualquier otro hombre en todo el vasto ámbito de la historia". La mayor parte de los estudiosos opinan que Stauffer defiende una posición extrema, pero parece incuestionable que en el uso del absoluto *ego eimi*, Jesús se está identificando con el Dios del Antiguo Testamento realmente. En la narración juanina, esto llega a su máxima expresión, después de la resurrección, en la confesión de Tomás, "Señor mío y Dios mío" (20:28).

Sin embargo, esta identificación no es total, porque Jesús distingue constantemente entre él y el Padre. El Hijo ha sido enviado por el Padre; obedece los mandamientos del Padre (15:10); no puede hacer nada por sí mismo (5:19–20); sus palabras son las del Padre (14:10, 24; 17:8); el Padre es mayor que el Hijo (14:28). Davey ha elaborado detalladamente este tema de la dependencia.

"Así pues, Juan declara la divinidad de Jesucristo como Hijo eterno de Dios y también la distinción entre el Hijo y el Padre de una forma más explícita y enfática que los otros autores del Nuevo Testamento".

La humanidad de Jesús

Jesús como Hijo no sólo depende totalmente del Padre; también se describe en términos absolutamente humanos. Se describe como un hombre normal que disfruta de relaciones familiares normales. Asiste a una boda con su madre y con sus hermanos, al parecer como miembro de un círculo de amigos o parientes. Durante un tiempo permanece en ese círculo en Capernaum (2:12). Sintió sed y fatiga en el camino a Samaria (4:6–7). Sus hermanos critican su conducta (7:3–8). En la cruz manifiesta una profunda preocupación por su madre (19:25–26). Se emociona ante el sufrimiento y la angustia de sus amigos íntimos, y llora ante la tumba de Lázaro (11:33, 35). Siente su alma turbada ante el pensamiento de la muerte (12:27). Incluso muestra una cierta indecisión momentánea respecto a si debe orar pidiendo una liberación de esa hora. En 8:40 se llama a sí mismo hombre. Su sufrimiento en la cruz se centra en la exclamación, "Tengo sed" (19:23).

Las palabras de Pilato, "¡He aquí el hombre!", no son fáciles de interpretar. Azotaron a Jesús, estaba lleno de sangre, y tenía la cabeza perforada por espinas; le pusieron una túnica roja como si fuera un vestido real para burlarse de él. Las palabras de Pilato podrían ser tanto una burda mofa como una exclamación de misericordia y compasión.[49] Todo esto ilustra uno de los temas principales de Juan: el Verbo se hizo carne.

Algunos estudiosos han cuestionado la realidad de la humanidad del Jesús juanino, afirmando que sólo era hombre en apariencia, no un hombre real. Se dice que sus lágrimas por María y Marta no se debieron a un sentimiento humano de compasión sino al amor divino. Esto se contradice por 11:5: "Y amaba Jesús a Marta, a su hermana y a Lázaro". Esto no se refiere al amor que siente Dios por el mundo sino al que siente un ser humano por unos amigos especiales. También Käsemann ha afirmado recientemente la misma negación de la humanidad real de Jesús: "¿En qué sentido es carne (…) aquél que en el pozo de Samaria está cansado y desea beber, y aún así no tiene necesidad de beber y tiene una comida diferente de la que buscan sus discípulos?" El contenido de esto va mucho más allá de lo que dice el texto. "La mujer dejó su cántaro" (4:28) y es natural suponer que Jesús se refrescó con el agua que la mujer sacó del pozo. No parece que Juan entienda las palabras de Jesús, "yo tengo una comida que comer, que vosotros no sabéis" (v. 32), en el sentido de que Jesús ya no necesitaba alimento físico, de la misma forma que sus palabras a la mujer de que el que bebiere de su fuente, de la que brota una agua espiritual (v. 14) nunca más sentiría la sensación de sed en el sentido físico. Todo este incidente no es más que una parábola dramatizada con la intención de primar las cosas espirituales. El Jesús de los Sinópticos dijo que de nada aprovecharía ganar todo el mundo si se pierde el alma (Mc. 8:36).

Podemos concluir que Juan describe a Jesús desde una doble visión sin que se reflexione o se especule sobre ella. Es igual a Dios; en realidad es Dios en la carne; Aún así, es plenamente humano. Juan proporciona algunos de los materiales bíblicos más importantes para la doctrina posterior de la doble naturaleza de Jesús, pero él no está interesado en esas especulaciones. Simplemente hace una sólida descripción del impacto que Jesús causó, sin detenerse en otras cuestiones.

Ya no es posible mantener que los Sinópticos presentan a un Jesús humano, "histórico", y que Juan presenta un cuadro radicalmente reinterpretado, "divinizado", de él. Los Sinópticos describen a Jesús como el Hijo de Dios, y en esencia, eso es lo que hace Juan. Más que ofrecer una descripción excéntrica, "nos permite precisamente apreciar al Cristo de los Sinópticos en toda su profundidad".

Capítulo 20

La vida eterna

El Cuarto Evangelio expresa que su propósito es conseguir que sus lectores puedan llegar a conocer el camino hacia la vida eterna por medio de la fe en Jesús el Mesías (Jn. 20:31). El objetivo de la venida de Jesús al mundo fue que las personas pudieran gozar de esa vida (10:10). Ella es el tema central de las enseñanzas de Jesús según Juan; pero en los Evangelios Sinópticos, es la proclamación del Reino de Dios. Además, Juan pone un énfasis especial en que la vida eterna es una experiencia actual, algo que está ausente en los Sinópticos y en el judaísmo. Esto ha llevado a algunos críticos a la conclusión de que el concepto juanino de vida no tiene nada que ver con las enseñanzas del Antiguo Testamento, sino que es una idea derivada de la filosofía griega. C. H. Dodd piensa que el concepto de vida eterna tiene connotaciones platónicas porque parece referirse a una vida atemporal, lo cual contrasta con el pensamiento judío que también se encuentra en Juan. Si esto es así, el corazón de la teología juanina representa una helenización sustancial del Evangelio.

Los datos lingüísticos

En Juan la palabra *Zoe* aparece treinta y seis veces, el infinitivo *zen* dieciséis, y el verbo compuesto *zoopoiein* tres. La expresión *zoe aionios* aparece diecisiete veces sin que su significado presente alguna diferencia significativa con respecto a la forma simple *zoe*. El adjetivo *aionios* no reviste en sí mismo una importancia cualitativa, pero designa una vida diferente a la vida humana. El significado primario de esta palabra es temporal. Se utiliza para el fuego (Mt. 18:8; 25:41, 46), el castigo (Mc. 3:29), el pecado (Mc. 3:29), y lugares de residencia (Lc. 16:9); y algunas veces denota duración sin fin.

Antecedentes judíos

La expresión exacta aparece en la LXX sólo en Daniel 12:1, y traduce *hayye olam*, "la vida del siglo" haciendo referencia a la vida de un siglo futuro después de la resurrección de los muertos. El significado básico de "vida" en el Antiguo Testamento no es inmortalidad o vida después de la muerte, sino bienestar completo en la existencia terrenal. Sin embargo, este bienestar no se considera como un fin en sí mismo, sino como un don de Dios. Disfrutar de la vida significa gozar de la plenitud de las bendiciones y de los dones de Dios, lo cual incluye una larga existencia (Sal. 91:16), bendiciones familiares (Ec. 9:9), prosperidad (Dt. 28:1ss), seguridad (Dt. 8:1), y sobre todo comunión con Dios (Sal. 16:11; 36:9; Dt. 8:3; Jer. 2:13). Esto quiere decir que la vida, expresada en las buenas dádivas de Dios, debe disfrutarse en relación con Él (Dt. 30:15–20). En el transcurso del tiempo, este sentimiento de que la vida significaba comunión con Dios y el disfrute de su presencia y de sus bendiciones, llevó al convencimiento de que ni siquiera la muerte podría destruir esta relación sino que, de algún modo, el Dios vivo haría posible que su pueblo trascendiera la muerte (Sal. 16:9–11; 49:15; 73:24). Esta convicción que al principio no era del todo visible, llevó a la creencia en la resurrección del cuerpo y en la vida en el Siglo Venidero (Is. 26:19; Dn. 12:1–2).

En el judaísmo del período intertestamentrio, el convencimiento de que la muerte no era el fin de la existencia humana dio lugar a la idea del Seol como estado intermedio donde los muertos esperaban la resurrección (*1 En.* 22). A veces el Seol se convierte en un lugar de condenación y destrucción para los malos mientras que sólo los justos verán la resurrección. "Vida eterna" es un término que a veces se utiliza para designar la resurrección (*Sal. Salo.* 3:12; *1 En.* 37:4; 40:9; 58:3; *Test. Aser* 5:2). Ocasionalmente también se utiliza sólo la palabra "vida" en lugar de "vida eterna" para referirse a la resurrección (*Sal. Salo.* 14:7; 2 Mac. 7:9–14; 4 Esd. 7:137), y lo mismo ocurre con el verbo "vivir" (4 Esd. 14:22).

Cuando la dualidad "este siglo" y "el Siglo Venidero" aparece en el lenguaje judío, los rabinos se refieren frecuentemente a "la vida del Siglo Venidero". La referencia a los dos siglos se encuentra bastante a menudo en 4 Esdras, pero no la expresión "vida eterna". El Siglo Venidero traerá la bendición de la inmortalidad (4 Esd. 7:12–13; 8:54). El *Apocalipsis de Baruc* habla de heredar el Siglo Venidero (*Ap. Bar.* 44:13, 15). "Vida eterna" tanto en el judaísmo, como en Daniel 12:2, se refiere primordialmente a la vida en el Siglo Venidero, la vida de la resurrección.

La vida en el gnosticismo

Los escritos herméticos (cerca de los siglos segundo y tercero d. C.) representan un cierto tipo de antiguo pensamiento religioso gnóstico en el que la vida desempeña un papel importante. La vida pertenece a Dios. En el primer tratado, *Poimandres*, a Dios se le llama mente (*nous*), y es luz y vida (*Corp. Herm.* I.9, 12). Dios creó al primer hombre, a su imagen, pero éste se prendó del mundo creado y se mezcló con él. Por tanto, la naturaleza humana es doble: materialmente mortal, y esencialmente inmortal (I.15). El hombre llegó a hacerse ignorante de su verdadero ser y, por tanto, sometido a la muerte (I.20); comprometerse con el mundo material significa ignorancia, y ésta conduce a la muerte. Si el hombre pudiera disipar su ignorancia y aprender cuál es su verdadero ser, esta *gnosis* le devolvería a la Vida y a la Luz (I.21). La *gnosis* se alcanza a través del ascetismo y del desprecio de los sentidos corporales. En la muerte el hombre que ha alcanzado la *gnosis* asciende por etapas a las esferas celestiales, renunciando a las diferentes pasiones en cada una de ellas hasta que llega a Dios, llega a ser uno con Dios (*theothenai*) (I.24–26).

La vida en los Sinópticos

Los Evangelios Sinópticos también hablan de la vida eterna: pero en ellos, como en el judaísmo, se trata de la vida del Siglo Venidero. Cuando el joven rico preguntó cómo podría heredar la vida eterna (Mc. 10:17), pensaba en la resurrección, y Jesús le contestó en los mismos términos. Esta vida eterna es la vida del Reino de Dios (10:23), que se heredará en el Siglo Venidero (10:30; ver también Mt. 25:46). La venida del Hijo del Hombre llevará a cabo una separación entre los hombres: los malos sufrirán el castigo eterno y los justos la vida eterna (Mt. 25:46). En algunos lugares de los Sinópticos, la palabra "vida" se utiliza para referirse a esta bendición escatológica (Mt. 7:14; Mc. 9:43, 45). En ellos, las palabras "vida" y "vida eterna" y su significado redentor son siempre una bendición escatológica futura (Lc. 10:25).

La vida eterna en Juan: Escatología

En el Cuarto Evangelio, la vida tiene un carácter escatológico. La actitud judía se refleja en la expectativa de encontrar la vida eterna en las Escrituras (Jn. 5:39). Según las enseñanzas rabínicas el estudio de la Torá llevaría a la "vida del Siglo Venidero". Cuando Jesús dijo que "el que desobedece al Hijo no verá la vida" (3:36), se refería al destino último del hombre. Este carácter escatológico de la vida se ve muy claramente en Juan 12:25: "El que ama su vida, la perderá; y el que aborrece su vida en este mundo, para vida eterna la guardará". Esta forma juanina proclama de una forma más clara una estructura antitética de los dos siglos de los Evangelios Sinópticos, cuando aparece una idea similar (Mc. 8:35; Mt. 10:39; 16:25; Lc. 9:24; 17:33). "El cuarto evangelista sólo le ha dado una forma que obviamente alude a la antítesis judía de los dos siglos: el que odia su alma en el *olam hazzeh* ["este siglo"] la guardará en el *olam haba* ["el siglo venidero"]; y como consecuencia poseerá *hayye haolam habba* ["la vida del siglo venidero"]". El que bebe del agua viva hallará la fuente de vida en el Siglo Venidero (4:14). Hay también una comida que Cristo puede dar y que produce vida eterna (6:27). Ésta se experimentará en el último día cuando los justos serán llevados "a la resurrección" (5:29). Estas palabras se parecen mucho a lo que dice Daniel 12:2. "Vida eterna" es la vida del Siglo Venidero. Dodd admite que estos textos se refieren a la vida como una bendición escatológica.

La vida eterna: presente y futura

Aunque la vida eterna es escatológica, el énfasis del Cuarto Evangelio no está en mostrar a las personas el camino de la vida del Siglo Venidero, sino en conducirlas a una experiencia actual de la misma. Esta enseñanza de que la vida del Siglo Venidero está presente en el creyente, no se explicita en los Sinópticos. El propósito de la misión de Jesús era conducir a las personas a una experiencia presente de la vida futura (10:10). Descendió del cielo para dar vida al mundo (6:33), para satisfacer el hambre y la sed espirituales (6:35). Esta vida no consiste en despertar poderes innatos que ya están en el ser humano, sino en la comunicación de una nueva vida, mediada por Cristo; y los que no "comen su carne y beben su sangre" no pueden participar de ella (6:35). Esta vida se debe tanto a la mediación de la persona de Jesús como de sus palabras. Ellas son vida (6:63) porque vienen del Padre, el cual le ha ordenado lo que tiene que decir, y el mandamiento de Dios es vida eterna (12:49–50).

Esta vida no sólo está mediada por Jesús y su palabra; reside en su misma persona (5:26). Es el pan vivo que da vida (6:51ss.) y el agua viva (4:10, 14). Dios es la fuente última de vida; pero el Padre ha otorgado al Hijo tener vida en sí mismo (5:26). Por tanto Jesús podía decir "yo soy la vida" (11:25; 14:6).

Que esta vida que reside en Jesús es nada menos que la vida del Siglo Venidero se ilustra por la frecuente conexión entre la recepción presente de la vida y su disfrute futuro. Beber el agua viva que Jesús da significa que se tendrá en uno mismo una fuente de vida que dará como resultado la vida eterna escatológica (4:14). Aquél que participe de la vida en Jesús vivirá para siempre (6:51). Los que reciban la vida eterna nunca perecerán (10:28).

La dimensión futura de la vida eterna incluye la resurrección del cuerpo; y aquellos a los que Jesús ha dado vida eterna, resucitarán al final (6:40, 54). Jesús es vida y resurrección. El que cree en él puede morir físicamente; pero vivirá de nuevo en el último día. Como ya tiene la vida por medio de la fe en Jesús, nunca morirá (11:25–26).

Estas dos dimensiones de la vida – presente y futura – están inseparablemente asociadas en el discurso de Jesús sobre su relación con el Padre. Ya que Dios es la fuente de la vida, solo él puede resucitar a los muertos, pero lo ha delegado en su Hijo (5:21). Esta misión se lleva a cabo en dos etapas. Ya ha llegado la hora de que los muertos oigan la voz del Hijo de Dios y vuelvan a la vida (5:25). Que esto se refiere a la resurrección "espiritual", es decir, a la experiencia presente de la vida eterna, queda demostrado por las palabras, "viene la hora, y *ahora* es". La resurrección sucede en el ministerio de Jesús porque el Padre "ha dado al Hijo el tener vida en sí mismo" (5:26). Sin embargo, esta experiencia no abarca todo lo que significa la vida; "vendrá la hora cuando todos los que están en *los sepulcros* [o sea, los que están físicamente muertos] oirán su voz; (…) saldrán a resurrección de vida; y (…) a la resurrección de condenación" (5:28, 29).

En los dichos de la vida eterna como bendición escatológica, Juan está de acuerdo con los Evangelios Sinópticos. Su insistencia en la vida como realidad espiritual presente, tiene un énfasis diferente al de los Sinópticos. Dodd cree que el énfasis de Juan se debe a una platonización del pensamiento escatológico antiguo. La vida eterna debe entenderse en un sentido platónico porque "es una vida que no se mide por meses y años, es una vida que en sí no tiene pasado ni futuro, sino que se vive en el eterno hoy de Dios". Sin embargo, esto es malentender a Juan, porque, sin duda, la vida eterna tiene un futuro. Juan relaciona el presente y el futuro en un vínculo indisoluble. El que cree en Jesús puede morir físicamente pero experimentará la vida de la resurrección, y quienquiera que tenga vida espiritual ahora y cree en Jesús vivirá para siempre (11:25–26). Como el creyente tiene vida eterna en este momento, resucitará en el último día (6:40). Dodd no presenta una relación entre los dichos escatológicos de la vida y los atemporales y platonizados. Esta interpretación yuxtapone dos conceptos diferentes – uno griego y otro cristiano-judío – sin establecer un vínculo interno de relación esencial.

Mucho más satisfactorio es el análisis de Piper al afirmar que el mensaje de Juan acerca de la vida tiene su raíz en la idea veterotestamentaria de que Dios es vida. Ha impartido su vida a las personas a través de la encarnación de la eterna "palabra de vida". La resurrección escatológica no extraña al pensamiento de Juan sino que es la manifestación plena de la vida en los creyentes. Esto puede ser ilustrado por la analogía entre la enseñanza juanina de la vida y la enseñanza sinóptica del Reino de Dios. Vale la pena advertir que en Juan la vida eterna se menciona en primer lugar después de las únicas referencias del Evangelio al Reino de Dios (3:15). Tanto en los Sinópticos como en Juan, la vida eterna es la del Siglo Venidero. En los Sinópticos esta vida también es la del Reino de Dios, el cual pertenece al Siglo Venidero. Sin embargo el único elemento de la predicación de Jesús sobre el Reino en los Sinópticos, es que el Reino escatológico ha irrumpido en este siglo. El Reino ha venido (Mt. 12:28), aunque el Siglo Venidero es siempre futuro. Del mismo modo, Juan afirma que la vida que pertenece al Siglo Venidero ha venido ya a los hombres. "En esto, *zoe aionios* en Juan se parece al Reino de Dios en los Evangelios Sinópticos, lo que es propiamente una bendición futura se convierte en un hecho presente en virtud del futuro en Cristo". Por tanto, aunque el lenguaje es diferente, y no debemos identificar el Reino de Dios con la vida eterna, la estructura teológica subyacente es la misma, aunque expresada con categorías diferentes. Si la vida eterna es en realidad la vida del Reino escatológico de Dios, y el Reino está presente, se sigue que cabría esperar que éste proporcionara a los hombres un anticipo de la vida del siglo futuro.

Es evidente, que no hay demasiadas similitudes entre la idea juanina de vida eterna y el concepto gnóstico-hermético; la vida se recibe por fe; y la posesión de la vida eterna garantiza al creyente su participación en la resurrección escatológica. En la tradición Hermética, aunque la vida pertenece a Dios, el hombre puede alcanzarla después de la muerte gracias al control ascético y a la supresión de los apetitos corporales. Esta *gnosis* parece estar al alcance de todas las personas, porque el autor de *Poimandres* concluye con una nota evangelística cuando llama a los hombres que se han entregado a la ebriedad e ignorancia de Dios a que despierten a la sobriedad, dejen de saturarse de bebidas fuertes y de adormecerse en un sueño desprovisto de razón, para poder contemplar la belleza de la piedad y del conocimiento de Dios. Ve a los seres humanos como personas que se han entregado a la muerte cuando tienen el poder de compartir la inmortalidad. Les conmina a que se liberen de las tinieblas, a apoderarse de la Luz y así compartir la inmortalidad y abandonar la corrupción (*Corp. Herm.* I.27–29)

La naturaleza de la vida eterna: conocimiento de Dios

Hay una cuestión que aclara la íntima relación que hay entre la vida eterna en su aspecto presente y en su consumación futura. Una afirmación explica la naturaleza de la vida eterna: el conocimiento de Dios es mediado por Jesucristo (17:3). Barrett considera esto como "una definición de la vida eterna", y tanto Dodd como Piper entienden que es una afirmación de la naturaleza de la vida eterna. Esto suscita otra pregunta en cuanto a la naturaleza del conocimiento. ¿No es esto un ejemplo claro de la influencia gnóstica, de la salvación por el conocimiento? Dodd así lo cree. Afirma: "En los escritos herméticos y en los juaninos, el conocimiento de Dios que proporciona vida eterna, es para aquellos que han pasado por el nuevo nacimiento, es decir, han pasado del reino del *soma* ["cuerpo"] o *sarx* ["carne"] al reino del *nous* ["mente"] o *pneuma* ["espíritu"]. Una afirmación tan clara como ésta exige que examinemos la idea griega de conocimiento, que la comparemos con la hebrea y que analicemos el pensamiento de Juan de acuerdo con este doble contexto.

El conocimiento en el pensamiento griego

En el contexto griego el conocimiento se entiende de dos formas diferentes. En el pensamiento filosófico significaba la contemplación de un objeto para asegurarse de sus cualidades esenciales. La mente, por medio de la razón puede captar la esencia permanente de las cosas. El conocimiento es la aprehensión de la realidad última.

En el pensamiento gnóstico, tal y como lo encontramos en los escritos herméticos, el conocimiento no es pensamiento racional. Es más bien una aprehensión directa de Dios por medio de la mente (*nous*), a través de una intuición directa y una iluminación interna. Bultmann enfatiza que en la tradición Hermética este conocimiento no es una capacidad natural sino una iluminación divina, un don de Dios. Esto es verdad. Dios, que es *nous*, viene a los que son piadosos y les da un conocimiento salvador (*Corp. Herm.* I.22). Dios desea ser conocido por la humanidad (I.31; X.15). Es evidente que los escritos herméticos son gnósticos ya que enfatizan constantemente la necesidad de la *gnosis* como una forma de salvación. La *gnosis* lleva a la visión de Dios – de hecho, a la unidad con Dios – a la deificación (*Corp. Herm.* I.26; IV.7 [Nock]; XII.1). Esta *gnosis* es una especie de visión mística extática, no un pensamiento racional. El primer tratado, *Poimandres*, describe la experiencia de su autor. Cayó en un sueño extraordinario que puso freno a sus sentidos corporales y tuvo una visión en la que llegó a entender la verdadera naturaleza del universo y de su propio yo (I.30). Esto le capacitó para alcanzar la verdadera *gnosis* (I.27, 32), el aliento divino de la verdad (I.30). A Dios sólo se le puede ver con el corazón y la mente (VII.2). En el tratado acerca de la regeneración, se describe la experiencia de la deificación: "Habiendo sido conducido por Dios al descanso, Oh Padre, vi no con la visión de los ojos sino con la energía espiritual procedente de los Poderes. Estoy en el cielo, en la tierra, en el agua, en el aire; estoy en los animales, en las plantas; estoy en el vientre, soy antes del vientre (nacimiento); soy después del nacimiento, en todas partes" (XIII.11). El que ha nacido de nuevo "será Dios, el Hijo de Dios, el todo en todos, compuesto de todos los Poderes" (XIII.2). "Viendo en mí mismo una visión no constituida de materia, producida por la misericordia de Dios, he pasado de mí mismo para entrar en un cuerpo inmortal y ya no soy lo que era sino que he nacido de nuevo en la mente" (XIII.3). Tal persona que ha alcanzado el conocimiento y se ha convertido así en uno con Dios pasará después de la muerte por las esferas de una inmortalidad bendita.

Esta visión beatífica que da conocimiento está al alcance de todos si controlan, dominan y destruyen sus apetitos corporales. "Si primero no odias tu cuerpo, hijo mío, no te puedes amar a ti mismo; pero si te amas a ti mismo, tendrás mente, y teniéndola, también participarás del conocimiento (…) No es posible, hijo mío, dedicarte tanto a las cosas mortales como a las divinas. Porque así como hay dos clases de cosas, las corpóreas y las incorpóreas (…) y estas dos categorías participan de lo mortal y de lo divino, uno se enfrenta con la elección de uno u otro, si quiere escoger; porque no es posible tomar al mismo tiempo lo uno y lo otro" (IV.6).

El contenido de este conocimiento es el autoconocimiento en el sentido de que el ser humano reconoce su verdadera naturaleza y su verdadero lugar en el universo. "Dios el Padre es Luz y Vida; el hombre nació de él. Si, pues, aprendes que tú mismo provienes de la Vida y de la Luz, volverás a ir a la vida" (I.21). Esto significa que la persona que posee conocimiento sabe por qué y por quién fue creado – no para placeres corporales sino para la Mente (IV.4–5). El que conoce su verdadera naturaleza despreciará su cuerpo y así podrá ascender a Dios después de la muerte.

El conocimiento en el Antiguo Testamento

El conocimiento se entiende de una forma muy diferente en el Antiguo Testamento. Tiene más que ver con la experiencia que con la contemplación o el éxtasis. "El buey conoce a su dueño, y el asno el pesebre de su señor; Israel no entiende, mi pueblo no tiene conocimiento" (Is. 1:3). Las bestias reconocen a su dueño y con obediencia ocupan su lugar en la cuadra; del mismo modo debería Israel reconocer a su Señor y obedecerle. El conocimiento (*yada*) conlleva relación, comunión, preocupación. "Jehová conoce el camino de los justos" (Sal. 1:6). Su conocimiento de Israel significa su elección como pueblo (Am. 3:2; Jer. 1:5; Os. 5:3) Aquellos a los que Dios no conoce quedan excluidos de su familia (Sal. 138:6).

El conocimiento de Dios del ser humano significa respuesta, obediencia, comunión, una relación que en el Antiguo Testamento se hace más visible por su ausencia que por su presencia (Ju. 2:10; Jer. 10:5; Is. 45:4, 5, 20; Os. 5:4). Que tal conocimiento sea posible puede verse en pasajes como Isaías 26:13 (LXX), Salmo 36:10 (LXX 35:10), 87:4 (LXX 86:4); pero esos textos son excepcionales. De hecho se suponía que los profetas conocían a Dios (1 S. 3:7), pero en ningún lugar alguno de ellos dice que conoce a Dios; y rara vez afirman que Israel conozca a Dios. Antes bien, el conocimiento de Dios es la meta de la humanidad (Jer. 9:24). En su inmensa mayoría los pasajes sobre el conocimiento de Dios tienen que ver con una exhortación, aspiración o promesa (1 Cr. 28:9).

Este conocimiento de Dios es la meta del Reino de Dios y se cumplirá en la consumación escatológica. Jeremías habla de un futuro nuevo pacto en el que Dios escribirá su Ley en el corazón, y se hará realidad la comunión del pacto. "Y no enseñará más ninguno a su prójimo, ni ninguno a su hermano, diciendo: conoce a Jehová; porque todos me conocerán, desde el más pequeño de ellos hasta el más grande, dice Jehová; porque perdonaré la maldad de ellos, y no me acordaré más de su pecado" (Jer. 31:34). Esta misma verdad se presenta en la versión griega de Oseas 6:2–3: "En el tercer día nos resucitará, y viviremos delante de él. Y conoceremos, y proseguiremos en conocer a Jehová". Conocer al Señor es vivir ante Él, tener vida eterna.

El conocimiento en Juan

Aunque en realidad hay algunas coincidencias entre el lenguaje juanino del conocimiento de Dios y el de la tradición Hermética, el contenido es totalmente diferente. En Juan el conocimiento es una relación experimental. Existe una relación íntima y mutua entre el Padre y el Hijo; a su vez, Jesús conoce a sus discípulos, y ellos le conocen; y al conocerle, conocen también a Dios. "Conozco mis ovejas, y las mías me conocen, así como el Padre me conoce, y yo conozco al Padre" (10:14–15). La separación del mundo de los discípulos se debe a que conocen a Jesús, mientras que aquél no le conoce (17:25). Gracias al conocimiento íntimo entre el Padre y el Hijo, éste puede mediar el conocimiento de Dios a sus discípulos (14:7).

La importancia de la misión de Jesús de conducir a las personas al conocimiento de Dios puede apreciarse en la afirmación que se repite varias veces de que el mundo, al contrario que sus discípulos, no le conoce (1:10; 8:55; 16:3; 17:25). Sin embargo, la misión de Jesús debe extenderse por medio de sus discípulos, los cuales deben demostrarse un amor tan especial que el mundo pueda llegar al conocimiento de Jesús a través de Él (17:23).

El conocimiento de Jesús incluye el conocimiento del significado de su misión. Es el enviado del Padre (17:8, 25); es el "yo soy" que viene para hablar la palabra de Dios (8:28); él y el Padre moran el uno en el otro (10:38), aunque el Hijo es completamente dependiente del Padre (17:7).

Debería resultar obvio que el conocimiento de Dios del que habla Juan es diferente al conocimiento hermético. Esencialmente tiene que ver con una relación personal. El conocimiento de Dios en Juan está mediado por la carne, por medio de la Palabra que se hizo carne. *Pneuma* en Juan no equivale a *nous*, es el Espíritu Santo de Dios presente en la persona de Jesús. El conocimiento de Dios está mediado por la fe, no por la supresión de los sentidos corporales. Las personas no ignoran a Dios porque se entreguen a los placeres corporales sino porque rechazan a Jesús. Más aún, el conocimiento de Dios no lleva a la unión del yo con Dios sino a una vida de amor y obediencia. Así pues, mientras que Juan utiliza un lenguaje helenista, "lo hace con el fin de presentar de una forma apologética lo que es un concepto típicamente hebreo del conocimiento". En realidad, este conocimiento de Dios puede verse como la bendición escatológica prometida en el Antiguo Testamento. Si la vida eterna es la del Siglo Venidero que Jesús ha traído a los seres humanos, entonces no debemos sorprendernos de que ésta se explique en términos del conocimiento de Dios, que es, desde la perspectiva del Antiguo

Testamento, una bendición escatológica. Si la presencia de la vida eterna es escatología hecha realidad, también lo es el conocimiento de Dios. La comunión íntima con Dios prometida como una bendición en su Reino escatológico se ha acercado a la humanidad en Jesús.

La visión de Dios

Este conocimiento de Dios se asocia también con una visión de Él. "Si me conocieseis, también a mi Padre conoceríais; y desde ahora le conocéis, y *le habéis visto*" (14:7). El judaísmo creía que la visión de Dios era imposible en esta vida; era una bendición reservada para la hora de la muerte o para el Siglo Venidero. Como las bendiciones del Siglo Venidero ya han llegado a la humanidad, en Juan la visión de Dios puede hacerse realidad. Ésta es, sin embargo, una experiencia mediada. Sigue siendo cierto que "a Dios nadie le vio jamás; el unigénito Hijo, que está en el seno del Padre, él le ha dado a conocer" (1:18). Pero como Cristo ha venido al mundo, aquél que le ha visto ha visto al Padre (14:9); el que lo contempla, contempla a aquél que lo ha enviado (12:45). Por esta razón, en este Evangelio se enfatiza mucho ver y contemplar a Cristo (1:14; 6:36, 40; 9:37; 14:19; 16:16–17).

Es obvio que esta "visión de Dios" difiere totalmente del misticismo de la tradición Hermética. La visión de Dios que presenta Juan no es ni extática ni mística; es una confrontación y un reconocimiento personal, mediados por Jesús.

Conocimiento de la verdad

Si la vida eterna se puede definir en función del conocimiento de Dios, tiene como paralelo el conocimiento de la verdad. "Conoceréis la verdad, y la verdad os hará libres" (8:32). Sin duda alguna, en Juan hay una relación íntima entre vida y verdad: Jesús es el camino, la verdad y la vida (14:6). Es la verdadera luz (1:9) y al mismo tiempo la vida de la humanidad (1:4). Ofrece conocimiento del *verdadero* Dios (17:3), lo cual significa vida para ellas. Es el pan verdadero (6:32) que ha venido del cielo para dar vida (6:33).

En el texto acerca de conocer la verdad (8:32) Dodd cree que la "verdad" equivale al ámbito de la realidad pura, e ignora casi totalmente las asociaciones hebreas que subyacen a la misma en la LXX.[24] Este conocimiento de la verdad es una concepción griega típica, y que tal conocimiento traiga la libertad también armoniza con el pensamiento griego.

No cabe duda de que un griego, al leer estas palabras las entendería en términos del pensamiento helenista como hace Dodd. "Verdad" en griego designa la realidad en contraposición con la falsedad o con la simple apariencia e irrealidad, y este dicho sugeriría a la mente griega la libertad por medio de la aprehensión intelectual de la realidad. Esto parece muy distinto al concepto hebreo de "verdad" (*emeth*), que es "constancia", "fiabilidad", o "firmeza, fidelidad" (*emunah*). Dodd señala que *aletheia* es primordialmente una categoría intelectual mientras que *emeth* es una categoría moral, y ha realizado un estudio fascinante de los cambios de significado del hebreo *emeth* a la *aletheia* de la Septuaginta, donde la "fidelidad" de Dios pasa a ser la "verdad" abstracta en Dios.

Sin embargo, es una solución demasiado fácil de un problema muy complejo proponer un simple contraste entre la "fidelidad" hebrea y la "verdad abstracta" griega e interpretar a Juan en función de lo último. Si bien el concepto juanino de "verdad" está sin duda relacionado con el concepto griego de realidad, su significado fundamental debe encontrarse frente al trasfondo hebreo. El apoyo de esta tesis exige un breve repaso del concepto veterotestamentario de *emeth*.

La verdad en el Antiguo Testamento

Cuando *emeth* se aplica a personas o cosas significa su fiabilidad y su condición como dignas de confianza. La persona que actúa con *emeth* tiene una conducta fiable porque reconoce los vínculos familiares y amistosos y actúa con lealtad (Gn. 24:49; 42:16: 47:29; Jos. 2:14). Un testigo "verídico" (un testigo *emeth*) es aquél en cuya palabra se puede confiar porque se corresponde con los hechos (Pr. 14:25). Usada así, *emeth* se aproxima al griego *aletheia*, "realidad". Las acciones, palabras, informes o juicios son *emeth* – fiables – porque se corresponden con los hechos (Dt. 13:14; 22:20; 1 R. 10:6; 22:16: Pr. 12:19; Zac. 8:16). "Simiente *emeth*" (Jer. 2:21) es una semilla en cuya cualidad se puede confiar. "Una paz *emeth*" es una paz digna de confianza, perdurable (Jer. 14:13). "Justicia *emeth*" es una justicia en la que se puede confiar, una justicia genuina (Ez. 18:8).

Emeth adquiere un uso significativo en el Antiguo Testamento cuando se describe a Dios, o mejor aún, cuando se describe la naturaleza de los actos de Dios. *Emeth* no describe primordialmente a Dios en sí mismo, sino la naturaleza de sus acciones cuando trata con su pueblo. Se puede confiar en Dios; no es arbitrario ni caprichoso. Por tanto su pueblo puede confiar en que su trato con él es *emeth* – fiel. Con frecuencia se une *emeth* con *hesed*, que designa la lealtad de Dios en el cumplimiento de sus promesas y de su pacto. Dios manifestó su *hesed* y su *emet* guiando al siervo de Abraham para que encontrara esposa para Isaac (Gn. 24:27). Manifestó su *hesed* y su *emet* a Jacob haciendo que prosperara en la casa de Labán (Gn. 32:10). Su *hesed* y su *emet* se pusieron de manifiesto de una forma especial cuando dio el pacto en el Sinaí (Éx. 34:6) y son el fundamento del trato de Dios con su pueblo. Dios también muestra su *emet* castigando a los malos (Sal. 54:5); actúa de acuerdo con lo que es. El Dios *emet* (2 Cr. 15:3; Jer. 10:10) no es el custodio de alguna entidad abstracta llamada "verdad" o perteneciente al ámbito de la verdad eterna en contraposición con la apariencia; es el Dios en el que se puede confiar, que está en condiciones de actuar, y cuyo cuidado por su pueblo es seguro. Claro está, esto nos lleva a un concepto del verdadero Dios contrastado con los dioses falsos o irreales; pero Él es el verdadero Dios porque puede actuar, porque puede visitar la tierra con juicio y con bendición, y porque sus actos son dignos de confianza y fiables. El pueblo de Dios debe, por tanto, glorificarle de tal modo que su h*esed* y *emet* se hagan evidentes, y los gentiles no puedan burlarse preguntándose, "¿Dónde está ahora su Dios?" (Sal 115:1–2).

La *emet* de Dios también es escatológica. La salvación futura del Israel restaurado significará la manifestación del *emet* de Dios prometido a Jacob, y el *hesed* prometido a Abraham (Mi. 7:18–20). Dios morará entre su pueblo y será "a ellos por Dios en verdad y en justicia" (Zac. 8:8). Este perfeccionamiento de la comunión entre Dios y su pueblo será la última manifestación de su *emet*.

Como respuesta a los actos de *emet*, Dios busca la respuesta de las personas en *emet*. Los que temen a Dios son llamados personas *emet* (Éx. 18:21; Neh. 7:2), es decir, personas que responden fielmente al *emet* de Dios. Él siempre actúa con *emet*, pero el ser humano responde frecuentemente con maldad (Neh. 9:33). Se invita a las personas a servir a Dios con *emet* (Jos. 24:14; 1 S. 12:24), a caminar en *emet* (1 R. 2:4; 2 Cr. 31:20; Sal. 26:3; 86:11; Is. 38:3). En esencia *emet* se convierte en *la voluntad revelada de Dios*.

Esto proporciona un trasfondo que permite entender afirmaciones en las que "verdad" o *emet* se utiliza en solitario. El deseo de Ezequías de ver "paz y *emet*" en sus días (2 R. 20:19) se refiere simplemente a "seguridad" (RV), pero a una seguridad que es el resultado de la fidelidad de Dios, el cual protege a su pueblo. El fracaso de *emet* es una situación en la que las personas no viven de acuerdo con la voluntad revelada de Dios (Is. 59:15; Dan. 8:12). Cuando "la *hesed* y la *emet* se encontraron", y "la verdad brotará de la tierra" (Sal. 85:10–11), Dios manifiesta su salvación, llenando la tierra de gloria y dando a su pueblo lo que es bueno (Sal. 85:9, 12). Cuando Jerusalén se convierta en una ciudad de verdad (Zac. 8:3), será el lugar donde se manifieste la voluntad de Dios y su pueblo responda a la misma, y por tanto gozará de su salvación.

La verdad y el conocimiento de Dios son conceptos que están relacionados. La desobediencia de Israel significa que "no hay *emet* ni *hesed*, ni conocimiento de Dios en la tierra" (Os. 4:1). Sin embargo, la salvación futura de Israel se describe con las palabras "y te desposaré conmigo en fidelidad [*emunah*, palabra emparentada], y conocerás a Jehová" (Os. 2:20).

La verdad en Juan

"Es obvio que para Juan la *aletheia* es la *emet* del Antiguo Testamento." Está claro en los dos primeros usos de la palabra al comienzo del libro: "Y aquel Verbo fue hecho carne, y habitó entre nosotros (y vimos su gloria, gloria como del unigénito del Padre), lleno de gracia y de verdad" (1:14), "pues la ley por medio de Moisés fue dada, pero la gracia y la verdad vinieron por medio de Jesucristo" (1:18). "Gracia" y "verdad" equivalen al *hesed* y *emet* del Antiguo Testamento, así que la interpretación juanina del Cristo encarnado debe hacerse de acuerdo con la comprensión de la historia redentora del Antiguo Testamento. Debe notarse que éste es el único lugar del Nuevo Testamento en el que aparecen juntos los equivalentes del *hesed* y *emet*. El amor del pacto (*hesed*) y la constancia (*emeh*) que Dios ha manifestado a lo largo de la historia de Israel han llegado ahora a su plenitud en la encarnación. De hecho, este cumplimiento de los actos redentores de Dios en la historia es de tal envergadura que establece un claro contraste con todo lo que Dios ha hecho en el pasado; porque la plena comprensión de la gracia y la verdad de Dios, que nunca pudo alcanzarse en la Ley mosaica, ahora se encarnan en Cristo.

Estos dos dichos indican que todas las manifestaciones anteriores del *hesed* y del *emet* de Dios apuntaban, de hecho, hacia la acción de Dios en Cristo. El contraste entre la ley y Cristo no es absoluto, como se demuestra en 5:39, donde el Antiguo Testamento no es un fin en sí mismo sino un testigo de la verdad (5:33) que está en Cristo (ver también 5:46; 1:45). La comparación entre la Ley y Cristo parece sugerirse en las palabras de 1:16: "De su plenitud tomamos todos, y gracia sobre gracia". "Como el don inextinguible de Dios, el evangelio se contrapone a la Ley".

Por tanto, cuando Cristo dijo: "Yo soy la verdad" (14:6), quiere decir que es la revelación plena y la encarnación del propósito redentor de Dios. La venida de Cristo es la manifestación de la fidelidad de Dios a sí mismo, de su propósito ininterrumpido de dar a conocer su voluntad salvífica. Toda su misión fue dar testimonio de esta verdad (18:37). En este contexto, la "verdad" está íntimamente asociada con el reinado de Jesús (*basileia*). Es rey; pero a Pilato, Jesús le dijo que su gobierno redentor no procedía del mundo, y que no se establecería por la fuerza.

Ahora podemos comprender las ideas de este estudio acerca de la "verdad". "Conoceréis la verdad" (8:32) significa llegar a conocer el propósito salvífico de Dios tal y como se da en Cristo; la libertad prometida es libertad del pecado (8:34), la cual no se podía alcanzar en el antiguo pacto, sólo puede alcanzarse por el Hijo (8:36).

Esta comprensión redentora de la verdad puede ilustrarse mejor con el adjetivo *alethinos*. Esta palabra griega tiene el sentido de algo que es genuino y no falso. Se utiliza en varias ocasiones en la LXX para traducir *emet* con el significado de "digno de confianza", "fiable". Zacarías 8:3 es muy interesante. Cuando Dios regrese a Sion para morar en medio de su pueblo,

Jerusalén será llamada *polis he alethine*. Este dicho es de difícil comprensión para un griego que no conozca el texto hebreo, y la lengua griega no puede traducir con exactitud el significado del texto hebreo, de que Jerusalén será una ciudad en la que las personas han respondido a la revelación de Dios de sí mismo y caminan con lealtad de acuerdo con sus preceptos.

El uso juanino de la palabra griega *alethinos* hace referencia a lo "real", pero es lo real porque es la revelación plena de la verdad de Dios. "La verdadera luz" (1:9) no se refiere a las luces falsas e irreales de las religiones paganas, sino a la luz parcial que la precedió. Juan fue en un sentido luz (5:35), pero Cristo fue la luz plena. El "pan verdadero" (6:32) es el que satisface el hambre espiritual en contraste con el maná que solo mantenía la vida corporal. Cristo es la verdadera vid (15:1) porque proporciona la fuente de vida real para los que moran en él frente a la pertenencia a Israel como la vid de la dispensación anterior (Jer. 2:21; Sal. 80:8–16; Ez. 15:1–8). Los verdaderos adoradores (4:33) que han de ser creados por la nueva revelación en Cristo se contraponen a los judíos que piensan que deben adorar en Jerusalén y con los samaritanos que adoran en Gerizim. Esto no significa que su adoración fuera falsa o irreal; pero después de que la verdad haya llegado a la humanidad en la persona de Jesús, las personas deben adorar ahora instalados en esta verdad. De ahora en adelante ellas son los verdaderos adoradores, es decir, adoradores cuya respuesta está determinada por la revelación de Dios de la verdad. Esta idea hebrea expresada en griego fácilmente nos lleva a la idea de adoradores verdaderos frente a aquellos cuya adoración es irreal; pero el énfasis no está en la realidad o irrealidad de la adoración, sino la revelación de la verdad que lleva a la adoración a su plena realidad.

Dios es el "verdadero Dios" (17:3) no porque haya dioses falsos o irreales, sino porque es el Dios que en la misión de Cristo actúa con coherencia con lo que es, con la relación que existe entre el Creador y un mundo pecaminoso, y con su propósito redentor. Así pues, se aprecia una reiteración frecuente del hecho de que Dios es verdadero (3:33; 7:28; 8:26; cf. 1 Jn. 5:20).

La verdad de Dios no sólo se encarna en Cristo, también se manifiesta en su palabra, porque habla la verdad (8:40, 45) y vino a dar testimonio de la verdad (18:37). Esta verdad no es sólo la manifestación de lo que Dios es, sino que se trata de su presencia salvífica en el mundo. Por consiguiente, todo lo que Jesús hace y ofrece es verdadero (7:18; 8:16), es decir, de acuerdo con su naturaleza y con el plan de Dios. Este propósito redentor es la palabra de Dios (17:6, 14) y es, en sí mismo, la verdad (17:17), es uno con la persona de Jesús mismo (1:1).

Esta manifestación de la verdad de Dios va más allá de la misión terrenal de Jesús. Después de separarse de los discípulos, Jesús enviará a otro Ayudador (*parakletos*), el Espíritu Santo, al que se llama "Espíritu de verdad" (14:17; 15:26; 16:13; cf. 1 Jn. 4:6; 5:7), porque su misión también tiene que ver con la realización del propósito redentor de Dios en el mundo. Ésta consistirá en dar testimonio de Cristo que es la verdad (15:26), es decir, dirigir la atención de las personas hacia lo que Dios ha hecho en Jesús. Guiará a los discípulos a toda verdad (16:13). En el contexto juanino, esto no se refiere tanto a una comprensión intelectual de verdades teológicas como a una comprensión personal plena de la presencia salvífica de Dios que ha venido a la humanidad en Jesús. Las "muchas cosas" que Jesús todavía no ha podido manifestar a los discípulos (16:12) implican una explicación ulterior de lo que pertenece a su persona y obras de salvación. La obra del Espíritu gira en torno a Cristo ("me glorificará") ofreciendo una comprensión más amplia de lo que le pertenece (16:14). Esta misión del Espíritu también se describe con las palabras "os hará saber las cosas que habrán de venir" (16:13). Esto no debería entenderse primordialmente como predicciones de eventos futuros, sino como la consumación futura del plan redentor de Dios en Cristo. Si la encarnación significa el final de una larga serie de actos redentores en los que Dios ha revelado su *emet*, queda todavía para el futuro la consumación de su obra redentora en Cristo. Esto es también la explicación de la verdad; y es la obra del Espíritu guiar a los discípulos de Jesús a esta verdad.

La manifestación de la verdad exige una respuesta de los hombres. "El que practica la verdad viene a la luz" (3:21; cf. 1 Jn. 1:6). Esta es una expresión totalmente hebrea, que en el Antiguo Testamento quiere decir actuar de una forma fiable en términos de relación familiar y de amistad (Gn. 24:49; 47:29; Neh. 9:33). En Juan, practicar la verdad significa responder a la revelación de Dios de su verdad en Cristo de la forma adecuada. Es "rectitud de habla, de motivación y de acción, basada en la revelación histórica de Dios". Otra forma de describir esta respuesta es recibir la palabra de Cristo, porque "todo aquel que es de la verdad, oye mi voz" (18:37; cf. 10:3; 16:27). Esto equivale a recibir a Cristo mismo (1:11–12), a nacer de nuevo (3:3). Significa ser morada del Espíritu de verdad (14:17), y de la verdad misma (2 Jn. 2). Todo esto no es sino un comentario de las palabras con las que se inició este estudio: "Conoceréis la verdad, y la verdad os hará libres" (8:32). El órgano de recepción no es la mente sino la totalidad de la persona. Los conceptos griegos de "mente" y "razón" no juegan ningún papel en el Cuarto Evangelio.

Así como Jesús vino para dar testimonio de la verdad, encarga a sus discípulos la misma tarea para después de su partida (17:18). Jesús se había "santificado a sí mismo", es decir, se había dedicado a su misión (17:19); y al enviar a sus discípulos a un mundo extraño para que la continúen, ora para que también ellos sean "santificados en la verdad" (17:17, 19). Esto significa que los discípulos también deben dedicarse a la verdad. Así como Jesús se entregó completamente a la tarea de cumplir el propósito redentor del verdadero Dios, sus discípulos deben entregarse sin reservas a dar a conocer al mundo la verdad de Dios, su palabra.

La verdad en Juan no tiene nada que ver con el ámbito platónico de la realidad pura y eterna; se trata de un concepto soteriológico que designa lo que Dios ha hecho en Jesús. Juan no habla en ninguna parte de la verdad que existe en el cielo y que viene al mundo. Encuentra su realidad en lo que Dios ha hecho en Jesús para la salvación del ser humano. La vida eterna, el conocimiento de Dios, el conocimiento de la verdad: todos son conceptos redentores que designan el cumplimiento del plan redentor de Dios en Jesús.

Capítulo 21

La vida cristiana

Lo único que Jesús exige de las personas para que puedan recibir la vida eterna que Él ofrece es la fe, creer. Esto en Juan se presenta de una forma más explícita que en los Sinópticos. La fe juega un papel importante en los Sinópticos, pero terminológicamente, por lo menos, es primordialmente en Dios, la presencia y el poder cuyo reinado Jesús proclamó. Los Sinópticos hablan a menudo de tener fe o creer sin ningún objeto específico. Se asocia sobre todo con los milagros de curación de Jesús. Al hombre que tenía la hija enferma, él le dijo, "No temas, cree solamente" (Mc. 5:36). Y también: "Al que cree todo le es posible" (Mc. 9:23). También se presenta el objeto de la fe: "Tened fe en Dios" (Mc. 11:22). Esta fe significa confianza completa en el poder y bondad de Dios, y en su voluntad de bendecir a los que confían en Él.

Sin embargo, hay lugares donde la fe se dirige directamente a Cristo. Mateo 18:6 habla de los "pequeños" que creen en Jesús. Él buscaba que se creyera en él como Mesías, lo cual se refleja en las palabras de burla de los escribas y sacerdotes: "El Cristo, Rey de Israel, descienda ahora de la cruz, para que veamos y creamos" (Mc. 15:32). Esto también se aprecia en la exigencia de

Jesús de que se le confiese delante de la humanidad (Mt. 10:32 = Lc. 12:8; cf. Mc. 8:38). Su destino cuando venga el Hijo de Hombre se determinará por la relación que se tenga con Jesús. Estos pocos textos reflejan algo que está solo implícito en los Sinópticos, que Jesús exigía fe en sí mismo.

Lo que está implícito en los Sinópticos se explicita en Juan. *Pisteuo* se encuentra diez veces en Marcos, once en Mateo y nueve en Lucas. *Pisteuo* está treinta veces en Juan, dieciocho con el dativo, trece veces con *hoti*, treinta y seis con *eis*, once con *en* (3:15), y una vez con el acusativo neutro (11:26b). Es evidente que en el Cuarto Evangelio la fe desempeña un papel en la salvación que está totalmente ausente de los Sinópticos. El verbo *pisteuo* aparece de acuerdo con toda una gama de formas. Se puede utilizar, como en el griego clásico, con el dativo, para referirse simplemente a creer que algo o alguien es genuino, confiar en él (4:21, 50). También se puede utilizar con este significado con el acusativo.

El sentido simple de creer y aceptar la veracidad de los testimonios respecto a la persona y misión de Jesús es fundamental para la idea juanina de fe. Se pide a las personas que crean el testimonio de las Escrituras (2:22), de Moisés (5:46) y sus escritos (5:47), y aún más, que crean en las palabras (2:22; 4:50; 5:47b) y obras (10:38) de Jesús, lo cual significa creer en Jesús mismo (5:38, 46b; 6:30; 8:31, 45, 46; 10:37, 38a). Creer en Jesús y en su palabra significa creer en Dios (5:24).

Esta fe tiene que ver con la aceptación de la misión mesiánica de Jesús. Esto se ve con claridad con el uso de *pisteuo hoti*. El contenido de la fe es que Jesús es el Santo de Dios (6:69); que es el Cristo, el Hijo de Dios (11:27); que Dios lo ha enviado (11:42; 17:8, 21); que es uno con el Padre (14:10–11); que ha venido del Padre (16:27, 30); y que es el "yo soy" (8:24; 13:19). Esta fe en la persona de Jesús es el camino a la vida y la razón por la cual se escribió el Evangelio (20:31).

Que esta fe implica más que una Teología correcta se aprecia en una peculiar expresión juanina, *pisteuo eis*. Esta es una expresión cristiana única que no tiene paralelo en el griego secular ni en la LXX, y puede derivarse de la expresión hebrea *he'min be*. Sin embargo, como la LXX no traduce la preposición hebrea por *eis* sino que utiliza el dativo simple, es más probable que la expresión *pisteuo eis* sea una creación cristiana propia, formada para expresar una relación personal de compromiso entre el creyente y Jesús. Esto puede justificar el paralelismo entre la expresión de creer y el bautismo. Uno debe creer en (*eis*) Cristo o en el nombre de Cristo (1:12; 2:23; 3:18) y ser bautizado en Cristo (Ro. 6:3; Gá. 3:27) o *en* el nombre de Cristo (1 Co. 1:13; Mt. 28:19; Hch. 8:16). Como el bautismo en Cristo representa unión con él en la muerte y novedad de vida (Ro. 6:4–5), así también la fe en (*eis*) Cristo significa identificación personal con él. Obviamente es mucho más que asentimiento intelectual a ciertos hechos, que se sobrentienden, o una formulación correcta del credo, aunque incluya verdades acerca de Cristo. Significa la respuesta de la totalidad de la persona a la revelación que ha sido dada en Cristo. Implica mucho más que confianza en Jesús; es una aceptación de Jesús y de todo lo que afirma ser y una consagración de la vida a Él. "El compromiso no es emocional sino que implica la voluntad de responder a las exigencias de Dios según se presentan en Jesús y por Jesús".

Que la fe significa compromiso completo y unión personal entre el creyente y Cristo resulta evidente por otros términos equivalentes a ella. Creer significa recibirle (1:12; 5:43; 13:20), recibir el testimonio (3:11), recibir las palabras de Jesús (12:48; 17:8).

El hecho de que la fe y la visión estén íntimamente relacionadas también es algo que se afirma frecuentemente. "Esta es la voluntad del que me ha enviado: que todo aquel que ve al Hijo, y cree en él, tenga vida eterna" (6:40). Obviamente "ver al Hijo" es algo más que una visión física. Jesús ya era físicamente visible a todos lo que se le acercaban. "Ver al Hijo" significa reconocerle como tal. Muchos vieron a Jesús pero no creyeron (6:36). Nadie ha visto nunca a Dios (1:18); pero Jesús ha traído la visión de Dios a las personas. "El que me ha visto a mí, ha visto al Padre" (14:9).

Fe y señales

En Juan encontramos dos palabras características relacionadas con creer: "señales" (*semeia*) y "obras" (*erga*). Ambas se utilizan en conexión con los milagros. Este lenguaje es diferente al de los Evangelios Sinópticos donde los milagros de Jesús suelen ser descritos como "actos de poder" (*dynameis*), término que no se encuentra en Juan. A veces los Sinópticos hacen referencia a los milagros de Jesús como "obras" (Mt. 11:2; Lc. 24:19), y utilizan la palabra *semeion* para referirse a ellos (Mt. 12:38–39; 16:1–4; Lc. 23:8). Sin embargo, en los Sinópticos los milagros juegan un papel diferente al del Evangelio de Juan. En ellos *dynameis* son actos de poder que ponen de manifiesto la irrupción del Reino de Dios en la Historia. Los milagros de Jesús no son pruebas externas de sus afirmaciones, sino, y fundamentalmente actos con los que establece el Reino de Dios y derrota el reino de Satanás. En Juan los milagros son obras poderosas que reivindican a la persona y la misión de Jesús y ponen de manifiesto la presencia del Dios que los hace, en las palabras y las acciones de Jesús. En los Sinópticos el exorcismo es la prueba más importante de la presencia real del gobierno de Dios (Mt. 12:28). En Juan no hay exorcismos, y tampoco relaciona los milagros con la destrucción del poder de Satanás, aunque este tema esté presente (Jn. 12:31).

Las "obras" de Jesús son sus acciones, principalmente las milagrosas (5:20; 9:3). Aunque la palabra *erga* no se utiliza de forma clara para hacer referencia a las obras no milagrosas, es probable que estén incluidas, porque *erga* se usa para designar las acciones tanto buenas como malas de los judíos que demuestran que son o hijos de Abraham o hijos del demonio (8:39, 41). En este pasaje, *erga* tiene que ver con una cualidad básica de la vida manifestada en la conducta. Del mismo modo, las acciones de Jesús reflejan que el Padre está presente en ellas (10:32). De hecho son las obras de Dios mismo (10:37–38), porque Él está presente y activo en Jesús (14:10). Ellas dan testimonio del hecho de que Jesús es el enviado de Dios (5:36; 10:25), y deberían conducir a sus testigos a la fe en él (10:38; 14:11).

Que *erga* designa toda la actividad de Jesús y no sólo sus milagros se demuestra porque la forma singular, *ergon*, puede utilizarse con respecto a su ministerio en su totalidad. Su verdadera comida es cumplir la obra de Dios (4:34). Al final es consciente de haber cumplido su obra (17:4).

Algunas de las obras de Jesús se llaman señales (*semeia*) y claramente hacen referencia a actos milagrosos. Una "señal" es una obra poderosa de Jesús que representa un evento revelador y redentor. Juan no menciona tantos milagros como los Sinópticos – siete en total: la conversión del agua en vino en Caná (2:1–11); la curación del hijo de un noble (4:46–54); la curación en el estanque de Betesda (5:2–9); la multiplicación de los panes (6:4–13); andar sobre las aguas (6:16–21); la curación del ciego (9:1–7); y la resurrección de Lázaro (11:1–44). En su mayor parte son designados con la palabra *semeion* (2:11; 4:54; 6:2, 14, 26; 9:16; 11:47; 12:18). Juan hace una selección deliberada de algunos de los milagros de Jesús, y esto resulta evidente porque afirma que él hizo muchas otras señales (20:30; 2:23; 11:47; 12:37). El autor expresa con sus propias palabras el significado teológico de ellas: "Éstas se han escrito para que creáis que Jesús es el Cristo, el Hijo de Dios" (20:31). Las señales, igual que las obras, dan testimonio de la presencia y del poder de Dios en la persona de Jesús (3:2). No cabe la menor duda de que el evangelista creía realmente en su historicidad, aunque no son fines en sí mismas. Su sentido es revelar la acción redentora de Dios en Jesús. La transformación del agua en vino en Caná simboliza la esterilidad del judaísmo (las vasijas vacías) y el vino nuevo la era mesiánica (Mc. 2:22; Jn. 2:24; Am. 9:13; Zac. 10:7). La alimentación de los cinco mil es una representación del banquete mesiánico mencionado a menudo en el Antiguo Testamento y en los Sinópticos. Juan interpreta la multiplicación de los panes como un símbolo del pan de vida como lo único que satisfará el hambre humana más profunda. La resurrección de Lázaro ilustra el hecho de que la vida eterna que está presente en Jesús es, de hecho, la vida de la resurrección escatológica hecha realidad de forma espiritual en la Historia (11:25). Estos milagros entendidos en su totalidad son de la clase que los judíos esperaban que precederían a la era mesiánica. Esto es análogo a la respuesta de Jesús a la pregunta de los discípulos de Juan en los Sinópticos. En sus obras se están cumpliendo las profecías del Reino Mesiánico (Mt. 11:2ss.).

La cuestión de la relación entre las señales y la fe no es sencilla, porque los datos parecen moverse en dos direcciones diferentes. En algunas ocasiones las señales tienen el propósito de guiar a la fe en Jesús (2:23; 6:14; 7:31; 10:42). Por otra parte, están aquellos que vieron las señales y no creyeron (6:27; 11:47; 12:37). Además, Jesús a veces censura a los judíos porque no quieren creer si no ven señales (4:48; 6:30). La respuesta debe buscarse en una especie de tensión entre las señales y la fe. Ésta es necesaria para reconocer el verdadero significado de aquéllas y de su testimonio de Jesús; para los que no tienen fe, las señales son simplemente prodigios que carecen de sentido. Para los que responden, son medios que confirman y profundizan la fe. Es obvio que las señales de Jesús no se dirigen a imponer la fe. Por otra parte, sus obras proporcionan un testimonio suficiente a aquellos que son capaces de ver lo que está sucediendo en su misión. Ellas serán tanto un medio de condenación como una confirmación a los ciegos de su condición de pecado. "Si yo no hubiese hecho entre ellos obras que ningún otro ha hecho, no tendrían pecado; pero ahora han visto y me han aborrecido a mí y a mi Padre" (15:24).

Esto lleva a la conclusión de que Juan no utiliza un lenguaje uniforme para referirse a creer, sino que reconoce diferentes niveles de fe. Aunque en algunas personas las señales no producen fe, en otras dan lugar a una fe superficial que reconoce en Jesús a un enviado por Dios pero sin llegar al compromiso total que requiere una fe auténtica. Las señales que Jesús hizo en Jerusalén en la Pascua llevaron a muchos a "creer en su nombre" (2:23), pero Jesús "no se fiaba de ellos, porque conocía a todos (…) sabía lo que había en el hombre" (2:24–25). Nicodemo reconoció que Jesús era un enviado de Dios por sus señales (3:2); pero esto no era suficiente, necesitaba nacer de nuevo. Después de la curación de un enfermo, muchos "siguieron" a Jesús por sus señales (6:2). Después de la multiplicación de los panes, muchos confesaron que era el profeta que esperaban (6:14). Sin embargo, aunque esta afirmación refleja un poco de fe, ésta es inadecuada, porque después de la explicación de Jesús de que los panes no señalaban un Rey victorioso (6:15) sino un cuerpo humano destrozado (6:51), "muchos de sus discípulos volvieron atrás, y ya no andaban con él" (6:66). El Evangelio parece indicar que una cierta aceptación de las señales no es verdadera fe. No es suficiente impresionarse con los milagros como maravillas hechas por el poder de Dios; deben también entenderse como una revelación de quién es Jesús, y de su unidad con el Padre.

Esto se pone de manifiesto por el hecho de que Jesús se reserva su mejor alabanza para aquéllos que, sin haber visto ninguna señal, creen (20:29). Esta fe sin señales no es simple credulidad sino una verdadera respuesta al testimonio de los discípulos, tanto hablado (17:20) como escrito (20:31). La fe es siempre una respuesta humana al testimonio, ya sea el de Juan el Bautista (1:7, 15, 34), el de las palabras de Jesús (3:11; 8:14, 18), el de las obras de Jesús (5:36; 10:25), el de las Escrituras (5:39), el de otras personas (4:39), el del Paracleto (15:26), o el de los discípulos (15:27; 19:35).

Gloria

Las señales que dan testimonio de Jesús revelan también la *doxa* divina, la gloria de Dios. Este término tiene sus raíces en el Antiguo Testamento. El significado básico de *doxa* es "alabanza", "honor", y Juan lo utiliza con este sentido, para referirse a la alabanza y honor de las personas que Jesús despreció (5:41; 7:18). La única *doxa* que vale la pena es la que se da a Dios (7:18; 12:34). Sin embargo, *doxa* traduce el hebreo *kabod*, que se refiere a las manifestaciones visibles de la presencia y del poder de Dios. Él es invisible, pero su presencia se hace evidente con actos visibles de gloria (Éx. 16:10; 24:16; 1 R. 8:11). La gloria de Dios también es un concepto escatológico. En el Día del Señor, su gloria se manifestará y llenará la tierra (Is. 60:1–3; 66:18; Ez. 39:21; 43:1).

En el Nuevo Testamento, gloria es primordialmente un concepto escatológico, que se refiere a la manifestación visible de Dios al final del siglo para establecer su Reino (Mc. 8:38; 10:37; 13:36). Esta gloria será compartida por los creyentes (Ro. 8:18; Col. 3:4). En Juan, *doxa* tiene connotaciones escatológicas, pero no en el mismo sentido que en el resto del Nuevo Testamento. La muerte-resurrección-ascensión de Jesús es su glorificación (7:39; 12:16, 23; 13:31). En su última oración, Jesús pide ser glorificado "para contigo, con aquella gloria que tuve contigo antes que el mundo fuese" (17:5). Él vino de la gloria de la presencia del Padre y regresará a ella después de su muerte. Un día sus discípulos la compartirán (17:24). Esto hace referencia a la consumación futura, cuando los seguidores de Jesús contemplarán su gloria desvelada en la Deidad. Sin embargo, en Juan, a diferencia de los Sinópticos, la gloria de Dios se pone de manifiesto en el ministerio de Jesús. Los Sinópticos relatan la transfiguración, cuando se hizo visible la gloria de Jesús (Mc. 9:2–8) – episodio que no se encuentra en Juan. Pero Juan difiere de los Sinópticos al hacer de todo el ministerio de Jesús una manifestación de la gloria de Dios. Esta es otra de las ideas clave de Juan. "Aquel Verbo fue hecho carne (…) y vimos su gloria" (1:14). Después del primer milagro de Caná, Juan dice que en él manifestó su gloria, "y sus discípulos creyeron en él" (2:11). Su muerte en la cruz fue la acción más importante para glorificar a Dios (21:19). Esta gloria, manifestada en Jesús, obviamente estaba velada. Sólo podía verse a través de los ojos de la fe. "¿No te he dicho que si crees, verás la gloria de Dios?" (11:40). Aún así, llevó a la fe; "y sus discípulos creyeron en él" (2:11). Es obvio que el milagro de Caná y la crucifixión no fueron actos gloriosos para muchos de sus observadores. No hay indicios de que los siervos que en Caná llenaron de agua las grandes tinajas y sacaron el vino vieran gloria alguna en esto; sólo *sus discípulos* creyeron en él. La crucifixión no fue un acto de gloria *en el momento en que ocurrió*, ni siquiera para los discípulos. Juan pone de relieve cuán difícil fue para Tomás creer que Jesús había resucitado (20:25). Para él la cruz significaba sólo la muerte cruel e ignominiosa de su maestro. La gloria de Dios se manifestó en su humillación y sufrimiento, visible sólo para los ojos de la fe. Es obvio que cuando Juan habla de que Jesús manifestaba su gloria, lo hace desde una comprensión posterior a la resurrección. Se trata de una interpretación de la vida de Jesús desde su exaltación.

Fe y conocimiento

Obviamente en el Cuarto Evangelio hay una íntima relación entre fe y conocimiento, porque los objetos de ambos son los mismos. Algunas veces estas dos ideas aparecen íntimamente asociadas. Los discípulos de Jesús "han conocido verdaderamente que salí de ti, y han creído que tú me enviaste" (17:8). Jesús pide por la unidad de sus discípulos para que el mundo crea (17:21) y conozca (17:23) que es el enviado de Dios. Sin embargo, estos dos conceptos no son exactamente sinónimos. Se dice que Jesús conoce al Padre pero nunca que cree o tiene fe en Él. Dos versículos sugieren que el conocimiento es la seguridad a la que conduce la fe. "Nosotros hemos creído y conocemos que tú eres el Cristo, el Hijo del Dios viviente" (6:69). El conocimiento es para Jesús una posesión innata; pero para las hombres es el resultado del discipulado. "Si vosotros permaneciereis en mi palabra, seréis verdaderamente mis discípulos; y conoceréis la verdad, y la verdad os hará libres" (8:31–32). Que el conocimiento proceda a veces de la fe (16:30; 18:8) hace imposible diferenciarlos como etapas inicial y final de la experiencia cristiana. Sin duda se excluye la posibilidad de que haya dos niveles de cristianos: principiantes y avanzados. Es obvio que el "conocimiento nunca puede llevarnos más allá de la fe o dejarla atrás. Puesto que todo conocimiento comienza por la fe, también permanece en la fe. Del mismo modo, toda fe debe llegar al conocimiento. Si cualquier conocimiento procede de la fe, ésta se consuma en conocimiento. El conocimiento es, por tanto, un elemento constitutivo de la fe genuina".

Predestinación

Algunos pasajes de Juan parecen reflejar una idea especial de predestinación, a saber, que sólo los elegidos de Dios podrán llegar a la fe. Los discípulos de Jesús constituyen un rebaño que su Padre le ha dado. "Todo lo que el Padre me da, vendrá a mí, y al que a mí viene, no le echo fuera" (6:37). "Nadie puede venir a mí, si el Padre que me envió no lo trajere (6:44; ver 6:65). "No me elegisteis vosotros a mí, sino que yo os elegí a vosotros y os he puesto para que vayáis y llevéis fruto (15:16). Personas sabias que son "de Dios" y oyen su palabra con fe (8:47; 18:37).

Con estos textos hay otros en los que la incredulidad se atribuye al fallo moral humano. El apego de los seres humanos al mal les impide venir a la luz (3:19). Buscan su propia gloria y no la de Dios (5:44). Sus acciones demuestran que son hijos del demonio (8:44). Son ciegos porque voluntariamente se niegan a ver (9:39–41).

Juan no se esfuerza en reconciliar la predestinación divina y la responsabilidad humana. No ve contradicción alguna en que la fe represente una decisión libre de la voluntad de la persona y al mismo tiempo se deba al don de la gracia de Dios. Esto aclara el hecho de que la decisión de fe no sea un logro humano meritorio como las obras judías de la Ley, sino sencillamente la respuesta adecuada, posibilitada por la gracia de Dios, a la revelación dada por Jesús.

Permanecer

Si la fe es la forma de entrar en la vida, permanecer es la única exigencia para continuar en ella. Esta expresión suele llamarse misticismo, pero es difícil de definir. Hay una permanencia mutua del creyente en Cristo (6:56; 14:20, 21; 15:5; 17:21) y de Cristo en el creyente (6:56; 14:20, 23; 15:5; 17:23, 26). Esto es análogo al Hijo que permanece en el Padre (10:38; 14:10, 11, 20, 21; 17:21) y al Padre que permanece en el Hijo (10:38, 14:10, 11, 21; 17:21, 23). Una vez se dice que los creyentes están tanto en el Padre como en el Hijo (17:21); y otra que tanto el Padre como el Hijo vendrán para hacer su morada en los creyentes (14:23).

Este "misticismo juanino" es muy diferente al de las religiones helenistas de la tradición Hermética en las que el adorador se hace uno con la deidad en el sentido de ser deificado. En Juan no hay unión de personalidades ni pérdida de identidad humana. No hay prueba de que el misticismo juanino conlleve el éxtasis. Antes bien, se trata de una comunión personal y ética en la que se implica más la voluntad que las emociones.[23] Parece ser algo parecido a la expresión paulina de estar en Cristo, y de Cristo que está en el creyente; pero mientras que en Pablo es algo escatológico en Juan es una comunión personal. Una idea algo más concreta de lo que quiere decir Juan puede verse en otros usos del verbo *meno*. Permanecer en Jesús significa permanecer en su palabra (1 Jn. 2:10), en su doctrina (2 Jn. 9), en su amor (15:9–10), cumplir sus mandamientos (1 Jn. 3:24), amarse unos a otros (1 Jn. 4:16). Para Jesús, morar en sus discípulos significa que su palabra permanece en ellos (5:38), que el amor de Dios mora en ellos (1 Jn. 3:17), que la verdad está en ellos (2 Jn. 2). Contrastando con esto, los incrédulos permanecen en las tinieblas (12:46) y en la muerte (1 Jn. 3:14). Permanecer en Cristo significa mantener íntegra la comunión con él.

La ética juanina

La descripción que Juan hace de la vida cristiana es muy diferente a la de los Sinópticos, sobre todo la de Mateo, quien se preocupa mucho por la justicia del Reino de Dios (Mt. 5:20) y la explica extensamente en el Sermón del Monte. Juan, como los Sinópticos, se preocupa por la conducta cristiana, pero la expresa en términos muy diferentes. Los seguidores de Jesús deben practicar la verdad (3:21). Ésta no es una expresión griega, sino que tiene sus antecedentes en el Antiguo Testamento (Is. 26:10 LXX; ver Tobit 4:6; 13:6) y aparece bastante a menudo en los escritos de Qumrán. En Juan, el término "verdad" tiene una connotación de Jesús como la encarnación del propósito redentor de Dios, y practicar la verdad significa vivir a la luz de la revelación de Cristo. En 1:17 se ve con claridad que Jesús inaugura una nueva era que sustituye a la de la Ley mosaica. Él es aquél al que señalan la Ley y los Profetas (1:45; 5:39). Sustituyendo a la Ley como guía de conducta están las palabras de Jesús (8:51; 12:47; 15:7), que son, de hecho, las palabras de Dios mismo (17:8). Sus discípulos deben oírlas, recibirlas, y guardarlas. Jesús también habla de sus mandamientos, los cuales deben ser acatados por sus discípulos (14:15, 21; 15:10). Además, la creencia en Jesús que conduce a la vida eterna consiste en obedecerle (3:36). Esta vida también puede describirse como hacer la voluntad de Dios (7:17). Estos dichos han llevado a un investigador de la ética a concluir que Juan considera a Jesús como a un segundo legislador, que tiene autoridad plena "en cuanto a fe y moral", y que sus palabras constituyen una segunda Ley, dada por un segundo Moisés. Un análisis más preciso, sin embargo, aclara que lo que Juan quiere decir con las palabras y mandamientos de Jesús se centra en un solo concepto: amor. "Este es mi mandamiento: que os améis los unos a los otros, como yo os he amado" (Jn. 15:12). "Un mandamiento nuevo os doy: Que os améis unos a otros; como yo os he amado, que también os améis unos a otros" (13:34). No es decir demasiado afirmar que toda la ética de Jesús y Juan se sintetiza en el amor.

El mandamiento de amar no es nuevo. La Ley mosaica manda: "Amarás a tu prójimo como a ti mismo" (Lv. 19:18). Sin embargo, su finalidad en el Antiguo Testamento se limita a su contexto, y "se aplica inequívocamente a los miembros del pacto de Yahvé y de una forma no autoevidente hacia todas las personas". El amor fraternal desempeñaba un papel importante en el judaísmo.[30] El *Manual de Disciplina* descubierto en Qumrán, manda amar a todos los "hijos de la luz" y odiar a todos los "hijos de las tinieblas". En los Evangelios Sinópticos Jesús presenta un elemento nuevo. Resume todo el contenido de las exigencias de la Ley en el mandamiento: "Amarás al Señor tu Dios con todo tu corazón", "amarás a tu prójimo como a ti mismo" (Mc. 12:30–31). Sin embargo, redefine quién es el prójimo en la parábola del Buen Samaritano. El prójimo no es un miembro de la familia del pacto, sino cualquier persona que necesite ayuda amorosa (Lc. 10:30ss.). Jesús amplía todavía más su enseñanza al decir: "Oísteis que fue dicho: amarás a tu prójimo, y aborrecerás a tu enemigo. Pero yo os digo: amad a vuestros enemigos...y orad por los que os ultrajan y os persiguen" (Mt. 5:43–44). Añade que es natural amar a los amigos; incluso los gentiles lo hacen. Pero los que quieren ser hijos del Padre celestial deben amar incluso a sus enemigos.

De acuerdo con esto, ¿qué puede ser *nuevo* en el mandamiento juanino de Jesús de amarse unos a otros (13:34)? La respuesta se encuentra en las palabras "como yo os he amado". El amor cristiano tiene su modelo en el amor de Jesús, que a su vez refleja el amor de Dios. "Dios es amor" (1 Jn. 4:8), y éste se manifiesta en la entrega de su Hijo a la muerte (3:16). "Hay muy poco en el griego secular o en la LXX que de luz al significado de este *agapao* del Nuevo Testamento". "Como había amado a los suyos que estaban en el mundo, los amó hasta el fin" (13:1). La expresión *eis telos* puede muy bien significar "hasta el extremo", hasta morir. La revelación del amor de Dios por la humanidad y la profundidad del amor de Jesús por sus discípulos están en la cruz. Éste es el significado del "nuevo" mandamiento de amor: que la persona entregue la vida por sus amigos (15:13).

Este amor se ilustra con el lavamiento de pies de Jesús a los discípulos. Esta tarea era un deber habitual de un esclavo; era tan despreciable que no se les exigía a los esclavos judíos. Jesús expresó su amor por los suyos humillándose hasta realizar lo que debía hacer un esclavo. No fue un acto desequilibrado; él estaba en plena posesión de sus facultades. Sabía "que el Padre le había dado todas las cosas en las manos (...) y que había salido de Dios y que a Dios iba" (13:3). En realidad, el lavamiento de pies fue en sí mismo la expresión de su plena conciencia de la misión divina. El amor cristiano significa seguir el ejemplo de Jesús. "Vosotros me llamáis Maestro, y Señor; y decís bien, porque lo soy. Pues si yo, el Señor y el Maestro, he lavado vuestros pies, vosotros también debéis lavaros los pies los unos a otros" (13:13–14). Esto tiene un paralelismo con las palabras de Jesús en los Sinópticos: "El que quiera hacerse grande entre vosotros, será vuestro servidor, y el que de vosotros quiera ser el primero, será siervo de todos" (Mc. 10:43–44). El amor significa servicio totalmente desinteresado: la disposición de desempeñar la tarea más humilde y servil por los demás.

La comprensión de Juan de la centralidad del amor resulta evidente en su Primera Carta. "En esto hemos conocido el amor, en que él puso su vida por nosotros; también nosotros debemos poner nuestras vidas por nuestros hermanos" (1 Jn. 3:16). "Nosotros sabemos que hemos pasado de muerte a vida, en que amamos a los hermanos. El que no ama a su hermano, permanece en muerte" (1 Jn. 3:14). "Y éste es su mandamiento: que creamos en el nombre de su Hijo Jesucristo, y nos amemos unos a otros como nos lo ha mandado" (1 Jn. 3:23). "Si nos amamos unos a otros, Dios permanece en nosotros, y su amor se ha perfeccionado en nosotros" (1 Jn. 4:12). Este versículo sugiere que el "misticismo juanino" es un misticismo de amor.

Muchas veces se ha dicho que Juan difiere de los Sinópticos en que no manda amar a los enemigos, sino sólo a los propios hermanos o "amigos" (15:13). Ocasionalmente esto se compara con las enseñanzas de Qumrán donde el amor se limita explícitamente a la comunidad. Pero esto queda equilibrado con las afirmaciones de que Dios amó al mundo (3:16); que Cristo vino para quitar los pecados del mundo (1:29); que es el beneplácito de Dios salvar al mundo (3:17); que Cristo vino a dar vida al mundo (6:33).

La Iglesia

No hay referencias claras a la Iglesia que se equiparen al pasaje de Mateo 16:18. Sin embargo, es evidente que Jesús, tal como lo describe Juan, espera la formación de un nuevo pueblo de Dios. El término "Israel" aparece algunas veces y siempre como pueblo de Dios. Jesús es el Rey de Israel (1:50); Nicodemo era el maestro de Israel (3:10). Igual que en los Sinópticos, a Jesús le aclaman como Rey de Israel cuando entra en Jerusalén (12:13). Por otra parte, el término "los judíos" (*hoi Ioudaioi*) se convierte en un concepto peyorativo para aquellos que rechazan a Jesús. Éste aparece muchas veces en Juan para referirse a aquellos de Israel que eran ciegos y se negaban a creer. Sin embargo, debemos recordar que los que le siguieron eran judíos, y el término "discípulos" (*mathetai*) se usa muchas veces, tanto como en Mateo. Los discípulos pueden considerarse como una nueva comunión que representa una iglesia embrionaria.

Aunque estamos de acuerdo con Moule en que la Teología del Cuarto Evangelio se ocupa primordialmente del mensaje de salvación para la persona individual, no podemos concluir que Juan considere a la persona aislada de otros creyentes. Su énfasis específico es la unidad de la Iglesia. Así puede verse en el discurso de la parábola del pastor y su rebaño (Jn. 10:1–18). El pensamiento de Yahvé como el Pastor y de Israel como las ovejas es común en el Antiguo Testamento (Sal. 23:1; 28:9; 77:20; 78:52; 80:1; 94:7; 100:3; Is. 40:11; Jer. 23:1; Ez. 34:11). Aquí Jesús está formando un nuevo rebaño, para el que él mismo es la puerta. Quien no entre en el aprisco por ella sino que trate de entrar por cualquier otro medio, "ése es ladrón y salteador" (10:1). Que se trata de un discurso parabólico es evidente, ya que Jesús es tanto la puerta de las ovejas (10:7) como el buen pastor (10:14) al mismo tiempo. Los ladrones y asaltantes deben ser judíos que se creían con la capacidad de guiar a los hombres, aparte de Cristo, hacia el verdadero pueblo de Dios. La referencia quizá indique las pretensiones mesiánicas de aquellos que trataban de traer el Reino de Dios sin relación con la persona de Jesús, o podría designar a los escribas y sacerdotes que pretendían ser los líderes espirituales del pueblo de Dios. La afirmación, "todos los que antes de mí vinieron, ladrones son, y salteadores" (10:8), no puede referirse a los santos del Antiguo Testamento, porque en Juan hay un reconocimiento de líderes divinamente nombrados como Abraham y Moisés. De todos modos, Jesús está formando un nuevo rebaño en contraposición al Viejo Israel. Este nuevo pueblo estará compuesto por judíos y gentiles. Así se refleja en la afirmación: "Tengo otras ovejas que no son de este redil; aquéllas también debo traer, y oirán mi voz; y habrá un rebaño y un pastor" (10:16). La forma más fácil de entender esto es que "este redil" es la comunión de los discípulos judíos de Jesús, mientras que hay "otras ovejas" que representan a los gentiles que deben incorporarse a ese único redil, que debe ser uno solo, porque tiene su unidad en el único pastor.

Que los gentiles deben incluirse en el grupo de los discípulos de Jesús se sugiere por el hecho de que algunos griegos fueron a Felipe solicitando ver a Jesús (12:21). Jesús parece censurarles al principio cuando habla de su próxima partida. Pero su respuesta en realidad no es un reproche; es una afirmación implícita de que el único Jesús que puede ser objeto de la devoción de los gentiles es el crucificado y glorificado. "Jesús ya no tiene cabida en un judaísmo que ha rechazado su propio lugar en el propósito de Dios".

Otro versículo que se refiere al futuro pueblo de Dios es la palabra de Caifás, que sin querer hizo una profecía: "Ni pensáis que nos conviene que un hombre muera por el pueblo, y no que toda la nación perezca" (11:50). El significado preciso de "pueblo" y "nación" no es fácil de determinar. Juan sigue diciendo que "Jesús había de morir por la nación; y no solamente por la nación, sino también para congregar en uno a los hijos de Dios que estaban dispersos" (11:51–

52). Los "hijos de Dios" dispersos debe referirse a los gentiles que están destinados, por medio de la fe, a ser incorporados al pueblo de Dios. Pancaro[41] opina que el "pueblo de Dios" se refiere a la comunidad cristiana; pero esto no es importante para el significado global del texto. El pasaje vuelve a poner de relieve la unidad del nuevo pueblo de Dios.

Un último texto que alude al pueblo que Jesús quiere realizar es el discurso en forma de parábola de la vid y los pámpanos (15:1–6). Esta metáfora refleja el lenguaje del Antiguo Testamento acerca de Israel como la viña de Yahveh (Jer. 2:21; Ez. 15:1–2; 19:10–14; Sal. 80:9–16). En lugar del Israel apóstata, Jesús es la vid nueva y verdadera, y él y los pámpanos, que existen en unión con él, constituyen el nuevo pueblo de Dios. Los pámpanos de la nueva vid existen de verdad sólo en la medida en que permanecen en Cristo. El fruto es amor: la prueba suprema de la vida cristiana en Juan.[43] La metáfora de la vid y los pámpanos es análoga a la doctrina paulina del cuerpo y sus miembros, en la que Cristo es la cabeza del cuerpo (Ef. 1:22), y al mismo tiempo se identifica con el cuerpo mismo (1 Co. 12:12).

En la última oración Jesús pide por los que han de creer por medio de la palabra de sus discípulos inmediatos (17:20). La esencia de su oración está en la unidad de éstos: "Para que todos sean uno; como tú, oh Padre, en mí, y yo en ti, que también ellos sean uno en nosotros; para que el mundo crea que tú me enviaste" (17:21). A menudo se han citado estas palabras para apoyar la unidad orgánica de la Iglesia puesta de manifiesto a través de estructuras externas visibles. Sin embargo, ésta no es la intención primaria del pasaje. La unidad de los creyentes es análoga a la unidad del Hijo con el Padre, y a la de los creyentes tanto con el Padre como con el Hijo. Es posible tener una Iglesia visible única y aún así tener una vida desgarrada por las luchas y las divisiones internas. Esta unidad es mucho más profunda que una estructura organizativa. Así como el Padre y el Hijo son uno pero son personas separadas, la unidad de la Iglesia debe permitir distinciones externas. Unidad no es igual a uniformidad. Sin embargo, la unidad por la que Cristo oró no puede quedar en un ámbito absolutamente invisible y espiritual; tiene que ser tan visible que constituya un testimonio del origen divino de Jesús para el mundo. Esto significa al menos que la unidad de la Iglesia conlleva una comunión cordial y libre y una relación entre las diferentes iglesias. El vínculo que une a todos los creyentes – la persona de Cristo – es más grande y fuerte que las así llamadas distinciones denominacionales que las separan orgánicamente. Pero cuando las características denominacionales se convierten en obstáculos para la comunión cristiana y el amor mutuo, rompen la unidad por la que Cristo oró.

Los sacramentos

Sobre la cuestión de los sacramentos en Juan no hay unanimidad entre los intérpretes contemporáneos. Los estudiosos católicos se inclinan a interpretar a Juan de una forma sacramental. Entre los protestantes, Cullmann tiene una "idea elevada" de la actitud de Juan respecto a los sacramentos. Arguye que uno de los propósitos principales del Evangelio es relacionar el culto de la iglesia del tiempo del evangelista con el Jesús histórico, sobre todo en lo que se refiere al Bautismo y a la Eucaristía. Cree que las alusiones sacramentales forman parte de la esencia misma del Evangelio. Ve el bautismo en la curación del hombre en el estanque de Betesda (5:1ss.), en el lavado de los ojos del ciego de nacimiento (9:7), en el lavamiento de pies de Jesús a los discípulos (13:1ss.), y en la sangre y el agua que brotaron del costado herido de Jesús (19:34). Sin embargo, esto parece muy rebuscado y exige una exégesis forzada. Si hay sacramentalismo en Juan, éste está en sus palabras acerca del nacimiento "del agua y del Espíritu" (3:5), y en el comer la carne de Jesús y beber su sangre (6:54).

Un investigador bautista contemporáneo entiende las palabras sobre el nacimiento del agua y del Espíritu en términos sacramentales. "Agua" designa el bautismo como "la ocasión en que el Espíritu da a la fe la regeneración que la califica para el Reino". La nueva vida del Espíritu se comunica en el bautismo. Este autor piensa que Jesús en realidad se refería al bautismo de arrepentimiento de Juan y que les dijo a los orgullosos maestros de Israel que debían someterse humildemente a él y, además, nacer de nuevo de arriba. El agua y el Espíritu son paralelos al arrepentimiento y a la fe. Es muy posible que esto fuera lo que quiso decir Jesús. El evangelista dice que él y sus discípulos bautizaron (3:22–4:1), aparentemente como continuación del bautismo de arrepentimiento de Juan ante la venida del Reino de Dios. Si éste es el significado que quiso darle Jesús, es fácil entender por qué la Iglesia posterior interpretó estas palabras en términos del bautismo cristiano. Sin embargo, es igualmente posible que nacer de agua no se refiera en absoluto al Bautismo. Agua y Espíritu está unidos con una sola preposición y ambos parecen referirse a recibir la vida de arriba. El agua va unida al Espíritu, y no se contrasta con él. En otro lugar Juan utiliza el agua como símbolo de la operación del Espíritu que da vida (4:14; 7:38). Si tanto el agua como el Espíritu pertenecen a las cosas celestiales (3:12), las cosas de arriba (*anethen*), que están totalmente fuera del ámbito de la realidad de las cosas terrenales y fuera del alcance del ser humano (3:4), el agua difícilmente puede referirse al Bautismo. Además, parece imposible interpretar el agua como un lugar en el que el Espíritu es comunicado, porque el nacimiento de arriba es el nacimiento del Espíritu, el cual, como el viento, "sopla de donde quiere" (3:8), y no se puede restringir a un tiempo y modo precisos. En el Antiguo Testamento, el agua es símbolo de la actividad de Dios para dar a las personas la vida (Is. 55:1–3; Jer. 2:13; 17:13; Zac. 14:8; Ez. 47:9) y a menudo se vincula con la recreación y renovación escatológicas que se llevarán a cabo por el don del Espíritu (Is. 32:15–17; 44:3–5; Ez. 36:25–27; 39:29; Jl. 2:28). La mención del agua, pues, lejos de ser una referencia literal al sacramento del bautismo, es un símbolo de la purificación espiritual producida por el Espíritu. Más que expresar una idea sacramental, Juan "parece desafiar cualquier sacramentalismo que intuye en sus lectores".

La misma línea de pensamiento puede aplicarse a las palabras sobre comer la carne de Jesús y beber su sangre (6:54). La mayoría de los comentaristas contemporáneos entienden esto como una referencia obvia al pan y al vino de la Eucaristía. Sin embargo, se puede decir precisamente lo opuesto. Comer y beber en este contexto no se refiere a un acto literal sino a una comida y a una bebida en Cristo. Comer su carne y beber su sangre es una forma simbólica de describir el alimento del pan que descendió del cielo. Los padres comieron el maná en el desierto y murieron (6:31, 49); Jesús es el pan que vino del cielo, y que la persona puede comer y beber para siempre. Más que representar una idea sacramental, Juan contrasta el comer literal con el comer espiritual. Concluimos, por tanto, que Juan no es sacramentalista, y esto no sólo por su silencio acerca del Bautismo y de la Eucaristía sino también por su corrección del sacramentalismo literalista y por su énfasis en que los elementos sacramentales son esencialmente símbolos. Con su insistencia en centrar la atención en la actividad del Espíritu que da vida, busca contrarrestar las ideas mágico-sacramentales que ejercían una influencia peligrosa en muchos cristianos.[52]

Capítulo 22

El Espíritu Santo

Una de las mayores diferencias entre los Sinópticos y el Cuarto Evangelio es el lugar que éste le otorga al Espíritu Santo, sobre todo en el discurso en el Aposento Alto y su enseñanza única sobre el Paracletos. Para valorar esta diferencia, debemos repasar brevemente las enseñanzas sobre el Espíritu Santo en el Antiguo Testamento y en los Sinópticos, además de examinar la idea de espíritu en la religión helenista debido a los antecedentes de Juan.

Pneuma (espíritu) en la religión helenista

Hay, desde luego, mucha variedad en la religión helenista, pero nos preocupa sobre todo el posible contexto gnóstico del pensamiento juanino. Los griegos pensaban que el elemento más esencial del ser humano era la *psyche* [alma], no el *pneuma* [espíritu]. En el dualismo griego, *psyche* contrasta con el cuerpo del mismo modo que el mundo nonuménico contrasta con el mundo fenoménico. Sin embargo, a veces *pneuma* adquiere el significado y la función de *psyche*. En el estoicismo, *pneuma* era un poder o una sustancia universal, gaseosa, invisible e ígnea que permeaba todo el mundo visible. "El factor constitutivo del *pneuma* en el mundo griego es siempre su corporeidad sutil y poderosa". En el pensamiento científico y filosófico, *pneuma* como término físico o fisiológico, sigue siendo esencialmente materialista y vitalista. En el pensamiento gnóstico, el poder se concebía como una sustancia, y *pneuma* incluía la idea de sustancia de la vida (*Lebenssubstanz*). Dios es espiritual. En la creación, una sustancia espiritual se unió con la materia; pero anhela la liberación. La redención significa la reunión de todos los destellos del *pneuma*. El Redentor desciende para reunir los remanentes del espíritu y vuelve a ascender con ellos. Los elementos somáticos y psíquicos quedan atrás mientras que el elemento espiritual es entregado a Dios. De este modo el redimido se convierte en un espíritu puro al liberarse de las ligaduras del cuerpo.

Pneuma en el Antiguo Testamento

El *ruah Yahvé* en el Antiguo Testamento no es una entidad separada y distinta; es el poder de Dios, una actividad personal en la voluntad de Dios que logra un objeto moral y religioso. El *ruah* de Dios es la fuente de todo lo que está vivo, de toda la vida física. El Espíritu de Dios es el principio activo que procede de Dios y da vida al mundo físico (Gn. 2:7). También es fuente de preocupaciones religiosas, dando lugar a líderes carismáticos, ya sean jueces, profetas o reyes. "El *ruah Yahvé* es un término que se refiere a la acción creadora del único Dios en la Historia que, a pesar de desafiar todo análisis lógico, es siempre actividad divina".

Pneuma en los Sinópticos

Tanto Mateo (1:18) como Lucas (1:35) atribuyen el nacimiento de Jesús al poder creador del Espíritu Santo. Los tres Evangelios relatan la predicación del Bautista sobre la misión del que había de venir y bautizaría con el Espíritu Santo (Mc. 1:8). Todos los Evangelios hablan de su descenso en forma de paloma en el Bautismo de Jesús. Los tres Evangelios dicen que el Espíritu le llevó al desierto durante cuarenta días. Mateo afirma que el poder de Jesús sobre los malos espíritus procede del Espíritu Santo (Mt. 12:28); los otros dos Evangelios lo llevan implícito en el pasaje de la blasfemia contra el Espíritu Santo. Aunque en contextos diferentes, tanto Mateo (12:18) como Lucas (4:18) apuntan hacia el cumplimiento de la profecía de que el Mesías tendrá el Espíritu. Lucas cita una promesa de que el Padre dará el Espíritu a los discípulos de Jesús (Lc.

11:13). Tanto Mateo (10:20) como Lucas (12:12) recogen un importante dicho de que cuando los discípulos de Jesús se enfrenten con persecuciones, no deben preocuparse sobre lo que tienen que decir, porque "el Espíritu Santo os enseñará en la misma hora lo que debáis decir" (Lc. 12:12). Marcos contiene la esencia de este pasaje en el discurso del monte de los Olivos (Mc. 13:11).

Resumiendo, los Sinópticos están de acuerdo en que Jesús contaba con el Espíritu Santo para cumplir su misión mesiánica, que dicha misión incluiría una presencia general del Espíritu, y que sus discípulos estarían capacitados por él para hacer frente a cualquier dificultad que pudieran encontrar. Nuestra preocupación se centrará únicamente en comparar y contrastar la enseñanza de los Sinópticos con la de Juan.

El Espíritu Santo en Juan

El panorama descrito en Juan es diferente, lo cual no quiere decir que sea contradictorio. El evangelista, igual que los Sinópticos, refiere el descenso del Espíritu sobre Jesús (Jn. 1:32–34), aunque Juan pone un énfasis diferente; es una señal para el Bautista. Sin embargo, a la luz de un texto posterior, es importante para Juan que Jesús recibiera el Espíritu en el Bautismo. "Pues Dios no da el Espíritu por medida" (3:34). Sin duda Barrett tiene razón cuando dice: "Jesús tiene el Espíritu para poder comunicarlo; y es el don del Espíritu el que distingue de forma preeminente la nueva dispensación de la antigua". Sin duda, es significativo que Juan no describa a Jesús realizando sus señales milagrosas por el poder del Espíritu, como lo hacen los Sinópticos, donde dominan las fuerzas demoníacas por dicho poder. Es congruente con la historicidad de Juan que, a la luz de su pleno entendimiento de la filiación y la divinidad de Jesús, mencione el descenso del Espíritu. ¿Por qué debería el Hijo encarnado de Dios necesitar el Espíritu para cumplir su misión mesiánica? La respuesta debe estar en el convencimiento de Juan de la plena humanidad de Jesús.

El dicho antes citado, "pues Dios no da el Espíritu por medida" (3:34), es difícil de interpretar porque no hay ni sujeto ni objeto para el verbo "da". Sin embargo, este versículo puede entenderse a la luz de lo siguiente: "El Padre ama al Hijo, y todas las cosas ha entregado en su mano" (3:35). Esto sugiere que es el Padre quien da al Hijo la medida plena del Espíritu. Éste es el único pasaje en Juan que implica que por el poder del Espíritu Jesús llevó a cabo su ministerio, elemento bastante destacado en los Sinópticos.

Que Juan concibe a Jesús llevando a cabo su misión con el poder del Espíritu se demuestra por el hecho de que después de su resurrección comunica el Espíritu Santo a los discípulos para equiparles para el ministerio que debían llevar a cabo, y que supondría el perdón de pecados. Sopló, y les dijo: recibid el Espíritu Santo. A quienes remitiéreis los pecados, les son remitidos; y a quienes se los retuviereis, les son retenidos' " (20:22–23). Sea como fuere que se interprete este versículo, significa por lo menos que Jesús dotó a sus discípulos del mismo Espíritu que había descendido sobre él en el Bautismo y le había llenado durante su ministerio. Les dota con el Espíritu porque les envía al mundo para que continúen la misión para la que había sido enviado (20:21).

Este pasaje plantea ciertas dificultades a la luz de la venida del Espíritu en Pentecostés, las cuales pueden resolverse de una de las siguientes formas. O bien Juan no sabía nada sobre Pentecostés y usa este relato como un Pentecostés juanino; o bien hubo dos donaciones del Espíritu; o el soplo de Jesús sobre los discípulos fue una parábola dramatizada que promete y anticipa la venida real del Espíritu en Pentecostés. Es difícil pensar que un cristiano de Éfeso del primer siglo no supiera nada de Pentecostés. Es igualmente difícil creer que hubo dos comunicaciones del Espíritu, ya que éste no podía donarse hasta la ascensión de Jesús (7:39), y si él en realidad dio el Espíritu a los discípulos, debemos asumir dos ascensiones (ver 20:17). Además, no hay pruebas de que los discípulos iniciaran su misión cristiana sino hasta después de Pentecostés. No hay una objeción sustancial para pensar que el incidente juanino es una parábola dramatizada cuyo cumplimiento tuvo lugar en Pentecostés.

El don del Espíritu Santo y la bendición subsiguiente para las personas se refleja en otro pasaje: "el que cree en mí, como dice la Escritura, de su interior correrán ríos de agua viva" (7:38). Esto se cita como un dicho de Jesús. Juan añade este comentario: "Esto dijo del Espíritu que habían de recibir los que creyesen en él; pero aún no había venido el Espíritu Santo, porque Jesús no había sido aún glorificado" (7:39). Jesús era la fuente de agua viva. Los que beban de este agua nunca más volverán a tener sed (4:14). Sin embargo, Jesús regresaba al Padre y las personas no iban a poder oír más su palabra. En lugar de su presencia personal sus discípulos continuarían su ministerio, y se les daría el Espíritu Santo para que sus palabras y acciones ya no fueran simplemente actos humanos sino canales de la gracia divina. De hecho ellos mismos se convertirían en fuentes de vida para aquellos que escucharan su voz y la creyeran. Sin embargo, este nuevo ministerio no podía formar parte de la economía divina hasta después de la muerte y glorificación de Jesús. El Espíritu vendría a ocupar su lugar para capacitar a los discípulos para hacer lo que no podían hacer en sí y por sí mismos, a saber, conducir a las personas a la fe y a la vida eterna.

La misma idea se refleja en un pasaje sobre el Paracletos: "Mora con vosotros, y estará en vosotros" (14:17). Desde el momento en que los discípulos establecen un contacto con su Maestro, este Espíritu de verdad mora con ellos en el Señor, y ahora, por su partida, estará con ellos.[14] El Espíritu había estado, desde luego, con los santos del Antiguo Testamento, y esto en un sentido real (Sal. 51:10–11). Sin embargo, el Antiguo Testamento habla más a menudo del Espíritu que viene sobre las personas que del Espíritu que está en ellos. El Antiguo Testamento mira hacia la salvación mesiánica cuando al pueblo de Dios se le dará una nueva dimensión del Espíritu (Jl. 2:28; Ez. 36:26–27). Como Jesús estaba lleno del Espíritu, su presencia significaba que éste estaría de una forma nueva con los discípulos. Sin embargo, Jesús les promete que también ellos van a ser morada del mismo Espíritu. La promesa escatológica debe cumplirse, y debe experimentarse una nueva dimensión de la presencia interna del Espíritu.

El pasaje acerca del nacimiento por el Espíritu es otro ejemplo de cómo Juan integra la pneumatología en su dualismo vertical del mundo de Dios arriba y del mundo humano abajo. Esto está claro en la afirmación "el que no naciere de arriba, no puede ver el reino de Dios". *Anothen* puede traducirse por "de nuevo" (RV, NVI, DHH, RSV) o por "de arriba" (NRSV). Dada la estructura vertical del pensamiento de Juan, "de arriba", es decir, de Dios, encaja mejor en el contexto que "de nuevo". Este nacimiento de arriba es el mismo que el nacimiento por agua y por Espíritu.[16] La idea es, desde luego, que el ser humano no posee la vida, sino que ésta es un don de Dios que sólo puede hacerse realidad con la acción interna del Espíritu Santo que hace del creyente un hijo de Dios. La idea del nuevo nacimiento no difiere de la paulina de ser bautizado en Cristo y así entrar en una vida nueva (Ro. 6:4). La metáfora es diferente – nuevo nacimiento, unión con Cristo – pero la teología es la misma. En el pensamiento paulino, las personas llegan a ser hijos de Dios por adopción más que por un nuevo nacimiento (Ro. 8:15–16).

Juan combina lo vertical y lo horizontal con su referencia al Reino de Dios. Sólo los que han nacido de arriba pueden experimentar el Reino de Dios o entrar en él. No hay motivo para identificar el Reino de Dios con el reino de arriba; el lenguaje del reino de Dios es el cielo (Jn. 1:51; 3:13). "La referencia al Reino de Dios refleja la idea sinóptica de los dos siglos y del siglo venidero de gloria. Cuando se revele la gloria del Reino, los que han nacido de arriba entrarán en ella".

Sin embargo, hay en esto también un elemento "escatológico hecho realidad". En el Antiguo Testamento se considera a Dios como el Padre de la nación de Israel (Os. 11:1; Is. 63:16). Sin embargo, en el día de salvación, el pueblo de Dios será llamado "hijos del Dios viviente" (Os. 1:10). Esta expectativa sobrevivió en el período postexílico (*Sab. Salomón* 5:5; *Sal. Salomón* 17:30); y algunas veces a la persona justa se le considera como hija de Dios en la vida actual (Sir. 4:10; 23:1, 4; *Sab. Salomón* 2:13, 16, 18). La palabra en el Evangelio de Juan es esencialmente escatológica, es decir, indica que en algún sentido real ya está presente el nuevo tiempo de salvación.

Dodd interpreta la doctrina de Juan del Espíritu de acuerdo con un dualismo griego. Sólo el nacimiento por el Espíritu "hace posible la *anabasis* del hombre" o ascensión. Sin embargo, esta idea está en desacuerdo con el hecho de que Juan nunca habla de una *anabasis* de las personas, sino sólo de Jesús. Es más bien sorprendente que Dodd no interprete Juan 14:2–3 en función de una *anabasis* de los creyentes al morir para ascender a la casa del Padre en el cielo. Sin embargo, no lo hace. Admite que éste es el lenguaje escatológico tradicional y que las palabras de Jesús, "vendré otra vez" pueden referirse a su parusía. Dodd sí ve en estas palabras la escatología hecha realidad y una transformación de la escatología tradicional. Trata la muerte y la resurrección de Jesús como eventos escatológicos, y el "retorno" de Jesús es en el Espíritu después de su muerte. Debemos concluir que Juan en este caso no tiene nada que ver con el dualismo griego sino con el concepto bíblico básico de la venida de Dios para encontrarse con la humanidad en su existencia histórica.

La comprensión de este Espíritu de acuerdo con una estructura vertical vuelve a hacerse patente en el discurso del pan de vida. Después de dar de comer a los cinco mil, Jesús utilizó los panes como una parábola del pan de vida, que es su carne, dada por la vida del mundo (6:51). Es el pan de vida que descendió del cielo (6:58); pero la palabra sobre su carne sugiere la necesidad de su muerte sacrificial. Se debe comer su carne y beber su sangre para tener vida eterna (6:53–54). Ya sea que ésta se refiera o no de forma tangencial a la Eucaristía, significa que el creyente debe obtenerla sólo por la persona de Cristo, entregada por los seres humanos en su muerte. El versículo "el espíritu es el que da vida; la carne para nada aprovecha" (6:63) es susceptible de ser malinterpretado, sobre todo tal como lo presenta RV. El pasaje, fuera de contexto, podría reflejar una especie de dualismo griego de un reino del espíritu frente a un reino de la carne, con connotaciones de que el reino de la carne es malo. Esto significaría que las realidades espirituales deben buscarse completamente aparte del reino de la carne. Éste, sin embargo, no puede ser el pensamiento de Juan. "Aquel Verbo fue hecho carne". Carne aquí equivale al reino de la existencia humana que no posee el Espíritu Santo. De hecho, en la Teología juanina es básico que la carne es un vehículo del Espíritu. La cuestión en este caso es que la muerte de Jesús como ser humano y como evento meramente histórico no tiene poder salvífico. Sólo cuando se interpreta y se comprende por medio del Espíritu Santo se convierte en algo salvífico. Éste es el significado del siguiente pasaje: "Las palabras que yo os he hablado son espíritu y son vida" (6:63). Sin embargo, algunos no creen (6:64); no han respondido a la iluminación del Espíritu. Para ellos Jesús fue un impostor y un blasfemo que pretendió con falsedades ser el Mesías y el Hijo de Dios.

El contraste entre el reino de arriba y el de abajo está entre el reino del Espíritu Santo y el de la existencia humana. Pero el Espíritu Santo ha entrado en la existencia humana en la persona de Jesús y ha hecho de su carne el camino de salvación. El mismo contraste ha aparecido ya en el pasaje del nuevo nacimiento: "Lo que es nacido de la carne, carne es; y lo que es nacido del Espíritu, espíritu es" (3:6). La carne no es mala; es sencillamente incapaz por sí misma de llegar al mundo de Dios y de captar las realidades divinas. Esto se puede conseguir sólo con el descenso del Espíritu a la esfera de la carne, de la Historia humana.

La perspectiva escatológica hecha realidad se ve claramente en las palabras a la mujer de Samaria: "La hora viene, y ahora es, cuando los verdaderos adoradores adorarán al Padre en espíritu y en verdad" (4:23). De nuevo, "espíritu" se refiere al Espíritu Santo y no a una adoración interna "espiritual" opuesta a modalidades externas. Por el contexto se ve esto con claridad: "Dios es espíritu". Como Dios es espíritu, no se puede limitar a un solo lugar, ya sea Jerusalén o Gerizim. Como el Espíritu Santo va a venir al mundo, las personas pueden adorar a Dios donde quieran si él les motiva. Sólo los que han nacido del Espíritu pueden adorar a Dios de la forma que Él quiere ser adorado.

Adorar en verdad, para el griego, significaba adorar en realidad frente a la adoración irreal siguiendo modalidades vacías. Éste, sin embargo, no es el significado juanino. "Verdad" equivale básicamente a la idea veterotestamentaria de la fidelidad de Dios a sí mismo, y por tanto se refiere a lo que Él hace en la venida de Jesús. La verdad vino por Jesucristo (1:17), es decir, por la manifestación plena del propósito redentor de Dios para las personas. Esto está encarnado en Jesús de una forma tan exclusiva, que él mismo es la verdad (14:5). Adorar en verdad, por tanto, es sinónimo de adorar en el Espíritu. Significa adoración mediada por la persona de Jesús, e inspirada por el Espíritu Santo. La forma y el lugar carecen de importancia.

Todos estos pasajes del Espíritu reflejan un dualismo doble. Él viene de arriba – de Dios – pero el Espíritu viene para inaugurar una nueva historia redentora en contraposición a la antigua era de la Ley. Juan no refleja de forma consciente este dualismo, pero subraya con claridad la estructura de su enseñanza sobre el Espíritu.

El Paracletos

En el discurso del aposento alto nos encontramos con cinco pasajes únicos (caps. 14–16), referidos a la venida del Espíritu Santo, al que se le llama Paracletos.

El significado esencial de *parakletos* ha sido fuertemente debatido. Algunos creen que se deriva de una palabra griega cuyo significado viene del verbo *parakaleo*, mientras que otros niegan esta posibilidad. La traducción de algunas versiones, como "consolador", se remonta a una primitiva traducción inglesa (siglo XIV) de Wycliffe que viene del latín *confortare*, que significa fortalecer. Algunos estudiosos contemporáneos creen que los pasajes sobre el Paracletos presentan ciertos aspectos que tienen que ver con la idea de consuelo. La palabra griega tiene un significado bastante definido, "abogado", en el sentido forense, y se aplica en este sentido en 1 Juan 2:1 a Jesús, que es el abogado para con el Padre en el cielo de sus discípulos en la tierra. Éstos son los únicos lugares del Nuevo Testamento en los que aparece esta palabra. El Paracletos en el Evangelio ejerce un ministerio forense para convencer al mundo, pero se trata más de un ministerio fiscal (16:8) que de un ministerio de la defensa. El problema lingüístico está en el hecho de que el Paracletos juanino es sobre todo un maestro que instruye y guía a los discípulos, no un abogado que los defiende.

La solución puede encontrarse en el hebreo *melits*. Se utiliza en Job 33:23 con el significado de "mediador". La idea de mediador, no la palabra *melits*, se encuentra en Job 16:19 y 19:25, con el significado de vindicador. En estos dos lugares el Targum de Job utiliza una palabra prestada, *peraklita*. La palabra hebrea *melits* también aparece en los escritos de Qumrán con el significado de intérprete del conocimiento o maestro, y en otro lugar como mediador.[28] Está claro que *melits* combina la idea de mediador y maestro. Ya que la palabra *peraklita* aparece en el Targum, es muy posible, o casi seguro que tuvo un uso muy extenso tanto en el judaísmo griego como en el palestino durante el siglo I d. C. y más tarde. Además, las ideas de abogar e instruir se combinan en los ángeles mediadores en la literatura intertestamentaria, y en el *Testamento de Judá* 20:1 el "espíritu de verdad" en la persona "da testimonio de todas las cosas y los acusa a todos". Hay, por tanto, en el pensamiento judío antecedentes de una combinación de los papeles de abogado y maestro que parece algo similar al doble uso de *parakletos* en Juan.

La naturaleza del Paracletos

Jesús habló de la venida del Espíritu como de "otro Paracletos" (14:16). Esto implica que Jesús ya ha sido un Paracletos para sus discípulos, y que el Espíritu vendrá para ocupar su lugar y continuar su ministerio entre los discípulos. Este hecho es evidente debido a la semejanza del lenguaje que se utiliza para el Espíritu y para Jesús. El Paracletos *vendrá*; también Jesús ha venido al mundo (5:43; 16:28; 18:37). El Paracletos *procede* del Padre; también Jesús procede (16:27–28) del Padre. El Padre *dará* al Paracletos a petición de Jesús; también dio al Hijo (3:16). *Enviará* al Paracletos; también Jesús fue enviado por Él (3:17). El Paracletos será enviado *en el nombre de Jesús*; también Jesús vendrá en el nombre del Padre (5:43). "El Paracletos es de muchas maneras para Jesús lo que Jesús es para el Padre".

Si el Paracletos es el Espíritu de Verdad, Jesús es la Verdad (14:6). Si es el Espíritu Santo, Jesús es el Santo de Dios (6:69). "Como 'otro paracletos' el Paracletos es, por así decirlo, otro Jesús". Jesús ha estado con los discípulos sólo durante un tiempo muy corto; el Paracletos vendrá para estar con ellos para siempre (14:16).

Es probable que la promesa de Jesús, "no os dejaré huérfanos; vendré a vosotros (14:18), signifique que vendrá a ellos en el Espíritu. Esto quiere decir que la obra de Jesús no se interrumpe con su muerte y glorificación; ni tampoco la comunión que los discípulos han conocido finaliza con su separación de ellos. Tanto su obra como su comunión con los discípulos sigue en la persona del Espíritu. "Habéis oído que os he dicho: voy, y vengo a vosotros. Si me amaráis, os habríais de regocijar porque he dicho que voy al Padre" (14:28). Que haya una venida de Jesús en la venida del Espíritu no quiere decir que su parusía o "segunda venida" al final del siglo no tengan lugar.

Algunos comentaristas han llegado a identificar al Cristo glorificado con el Espíritu. Sin embargo, aunque realmente hay una identidad de función, Juan mantiene una clara distinción: el Espíritu no es Jesús; el Espíritu es *otro* Paracletos. Si hubiera reflexionado sobre ello probablemente habría dicho que Cristo estaba presente en el Espíritu.

En realidad, la expresión que Juan utiliza sugiere que el Paracletos es una personalidad separada, y no el poder divino de acuerdo con el pensamiento del Antiguo Testamento. La palabra que se usa para espíritu, *pneuma*, es de género neutro gramaticalmente hablando, por lo cual cabría esperar que, según las reglas de concordancia gramatical, los pronombres y adjetivos fueran también neutros (así 14:17, 26; 15:26). La corrección de concordancia gramatical no establece nada ni a favor ni en contra de la personalidad del Espíritu Santo. Pero si los pronombres que tienen a *pneuma* como antecedente inmediato están en masculino, sólo podemos concluir que hay una referencia a la personalidad del Espíritu. "Más el *paracletos*; el Espíritu Santo, a quien (*ho*) el Padre enviará en mi nombre, él (*ekeinos*) os enseñará todas las cosas" (14:26). El mismo tipo de lenguaje está en 15:26: "el Espíritu de verdad, el cual (*ho*) procede del Padre, él (*ekeinos*) dará testimonio acerca de mí". El lenguaje es todavía más vivo en 16:13: "Cuando venga el Espíritu de verdad, él (*ekeinos*) os guiará a toda la verdad". En este caso el neutro *pneuma* se relaciona directamente con el pronombre, pero se utiliza la forma masculina y no la neutra. De acuerdo con esto debemos concluir que el Espíritu es entendido como una personalidad.

La misión del Espíritu para los discípulos

El Espíritu Santo viene para morar en los discípulos de Jesús. En el Antiguo Testamento hay una incuestionable acción interna del Espíritu de Dios en el corazón del pueblo de Dios. Sin embargo, está claro que en el nuevo pacto, la acción del Espíritu da lugar a una dimensión interna nueva. El Espíritu lleva a cabo una acción en los corazones de los redimidos que va más allá de todo lo que se ha experimentado hasta ese momento. "El que cree en mí, como dice la Escritura, de su interior correrán ríos de agua viva. Esto dijo del Espíritu que habían de recibir los que creyesen en él; pues aún no había venido el Espíritu Santo, porque Jesús no había sido aún glorificado" (7:38–39). Debido a esta nueva actividad en el corazón de los seres humanos, éstos pueden comunicar ríos de poder vital a otros.

Esta nueva dimensión se contrapone a la actividad del Espíritu en la dispensación anterior. La acción más notable del Espíritu en el Antiguo Testamento es un "ministerio oficial", es decir, el Espíritu dio dones a ciertas personas para que cumplieran oficios concretos en la teocracia, ya que el que ocupaba determinados lugares necesitaba la energía del Espíritu para ejercer su función. El símbolo de esta comunicación oficial del Espíritu era la unción con aceite. El Espíritu dio poder a los jueces (Ju. 3:10; 6:34; 11:29; 13:25; 14:6), dotó de sabiduría y habilidad a los constructores del Tabernáculo (Éx. 31:2–4; 35:31) y del Templo de Salomón (1 R. 7:14; 2 Cr. 2:14). Este poder oficial del Espíritu no está asociado con requisitos morales o éticos, porque a veces se daban dones sobrenaturales a un hombre que no era bueno. Balaam, el profeta malo (2 P. 2:15; Ap. 2:14), fue en realidad portavoz del Espíritu de Dios (Nu. 24:2).

Como el Espíritu dotaba a personas para que cumplieran funciones oficiales en la teocracia, cuando alguien no le resultaba útil podía abandonarlo. Por eso el Espíritu salió de Saúl (1 S. 16:14), o de Sansón cuando violó el voto (Ju. 14:6 y 16:20). Probablemente, desde este trasfondo deberíamos entender la oración de David para que Dios no le retirara el Espíritu (Sal. 51:11). David pidió que no se le eliminara como instrumento del Espíritu de Dios como le había ocurrido a Sansón y a Saúl.

La nueva actividad del Espíritu implica una morada permanentemente en el pueblo de Dios. "Y yo rogaré al Padre, y os dará otro Consolador, para que esté con vosotros para siempre: el Espíritu de verdad, al cual el mundo no puede recibir, porque no le ve, ni le conoce; pero vosotros le conocéis, porque mora con vosotros, y estará en vosotros" (14:16–17). Habrá un nuevo poder permanente que constituirá un privilegio para todo el pueblo de Dios, y no sólo para los líderes oficiales.

El Espíritu glorificará a Cristo. Su ministerio es llamar la atención sobre aquél al que representa, revelar a las personas las cosas de Cristo (16:14). Su propósito es dar testimonio de Jesús, el cual ya no estará corporalmente en el mundo (15:26).

Es el Espíritu de verdad (14:17; 16:13), como tal, el que dará testimonio de la verdad y llevará a las personas a una revelación más completa de la verdad redentora: Jesús prometió que el Espíritu dirigiría a sus discípulos a toda verdad (16:13), es decir, a una plena revelación de la mente de Dios en lo que respecta a la redención. Jesús había hablado con autoridad divina. Atribuía la misma autoridad de la Ley a sus enseñanzas. Sin embargo, hay una mayor revelación que todavía debe darse, y que el Espíritu debe dar a los discípulos que completa la verdad. Jesús era consciente de que su instrucción no era completa, porque sus discípulos no estaban capacitados para recibir todo lo que les podía impartir. Antes de la resurrección ellos no entendían el propósito de Dios en la necesidad de la muerte de Su Hijo. Pero después de la muerte y resurrección del Mesías, el Espíritu interpretaría para los discípulos el significado de estas cosas (16:12–13). Les mostraría las "cosas que habrán de venir" (16:13). Probablemente, esta expresión no se refiere únicamente a eventos proféticos para el fin de los tiempos, sino a sucesos futuros en la experiencia personal de los discípulos: la formación de la Iglesia y el depósito de la verdad que sería dado por medio de los apóstoles y los profetas. Tenemos aquí *in nuce* la revelación plena contenida en los Hechos, cartas y Apocalipsis. Este ministerio del Espíritu incluye tanto el recuerdo de las enseñanzas de Jesús, como la comprensión de nuevos ámbitos de la verdad divina (14:25–26).

El Espíritu dará poder a los creyentes. A primera vista, sorprende que Jesús dijera que los discípulos estarían mejor después de que les hubiera abandonado (16:7). Pero las personas iban a ser capaces de llevar a cabo mayores hazañas por Dios cuando el Espíritu Santo viniera y morara en ellas que cuando Jesús estaba corporalmente con ellas; porque la venida del Espíritu significa la infusión de un nuevo poder divino. A la luz de esto debemos entender el pasaje de que los discípulos de Jesús realizarían obras mayores que las que Él hizo, *porque yo voy al Padre* (14:12). Estas obras pertenecen, sin duda, al ámbito espiritual y no al físico. Nadie puede realizar una obra superior a la de resucitar a un muerto como Jesús hizo con Lázaro, aunque ya hacía cuatro días que estaba muerto. Las "obras mayores" consisten en transformar vidas gracias a la acción del Espíritu Santo como resultado de la predicación del Evangelio. Este ministerio incluye el perdón de pecados (Jn. 20:22). Jesús, previendo Pentecostés, prometió a sus discípulos la presencia del Espíritu Divino que les capacitaría para dedicarse al ministerio de la predicación del evangelio. Los que acepten su mensaje experimentarán el perdón de pecados; a los que lo rechacen sus pecados les quedarán retenidos. Sólo porque el representante de Cristo está capacitado por el Espíritu Santo puede dedicarse con éxito al ministerio de apartar a las personas del pecado. Merece especial atención el hecho de que Juan no le atribuya nada extático o maravilloso a la venida del Espíritu. Su función primordial es exaltar a Jesús e interpretar su obra de salvación.

La misión del Espíritu para el mundo

Si la función primordial del Espíritu para los creyentes es la de ser maestro e intérprete, para el mundo es la de ser su acusador. "Y cuando él venga, convencerá al mundo de pecado, de justicia y de juicio. De pecado, por cuanto no creen en mí; de justicia, por cuanto voy al Padre, y no me veréis más; y de juicio, por cuanto el príncipe de este mundo ha sido ya juzgado" (16:8–11). Jesús describe aquí cómo el Espíritu Santo obrará en el mundo a través de sus discípulos cuando proclaman la verdad que hay en Jesús. Por sí misma, su palabra es sólo palabra humana; pero vigorizada por el Espíritu, tendrá poder de convencer. Convencerá al mundo de pecado, porque el mayor pecado es el de la incredulidad, la cual envió a Jesús a la cruz. El mundo confía en las buenas obras; pero el Espíritu lo convencerá del mayor de los pecados. Convencerá a las personas de que Jesús fue en realidad el justo, como Dios es justo (17:25). Aunque los judíos le condenaron como blasfemo y Pilato mandó crucificarle acusándole de sedición política, su resurrección y ascensión reivindican su afirmación de que era el Santo de Dios (6:69). "El retorno al Padre es el *imprimatur* de Dios en la justicia manifestada en la vida y la muerte de su Hijo". El mundo también será convencido cuando se le presente la proclamación del significado de la cruz y de la resurrección, de que Dios no pasa por alto el pecado, y de que éste no tendrá la última palabra. La muerte de Cristo, de hecho, significa la derrota del príncipe de este mundo, y proporciona la seguridad de que habrá un día de juicio cuando serán juzgados no sólo el príncipe de este mundo sino el mundo mismo.

Capítulo 23

Escatología

El problema crítico

La enseñanza escatológica del Cuarto Evangelio es una cuestión que necesita someterse a un análisis riguroso. Una comparación superficial entre los Sinópticos y Juan deja la impresión de que la Escatología no es un tema que preocupe especialmente al Jesús juanino. El tema central del Jesús sinóptico es el Reino escatológico de Dios irrumpiendo en la Historia a través de su persona. La vida eterna es parte de ese Reino. En Juan se menciona el Reino de Dios sólo dos veces (3:3, 5); en su lugar, el mensaje central de Jesús es la vida eterna, que se ofrece a las personas en el presente. Juan carece totalmente de la visión apocalíptica de la parusía del Hijo del Hombre en las nubes del cielo. Sustituye el discurso del monte de los Olivos y su esquema de los eventos de los últimos tiempos con el discurso del Aposento Alto (caps. 13–16) y la venida del Espíritu en lugar de la parusía de Cristo.

Esto ha llevado a muchos estudiosos a la conclusión, de que, o Juan ha transformado radicalmente la tradición sinóptica en un Cristo-misticismo, o depende de una tradición muy diferente de la que están ausentes los elementos apocalípticos.

Ya hace tiempo que un gran experto de la apocalíptica, **R. H. Charles**, en su descripción de la Escatología juanina, atribuyó a Juan la expectativa de una verdadera parusía de Jesús en 14:2–3. Este pasaje no puede interpretarse en el sentido de una venida de Jesús que recibe a sus discípulos en la muerte, debido al pasaje en 21:22: "Si quiero que él quede hasta que yo venga, ¿qué a ti? Sígueme tú". "Según el Nuevo Testamento, la muerte lleva a los creyentes a Cristo (…) pero en ninguna parte se dice que él vendrá a buscarlos". Sin embargo, insiste en que las palabras sobre la resurrección corporal en 5:28–29 contradicen directamente la resurrección espiritual presente en 5:25–27. "Resultaría difícil encontrar una descripción menos espiritual de la resurrección en la literatura del siglo I d. C." Por esta razón, las palabras en 5:28–29 deben ser suprimidas para que el pasaje recupere su unidad de pensamiento. Y no sólo esto, sino que los dichos sobre "el último día" (6:39, 40, 44, 54; 12:48) deben considerarse como interpolaciones y por tanto no deben ser considerados. Juan cree que la vida resucitada sigue inmediatamente a la muerte; pero su perfecta consumación no se puede alcanzar hasta el fin de todas las cosas cuando el mundo actual desaparezca (1 Jn. 2:17) y Cristo lleve a los suyos al cielo, que es un estado más que un lugar. Charles comete un completo error al mostrar por qué debe haber una consumación si el creyente alcanza la vida resucitada al morir, pues parece más bien que Juan conserva elementos de la Escatología tradicional que son absolutamente incongruentes con su idea original.

La opinión de **C. H. Dodd** sobre la Historia de la Escatología del Nuevo Testamento ha tenido una gran influencia en Inglaterra. Cree que el mensaje de Jesús es la proclamación de una irrupción de la vida eterna en el mundo. Jesús tenía en mente un solo y complejo evento, que incluía su muerte, resurrección, ascensión y parusía, en el que el Reino de Dios accede a la Historia. Lo que hizo en realidad fue utilizar un lenguaje apocalíptico para describir esto como una forma simbólica de describir la *alteridad*, el carácter trascendental del Reino de Dios. Cuando la parusía se retrasa, se separa del resto de los eventos cristológicos y se reinterpreta de acuerdo con la apocalíptica judía (2 Ts. 2; Mc. 13). Juan representa el período final de la Escatología del Nuevo Testamento a través de una redefinición de "elementos escatológicos latentes en el kerigma". La perspectiva escatológica sobrevive en la anticipación del momento de la resurrección; pero esto significa que "después de la muerte del cuerpo…los muertos (resucitarán) a una existencia renovada en el más allá".[5] Sin embargo, la Escatología de Juan es tan mística (es decir, la morada de Cristo), sigue tanto el dualismo platónico, que concibe un orden eterno del ser cuyo carácter fenoménico en la Historia es sólo una sombra y un símbolo, de tal forma que la vida eterna "no es una esperanza para el último día". En el pensamiento juanino, "todo lo que la Iglesia esperaba en la segunda venida de Cristo forma parte de su experiencia presente de Cristo por medio del Espíritu".[7] Así pues, el Cuarto Evangelio, que es el más alejado históricamente de Jesús, es el más próximo a Él en su sentido original.

Rudolf Bultmann reinterpreta la Escatología aplicando una hermenéutica existencialista. La venida del Redentor es un "evento escatológico", "el hito de los siglos", de acuerdo con versículos como 3:19; 9:39. Pero piensa que Juan ignora completamente el esquema de la Historia redentora y su escatología, y sigue un dualismo gnóstico expresado en términos mitológicos. Sin embargo, las ideas mitológicas de Juan de un ser divino preexistente que se encarna en la Historia no deben entenderse de forma literal. Juan transforma el dualismo escatológico en un dualismo de la decisión, para lo cual utiliza imágenes simbólicas con el objetivo de poner de manifiesto que el creyente se siente buscado y conocido por Dios y que su propia existencia se pone al descubierto en un encuentro con Aquél que se revela. Las palabras sobre la venida (14:3, 18, 28) y el lenguaje escatológico "en aquel día" (14:20; 16:23, 26) y "la hora viene" (16:25) no se refieren a algo eterno sino interno. Se trata de: "El triunfo de Jesús cuando la fe emerge en la persona y supera la ofensa que Jesús supone para ella". Sin embargo, hay un estribillo escatológico que aparece en el Evangelio – "en el día postrero" (6:39, 40, 44, 54; 12:48) – y un texto muy claro sobre la resurrección corporal (5:28–29) que "contradice directamente" la resurrección presente en 5:25. Bultmann resuelve el problema afirmando que estos fragmentos escatológicos son interpolaciones redaccionales para hacer que la escatología existencial de Juan armonice con la escatología futurista tradicional.

J. A. T. Robinson piensa que la Escatología no apocalíptica de Juan se aproxima más a la enseñanza de Jesús que los Sinópticos. No sigue a Dodd porque piensa que Juan es un correctivo voluntario de la Escatología apocalíptica de los Sinópticos. Más bien, representa una tradición anterior relacionada con la Palestina meridional e independiente de ellos. La tradición sinóptica ha sufrido una influencia radical de la apocalíptica. Juan representa una tradición que no tiene esa influencia. La Escatología de Juan mira hacia un único día que implica la muerte, la resurrección y la exaltación de Jesús. Los textos sobre una venida futura de Jesús no se refieren a "venir *de nuevo*" sino simplemente a su venida. En ello hay que ver el verdadero fundamento de las palabras de Jesús. Pero esta venida no es un segundo evento escatológico sino la consumación y disfrute de lo que llega a su cumplimiento: la venida de Jesús en el Paracletos. La resurrección inaugura la parusía. Más tarde el pensamiento apocalíptico separó estos dos eventos y reinterpretó la parusía de acuerdo con la apocalíptica judía.

Estas opiniones sobre una Escatología hecha realidad no han convencido a todos los investigadores. Consideran la diferencia entre Juan y los Sinópticos como una cuestión de énfasis teológico, y creen que en realidad Juan comparte los aspectos esenciales de la Escatología cristiana primitiva. **Kümmel** respondió a la interpretación de Bultmann de la Escatología del Cuarto Evangelio con un ensayo en el que dijo que era esencial una Escatología futurista en la estructura del pensamiento juanino. Juan no pretende completar los Sinópticos sino aclarar su verdadero significado. La gloria de Dios estaba presente en Jesús pero sólo fue reconocida por algunos que tenían fe. Lo oculto tanto de Cristo como de la salvación tiene que llegar a su fin, y por tanto la manifestación plena de la salvación y el triunfo final sobre la muerte tienen una dimensión futura. Jesús vino de la eternidad al presente como el enviado de Dios. Una persona así, con pasado y presente, también debe tener futuro. Por tanto la esperanza de la parusía y de una consumación escatológica resulta ser un elemento esencial en el pensamiento de Juan. Éste no expresa esta esperanza en términos apocalípticos, porque su preocupación se centra primordialmente en el destino de la persona, no el del cosmos.

Una de las mejores revisiones de la Escatología juanina es la de **W.F. Howard**. Él piensa que no hay conflicto entre la Escatología y el Misticismo de Juan, y recurre a la idea de Kümmel, de que la revelación velada de la gloria de Dios en el Jesús histórico exige un cumplimiento real futuro.

C. K. Barrett representa el punto de vista de muchos estudiosos británicos cuando dice que "ha sido imposible desde la publicación de las conferencias de Dale del Dr. Howard negar la presencia de un elemento tanto místico como escatológico". Insiste en que la eliminación de elementos escatológicos obvios del Evangelio, por parte de Bultmann, se consigue sólo con "el uso de criterios muy acríticos".[17]

C. F. D. Moule ha publicado dos artículos en los que insiste en que la Escatología de Juan es mucho más "normal" de lo que se suele reconocer. Desarrolla lo que dice Kümmel, a saber, que Juan difiere de los Sinópticos en el énfasis que hace de una Escatología "hecha realidad" más que de una futurista porque se interesa más por el futuro de la persona que por el del pueblo de Dios. "La única 'escatología hecha realidad' en el Cuarto Evangelio tiene que ver con algo individual; y esto se aleja mucho de *sustituir* a una Escatología futurista, y sólo debe verse como correlativa".

La estructura escatológica

En un capítulo precedente hemos defendido extensamente la tesis de que hay un doble dualismo que subyace a la estructura del pensamiento de Juan: un dualismo vertical de arriba y abajo, y uno horizontal de presente y futuro. El horizontal (escatológico) no resulta tan obvio como en los Sinópticos. La conversación de Jesús con el joven rico, recogida por los tres Sinópticos, dice que la vida eterna es la del Reino de Dios, y éste pertenece al Siglo Venidero (Mc. 10:17–30). La expresión este siglo – Siglo Venidero se encuentra con poca frecuencia- sin duda constituye la subestructura de la proclamación sinóptica del Reino de Dios.

Aunque Juan enfatiza sobre todo un dualismo vertical de arriba-abajo, el Evangelio nunca pierde de vista un dualismo específico, lo cual se refleja, como ya se ha mencionado, en un texto particular: "El que ama su vida, la perderá; y el que aborrece su vida en este mundo, para vida eterna la guardará" (12:25). Esto mismo se menciona en los Sinópticos (Mc. 8:35) pero sin la expresión "en este mundo". Ya hemos advertido que a veces las expresiones "este mundo" y "este siglo" son intercambiables. Así ocurre en este caso. Dodd admite que "sólo el cuarto evangelista le ha dado una forma que sin duda alude a la antítesis judía de los dos siglos: el que odia su vida *beolam hazzeh* ['en este siglo'] la guardará *leolam habba* ['para el siglo venidero'] y como consecuencia poseerá *hayye haolam habba* ['la vida en el siglo venidero']". Simplemente no es verdad, pues, decir que "un orden espiritual, cósmico, eterno, sustituye en su pensamiento, a una Escatología pasada de moda con su secuencia temporal de los dos siglos".[22] Ante datos tan claros, se presentan dos alternativas: sostener que este dicho es un residuo de la Escatología "tradicional" que no armoniza con la estructura básica de Juan – en realidad, que la contradice abiertamente – o bien tomarlo seriamente y reconocer en este Evangelio un pensamiento escatológico además de un dualismo vertical. Hemos dicho en un capítulo anterior que estos dos elementos no son contradictorios entre sí.

Este punto de vista se ve apoyado por el empleo de la palabra "eterna" (*aionios*), que caracteriza la vida y que implica una expectativa escatológica. Se trata esencialmente de la "vida del siglo venidero".[25]

El dualismo escatológico vuelve a apreciarse en la consideración de "el príncipe de este mundo" (12:31). Esto se corresponde con la expresión paulina "el dios de este siglo" (2 Co. 4:4). Aquí se utiliza *kosmos houtos* ("este mundo") en lugar de *aion houtos* ("este siglo"), más común.

No hay ninguna razón para rechazar el significado escatológico del Reino de Dios. "El que no naciere de nuevo, no puede ver el reino de Dios (…) El que no naciere del agua y del Espíritu, no puede entrar en el reino de Dios" (3:3, 5). Éste es el equivalente juanino de un pasaje sinóptico: "El que no reciba el reino de Dios como un niño, no entrará en él" (Mc. 10:15). Aquí el Reino de Dios es una realidad presente que debe recibirse ahora y que le hace digno a uno para entrar en el Reino de Dios en el futuro. El presente y el futuro están inseparablemente unidos. No existe ninguna razón para no entender las palabras de Juan de la misma forma. El Reino de Dios es una bendición escatológica. Además, los Sinópticos consideran a los que han recibido el Reino como hijos de Dios (Mt. 5:9, 45).

Resumiendo, debemos recordar que los Sinópticos tienen tanto un dualismo vertical como un dualismo escatológico. El cielo es el reino de arriba donde los hijos de Dios pueden acumular recompensas (Mt. 5:12; 6:1, 20). Si los Sinópticos reconocen un dualismo vertical a pesar de enfatizar lo escatológico, Juan reconoce lo escatológico pero enfatiza lo vertical.

La venida de Cristo

Aceptamos que la idea juanina de la "venida" de Jesús es mucho más compleja que en los Sinópticos. Jesús habla de su partida y de su regreso después de la resurrección. "Todavía un poco, y no me veréis; y de nuevo un poco, y me veréis" (16:16). Aunque Jesús no utiliza el lenguaje de ir y venir, esta idea está presente.

Más aún, hemos concluido que Jesús habla de venir de nuevo en la venida del Paracletos (14:18). Algunos estudiosos han pensado que esta promesa se refiere a la parusía, y que resulta más fácil de entender como una referencia a la venida de Jesús en el Espíritu.[28]

Hay otro dicho que sí se refiere a la parusía de Jesús. "Si me fuere y os preparare lugar, vendré otra vez, y os tomaré a mí mismo, para que donde yo estoy, vosotros también estéis" (14:3). Muchos intérpretes insisten en que se trata de la misma venida de Jesús en el Espíritu que se menciona en 14:28. Sin embargo, no se puede determinar que Jesús pretendiera reemplazar la parusía con el Paracletos. Una interpretación que resulta bastante popular es que Jesús viene al creyente en la muerte para recibirlo en el cielo. Sin embargo, esta idea no se encuentra en el Nuevo Testamento. Lo que más se aproxima es la visión de Esteban del Hijo del Hombre que está a la diestra de Dios para recibirle (Hch. 7:56), pero no se describe como una venida. Dodd admite que en 14:3 "tenemos el enfoque más próximo al lenguaje tradicional de la Escatología de la Iglesia". Dodd compara este pasaje con las palabras de Pablo en 1 Tesalonicenses 4:13–18, las cuales representan la creencia de la época sobre el retorno de Cristo y la reunión de sus discípulos con él, creencia que tiene un eco en 14:3. Robinson también reconoce que este texto equivale a lo que se dice en 1 Tesalonicenses 4:14–17, pero expresado en términos no apocalípticos. Incluso se sugiere que el versículo acerca de la venida de Jesús en Juan 14:3 puede ser la "palabra del Señor" a la que recurre Pablo en 1 Tesalonicenses 4:15.

Esta opinión obtiene su apoyo en las palabras de Jesús a Pedro en relación con el discípulo amado, "si quiero que él quede hasta que yo venga, ¿qué a ti?" (21:22). Esto es una referencia clara a la venida escatológica de Jesús, ya que corrió el rumor de que este discípulo no moriría (v. 23). Pero entre la primera y la segunda venida de Jesús está la venida del Paracletos. Además, la parusía se expresa en un lenguaje más tradicional en 1 Juan 3:2. Dodd ignora la fuerza del lenguaje de 1 Juan manteniendo que fue escrita por otro autor.

Es difícil creer que Juan concibiera el suceso redentor como un solo evento complejo que abarcaba la muerte, la resurrección, la ascensión y la parusía (espiritual), como sostienen estudiosos como Dodd y Robinson. Juan presenta un aspecto diferente de la ascensión al concebirla como algo separado de la resurrección. El Jesús resucitado le dijo a María que no lo tocara, porque todavía estaba allí y no se había ocultado de su vista (20:17). "Pero si se acepta que el Evangelio reconoce una *ascensión* (como Lucas), afirmar que esto también conlleva un *retorno*" no es ir más allá de las evidencias. Concluimos pues, que la palabra de Jesús sobre la venida en el Paracletos y su venida escatológica reflejan una tensión entre una escatología presente y una futurista.

Resurrección

La enseñanza de la resurrección en el Cuarto Evangelio tiene que ver tanto con un evento escatológico futuro como con una realidad espiritual presente. Hay un énfasis reiterado en la resurrección corporal en el último día cuando los muertos serán resucitados en plenitud de vida eterna; pero también encontramos que la vida que pertenece a la resurrección ha irrumpido en este siglo y está a disposición de las personas en el ámbito espiritual. Este disfrute anticipado de la resurrección es gracias a Cristo que es la resurrección y la vida. Ante la muerte de Lázaro, Jesús dijo: "Yo soy la resurrección y la vida; el que cree en mí, aunque esté muerto, vivirá. Y todo aquél que vive y cree en mí, no morirá eternamente" (11:25–26). La vida resucitada, tanto futura como presente, está en Cristo; el que cree en él, aunque haya muerto físicamente, vivirá de nuevo; y quienquiera que disfrute de la bendición de la vida espiritual en el presente por medio de la fe en él algún día entrará en una existencia inmortal.

La realidad de la vida resucitada en el presente se expresa vivamente en 5:25: "Viene la hora, y *ahora es*, cuando los muertos oirán la voz del Hijo de Dios; y los que la oyeren, vivirán. Porque como el Padre tiene vida en sí mismo, así también ha dado al Hijo el tener vida en sí mismo" (Jn. 5:25, 26). En cierto sentido la hora que viene ya está aquí y las personas espiritualmente muertas pueden volver a la vida si responden a la voz del Hijo de Dios. Esta enseñanza del goce presente de una realidad futura es otra ilustración de la estructura escatológica básica que se encuentra en todo el Nuevo Testamento, en el cual este siglo y el siglo venidero se han superpuesto de tal manera que las personas que todavía viven en este siglo malo pueden entrar en el goce real de los poderes y bendiciones del Siglo Venidero.

El pleno reconocimiento del significado de este hecho no nos permite, sin embargo, estar de acuerdo con Dodd cuando dice que la resurrección de Lázaro es una ilustración de que la vida eterna por medio de Cristo es algo que se posee en el presente "y no ya una esperanza para el último día". La resurrección., según el Cuarto Evangelio, es tanto algo para su disfrute subjetivo aquí y ahora como una realidad objetiva en la consumación escatológica.

Esta previsión de la resurrección corporal futura aparece en numerosas ocasiones. "Y ésta es la voluntad del Padre, el que me envió: que de todo lo que me diere, no pierda yo nada, sino que lo resucite en el día postrero. Y ésta es la voluntad del que me ha enviado: que todo aquel que ve al Hijo, y cree en él, tenga vida eterna y yo le resucitaré en el día postrero" (6:39–40). "Ninguno puede venir a mí, si el Padre que me envió no le trajere; y yo le resucitaré en el día postrero" (6:44). "El que come mi carne y bebe mi sangre, tiene vida eterna y yo le resucitaré en el día postrero" (6:54).

Esta resurrección escatológica se describe con gran intensidad en el mismo pasaje en el que Jesús habla de la resurrección como una realidad espiritual presente. Después de afirmar que ha llegado la hora de que los que oigan la voz del Hijo de Dios entren en la vida, dice: "No os maravilléis de esto; porque vendrá la hora cuando todos los que están en los sepulcros oirán su voz; y los que hicieron lo malo, a resurrección de condenación" (5:28, 29). En este pasaje se afirma con claridad que los que gozan de la realidad actual de la vida, los que han sido resucitados de la muerte para pasar a la vida espiritual, en el futuro serán resucitados corporalmente. La clave de esto está en la omisión de la expresión "y ahora es", la cual pone en el presente la resurrección del pasaje anterior; y al añadir las palabras "en los sepulcros", se le da al pasaje una referencia ineludible a la resurrección corporal. Sin embargo, algunos investigadores han descartado el significada de estas palabras. Muchos críticos insisten en que éstas no pueden ser del autor del Cuarto Evangelio ya que se diferencian bastante de la enseñanza de Juan; debemos, pues, reconocer una interpolación posterior a través de la cual se incorpora a la Escatología espiritual del Cuarto Evangelio un elemento extraño. Otros le dan a ambos pasajes un contenido espiritual, pero las palabras "en los sepulcros" hacen esto difícil de aceptar. Otros sugieren que este pasaje contiene una difícil combinación de dos escatologías: la escatología del evangelista y la popular que el autor no podía ignorar totalmente a pesar de estar en desacuerdo. Incluir pasajes como éste produjo la combinación de dos escatologías diferentes, una espiritual y otra realista. Sin embargo, no hay ningún conflicto entre ellas: sólo hay una tensión entre la Escatología hecha realidad y la futurista.

La única interpretación que valora de forma adecuada estas palabras es la que reconoce que habrá una vida en el Siglo Venidero, diferente de la vida de este siglo. Desde esta perspectiva, la Escatología del Cuarto Evangelio está muy de acuerdo con la de los Sinópticos y la del resto del Nuevo Testamento. La vida debe experimentarse en dos etapas: en el presente, en el ámbito espiritual, y en el futuro, en la resurrección del cuerpo. La vida eterna puede disfrutarse aquí y ahora respondiendo a la palabra de Cristo, y ese mismo poder que garantiza la vida eterna a los creyentes durante su existencia terrenal les resucitará después de la muerte para entrar en una existencia renovada en un mundo más allá.

La importancia de la resurrección en el pensamiento de Juan queda reflejada por su insistencia en la resurrección corporal de Jesús. Al parecer María pudo tocarle (20:17) como para no dejarle. Juan pone de relieve que el cuerpo resucitado de Jesús tenía las cicatrices de la crucifixión (20:25–27). Sin duda, la resurrección corporal tuvo un papel muy importante en el pensamiento de Juan.

El juicio

Así como la vida eterna y la resurrección implican tanto un presente como un futuro, el juicio también se concibe como una separación futura que se llevará a cabo en el último día y como una separación espiritual presente entre las personas dependiendo de su relación con Cristo. El juicio escatológico futuro se afirma en 12:48: "El que me rechaza, y no recibe mis palabras, tiene quien le juzgue; la palabra que he hablado, ella le juzgará en el día postrero". Éste es lenguaje escatológico dirigido hacia un día último en el que los seres humanos serán juzgados. En este caso la norma del juicio serán las palabras de Jesús. Nos encontramos con el mismo pensamiento al final del Sermón del Monte cuando Jesús se refiere al día del juicio (Mt. 7:22) y rechazará a las personas por haber mostrado una simple adhesión externa a sus enseñanzas sin haberlas obedecido. El pensamiento de separación entre buenos y malos también está en el dicho de la resurrección, en el que los que han obrado bien pasarán a la resurrección de vida, y los que han obrado mal a la de juicio (Jn. 5:28, 29). Los justos serán resucitados para disfrutar de la plenitud de la vida eterna; pero los malos experimentarán una resurrección para ser juzgados por sus malas obras.

Este juicio futuro tiene un efecto retroactivo en el presente en la persona de Cristo; y será en esencia la ejecución de la sentencia de condenación que ya se ha decidido de acuerdo con la respuesta de las personas a la persona de Cristo aquí y ahora. "El que en él cree, no es condenado; pero el que no cree, ya ha sido condenado, porque no ha creído en el nombre del unigénito Hijo de Dios. Y ésta es la condenación: que la luz vino al mundo, y las personas amaron más las tinieblas que la luz, porque sus obras eran malas" (3:18, 19). La condenación futura ya está determinada porque las personas no han querido creer en Cristo. Aunque los Evangelios Sinópticos no enfatizan el elemento de la fe en la persona de Jesús, sí encontramos, sin embargo, el mismo pensamiento de que el destino futuro de las personas se basa en su reacción actual a la persona y misión de Jesús. Todo el que reconoce a Jesucristo delante de las personas será reconocido delante del Padre que está en los cielos; pero quien le niegue delante de las personas será negado delante de Él (Mt. 10:32, 33; ver también Mc. 8:38; Lc. 12:8, 9). Hemos descubierto en nuestro estudio de los Evangelios Sinópticos que el Reino se hizo presente en el mundo en la persona de Cristo, y en él los seres humanos se ven interpelados por el Reino de Dios, lo cual les exige una decisión. En la medida en que ellos responden afirmativamente con fe al Reino que está presente en la persona de Cristo, se incluyen en el Reino futuro en el momento de su venida escatológica. Éste es en esencia el pensamiento expresado aquí, en el Cuarto Evangelio, aunque de una forma algo diferente. El que cree en Jesús en cierto sentido ya ha superado el juicio; y es como si ya estuviera más allá de él habiendo pasado de muerte a vida (Jn. 5:24).

Este reconocimiento del juicio como una realidad espiritual presente no nos permite de ningún modo ignorar el contenido del juicio escatológico. No es correcto afirmar que "la idea escatológica del juicio se ha visto sometida a una reinterpretación concluyente", o que este juicio espiritual sea de hecho el "juicio final" del cual hablaron las profecías y los apocalipsis. El juicio escatológico futuro no se convierte en uno espiritual presente, sino que permanece. Más bien, tenemos de nuevo un ejemplo de la estructura escatológica básica de la Teología del Nuevo

Testamento en la que los dos siglos no están divididos totalmente por la parusía, sino que por medio de la encarnación se han superpuesto de tal forma que las experiencias escatológicas asociadas con el Siglo Venidero han entrado en el presente siglo y han ocurrido ya en esencia en la realidad espiritual. Así pues, el juicio, como la resurrección, es todavía una experiencia escatológica futura; pero también es una realidad espiritual presente por la respuesta favorable o desfavorable de las personas, de fe o de incredulidad, a la persona y ministerio de Jesús. Para los que creen, el juicio ya ha tenido lugar, se les ha declarado inocentes o se les ha hallado justos. Para los que no creen, su condenación ya está definida, su juicio es seguro, porque han visto la luz y la han rechazado. Por tanto, el juicio en realidad es la ejecución de una sentencia que ya ha sido pronunciada. El "juicio escatológico 'en el día postrero' es (…) una manifestación última del juicio que se celebra aquí y ahora de acuerdo con la respuesta humana al llamamiento divino y a la exigencia que se hace en Jesucristo".

Tercera parte

LA IGLESIA PRIMITIVA

Capítulo 24

La teología de hechos: El problema crítico

El libro de Hechos pretende ofrecer un resumen de la Historia de la Iglesia desde sus inicios en Jerusalén hasta que su mayor héroe – Pablo – llega a la ciudad principal del Imperio Romano. El libro ofrece una panorámica de la vida y de la predicación de la primitiva comunidad de Jerusalén y sigue la expansión del Evangelio desde Jerusalén a Samaria y Antioquía hasta Asia Menor, Grecia y por fin Italia. Hechos contiene una serie de sermones de Pedro, de Esteban y de Pablo que ofrecen ciertos datos de la fe de la Iglesia primitiva. Ya que estos discursos, sobre todo los de Pedro, claramente son la fuente primaria de las creencias de la iglesia de Jerusalén, debe enfrentarse la cuestión crítica de si estos capítulos de los discursos apostólicos, son históricamente genuinos.

Al final del siglo pasado, los escritos de dos investigadores alemanes – **W. M. Ramsay** en Inglaterra y **Adolf Harnack** – tuvieron una gran influencia para establecer la opinión de que Lucas, compañero de Pablo, escribió Hechos en la década de los años 60, y que fue un historiador competente y fiable. Ramsay basó sus conclusiones en estudios geográficos y arqueológicos, Harnack en la Crítica literaria de Hechos.

La obra más voluminosa que se ha publicado sobre el libro de Hechos fue *The Beginnings of Christianity*, compilada por F. J. Foakes-Jackson y K. Lake (1920–33). **H. J. Cadbury** escribió, "Desde Tucídides en adelante, los discursos que recogen los historiadores son una pura invención (…) Si hay algún indicio de verdad en ellos, su esquema más próximo estaría en los *hypomnemata*" [es decir, notas escritas]. **Hans Windisch** se posiciona en contra de que Lucas fuera el autor de Hechos porque según él, el escritor no conocía adecuadamente la carrera o la Teología de Pablo.

El período moderno en Alemania fue iniciado por **Martin Dibelius**, quien aplicó el método de la crítica formal a Hechos. Cree que Lucas fue el autor y que se le puede llamar historiador, pero dice que su interés no era historiográfico, sino que más bien se centra en la vida y en la Teología de la Iglesia de finales del siglo I, cuando se escribió Hechos.

Dibelius dio inicio a una interpretación de Hechos seguida por muchos de los investigadores alemanes. **P. Vielhauer** escribió un ensayo para defender la opinión de que la Teología de Hechos es más la del "catolicismo primitivo", es decir, del cristianismo del siglo II, que la del cristianismo judío primitivo. **Hans Conzelmann** escribió un libro que tuvo una gran influencia en el que afirma que Lucas-Hechos abandona totalmente la expectativa primitiva apocalíptica cristiana para asumir una Teología de *Heilsgeschichte* que encarna una perspectiva histórica extendida. Esto significa que Lucas no es historiador sino teólogo; de hecho, un teólogo de la era postapostólica, en el umbral del primer catolicismo. En un ensayo posterior Conzelmann defiende que nunca hubo una "era apostólica". Ésta es una idea posterior creada por la Iglesia al final del siglo I para dar autenticidad a su propia tradición. Este punto de vista fue reforzado por el sólido comentario de **E. Haenchen** en la famosa serie Meyer, en el que admite que Lucas tuvo acceso a algunas fuentes históricas, pero que su interés principal no era histórico sino la edificación de la Iglesia.

Si Hechos es primordialmente una obra teológica para reflejar la vida y el pensamiento de la Iglesia alrededor del año 90 d. C., difícilmente puede considerarse como una fuente histórica del cristianismo primitivo. Podría pensarse, de acuerdo con algunos estudios recientes, que sólo esta crítica alemana "avanzada" tuvo algo significativo que decir sobre la historicidad de Hechos. Ésta es una opinión muy unilateral.[10] La cuestión es que muchos investigadores siguen considerando que Lucas fue compañero de Pablo y un historiador competente, que se basó en su experiencia e investigación personales. En la introducción al Evangelio, que sirve también para Hechos, afirma haber obtenido su información de "los que desde el principio lo vieron con sus ojos, y fueron ministros de la palabra" (Lc. 1:2), y que había investigado personalmente los asuntos sobre los que iba a escribir.

Cadbury opina que con el uso de esta palabra *parekolouthekoti* ("después de haber investigado") en el versículo 3 Lucas quiere decir que ha participado en los sucesos que va a relatar. Sin embargo, el significado normal de esta palabra en este contexto es "seguir o investigar algo". Si Lucas estuvo con Pablo durante su encarcelamiento en Cesarea (Hch. 21:18; 24:27; 27:1), es muy probable que tuviera la oportunidad de conocer y de hablar con personas que no sólo habían conocido a Jesús, sino que también habían compartido la vida de los primeros tiempos de la Iglesia. Además, es muy posible que la Iglesia primitiva estuviera interesada no sólo por la tradición de Jesús, sino también por la de los apóstoles y la de los líderes de sus comienzos.[15] Aunque el juicio de Cadbury sobre el papel de la imaginación histórica de los historiadores helénicos al escribir sobre discursos ha sido aceptado en muchos círculos, también ha sido objeto de oposición. Tucídides dice expresamente que estuvo presente en algunas ocasiones y que utilizó los informes de otros hombres que también estuvieron presentes. De todos modos, trató de estar "lo más de cerca posible del sentido general de lo que de hecho había sido dicho". Tucídides no fue el único que trató de ser históricamente preciso al relatar los discursos de sus *dramatis personae*. Aunque en los de Hechos se puede descubrir una pauta básica, también hay bastante variedad, lo cual les da veracidad histórica. Este juicio se ve reforzado por la persistencia de los semitismos en la primera mitad de Hechos, que difícilmente se pueden atribuir a la habilidad de Lucas para imitar el griego de la Septuaginta pero que descubren una tradición aramea.[20] Agréguese a esto el hecho de que en los primeros discursos de Hechos, "Lucas parece haber podido darnos una perspectiva extraordinariamente precisa de la Teología incipiente de los primeros cristianos". Además, en lo que se puede verificar de los escritos de Lucas como conocimientos tomados de fuentes seculares, resulta, como dijo Ramsay, sumamente preciso. Esta línea de estudio ha sido recuperada recientemente por un estudioso clásico, que concluye "en cuanto a Hechos la confirmación de su historicidad es abrumadora".[22] En consecuencia no debería sorprendernos que bastantes investigadores críticos de reputación crean que Lucas nos ha dado una descripción fiable de la vida y del pensamiento de la Iglesia de Jerusalén.

Es de valorar el juicio de Williams: "Algunos ensayos modernos que tratan de trazar una línea divisoria entre los apóstoles y sus conversos o de menospreciar la expresión de Lucas "testigos oculares y ministros de la palabra" (Lc. 1:2), parecen más bien estudios sobre la improbabilidad histórica".

Concluimos, pues, que podemos utilizar los primeros capítulos de Hechos como una fuente fiable de la Teología de la iglesia de Jerusalén. Esto no nos exige creer que los sermones que Lucas recoge sean relatos al pie de la letra; son demasiado cortos. Tampoco necesitamos admitir la opinión de que Lucas es el autor de estos discursos por la forma que tienen. Podemos, sin embargo, aceptar la conclusión de que son resúmenes breves y precisos de la primera predicación de los apóstoles. También resulta claro que Lucas no es un historiador crítico en el sentido moderno de la palabra. Es muy selectivo en lo que relata; introduce hechos importantes sin ninguna explicación (11:30); sus personajes aparecen y desaparecen de la escena de una manera frustrante (12:17). Sin embargo, todo escrito histórico debe seleccionar e interpretar, y Lucas selecciona entre las fuentes de las que dispone, tanto escritas como orales, lo que le parece que son los sucesos más importantes para describir la extensión de la Iglesia desde una pequeña comunidad judía en Jerusalén hasta una congregación gentil, en la ciudad principal del Imperio Romano.

Capítulo 25

La resurrección de Jesús

La importancia de la resurrección

Los discípulos de Jesús se aferraron con ahínco a la esperanza de una temprana proclamación del Reino de Dios. Habían discutido sobre quién sería el mayor (Mt. 18:1), y la madre de dos de los discípulos había tratado de influir en Jesús para que sus hijos tuvieran un lugar preferente en el Reino venidero (Mc. 10:37 = Mt. 20:21). La pregunta postpascual: "Señor, ¿restaurarás el reino a Israel en este tiempo?" (Hch. 1:6), pone de manifiesto que su forma de pensar seguía modelada por la esperanza de un reino teocrático terrenal. Sin duda, estos discípulos se encontraban entre los que saludaron con gran euforia la entrada de Jesús en Jerusalén gritando, "¡Bendito el reino de nuestro padre David que viene!" (Mc. 11:10).

La muerte de Jesús había defraudado todas estas esperanzas. Cuando los soldados del templo se apoderaron de él, sus discípulos le abandonaron y se escondieron para no ser hechos prisioneros (Mc. 14:50). A pesar de que nadie se hace eco de esta conducta, que siguió a la muerte de Jesús, Lucas nos dice que algunos de sus seguidores observaron la crucifixión desde lejos (Lc. 23:49). Pero, no se identificaron con él en los momentos de sufrimiento. A un extranjero – un tal Simón de Cirene (Lc. 23:26) – se le obligó a ayudarle a llevar su cruz cuando el peso de la misma le vencía. Al parecer sólo uno de los discípulos estuvo presente a la hora de su muerte (Jn. 19:26). Parece que ninguno de ellos tuvo el valor de pedir su cuerpo para enterrarlo. Este delicado servicio se llevó a cabo por un miembro del Sanedrín cuya posición le permitía no tener nada que temer, ni por parte de sus colegas, ni por parte de Pilatos (Mc. 15:43). Sin duda, los discípulos no se atrevieron a dar la cara por miedo a correr el destino de su maestro. Además, no fueron ellos los que acudieron al sepulcro y lo encontraron vacío, sino las mujeres que fueron a vigilar el cuerpo de Jesús. Al parecer, ellos permanecían escondidos por miedo (Jn. 20:19). La muerte de Jesús significó la muerte de sus esperanzas. La venida del Reino se convirtió en un sueño frustrado, encerrado en el sepulcro con el cuerpo de Jesús (Lc. 24:21). Aunque Jesús había anunciado su muerte, la idea de un Mesías muerto resultaba tan extraña, y la de que una cruz pudiera desempeñar algún papel en la misión del Mesías era tan absolutamente anómala, que la crucifixión sólo podía significar una desilusión completa por parte de sus seguidores. A esto se refiere Pablo cuando dice, "Cristo crucificado [es] para los judíos ciertamente tropezadero" (1 Co. 1:23). Por definición el Mesías debía ser un rey poderoso, no un criminal crucificado.

Sin embargo, al cabo de pocos días, todo esto cambió. Estos desilusionados galileos comenzaron a proclamar un nuevo mensaje en Jerusalén. Afirmaron que Jesús era realmente el Mesías (Hch. 2:36), que su muerte formaba parte de la voluntad y del plan de Dios aunque desde el punto de vista humano hubiera sido un homicidio inexcusable (Hch. 2:23). Afirmaron valientemente que aquél al que los judíos habían matado era el autor de la vida (Hch. 3:15), y que por medio de este Jesús crucificado, Dios no sólo les ofrecía arrepentimiento y perdón de pecados, sino que además cumpliría todo lo que había prometido por medio de los profetas del Antiguo Testamento (Hch. 3:21).

¿Cuál fue la causa de esta transformación tan radical tanto en la conducta de los discípulos como en su actitud hacia Jesús? La respuesta del Nuevo Testamento es que él resucitó de entre los muertos. Mientras que la venida del Espíritu Santo el día de Pentecostés se describe como el suceso por el cual se origina la Iglesia como comunión autoconsciente, la transformación de los discípulos de Jesús de un grupo atemorizado, desalentado y desengañado en predicadores valientes de él como Mesías y agente de salvación se produjo gracias a su resurrección de entre los muertos.

De hecho, la resurrección está en la médula del mensaje cristiano primitivo. El primer sermón cristiano registrado fue una proclamación del hecho y del significado de la resurrección (Hch. 2:14–36). Pedro no dijo casi nada acerca de la vida y del ministerio terrenal de Jesús (Hch. 2:22). No recurrió a su personalidad y carácter como alguien digno de devoción y de seguimiento. No recordó sus elevadas enseñanzas éticas, ni trató de demostrar que era superior a la gran cantidad de maestros rabínicos que tenían los judíos. Sólo se refirió a las acciones poderosas que caracterizaron el ministerio de Jesús como prueba de que las bendiciones de Dios habían descendido sobre él (Hch. 2:22). Lo realmente importante era el hecho de que él, que había sido ejecutado como un criminal, había resucitado de entre los muertos (Hch. 2:24–32). Pedro no ofreció su invitación basándose en la vida incomparable de Jesús, o en sus excelentes enseñanzas, o en sus impresionantes obras, sino simplemente en que Dios le había resucitado de entre los muertos y le había exaltado a su diestra en el cielo. De acuerdo con esto, Pedro invita a Israel a arrepentirse, a recibir el perdón de pecados y a ser bautizado en el nombre de Jesu-cristo (Hch. 2:38).

La función primordial de los apóstoles en la comunión cristiana inicial no era dirigir ni gobernar, sino dar testimonio de la resurrección de Jesús (Hch. 4:33). Esto se demuestra por los requisitos que se le exigen al sucesor de Judas; debe ser "hecho testigo con nosotros de su resurrección" (Hch. 1:22). En todos los sermones de los primeros capítulos de Hechos, la resurrección sigue siendo el tema central (3:14, 15). Los apóstoles podían hacer obras poderosas porque Dios había resucitado a Jesús (4:10), y por eso podían ofrecer también a Israel el don de la salvación (4:12). Su constante testimonio de la resurrección dio lugar a la primera oposición oficial por parte de los líderes religiosos hacia esta nueva secta (4:1–2; ver también 5:31–32).

Resumiendo, el cristianismo inicial no era en una nueva doctrina de Dios, ni una nueva esperanza de inmortalidad, ni siquiera trataba de proporcionar nuevas perspectivas teológicas de la naturaleza de la salvación. Se trataba de la presentación de un gran evento, de un acto poderoso de Dios: la resurrección de Cristo de entre los muertos. Cualesquiera que fueran los nuevos énfasis teológicos, sin duda se derivaron de los significados inevitables de este acto redentor de Dios al resucitar al Jesús crucificado de entre los muertos.

El hecho de la resurrección

Sin duda el historiador y el teólogo modernos encontrarán cuestiones difíciles que se acumulan en torno al testimonio del Nuevo Testamento de la resurrección de Cristo. La resurrección, tal como se describe en la Biblia, resulta imposible de aceptar para muchos de nuestros contemporáneos; sin embargo, ella sólo sirve para centrar la atención de forma muy intensa en la naturaleza de la totalidad del curso de la historia redentora. Pablo escribió en 1 Corintios 15:14 que si Cristo no había resucitado de entre los muertos nuestra fe es vana. Ésta parece ser una afirmación muy arriesgada. ¿Acaso la fe en el Dios vivo no es lo fundamental en la vida? ¿Puede la fe en ese Dios quedar afectada por la realidad o irrealidad de un solo suceso?

¿Acaso el autor de Hebreos no estableció que la fe en Dios es el principio básico que subyace a todo lo que escribió, "porque es necesario que el que se acerca a Dios crea que le hay, y que es galardonador de los que le buscan" (He. 11:6)? ¿No deberíamos decir que es la fe en ese Dios vivo lo que justifica nuestra confianza en la resurrección de Cristo?

Esto resulta bastante persuasivo, pero contradictorio según el desarrollo del pensamiento de Pablo. Si Cristo no ha resucitado, la fe es algo vano. La razón parece obvia. El Dios que se adora en la fe cristiana no es un producto de esa fe, ni un invento de teólogos o filósofos. No es un Dios imaginado o descubierto por hombres. Es el Dios que ha tomado la iniciativa de hablar a las personas, de revelárseles a través de una serie de eventos redentores que se remontan a la liberación de Israel de Egipto, e incluso más allá. Él no se dio a conocer a través de una teología sistemática, ni por medio de un libro, sino por una serie de hechos relatados en la Biblia. La venida de Jesús de Nazaret fue el punto culminante de esta serie de sucesos redentores; y su resurrección es el que da validez a todo lo ocurrido anteriormente. Si Cristo no ha resucitado de entre los muertos, esa larga serie de eventos redentores para salvar a su pueblo acaba en un callejón sin salida, en un sepulcro. Si la resurrección de Cristo no es una realidad, entonces no tenemos seguridad de que Dios sea un Dios *vivo*, porque la muerte ha tenido la última palabra. La fe es vana porque su objeto no se ha vindicado como el Señor de la vida. La fe cristiana queda entonces prisionera en el sepulcro junto a la última y más elevada auto revelación de Dios en Cristo, si Cristo en realidad está muerto.

Nuestra comprensión de la resurrección de Cristo es una cuestión mucho más amplia que ella misma; implica la naturaleza de la fe cristiana, la naturaleza de Dios y de su acción creadora. La Biblia presenta a Dios como un Dios vivo, creador y sustentador de toda vida y existencia, que no se puede identificar con su creación de forma panteísta, ni separar de ella de forma deísta. Está por encima de la creación y de la Historia, y aún así está constantemente activo en ella. Como el Dios vivo, puede actuar de formas que trascienden la experiencia y el conocimiento humanos.

Muchos pensadores contemporáneos no pueden aceptar este concepto de Dios. Asumen que el mundo debe estar siempre y en todas partes sujeto a las "leyes de la naturaleza", que son inflexibles. No cabe pensar que Dios actúe en su mundo ignorando las leyes por las que ese mundo funciona. Por eso, un destacado teólogo rechaza completamente la posibilidad de que la resurrección de Jesús signifique la vuelta a la vida a un cuerpo muerto, porque una acción así "está inextricablemente afectada por un milagro natural. Esta noción [para el hombre moderno] es intolerable, porque sólo puede ver a Dios actuando en la vida del espíritu (que para él es la única vida real) y transformando su personalidad. Pero aparte de lo increíble de un milagro así, no puede ver cómo un suceso tal puede ser una acción de Dios o cómo puede afectar su propia vida". Por tanto, "un hecho histórico que implica una resurrección de entre los muertos es totalmente inconcebible".

Una actitud así prejuzga el asunto y toma su decisión antes de analizar las pruebas. Bultmann cree que el lugar en el que Dios actúa es la existencia humana y no la Historia. Rechaza el testimonio bíblico de la naturaleza de los eventos redentores, que aprecia la actividad auto reveladora de Dios no sólo en las vidas de las personas, sino también a través de datos objetivos. En otras palabras, la definición de la cristiandad formulada a partir de tales supuestos tiene que ser diferente al testimonio de la Biblia sobre las acciones redentoras de Dios.

El testimonio del Nuevo Testamento es que ha sucedido un acto objetivo en un huerto a las afueras de Jerusalén en el cual Jesús fue crucificado y sepultado y que salió del sepulcro para entrar en un nuevo orden de vida. Cuando nos ocupamos del hecho objetivo de la resurrección, nuestra intención no es demostrar la resurrección y así imponer la fe. Reconocemos que no se puede imponer la fe presentando hechos "históricos" u objetivos, esto sólo puede hacerlo la acción del Espíritu Santo en el corazón humano. Pero el Espíritu Santo utilizó el testimonio de los discípulos de la realidad de la resurrección de Cristo, y por tanto, nos corresponde a nosotros dar testimonio del relato novotestamentario.

Hay varios hechos de los que los evangelios dan testimonio. Primero, Jesús estaba muerto. Pocos estudiosos serios ponen esto en duda. En segundo lugar, también estaban muertas las esperanzas de los discípulos. Jesús había predicado la venida del Reino de Dios; y sus discípulos le siguieron con la esperanza vibrante de que serían testigos de su venida (Lc. 19:11) y verían la redención de Israel (Lc. 24:21). Aunque Jesús les había advertido en varias ocasiones de que su muerte estaba cerca e intentó prepararles para ello (Mc. 8:31), nunca le entendieron realmente. Es importante recordar que los judíos del siglo I no entendieron que el siervo sufriente de Isaías 53 pudiera aplicarse al Mesías. Por definición él iba a gobernar en su Reino, y no a sufrir y a morir; y cuando Jesús fue entregado en manos de sus enemigos, cuando fue ejecutado como un criminal común, la esperanza de los discípulos se vino abajo. Para ellos fue el final de Jesús y de su predicación, el final de sus esperanzas.

Un tercer hecho es que el desaliento y la frustración de los discípulos se transformó de repente y bruscamente en confianza y certeza. De repente tuvieron la seguridad de que Jesús ya no estaba muerto. Sucedió algo que les convenció de que él estaba vivo. Estaban seguros de que le habían visto de nuevo, habían oído su voz, y le habían reconocido.

Una tercera cuestión es el sepulcro vacío. De esto dan testimonio todos los Evangelios, y se presupone en la afirmación de fe de Pablo en 1 Corintios 15:1–3. De nada servía poner de relieve la sepultura de Jesús, o su resurrección *al terca día*, si no fuera porque ésta significaba dejar el sepulcro vacío. Muchos investigadores sostienen que los relatos de la tumba vacía son añadidos legendarios posteriores que tenían como fin apoyar la creencia cristiana de la resurrección; pero también muchos estudiosos contemporáneos se sienten compelidos a aceptar la historicidad del sepulcro vacío.

Un quinto hecho histórico es la fe en la resurrección. Actualmente hay pocos que nieguen que sea un hecho histórico que los discípulos creyeron que Jesús había resucitado. Los investigadores a los que les resulta difícil creer en una resurrección real de Jesús admiten que los discípulos creyeron en ella. Creyeron que su maestro y señor, que había muerto y sido sepultado, volvía a estar vivo. Tenían confianza en que le habían vuelto a ver, a oír su voz, a escuchar sus enseñanzas, a reconocer sus características. Creyeron que su presencia no era algo "espiritual", sino una realidad corporal objetiva. *Ésta fue la fe que dio lugar a la Iglesia*. Lo que dio el ser y su mensaje a la Iglesia no fue la esperanza de una vida más allá de la muerte, sino una confianza en la supremacía de Dios sobre la muerte, un convencimiento de la inmortalidad del espíritu humano. Fue la creencia en algo que tuvo lugar en el tiempo y el espacio: Jesús de Nazaret resucitó de entre los muertos. La creencia en la resurrección de Jesús es un hecho histórico ineludible; sin él no hubiera habido Iglesia.

Pero debemos llegar al hecho definitivo y crucial. *Sucedió algo especial que llevó a los discípulos a creer en la resurrección de Jesús*. Ésta es la cuestión más importante. No fue la fe de los discípulos la que dio lugar a los relatos de la resurrección; fue algo que está detrás de ellos lo que originó su fe.

Los discípulos habían perdido la fe. Fueron "insensatos, y tardos de corazón para creer todo lo que los profetas [habían] dicho" (Lc. 24:25). El hecho de la resurrección y de la fe en ella son inseparables pero no idénticos. Aquélla dio origen a la fe.

Éste es el núcleo del problema para el hombre del siglo XX: ¿Qué es esto de la resurrección? ¿Qué sucedió para que diera lugar a la fe de los discípulos? El problema se ha formulado sobre la base de una comprensión moderna de la Historia y de los eventos históricos. El mundo antiguo no se enfrentó con un problema así, porque las personas creían que los dioses podían descender a la tierra para tratar con ellos y producir todo tipo de fenómenos insólitos. El mundo moderno no comparte estas ideas e interpreta la Historia en términos continuistas analógicos. La experiencia histórica es un nexo ininterrumpido de causa y efecto. Todos los eventos históricos deben tener causas racionales, históricas.

Desde el surgimiento de este método, la crítica ha tratado de explicar sobre fundamentos históricos el nacimiento de la fe en la resurrección y de los relatos sobre ella. He aquí nuestro problema central: la "historicidad" de la resurrección.

Después de todo, es un hecho histórico que la muerte es el fin de la existencia personal en la Historia. Cuando alguien muere, deja para siempre el escenario terrenal. Su cuerpo regresa al polvo, lo que le pueda ocurrir al espíritu o al alma no es un problema histórico, sino teológico o metafísico. Por tanto, históricamente debe aceptarse que la resurrección no puede significar la "resurrección de un cadáver". Muchas religiones tienen relatos de tales restauraciones a la vida, pero el historiador las trata como si fueran leyendas. Los relatos de la vuelta de Jesús a la vida deben entenderse como narraciones similares que hay en otras religiones.

La Crítica histórica se enfrenta con esta cuestión: ¿qué sucedió? ¿Qué evento "histórico" originó la fe en la resurrección y dio lugar a los relatos de la aparición del cuerpo resucitado y del sepulcro vacío?

La Crítica histórica ha ofrecido varias soluciones a este problema. Una de las más antiguas es la de que los discípulos robaron el cuerpo de Jesús y lo ocultaron, para después comenzar a proclamar que no estaba muerto y que había regresado a la vida. Esta teoría basa el mensaje de la resurrección en un fraude voluntario. El Evangelio cristiano de vida y salvación descansa en una mentira. Esta opinión casi no necesita ninguna refutación.

Otra teoría es que en realidad Jesús no había muerto sino que sólo se había desvanecido por la debilidad y por la pérdida de sangre. La frialdad del sepulcro, la fragancia de las especies aromáticas, y las horas de descanso le revivieron. Cuando volvió a la consciencia salió del sepulcro, se apareció a los discípulos, y les hizo creer que había resucitado de entre los muertos.

Otro intento más moderno dice que los relatos de la resurrección se iniciaron con María. Se perdió cuando se dirigía al huerto y llegó a un sepulcro equivocado que encontró vacío. Luego, con ojos llenos de lágrimas, al ver el perfil del hortelano, pensó que era Jesús, resucitado de entre los muertos.

Estos relatos se refutan por sí mismos. La única explicación "histórica" plausible es que los discípulos tuvieron experiencias reales, aunque fueran subjetivas. En la experiencia humana, la imaginación es tan *real* como la realidad objetiva; simplemente pertenece a un orden diferente. Esta teoría sostiene que los discípulos experimentaron visiones *reales* que interpretaron en el sentido de que Jesús estaba vivo y había triunfado sobre la muerte. Por supuesto, los relatos evangélicos se hicieron como si hubiera habido contactos físicos y objetivos con Jesús, pero por definición tales relatos no pueden ser históricos. La realidad que hay detrás de ellos es una serie de experiencias subjetivas, visiones o alucinaciones por las que los discípulos estaban seguros de haber experimentado al Jesús vivo.

Esta teoría, sin embargo, nos lleva a otro problema: ¿Qué produjo las experiencias subjetivas? ¿Qué dio lugar a las visiones? Éstas son hechos sicológicos; son una realidad. Pero las visiones no ocurren de forma arbitraria. Experimentarlas requiere ciertas condiciones previas por parte de los sujetos correspondientes, que estaban totalmente ausentes en los discípulos de Jesús. Describir a los discípulos después de la muerte de Jesús fomentando recuerdos gratos porque deseaban verle de nuevo y porque esperaban que en realidad no muriera, contradice las pruebas que hay en los Evangelios. La descripción de los discípulos llenos de esperanza por el impacto que Jesús produjo en ellos, y de su fe superando la barrera de la muerte y considerando a Jesús como su Señor vivo y resucitado, exige una recomposición radical de la tradición evangélica. Quizá no sea halagador para la fe de los discípulos decir que esto pudo producirse sólo como un resultado de una experiencia con cierta realidad objetiva; pero este es el testimonio de los Evangelios. ¿Requiere la fe algún tipo de objetividad para sostenerse? ¿Es la fe su propio apoyo? En el caso de los discípulos, ¡no! La fe no dio lugar a visiones, y ellas no produjeron la fe. No hay una explicación adecuada para el surgimiento de la fe en la resurrección excepto ella misma: Jesús resucitó de entre los muertos.

Muchos investigadores se olvidan de las dificultades que tiene la teoría de la "visión". Bultmann, como historiador, sólo puede explicar la fe en la resurrección sobre la base de la íntima relación que los discípulos tuvieron con Jesús durante su vida terrenal. Este impacto personal llevó a los discípulos a experimentar visiones subjetivas. Una afirmación clásica de esta posición es la de Johannes Weiss, que escribió que "las apariciones no fueron fenómenos externos, sino simplemente las metas de una lucha interna en la que la fe triunfó sobre la duda (...) las apariciones no fueron la base de su fe, aunque pareciera que sí, sino más bien su producto y su resultado". Una fe que tuviera lugar sólo gracias a apariciones objetivas "no tendría mucho valor moral o religioso". Por muy halagadora que resulte esta opinión para la fe de los discípulos, exige volver a escribir de forma totalmente diferente el Nuevo Testamento.

Sin embargo, el problema puede resolverse con bastante facilidad. Así lo reconoce claramente uno de los discípulos más capaces e influyentes de Bultmann, Günther Bornkamm. Él admite que la desesperación y el desaliento de los discípulos no permiten una explicación subjetiva de la resurrección basándose en el carácter íntimo de la relación de los discípulos con su maestro. Además está de acuerdo con lo que nosotros defendemos, a saber, que "las apariciones del Cristo resucitado y el testimonio de sus testigos fueron los primeros elementos que dieron vida a esta fe". Ésta parece que es una conclusión ineludible. Pero hay un interrogante que permanece: ¿Cuál fue la naturaleza de estas apariciones?

La naturaleza de la resurrección

Admitir la prioridad y la objetividad de la resurrección no resuelve todos los problemas. Todavía debemos ocuparnos de una cuestión muy importante: ¿Cuál es la naturaleza de la resurrección? Ya que ella es el evento que dio origen a la Iglesia, su naturaleza es una de las cuestiones más importantes que se pueden plantear.

Bultmann interpreta la resurrección de forma existencialista. Acepta la crítica de que ella significa que Jesús ha resucitado en el kerigma, o sea, en la proclamación del evangelio, que el kerigma es en sí mismo un evento escatológico, y que Jesús, por tanto, está activamente presente para encontrarse con el oyente en él. Todas las especulaciones sobre la naturaleza de la resurrección, todos los relatos de un sepulcro vacío y otros aspectos parecidos, no tienen nada que ver con el hecho de la resurrección.

Ya que Bornkamm admite que la teoría de una visión no es adecuada para explicar el surgimiento de la fe en la resurrección, cabría esperar de él una respuesta más satisfactoria. Dice que la fe pascual consiste en "que Dios mismo había intervenido con su mano todopoderosa en la vida perversa y rebelde del mundo, y había sacado a este Jesús de Nazaret del poder del pecado y de la muerte que se habían levantado contra él, y lo constituyó como Señor del mundo". Sin embargo, este lenguaje no parece implicar una resurrección corporal, porque sigue diciendo, "un suceso en este tiempo y en este mundo, y aún así, un evento que pone fin y límite a este tiempo y en este mundo".[9] Esta forma de expresarse deja la impresión de interpretar la resurrección, una vez más, en términos existenciales; pero debe recordarse que para un existencialista, la experiencia de "existencia auténtica" o, en terminología cristiana, fe salvadora, implica objetividad y no una subjetividad absoluta.

Bultmann dice que la resurrección de un cadáver es increíble. Aunque ésta fuera una objeción válida, no es de peso, porque el Nuevo Testamento no describe la resurrección de Jesús como la vuelta a la vida de un cadáver, sino como *el surgimiento en el tiempo y en el espacio de un nuevo orden de vida.*

En el judaísmo del siglo I hubo algunos que creyeron en la resurrección del cuerpo físico, es decir, en el regreso a la vida del mismo cuerpo que había muerto. Esto es ilustrado por el relato del anciano judío llamado Razis en tiempo de la persecución seleucida. Antes que caer en manos de los odiados griegos, Razis prefirió quitarse las vísceras con su propia espada. De pie en un acantilado… tomó los intestinos con sus manos y los arrojó a las multitudes. Así murió, clamando a Aquel que es Señor de la vida y del espíritu para que se los devolviera" (2 Mac. 14:46).

Un relato como éste no describe en absoluto la naturaleza de la resurrección de Jesús. Ella no es la restauración de un cuerpo muerto a la vida física; es el nacimiento de un nuevo orden de vida. Es la encarnación en el tiempo y el espacio de la vida eterna. Es el comienzo de la resurrección escatológica. Así se recoge claramente en 1 Corintios 15.

El carácter escatológico de la resurrección de Jesús no se afirma de manera explícita en los Evangelios ni en Hechos, pero se deduce claramente de dos puntos: El primero es la naturaleza de la predicación apostólica de la resurrección. En Hechos 4:2 se nos dice que la oposición de los saduceos se debía a que los discípulos "anunciasen en Jesús la resurrección de entre los muertos". Esta afirmación es muy sorprendente. ¿Dónde radica su importancia? Los fariseos creyeron y enseñaron la resurrección de entre los muertos. Los rabinos o teólogos judíos tenían la costumbre de sentarse en los amplios patios del templo rodeados de grupos de discípulos. Sin duda alguien hubiera podido aventurarse a buscar en el templo esta nueva secta de Jesús y, seguramente hubiera escuchado de boca de varios rabinos la mención de la resurrección de los muertos. ¿Por qué, entonces, los saduceos se molestaron ante una enseñanza parecida de los seguidores de Jesús?

La respuesta sólo puede deberse a que la proclamación de los discípulos de la resurrección de Jesús daba a la doctrina nuevas dimensiones y una importancia también nueva. Los rabinos enseñaban la resurrección como algo teóricamente teológico; y algunos discutían diversos aspectos como el tiempo y los sujetos de la resurrección. El mensaje cristiano era diferente. En este caso no se trataba de una teoría abstracta o de una teología fría; era la proclamación de un evento que, de ser verdadero, invitaba a todo el judaísmo a reconocer que se había producido entre ellos un nuevo acto redentor de Dios ante el cual no podían asumir una actitud neutral o indiferente. Además, la forma de expresar esta idea indica que los discípulos no se contentaban con proclamar un evento del que habían sido testigos, la resurrección de un maestro crucificado; proclamaban "en Jesús la resurrección de entre los muertos". La resurrección de Jesús tenía implicaciones de importancia incalculable. La resurrección de los muertos ya no era una esperanza teológica discutida para el futuro; era un hecho del presente cuyas consecuencias no podían ser ignoradas o simplemente toleradas.

La naturaleza escatológica de la resurrección de Jesús recibe un ulterior apoyo de la naturaleza del cuerpo resucitado, tal como se describe en los Evangelios. La resurrección de Jesús fue claramente *corporal*; aún así era un cuerpo con poderes nuevos y más elevados de los que había tenido su cuerpo físico antes de la muerte.

Los Evangelios ofrecen un testimonio extenso de que la resurrección de Jesús fue corporal. El significado del sepulcro vacío depende de esto. La objetividad de una tumba vacía es rechazada por muchos críticos bíblicos, que afirman que ésta es una apología diseñada para mantener la fe en la resurrección. Sin embargo, esta objeción no tiene en cuenta que los Evangelios no utilizan el sepulcro vacío como una apología para probar la realidad de la resurrección. Éste era en sí mismo un dato enigmático que necesitaba una explicación. Marcos recuerda que la primera reacción de las mujeres en la tumba vacía (también al mensaje de los ángeles) era de miedo y de asombro. Lucas habla de dos discípulos que tenían noticias del sepulcro vacío pero que no creyeron en la resurrección hasta que fueron enfrentados por el Jesús resucitado (Lc. 24:22ss.). Juan dice que María creyó que el cadáver de Jesús había sido robado (Jn. 20:2). No era el sepulcro vacío lo que impulsó la fe en Juan, sino la forma de los lienzos (Jn. 20:6–8). Aparte de la aparición de Jesús, el sepulcro vacío era un enigma. Por tanto no se utiliza como una prueba de la resurrección, sino de la naturaleza de la misma; se trataba de la resurrección del cadáver de Jesús.

La corporeidad de la resurrección también se pone de manifiesto de otras formas. Su cuerpo impresionaba los sentidos físicos: la sensación (Mt. 28:9; Jn. 20:17, 27), la visión, la audición (Jn. 20:16); es probable que María reconociera a Jesús por el tono de su voz cuando pronunció su nombre. Se incluyen otros elementos que parecen sugerir que el cuerpo de Jesús era un cuerpo físico. Dijo: "un espíritu no tiene carne ni huesos, como veis que yo tengo" (Lc. 24:39). Sin embargo, por el contexto parece evidente que esto no pretendía ser un análisis "científico" de la composición de su cuerpo, sino que quería probar que tenía un cuerpo real y no un espíritu desencarnado. Pablo también insiste en la corporalidad de la resurrección. No deberíamos, por tanto, insistir demasiado en las palabras "carne ni huesos" de Lucas 24:39, basándonos en que designan un cuerpo exactamente igual al cuerpo físico.

Además, el cuerpo de Jesús podía comer. Comió pescado en presencia de los discípulos (Lc. 24:42–43), pero una vez más, las palabras "delante de ellos" (v. 43) aclaran que esto se hizo como una señal de que su resurrección era corporal.

Sin embargo, el cuerpo resucitado de Jesús tenía poderes nuevos y maravillosos diferentes del cuerpo natural y físico. Poseía capacidades que nunca antes se habían experimentado sobre la tierra. Tenía el sorprendente poder de aparecer y desaparecer a voluntad. En dos ocasiones, Juan dice que Jesús se apareció de repente a los discípulos, "estando las puertas cerradas" (Jn. 20:19, 26). Esto sólo puede significar que Jesús no accedió a ese lugar de la forma habitual, es decir, a través de una puerta abierta. *Aunque* las puertas estaban cerradas, "llegó Jesús (…) y se puso en medio" (v. 26). En Emaús, después de partir el pan con dos discípulos, Jesús de repente desapareció de su vista (Lc. 24:31). Cuando regresaron a Jerusalén y relataron su experiencia, Jesús, de pronto, se puso en medio de ellos. Llegó tan de repente que se sorprendieron y se asustaron, e incluso llegaron a creer que era un espíritu (Lc. 24:36–37). El cuerpo resucitado de Jesús poseía nuevos y sorprendentes poderes. Parecía pertenecer a otra dimensión de la realidad.

Más aún, el minucioso estudio del texto no sugiere en ninguna parte que la piedra del sepulcro fuera desplazada para que Jesús pudiera salir. Mateo menciona el terremoto y el desplazamiento de la piedra (28:2) como una señal de un suceso maravilloso, no como eventos en sí mismos. Sólo se puede sacar una conclusión: el cuerpo de Jesús había desaparecido antes de que se removiera la piedra. No fue necesario quitarla para que él saliera del sepulcro; ya había salido. Se quitó la piedra para los discípulos, no para Jesús.

Estas dos series de elementos apuntan hacia una doble conclusión: la resurrección de Jesús fue corporal; pero su cuerpo resucitado poseía poderes extraños que trascendían cualquier limitación física. Podía interactuar con el orden natural, pero al mismo tiempo lo trascendía. C. K. Barrett tiene razón cuando habla de "el poder misterioso del Jesús resucitado, cuya corporalidad le permitía mostrar sus heridas y al mismo tiempo pasar por puertas cerradas". Éste es en realidad el mismo testimonio de Pablo. La resurrección de Jesús pertenece a una dimensión nueva y más elevada: la del Siglo Venidero, de la vida eterna.

Este testimonio de los Evangelios queda reforzado por la exposición de Pablo de la resurrección en 1 Corintios 15. Aunque Pablo en este pasaje se ocupa de la resurrección escatológica de los santos en la *parusía*, ésta es inseparable de la resurrección de Jesús porque describe estas dos resurrecciones como dos momentos de un solo evento. La resurrección de Jesús es las primicias de la resurrección escatológica (1 Co. 15:20). Todos los que están en Cristo son solidarios con él, del mismo modo que todos los hombres en Adán son solidarios con éste. Todos en Adán participan de su muerte, así todos los que están en Cristo participan de su vida. "Pero cada uno en su debido orden: Cristo, las primicias; luego los que son de Cristo, en su venida" (1 Co. 15:23).

La resurrección de Cristo y la resurrección de los que le pertenecen son dos partes de una sola unidad, dos actos de un solo drama, dos etapas de un solo proceso. La relación temporal no es importante. No importa cuán largo sea el intervalo de tiempo entre estas dos etapas de la resurrección. Esto no afecta a la relación lógica o, sería mejor decir, a la relación teológica. La resurrección de Jesús es "las primicias" de la resurrección escatológica al final de los siglos. En la agricultura palestina las primicias eran frecuentes. Eran los primeros granos de la cosecha, que ya estaba preparada para ser recogida. Las primicias no eran la cosecha, pero representaban un compromiso y una promesa de ella. Eran su comienzo real. La cosecha ya había comenzado; se comenzaba a cortar el grano.

La resurrección de Jesús no es un hecho aislado que proporcione a las personas una confianza cálida y una esperanza de una resurrección futura; es el comienzo de la misma resurrección escatológica. Si se nos permite el uso de términos toscos para tratar de describir realidades sublimes, podríamos decir que una de las piezas de la resurrección escatológica fue plantada en medio de la Historia. El primer acto del drama del Ultimo Día ha ocurrido antes del Día del Señor.

La resurrección de Jesús no es simplemente un suceso en la Historia. No debería describirse sencillamente como algo sobrenatural, un milagro, como si Dios hubiera interferido en las "leyes de la naturaleza". La resurrección de Jesús significa nada menos que la aparición en el tiempo de Historia de algo que pertenece a la dimensión eterna. ¿Sobrenatural? Sí, pero no en el sentido que se le da a esta palabra. No es la "perturbación" del curso normal de los acontecimientos; se trata de la manifestación de algo totalmente nuevo. La vida eterna ha aparecido en medio de lo mortal.

Lo que causa muchos problemas al historiador contemporáneo es la naturaleza escatológica de la resurrección de Jesús. Según el testimonio del Nuevo Testamento, la resurrección no tiene causas históricas; es un acto de Dios, y el historiador no puede hablar acerca de Dios de acuerdo con sus categorías. Siendo algo completamente único, no tiene análogos, y esto lo coloca fuera de la experiencia histórica ordinaria. Es el surgimiento de la vida eterna en medio de lo mortal, y el historiador no sabe nada acerca de ella ni del Siglo Venidero. Aún así, tuvo lugar como acontecimiento objetivo en medio de la Historia aunque trasciende todas las categorías humanas. Por esto, a menudo el historiador contemporáneo interpreta la resurrección de otra forma que no es la corporal. Sin embargo, debe explicar la fe en la resurrección y el nacimiento de la Iglesia; y para el que cree en la existencia de un Dios vivo y omnipotente, la "hipótesis" de que Jesús resucitó corporalmente del sepulcro es la única explicación adecuada de los hechos "históricos".

Marxsen da mucha importancia al hecho de que ninguno de los discípulos experimentara la resurrección: nadie le vio resucitar. La resurrección de Jesús es una inferencia debida a las apariencias. Hay que admitir esto. Pero también insistimos en que es una inferencia absolutamente necesaria obligada por las pruebas. Marxsen sin duda está equivocado cuando dice que todo lo que los evangelistas querían mostrar con sus relatos de la resurrección era que la actividad de Jesús proseguía, y cuando reduce las distintas narraciones a un solo punto: que Pedro llegó a creer. El significado de los relatos de la resurrección consiste en que Jesús continúa su actividad – porque es una persona viva; y que los discípulos, incluso Pedro, creyeron – porque se encontraron con la persona del Señor resucitado de forma corporal.

Así pues, concluimos que la resurrección de Jesús es un acontecimiento escatológico que ocurrió en la Historia y dio vida a la Iglesia cristiana. Se deja oír una nota que proporciona la clave para entender la naturaleza y el mensaje de la Iglesia primitiva. La Iglesia llegó a existir gracias a un acontecimiento escatológico; ella misma es una comunidad escatológica con un mensaje escatológico. En cierto sentido, los sucesos que forman parte del fin del siglo y de la consumación escatológica han penetrado en la Historia.

Capítulo 26

El kerigma escatológico

La interpretación más antigua del significado del evento de Jesús está en el libro de Hechos y en su relato de la predicación de la Iglesia primitiva. Los evangelios concluyen con narraciones de su resurrección y con breves afirmaciones de su ascensión. El final de Marcos parece una interrupción brusca de la historia; Mateo recoge a un Jesús resucitado comisionando a sus discípulos a llevar el Evangelio a todo el mundo. Sólo Lucas se refiere a una consecuencia de la resurrección: un pequeño grupo de 120 discípulos judíos, convencidos de que su maestro crucificado había resucitado de entre los muertos, empezaron a proclamar su mesianidad y a invitar a Israel a que se arrepintiera y se acercara con fe a Aquél que habían crucificado. Este pequeño grupo constituyó lo que parece ser una secta del judaísmo. Lucas relata cómo este nuevo grupo (la Iglesia) llegó a romper con el judaísmo y a extenderse por el mundo mediterráneo. El instrumento más importante de esta difusión de la Iglesia fue Pablo, el rabino converso; han llegado hasta nosotros suficientes escritos suyos como para poder estructurar su comprensión del significado de Cristo. Pero ahora debemos analizar los primeros capítulos del libro de Hechos para entender la interpretación más antigua de Jesús y cómo se entendió la iglesia a sí misma. Esto se encuentra sobre todo en los discursos de Hechos.

El tiempo de salvación

C. H. Dodd, en un libro que ha tenido una gran influencia, resume la predicación primitiva de acuerdo con los siguientes temas:

Primero, la era del cumplimiento ha comenzado. "Más esto es lo dicho por el profeta Joel" (Hch. 2:16). "Pero Dios ha cumplido así lo que había antes anunciado por boca de todos sus profetas" (Hch. 3:18). "Y todos los profetas desde Samuel en adelante, todos lo que han hablado, también han anunciado estos días" (Hch. 3:24). Los apóstoles proclamaron que la era mesiánica ya había comenzado.

Segundo, esto ha ocurrido por medio del ministerio, muerte y resurrección de Jesús, de lo cual se presenta un breve relato, probando por las Escrituras que todo eso ha tenido lugar "por el determinado consejo y anticipado conocimiento de Dios" (Hch. 2:23).

Tercero, en virtud de la resurrección, Jesús fue exaltado a la diestra de Dios como Mesías del nuevo Israel (Hch. 2:33–36; 3:13).

Cuarto, en la iglesia, el Espíritu Santo es la señal del poder y de la gloria presentes de Cristo. "Así que exaltado por la diestra de Dios, y habiendo recibido del Padre la promesa del Espíritu Santo, ha derramado esto que vosotros veis y oís" (Hch. 2:33).

Quinto, la era mesiánica alcanzará pronto su consumación en el retorno de Cristo. "A quien de cierto es necesario que el cielo reciba hasta los tiempos de la restauración de todas cosas, de que habló Dios por boca de sus santos profetas que han sido desde tiempo antiguo" (Hch. 3:21).

Finalmente, el kerigma siempre concluye con un llamamiento al arrepentimiento, el ofrecimiento del perdón y el Espíritu Santo, y la promesa de salvación, es decir, de la vida del Siglo Venidero para los que pasan a formar parte de la comunidad elegida. "Arrepentíos y sea bautizado cada uno de vosotros en el nombre de Jesucristo para perdón de vuestros pecados, y recibiréis el don del Espíritu Santo. Porque la promesa es para vosotros, para vuestros hijos y para todos los que están lejos, para todos cuantos el Señor nuestro Dios llame" (Hch. 2:38–39).

Todos estos puntos se merecen un estudio detallado, aunque no necesariamente en el orden propuesto por Dodd.

El Jesús histórico. El kerigma primitivo se centraba en la muerte y exaltación de Jesús. La crítica moderna distingue claramente entre el Jesús histórico y el Cristo exaltado, y a menudo considera al segundo como un mito y, por tanto, histórico. Desde luego, la iglesia primitiva no lo entendió así. Su kerigma proclamaba el destino de un hombre real, Jesús de Nazaret (Hch. 2:22). Este título se usa cinco veces en los primeros capítulos de Hechos, y cuando aparece en otros lugares sólo lo hace en los evangelios. Muy a menudo la referencia a Cristo se hace con el nombre de Jesús, sin que se le añada nada más. El día de Pentecostés, Pedro habló de alguien a quien tanto él como su auditorio habían conocido porque le habían visto y le habían experimentado personalmente. Su vida y sus obras estaban todavía presentes en la memoria (2:22s.). Los apóstoles eran testigos de sus hechos poderosos por todo Israel (10:38–39). La impresión que mantenían era la de un hombre dotado por Dios de un gran poder.

Aunque el kerigma se ocupa de una figura histórica, la vida, palabras y obras de Jesús no constituyen el contenido del kerigma. Lo único que hacen es darnos el contexto de su muerte, resurrección y exaltación. Sin embargo, es importante advertir que en todas partes se presupone la humanidad e historicidad absolutas de Jesús.

Sufrimientos de Jesús

Que el kerigma se ocupe más de la muerte de Jesús que de su vida, nos plantea un interrogante lógico: ¿Qué idea de la muerte de Jesús, es decir, de la expiación proclamó la iglesia primitiva? La respuesta refleja el primitivo carácter de esta teología, porque es imposible formular cualquier doctrina de la expiación que se base solamente en los sermones de Hechos. La muerte de Jesús es lo más importante, y esto se pone de relieve una y otra vez. Sin embargo, las afirmaciones de que esa muerte no fue simplemente un acontecimiento trágico, sino algo que pertenece a la voluntad y al propósito redentor de Dios implican la existencia de una determinada comprensión de la expiación. Aunque Jesús fue asesinado por hombres sin ley, su muerte tuvo lugar de acuerdo con el plan y con las previsiones concretas de Dios (2:23). Herodes y Pilato, gentiles y judíos, sólo pudieron hacer lo que "tu mano y tu consejo habían antes determinado que sucediera" (4:28).

Hay un paso ulterior muy significativo relacionado con el hecho de que los sufrimientos de Jesús habían cumplido "lo que había sido antes anunciado por boca de todos sus profetas, que su Mesías (Cristo) había de padecer" (3:18). Sus sufrimientos y su muerte forman parte de su misión mesiánica. ¿Por qué la iglesia primitiva hizo de los sufrimientos una parte de la mesianidad? El Antiguo Testamento no hace lo mismo; el siervo sufriente de Isaías 53 no se identifica con el Mesías. El judaísmo precristiano no esperaba a un Mesías sufriente y moribundo. Jesús no enseñaba que debía sufrir como Mesías sino como Hijo del Hombre (Mc. 8:31). Mesías designaba a un rey de la casa de David que gobernaría, no que moriría. Sin embargo la iglesia primitiva creyó que la muerte formaba parte de la misión mesiánica.

Para entender esto, los primeros capítulos de Hechos nos proporcionan una clave gracias al uso de un título que aplican a Jesús y que no se encuentra en ninguna otra parte del Nuevo Testamento: el Siervo (*pais*). Jesús sufrió la hostilidad y la violencia de los gobernantes, como el Ungido del Señor y como el santo Siervo de Dios (4:26–27). Aunque el Siervo fue entregado a la muerte, Dios le glorificó (3:13–14), resucitándole de entre los muertos (3:26). En el nombre de este Siervo santo, Jesús, Dios muestra su poder. Felipe también vio en la humillación del *ebed Yahweh* ("siervo de Dios") de Isaías 53:7–8 una profecía de los sufrimientos de Jesús.[4] Él es el *ebed Yahweh*, el *pais theou* que cumplirá la misión redentora de sufrir. La iglesia primitiva vio en estos sufrimientos el cumplimiento de un papel mesiánico. La clara fusión de los papeles de Siervo y de Mesías se lleva, pues, a cabo; Jesús como Mesías es también el siervo sufriente.

La mejor explicación de esta combinación se remonta a Jesús mismo. Él había "aceptado y cumplido su misión mesiánica de acuerdo con la profecía del siervo sufriente, y la interpretación de los apóstoles fue igual". Así, Lucas nos dice que el Señor resucitado enseñó explícitamente a los discípulos que la misión del Mesías era, en primer lugar, sufrir, y después entrar en su gloria (Luc. 24:26).

La primitiva naturaleza de la cristología de Hechos queda ilustrada por el hecho de que *Christos* todavía no había llegado a ser un nombre propio. En catorce lugares "el Cristo" es, sin lugar a dudas, un título (2:31, 36; 3:18, 20, etc.). El kerigma primitivo proclamó que Jesús era el Mesías (5:42; 8:5; 9:22). En once textos "Cristo" acompaña a "Jesús" no tanto como nombre propio sino como una construcción formal. Pedro dijo a los judíos que se bautizaran en el nombre de Jesús el Cristo (2:38; ver también 3:6; 4:10; 8:12).

También como Mesías Jesús regresará para llevar el Reino a su consumación escatológica. "Por tanto, arrepentíos y convertíos para que sean borrados vuestros pecados; de modo que de la presencia del Señor vengan tiempos de refrigerio y que él envíe al Cristo, a Jesús, quien fue previamente designado. Además, el cielo debía recibirle hasta el tiempo de la restauración de todas las cosas, de las cuales habló Dios por boca de sus santos profetas desde tiempos antiguos"

(3:19–21). Jesús ha sufrido como Mesías, y ahora es exaltado y ha de venir todavía como tal para llevar a cabo la consumación escatológica.

J. A. T. Robinson cree que esta cristología del Cristo escatológico se contradice con la de la exaltación, aunque sea la más antigua de la iglesia primitiva. La cristología de la exaltación representa una fase posterior de la evolución de esta doctrina.[8] Sin embargo, esto se opone al texto y "hace que Lucas parezca increíblemente ingenuo poniendo dos cristologías distintas una junto a otra".

El inicio de la resurrección

Hemos visto en el capítulo anterior que la resurrección de Jesús significa mucho más que una simple restauración de la vida física a un cuerpo muerto; en sí misma es un acontecimiento escatológico. La resurrección de los muertos pertenece al final de la edad y llevará a los justos que hayan muerto a la vida eterna del Siglo Venidero. La resurrección de Jesús está en medio de los siglos.

La resurrección de Jesús fue un suceso totalmente inesperado. Significa nada más y nada menos que un acontecimiento perteneciente al Siglo Venidero que ya ha tenido lugar en la historia. Esto a su vez significa que la transición de este siglo al Siglo Venidero no tiene que ver con un único evento apocalíptico al final de la historia, sino con dos acontecimientos, el primero de los cuales ya se ha dado. Así pues, la resurrección de Jesús ha iniciado una nueva era – la era mesiánica – mientras que el Siglo Venidero sigue siendo algo futuro. Aunque la resurrección de los muertos sigue siendo un acontecimiento para el último día, este evento escatológico ya ha comenzado a manifestarse en la resurrección de Cristo. Ya ha sido superado el "punto medio". La iglesia primitiva tuvo que vivir una tensión entre realidad y expectativa – entre el "ya" y el "todavía no". Ha llegado la era de la realización; el día de la consumación todavía es futuro.

El Reino de Dios

El tema central de la predicación de Jesús era el Reino de Dios. Aunque éste no se presenta como un tema básico de la predicación apostólica inicial, tampoco está del todo ausente. Lucas dice que en los días posteriores a la resurrección de Jesús, éste siguió enseñándoles acerca del Reino de Dios (1:3). Sin duda debemos entender esto en el sentido de que les instruía sobre la relación que había entre su proclamación del Reino de Dios y su muerte y resurrección. Esto era necesario porque los discípulos mantenían sus ideas nacionalistas y teocráticas acerca del Reino, lo cual puede apreciarse en la pregunta que le hacen a Jesús: "¿restaurarás el reino a Israel en este tiempo?" (1:6). Con anterioridad, dos de sus discípulos le habían pedido que les concediera puestos de honor en el nuevo Gobierno de Israel que tanto anhelaban (Mc. 10:35ss.). Jesús les había dicho que la promesa del don del Espíritu Santo, que pertenecía a la nueva era anunciada en el Antiguo Testamento, estaba a punto de cumplirse, y lógicamente ellos supusieron que también se cumplirían las promesas veterotestamentarias de la conversión y restauración de Israel en el Reino.

Jesús no contestó negativa y rotundamente que el Reino no tenía nada que ver con Israel. Más bien, dijo que no les era dado entender el plan total de Dios: "A vosotros no os toca saber ni los tiempos ni las ocasiones que el Padre dispuso por su propia autoridad" (1:7). Más tarde Pablo dedicó tres capítulos al rechazo actual de Israel y a su salvación futura (Ro. 9–11), pero Jesús dijo a los discípulos que no debían preocuparse de programas proféticos, sino de dar testimonió de él ante el mundo. "La pregunta del v. 6 parece haber sido el último chispazo de su anterior expectativa de una teocracia política inminente de la que ellos mismos iban a ser los principales dirigentes."

Sin embargo, es evidente que todavía esperaban un cumplimiento escatológico de las promesas hechas en el Antiguo Testamento. En el segundo sermón, Pedro dijo, "a quien [Cristo] de cierto es necesario que el cielo reciba hasta los tiempos de la restauración de todas las cosas, de que habló Dios por boca de sus santos profetas que han sido desde tiempo antiguo" (Hch. 3:21). En su momento Dios enviará al "Mesías, Jesús", para que lo cumpla todo (Hch. 3:20). El sustantivo que se usa para la palabra restauración en Hechos 3:21 (*apokatastasis*) tiene la misma raíz que el verbo "restaurar" de Hechos 1:6 (*apokathistanai*). La respuesta de Jesús a los discípulos "no niega la expectativa en sí (de la venida del Reino de Dios), sino que le quita su significado político y lo relaciona con la esfera espiritual". La promesa de la restauración de todas las cosas de Hechos 3:20 no se refiere primordialmente a Israel sino al nuevo orden de Dios en la nueva creación mesiánica.

Cuando los primeros discípulos hablan del Reino de Dios en Hechos no está claro si se refieren al orden escatológico. En ocasiones el "Reino de Dios" es casi un sinónimo de evangelio. Felipe fue a Samaria para predicar las buenas noticias del Reino de Dios (8:12). Sin embargo, eso va acompañado de "el nombre de Jesucristo". En Éfeso, Pablo habló y defendió durante tres meses el Reino de Dios (19:8), y resumió el ministerio en esa ciudad con las palabras "predicando el Reino" (20:25). En Roma, dio testimonio del Reino de Dios ante los líderes judíos que fueron a él, lo cual significa que les persuadía "acerca de Jesús, tanto por la ley de Moisés como por los profetas" (28:23). Lucas resumió el ministerio de Pablo en Roma diciendo que dedicó dos años a predicar "el reino de Dios y enseñando acerca del Señor Jesucristo" (28:31). Podemos asumir que estos pasajes significan que los apóstoles proclamaron de forma sintetizada el contenido esencial del mensaje de Jesús. La única referencia que queda puede ser claramente escatológica: "Es necesario que a través de muchas tribulaciones entremos en el reino de Dios" (14:22). Resulta de sumo interés que Lucas resuma el contenido de la predicación de Pablo a los gentiles con la expresión en absoluto helenista "el Reino de Dios".

La ascensión

El uso más notable del vocablo Mesías en relación con Jesús lo encontramos en su ascensión (Hch. 2:36). Lucas dice que cuarenta días después de la resurrección, dijo a los discípulos que esperaran en Jerusalén la venida del Espíritu Santo; y entonces, "viéndolo ellos, fue alzado, y le recibió una nube que le ocultó de sus ojos" (1:9). Este relato de Jesús subiendo al cielo implica muchas dificultades. En primer lugar sugiere que los primeros cristianos concebían el mundo según tres niveles, siendo el cielo literalmente un lugar por encima de la atmósfera. Sin embargo, éste, concebido como morada de Dios, es una esfera de existencia diferente al universo físico, no hay otra forma posible por la que Jesús pudiera haber indicado su salida hacia ese otro mundo que con una ascensión visible, tal y como la describe Lucas. Es bastante dudoso que Lucas pensara en términos cosmológicos. Probablemente lo que hizo fue describir la finalización de las apariciones de Jesús que siguieron a su resurrección: "una declaración dramatizada de finalidad". La nube, probablemente, no fue de vapor, sino de gloria, para indicar la presencia divina. En la transfiguración, Jesús había entrado en la nube de la presencia divina pero no permaneció en ella. En la ascensión vuelve a entrar en ella y permanece ya con el Padre.[14]

El significado de la ascensión suscita otra cuestión. Algunos investigadores insisten en que la naturaleza corpórea de la resurrección de Jesús exige la ascensión porque sería inadecuado que él se quedara permanentemente en la tierra; otros, piensan que la ascensión significa llevar al cielo a la humanidad redimida.[16] Sin embargo, aunque estas opiniones parezcan fáciles a simple vista, en realidad no lo son. La relación entre la resurrección y la ascensión no es sencilla. Aquélla, como ya hemos visto, no fue un simple retorno a la existencia terrenal, sino un acontecimiento escatológico, las primicias de la resurrección escatológica. La resurrección de Jesús fue la irrupción de la vida eterna en el ámbito de lo mortal. Como más tarde escribió Pablo, Jesús "sacó a luz la vida y la inmortalidad por el evangelio" (2 Ti. 1:10). Existen buenas razones para creer que la glorificación y exaltación de Jesús tuvieron lugar en el momento de la resurrección. La exaltación es uno de los temas centrales del primer sermón de Pedro, y se presenta íntimamente relacionado con la resurrección. "A este Jesús resucitó Dios (…) Así que, exaltado a la diestra de Dios (…)" (Hch. 2:32, 33).

Este tema, que aparece en este antiguo sermón, se repite frecuentemente en el Nuevo Testamento. El himno cristológico de Filipenses 2 es probablemente pre paulino en su forma y contenido. La humillación y muerte de Jesús son seguidas por su exaltación, sin ninguna referencia explícita a su resurrección o su ascensión. La misma conjunción de ideas aparece en Hechos 5:30–31: "El Dios de nuestros padres levantó a Jesús, a quien vosotros matasteis colgándole en un madero. A éste, lo ha enaltecido Dios con su diestra como Príncipe y Salvador". En muchos pasajes, la resurrección y la exaltación pueden, probablemente, entenderse, como un solo evento. El tema del Jesús exaltado por la diestra de Dios adquiere bastante prominencia en todo el Nuevo Testamento.

Es posible, pues, que la misma resurrección de Jesús fuera su glorificación y exaltación. Pablo hablaba de la resurrección de Jesús al decir: "Así también está escrito: el primer hombre Adán llegó a ser un alma viviente; y el postrer Adán, espíritu vivificante" (1 Co. 15:45). Esto tiene que ver con la aparición del Jesús resucitado y glorificado a Pablo en el camino de Damasco. Apareció con esplendor y gloria (Hch. 9:3). Sin embargo, fue más que una visión. Aunque tenía la naturaleza de una "revelación" – se descubría algo del mundo de Dios en la tierra (Gá. 1:16) – Pablo la incluye entre las apariciones a los otros discípulos (1ª Co. 15:8), aunque reconoce que hay algo irregular en su experiencia; es como si hubiera "nacido fuera el tiempo". Más aún, Pablo nunca confunde su visión de Jesús con otras visiones que experimentó, aunque efectivamente tuvo experiencias extáticas (2 Co. 12:1ss.). Si este análisis es correcto, las apariciones de Jesús a sus discípulos en forma corporal eran condescendencias del Cristo glorificado para convencerles de que en realidad volvió a vivir. Debemos admitir que aquí hay un profundo misterio, porque la resurrección es "intrínsecamente 'incomprensible' porque es un evento que pertenece a una 'historia' supra mundana en una esfera de realidad celestial. Pero en las apariciones del Jesús resucitado, la realidad celestial era, durante un período definido de tiempo, visible y comprensible en este mundo". Si este análisis es correcto, el sentido básico de la ascensión es el convencimiento de los discípulos de que las apariciones del Jesús resucitado ya han llegado a su fin. Ha vuelto a la morada del Padre para quedarse. Una referencia casual en el evangelio de Juan apoya esta interpretación. Cuando María vio por primera vez el Jesús resucitado en el jardín, aparentemente trató de abrazarlo; pero él dijo: No me retengas, porque todavía no he ascendido al Padre" (Jn. 20:17). Jesús está asegurándole que él estará con ella y con los otros discípulos durante un poco de tiempo.

El rey mesiánico

La exaltación de Jesús a la diestra de Dios significa nada más y nada menos que su entronización como rey mesiánico. Pedro concluye su primer sermón con la afirmación, "a este mismo Jesús a quien vosotros crucificasteis, Dios le ha hecho Señor y Cristo" (Hch. 2:36). Sacado de su contexto, esto podría significar que Jesús *llegó a ser* el Mesías en su exaltación lo cual representa una cristología "adopcionista". Sin embargo, el contexto clarifica que Jesús era el Mesías en su ministerio terrenal, y el contexto inmediato pone de manifiesto que lo que Pedro quería decir era que Jesús había comenzado una nueva etapa en su misión mesiánica. Ahora ha sido entronizado como el rey mesiánico.

Pedro recuerda que David recibió la promesa de Dios de que uno de sus descendientes se sentaría en su trono (2:30), la cual aparece explícitamente en el Salmo 132:11, y se implícita en profecías como 2 Samuel 7:13, 16; Isaías 9:7; 11:1–9; Jeremías 33:17, 21. David previó que su Hijo se sentaría en su trono y predijo la resurrección del Mesías. Este acontecimiento se ha cumplido; el Mesías ha resucitado de entre los muertos y ha sido exaltado por Dios (2:33) para sentarse entronizado a Su diestra. Para demostrar esta entronización mesiánica, Pedro cita el Salmo 110:1, donde el Señor (Yahvé) dice al Señor de David que Él se sentará a la diestra de Dios hasta que sus enemigos sean derrotados (2:34–35). En su contexto vetotestamentario, este salmo presenta la entronización del Señor de David en el trono del Señor en Jerusalén. Esto se ve en el Salmo 110:2, donde el Rey mesiánico lleva su cetro en Jerusalén (Sion), para gobernar sobre sus enemigos. En 1 Crónicas 29:23 al trono del rey ungido del Señor se le llama el trono de Yahvé.

En otras palabras, los nuevos eventos redentores que tienen lugar en el curso de la *Heilsgeschichte* llevan a Pedro a reinterpretar el Antiguo Testamento. Debido a la resurrección y a la ascensión de Jesús, Pedro traslada desde Jerusalén hasta la diestra de Dios, en el cielo, el trono mesiánico de David. Jesús ya ha sido entronizado como el Mesías de la estirpe de David, y espera la consumación de su reino mesiánico. Este es uno de los significados que se incluyen en la proclamación sintetizada de Pedro, que al Jesús crucificado Dios le ha hecho Señor y Cristo. A él se le ha dado entrar en una nueva función de su misión mesiánica. En los días de su carne había sido ungido (4:27; 10:38), y como Mesías sufrió (3:18). Pero en su exaltación Jesús se convierte en Mesías en un nuevo sentido: ha comenzado su gobierno mesiánico como rey de la casa de David.

Esto implica una reinterpretación radical de las profecías del Antiguo Testamento, la cual no excede la interpretación del plan redentor de Dios de la iglesia primitiva. De hecho, ésta es una parte esencial de esa reinterpretación, que exigen los acontecimientos de la historia redentora. Si la primera fase de la resurrección escatológica ya ha ocurrido, entonces el siglo mesiánico ha comenzado y sus bendiciones han sido otorgadas porque el Mesías ya ha comenzado su reino.

Sin embargo, aquí, como en las demás características escatológicas del kerigma, se deja algo para el futuro. Jesús fue entronizado como el Mesías, pero su reino no es total, pues su enemigos deben llegar a ser el estrado de sus pies (2:35). La consumación de su victoria queda para el futuro. Está reinando; pero sus enemigos todavía no han sido sometidos. Por eso, Pedro más adelante habla de una futura venida del Mesías para establecer todo lo que Dios había prometido. Jesús es el Mesías; está reinando; la era mesiánica con sus bendiciones está presente. Pero espera la victoria futura; la consumación de su reino aguarda su venida. Cumplimiento-consumación: ésta es la tensión del kerigma escatológico.

El Hijo del Hombre

Según los evangelios, la forma preferente de Jesús de autonombrarse fue la de Hijo del Hombre. Resulta extraño que este término casi no se use en Hechos. Jesús regresará para traer tiempos de refrigerio a su pueblo y efectuar la restauración de todo lo que habían anunciado los profetas como Mesías, no como Hijo del Hombre (3:19–21). Solo Esteban se refiere a él como el Hijo del Hombre, cuando a punto de morir ve "los cielos abiertos y al Hijo del Hombre de pie a la diestra de Dios" (7:56). El significado de la posición erguida de Jesús parece ser una vindicación de su oprimido discípulo. Muchos críticos han defendido la teoría de que Hijo del Hombre no fue una auto designación de Jesús, sino que utilizó este título para referirse a una figura escatológica, y no a sí mismo, que vendría en gloria para inaugurar el Reino de Dios.[24] La iglesia primitiva, que creía que Jesús resucitó de entre los muertos y que fue exaltado en el cielo, recordaba sus enseñanzas sobre el Hijo del Hombre escatológico e *identificaba a ambos*. Así pues, la cristología más antigua es la del Hijo del Hombre. La iglesia primitiva esperaba la venida de Jesús como Hijo del Hombre. Esta conclusión no se basa en una exégesis inductiva de los textos sino en la aplicación de la metodología de las religiones comparadas al Nuevo Testamento, a saber, que la cristología de la iglesia de Jerusalén tiene que formularse de acuerdo con las expectativas judías. A estos investigadores se les puede preguntar algo que, sin duda, no pueden contestar: "¿Por qué la iglesia fue tan cuidadosa al incorporar el título Hijo del Hombre solo en boca de Jesús cuando (como afirman los bultmanianos) en realidad representaba su cristología y no la de él?"[26] No hay ninguna prueba en todo el Nuevo Testamento, aparte de los presupuestos de la crítica formal, de que la iglesia primitiva llamara a Jesús el Hijo del Hombre.

Sólo se puede especular en cuanto a por qué se descartó dicho título cuando era la auto designación favorita de Jesús. Una respuesta bastante aceptable parece ser que no parecía un título apropiado para él durante el período que va desde su ministerio terrenal a su parusía. Los evangelios ponen el título en boca de Jesús para designar su humillación y sufrimiento, y su venida en gloria. Por tanto, desde la perspectiva de la iglesia primitiva, "la mitad de su contenido ya era algo pasado, y la otra mitad algo todavía futuro. Se presumió de forma espontánea que la iglesia estaba en un *Zwischenzeit* ("tiempo intermedio") entre la ida y el regreso; y ¿qué importancia podía tener el término Hijo del Hombre en ese momento? Resultaba mucho más pertinente el título Señor".

Jesús como señor

La exaltación de Jesús significa que él es Señor (*kyrios*) y Mesías. "Dios le ha hecho Señor y Cristo" (2:36). Este término se usa para hablar de Jesús en varios lugares de los evangelios. Casi nunca lo encontramos en pasajes narrativos de Mateo y Marcos, y Juan solo lo usa tres veces (Jn. 4:1; 6:23; 11:2), mientras que Lucas lo hace unas quince, en lo que parece que es un anacronismo voluntario. Jesús es aquél del que nosotros sabemos ahora que es el Señor (Lc. 7:13; 10:1; 11:39; etc.). *Kyrios* se usa más a menudo en los evangelios como una alusión directa a Jesús. Taylor piensa que *Kyrie* en vocativo sólo es una expresión cortés, como sería en inglés "Milord" [o en español "Señor" o "Don"], y no tiene una connotación cristológica. Sin embargo, en algunos pasajes parece que tiene un significado más profundo, implicando un alto honor en el pensamiento del que habla, aunque sin llegar a la particular idea cristiana. Esta conclusión se basa en que *Kyrie* no es de uso común, sino que, normalmente, se restringe (aunque no en Lucas) a los discípulos de Jesús o a los que piden una ayuda sobrenatural.

La clave de la historia de esta palabra se encuentra en el Evangelio de Juan, donde se utiliza para referirse a Jesús sólo tres veces en las partes narrativas de los primeros diecinueve capítulos, pero nueve en los relatos de la resurrección de los dos últimos. El evangelista se siente libre para hablar de Jesús como Señor después de su resurrección pero piensa que esa designación no es apropiada para su ministerio anterior. Esto sugiere que, esencialmente, este título es para el Jesús resucitado y ascendido.

En el kerigma primitivo, Jesús ha llegado a ser el Señor. Así es como se le nombra en la narración de Hechos por lo menos veinte veces; y aparece frecuentemente la combinación "el Señor Jesús", "el Señor Jesucristo", "nuestro Señor Jesucristo". Sea cual fuere la fecha de Hechos, este uso del título probablemente representa fielmente la predicación más antigua, y resulta significativo que la mayor parte de los pasajes se encuentren en la primera mitad del libro.

Lo más impresionante es que en Hechos, *kyrios* se utiliza simultáneamente tanto para Dios como para el Jesús exaltado. La palabra aparece en varias citas de la Septuaginta para Dios (2:20, 21, 25, 34; 3:22; 4:26). En 3:19 (Gr. 3:20), *kyrios* se usa claramente en este sentido (2:39; 4:29; cf. 4:24; 7:31 y 33). Este uso se remonta a la Septuaginta donde *kyrios* traduce no solo *Adonai* sino también el nombre inefable del pacto, *Yahweh*. Es sorprendente encontrar este término utilizado al mismo tiempo para Jesús y para Dios. No se trata solo de Jesús como Dios; el término se utiliza tanto para Dios como para el Jesús exaltado en contextos intercambiables. Pedro en el día de Pentecostés cita las palabras de Joel que hablan del Día del Señor (*Yahweh*) y su invocación del nombre del Señor para salvación (2:20–21); y esto significa invocar el nombre de Jesús de Nazaret (4:10, 12). Jesús ha sido hecho Señor mientras que Dios sigue siendo el Señor (2:36, 39). Jesús, como Señor, ha iniciado el ejercicio de ciertas funciones divinas. Ha derramado el Espíritu (2:33); se ha convertido en el objeto de la fe (2:21; 3:16); da arrepentimiento y perdón (5:31); es el Santo (3:14); el autor de vida (3:15); recibe las oraciones (4:29); será el juez del mundo (10:42); y está a la diestra de Dios para recibir el espíritu del primer mártir (7:55, 59).

El pleno significado del término *kyrios* se encuentra en las cartas paulinas, las cuales refuerzan e interpretan los datos que encontramos en Hechos. *El centro de la confesión cristiana más antigua es el Señorío de Cristo.* Este hecho queda lamentablemente oscurecido por el lenguaje de algunas versiones. La salvación viene no por confesar al Señor Jesús sino por confesar a Jesús como Señor (Ro. 10:9). Esta confesión del señorío de Jesús solo puede efectuarse por el Espíritu Santo (1 Co. 12:3). El núcleo del kerigma apostólico es la proclamación del Señorío de Jesús (2 Co. 4:5). Cristianos son los que han recibido a Cristo Jesús como Señor (Col. 2:6). Todo esto es mucho más que la apropiación personal de lo que Dios ha hecho al exaltar a Jesús. Dios le ha elevado por encima de toda autoridad y poder, por encima de cualquier otro señor (1 Co. 8:5–6), y le ha dado el nombre superlativo de *Kyrios*, ante el que debe doblarse toda rodilla en obediencia y sumisión (Fil. 2:9–11). Jesús es el Señor, exaltado, sobre todo poder hostil, bajo cuyo pie cualquier poder debe finalmente someterse (1 Co. 15:24ss.). La confesión cristiana del señorío de Jesús significa un reconocimiento de lo que Dios ha hecho al exaltar a Jesús, y una sumisión personal a su autoridad y aceptación de la misma.

Todo esto está implícito en el kerigma más antiguo de Jesús como Señor, porque en su exaltación Jesús fue hecho Mesías y Señor (Hch. 2:36).Por él Dios someterá cualquier poder mundano rebelde. Esto se aprecia en la cita que hace Pedro del Salmo 110:1: "El Señor [Jehová] dijo a mi Señor: Siéntate a mi diestra, hasta que ponga a tus enemigos por estrado de tus pies" (Hch. 2:34). Este reinado de Jesús como el *Kyrios* exaltado, entronizado, forma parte del núcleo del kerigma primitivo.

Muchos investigadores modernos, en particular W. Bousset y R. Bultmann, quien sigue a Bousset, han negado que esta alta cristología se remonte a la iglesia primitiva. Bultmann sostiene que ésta no pensó en Jesús como *Kyrios* sino solo como Mesías escatológico o Hijo del Hombre celestial. Jesús había sido exaltado en el cielo y regresaría pronto como el Hijo del Hombre escatológico para cumplir las esperanzas judías del Reino de Dios. Bultmann niega que la iglesia primitiva tuviera algún sentido de una escatología "hecha realidad". La era mesiánica pertenecía al futuro y se inauguraría con la venida de Jesús como el Hijo del Hombre. La iglesia era una congregación escatológica, no porque hubiera experimentado las bendiciones de la era mesiánica sino porque era el pueblo designado para la era futura. La iglesia primitiva tenía una escatología totalmente judía, modificada únicamente por la confianza de que el Jesús exaltado sería el Hijo del Hombre que regresaría.

Solo cuando el evangelio se extiende y sale del judaísmo a la gentilidad comienza a pensarse en Jesús como Señor. El antecedente religioso de este término no es la traducción griega del Antiguo Testamento donde *Kyrios* es un nombre que se aplica a Dios, sino los cultos helenistas que florecieron en Egipto, Asia Menor y, sobre todo, Siria. Estos grupos religiosos se reunían en el nombre de varios señores (1 Co. 8:5s.) para realizar actos cúlticos en los que el que participaba podía alcanzar una unión con la deidad, y así llegar a la inmortalidad. Bousset y Bultmann arguyeron que la iglesia primitiva no pensó en Jesús cómo Señor hasta que el evangelio llegó a Antioquía (Hch 11:19ss.) donde surgió una iglesia para la que la idea judía de un Hijo del Hombre apocalíptico que venía para inaugurar un reino escatológico resultaba extraña. Esta iglesia helenista reinterpretó a Jesús como deidad cúltica que actuaba de forma sobrenatural en la iglesia como centro de culto. En Antioquía los discípulos fueron llamados por primera vez cristianos (Hch. 11:26), y a Jesús se le llamó por primera vez Señor. Le habían convertido de Mesías escatológico judío a una deidad helenista. Solo después de conocer a Jesús como Señor, y como resultado de influencias sincretistas, pudieron los cristianos interpretarlo en términos del *Kyrios* de la LXX.[34]

El "talón de Aquiles" de esta teoría cristológica en evolución es una oración de Pablo, "él que no amare al Señor Jesucristo, sea anatema. El Señor viene" (1 Co. 16:22). *Anathema* es una palabra griega que significa "maldito". "El Señor viene" traduce *maranatha*, transliteración de una expresión aramea que podría ser *maran atha* "(El) Señor ha venido", o *marana atha*, "Señor nuestro, ven". *Mar* es la palabra aramea que se usa para Señor. Esta era una expresión litúrgica, que invoca tanto la presencia del Señor en la Santa Cena, como su retorno para establecer su Reino. Ésta es una oración pidiendo la vuelta de Jesús como Señor para establecer su Reino. Que Pablo usara una expresión aramea en una carta dirigida a una iglesia griega que no sabía arameo demuestra que el empleo de *mar* (*Kyrios*) para Jesús se remonta a la iglesia aramea primitiva y que no era un producto de la comunidad helenista. Esta expresión litúrgica, que procede de la comunidad primitiva, tenía un uso tan difundido que los corintios no necesitaban una traducción o una explicación de su significado. Jesús era *Kyrios* para las iglesias griegas como había sido *Mar* para los cristianos arameos de Jerusalén. Por consiguiente, concluimos que Hechos 2:36 describe correctamente la actitud cristiana primitiva de Jesús como *Kyrios*. Con su exaltación, Jesús estaba tan cerca de Dios que ejercía muchas de las prerrogativas divinas. La iglesia primitiva adoraba a Dios; también adoraba a Jesús como el *Kyrios* exaltado. Aquí, en la cristología más antigua de la iglesia primitiva, están los inicios de la teología trinitaria, aunque no hay una reflexión elaborada. En el reconocimiento del Señorío de Jesús se implícita la aceptación de su divinidad esencial.

La mejor explicación de este uso puede llevarse a cabo si se deriva de Jesús mismo. En sus últimos debates con los escribas, Jesús sugirió que el Mesías sería más que hijo de David; sería Señor de David. él dio a entender que él mismo era este Señor divino. Taylor tiene razón cuando dice que la comprensión cristiana antigua de Jesús como Señor exaltado procede en última instancia de Jesús mismo.[38]

Capítulo 27

La Iglesia

El principio de la iglesia: Pentecostés

Jesús consideró a sus discípulos como el remanente de Israel que aceptó su proclamación del Reino y que después formó el verdadero pueblo de Dios, el Israel espiritual. Anunció el propósito de crear su *ekklesia*, la cual reconocería su mesianidad y sería el pueblo del Reino y, al mismo tiempo, el instrumento de ese Reino en el mundo. Sin embargo, Jesús y sus discípulos no formaron ni una sinagoga, ni un movimiento distinto, ni rompieron con el templo o con la sinagoga, a pesar del conflicto constante con los líderes judíos. Sus discípulos formaron una comunión abierta dentro de Israel cuyo único distintivo era seguir a Jesús.

Después de la muerte y resurrección de Jesús este pequeño grupo de 120 personas, aparentemente no hizo nada durante algunas semanas, sino esperar la dirección de Dios. Durante un período de 40 días, Jesús se les apareció de vez en cuando, para hablarles del mismo tema que había constituido su mensaje central, el Reino de Dios (Hch. 1:3). Aun así, ellos creían que esto significaba la restauración de la teocracia judía (1:6), aunque Jesús ya les había dicho que Dios tenía un propósito diferente. Pronto se realizaría la promesa hecha por Juan el Bautista de que el Mesías que había de venir cumpliría la profecía de Joel de bautizar al pueblo de Dios con el Espíritu Santo.

El día de Pentecostés sucedió una maravilla: los discípulos de Jesús experimentaron una visitación divina acompañada de ciertas manifestaciones visibles y audibles, las cuales les convencieron de que Dios había derramado su Espíritu Santo sobre ellos.

Los profetas habían previsto un día en el que Dios derramaría su Espíritu sobre todo su pueblo, y no sólo sobre los líderes ordenados – reyes, sacerdotes, y profetas –. Esto daría como resultado un resurgimiento del don de profecía y de revelación (Jl. 2:28–29). El papel de ese don, según Joel, es que la donación del Espíritu es un acontecimiento escatológico que está relacionado con el día en el que Dios, por fin, redima a su pueblo Israel, y los reúna en su Reino. Este día está tan relacionado con el Día del Señor, que será tanto de juicio como de salvación (Jl. 2:30–32).

En la misma línea, aunque con un énfasis diferente, Ezequiel anticipa el día de la salvación mesiánica en el que Dios restaurará a su pueblo, lo limpiará de sus pecados y les dará un corazón nuevo al poner su Espíritu en ellos, para, de este modo, capacitarles para ser el pueblo de Dios (Ez. 36:22ss.).

La literatura intertestamentaria reconoció la pérdida del Espíritu Santo. En los escritos apócrifos y pseudoepigráficos hay un sentimiento de que el período de inspiración profética se ha acabado. La profecía ha muerto. La inspiración profética abandonó a Israel cuando los profetas desaparecieron. En la literatura rabínica se dice expresamente que el Espíritu Santo se fue de

Israel después de los últimos profetas. Incluso se asume que el Espíritu no estaba presente en el Segundo Templo. Ya no había revelación inspirada. Los de la secta de Qumrán creían que Dios había dado su Espíritu a algunos miembros de su comunidad; sin embargo este no les dió revelaciones nuevas, sino la habilidad de interpretar correctamente el Antiguo Testamento.

Juan el Bautista, aparentemente, apareció como un profeta que hablaba directamente lo que Dios le revelaba. Jesús, a su vez, recibió al Espíritu Santo en su bautismo. En Nazaret afirmó que tenía el Espíritu Santo (Lc. 4:18), y que su poder era el que le capacitaba para hacer grandes obras de poder (Mt. 12:28). La presencia del Espíritu profético en Juan y el poder del Espíritu Santo en Jesús presagiaron algo nuevo: la venida de la época mesiánica. Juan prometió que Jesús sería el que efectuaría el bautismo del Espíritu (Mc. 1:8).

Cuando el pequeño grupo de 120 creyentes experimentó el don del Espíritu Santo en Pentecostés, Pedro interpretó este evento diciendo, "Esto es lo que fue dicho por medio del profeta Joel" (Hch. 2:16). La promesa que había sido dada a Israel del Día del Señor, según Pedro, ya se ha cumplido, pero no en la nación sino en ese grupo de personas que habían creído en la mesianidad de Jesús. Además, Pedro añade una frase que le da al evento un significado escatológico evidente. En lugar de "después de esto" de Joel, Pedro dice "y en los últimos días" (Hch. 2:17). En los profetas, "los últimos días" era una frase referida al tiempo del Reino de Dios, la época mesiánica. En los últimos días el reinado de Dios se establecerá en el mundo entero; todas la naciones adorarán al Dios de Israel; y la paz predominará en todo el mundo (Is. 2:2–4). Este será el tiempo que Israel será salvo por el reinado bendito de David su rey (Os. 3:5). Pedro reinterpreta a Joel cuando afirma que el derramamiento del Espíritu también es parte de los postreros días, reinterpretando también el significado de los mismos; coloca los postreros días del Día del Señor en la historia. *Los postreros días han llegado.* En cierto sentido, los días de la donación del Espíritu son "los postreros días", y la era mesiánica ha llegado, la salvación escatológica está presente. Aún así, el Día del Señor sigue siendo un acontecimiento futuro, reservado para el final de los tiempos, que todavía no ha llegado. Sin embargo, el *eschaton* no permanece "intacto en el futuro". La predicación de Pedro requiere una modificación radical de la estructura escatológica. El Día del Señor sigue siendo una esperanza, pero los "postreros días" de la salvación mesiánica ya son un hecho. Por tanto, también es incorrecto insistir, como lo hace C. H. Dodd, en que la iglesia primitiva creía que el eschaton ya había venido. Éste designa "todo lo que los profetas quisieron decir con el Día del Señor".[6] Dodd pone de relieve, con razón, el elemento de cumplimiento mesiánico en el kerigma primitivo; pero va demasiado lejos cuando dice que la iglesia esperaba la venida del Señor solo para que se completara lo que ya había comenzado, y no para introducir un nuevo orden de cosas. Esta interpretación no reconoce lo que significa la reinterpretación de Pedro de "los postreros días" y su diferencia del Día del Señor, y pone todo el énfasis en el cumplimiento más que en la tensión entre éste cumplimiento de los postreras días y la consumación del Día del Señor. El tiempo ha llegado, pero el Día del Señor sigue siendo un acontecimiento escatológico para un futuro indeterminado.

La venida del Espíritu se manifiesta de varias maneras que resultan evidentes para los sentidos corporales. Un soplo poderoso llenó el aposento alto donde estaban reunidos los discípulos. Vieron algo que parecía una llama de fuego que se dividía en lenguas y que descansaba sobre cada uno de ellos. Se sintieron invadidos por una sensación maravillosa de la presencia de Dios, tanto que espontáneamente se sintieron impelidos a alabar a Dios. El idioma que hablaron no era ni arameo ni griego, sino una lengua desconocida que llevó a algunos de sus oyentes a pensar que estaban borrachos (2:13). Al parecer estas lenguas, de alguna manera, eran ininteligibles. Sin embargo, muchos entendieron lo que se decía. Estos judíos palestinos parecían tener la capacidad de hablar muchas lenguas diferentes. Los judíos de la diáspora que vivían en varios países por todo el Mar Mediterráneo, que habían peregrinado a Jerusalén para celebrar la Fiesta de las Semanas, oyeron a estos judíos de lengua aramea alabar a Dios en sus propios dialectos.

Pedro explicó que este poder maravilloso de hablar otras lenguas (*glossolalia*) era una señal externa del cumplimiento de la profecía de Joel de que Dios derramaría su Santo Espíritu sobre su pueblo. El profeta asociaba esta promesa con el Día del Señor: Pedro afirma que este acontecimiento ya ha sucedido en la historia, en ese momento. Es un resultado de la exaltación del Jesús crucificado y entronizado a la diestra de Dios, con lo que se ha inaugurado su reinado mesiánico; el derramamiento del Espíritu Santo sobre su pueblo no es nada más que la bendición de la era mesiánica. Este evento se llama también "bautismo del Espíritu" (1:5) y el "don del Espíritu Santo" (2:38).

El significado del bautismo del Espíritu puede descubrirse a partir del estudio de varios usos del término. Los 120 discípulos fueron bautizados con el Espíritu en Pentecostés, y al mismo tiempo fueron llenos de Él (2:2). Estos dos términos – bautismo y llenura – no parece que sean estrictamente sinónimos, porque Hechos dice que hubo casos de llenura del Espíritu, pero nunca dice que los creyentes fueran bautizados con Él. El don del bautismo del Espíritu en Pentecostés se promete a todos los que se arrepientan y sean bautizados por agua (2:38). Todas las veces que se menciona el bautismo del Espíritu después de Pentecostés, nunca se refiere a una experiencia de creyentes que ya han sido bautizados alguna vez con Él; siempre tiene que ver con grupos nuevos de personas que son conducidas a la fe en Cristo.

Cuando Felipe llevó el evangelio a Samaria, se nos dice que los samaritanos creyeron y fueron bautizados; no recibieron el Espíritu Santo inmediatamente, "sólo habían sido bautizados en el nombre de Jesús" (8:12, 16), lo cual no quiere decir que fueran bautizados en seguida con el Espíritu Santo. Hasta que Pedro y Juan no descendieron de Jerusalén y oraron, imponiendo las manos sobre estos nuevos creyentes, no fue concedido el don del Espíritu Santo. En ese momento no sólo estaban bautizados en el nombre del Señor Jesús, sino también con el Espíritu Santo.

El bautismo del Espíritu se menciona explícitamente en la conversión de Cornelio y su familia. Ese don, que fue comunicado incluso mientras Pedro predicaba (10:44s.), se identifica como el bautismo del Espíritu (11:16); pero no hizo falta la imposición de manos.

Estos dos casos no son una repetición de la experiencia que tuvo lugar en Pentecostés. Lo que se pretende poner de manifiesto es que esa experiencia no se limita a los creyentes judíos, sino que primero se dio en los samaritanos y después en los gentiles. Podemos decir que hay un Pentecostés judío, un Pentecostés samaritano y un Pentecostés gentil. Una última alusión a esta experiencia se dio en Éfeso, donde Pablo se encontró con un pequeño grupo de discípulos que nunca habían oído hablar del don del Espíritu (19:2). Sólo habían sido bautizados "con el bautismo de Juan", es decir, conocían su predicación de Jesús como el Mesías y habían sido bautizados para arrepentimiento y para la remisión de los pecados como una anticipación del Reino venidero. No habían oído hablar ni de la muerte ni de la resurrección de Jesús, ni tampoco de la venida del Espíritu Santo. Quizá eran conversos de Apolos, quien sólo conocía el bautismo de Juan hasta que conoció a Priscila y Aquila (18:25–26). Cuando fueron bautizados en el nombre del Señor Jesús, Pablo les impuso las manos, y también ellos fueron bautizados con el Espíritu y hablaron en lenguas y profetizaron (19:6).

Esta relación de momentos de la venida del Espíritu referidos por Lucas plantea un interrogante: "¿Cuál es el papel, si es que desempeña alguno, de la imposición de manos en el don del Espíritu Santo?" Algunos cristianos se quedan con la experiencia en Samaria, donde el don del Espíritu viene después de la fe y procede de la imposición de manos, para defender una postura teológica: que el bautismo del Espíritu es una "segunda acción de gracia" que se recibe después de la fe salvadora, y que con esa acción el creyente recibe el poder para llevar una vida santa y para desarrollar un ministerio eficaz. Es obvio que no existe una pauta única en Hechos. La cuestión es: ¿Cuál es la norma, Samaria o Cornelio? Si es Samaria, entonces puede defenderse con cierto fundamento la opinión de que el bautismo del Espíritu es una experiencia que viene después de la fe salvadora.

Sin embargo, parece que Samaria es una excepción. Tanto en la casa de Cornelio como en la de Pablo, el Espíritu se concede en el mismo momento de creer; y los discípulos de Juan en Éfeso lo recibieron cuando fueron bautizados en el nombre de Jesús. La conversión de los samaritanos fue el primer movimiento del evangelio fuera de los límites de Jerusalén. Al principio, los primeros cristianos no se dieron cuenta de que su misión era predicar el evangelio en todo el mundo. Se quedaron en Jerusalén, y la misión mundial ni siquiera se inició hasta que la persecución llevó a los helenistas a la ciudad más importante. Sin embargo, existía una aversión cordial entre judíos y samaritanos: "Judíos y samaritanos no se tratan entre sí" (Jn. 4:9). Por tanto, "puede que fuera necesario una prueba especial para asegurar a estos samaritanos, acostumbrados a ser despreciados como extranjeros por el pueblo de Jerusalén, que habían sido plenamente incorporados a la nueva comunidad del pueblo de Dios". Y aún más, Pedro y Juan como líderes de la iglesia judía, necesitaban experimentar la cercanía de Dios al mundo gentil, porque era evidente que ellos todavía no habían recibido esta visión. Pedro se consideraba como un buen judío y quería seguir siéndolo (Hch. 10:14), a pesar de que era cristiano. Podemos concluir, por tanto, que la pauta parece ser que el bautismo del Espíritu ocurre en el momento de creer, que en el tiempo del Nuevo Testamento era prácticamente simultáneo con el bautismo de agua, incorporando de este modo a los creyentes a la iglesia.

No se explica en Hechos el significado teológico del bautismo del Espíritu, sólo hay una afirmación en todo el Nuevo Testamento en este sentido, y podemos encontrarla en Pablo; los diferentes relatos del Pentecostés en Hechos deberíamos interpretarlos a su luz: "Porque por un solo Espíritu fuimos todos bautizados en un cuerpo, sean judíos o griegos, sean esclavos o libres; y a todos se nos dio de beber de un mismo Espíritu: (1 Co. 12:13). El bautismo del Espíritu es la acción del Espíritu Santo que consiste en reunir, para una unión espiritual, a personas de extracciones raciales diversas y con antecedentes sociales diferentes para formar así el cuerpo de Cristo. El Espíritu Santo fue derramado sobre un pequeño círculo de discípulos judíos de Jesús, constituyéndoles en el núcleo del cuerpo de Cristo. Antes de Pentecostés, debería considerarse a los discípulos sólo como el embrión de la iglesia. La *ekklesia* no debe verse simplemente como una comunión humana, unida por una creencia y una experiencia religiosa común. Es más que esto: es la creación de Dios por medio del Espíritu Santo. Por tanto hay, y solo puede haber de forma adecuada, una *ekklesia*. La unidad de la *ekklesia* tiene que ver con el significado teológico de las diferentes experiencias de Pentecostés en Hechos. El Espíritu vino primero a los creyentes judíos, después a los creyentes samaritanos, luego a los gentiles, y por fin a un pequeño grupo de discípulos de Juan el Bautista. Estos cuatro relatos marcan los pasos estratégicos para la extensión de la *ekklesia* y enseñan que sólo hay una *ekklesia* en la cual todos los conversos, ya sean judíos, samaritanos, gentiles o seguidores de Juan, son bautizados por el mismo Espíritu.

El bautismo del Espíritu no se identifica con ser llenos del Espíritu. Aquél es algo que sólo sucede una vez en la vida, cuando se cree en Cristo. Es la acción del Espíritu que hace a los creyentes miembros del cuerpo de Cristo. Es, por tanto, imposible ser creyente y no pertenecer a la *ekklesia*, porque cuando se cree, se es bautizado e incorporado junto con todos los demás creyentes al cuerpo de Cristo. El bautismo del Espíritu es individual, aunque primordialmente sea un hecho social, eclesiológico. La "llenura" del Espíritu también es una experiencia individual que puede repetirse y que tiene relación con la devoción cristiana (Ef. 5:19ss.) y con el ministerio cristiano (Hch. 4:8; 13:9). El Nuevo Testamento no ordena en ninguna parte que los creyentes se bauticen con el Espíritu, como ordena que sean llenos de Él (Ef. 5:19), y esto es así porque el bautismo es algo que ocurre al comienzo de la fe.

La unidad de la *ekklesia* se ilustra con dos fenómenos que se dan en el día de Pentecostés. La aparición de algo parecido a lenguas de fuego que se dividían y se posaba sobre las persona (2:3) sugiere unidad y, al mismo tiempo, diversidad. Estas lenguas como de fuego no deben entenderse como el cumplimiento de la promesa de Juan de que el Mesías bautizaría con el Espíritu Santo y con fuego, porque el bautismo con fuego es el bautismo escatológico de juicio, tal y como queda demostrado por el contexto de los evangelios. La paja se consumirá con fuego inextinguible (Mt. 3:12). Además el fenómeno de Pentecostés no fue exactamente lenguas de fuego, sino lenguas *como* de fuego, lo cual sugiere, sin duda, una maravillosa teofanía, algo análogo a la experiencia de Moisés en la zarza ardiente.

El fenómeno de la glosolalia también evoca la unidad de la *ekklesia* y su propósito universal. Este fenómeno de Pentecostés se diferencia de su aparición posterior en las iglesias, lo cual sabemos por la exposición de Pablo sobre los dones espirituales en 1 Corintios 12 y 14. En Corinto, y parece que en la experiencia cristiana habitual, la glosolalia era una forma extática de manifestación del Espíritu que producía una fuerte sensación de exaltación espiritual en la que se hablaba pero de forma ininteligible para los oyentes. Sólo podía entenderse si otra persona tenía el don espiritual para interpretar esa lengua desconocida en la *lingua franca*. En Pentecostés no hubo necesidad de intérprete. Aunque no está claro si el milagro fue hablar u oír, resulta más fácil concluir que los discípulos hablaron en lenguas desconocidas y que el Espíritu Santo las tradujo en las distintas lenguas de los oyentes. Un milagro así no era necesario sólo para que la comunicación fuera posible, ya que el griego *koiné* todos lo habrían entendido, como muy bien lo demuestra el sermón de Pedro. Las lenguas tienen un significado simbólico, y sugieren que este nuevo acontecimiento en la historia de la redención cuyo objetivo es todo el mundo, une a personas de diferentes lenguas en la *ekklesia*.

La vida de la iglesia primitiva

La experiencia de Pentecostés no llevó a los primeros cristianos a romper con el judaísmo y a formar una comunidad separada y distinta. Al contrario, esta nueva comunión, exteriormente parecía una nueva sinagoga judía que reconocía a Jesús como al Mesías. Continuaron con el culto judío a Dios en el templo (2:46); y sin duda "las oraciones" incluían las oraciones judías que se decían regularmente. Que los primeros cristianos no rompieron con las prácticas judías se pone de manifiesto por la actitud del pueblo (2:47; 5:13). Estas afirmaciones no se habrían hecho si los discípulos de Jesús hubieran rechazado la religión y el culto judíos para desarrollar una nueva forma cristiana. Su fe sencillamente se añadía a su antigua religión judía. Esto se refrenda por el hecho de que algo más tarde Pedro afirma que todavía vive como un judío consecuente, observando los códigos de la Ley sobre los alimentos puros e impuros (10:14).

Sin embargo, resultan evidentes ciertos elementos cristianos distintivos, de los cuales el primero es "la enseñanza de los apóstoles" o *didache*, como el significado de la vida, muerte y exaltación de Jesús, su entronización como Rey y Señor mesiánico que iniciaría el siglo mesiánico de bendición y la consumación escatológica. Como Bruce señala, el núcleo de esta enseñanza es lo que luego asumió forma escrita en las Escrituras del Nuevo Testamento. Estos eventos redentores hicieron de la *ekklesia* una comunidad escatológica destinada a experimentar la consumación porque ya había experimentado las bendiciones del siglo mesiánico.

El culto de la iglesia primitiva se caracteriza por una gran sencillez. Además de adorar en el templo se reunían en las casas (2:46; 5:42) para partir el pan y comer. La forma de expresar esto sugiere la misma doble comida que más tarde se practicaba en las iglesias paulinas: una comida de compañerismo normal o *agape* asociada con la Cena del Señor (1 Co. 11:20 y 34). La mesa compartida tuvo un papel muy importante en el ministerio de Jesús (Mt. 9:10–11; 11:19; Lc. 15:1–2; Hch. 1:4) y continuó siendo un elemento muy importante en la experiencia religiosa de la iglesia primitiva. Las casas se constituyeron en lugares de reunión para el culto cristiano. En Pentecostés muchos judíos abrazaron la fe cristiana (2:41; ver también 4:4; 5:14), y no hay pruebas de que un grupo tan grande pudiera reunirse en un único lugar. Más bien se trataba de muchas "iglesias domésticas" pequeñas – congregaciones separadas, análogas a las sinagogas judías. Esta es también la norma de las iglesias paulinas, ya que muy a menudo se recoge este tipo de experiencia eclesiológica.[18] No sabemos lo grande que era el aposento alto en el que se reunieron 120 personas antes de Pentecostés (1:13), y aunque está claro que la iglesia tenía un lugar central de reunión (12:12), es difícil imaginar uno lo suficientemente grande como para dar cabida a todos los creyentes.

Bautismo

La *ekklesia* acogió en su comunión a todos los que aceptaban la proclamación de Jesús como Mesías, se arrepentían y recibían el bautismo de agua. A la práctica de este bautismo como continuación al tiempo de Jesús se le dio un nuevo significado. Juan había bautizado anticipando la venida del Reino, y el Cuarto Evangelio nos dice que los discípulos de Jesús continuaron con esta práctica (Jn. 3:22; 4:1–2). Ahora que a Jesús se le reconoce como el Señor resucitado y exaltado, el bautismo se convierte en una señal externa de la admisión en la comunión cristiana, y los creyentes son bautizados "en el nombre de Jesucristo" (2:38). No hay ningún lapsus de tiempo significativo entre creer en Cristo y bautizarse. Esto queda evidenciado el día de Pentecostés (2:41), el bautismo de los samaritanos (8:12), el bautismo del eunuco etíope (8:36–37), Cornelio (10:47–48), Saulo (9:18), Lidia (16:14–15), etc.

La cuestión del bautismo de niños no puede resolverse con una exégesis de Hechos porque su fundamento es únicamente teológico. La promesa de Hechos 2:39 no tiene por qué significar necesariamente que deba bautizarse a los niños; puede que esta promesa sólo signifique que el evangelio es una bendición no solo para la generación actual sino también para sus descendientes – no solo para el pueblo de Jerusalén sino también para pueblos lejanos – y es análogo a "sus hijos e hijas" de 2:17. Los "hijos" queda limitado por la expresión "para cuantos el Señor nuestro Dios llamare". Las menciones al bautismo de "la casa" (11:14; 16:15, 31; 18:8) pueden hacer referencia a "la esposa, los hijos, los siervos y los parientes que viven en la misma casa", pero también pueden designar sólo a las personas de edad adulta que confiesen su fe en Cristo.[23] Es difícil creer que estos textos signifiquen que la fe del cabeza de familia era suficiente para sus hijos, parientes y esclavos.

La comunión cristiana

Uno de los elementos más notables de la vida de la iglesia primitiva fue su sentido comunitario. "Perseveraban en la doctrina de los apóstoles, en la comunión unos con otros" (2:42). Las numerosas afirmaciones de que los primeros cristianos "estaban juntos" (2:44, 47) ponen de manifiesto la calidad de su vida en común y de su comunión. Los primeros cristianos eran conscientes de que estaban vinculados unos con otros debido a su relación con Cristo. Eran un pueblo escatológico no sólo porque estaban llamados a heredar el Reino, sino porque ya habían experimentado las bendiciones de la era mesiánica. En cierto sentido, su comunión era una anticipación de la comunión del Reino escatológico, que se había manifestado en la historia del judaísmo. Resultaba inconcebible que un creyente pudiera vivir aislado. Ser creyente significaba compartir con los otros creyentes la vida del siglo venidero, vivir en comunión, estar en la *ekklesia*.

Este sentido de comunión se expresaba de una forma bastante peculiar en la comunidad de Jerusalén. Al parecer, la comunidad se caracterizaba por estar formada por muchas personas pobres, especialmente viudas, que no tenían familia y, por tanto, no tenían fuentes de ingresos económicos. El sentido de compartir las bendiciones de la era mesiánica llevaba a compartir realmente lo que poseían. Nadie consideraba que lo que poseía era suyo, se trataba de conseguir el bien común. Por tanto, muchos creyentes vendieron sus tierras y propiedades y pusieron lo obtenido a disposición de los indigentes (2:44–45). El incidente de Ananías y Safira demuestra que esto era algo totalmente voluntario. Pedro le recuerda a Ananías que no estaba obligado a vender su propiedad, y una vez vendida, ésta todavía era suya para disponer de ella a voluntad (5:4). El pecado en este caso fue pretender darlo todo cuando en realidad se quedaban con una parte de lo que habían obtenido con la venta. Al parecer el dinero con el que se contribuía se utilizaba para suministrar raciones diarias para los pobres, los cuales, de no ser así, no tenían nada (6:2). Este "comunismo cristiano", como a menudo se le ha llamado, no debería considerarse un experimento social fracasado, sino una expresión del profundo vínculo de comunión cristiana de la comunidad primitiva. Este mismo sentido de comunión debería asumir otras formas de expresión en situaciones históricas diferentes.

La organización de la *ekklesia*

Al analizar la organización de la *ekklesia*, debemos investigar el surgimiento de los líderes de la iglesia yendo más allá del periodo más antiguo. La *ekklesia* más antigua era una comunión libre de creyentes judíos todavía fuertemente vinculada con el judaísmo, y que continuaba llevando a cabo las prácticas y culto judíos. Creían que Jesús era el Mesías y que había inaugurado la era mesiánica, y se reunían en casas y (al parecer) en el aposento alto para comer juntos y celebrar la Cena del Señor, para la alabanza y la adoración, y para escuchar la predicación de los apóstoles. Sus únicos líderes eran ellos, cuya autoridad era más bien espiritual que legal. No había organización ni se habían designado dirigentes. La *ekklesia* no era una institución organizada como lo es actualmente. Era una comunión pequeña, abierta, de judíos dentro del judaísmo. De los doce, tres – Pedro, Santiago y Juan – desempeñaban un papel prominente como líderes sobre los otros nueve apóstoles (Hch. 1:13).

Aparte de los apóstoles, el primer liderazgo formal fue escogido cuando surgió un problema interno dentro de la iglesia. Los judíos de la diáspora, de habla griega, y que habían vuelto a Jerusalén, empezaron a quejarse porque las viudas de los judíos nativos, de lengua hebrea, parecían ser objeto de favoritismos en la distribución diaria de alimentos. Parece ser que el reparto de comida era supervisado directamente por los apóstoles, y que este trabajo se había convertido en algo tan complejo que había dado lugar a una acusación de parcialidad de los que llevaban a cabo la tarea (6:1–2). Para resolver el problema, los doce convocaron una reunión de la iglesia y consiguieron que se eligieran siete personas que supervisaran este ministerio. Posiblemente esta es la fuente del oficio diaconal posterior. Las instrucciones de Pablo en cuanto a los requisitos para ocupar este puesto sugieren que tenían responsabilidades financieras (1 Ti. 3:8–13; ver Fil. 1:1). Uno de estos "diáconos", Esteban, resultó ser una persona muy dotada para el ministerio de la palabra (6:8ss.); pero en su mayor parte, el ministerio de enseñanza y predicación siguió estando en manos de los apóstoles.

Muy pronto, un grupo de ancianos aparece en el liderazgo de la iglesia de Jerusalén (11:30). No se nos dice cuándo o cómo o por qué fueron escogidos; lo único que podemos hacer es usar nuestra imaginación histórica para reconstruir lo que probablemente sucedió. Tanto las comunidades como las sinagogas judías eran gobernadas por un grupo de ancianos; y como la iglesia primitiva externamente no era muy diferente de una sinagoga judía, podemos presumir que cuando los apóstoles comenzaron a dedicarse a la predicación fuera de Jerusalén, se eligieron ancianos para ocupar su lugar y gobernar la iglesia de Jerusalén. Si esto es así, podemos pensar en un colegio de ancianos, y no en un solo anciano sobre cada congregación. En la época del concilio de Jerusalén, los ancianos compartieron con los apóstoles el liderazgo (15:2, 22; 16:4). Cuando Pablo fundó algunas iglesias en Asia, nombró ancianos que las dirigieran (14:23). Sin embargo, tanto en la elección de los siete (6:2) como en el concilio de Jerusalén (15:12, 22), la voz de toda la congregación participó de las decisiones que se tomaron. Es obvio que en Hechos no hay una línea uniforme de liderazgo. La forma de gobierno se debe a un desarrollo histórico en el que participaron los apóstoles, los ancianos y la congregación.

La palabra "anciano" es una traducción de *presbyteros*, de la que también nosotros derivamos la palabra "presbítero". A estos ancianos no sólo se les llamaba así, sino también obispos (*episkopoi*), término que designa su función de supervisión en la iglesia. Que estos dos nombres designan la misma función queda demostrado porque también se llama obispos (20:17, 28) a los ancianos a los que Pablo llamó de Éfeso para reunirles en Mileto. Además, estos dos términos se usan de forma intercambiable en las instrucciones de Pablo a Tito sobre la administración de la iglesia de Creta (Tito 1:5, 7).

En general, las iglesias no estaban unidas por algún vínculo organizativo, o por oficiales nombrados, sino que permanecían bajo la autoridad espiritual de los apóstoles. Ellos fueron nombrados, en un principio, por Jesús cuando escogió a doce hombres para que le acompañaran y compartieran su ministerio (Mc. 3:14ss.). El número 12 es un símbolo para representar al nuevo Israel, a la iglesia. El llamamiento de los doce es un acto simbólico, que les designa como el núcleo de ese nuevo Israel que Jesús va a fundar (Mt. 16:18). Cuando Pedro confesó su fe en la mesianidad de Jesús y fue señalado como la roca sobre la que se edificaría la iglesia, no lo fue como persona individual sino como portavoz y representante de los doce en su capacidad apostólica. Cuando Judas desertó, la elección de Matías llenó el vacío que había dejado (Hch. 1:15ss.). De aquí en adelante, el círculo de los apóstoles quedó cerrado en lo que respecta a nombramientos humanos. Sin embargo, el Espíritu Santo eligió nuevos apóstoles, cuya función era reconocida por las iglesias sobre la base de sus dones carismáticos (o sea, impartidos por el Espíritu) y no por ninguna autorización humana. Además de los doce, Bernabé y Pablo también fueron reconocidos como apóstoles (Hch. 14:14), como Santiago, el hermano del Señor (Gá. 1:19), Andrónico y Junías (Ro. 16:7).

Los apóstoles era un círculo de personas llamadas por Dios para constituir el fundamento de la iglesia (Ef. 2:20; ver también Ap. 21:14) y para ser los vehículos de la revelación divina (Ef.

3:5) del significado de la persona y obra redentora de Cristo. Por eso hablaron con una autoridad que procedía de Dios mismo, y con la cual ningún líder moderno puede hablar de la iglesia. Los apóstoles eran custodios de la enseñanza de la iglesia primitiva (Hch. 2:42), y los escritos del Nuevo Testamento deben entenderse como el resultado final del testimonio apostólico en lo que respectas al significado del evento redentor en Cristo. Una vez fundada con éxito la iglesia, y depositada de forma escrita la palabra interpretativa apostólica en cuanto al significado de Cristo, ya no había necesidad de que el oficio apostólico continuara.

Junto a los apóstoles estaban los profetas (Ef. 2:20; 3:5), que eran personas dotadas por el Espíritu Santo, para, a veces, profetizar eventos futuros (Hch. 11:28; 21:10) pero sobre todo para edificar a la iglesia con mensajes revelados (1 Co. 14:6, 29–30). Los dones, tanto de apostolado como de profecía eran dones del Espíritu Santo (1 Co. 14:4, 28; Ef. 4:11), y no oficios para los cuales la iglesia pudiera elegir a personas. La autoridad de ambos era espiritual y no oficial o legal. Los apóstoles ejercieron una autoridad en el gobierno de las iglesias que al parecer no ejercieron los profetas. La autoridad de estos últimos era sobre todo en la esfera de la enseñanza.

Aunque las iglesias no estaban vinculadas por lazos eclesiásticos ni por una autoridad formal, tenían un profundo sentido de unidad. Esto puede ilustrarse por el uso de la palabra *ekklesia* en Hechos. Este término se usa a menudo para congregaciones locales (Hch. 11:26; 13:1; 14:23), que al parecer se reunían en casas individuales (8:3). El plural se emplea por tanto para designar a todas las iglesias (15:41; 16:5). El singular también puede utilizarse para referirse a todos los creyentes de una determinada ciudad (5:11; 8:1), e incluso para la iglesia en general – "entonces todas las iglesias tenían paz por toda Judea, Galilea y Samaria; y eran edificadas" (9:31). El único atributo que se usa para la iglesia en Hechos aparece en la expresión "la iglesia de Dios" (20:28), y aquí se utiliza para la iglesia de Éfeso como representativa de la iglesia en general.

Estos usos de *ekklesia* sugieren que la iglesia no es simplemente la totalidad de todas las iglesias locales o de todos los creyentes; más bien, se trata de la congregación como iglesia local. La iglesia en Éfeso es la iglesia de Dios, no simplemente una parte de ella. Esto pone de manifiesto que todas las iglesias locales sentían que eran una parte de la iglesia de Cristo. Sólo podía haber una iglesia; y esta iglesia única de Dios se manifestaba localmente en la comunión de los creyentes. Sin embargo, esta unidad no era algo formalmente impuesto o mantenido externamente; era un reflejo de la verdadera naturaleza de la única iglesia a través de una experiencia concreta.

La Iglesia e Israel

Hechos enumera los pasos con los que la iglesia fue rompiendo paulatinamente con la sinagoga hasta llegar a ser un movimiento independiente. De hecho, uno de los temas centrales del escrito es la explicación de cómo un grupo pequeño de judíos de Jerusalén, difícilmente distinguible de su medio judío, se mire por donde se mire, se convirtió en una comunión gentil en la capital del imperio, completamente liberada de todas las prácticas judías.

La primera prueba de ruptura con el judaísmo se da como resultado del ministerio de Esteban. Los siete que habían sido escogidos para supervisar la distribución de alimentos tenían todos nombres griegos; y podemos presumir que eran, por tanto, judíos de lengua griega que habían crecido en la diáspora y que eran algo más liberales que los judíos palestinos. De todos modos, Esteban fue acusado de hablar en contra del templo y de la Ley de Moisés (Hch. 6:13), lo que al parecer significaba que los judíos que se hacían cristianos ya no necesitaban observar el culto del templo o la Ley del Antiguo Testamento. En su defensa, Esteban no pretende demostrar la falsedad de estas acusaciones. Su sermón es un relato del trato de Dios hacia Israel fuera de su tierra y sin un templo. Acaba insistiendo que Dios no está limitado al templo (7:47), y afirmando que la posesión de éste no garantizaba que los judíos estuvieran en posesión de la religión correcta (7:51–53). Podemos inferir que Esteban fue el primero en darse cuenta de que en realidad el culto del templo y la observancia de la Ley ya no eran necesarios para los cristianos judíos.

El paso siguiente lo dio Pedro cuando, como respuesta a la dirección divina, que superó todas sus convicciones judías, se unió con gentiles en Cesarea, en la comunión de mesa cristiana. Cuando Pedro volvió a Jerusalén, no simplemente se le acusó de llevar el evangelio a los gentiles, sino de comer con ellos (Hch. 11:2), es decir, de violar la ley judía. El "grupo circuncidado" que hizo estas acusaciones se componía de cristianos judíos que se negaban a reconocer diferencia alguna entre judaísmo y cristiandad. Para ellos el cristianismo era el cumplimiento del judaísmo, no su sucesor. Ante esto, Pedro defendió con éxito su ruptura con las prácticas judías alegando la obvia aceptación de los gentiles por parte de Dios.

El problema volvió a ser crítico después del primer viaje misionero de Pablo en el que fundó con éxito algunas iglesias en el mundo gentil, las cuales quedaban completamente libres de observar las leyes judías. Algunos hermanos cristianos fueron de Jerusalén a Antioquía, el nuevo centro cristiano gentil, e insistieron en que todos ellos debían observar la Ley de Moisés, es decir, tenían que hacerse judíos, para ser salvos (15:1–2). Esto dio lugar al concilio de Jerusalén para decidir el papel que la Ley judía jugaba en la comunidad cristiana. El grupo conservador, insistiendo en la permanencia de la Ley, se dejó llevar por algunos conversos de los fariseos (15:5), mientras que Pablo representaba al grupo liberal, que mantenía que la Ley no obligaba a los cristianos gentiles. La conferencia tomó una decisión después de un discurso de Santiago, el hermano de Jesús, que había llegado a ser el representante espiritual de la iglesia de Jerusalén. Contó la experiencia de Pedro en Cesarea, cuando los gentiles, obviamente, llegaron a formar parte de la familia de la fe. Entonces dijo, "Con esto concuerdan las palabras de los profetas, como está escrito: 'Después de esto volveré y reconstruiré el tabernáculo de David (…) para que el resto de los hombres busque al Señor, y todos los gentiles, sobre los cuales es invocado mi nombre' " (15:15–17). Santiago cita la profecía de Amós 9:11–12 (según la LXX) para probar que la experiencia de Pedro con Cornelio era el cumplimiento del propósito de Dios de visitar a los gentiles y llamarles por nombre como su pueblo. Es lógico, por tanto, que "reconstruir el tabernáculo de David", como resultado de la misión gentil, tiene que referirse a la exaltación y entronización de Cristo en el (celestial) trono de David y el establecimiento de la iglesia como el pueblo verdadero de Dios, el Israel nuevo. Porque Dios había llevado a los gentiles a la fe sin la Ley, no había ninguna necesidad de insistir en que tuvieran que hacerse judíos para ser salvos. Entonces, el concilio decidió que no tenían por qué someterse al yugo de la Ley. Sin embargo, les exigieron que, por amor cristiano, se abstuvieran de ciertas costumbres particularmente odiosas para los judíos, que estaban en las ciudades más importantes del mundo mediterráneo (15:21), como comer de lo sacrificado a los ídolos, de animal estrangulado y, por tanto no desangrado de forma correcta, de mezclar sangre con la bebida, y de inmoralidad. El concilio aparentemente libró a los gentiles de la obligación de guardar la Ley y en efecto eximió de cumplir las costumbres judías a todas las congregaciones cristianas donde había gentiles, aunque los cristianos judíos podían seguir guardando la Ley como judíos.[29]

La narrativa de los primeros quince capítulos de Hechos muestra cómo surge la iglesia gentil liberada de cumplir la Ley. Los últimos trece capítulos muestran cómo se dio la ruptura final entre la iglesia y la sinagoga. En todos los lugares en los que Pablo estuvo, predicó en primer lugar en las sinagogas judías. Casi invariablemente los líderes judíos y la mayoría de las sinagogas se le opusieron, pero los gentiles que adoraban en las sinagogas le recibieron con amabilidad. Este tema ilustra el rechazo judío del evangelio y la aceptación de los gentiles. Después de tres exitosos viajes misioneros, en los que encontró la oposición judía y el favor gentil, inclusive la protección de gobiernos gentiles ante la hostilidad judía, Pablo hizo una visita final a Jerusalén. No hay ninguna explicación de por qué Lucas dedica cinco capítulos y medio a esta última visita. No se estableció ninguna iglesia nueva, ni se resolvió ningún problema teológico o eclesiológico. Esta visita no dio lugar a ningún progreso positivo. El propósito de esta larga explicación es ilustrar detalladamente cómo el judaísmo rechazó el evangelio. Durante las tres misiones de Pablo en Asia y Europa, los judíos habían rechazado su mensaje pero los gentiles lo habían recibido. Esta experiencia vivida en varias ciudades lo es ahora en las capitales del judaísmo y del mundo gentil. Jerusalén habría matado a Pablo si los representantes de Roma no le hubieran protegido. Tanto la población en general como el Sanedrín en particular le rechazaron a él y su mensaje. No había lugar en la Santa Ciudad y el judaísmo oficial para la fe cristiana. Los judíos se incapacitaron a sí mismos para ser el verdadero pueblo de Dios.

Este rechazo judío no solo es confirmado, sino contrastado con la recepción de Pablo en Roma. En primer lugar llamó a los líderes judíos y les presentó las afirmaciones del Reino de Dios, pero fue rechazado. Entonces fue a los gentiles; y Hechos termina con una grave afirmación del juicio de Israel, y la afirmación: "Sabed, pues, que a los gentiles es anunciada esta salvación de Dios, y ellos oirán" (28:28). La iglesia, que comenzó como una secta judía en Jerusalén, llegó a ser una comunidad gentil en Roma, completamente liberada de relación judía alguna.

Cuarta parte

PABLO

Capítulo 28

Pablo: introducción

La mente más preclara del Nuevo Testamento a la hora de interpretas el significado de la persona y obra de Jesús es el controvertido fariseo, Pablo. El historiador debe analizar las influencias que moldearon el pensamiento de Pablo en su contexto histórico para poder entender su mente. Esta tarea histórica es insólitamente difícil porque él fue un hombre entre tres mundos: judío, helenista y cristiano. Aunque nació en la ciudad helenista de Tarso de Cilicia, creció en un hogar judío y fue educado de acuerdo con las estrictas costumbres judías (Fil. 3:5), de lo cual se sentía orgulloso (Ro. 9:3; 11:1). Afirmó haber vivido como un fariseo obedeciendo fielmente la Ley (Fil. 3:6; 2 Co. 11:22), y haber destacado mucho más que sus contemporáneos por su celo por la tradición oral de los círculos farisáicos (Gá. 1:14).

Las mismas palabras de Pablo apoyan lo que se dice en Hechos, cuando, al hablar a los judíos de Jerusalén, afirma que fue "criado en esta ciudad; instruido a los pies de Gamaliel, estrictamente conforme a la ley de nuestros padres" (Hch. 22:3). La palabra *antethrammenos* muy bien podría significar "educado desde la infancia", y expresar la pretensión de que aunque hubiera nacido en Tarso, su familia se trasladó a Jerusalén mientras aún era niño, y toda su educación escolar se llevó a cabo en esa ciudad. Por lo menos, el versículo afirma que Pablo recibió instrucción en Jerusalén en la escuela del famoso rabino Gamaliel. No está claro que fuera ordenado rabino, pero hay muchos indicios en sus cartas de que pensaba y actuaba como tal.

Pablo también se sentía como en su propia casa en el mundo griego, y entendió su misión como una llamada a extender la iglesia por todo el mundo grecorromano y a interpretar el evangelio para que resultara compatible con la cultura helenista. Si pasó su infancia en Tarso, sin duda llegó a conocer bien a los filósofos populares cínicos y estoicos que iban de lugar en lugar y que se podían oír en las esquinas de las calles de la ciudad. Ya fuera que conociera o no personalmente las religiones mistéricas, sin duda pasaron por sus manos las monedas con la representación del dios Sandán en la hoguera, por lo que estaría familiarizado con la idea de un dios que muere y resucita. No hay pruebas de que Pablo conociera verdaderamente la filosofía y la literatura griegas, y es muy improbable que unos fariseos estrictos enviaran a su hijo a estudiar a una escuela pagana. Sin embargo, él usaba con gusto la lengua griega, y sus metáforas literarias reflejan la vida ciudadana más que los ambientes rurales.[4] Y hay en su pensamiento elementos que sólo pueden haber procedido de su entorno griego. Su estilo, a menudo, se parece al de los estoicos; y usa palabras como conciencia (*syneidesis*, Ro. 2:15), naturaleza (*physis*, Ro. 2:14), lo que no conviene (*më kathëkonta*, Ro. 1:28), autonomía (*autarkës*, Fil. 4:11), que claramente forman parte del mundo ideológico griego: Sin embargo, el empleo de términos griegos no implica que compartiera las ideas religiosas griegas. Palabras como misterio (*mysterion*) y perfecto (*teleios*) pertenecen al mundo de las religiones mistéricas; pero Pablo claramente las utiliza de una forma diferente.

Es difícil valorar hasta qué punto los diversos antecedentes de Pablo influyeron en su pensamiento. Sin duda, su conversión no dejó su mente vacía de todas las ideas religiosas que ya tenía y las reemplazó por una teología perfecta. Su insistencia en que había sido separado para servir a Dios antes de nacer (Gá. 1:15) debe querer decir que verdaderamente sus experiencias de infancia y juventud le prepararon para cumplir con su tarea, que fue divinamente ordenada. Por tanto, debemos interpretar las ideas de Pablo teniendo en cuenta sus diferentes contextos si queremos entender las influencias históricas que le moldearon para ser el primer teólogo cristiano.

Aunque pensamos que la conversión de Pablo no puede explicarse de ninguna otra manera que no sea la de un encuentro con el Jesús resucitado, no se sigue necesariamente que recibiera toda su teología en Damasco, ni que podamos limitar los orígenes de su pensamiento al Antiguo Testamento y a la enseñanza de Jesús. Más bien, parece que Pablo estuviera ya preparado como teólogo judío para reflexionar, bajo la dirección del Espíritu Santo, en las implicaciones de que Jesús de Nazaret, el crucificado, fuera en realidad el Mesías, el Hijo de Dios resucitado y ascendido. Esto le llevó a muchas convicciones radicalmente diferentes a las que tenía como judío, entre las cuales la más notoria es su nueva – y muy poco judía – interpretación del papel de la Ley.

El trasfondo rabínico de Pablo ha sido muy analizado por W. D. Davies, que explica muy detalladamente las semejanzas entre ambos. Sin embargo, puesto que la literatura rabínica es considerablemente posterior a Pablo, y lo único que tenemos es su pensamiento como cristiano, resulta difícil llegar a conclusiones sobre ciertos detalles, aunque las ideas de Davies parezcan sólidas.

Otros estudiosos han rechazado ese contexto rabínico de Pablo, sobre todo debido a su idea "pesimista" de la Ley tan poco rabínica. Han tratado de explicar sus ideas basándose en un trasfondo de diáspora en lugar del de judío palestino, suponiendo que el judaísmo de la dispersión tenía una actitud más legalista hacia la Ley, una valoración más pesimista de la naturaleza humana, una idea más fatalista del mundo; y que el hombre que se refleja en las cartas no podía ser un rabino palestino.

Otra interpretación extrema separa la apocalíptica judía de otros movimientos religiosos de Palestina y no cree que Pablo sea fariseo, sino un apocalíptico total. Aunque Schweitzer ha hecho imposible que se ignore la importancia de la escatología, su interpretación adolece de un análisis de la naturaleza del judaísmo del primer siglo poco sólido. Ahora ya sabemos que no se pueden aislar las distintas formas de pensamiento judío, tales como el rabinismo (fariseo), la apocalíptica y el de la diáspora. Aunque hay diferentes énfasis (Filón y la Mishná representan claramente ámbitos de pensamiento distintos), la erudición reciente ha reconocido que los círculos apocalípticos y fariseos compartían actitudes similares hacia la Ley y la escatología, y que el judaísmo palestino había sido profundamente influenciado por el pensamiento y la cultura helenistas.[14]

Una generación anterior, la escuela de las "religiones comparadas" de Alemania interpretó a Pablo desde el trasfondo de la religión mistérica helenista, arguyendo que había convertido al cristianismo judío primitivo en un culto mistérico con un dios que muere y que resucita, y ritos totalmente sacramentales como el bautismo y la cena sagrada. Otros creyeron que el cristianismo se helenizó cuando se estableció en territorio gentil de tal forma que a Jesús ya no se le consideraba como el Mesías judío sino como una especie de Señor cúltico gentil (*Kyrios*). Aunque Deissmann reconoció la herencia judía de Pablo, interpretó el núcleo de su fe cristiana como un misticismo helenista en el que el Cristo glorificado se entendía como una sustancia etérea liviana que, como el aire, podía penetrar en el creyente y en el que éste tenía su existencia.[17]

Otros, incluso interpretan a Pablo de acuerdo con el dualismo helenista de la carne frente al espíritu, o reconocen la influencia de un supuesto movimiento gnóstico oriental precristiano y su concepto del origen celestial del yo-alma y de la redención por medio de un hombre divino preexistente. Sin embargo, no se han encontrado todavía documentos precristianos que recojan la expectativa de un redentor celestial que desciende, y es muy probable que el redentor gnóstico sea "una interpretación radical del Jesús cristiano de acuerdo con la creencia [gnóstica] prevaleciente". Además, la literatura de la comunidad de Qumrán ha puesto de manifiesto en el judaísmo palestino la existencia de una secta que supo combinar una actitud judía estricta hacia la Ley, algo así como un pensamiento "proto-gnóstico", un dualismo ético marcado, y un fuerte énfasis en el "conocimiento" para obtener la salvación. Uno de los aspectos más urgentes para la interpretación bíblica contemporánea es el de la naturaleza del judaísmo precristiano y la historia del movimiento gnóstico como trasfondo para comprender el Nuevo Testamento.

Dado que Pablo mismo afirma haber recibido una educación teológica rabínica antes de hacerse cristiano, el enfoque correcto parece ser aceptar su afirmación tal y como se presenta e interpretar el pensamiento paulino de acuerdo con un trasfondo judío, aunque teniendo presente, en los puntos cruciales, la posibilidad de algunas influencias helenistas o gnósticas.

Pablo el judío

El presupuesto de que Pablo tiene un trasfondo judío es evidente por los conceptos teológicos subyacentes en su teología. Era un monoteísta incondicional (Gá. 3:20; Ro. 3:30) y rechazaba vigorosamente la religión pagana (Col. 2:8), sus cultos (1 Co. 10:14, 21), y su moralidad (Ro. 1:26ss). Considera el Antiguo Testamento como la Sagrada Escritura (Ro. 1:2; 4:3), la Palabra de Dios inspirada (2 Ti. 3:16). El método de interpretación de Pablo para entender el Antiguo Testamento le sitúa en la tradición del judaísmo rabínico.

Como rabino judío, Pablo, indiscutiblemente, compartía la creencia de la posición central de la Ley. Incluso como cristiano, afirma que la Ley es espiritual (Ro. 7:14), santa, justa y buena (Ro. 7:12); y nunca cuestiona su origen y autoridad divinos. La Ley para un fariseo significaba tanto la Ley de Moisés escrita, como las "tradiciones" orales "de los padres" (Gá. 1:14). El judaísmo había perdido el sentido de la auto revelación de Dios en los eventos históricos y de que la voz de Dios permaneciera viva a través de la profecía. La doctrina judía de la revelación concentraba en la Ley todo el conocimiento de Dios y de su voluntad. Con el último de los profetas el Espíritu Santo había salido de Israel, pero ya no se necesitaba más palabra de Dios; todo se contenía en la Ley. La teoría judía consideraba que la tradición oral se remontaba hasta Moisés, e incluso a la misma Ley escrita. La Tora era la revelación definitiva y completa. La revelación progresiva resultaba innecesaria e imposible.[27] Dios ya no actuaba en los eventos históricos del futuro, pues solo faltaba que se realizara una acción poderosa de Dios, en la que manifestaría su poder real para destruir a sus enemigos, redimir a Israel, y establecer su reinado en todo el mundo.

A través de los escritos del Pablo cristiano se puede determinar con toda claridad que Saulo el judío compartió, de alguna forma, la esperanza judía de la venida del Mesías para destruir a sus enemigos, redimir a Israel y establecer el Reino de Dios; porque esta esperanza que viene ya de los profetas del Antiguo Testamento, sigue constituyendo la estructura básica del pensamiento de Pablo como cristiano. Sus cartas reflejan el lenguaje que iba surgiendo en las literaturas apocalíptica y rabínica de los dos siglos: *olam hazzeh* ("este siglo") y *olam habbah* ("el siglo venidero"). Las dos expresiones juntas sólo están en Efesios 1:21, donde los dos siglos, que se suceden el uno al otro, designan la dimensión de un futuro interminable. Sin embargo, Pablo habla a menudo de "este siglo" como del tiempo del mal y de la muerte. La sabiduría de este siglo es incapaz de llevar a las personas a Dios (1 Co. 2:6; 1:20) y debe ser abandonada como camino de salvación (1 Co. 3:18). Las personas que ocupan lugares de poder en éste siglo están tan ciegas ante la verdad de Dios como los sabios; en su ceguera espiritual crucificaron al Señor de la gloria (1 Co. 2:8). La "corriente de este mundo" (Ef. 2:2), es decir, el siglo identificado con el mundo en su condición caída, se caracteriza por una vida de autoindulgencia más que por la obediencia a la voluntad de Dios – estado que Pablo describe como muerte en transgresiones y pecados. Este siglo, en su rebelión contra el Dios vivo y en su ceguera ante la acción redentora de Dios en Cristo, se describe como sometido a Satanás, el "dios de este siglo" (2 Co. 4:4).

Este siglo finalizará con el Día del Señor (1 Ts. 5:2; 2 Ts. 2:2), que para Pablo es también el Día del Señor Jesucristo (1 Co. 1:8; 2 Co. 1:14; Fil. 1:6), en el que tendrá lugar su parusía o su venida (1 Ts. 2:19; 2 Ts. 2:1; 1 Co. 15:23) para poner fin al "presente siglo malo" (Gá. 1:4). Aparte de Efesios 1:21, Pablo no habla de la era futura como del "Siglo Venidero", pero sí lo hace a menudo del Reino escatológico de Dios (1 Co. 6:9; 15:50; Gá. 5:21; Ef. 5:5; 1 Ts. 2:12; 2 Ti. 4:1, 18). Lo que esto significa para Pablo se expresa con claridad en 1ª Corintios 15:23–26. Se trata de la total destrucción de todo poder hostil a la voluntad de Dios, el último de los cuales es la muerte. Cristo debe "reinar como rey" (*basileuein*, v. 25) para que se cumpla su meta redentora. En esta básica estructura escatológica de los dos siglos divididos por el Día del Señor, cuando Dios liberará a su creación caída de todos los estragos del mal y del pecado (Ro. 8:21), Pablo está de acuerdo con la perspectiva del Antiguo Testamento tal y como se desarrolló en el judaísmo apocalíptico, y que también aparece en los Evangelios.

Como rabino judío, celoso de la Ley, Saulo quería erradicar este nuevo movimiento religioso que exaltaba la memoria de Jesús de Nazaret. El libro de Hechos coloca a Pablo en Jerusalén participando, de alguna manera, en la muerte de Esteban (Hch. 8:1); y las propias palabras de Pablo afirman que se sentía impulsado por un celo fervoroso a aplastar el movimiento que Esteban representaba (Gá. 1:13; 1 Co. 15:9; Fil. 3:6). Este celo de persecución no se puede separar de su celo por la Ley. Este era el fundamento de aquél. Para los fariseos, la Ley lo era todo. El ministerio de Jesús había sido un reto para todo lo que los fariseos valoraban. Había conculcado la Ley, se había asociado con hombres que no observaban la interpretación escriba de la Ley, y se atribuyó la autoridad divina para enfrentarse al fundamento de la religión judía. Esta nueva comunión de los discípulos de Jesús estaba compuesta de personas, que como Jesús, ignoraban las tradiciones de los escribas, y prescindían de la definición farisea de justicia (Hch. 4:13). La "defensa" de Esteban era, de hecho, un rechazo de la Ley, porque Esteban arguyó que la Ley nunca había dado lugar a un pueblo sometido y obediente a Dios (Hch. 7:35ss.). Estas personas afirmaban que Jesús era realmente el Mesías y que eran el pueblo del Mesías. En base a premisas judías, ambas afirmaciones obviamente tenían que ser falsas.

La ejecución de parte de los odiados enemigos del pueblo de Dios era una contradicción manifiesta de la mesianidad. El Mesías "hará que las naciones paganas lo sirvan bajo su yugo; (…) y purificará a Jerusalén, haciéndola santa como antes" (*Sal. Salomón* 17:32). "Y reunirá a un pueblo santo, al que guiará en justicia" (*Sal. Salomón* 17:28). "A aquellos que caminan en la justicia de sus mandamientos, en la ley bajo la que nos mandó que viviéramos. Los piadosos del Señor vivirán según ella para siempre" (*Sal. Salomón* 14:1–2). Por consiguiente, ni Jesús podía ser el Mesías, ni sus discípulos podían ser el pueblo del Mesías. Si su afirmación era cierta, todo el fundamento del judaísmo como religión de la Ley resultaba inválido. Así pues, la existencia misma de la iglesia, con su pretensión de ser el pueblo del Mesías representaba una amenaza para el judaísmo. Saulo el rabino estaba seguro de que estaba haciendo la voluntad de Dios y de que se apoyaba en su Palabra para tratar de aplastar este nuevo movimiento.

Pablo el cristiano

Sucedió algo que produjo una total transformación en la perspectiva de Pablo. Para tratar de entender sus implicaciones, analizaremos los tres hechos más característicos de su misión apostólica: proclamó al Cristo que previamente había perseguido; estaba convencido de su peculiar misión de llevar el evangelio a los gentiles; y predicó la justificación por la fe, totalmente aparte de las obras de la Ley y en contraposición a las mismas.

En lo que podemos discernir a partir de todos los datos que tenemos, este cambio radical no se debió a una transformación gradual como resultado del estudio, la reflexión, la discusión y la argumentación, sino que sucedió casi instantáneamente en el camino de Damasco. La "conversión" de Pablo ha creado un problema para los historiadores, que tratan de explicar esta experiencia de acuerdo con otras experiencias humanas conocidas. Los tres relatos de Hechos (9:1–9; 22:6–16; 26:12–18) están en desacuerdo en los detalles pero coinciden en que Saulo vio una luz brillante en el firmamento, que cayó al suelo, que escuchó una voz que se identificó como Jesús, y que se quedó ciego. A veces se ha explicado esta experiencia como un ataque epiléptico, o como la culminación de un intenso conflicto interno que Pablo estaba experimentando como judío. Romanos 7 ha sido interpretado por estos estudiosos como una descripción de la crisis interna de Saulo bajo la Ley. Externamente era el paladín orgulloso e irreprochable de la Ley, pero internamente estaba sumergido en tinieblas y confusión. La conducta de Esteban durante su martirio todavía le alteró más, y en lo profundo de su corazón, ya fuera de forma consciente o en su "yo sublimado" (Goguel), reconoció que los cristianos tenían razón. Este conflicto interno alcanzó su punto culminante en el camino de Damasco, en una experiencia visionaria que Pablo atribuyó al Señor, pero que nosotros, actualmente, podemos entender en términos de sicología religiosa. Sin embargo, la interpretación sicológica queda refutada por el propio testimonio de Pablo de que su devoción a la Ley era para él una fuente de orgullo y jactancia (Fil. 3:4, 7; Ro. 2:13, 23), y se reconstruye no tanto sobre la base de pruebas textuales como sobre una supuesta necesidad sicológica. El propio testimonio de Pablo no describe ningún cuadro de angustia, desesperación o vacilación en sus convicciones judías. Su conversión fue un cambio brusco de su actitud hacia Jesús, sus discípulos y la Ley; y muchos estudiosos han abandonado la explicación sicologizante para aceptar el testimonio paulino, aunque no puedan explicarlo.[34]

Cuando se plantea la pregunta, ¿qué sucedió en realidad?, o hay que hacerse teólogo o sencillamente reconocer la ignorancia. El historiador, como tal, no posee categorías en las que quepan la resurrección, la ascensión y la glorificación de Jesús, y la posibilidad de que un ser celestial glorioso se aparezca a personas inmersas en la historia. No existe, por tanto, una explicación histórica adecuada, o sea, humana, de la experiencia de Saulo en Damasco. Admitir que no se puede definir el proceso sicológico y seguir insistiendo en que se trata de un proceso síquico es una petición de principio. El historiador solo puede decir "debemos concluir que la experiencia de Damasco ha hecho que un fariseo perseguidor de cristianos se convierta en discípulo de Cristo sin que se sepa nada de algo así como una transición".[36] Sin embargo, el mismo investigador dice después "para los ojos de la fe, no cabe duda de que la transformación repentina del enemigo de los cristianos en el apóstol de Cristo es el resultado de una acción especial de Dios, la cual Pablo experimentó en el servicio al Señor. Esto es todo lo que podemos decir acerca de la conversión de Pablo".

Esta interpretación existencial identifica la aparición de Cristo con una nueva comprensión del *yo*. "La conversión de Pablo consistió en la resolución de renunciar a la totalidad de su previa autocomprensión, que había sido cuestionada por el mensaje cristiano, y entender su existencia de una forma nueva". Ciertamente, Damasco significó una nueva comprensión de la existencia de Pablo y de su relación con Dios y con el mundo; pero esta nueva comprensión no es el contenido de su experiencia sino su resultado. El reconocimiento de Jesús como el Hijo de Dios precedió al cambio total de la comprensión que Pablo tenía de sí mismo.[39]

Pablo mismo insiste en que lo que sucedió en Damasco fue la aparición del Jesús resucitado y glorificado, la cual sitúa en la misma categoría que las apariciones de Jesús durante los cuarenta días posteriores a su resurrección (1 Co. 15:8). Él, igual que los otros apóstoles, había visto a Jesús el Señor (1 Co. 9:1). Había recibido una revelación de Jesucristo (Gá. 1:12). Aunque Pablo considere la aparición de Jesús como igual a las apariciones de los cuarenta días, advierte que hubo algo peculiar en la que él recibió, cuando dice "como a un abortivo" (*ektromati*, 1 Co. 15:8). Para ser exactos, esta palabra no significa un nacimiento tardío sino prematuro, y formalmente contradice la expresión "último de todos". Sin embargo, este término se puede entender por regla general como una referencia a un nacimiento anormal, que en este caso ocurrió después de que Jesús dejara de aparecerse a los demás discípulos. También es importante el hecho de que Pablo distinga entre su aparición del Cristo resucitado y sus otras experiencias extáticas (2 Co. 12). La experiencia de Damasco fue la más tardía y la última aparición de Cristo; no es repetible, mientras que las revelaciones de 2ª Corintios fueron vivencias bastante frecuentes. En Damasco vio al Señor; en sus visiones oyó "palabras inefables que no le es dado al hombre expresar" (2ª Co. 12:4). La conversión de Pablo no puede interpretarse como la primera experiencia mística verdadera de un gran místico. Las únicas alternativas reales para interpretar su conversión son el agnosticismo – lo cual no parece una solución – o la aparición real de Jesucristo experimentada objetivamente por sus sentidos en el camino de Damasco, que es la interpretación del mismo Pablo. Nada que no hubiera sido su certeza de que la aparición de Jesús fue real podría haberle convencido de que Jesús había resucitado de entre los muertos, y que era, por tanto, el Mesías y el Hijo de Dios. Nada que no hubiera sido el hecho en sí podría explicar de forma adecuada, dadas las circunstancias, su certidumbre.

"Conversión" no es la mejor palabra para describir la experiencia de Pablo, ya que este término para nosotros está cargado de un fuerte sentido sicológico. Además, Saulo no se convirtió de la incredulidad a la fe, del pecado a la justicia, del ateísmo a la religión, ni siquiera de una religión a otra, ya que consideró que el cristianismo era el verdadero judaísmo. Se convirtió de una forma de entender la justicia a otra – de su propia justicia por obras a la justicia de Dios por fe (Ro. 9:30ss.). La aparición de Jesús le demostró que la proclamación cristiana era correcta; que Jesús había resucitado de entre los muertos; que en consecuencia debía ser el Mesías, y no solo el Mesías, sino también el Hijo de Dios (Hch. 9:20). En los tres relatos de la conversión de Pablo, el Jesús exaltado se identificó con los cristianos: "Yo soy Jesús, a quien tú persigues" (Hch. 9:5). Esto dejaba bien sentado que la iglesia, a la que Saulo había estado persiguiendo, era en realidad el pueblo del Mesías. Pero si un pueblo que no observaba la Ley, tal como la definían los fariseos, era el pueblo del Mesías, entonces no podía obtenerse la salvación por la Ley; debía ser un don del Mesías. Por lo cual, si se había otorgado la salvación mesiánica a judíos aparte de la Ley, entonces ésta debía tener una meta universal y ser un don de Dios para todas las personas. He aquí la lógica interna que subyacía al llamamiento de Pablo para que fuera el apóstol de los gentiles, el cual le hizo el Jesús resucitado.

Al darse cuenta de que Jesús era realmente el Mesías sus valores en cuanto al significado de la Ley se revolucionaron, porque su mismo celo por ella le habían hecho odiar a los cristianos y a su supuesto Mesías. A Jesús no le habían condenado hombres impíos e inmorales, sino judíos devotos y con conciencia, que creyeron que así defendían la Ley de Dios. Fue lo mejor del judaísmo lo que condenó a Jesús a la cruz. Si el esfuerzo de Pablo por fundamentar la justicia en la Ley le había ocultado la verdadera justicia de Dios en el Mesías (Ro. 10:3), entonces aquélla no podía ser el camino de ésta. Esta certeza convenció a Pablo de que Cristo era el fin de la Ley como camino de justicia (Ro. 10:4). Así pues, todos los elementos esenciales de la teología de Pablo – Jesús como el Mesías, el evangelio para los gentiles, la justificación por la fe frente a las obras de la Ley – están contenidos en su experiencia del camino de Damasco.

Todas las cosas nuevas

Darse cuenta de que Jesús era el Mesías prometido en el Antiguo Testamento exigió a Pablo una revisión de su comprensión de la historia de la redención. Siguió esperando el Día del Señor, la aparición del Mesías con poder y gloria, para establecer su Reino escatológico. Pablo no renuncia al esquema judío de los dos siglos ni al carácter perverso del presente siglo (Gá. 1:4). Los poderes demoníacos siguen oponiéndose al pueblo de Dios (Ef. 6:12ss.), que todavía tiene que sufrir las limitaciones materiales, la enfermedad (Ro. 8:35s.; Fil. 2:26s), y la muerte (Ro. 8:10). El mundo físico está todavía esclavizado al deterioro (Ro. 8:21), y el espíritu de este mundo, de la sociedad humana, se opone al Espíritu de Dios. El mundo está sometido al juicio divino (1ª Co. 11:32). Los creyentes todavía viven en el mundo y lo utilizan (1 Co. 7:31), y no puede evitar asociarse con las personas de este mundo (1ª Co. 5:11). Obviamente, desde el punto de vista de la naturaleza, de la historia y de la cultura, el Reino de Dios sigue siendo una esperanza escatológica.

Sin embargo, si Jesús es el Mesías y ha traído la salvación mesiánica a su pueblo, algo ha cambiado. El Reino de Cristo debe ser ya una realidad presente de la cual su pueblo participa, aunque el mundo no lo pueda ver (Col. 1:13). Su Reino está presente, porque Jesús, en cierto sentido real, lo ha traído; y de hecho Pablo cree que el reinado mesiánico de Jesús comienza con su resurrección y exaltación. Su gobierno como Rey no comienza en su parusía y se extiende hasta el *telos;* ya empezó con su resurrección y se extiende más allá de la parusía hasta el *telos* (1 Co. 15:23–25). Después, cuando haya triunfado sobre todos sus enemigos, entregará el Reino de Dios.

Estas nuevas implicaciones de la mesianidad de Jesús dan lugar a una modificación radical de la idea de Pablo de la *Heilsgeschichte*, que difiere absolutamente del judaísmo. En la historia del mundo, desde antiguo, han habido eventos redentores *cuyo carácter esencial es escatológico* en el sentido de que, según la anterior forma de pensar, pertenecían al Siglo Venidero. ¿Cómo puede el Mesías ocupar su trono mientras el César gobierna en el mundo? Este es, sin embargo, el convencimiento que Pablo compartió con la comunidad cristiana primitiva, cuyas implicaciones entendió mejor que otros. Él vio con claridad que la resurrección de Jesús fue un acontecimiento escatológico. La resurrección de los muertos sigue siendo un acontecimiento reservado para el fin del siglo, cuando la mortalidad será cambiada por inmortalidad (1 Co. 15:52ss). Sin embargo, la resurrección de Jesús significa nada más y nada menos que el comienzo de esta resurrección escatológica.

Pablo contrasta la muerte, que entró en el mundo por un hombre, con la resurrección de los muertos, que ha entrado en el mundo por otro hombre. La resurrección tiene fases diferentes: Cristo, las primicias, es la primera; la segunda tendrá que ver con todos los que pertenecen a Jesús cuando él venga (1 Co. 15:21–23). Lo importante aquí es que la resurrección de Cristo es el comienzo de *la* resurrección como tal, y no un acontecimiento aislado. La resurrección de Jesús es de hecho el inicio de la esperanza escatológica. La resurrección de los muertos ya no es un único evento reservado para el final del siglo; se ha dividido por lo menos en dos fases la primera de las cuales ya ha tenido lugar. Como la resurrección ya ha comenzado, el ser humano en Cristo sabe que hay resurrección para él en el futuro. El primer acto del drama de la resurrección escatológica se ha separado del resto de la obra y se ha situado en medio del presente siglo malo.

Esta interpretación se comprueba por la palabra "primicias". Las primicias constituyen el comienzo de la cosecha. Aunque no es sinónimo de ella, las primicias son más que capullos, hojas y frutos verdes; son el fruto ya maduro, listo para la cosecha; y como son los *primeros* frutos, también son una promesa y una seguridad de que la cosecha se producirá en breve. La resurrección de los creyentes está relacionada con la de Jesús del mismo modo que la cosecha lo está con las primicias. Son idénticas, pero diferentes cuantitativa y temporalmente.

Pablo también describe la vida en el Espíritu como una realidad escatológica. El Antiguo Testamento consideraba el derramamiento del Espíritu sobre toda carne como un evento escatológico que acompañaría a la venida del Día del Señor y al juicio y salvación mesiánicos (Jl. 2:28–32). Para Pablo la experiencia plena de la vida del Espíritu Santo es un evento escatológico futuro asociado con la resurrección, cuando los muertos en Cristo serán resucitados con un "cuerpo espiritual" (1 Co. 15:44). Un cuerpo espiritual no es de ningún modo un cuerpo hecho de espíritu, como tampoco un cuerpo natural (*psychicos*) es un cuerpo hecho de *psyche*. El cuerpo natural es el que está destinado a experimentar la vida humana (*psyche*): el cuerpo espiritual será un cuerpo tan lleno del Espíritu del Dios dador de vida que será imperecedero, glorioso y poderoso. En otras palabras, el disfrute completo de la vida del Espíritu producirá la transformación del orden mortal natural de la existencia corporal, de tal modo que la mortalidad y la debilidad, serán absorbidas por la plenitud de la vida eterna. La experiencia perfecta del Espíritu significará la redención del cuerpo físico (Ro 8:23). Pablo interpreta la participación actual del Espíritu basándose en la idea del Espíritu Santo como don escatológico. Tenemos ya las "primicias del Espíritu" (Ro. 8:23). En ellas la morada del Espíritu, como la resurrección de Jesús, es el disfrute inicial de un evento escatológico cuya plenitud se reserva para el futuro.

Pablo en otro lugar describe este mismo disfrute escatológico del Espíritu Santo como si fuera un pago inicial. Dios nos ha sellado con el Espíritu Santo y prometido "que es las arras de nuestra herencia hasta la redención de la posesión adquirida" (Ef. 1:14; ver también 2 Co. 1:22; 5:5). Se habla aquí del Espíritu como de una "paga y señal", expresión que significa un pago inicial o garantía dada para asegurar la finalización de una transacción. Una "paga y señal" es una promesa, pero es más que esto: es también una realidad. Se trata de un depósito que promete el pago completo en el futuro pero que a la vez paga una parte. Así es el don del Espíritu en el siglo presente; es el depósito o pago inicial, y al mismo tiempo la garantía de la herencia escatológica que será adquirida en la resurrección. Una vez más, el don escatológico se divide en dos partes, la primera de las cuales se ha convertido en una experiencia presente, pero cuya plenitud sigue siendo objeto de una realidad futura. La resurrección es al mismo tiempo historia y escatología; la vida del Espíritu es a la vez experiencia y esperanza; el Reino de Dios es tanto presente como futuro; las bendiciones del Siglo Venidero en su plenitud siguen siendo objetos de esperanza y expectativas; pero aun así, estas mismas bendiciones forman parte del presente siglo malo debido a la modificación de una estructura antitética, y en Cristo se han convertido en sujetos de la experiencia cristiana actual.

La conversión de Pablo significó para él darse cuenta de que, en cierto sentido real, los eventos escatológicos habían comenzado, pero en la historia – dentro de este presente siglo malo – el Mesías ha comenzado su reinado; la resurrección ha comenzado; el don escatológico del

Espíritu ya ha sido dado; sin embargo, la venida del Mesías, la resurrección y la salvación escatológicas siguen siendo objeto de esperanza. Este convencimiento exigía una modificación de la estructura de los dos siglos, por lo menos para los creyentes. Cristo se entregó para liberarnos de este siglo perverso actual (Gá. 1:4). Los que están en Cristo, aunque viven en este siglo, ya no deben conformarse a él. Sus normas y motivaciones de conducta son diferentes: el poder transformador del don escatológico del Espíritu que mora en ellos (Ro. 12:1–2). Para el creyente "los fines de los siglos" han llegado (*ta telë ton aionon*, 1 Co. 10:11).

Es posible que esta expresión única se utilice precisamente para designar el hecho de que los dos siglos – este siglo y el Siglo Venidero – se superponen, que la primera parte del Siglo Venidero participa de la última parte del siglo antiguo, de tal forma que el período entre la resurrección y la parusía sea un espacio "entre épocas", o mejor, un período que pertenece en dos épocas. *Telë* "designa los extremos de las dos líneas, en un caso el final, en el otro, el principio" de los dos siglos. Esta idea es muy atractiva y de hecho se corresponde con el pensamiento de Pablo. Sin embargo, como el contexto se ocupa de la relación de la historia del Antiguo Testamento con el cristianismo, es mejor entender *telë* en su sentido teológico más que temporal ya que *telë* a veces es simplemente un plural formal. La expresión designa el tiempo iniciado por Cristo como aquél en el que las edades de la historia han llegado a su plenitud.[48] Sin embargo, la naturaleza de esta plenitud consiste en el hecho de que el Mesías ha venido para comenzar a reinar, la resurrección ha comenzado, el don escatológico del Espíritu ha sido derramado. Lo sorprendente es que estos eventos escatológicos hayan ocurrido en medio del presente siglo malo antes del Día del Señor, ante de que el Siglo Venidero comience. Es correcto afirmar del pensamiento de Pablo, con la excepción de 1ª Corintios 10:11, que "de una forma sorprendente, visible solo para la fe, el fin del siglo antiguo y el comienzo del nuevo han llegado a la comunidad".

No podemos concluir que Pablo interpretara este siglo nuevo como un equivalente de la expectativa judía de los Días del Mesías que precederían al Siglo Venidero. Al contrario, Jesús había aparecido como el Mesías antes de que esos Días llegaran. Su muerte y su resurrección no se preveían en absoluto en la escatología tradicional. Por medio de la resurrección de Jesús, los poderes del mundo sobrenatural, del Siglo Venidero, ya están actuando en el mundo creado. "Con la resurrección de Jesús el mundo sobrenatural ya había comenzado, aunque aún no se había manifestado".

La nueva comprensión de Pablo respecto a la historia de la redención se sintetiza en 2ª Corintios 5:16–17. "De manera que nosotros de aquí en adelante a nadie conocemos según la carne; y aun si a Cristo conocimos según la carne, ya no lo conocemos así. De modo que si alguno está en Cristo, nueva criatura es; las cosas viejas pasaron; he aquí todas son hechas nuevas". Debido a la obra mesiánica de Cristo en la cruz (vv. 15, 19), los seres humanos pueden disponer de una nueva forma de existencia: la que es "en Cristo". Esto significa vivir en el ámbito de un nuevo orden. El mismo concepto de novedad es escatológico. La perspectiva bíblica ve realizado el propósito redentor de Dios en cielos nuevos y tierra nueva (Is. 65:17; Ap. 21:1; 2 P. 3:11) con su nueva Jerusalén (Ap. 3:12; 21:2), con vino nuevo para el banquete escatológico (Mc. 14:25), con un nuevo nombre para los redimidos (Ap. 2:17; 3:12), con un nuevo cántico de redención (Is. 42:10; Ap. 5:9; 14:3). Esta redención puede expresarse en una sola expresión, "he aquí, yo hago nuevas todas las cosas" (Ap. 21:5; Is. 43:19). Pablo afirma que en Cristo *ha traído lo nuevo*, aunque el siglo antiguo todavía no haya dejado de existir.

La vida en el siglo nuevo conlleva una comprensión e interpretación nuevas de toda la experiencia humana. Antes de que Pablo se hiciera cristiano, cuando era un rabino judío, conocía a todas las personas *kata sarka*. Su punto de vista, sus valores, su interpretación de otras personas eran simplemente "desde un criterio humano" (así la traducción RSV; ver DHH: "según los criterios de este mundo"), según pautas carnales, mundanas. Esta es otra forma que tiene Pablo de describir su vida en el judaísmo, una vida según la carne. Como fariseo celoso, Saulo estaba lleno de orgullo debido a su celo por la Ley; se jactaba de su justicia; veía con compasión y disgusto a los judíos impuros que no cumplían la Ley (los *'amme haaretz*); odiaba a los gentiles por su idolatría e inmoralidad. Incluso consideraba a Cristo desde la misma perspectiva. Conocer a Cristo *kata sarka* significaba verle como un pretendiente mesiánico blasfemo que transgredía la Ley de Dios tal y como la entendían los fariseos, y que merecía ser ajusticiado. Este conocimiento *kata sarka* se refiere al tiempo en el que Pablo perseguía a la iglesia porque veía a Jesús solo a través de sus ojos judíos. Debido a su experiencia en el camino de Damasco, Pablo ve las cosas de una manera diferente. Ahora sabe que Jesús es el Mesías, el Hijo de Dios, que ha inaugurado un nuevo siglo que exige de Pablo una nueva actitud hacia todas las personas. Ya no les ve como judíos y griegos, esclavos y libres. Tales distinciones, aunque son reales, ya no importan. Todos son personas a las que Dios ama, por las que Cristo murió, que deben llevar las buenas nuevas de la novedad de vida en Cristo.

El centro de la teología paulina

¿Hay algún concepto unificador a partir del cual pueda desarrollarse la teología de Pablo? Las soluciones a este problema se suelen centrar o en la justificación por la fe o en la experiencia mística del estar en Cristo. Por la influencia de la Reforma, muchos estudiosos han visto la justificación por la fe como lo básicamente esencial del pensamiento paulino. Entre los investigadores más recientes se ha desarrollado una reacción contraria a la posición central de la justificación. Wrede insiste en que se podría explicar toda la religión paulina sin mencionar siquiera la justificación, excepto cuando se analiza la Ley. Schweitzer, que redescubrió la importancia de la escatología para Pablo, opinaba que la justificación por la fe como punto de partida nos llevaría a un entendimiento incorrecto de Pablo, y que esta doctrina era solamente una cuestión colateral. El aspecto central era el místico estar en Cristo concebido en términos quasifísicos.[56] Andrews sigue a Sabatier cuando describe la justificación como "una noción judicial e inferior" que hace difícil remontarse hacia la idea más elevada y sutil de una justicia impartida. Stewart no rebaja la idea de la justificación tan radicalmente, pero cree que la verdadera clave para la comprensión del pensamiento y experiencia de Pablo es la unión con Cristo más que la justificación. Davies sigue a Wrede y Schweitzer cuando considera la justificación sólo como una polémica conveniente en contra de los judaizantes, y periférico al pensamiento de Pablo. La verdad central está más bien en la conciencia de Pablo de la venida de los poderes del siglo nuevo, la prueba de lo cual fue el advenimiento del Espíritu.

La comprensión de Pablo que antes se ha resumido está de acuerdo con Davies en que el centro del pensamiento paulino es la toma de conciencia del nuevo siglo venidero de la redención por medio de la obra de Cristo. Un estudioso de la teología reformada ha señalado que existe un peligro en hacer de la justificación por la fe la doctrina central, a saber, el peligro de privar al mensaje de Pablo de su "dinámica redentora histórica" y de hacer de él un tratamiento atemporal de la justificación individual. El centro unificador es más bien la obra redentora de Cristo como el eje de la historia de la redención. "El tema básico de todo el kerigma del Nuevo Testamento es el cumplimiento de la redención histórica que comenzó con la venida de Cristo". La teología de Pablo es la exposición de nuevos hechos redentores; la característica común de todas sus ideas teológicas es su relación con el hecho histórico de la salvación en Cristo de parte de Dios. El significado de Cristo es la iniciación de un nuevo siglo de salvación. En su muerte y resurrección, las promesas del Antiguo Testamento sobre la salvación mesiánica se han cumplido, pero dentro del siglo antiguo. El nuevo siglo ha entrado en el marco del antiguo: pero aquél está destinado también a transformar éste. Por tanto, el mensaje de Pablo es el de una escatología hecha realidad pero que a la vez es futura.

Una compresión adecuada del siglo nuevo en Cristo proporciona una solución a la tensión entre justificación y "misticismo", o la vida nueva en Cristo, porque los incluye a ambos. Mostraremos más adelante que la justificación es esencialmente una realidad escatológica; pero así como el don escatológico del Espíritu ha sido dado en la historia debido a la resurrección y glorificación de Cristo, así también el juicio escatológico ha tenido lugar en un principio en la muerte de Cristo. Tanto la justificación – ser declarado inocente por un juez justo – como el don del Espíritu Santo, pertenecen al Siglo Venidero, pero se han convertido en asuntos que pertenecen a la experiencia actual para el ser humano en Cristo.

Este entendimiento de Pablo contrasta marcadamente con el judaísmo. Pablo como judío sintió que la revelación se encarnaba en su totalidad en la Ley. En este siglo no se podía esperar nada más de Dios aparte de ella. Dios ya no estaba activo en auto revelaciones, en la palabra profética, o en sucesos históricos. Solo la Ley era el centro de la revelación. La experiencia de Pablo camino de Damasco le hizo caer en la cuenta de que el mensaje de los primeros cristianos que había estado rechazando era cierto, que Dios había actuado de nuevo para revelarse a sí mismo y su salvación en un evento histórico – Jesús de Nazaret. En una palabra, Pablo encontró una nueva comprensión de la revelación; o mejor dicho, recuperó la comprensión profética de la revelación como eventos divinos redentores interpretados por la palabra profética. "Dios estaba en Cristo reconciliando consigo al mundo" (2 Co. 5:19). La conversión de Pablo significó la recuperación del sentido de la historia de la redención que el judaísmo había perdido. Su experiencia de Cristo le obligó a remontarse a la Ley Mosaica para redescubrir la promesa dada a Abraham y para ver el cumplimiento en los eventos recientes ocurridos en la persona y obra de Cristo.

Capítulo 29

Las fuentes del pensamiento de Pablo

La naturaleza de nuestras fuentes

Es una suerte que dispongamos de una colección tan importante de fuentes primarias escritas por el mismo Pablo. Nueve de las tradicionales trece cartas paulinas suelen aceptarse actualmente como auténticas. Muchos estudiosos opinan que Efesios no fue escrita por Pablo sino por un discípulo suyo imitando Colosenses.[2] Los argumentos que niegan su autenticidad no son decisivos. El problema de las cartas pastorales es más importante, ya que el estilo literario es muy diferente al resto del corpus paulino reconocido como tal, y el énfasis doctrinal también es diferente, sobre todo en la eclesiología. Sin embargo, los que rechazan una autenticidad paulina directa suelen admitir que estas cartas contienen material paulino genuino. Como hay una diferencia en el énfasis teológico, aunque aceptamos su autenticidad básica, nuestro procedimiento será tratar el material de las pastorales con un sentido crítico. Se recurrirá a estas cartas cuando apoyen o ilustren el uso paulino; pero se comentarán las diferencias con un énfasis doctrinal.

El estudioso de Pablo tiene dificultades al recrear su pensamiento teológico, porque sus cartas no son tratados teológicos, ni productos literarios formales sino correspondencia personal, viva, "no literaria", escrita con un profundo sentir para las congregaciones cristianas que en su mayoría habían sido resultado de su ministerio. Por eso, algunos estudiosos han descartado la importancia del elemento teológico en Pablo, describiéndolo como un genio religioso más que como un teólogo. Aunque obviamente es verdad que Pablo no elabora para la iglesia una teología sistemática, y que no se puede decir que sea un teólogo sistemático en el sentido de que deliberadamente trate de elaborar un sistema coherente, equilibrado y consecuente como lo haría un teólogo moderno, también es verdad que Pablo fue teólogo desde sus orígenes judíos, y que claramente trata de reflexionar sobre las implicaciones de la acción redentora de Dios en Cristo, de acuerdo con las necesidades de las iglesias. No podemos, pues, hablar de una teología paulina como un sistema especulativo, teórico y abstracto; pero sí podemos reconocer una teología paulina como una interpretación del significado de la persona y obra de Cristo y sus consecuencias prácticas para la vida cristiana, tanto individual como colectiva. Por tanto, es inadecuado hacer una distinción entre la teología de Pablo y su religión, como si aquélla fuera especulativa y ésta práctica. Para él, teología y religión son inseparables.[8] Pablo fue un pensador teológico para el que los "conceptos" teológicos trataban de Dios, de la humanidad y del mundo y describían el alejamiento del mundo de Dios y la obra de Dios en Cristo para atraer de nuevo al mundo a sí.

El hecho de que las cartas de Pablo sean correspondencia *ad hoc*, normalmente requerida por situaciones concretas en las iglesias paulinas, establece ciertas limitaciones para nuestro estudio de su pensamiento, la principal de ellas es que no poseemos su pensamiento *completo*. Muchos estudios sobre Pablo se han elaborado suponiendo que, implícitamente, sus cartas reflejan todas sus ideas, y si algún aspecto importante no está, es porque no pertenece a su pensamiento. Este es un procedimiento peligroso; el argumento de silencio sólo debería emplearse con suma precaución. Pablo analiza muchos temas sólo porque una necesidad específica de una determinada iglesia requiere una determinada instrucción. La carta a los Romanos es la única que no se escribió para tratar una necesidad local concreta. Pablo escribió esta carta como una anticipación de una visita que esperaba hacer a Roma (Ro. 15:22–23), y es la que más se acerca a una elaboración global de su mensaje. Sin embargo, evidentemente, no se trata de un esquema completo, sino únicamente del núcleo de su Evangelio. No se dice nada, prácticamente, sobre la iglesia. La escatología aparece sólo por alusiones. Son muy importantes las referencias a la persona de Cristo (p.e. 1:3–4), pero está ausente un análisis de ella parecido al de Filipenses 2.

Este contexto histórico, vivo, de los escritos de Pablo puede explicar algunas de las cuestiones más difíciles para el análisis teológico contemporáneo. Nunca hubiéramos sabido demasiado del pensamiento de Pablo sobre la resurrección si no se hubiera cuestionado esta doctrina en Corinto. Podríamos concluir que Pablo no conocía ninguna tradición de la Cena del Señor si no se hubieran dado abusos entre los corintios. En otras palabras, podemos decir que, gracias a los "accidentes históricos", que le exigieron ocuparse de varios problemas, doctrinales y prácticos, en la vida de las iglesias, conocemos el pensamiento paulino.

El resultado de esto es que ciertas cuestiones nunca se plantearon ni requirieron la reacción de Pablo. Él nunca habla de lo que cree sobre el destino de los malos, pero sí tiene mucho que decir sobre el de los que están en Cristo, los cuales compartirán la semejanza de su resurrección, pero sólo porque los tesalonicenses tuvieron una preocupación sobre el destino de los creyentes que habían muerto antes del retorno del Señor (1 Ts. 4:13), y porque algunos corintios negaron la resurrección del cuerpo (1 Co. 15:12). Sin embargo, el destino de los que no están en Cristo, al parecer, nunca llegó a ser un tema importante. Nuestro conocimiento de la escatología paulina sería más completo si, en alguna de sus iglesias, un grupo de conversos de la sinagoga hubiera incorporado a su fe cristiana la creencia, que algunos judíos tenían, de que a los que habían sido sólo moderadamente malos les esperaba una especie de purgatorio purificador, y que después de la muerte podría haber alguna forma de salvación para los que no habían oído hablar de la ofrecida en Cristo y, por tanto, no la habían repudiado abiertamente.

Parece que una cuestión de importancia tan vital para la crítica moderna nunca llegó a ser un problema para las iglesias paulinas – a saber, la cuestión de la carrera histórica de Jesús –. Debido a su relativo silencio sobre él, los teólogos existencialistas concluyen que Pablo no hace demasiadas referencias a Jesús porque en realidad sabía muy poco acerca de él y no tenía acceso a la tradición evangélica sobre su vida. Sin embargo, el hecho de que Pablo no utilice la tradición evangélica no significa que no la conociera, sino sólo que su uso nunca fue necesario. Los hechos del ministerio terrenal de Jesús, sus enseñanzas y obras poderosas, incluso su carácter y personalidad, no eran algo necesario para el mensaje paulino de redención, y la validez de la tradición con la que Pablo estaba familiarizado nunca se puso en tela de juicio. Sin embargo, podemos teorizar que si algunos de los discípulos del Maestro de Justicia de Qumrán hubieran aceptado el Evangelio pero hubieran enseñado en las iglesias paulinas que Jesús había pasado algunos de sus "años silenciosos" en la secta y, como algunos estudiosos modernos han sostenido, que era de alguna manera una reencarnación del Maestro de Justicia o debía identificarse con él,[14] entonces es muy probable que hubiéramos encontrado en las cartas de Pablo una refutación de ideas tan erróneas, y bastante información sobre la vida y la persona de Jesús. Pero nunca surgieron problemas de este tipo, y por eso Pablo no dice nada. Sólo podemos reconstruir su pensamiento a partir de las ideas que expresa; el silencio no significa ignorancia.

Otro problema con el que se encuentra el intérprete moderno es la pérdida del marco histórico de mucho de lo que dice Pablo. En una de sus primeras cartas, habla de forma muy enigmática de los eventos que precederán al Día del Señor: una rebelión, un hombre de pecado que se sienta en el templo de Dios, un poder oscuro que ha de ser eliminado (2 Ts. 2:3ss.). En medio de este pasaje frustrante está el comentario, "¿No os acordáis que cuando yo estaba todavía con vosotros, os decía esto?" (v. 5). El exégeta moderno no puede recuperar este antecedente de tradición oral, y no puede hacer otra cosa más que especular acerca de qué significan en realidad las palabras de Pablo. Las referencias enigmáticas, como el bautismo de los muertos (1 Co. 15:29) y las instrucciones de Pablo a las "vírgenes" (1 Co. 7:36ss.) seguirían siendo problemáticas sin el marco histórico.

La actitud de Pablo hacia su propio mensaje

Hasta ahora hemos hablado sólo desde el punto de vista histórico, valorando el pensamiento paulino de la misma forma en la que se debe analizar el pensamiento de cualquier escritor antiguo. Este enfoque es inevitable porque las fuentes de ese pensamiento son situaciones totalmente históricas y deben estudiarse en su contexto. El método "texto-prueba" para interpretar las cartas de Pablo, que las considera como revelaciones directas de la voluntad sobrenatural de Dios para transmitir a las personas verdades eternas y atemporales que sólo deben sistematizarse para producir una teología completa, sin duda pasa por alto los medios por los cuales Dios se complació en comunicar su Palabra a la humanidad. No se puede discutir que las cartas y el pensamiento de Pablo son históricos, y se pueden estudiar sólo como una porción de historia religiosa antigua. Esto, sin embargo, plantea el interrogante de con qué derecho se puede hablar de teología paulina. ¿Es "teología" sólo una disciplina descriptiva de lo que creyeron los primeros cristianos, o Dios ha querido utilizar a Pablo como el instrumento más destacado de la iglesia antigua para comunicar a los hombres la verdad redentora, autoritativa?

No se puede dudar de la forma en la que Pablo hubiera respondido a este interrogante, porque sus cartas reflejan un sentido de autoridad a la luz de la cual debe entenderse todo su pensamiento. Afirma interpretar la mente y la voluntad de Dios hasta el punto de que, en su opinión, puramente humana, parece arrogante. Cuando trata la cuestión del matrimonio, pone su propia autoridad al mismo nivel que la del mismo Señor (1 Co. 7:10, 12). Advierte a los corintios que los que se consideren personas espirituales, es decir, guiados por el Espíritu Santo, deben reconocer que lo que les escribe es la mismísima voluntad de Dios. Si alguien no reconociera esto, Pablo afirma que no debe ser reconocido (1ª Co. 14:37s.), lo que probablemente quiere decir que tal persona no es en realidad conocida para Dios. Se jacta de su autoridad (2 Co. 10:8) y se coloca por encima de otros maestros de Corinto debido al conocimiento que tiene de la voluntad de Dios (2ª Co. 11:6). Maldice a todo aquél que predique un Evangelio que no esté de acuerdo con su mensaje (Gá. 1:6ss.). Dice a los tesalonicenses que si hay miembros de la congregación que no se someten a sus instrucciones deben ser excluidos de la comunión (2ª Ts. 3:14). Espera que se reconozca su autoridad y que se sometan a ella, y que se obedezcan sus instrucciones (2ª Co. 2:9; 8:8), y tiene el convencimiento de que Dios oportunamente demostrará que tiene razón, incluso a los que están en desacuerdo con él (Fil. 3:15).

Si se interpreta sólo de acuerdo con la conducta humana, parece que Pablo es de verdad "excesivamente severo con sus oponentes", hablando con una "rudeza fanática", "mostrando un ejemplo clásico de intolerancia". Sin embargo, esta caracterización superficial ignora que Pablo escribe no con una autoridad personal individual, sino con la conciencia de haber sido llamado por Dios para ostentar una autoridad apostólica. Es consciente de que la Palabra de Dios le ha sido confiada y que ha sido hecho portavoz del Cristo exaltado. Es consciente de la diferencia entre la voluntad de Dios y sus propias opiniones (1ª Co. 7:6, 25; 2ª Co. 8:10), aunque cuenta con la dirección del Espíritu Santo para sus opiniones personales (1ª Co. 7:40).

Pablo el apóstol

El sentido de autoridad de Pablo no es una propiedad privada que el Señor le concediera como apóstol. Jesús había escogido a doce de sus discípulos para que estuvieran especialmente cerca de él y enviarles luego a compartir la misma misión y mensaje en los que se habían comprometido.[19] El uso de la palabra *apostolos* para referirse a los doce en los evangelios (Mc. 6:3) designa su función de ser enviados por Jesús (Mc. 3:14) no es un título. En la iglesia primitiva, los doce apóstoles constituían un colegio de líderes con autoridad dentro de la iglesia. No estamos en condiciones de reconstruir exactamente la situación histórica, pero parece obvio que el círculo de apóstoles fue ampliado para incluir a otros como Santiago el hermano de Jesús (Gá. 1:19), Andrónico y Junías (Ro. 16:7), posiblemente Silvano (1ª Ts. 2:6; cf. Hch. 17:10), Bernabé y Pablo (Hch. 14:4, 14). También está claro que otros que afirmaron ser apóstoles trataron de oponerse al trabajo de Pablo en Corinto (2ª Co. 11:5, 13; 12:11), pero él niega que pretendiera tal posición.

Como apóstol, Pablo se arroga una autoridad elevada. Su experiencia en el camino de Damasco no sólo le produjo el reconocimiento de Jesús como el Mesías resucitado y exaltado; también llevaba consigo un llamamiento de Dios para una misión concreta. Esto queda registrado en el relato de la conversión en Hechos (9:15–16; 22:15; 26:17–18) y lo confirman las mismas palabras de Pablo. Dios lo había apartado desde su nacimiento para predicar el Evangelio a los gentiles (Gá. 1:15s.). La conciencia de estar cumpliendo una misión divinamente ordenada aparece a lo largo de toda su correspondencia. Es apóstol para los gentiles y exalta su ministerio para provocar también a los judíos a la fe (Ro. 11:13). Tiene una comisión que le fue encomendada y que le impone una necesidad ineludible de predicar el Evangelio (1ª Co. 9:16s.). Después de su primera misión en el mundo gentil, cuando los judaizantes desafiaron su ministerio, la iglesia de Jerusalén, incluyendo a los demás apóstoles – Santiago, Pedro y Juan– reconocieron y aprobaron su condición de apóstol para los gentiles (Gá. 2:7–9).

Como apóstol, Pablo no tenía una autoridad exclusiva sino que la compartía con los otros apóstoles. La única novedad en la condición apostólica de Pablo era su peculiar misión a los gentiles. En su lista de líderes de las iglesias, Pablo pone a los apóstoles en primer lugar (1 Co. 12:28; Ef. 4:11). Los requisitos primordiales de un apóstol eran que fuera testigo ocular de la resurrección (Hch. 1:22; 1 Co. 9:1) y recibiera un llamamiento y una comisión claros del Señor resucitado. El apóstol tiene la función básica de ser un delegado del Cristo resucitado siendo su representante e investido con su autoridad. La idea de un representante con autoridad procede de la institución judía de los *sheluchim* o mensajeros autorizados que representaban a una persona o a un grupo de personas. "El representante de una persona (*sheliach*) debe considerarse como esa persona misma". Este mismo concepto aparece en Mateo 10:40: "El que a vosotros recibe, a mí me recibe" y está implícito en Marcos 6:11, donde Jesús les dice a los Doce que se sacudan el polvo de los pies de los lugares en donde no les reciban. Así pues, los apóstoles son representantes personales del Cristo resucitado, llamados y comisionados por él para que vayan con su autoridad a predicar el Evangelio y a fundar iglesias. "Llamado a ser apóstol" es haber sido "apartado para el Evangelio de Dios" (Ro. 1:1). Es también ser predicador (*keryx*, 1 Ti. 2:7; 2 Ti. 1:11). Como predicadores del Evangelio, los apóstoles también fundaron iglesias. Pablo recuerda a los corintios que no necesita cartas de recomendación para fundamentar su autoridad apostólica, como hacen ciertos maestros llegados a Corinto. A ellos Pablo los llama "falsos apóstoles" (2 Co. 11:13), porque todo lo que tienen son cartas humanas y ningún llamamiento de Cristo. Pablo tiene una comisión celestial y, en lugar de cartas humanas, la iglesia de Corinto es en sí misma una carta de recomendación que confirma su llamamiento apostólico (1ª Co. 2:17–3:3).

Otra prueba de su condición de apóstol es "las señales de apóstol" (2ª Co. 12:12) – la prueba de acciones que sostienen sus palabras demostrando el poder del Espíritu Santo con señales y prodigios (Ro. 15:19; Gá. 3:5).

Aunque Pablo es consciente de que la autoridad apostólica es compartida (*exousia*, 2 Co. 10:8; 13:10), no se trata de un poder arbitrario o automático que hace a los apóstoles omniscientes e infalibles. Ya hemos visto que él mismo es consciente de que hay una diferencia entre sus propias opiniones y la palabra autoritativa del Señor. El abierto conflicto entre las opiniones de dos apóstoles – Pablo y Pedro Gá. 2:11ss.) – ilustra que incluso un apóstol puede actuar en contra de sus mejores ideas (Gá. 2:7–9; Hch. 15:7ss.). Además, la autoridad de los apóstoles parece haber sido ejercida más bien a un nivel espiritual y moral, y que no tiene nada que ver con estructuras legales o institucionales. Lo que se daba en los apóstoles y por su medio era una autoridad a la que ellos mismo estaban sometidos. Su autoridad era la del propio Dios (1 Ts. 2:13), pero ellos, a su vez, estaban sometidos a Jesucristo (1 Co. 4:1). La autoridad apostólica no estaba bajo el control de los apóstoles ni a su disposición, sino que ésta dependía del Señor resucitado y de su Espíritu. La señal del falso apóstol era no estar dedicado exclusivamente a Cristo. En lugar del servicio incondicional estaba la búsqueda de sí mismo (2ª Co. 11:12). Ese tipo de personas se sienten orgullosas de su posición (2ª Co. 5:12), y exaltan tanto su condición apostólica que Pablo les llama irónicamente "grandes apóstoles" (2ª Co. 11:5; 12:11). Se deleitan en compararse para aprovecharse de otras personas (2ª Co. 10:12) y ser dominantes, arrogantes y avariciosos (2ª Co. 11:20). El verdadero apóstol, aunque cuente con la autoridad divina, no se enseñorea de la fe de sus iglesias (2ª Co. 1:24), no se exalta a sí mismo, sino que predica a Cristo como servidor de aquellos para los que ejerce el ministerio (2ª Co. 4:5). La autoridad final depende tanto del Evangelio que ni siquiera un apóstol puede proclamar otro que no sea ése (Gá. 1:6). Por consiguiente, incluso los apóstoles son en cierto sentido juzgados por la iglesia. Los creyentes no son esclavos de los apóstoles (1ª Co. 7:23; 2ª Co. 11:20); éstos son siervos de Cristo, administradores de los misterios divinos (1ª Co. 4:1), y esclavos de las iglesias (2ª Co. 4:5). La autoridad que se les ha dado a los apóstoles no es, por tanto, externa, mundana, que se pueda esgrimir arbitrariamente; sólo pueden reconocerla los que han sido iluminados por el mismo Espíritu que imparte a los apóstoles la autoridad de la que gozan (1ª Co. 14:37). Por tanto, la forma que tiene Pablo de recomendarse a sí mismo como apóstol no recurre a ninguna autoridad externa sino directamente a la conciencia de sus oyentes (2ª Co. 4:2). Así pues, él ejerce su autoridad no para que las iglesias se sometan a su señorío, sino para buscar su comunión.

Los apóstoles y la revelación

En el estudio de la teología paulina, el aspecto más importante de su sentido de autoridad apostólica es la conciencia de ser el medio de la revelación. Una afirmación clásica es la de Romanos 16:25–26, donde habla de "mi Evangelio y la predicación de Jesucristo (…) la revelación del misterio que se ha mantenido oculto desde tiempos eternos pero que ha sido manifestado ahora, y que por las Escrituras de los profetas (…) se ha dado a conocer a todas las gentes". "Misterio" en el Nuevo Testamento, sobre todo en Pablo, se ha convertido en una palabra técnica asociada con la revelación divina. Sus antecedentes no son los de las religiones mistéricas helenistas con ritos o enseñanzas esotéricas, que se comunican sólo a los iniciados en el culto y a través de los cuáles se hacen perfectos (*teleios*) o espirituales (*pneumatikos*). Los antecedentes deben buscarse en el concepto vetotestamentario del Dios que descubre sus secretos a las personas – más desarrollado en la literatura judía. Este pasaje aporta una clara comprensión del uso neotestamentario de la palabra misterio. Es prácticamente sinónimo de Evangelio y de la proclamación de Jesucristo, aunque vista desde la perspectiva del propósito redentor total de Dios. Es la salvación proporcionada divinamente, que aunque querida por Dios durante siglos, ha estado escondida hasta el momento oportuno en el que se reveló en Jesucristo y fue proclamada a todas las naciones. Es, por tanto, un secreto divino, que por el designio de Dios debe revelarse. Es un secreto abierto.

Cuando corrige algunos problemas de la iglesia de Corinto, Pablo aclara que el misterio como revelación tiene tres elementos: el hecho histórico de Jesucristo crucificado, su resurrección y exaltación como el Señor glorificado, y el significado redentor de Jesucristo crucificado, resucitado y exaltado. Han surgido disensiones y partidismos en cuanto a los nombres de ciertos líderes cristianos, por los que se veía amenazada la iglesia. Apolos, un alejandrino elocuente y muy preparado, llegó a Corinto después de que Pablo hubiera fundado la iglesia y llevado a cabo un eficaz ministerio (Hch. 18:24–19:1). Al parecer, algunos cristianos judíos llegaron de Palestina y pretendían tener ciertos vínculos especiales con la iglesia madre de Jerusalén en la que Pedro había sido el primer líder. Los corintios se alinearon en torno a esos maestros, algunos mantenían su lealtad hacia Pablo, otros preferían la elocuencia de Apolos, y otros todavía se jactaban de la supuesta superioridad de Pedro (1 Co. 1:10–12).

El análisis del lenguaje de Pablo en su refutación del problema de Corinto sugiere que en estas divisiones influyó una deformación del Evangelio por parte de ciertos maestros con tendencias pneumáticas gnósticas que pretendían, con orgullo, tener acceso a una sabiduría que garantizaba una salvación perfecta (*teleioi*, 1 Co. 2:6), y una cierta calidad de espiritualidad (*pneumatikoi*, 1ª Co. 3:1) que resultaba en una indiferencia total hacia la carne. Este conocimiento esotérico dio lugar a una insensibilidad total hacia los escrúpulos de aquéllos que no habían sido iluminados (1ª Co. 8:1). La liberación de la carne se manifestaba de dos formas diferentes, a saber, tolerancia y negación. "Todas las cosas me son lícitas" (1ª Co. 6:12) expresaba la libertad de estos *pneumatikoi*; y, como muestra claramente el contexto, esta libertad era entendida como una tolerancia ilimitada hacia los apetitos corporales, incluso los abusos sexuales. Esa indiferencia podía llevar a negar la resurrección corporal (1ª Co. 15).

Para corregir esta deformación del Evangelio, Pablo casi parece convertirse en una especie de gnóstico. Aunque habla irónicamente de esos sabios *pneumatikoi*, llamando a esa sabiduría necedad total (1ª Co. 1:20), afirma que hay una sabiduría de Dios conocida por el *teleios* cristiano, inalcanzable e inconcebible para los hombres, pero revelada por el Espíritu de Dios (1 Co. 2:6–10). Es una sabiduría que los "no espirituales" (*psychikoi*) no pueden recibir, y que sólo conocen los verdaderos *pneumatikoi* (1 Co. 2:14–16). En contraste con los *pneumatikoi* están no sólo los *psychikoi* – personas que no poseen el Espíritu – sino también los *sarkikoi* (1 Co. 3:1ss.). Esto suena como si los *pneumatikoi* o *teleioi*, según Pablo, fueran un grupo especial de cristianos avanzados que, como él, tenían acceso a los misterios de Dios, ocultos tanto a los *psychikoi* como a los *sarkikoi*. Esto, sin embargo, no es lo que quiere decir. Los *sarkikoi*, en realidad, actúan como hombres de este siglo, con una iluminación parcial del Espíritu, porque sustituyen la verdadera *sophia* de Dios por *una sophia tou aionou toutou* humana. Sin embargo, no son *sarkikoi* porque no hayan recibido el Espíritu, sino porque, aunque tengan el Espíritu no actúan en consecuencia. Esta deficiencia tiene un carácter ético y moral. Pablo no les podía tratar como *pneumatikoi*, es decir, como guiados por el Espíritu, sino como a niños (*nēpioi*), aunque como a niños que están *en Cristo* (1 Co. 3:1). Los cristianas maduros mantendrán la unidad de Cristo y no serán fácilmente llevados por los celos, luchas y lealtades partidistas. En otras palabras, los *pneumatikoi* no son un círculo esotérico iniciado en secretos íntimos especiales de una verdad espiritual; son sencillamente cristianos maduros (*teleioi*) que entienden el significado de la cruz y viven consecuentes con esta verdad. Lo básico del Evangelio es la crucifixión de Jesús. El Evangelio es el mensaje de la cruz (1ª Co. 1:17), el único mensaje que Pablo predicó entre ellos (1ª Co. 2:2). Sin embargo, la cruz no es sólo un evento histórico; como tal no es más que una locura y una piedra de tropiezo (1ª Co. 1:23). Tanto para los judíos como para los griegos, la idea de que un hombre ajusticiado como un criminal común, que sufre una muerte degradante y humillante, pudiera tener algo que ver con la sabiduría y la salvación divinas era una locura total.

Precisamente en esto, sin embargo, se ha manifestado la sabiduría y el poder de Dios. Él en su sabiduría ha utilizado una humillación y una degradación profundas como el medio de salvación. Este es el significado de la cruz, decretado por Dios desde siglos atrás (1 Co. 2:7), que estaba oculto en la mente y en el corazón de Dios, y que ahora ha sido revelado por la proclamación del mensaje del Evangelio. Este significado redentor de la cruz, aunque proclamado abiertamente (1ª Co. 1:17, 23), es, desde una perspectiva puramente humana, una locura y las personas, sin la ayuda del Espíritu, no pueden ni aceptarla ni reconocer su veracidad. Pero los que creen reciben la iluminación del Espíritu Santo para que puedan ver en la cruz la redención divina (1ª Co. 1:21, 24), según se anunciaba en la proclamación apostólica. Los acontecimientos que produce la salvación constituyen el propósito oculto de Dios durante siglos, el hecho histórico de la crucifixión de Jesús, la revelación del significado redentor de la cruz en el kerigma apostólico, la iluminación del Espíritu para creer como respuesta a la proclamación y que resulta en la salvación.

El Evangelio es, pues, la proclamación del *hecho histórico* y del *significado redentor* de la cruz, lo cual incluye bendiciones tanto presentes como futuras. El ser humano no puede concebir las cosas maravillosas que Dios ha preparado para los que le aman; pero Dios ha revelado las bendiciones que esperan la consumación escatológica, porque están implícitas en la cruz (1ª Co. 2:9–10). Así pues, aunque Pablo utiliza el lenguaje de los *pneumáticoi* corintios, su teología se opone a las ideas de los cultos mistéricos y gnósticos muy en la línea del pensamiento apocalíptico judío tardío.

El sentido de autoridad de Pablo nace de su conciencia apostólica de ser el portador de la revelación, es decir, de la palabra divinamente dada que pone al descubierto el significado de la cruz y revela lo que en realidad es un acontecimiento histórico, a saber, la revelación de la sabiduría y del poder de Dios. El hecho de la revelación por medio de los apóstoles se afirma explícitamente en Efesios. El "misterio de Jesucristo", es decir, el propósito divino que se cumplió en su venida (Col. 4:3), no se dio a conocer a las personas de generaciones anteriores, sino que ha sido revelado ahora a los santos apóstoles y profetas por el Espíritu (Ef. 3:5). El aspecto concreto de la revelación que está presente en la mente de Pablo en este caso es algo que fue manifestado por los profetas del Antiguo Testamento, a saber, que la salvación de los gentiles daría lugar a la creación de una "nueva humanidad" (Ef. 2:15) con la incorporación de creyentes judíos y gentiles por igual como miembros del cuerpo de Cristo, sobre la base común de la gracia divina. La manifestación de esta verdad Pablo la recibió en su conversión cuando un llamamiento divino le introdujo en el círculo de los apóstoles (Ef. 3:3). La revelación comunicada a los apóstoles y profetas no se proponía crear una élite espiritual de personas que estuvieran por encima de los creyentes normales; los apóstoles eran receptores de la revelación para que a su vez pudieran "aclarar a todos cuál sea la dispensación del misterio escondido desde los siglos en Dios" (Ef. 3:9). Por ello Pablo puede decir también, sin ser inconsecuente, que el misterio oculto durante siglos y generaciones "ahora ha sido manifestado a sus santos" (Col. 1:26). Los apóstoles son "administradores" (*oikonomoi*) de los misterios de Dios (1ª Co. 4:1), y han recibido este "oficio divino" (*oikonomian tou theou*) para llevar la palabra de Dios a su plenitud (*pler sai*) dándole a conocer en su totalidad (Col. 1:25; cf. Ro 15:19).

El modo de revelación no se puede reducir a algo único. Para Pablo mismo, la revelación de Jesucristo (Gá. 1:12, 16) camino de Damasco fue una experiencia única, que debe distinguirse de sus frecuentes experiencias extáticas, a las que llama también "revelaciones del Señor" (2ª Co. 12:1, 7), y que no tienen un significado inmediato para la historia de la salvación. A veces el Espíritu se revelaba a los profetas en forma de inspiraciones proféticas inmediatas de tal manera que manifestaba el pensamiento de Dios (1ª Co. 14:6, 30). Esas profecías diferían de las lenguas porque su manifestación era inteligible y no extática (1ª Co. 14:2–4). Sin embargo, el mensaje cristiano total, prescindiendo de la forma en que se dio a conocer a las personas, también es "revelación" (Ro. 16:25). En el Evangelio se reveló la justicia de Dios (Ro. 1:17). Toda la historia redentora previa se centra en la revelación de la fe como el único camino de salvación (Gá. 3:23). En Jesucristo, Dios ha dado a conocer el misterio, es decir, el propósito oculto de su voluntad de devolver la armonía a un mundo desordenado (Ef. 1:9–10). La revelación, por tanto, es la totalidad del evento histórico de Jesucristo además de la interpretación apostólica del significado divino del acontecimiento – siendo la interpretación apostólica misma parte de ese acontecimiento. Esta interpretación apostólica iniciada por inspiración divina incluye una dimensión escatológica. La justicia y la ira de Dios que ya se han revelado en los hechos redentores de Dios en la historia (Ro. 1:17, 19) esperan su consumación en la revelación de Jesucristo (1ª Co. 1:7; 2ª Ts. 1:7) tanto en gloria (Ro. 8:18s.) como en juicio (1ª Co. 3:13; Ro. 2:5). De hecho, el lugar genuino de la revelación es la escatología. Esto significa que lo que Dios ha hecho en la historia es inseparable de la consumación escatológica, porque es un anticipo de la redención escatológica. Este hecho sitúa plenamente el concepto de revelación en la corriente de la historia de la redención.

Revelación y tradición

Si el mensaje apostólico consiste en la proclamación de los hechos históricos de la muerte y resurrección de Jesús y del significado redentor de estos acontecimientos, y si los apóstoles son el canal de la revelación, fácilmente podríamos concluir que la revelación se refiere sólo al significado de estos acontecimientos, no a los acontecimientos mismos. Esto a su vez podría llevar a la conclusión de que la revelación no tuvo lugar en eventos históricos del pasado, sino sólo en la predicación del Evangelio. Sólo en la proclamación de la palabra, enfrenta Dios al ser humano y se revela a sí mismo.

Esta es la conclusión a la que llegan los teólogos existencialistas modernos que consideran el evento de la revelación y de la salvación como "ausentes excepto en la palabra proclamadora, que invita, exige y promete la predicación". Según Bultmann este acontecimiento salvador se dió en la palabra proclamada de los apóstoles, y sigue dándose en la palabra que se proclama hoy. Desde este punto de vista, el Evangelio no es la recitación de eventos pasados; es un evento actual. La revelación es la confrontación con Dios que se da por la palabra proclamada.[41]

Esta opinión, aparentemente, encuentra un apoyo en el hecho de que hay dichos de Pablo en los que la revelación parece darse en el *kerygma* (predicación) y en el *euangelion* (evangelio) más que en eventos pasados. En Romanos 16:25–26 el Evangelio y el kerigma de Jesucristo parecen ser sinónimos de la revelación del misterio que se mantuvo oculto durante siglos pero que ahora ha sido manifestado y dado a conocer a todas las naciones. Además, el Evangelio mismo es el poder de Dios para salvación (Ro. 1:16). Es "misterio" (Ef. 6:19), es decir, un propósito secreto de Dios dado ahora a conocer a las personas. No sólo es de origen divino; es una actividad divina llevada a cabo para beneficio de las personas.[43] No sólo da testimonio de la historia salvífica; es historia salvífica, porque sólo en la predicación del Evangelio se realiza la salvación. Bultmann tiene razón y pone de relieve el carácter "existencial" del Evangelio.[45]

Sin embargo, el kerigma y el Evangelio no pueden limitarse a la actividad de la predicación; designan también el mensaje mismo, el *contenido* de esa predicación. El propósito salvífico de Dios con respecto a las personas por medio de "la locura de la predicación" (1 Co. 1:21) no se refiere a la actividad sino al contenido, y éste es "Cristo crucificado" – un evento en la historia que es ofensa y locura para todos excepto para los creyentes (1 Co. 1:23). Así pues, el Evangelio incluye la proclamación de hechos históricos: la muerte de Cristo, su resurrección, sus apariciones a sus discípulos (1 Co. 15:3ss.). Sin embargo, no es la proclamación de simples sucesos, sino del significado de éstos. Cristo murió *por nuestros pecados*. El Evangelio es un evento que tiene un significado histórico: Dios actuó en la historia para la salvación de la humanidad. Los hechos históricos deben interpretarse para que se entiendan tal y como son: la acción redentora, reveladora de Dios; y en el Evangelio, se proclama este evento redentor.

Hay una unidad dinámica entre el evento y su proclamación, porque ésta en sí misma forma parte de aquél. Es imposible poner un énfasis primordial a los eventos como historia pasada, o como proclamación actual; ambas cosas están inseparablemente unidas por dos razones: los eventos históricos no se pueden entender por lo que son – las acciones redentoras de Dios – aparte de la proclamación (*kerygma, euangelion*). Además, aparte de ésta, los eventos son sólo historia pasada; pero en la proclamación, se convierten en actos redentores actuales. El pasado vive en el presente a través de la proclamación. Por eso Pablo puede hablar del Evangelio como poder de Dios para salvación.

Esta tensión entre el pasado y el presente se confirma por el concepto de tradición en Pablo. A menudo él se refiere a su predicación y a su enseñanza en los mismos términos usados en las tradiciones orales judías: entregar (*paradidonai*) y recibir (*paralambanein*) la tradición (*paradosis*). Jesús había contrapuesto las tradiciones judías y la palabra de Dios (Mt. 15:6) y prohibió a sus discípulos que imitaran a los rabinos (Mt. 23:8–10), y aun así Pablo alaba a los corintios por mantener las tradiciones que les había entregado (1 Co. 11:2) y exhorta a los tesalonicenses a que mantengan las tradiciones que se les habían enseñado (2 Ts. 2:15) y eviten a los que hacían caso omiso de las que habían recibido de Pablo (2 Ts. 3:6). Esta expresión propone una clara semejanza entre las tradiciones rabínicas judías y la tradición cristiana, porque los términos son los mismos, y a veces se utilizan de forma muy parecida para la predicación del Evangelio. Los corintios recibieron el Evangelio (*parelabete*) que Pablo les había predicado (1 Co. 15:1). El Evangelio que los gálatas recibieron (*parelabete*) es normativo: no puede haber otro (Gá. 1:9). Los tesalonicenses recibieron (*paralabontes*) como la palabra de Dios el mensaje que oyeron de Pablo, reconociendo en sus palabras algo más que tradición humana – la palabra misma de Dios (1 Ts. 2:13). En todos estos pasajes, esta expresión refleja la entrega y la recepción de una tradición oral con un contenido fijo.

Esta tradición dio cuerpo al *kerygma* o *euangelion* apostólico. Pablo entregó (*paredoka*) a los corintios el Evangelio que él mismo había recibido (*parelabon*), que Cristo murió por nuestros pecados, que fue sepultado, que resucitó al tercer día, que se apareció a sus discípulos (1 Co. 15:1–5). Se acepta, por regla general, que los versículos 3b–5 encarnan un fragmento primitivo del kerigma paulino que Pablo había recibido como los que fueron apóstoles antes que él.

La misma expresión de tradición oral aparece en conexión con la preservación de un fragmento de tradición de la vida de Jesús, a saber, la Cena del Señor. Pablo recibió "del Señor" el relato que había entregado a los corintios de la institución de la Eucaristía (1 Co. 11:23). Algunos investigadores entienden la expresión "del Señor" en el sentido de que Pablo recibió su conocimiento de la Santa Cena por iluminación directa del Señor exaltado, del mismo modo que había recibido camino de Damasco el conocimiento de que Jesús era el Mesías. Sin embargo, dado el lenguaje y el contenido de la tradición, esto es muy improbable. La mayoría de comentaristas piensan que Pablo quiere afirmar que esta tradición la recibió de otros apóstoles y que tuvo su origen histórico en Jesús. Pablo dice que recibió *apo*, no *para*, del Señor. La segunda sugeriría haberlo recibido directamente del Señor, mientras que la primera indicaría la fuente última. De cualquier modo, estas palabras significan por lo menos esto: que la cadena de la tradición histórica que Pablo recibió se remonta ininterrumpidamente hasta las palabras de Jesús mismo.[54] Así pues, Pablo incluye dos cosas en la tradición transmitida oralmente desde los primeros apóstoles: las buenas nuevas de salvación en Cristo y al menos un fragmento de tradición de la vida de Jesús que se abrió camino hasta los evangelios.

Aunque la tradición oral evangélica es en cierto modo parecida a la judía, es completamente diferente en un aspecto muy importante. Recibir la tradición evangélica no significa simplemente aceptar la veracidad de un relato de hechos históricos ciertos, ni tampoco recibir instrucción y aclaración intelectual. Recibir la tradición significa recibir (*parelabete*) a Cristo Jesús como Señor (Col. 2:6). En la voz de la tradición, se escucha la voz de Dios mismo; y por medio de esta voz, Él está presente y activo en la iglesia (1ª Tes. 2:13). Así pues, la tradición cristiana no es una simple instrucción transmitida, como la tradición oral judía, de un maestro a otro. La transmisión como predicación (*euangelisamen*, 1ª Co. 15:1) y la recepción del mensaje conllevan una respuesta de fe (*episteusate*, 1ª Co. 15:2). La tradición de la resurrección de Jesús debe creerse de corazón y confesarse con la boca (Ro. 10:8–9), y da como resultado la salvación. Esta confesión sólo es posible por medio del Espíritu Santo (1ª Co. 12:3).

Así pues, la tradición tiene un carácter doble: es *tanto*, y al mismo tiempo, tradición histórica como tradición kerigmático-pneumática. Es histórica porque está vinculada a eventos históricos, y conserva el relato de los mismos. Es kerigmática porque se puede perpetuar sólo como kerigma y puede recibirse como confesión de fe. Es pneumática porque puede recibirse y conservarse sólo con el poder del Espíritu.

El reconocimiento del carácter kerigmático-pneumático de la tradición suministra el trasfondo para entender la afirmación de Pablo de que recibió "del Señor" la tradición de la Santa Cena (1 Co. 11:23). El "Señor" se refiere al Jesús de la Historia que ahora es el Señor exaltado. La tradición se origina en Jesús mismo; pero como el Señor exaltado, Cristo refrenda ahora la tradición y habla a la Iglesia por medio de ella. La tradición que Pablo recibió de los hombres procede de Jesús y es también la palabra del Señor exaltado a Pablo. La tradición de la Santa Cena también tiene un carácter dual, el de ser histórica y pneumática al mismo tiempo.

El carácter kerigmático-pneumático de la tradición se refleja con suma viveza en el hecho de que aunque son palabras de hombres mediadas por el acto de predicar, también es la palabra de Dios (1 Ts. 2:13). Ésta, que se recibe como tradición, también es el Evangelio (Ef. 1:13; Col. 1:5), el kerigma (1 Co. 1:18, 21), el misterio (Col. 1:25), que no sólo proclaman los apóstoles sino que se divulga partiendo de las iglesias hacia las regiones de alrededor (1 Ts. 1:8). Aunque es una palabra que se puede enseñar y aprender (Gá. 6:6), también es un depósito divino confiado a unas personas (2 Co. 5:19). Aunque su propagación depende de la proclamación humana (Fil. 1:14), es palabra de Dios, que no se puede aprisionar (2 Ti. 2:9) y debe correr y difundirse hasta que triunfe (2 Ts. 3:1). La palabra de Dios habla de una crucifixión (1 Co. 1:18); pero se trata de la cruz vista no como un suceso aislado de la historia sino como la manifestación del propósito redentor que Dios ha tenido desde los siglos (Col. 1:25–26). Esta palabra es el tema de la predicación (2 Ti. 2:19), que los que la oyen deben recibir (1 Ts. 1:6) y debe morar en ellos (Col. 3:16), y traerles salvación (Ef. 1:13; Fil. 2:16).

Ni el aspecto histórico ni el kerigmático de la palabra de Dios deben enfatizarse por separado. Los teólogos existencialistas enfatizan el aspecto kerigmático de la palabra a costa de su dimensión histórica, y el evento redentor se convierte en una actuación de Dios en el kerigma, no en los sucesos históricos. Bultmann reconoce que el Jesús histórico es el origen de la palabra de Dios, pero dice que "debemos hablar de Dios que actúa sólo en el sentido de que lo hace en mí aquí y ahora". Esto contradice el Nuevo Testamento, que propone que Dios actúa en el Jesús histórico. Sin embargo, el Evangelio es tanto un evento pasado como una proclamación actual. Cuando se incumple el aspecto kerigmático, el kerigma se convierte en un recital de hechos y sucesos pasados y pierde así su carácter de evento salvador. Deben conservarse ambos aspectos. "Como la revelación tuvo lugar en la historia, el Evangelio tiene que ver con eventos históricos, aunque su proclamación sea en sí misma un evento poderoso".

Como palabra de Dios, el Evangelio es en realidad una comunicación divina, e incluye hechos, verdades y doctrinas. Sin embargo, si el Evangelio no hace sino comunicar hechos y doctrinas, se reduce a tradición humana. En la palabra, Dios comunica no sólo los hechos de la redención y las verdades sobre sí mismo; Él se comunica a sí mismo, comunica la salvación, la vida eterna. La palabra de Dios es tanto un relato de un evento redentor, como un evento redentor, porque en la palabra de la cruz, el crucificado mismo se sitúa ante las personas para comunicarles los beneficios de su muerte redentora.

Ahora ya podemos sacar algunas conclusiones sobre el concepto paulino de revelación. El centro de la revelación es Jesucristo. En el acontecimiento histórico de la vida, muerte, resurrección y exaltación de Jesús, Dios se ha revelado de forma redentora a las personas. La revelación que se llevó a cabo en la cruz y en la resurrección no es completa; todavía falta la revelación de la gloria y de la salvación (Ro. 13:11) de Dios en la parousia de Cristo cuando la fe se cambiará por percepción total y veremos cara a cara (2 Co. 5:7; 1 Co. 13:12). Tanto el significado redentor de lo que Dios ha hecho en la cruz y en la resurrección como la manifestación de lo que Él todavía hará en la consumación (1 Co. 3:10) se revelan en el kerigma, el Evangelio, la palabra de Dios, que existe como una tradición kerigmático-pneumática histórica. Esta tradición es un conjunto de varias corrientes que incluyen tradiciones de la vida de Jesús (1 Co. 11:23), una síntesis del mensaje cristiano expresado como una fórmula de fe y de hechos unificadores de la vida de Jesús y su interpretación teológica (1 Co. 15:3s.), y también reglas para la vida cristiana práctica (1 Co. 11:2; 2 Ts. 3:6). La tradición tiene su origen en Jesús mismo (1 Co. 11:23) y en los testigos oculares (1 Co. 15:1ss., 8). Entre las funciones apostólicas primarias están no sólo la propagación de la tradición, sino también su preservación de la corrupción con tradiciones humanas (Col. 2:8), y de la distorsión de falsos apóstoles que predican un Jesús diferente al de la tradición apostólica (2 Co. 11:3–5). La tradición es a la vez fija y dinámica; es decir, la tradición no se puede cambiar, pero se puede ampliar. Que el Evangelio incorpora un núcleo de tradición fija confiada a los apóstoles explica el apasionado rechazo por parte de Pablo de cualquier mensaje que difiera de la tradición aceptada, aunque lo propague un apóstol (Gá. 1:8–9). Por otra parte, el Espíritu puede ampliar la tradición proveyendo por medio de los apóstoles y profetas una explicación y una elaboración del propósito redentor de Dios implícito en la obra redentora de Cristo. Ésta puede verse en el uso de Pablo del término *mystërion*, o secreto revelado. El "misterio" es el significado total del propósito redentor de Dios, que se ha cumplido, en Cristo (Ro. 16:25–26). Entre las manifestaciones concretas de ese propósito secreto revelado por medio de los apóstoles están el hecho de Cristo como encarnación de toda la sabiduría y del conocimiento (Col. 2:2), la morada de Cristo en los corazones de su pueblo (Col. 1:27), la abolición de las distinciones entre judíos y gentiles en el cuerpo de Cristo, la iglesia (Ef. 3:3–6), la intimidad establecida entre Cristo y su Iglesia (Ef. 6:19), el rechazo actual del Evangelio por parte de Israel, la salvación de los gentiles, que llevará a la salvación futura de Israel (Ro. 11:25–26), La conversión de santos vivos a la vida resucitada en la parusia (1 Co. 15:51), y la restauración final del orden divino en Cristo para un universo desordenado (Ef. 1:9–10). Aunque todas estas facetas del misterio del propósito redentor de Dios incorporan nuevas comprensiones y manifestaciones, todas están implícitas en lo que Él ha hecho en la muerte, resurrección y exaltación de Cristo. Se ve, pues, la revelación como un evento que incluye tanto acciones como palabras. El significado de los eventos históricos y sus implicaciones para la vida cristiana se dan en una tradición histórica por medio de la cual el Cristo exaltado habla, y en manifestaciones directas del Espíritu Santo por medio de los apóstoles y de los profetas.

En su carta a los gálatas, Pablo parece rechazar el papel de la tradición en la revelación y afirmar que ésta sólo se da por iluminación directa del Espíritu Santo. Parece que declara su completa independencia de la iglesia primitiva. Afirma que no recibió su Evangelio de hombres, que no le llegó por tradición (*parelabon*) ni por instrucción, sino por revelación directa de Jesucristo (Gá. 1:12). Afirma su independencia de los apóstoles de Jerusalén. Después de su conversión, no subió a Jerusalén para recibir la aprobación de los apóstoles, sino que se retiró a Arabia. Cuando fue a Jerusalén tres años después, no lo hizo para establecer una relación permanente sino para hacer una corta visita y conocer a Pedro y a Santiago (Gá. 1:17–19). Fuera de contexto, las afirmaciones de este pasaje parecen contradecir las de 1 Co. 11 y 15 en cuanto a que Pablo transmitió lo que había recibido por tradición.

Se han dado varias soluciones a esta aparente contradicción. Algunos han sugerido que en Corintios Pablo sólo se refiere a los hechos de Jesús de los que llegó a tener conocimiento por otros cristianos, mientras que el significado de estos hechos, es decir, su verdadera interpretación, no la recibió de hombres sino por la revelación directa del Señor exaltado. Desde luego, esto es cierto. Sin duda, como señala Machen, Pablo, cuando todavía estaba en el judaísmo, tuvo acceso a muchos de los hechos de la vida y muerte de Jesús, así como a la afirmación de los cristianos de qué era el Mesías. De hecho, lo que hizo que Pablo fuera un perseguidor fue su conocimiento como judío de los hechos; en el camino de Damasco adquirió una nueva y correcta comprensión de los hechos, a saber, que Jesús era el Mesías. Sin embargo, la tradición en 1 Corintios 15 incluye la interpretación: "Cristo murió por nuestros pecados", e incluye también un hecho que sin duda Pablo como judío nunca hubiera aceptado – que Jesús había resucitado de entre los muertos y se apareció a sus discípulos.

Otros han sostenido que Pablo recibió de hombres la forma de su proclamación, pero que el contenido esencial no lo recibió de ellos, sino del Señor. En su forma, el kerigma paulino era esencialmente el mismo que el de la tradición de la iglesia de Jerusalén; pero en su naturaleza esencialmente dinámica, su Evangelio no pudo haber sido transmitido por hombres sino sólo por revelación directa. Esta solución no es satisfactoria, porque contradice la naturaleza kerigmatico-pneumática de la tradición y la ve como si sólo fuera una tradición humana.

Esta aparente contradicción se debe a los propósitos diferentes que tienen los dos pasajes. En Corintios Pablo piensa en ciertos aspectos específicos de la sustancia de su Evangelio: la Cena del Señor, la fe salvadora, la resurrección y las apariciones de Jesús. Estos incluyen tanto hechos como, al menos, algo del significado de los mismos. En la sustancia de su Evangelio, Pablo está de acuerdo con los primeros cristianos, de hecho recibió de ellos la información en cuanto al Evangelio mismo. Sin embargo, en, Gálatas, Pablo habla de su autoridad apostólica y de un hecho central del Evangelio, que Jesús era el Mesías resucitado y exaltado. Esto no lo había aprendido de otros hombres, aunque más tarde lo corroboró con lo que aprendió de ellos. Él no se convirtió por la predicación cristiana, sino por un encuentro con el Cristo exaltado. Tampoco recibió de los hombres su oficio apostólico. Ambos – su Evangelio y su oficio – le fueron dados directamente por el Señor, sin mediación humana. El hecho de que después de su conversión Pablo consultara con Pedro y con Santiago y recibiera de ellos tanto información sobre Jesús como del Evangelio y de su interpretación, no debilitan de ninguna manera su pretensión de independencia completa en la recepción del Evangelio. El propósito de estos pasajes es argumentar que él disfruta de la misma autoridad apostólica que los que fueron apóstoles antes que él (Gá. 1:17). Porque, igual que ellos, recibió la comisión y el Evangelio directamente del Señor.

Pablo y el Antiguo Testamento

Además de la tradición y de la revelación directa del Espíritu Santo, una fuente importante de la teología paulina fue el Antiguo Testamento. Esto se demuestra de dos formas: por citas y por alusiones concretas y por el fundamento vetotestamentario de las ideas teológicas de Pablo. Lo segundo sólo puede demostrarse a través de un estudio pormenorizado de su pensamiento; aquí debemos limitarnos al análisis del primer aspecto.

Para Pablo las Escrituras son santas y proféticas (Ro. 1:2; 4:3) y constituyen los oráculos de Dios (*ta logia tou theou*, Ro. 3:1–2). Muchas veces utiliza la fórmula "dice el Señor" (*legei kyrios*), y en otras partes *legei* presupone *ho theos*. La Escritura es la palabra de Dios[67] porque ha sido inspirada por el Espíritu (2 Ti. 3:16).

Pablo a menudo recurre al Antiguo Testamento para apoyar sus enseñanzas, citándolo hasta noventa y tres veces. Su preocupación primordial al utilizar el Antiguo Testamento no es tanto adjudicarse la autoridad bíblica para establecer doctrinas concretas como demostrar que la redención en Cristo está relacionada directamente con la revelación del Antiguo Testamento y de hecho es el cumplimiento de esa revelación. Es significativo que de sus citas veintiséis estén en Romanos 9–11, donde trata específicamente de la cuestión de la *Historia* de la salvación, mostrando que la iglesia es una continuidad directa de Israel, y que la "palabra de Dios" (Ro. 9:6) dada a Israel no se frustró por su incredulidad, sino que se cumple en la Iglesia. Lo que quiere es dejar establecido que la justificación por la fe se enseña en el Antiguo Testamento (Ro. 1:17; 4:3, 7–8; Gá. 3:6, 11); y el Evangelio es el cumplimiento de la promesa dada a Abraham (Ro. 4:17–18; Gá. 4:27, 30). Por tanto, los eventos de la historia de la redención en Cristo han sucedido "según las escrituras" (1 Co. 15:3, 4). La revelación del propósito redentor secreto de Dios, cumplido en Cristo, se da ahora a conocer a todas las naciones "por las Escrituras de los profetas" (Ro. 16:26). Un dicho así sugiere que en las iglesias se usaba ampliamente el Antiguo Testamento como fuente de verdad cristiana. Como el Antiguo Testamento es inspirado, es provechoso su uso para la enseñanza, para redargüir, corregir e instruir en justicia (2 Ti. 3:16). Que el Antiguo Testamento fuera la primera Biblia cristiana se refrenda también con afirmaciones como 1 Corintios 10:11, donde se dice que los eventos de la historia que narra sucedieron como advertencia e instrucción para los cristianos, para los cuales existieron los siglos anteriores (ver también Ro. 15:4)

El uso veterotestamentario que Pablo hace del Antiguo Testamento no se debe tanto a la búsqueda de una equiparación de cada una de las profecías con su cumplimiento, como a situar claramente los nuevos eventos redentores en la corriente histórica redentora del Antiguo Testamento. Esto le lleva a encontrar en él ciertos significados que no aparecen fácilmente en las citas de su marco veterotestamentario. De este modo, puede aplicar a la iglesia textos que se refieren sólo a Israel (Ro. 9:25–26; cf. Os. 2:23; 1:10). Esto no puede llamarse manipulación o uso inadecuado de los textos veterotestamentarios; más bien, ilustra algo esencial del pensamiento paulino; que Jesús, aunque crucificado, es el Mesías anunciado, y que el pueblo del Mesías es el verdadero pueblo de Dios, como una continuidad con el Israel del Antiguo Testamento. La iglesia es de hecho el verdadero Israel de Dios.

Estos significados cristianos del Antiguo Testamento no son, sin embargo, evidentes, sino que requieren la iluminación del Espíritu Santo para poder entenderlos. Cuando el Antiguo Testamento es leído por judíos incrédulos, un velo cubre su mente (2 Co. 3:15), y no pueden ver que en él el testimonio de la gloria de Dios brilla en Jesucristo. El antiguo pacto tuvo su gloria, pero fue provisional y pasajera en contraste con la gloria revelada ahora en Cristo (2 Co. 3:7ss.). Por tanto, el Antiguo Testamento debe leerse a la luz de su cumplimiento en Cristo[69] con la iluminación del Espíritu Santo; de otro modo la Santa Escritura se convierte sólo en letra muerta – un código escrito sin vida (2 Co. 3:6). El Espíritu Santo no revela en las Escrituras una verdad mística, esotérica; antes bien, capacita al creyente para que se entienda, sobre la base del Antiguo Testamento, el significado del evento redentor acaecido en la historia en Jesucristo. El nuevo entendimiento del Antiguo Testamento está regulado por el evento de Jesucristo.

Como Pablo considera el Antiguo Testamento como la palabra de Dios, no nos sorprende que su pensamiento teológico se base en la teología que surge de él. Su entendimiento de Dios, de la antropología, de la expiación, de la promesa y de la Ley, de la ontología, no pueden entenderse aparte del Antiguo Testamento. Esto se verá en los capítulos que siguen.

Capítulo 30

La humanidad sin Cristo

La idea que tiene Pablo del ser humano y del mundo ilustra su perspectiva escatológica básica. A menudo, se ha interpretado a Pablo siguiendo el contexto del dualismo helenista, el cual implicaba, a su vez un dualismo cosmológico y, estrechamente asociado con él, un dualismo antropológico. El dualismo cosmológico establecía un contraste entre dos niveles de existencia: el terrenal y el espiritual; y el dualismo antropológico entre dos partes del ser humano: el cuerpo y el alma. El cuerpo pertenecía a lo terrenal y el alma pertenecía a lo celestial o espiritual. En Platón el mundo material no era malo en sí, aunque se consideraba como un obstáculo para el alma o para la mente a través del cual el ser humano se relacionaba con lo divino. El alma era preexistente e inmortal e indestructible por naturaleza. En el pensamiento gnóstico este dualismo se agudiza hasta el punto de que la materia se concibe como el ámbito del mal. Así pues, la redención, tanto para Platón como para el pensamiento gnóstico posterior, consistía en trascender la materia y el cuerpo para poder acceder al mundo de la realidad última. Los griegos no tenían ni idea de un Dios Creador. En Platón el Demiurgo "engendró" el mundo dando forma a la materia eterna.

Es imposible entender a Pablo de esta manera. La estructura básica de su pensamiento no representa un dualismo cosmológico sino escatológico. Pablo es consciente de que se encuentra en un intervalo entre dos siglos. La totalidad de la obra redentora de Dios se dirige hacia la realización perfecta del Reino de Dios y del Siglo Venidero e incluye a toda la Creación. Hasta ese momento el antiguo siglo continúa caracterizándose por el pecado, el mal y la muerte. Sin embargo, en la misión de Cristo y en la venida del Espíritu las bendiciones del siglo venidero han llegado a los que están en Cristo. Mientras tanto, el mundo y el género humano en su totalidad permanecen bajo la égida del antiguo siglo.

La idea de Pablo sobre la creación es típicamente hebrea, no griega. Dios es el creador de todas las cosas del mundo (Ef. 3:9; Col. 1:16), incluso el ser humano (1 Co. 15:45). Aunque todas las cosas fueron creadas por Él y por medio de Cristo (1 Co. 8:6), en el pensamiento paulino no hay lugar para un demiurgo griego que sitúe a Dios por encima de la creación.

Expresiones como "la fundación del mundo" (Ef. 1:4) sugieren una *creatio ex nihilo* y no la estructuración de una materia preexistente. Como creación, el ser humano no tiene más derechos sobre Dios que los de la arcilla sobre el alfarero (Ro. 9:20ss.), mientras que Dios tiene derecho a la gratitud y a la adoración del ser humano (Ro. 1:21, 25). Tanto la creación como el ser humano han caído y, por tanto, están bajo el juicio divino. La creación quedó sometida a la vanidad y a la corrupción (Ro. 8:20). Por sí misma no tiene objetivo alguno, sino que está sometida a un círculo gigantesco de vanidad que conduce a la muerte. Como está caída, es transitoria y está condenada a desaparecer (1 Co. 7:31). Esto no significa la aniquilación de la creación sino su redención para llegar a ser "liberada de la esclavitud de corrupción, a la libertad gloriosa de los hijos de Dios" (Ro. 8:21). Sin embargo, Pablo nunca considera la creación como algo malo porque sea materia en contraste con el espíritu. Por eso refuta expresamente las tendencias ascéticas de la Iglesia.

El mundo

En relación con esto, resulta instructivo estudiar la idea de Pablo acerca del mundo (kosmos). Kosmos es una palabra griega que no tiene un equivalente hebreo ni arameo; el Antiguo Testamento habla de "cielos y tierra" o del "todo" (Sal. 8:6, 1; 44:24). Sin embargo, la palabra hebrea olam, que, estrictamente es una palabra temporal que significa "siglo", adquirió nuevos matices nuevos cuando algunos pensadores judíos tuvieron contacto con el helenismo. La palabra adquirió connotaciones espaciales, y con ello olam llegó a significar tanto siglo como mundo. Este es el antecedente del sentido intercambiable de aion y kosmos en Pablo (1 Co. 1:20; 3:19; 2:6). Efesios 2:2 combina ambas palabras para referirse a "el siglo de este mundo".

Pablo utiliza *kosmos* con varios significados. En primer lugar, y sobre todo, para designar el Universo: la totalidad de lo que existe (Ro. 1:20; Ef. 1:4; 1 Co. 3:22; 8:4, 5).

Segundo, Pablo usa *kosmos* para referirse a la tierra habitada, el lugar donde mora el ser humano, el escenario de la historia. Es el escenario en el que las personas nacen (1 Ti. 6:7), donde los santos deben necesariamente mezclarse con personas mundanas (1 Co. 5:10b). El mundo fue prometido a Abraham como herencia (Ro. 4:13) y ahora es el escenario de la proclamación del Evangelio (Ro. 1:8; Col. 1:6). Es la morada de los seres humanos que no tienen esperanza y que están sin Dios (Ef. 2:12). En algunos pasajes hay un contraste claro entre el mundo y los cielos (1 Ti. 1:15; 3:16; cf. Col. 1:20; Ef. 1:10).

Tercero, *kosmos* se utiliza para el género humano, humanidad, la totalidad de la comunidad humana que vive en la Tierra. Cuando Pablo describe su conducta sincera en el mundo (2 Co. 1:12), podría haber dicho "entre las personas". A los apóstoles, como deshecho del mundo (1 Co. 4:13), las otras personas les ven como algo despreciable. Los necios, los débiles, lo más bajo y despreciable del mundo (1 Co. 1:27s.): son personas que proceden de los niveles sociales y culturales más bajos de la comunidad humana. Las cuentas que el mundo tiene que rendir ante Dios (Ro. 3:19), el juicio (Ro. 3:6), y la reconciliación del mundo (Ro. 11:15; 2 Co. 5:19), todo tiene presente al género humano como un todo. En una referencia (1 Co. 4:9), *mundo* incluye tanto a personas, como a ángeles, como a la totalidad de los seres espirituales creados.

Cuarto, cuando se ve al género humano en relación con Dios, la palabra *kosmos* adquiere un carácter diferente al de los versículos antes citados. La humanidad, comparada con Dios, se ve como caída, como sumergida en el pecado, y por tanto hostil a Dios. De esta forma *kosmos*, utilizado para el género humano, tiene connotaciones de maldad. El mundo de las personas no es malo per se, porque ellas son criaturas de Dios, y la obra de Dios es buena. Pero cuando se describe al ser humano en su existencia real, se le presenta en rebelión contra Dios; y por eso hay una concepción del mundo como pecaminoso. En este sentido el uso de *kosmos* y *aion* son aproximados. Los gentiles vivían siguiendo las reglas de este mundo (literalmente, "según el siglo de este mundo"), siguiendo al príncipe de la potestad del aire (Ef. 2:2). La sabiduría de este siglo o de este mundo contrasta claramente con la sabiduría divina (1 Co. 1:20s.). No es que el mundo no haya hecho progresos en cuanto al conocimiento espiritual, o que carezca de sabiduría, sino que más bien se trata de que los logros intelectuales y racionales más elevados del género humano no pueden alcanzar el conocimiento de Dios y, por tanto, son, en última instancia, necedad. No se trata de ningún desprecio de la sabiduría y del conocimiento humanos en sí mismos; pero como medio para adquirir el conocimiento de Dios es necedad, porque la mente de la raza está pervertida por el pecado; tal conocimiento sólo puede alcanzarse a través de la revelación. El "espíritu del mundo", es decir, la perspectiva y orientación totales de la vida del mundo, están en un nivel diferente que el Espíritu de Dios (1 Co. 2:12). Por tanto, la sabiduría de este mundo nunca puede acreditar a una persona ante Dios, porque es necedad; y cuando el ser humano sólo depende de los logros de la sabiduría humana, se verá necesariamente apartado del conocimiento de Dios (1 Co. 3:19). Los principios del mundo, los cuales incluyen las especulaciones y tradiciones humanas e incluso la religión, son antitéticas a Cristo (Col. 2:8). Fuera de Cristo, el género humano, incluso el pueblo de Dios Israel, está en un estado de esclavitud a estos principios mundanos (Gá. 4:3). La verdadera libertad sólo puede encontrarse por medio de la redención que hay en Cristo. El mundo también tiene su religión, una religión que mantiene a las personas esclavizadas al ascetismo y al legalismo, los cuales pueden tener la apariencia de sabiduría y promover una especie de devoción y autodisciplina; pero fracasan totalmente a la hora de proporcionar una solución para el dilema moral con el que se enfrenta el ser humano (Col. 2:20ss.). Desde este punto de vista, el mundo se encuentra bajo el juicio de Dios (1 Co. 11:32) y necesita reconciliación (2 Co. 5:19; Ro. 11:15).

Quinto, hay un último uso de *kosmos* que es más amplio que humanidad, y que tiene que ver con todo el complejo de las relaciones humanas en las que se incluyen el matrimonio, el gozo y la tristeza, comprar y vender, es decir, la totalidad de las actividades humanas. No es simplemente el mundo de las personas sino su sistema y el conjunto de relaciones que ellas han creado. Pablo escribe que debido a las presiones del tiempo, el creyente no debería permitir verse envuelto en este orden mundano. "Que los que tienen esposa sean como si no la tuviesen; y los que lloran como si no llorasen; y los que se alegran, como si no se alegrasen; y los que compran, como si no comprasen; y los que disfrutan de este mundo, como si no lo disfrutasen; porque la apariencia de este mundo se pasa" (1 Co. 7:29–31). La clave para entender el significado de este pasaje se encuentra en la última frase; la forma, la estructura de este mundo pasa. No es mala en sí misma, y por tanto no es necesario llevar una vida de desapego físico o ascetismo. La estructura de las relaciones de este mundo es, sin embargo, transitoria y está destinada a desaparecer; y como el cristiano pertenece al orden nuevo y divino, aunque siga todavía en el mundo y deba necesariamente utilizarlo, la meta de su vida no debe ser utilizarlo al máximo, es decir, encontrar sus motivaciones y satisfacciones más profundas en el nivel terrenal, mundano. Pablo no propone el celibato ni la pobreza ni la apatía emocional frente a las experiencias de la vida. Más bien, insiste en que las fuentes de la verdadera vida proceden de un nivel más elevado, y encuentra el significado más profundo de la existencia en los recursos del mundo espiritual y en sus objetivos. Aunque continúa en el mundo, no se entrega a él, ni se abandona a su disfrute, porque esto puede interponerse entre el ser humano y Dios. La relación ideal del cristiano con este orden mundano de relaciones humanas se expresa en Gálatas 6:14, "pero lejos esté de mí gloriarme, sino en la cruz de nuestro Señor Jesucristo por quien el mundo me es crucificado a mí, y yo al mundo". El significado de este dicho se encuentra en el versículo siguiente: "porque en Cristo ni la circuncisión vale nada, ni la incircuncisión, sino una nueva creación". Pablo incluye aquí la circuncisión como un elemento del mundo. Los judaizantes de Galacia se gloriaban en la circuncisión y la convertían en un canal y un medio para conseguir una espiritualidad más elevada. Tales procedimientos se basan en el orgullo humano y ya no interesan a Pablo, porque ha sido crucificado para el mundo. Esto no significa que él se oponga a la práctica de la circuncisión para los judíos; él mismo circuncidó a Timoteo porque su madre era judía (Hch. 16:3), y tomó medidas para hacerle frente al rumor de que había enseñado a todos los judíos que vivían entre los gentiles a abandonar la práctica de la circuncisión (Hch. 21:21). Pablo nunca dejó de reconocer su herencia judía (Ro. 11:1) y los privilegios y la gloria del llamamiento divino de Israel (Ro. 9:4–5); pero todos esos asuntos religiosos forman parte del sistema del mundo y no deben considerarse como un objeto de orgullo o gloria. Pablo estaba dispuesto a sacrificarlos todos, junto con las demás relaciones humanas, si eso le ayudara a ganar a Cristo (Fil. 3:4–9). El mal relacionado con el mundo no radica en él, sino en las actitudes que engendra en los hombres, ya que los aparta de la adoración perfecta al Creador.

En resumen, la doctrina del mundo de Pablo no es análoga al dualismo griego. No cree que la creación ni el género humano *en sí* sean pecaminosos, ni apoya ideas ascéticas, que buscan la felicidad en la negación de la naturaleza o de la creación, o de la relación y asociación con la sociedad humana. La "mundanalidad" consiste en adorar a la criatura y no al creador (Ro. 1:25), en enorgullecerse y buscar la gloria en lo humano y en lo creado en lugar de en Dios. El mundo es pecaminoso sólo porque se exalta a sí mismo por encima de Dios y se niega a humillarse y a reconocer a su Señor creador. Dondequiera que las personas sean redimidas, dejan de ser parte del mundo pecaminoso para convertirse en ciudadanas del Reino de Dios.

Los poderes espirituales

Un elemento destacado en el pensamiento de Pablo acerca de la naturaleza del siglo antiguo es el convencimiento de que está bajo el dominio de poderes malignos sobrenaturales. Pablo piensa en espíritus buenos y malignos.

Cree que los ángeles son seres espirituales dedicados al servicio de Dios. La Ley fue dada por la mediación de los ángeles (Gá. 3:19). Ellos son espectadores del escenario humano (1 Co. 4:9; 11:10; 1 Ti. 5:21). Se les cita como testigos de la ascensión de Jesús (1 Ti. 3:16), y como acompañantes del Señor Jesús en su revelación desde los cielos para juzgar a los injustos (2 Ts. 1:7). Por otra parte, hay sugerencias de que hay ángeles hostiles a Dios y a las personas; quieren separar a las personas del amor de Dios (Ro. 8:38); les espera un día de juicio (1 Co. 6:3). Los ángeles se han convertido en objetos de adoración y así han apartado a las personas de la adoración a Dios (Col. 2:18).

Pablo menciona a demonios y a ángeles malos relacionados con la idolatría. Aunque reconoce que los ídolos no son nada (1 Co. 8:4–6) y, por tanto, no tienen poder, sin embargo existe un poder relacionado con los ídolos que reside en los demonios. Adorar a los ídolos, por tanto, significa ofrecer sacrificios a los demonios (1 Co. 10:19–21). Pablo profetiza que en los últimos tiempos habrá espíritus engañosos y demonios que serán cada vez más activos para apartar a las personas de la verdad (1 Ti. 4:1–3); una actividad demoníaca como esta es paralela a la culminación de la actividad de Satán en el hombre de pecado, el cual aparecerá precisamente antes del Día del Señor (2 Ts. 2:9).

El mayor enemigo de Dios, sin embargo, es un espíritu maligno que a veces se llama el diablo (Ef. 4:27; 6:11; 1 Ti. 3:7), Satanás. Es el príncipe de la potestad del aire (Ef. 2:2), el dios de este siglo (2 Co. 4:4), cuyo objetivo es cegar las mentes de las personas para que no comprendan el poder salvador del Evangelio. Es el tentador que busca por medio de la aflicción apartar a los creyentes del Evangelio (1 Ts. 3:5), dificultar el ministerio de los siervos de Dios (1 Ts. 2:18), hacer surgir falsos apóstoles para que perviertan la verdad del Evangelio (2 Co. 11:14), y tratar siempre de denostar al pueblo de Dios (Ef. 6:11, 12, 16), y que incluso es capaz de atacar afligiendo corporalmente a los siervos más escogidos de Dios (2 Co. 12:7). El principal objetivo de Satanás es frustrar los propósitos redentores de Dios, y, al final del siglo, el poder satánico se encarnará en un hombre de pecado que con un último esfuerzo procurará suprimir la acción de Dios y conducir a las personas a la adoración del mal (2 Ts. 2:4–10). Sin embargo, la derrota de Satanás es segura; Dios le aplastará bajo los pies de los santos (Ro. 16:20).

Pablo se refiere no sólo a los ángeles buenos y malos, a Satanás y a los demonios, también utiliza otro grupo de palabras para designar rangos de espíritus angélicos. La terminología es como sigue:

"autoridad" (*archë*), 1 Cor. 15:24; Ef. 1:21; Col. 2:10
"autoridades" (*archai*), Ef. 3:10, 6:12; Col. 1:16; 2:15; Rom. 8:38
"autoridad" (*exousia*), 1 Co. 15:24; Ef. 1:21; Col. 2:10
"poder" (*dunamis*), 1 Co. 15:24; Ef. 1:21
"poderes" (*dunameis*), Ro. 8:38
"tronos" (*thronoi*), Col. 1:16
"señorío" (*kyriotës*), Ef. 1:21
"señoríos" (*kyriotëtes*), Col. 1:16
"gobernadores de las tinieblas de este siglo", Ef. 6:12
"(huestes) espirituales de maldad en las regiones celestes", Ef. 6:12
"la potestad de las tinieblas", Col. 1:13
"todo nombre que se nombra", Ef. 1:21
"los que están en los cielos, y en la tierra, y debajo de la tierra", Fil. 2:10

Que esta terminología designa seres sobrenaturales está claro en Efesios 6:11ss., donde la lucha del creyente es contra el demonio y los principados, autoridades, gobernadores de las tinieblas de este siglo, huestes espirituales de maldad. Normalmente se conciben como malas y opuestas al Reino de Dios. A veces, sin embargo, estos poderes espirituales no se presentan de una forma desfavorable, sino como seres creados que al parecer existen para servir a la gloria divina (Col. 1:16). Cristo es la cabeza de todo principado y potestad así (Col. 2:10) el propósito divino presentará a estos principados y potestades en los lugares celestiales la multiforme sabiduría de Dios por medio de la Iglesia (Ef. 3:10).

Los datos relativos a estos espíritus se parecen a los que ya hemos visto para los ángeles. Son seres creados y, como toda creación, existen con el propósito de servir a la gloria de Dios y de Cristo. Sin embargo, una parte del mundo angélico se ha rebelado contra Dios y con ello se ha vuelto hostil a los propósitos divinos. La voluntad soberana ha permitido que Satanás y los ángeles malos ocupen una amplia esfera de poder sobre el curso de este siglo. El estado rebelde del mundo se refleja no solo en la condición caída del género humano, sino también en la rebeldía de una parte del mundo angélico.

El estudio del lenguaje que utiliza Pablo para designar a estos espíritus angélicos sugiere que él usa deliberadamente una terminología vaga y variada. Esto se ve sobre todo cuando alterna las formas singular y plural de las palabras. Es imposible agrupar con éxito esta terminología con un orden claramente definido de seres angélicos, y tampoco está claro si, con distintas palabra, Pablo quiere designar diferentes clases o rangos de ángeles. Probablemente Pablo se encontró con opiniones que ofrecían distintos órdenes de ángeles, y se propuso con un lenguaje flexible, casi simbólico, demostrar que todos los poderes malignos, fueran los que fuesen, personales o impersonales, habían sido sometidos con la muerte y exaltación de Cristo y oportunamente serán destruidos por el reino mesiánico de Cristo.

Stoicheia

Hay un problema en la expresión *ta stoicheia tou kosmou*. En las versiones más antiguas esta frase se traduce por "los rudimentos del mundo"; así la traduce RV (Gá. 4:3, 9; Col. 2:8, 20). La palabra *stoicheia* originalmente indicaba cosas, como por ejemplo las letras del alfabeto. Así, llegó a connotar el ABC de un tema, los elementos básicos necesarios de un conocimiento rudimentario (ver He. 5:12). También llegó a referirse a los materiales básicos de un organismo, como los elementos del mundo físico (2 P. 3:10, 12). En el griego tardío del siglo III d. C. esta palabra se aplicó a una serie de estrellas y deidades astrales que supuestamente se identificaban con los cuerpos celestiales. Con este último significado algunos traductores interpretan la expresión de Pablo como referencia a un orden de deidades astrales que recibían una falsa adoración.

Hay, sin embargo, serias dificultades en esta interpretación, por popular que sea. En primer lugar, la expresión exacta que utiliza Pablo no se encuentra en ninguna otra parte. Además, la evidencia, en cuanto al uso de la palabra *stoicheia* para las deidades astrales, es muy posterior al siglo I; no hay pruebas de la época. Tercero, es difícil concebir que Pablo afirme que los judíos habían estado esclavizados a espíritus celestiales como lo exigiría esta interpretación (Gá. 4:3). La mediación de los ángeles es la entrega de la Ley no una atadura (Gá. 3:19), y podemos decir que es bastante imposible que Pablo pusiera a los judíos en el mismo nivel que a los gentiles en cuanto a estar bajo la tiranía de espíritus astrales antes de que llegaran a ser cristianos. Por tanto, debemos concluir que la esclavitud a los rudimentos del mundo se refiere al quinto uso de *kosmos* expuesto anteriormente. Este significado, sin duda, encaja con el contexto todas las veces que aparece la expresión. El "mundo" aquí significa todo el sistema de las relaciones humanas, incluso su sabiduría y su religión. El sistema es transitorio; pero puede interponerse entre el ser humano y Dios. Así como Pablo había sido crucificado al mundo y por eso era indiferente a la circuncisión (Gá. 6:14, 15) en lo que a él se refería, así también los gentiles han muerto con Cristo a los rudimentos del mundo y ya no deben practicar el ascetismo que el sistema mundano les exigía (Col. 2:20, 21). Como las instituciones judías concebidas como un sistema legalista también pertenecen al mundo, Pablo puede hablar de los judíos como esclavos de los rudimentos del mundo (Gá. 4:9, 10).

Sobre la base de esta exposición de la idea de Pablo del mundo, está muy claro que el concepto de poderes angélicos paulino, como el exorcismo de demonios en los evangelios que manifestaba la presencia del Reino de Dios, no es un elemento periférico o el resultado de la influencia de conceptos religiosos foráneos en sus ideas. Es más bien algo que pertenece al contenido mismo de la fe del Nuevo Testamento. Este presente siglo malo y la totalidad de la existencia humana están bajo las ataduras de estos poderes malignos, y el Reino de Dios no puede hacerse realidad hasta su derrota y sometimiento.

Adán

Pablo ve a los seres humanos sin Cristo no sólo como parte de un mundo que está esclavizado a poderes malignos sobrenaturales, sino también como pecadores responsables, ya sean judíos o gentiles. El origen del pecado se remonta a Adán. Está muy claro que Pablo creía en el "pecado original" en el sentido de que el pecado de Adán hizo pecadoras a todas las personas. Cuando dice "la muerte entró por un hombre" (1 Co. 15:21), expresa una común idea veterotestamentaria de solidaridad humana, muy diferente al individualismo moderno. Toda la raza está íntimamente unida a Adán, y su pecado y su muerte son el pecado y la muerte de toda la especie. Un texto esencial es Romanos 5:12: "Por tanto, como el pecado entró en el mundo por un hombre, y por el pecado la muerte, así la muerte pasó a todos los hombres, por cuanto todos pecaron". Gramaticalmente esto puede querer decir que todas las personas murieron porque han pecado personalmente, o puede significar que en Adán todas pecaron. El pecado de Adán se convirtió en el pecado de ellas y su muerte en su muerte. Por el contexto, la interpretación agustiniana debe preferirse a la pelagiana. Esto resulta claro debido a la afirmación en 5:19: "Por la desobediencia de un hombre los muchos fueron constituidos pecadores". Esto se compensa con la afirmación "por la obediencia de uno (de Cristo), los muchos serán constituidos justos". En este contexto los seres humanos no son justos porque hagan obras justas; son justos en Cristo. Del mismo modo en este contexto las personas no son pecadoras porque hagan actos pecaminosos; son pecadoras en Adán.

Revelación natural

Aunque Adán trajo a todos los seres humanos el pecado y la muerte, son culpables porque ellos mismos son pecadores. Pablo defiende esto con vigor cuando analiza la situación de los gentiles que no tienen la Ley. Las personas que no han conocido la revelación de la Ley serán responsables delante de Dios, porque todas tienen a su disposición algún conocimiento de Dios. La naturaleza invisible de Dios, es decir, su poder y deidad eternos, pueden verse en el mundo creado. Esto no pretende ser una prueba racional de la existencia de Dios; se supone que Pablo quiere decir que ciertas características de Dios se manifiestan en la naturaleza: su poder y su deidad. Su principal objetivo es polemizar contra la idolatría. Los seres humanos no tienen excusa si cambian la adoración de Dios por el culto a los ídolos. "Habiendo conocido a Dios, no le glorificaron como a Dios, ni le dieron gracias" (Ro. 1:21). Cambiaron la verdad de Dios por una mentira, y dieron culto y sirvieron a la criatura y no al Creador.

Conciencia

Los seres humanos no sólo son responsables de adorar a Dios, sino también de obras de justicia basadas en la conciencia. Dios ha puesto en todas las personas un instinto moral que les da un sentido de lo bueno y de lo malo. "Cuando los gentiles que no tienen ley, hacen por naturaleza lo que es de la ley, éstos, aunque no tengan ley, son ley para sí mismos, mostrando la obra de la ley escrita en sus corazones, dando testimonio su conciencia, y acusándoles o defendiéndoles sus razonamientos" (Ro. 2:14–15). Pablo no quiere decir que la conciencia sea una guía infalible para todo o que sea equiparable a la Ley. Lo que quiere expresar es que todas las personas tienen una conciencia, que les da una serie de valores morales y los paganos deberán dar cuenta a Dios por ese conocimiento. Ya que las personas tienen la luz de la creación y la dirección de la conciencia, si siguen en la idolatría y en las malas obras, son pecadoras.

Pecado

La naturaleza del pecado puede determinarse con el estudio de varias palabras utilizadas por Pablo, aunque la que es teológicamente más profunda para referirse al pecado es *asebeia*, traducida por "impiedad" en Romanos 1:18. El pecado fundamental de los gentiles es su negativa a adorar a Dios como tal; toda maldad (*adikia*) nace de la perversión de la adoración. El pecado fundamental de los judíos, que poseen la Ley, es "jactarse", es decir, pervertirla de forma que se convierta en el fundamento de la autoconfianza que busca la gloria delante de Dios y confía en sí misma. La jactancia es, pues, la antítesis de la fe.[23] Tanto para gentiles como para judíos, la esencia del pecado no está en las acciones pecaminosas, sino en una voluntad pervertida, rebelde. Esta idea recibe su apoyo del uso que hace Pablo del concepto de persona "carnal" – la que se coloca en oposición rebelde a Dios.

Pecado es también no cumplir (*hamartia*) la voluntad de Dios. Ésta es la palabra paulina más frecuente para referirse a él. El pecado entró en el mundo por medio de Adán (Ro. 5:12), y de este modo pasó a todos los seres humanos esclavizándoles y destinándoles a la muerte (Ro. 6:23). Hasta Cristo el pecado reinó con la muerte sobre el ser humano (Ro. 5:21) como un poder del que no era imposible liberarse por medios propios.

A veces Pablo habla del pecado como si fuera un poder independiente y hostil, fuera del ser humano y ajeno a él. "Más el pecado, tomando ocasión en el mandamiento produjo en mí toda codicia; porque sin la ley el pecado está muerto" (Ro. 7:11). "De manera que ya no soy yo quien hace aquello, sino el pecado que mora en mí" (Ro. 7:17). Sin embargo, esto no interfiere de ningún modo en la libertad del ser humano ni le libera de la culpa. "Por cuanto todos pecaron, y están destituidos de la gloria de Dios" (Ro. 3:23).

Otros términos para pecado son transgresión (*parabasis*) – conculcación voluntaria de la ley o moralidad (Ro. 2:23; 5:14); iniquidad (*anomia*) – desprecio por la ley y violación de la misma (Ro. 6:19); transgresión (*paraptoma*) – que indica caídas individuales (Ro. 4:25; 5:15; Ef. 2:1) y desobediencia (*parakoë*, Ro. 5:19; 2 Co. 10:6). Como tres de estos términos se utilizan para el pecado de Adán en Romanos 5:12–21, es evidente que, aunque cada uno de ellos tiene su propio significado, básicamente son intercambiables.

La Ley

Pablo no concibe la Ley simplemente como la norma divina para la conducta humana ni como parte de las Santas Escrituras, aunque ella tiene un origen divino, y por tanto es buena (Ro. 7:12, 14); pero por la debilidad y pecaminosidad humanas, se convierte en un instrumento de condenación (Ro. 5:13), ira (Ro. 4:15) y muerte (Ro. 7:19). La dispensación de la Ley se puede llamar dispensación de muerte (2 Co. 3:17), de esclavitud al mundo (Gá. 4:1–10), pacto de esclavitud (Gá. 4:21–31). La vida bajo la Ley es una esclavitud de la que las personas necesitan liberarse.

La carne

Un último enemigo del ser humano sin Cristo, y que sólo mencionaremos aquí, es la carne. Como veremos en un capítulo posterior, "carne" en Pablo tiene un uso propio; designa al ser humano en su condición caída, de pecado, su rebelión contra Dios. A veces Pablo casi personifica la carne (*sarx*) y la ve como un poder hostil, ajeno, que domina al ser humano, y del que necesita liberarse. La carne es hostil al Espíritu de Dios y no puede agradarle (Ro. 8:5–8). La carne pugna contra el Espíritu (Gá. 5:17) y lleva a la muerte (Gá. 6:8). Esto se analizará con detalle en el capítulo 34.

Los enemigos

Como pecadores los seres humanos están apartados de Dios porque son mentalmente hostiles a Dios (Col. 1:21; ver también Ef. 2:12; 4:18) Son enemigos de Dios (Ro. 5:10). La palabra que se usa para "enemigo" (*echthros*) puede tener dos significados diferentes. El significado activo es que son hostiles a Dios, como en Colosenses 1:21. El pasivo es que Dios considera a los pecadores como enemistados contra él. Como pecadores los seres humanos son objeto de la ira divina, porque Dios es hostil al pecado. Cualquiera de las dos interpretaciones es posible en este pasaje. El sentido pasivo conviene más al contexto. Como los seres humanos son enemigos de Dios, están bajo la ira divina (Ro. 5:9; Ef. 2:3). Debido a sus pecados, ellos no son solo pecadores: ocupan la posición de pecadores. Son hostiles a Dios de mente, y Él debe, por tanto, considerarles como pecadores, como sus enemigos. El significado activo, "que odian a Dios" no encaja en el contexto, porque la actitud de los seres humanos no cambió con la muerte de Cristo. *Echthros* en este contexto, pues, no se refiere a los sentimientos de Dios o del ser humano, sino a la relación que existe entre ellos.

Muerte

Los pecadores también están en estado de muerte: "Estabais muertos en vuestros delitos y pecado" (Ef. 2:1; Col. 2:13). Aunque la muerte suele incluir el fallecimiento físico (Ro. 5:12), es obvio que aquí Pablo debe de referirse a la muerte "espiritual", que equivale a la enajenación de Dios. En una expresión diferente, Pablo describe a las personas en el siglo antiguo como "los que se pierden" (1 Co. 1:18; 2 Co. 2:15). Esta palabra (*ap leia, apollymi*) puede designar tanto la condenación final de los perdidos (Fil. 3:19; Ro. 2:12) como su estado actual sin Cristo. Se les llama "los que se pierden" no sólo porque están espiritualmente muertos sino, porque van camino de la destrucción final.

Ira

El término más fuerte que utiliza Pablo para describir la reacción de Dios es su ira. Ira es primordialmente un concepto escatológico. El día del juicio será un día de ira para los perdidos (Ro. 2:5; cf. 1 Ts. 1:10). El Señor Jesús será manifestado "en llama de fuego, para dar retribución a los que no conocen a Dios, ni obedecen el Evangelio de nuestro Señor Jesucristo; éstos sufrirán pena de eterna perdición, excluidos de la presencia del Señor" (2 Ts. 1:8–9). Probablemente Efesios 5:6 y Colosenses 3:6 se refieran a la ira que se aproxima en el día del juicio.

Sin embargo, esta ira no es sólo escatológica; caracteriza la relación actual entre Dios y la humanidad. En el siglo antiguo, sin Cristo, los seres humanos son hijos de ira (Ef. 2:3). La ira de Dios se revela desde el cielo contra toda impiedad y maldad humanas (Ro. 1:18). Aquí tenemos algo de escatología hecha realidad.

El concepto novotestamentario de la ira de Dios no debe entenderse en relación con la ira de deidades paganas, que podía aplacarse con ofrendas adecuadas. Ni tampoco puede reducirse a una interacción impersonal natural de causa y efecto.[33] Más bien, la ira de Dios es la "implacable hostilidad divina hacia todo lo que es malo, y es una total necedad tratar de pasarla por alto o debilitarla". En Pablo, la ira de Dios no es una emoción que dice cómo se siente Dios; nos habla más bien de cómo actúa hacia el pecado – y hacia los pecadores.[35] "La ira es la reacción (…) personal de Dios contra el pecado". El pecado no es algo trivial, y la condición de los seres humanos es tal que por sí mismos no pueden escapar de ella. La ira expresa lo que Dios hace y lo que hará con el pecado.

Está en la naturaleza del siglo antiguo y la condición de los seres humanos que están en él. La idea de Pablo de la condición desesperada de los seres humanos sin Cristo no se debe a ideas dualistas griegas sino a un dualismo escatológico que ve al siglo antiguo como caído y bajo el poder de espíritus hostiles, rebeldes a Dios, condenados a la muerte y a la ira divina.

Capítulo 31

La persona de Cristo

Cristo: el Mesías

Una diferencia importante entre Saulo el fariseo y el apóstol Pablo es su forma de entender a la persona de Jesús. Todo lo demás – su idea de salvación, la Ley, la vida cristiana – estaba determinado por esto. Antes del camino de Damasco, Pablo debía saber los elementos básicos de la afirmación cristiana de Jesús, el principal de los cuales era que él era el esperado Mesías judío. La experiencia en el camino de Damasco convenció a Pablo de que esta afirmación era correcta. "Fue aquí donde Pablo se separó del judaísmo; en la evaluación de Jesús de Nazaret como el Mesías con todo lo que eso implicaba." A primera vista el mesianismo de Jesús parece jugar un pequeño papel en el pensamiento de Pablo, ya que el uso paulino de *Christos* comparado con los Sinópticos refleja un desarrollo mucho más tardío. En los Evangelios, *Christos* es casi siempre un título, pocas veces un nombre. En Pablo, *Christos* casi ha llegado a ser un nombre propio exclusivamente. V. Taylor cree que sólo hay un lugar donde *Christos* se usa como título: "de cuya raza [los judíos] es el Mesías" (Ro. 9:5). Otros estudiosos creen que el carácter de título es posible en textos como Romanos 10:6; 1 Corintios 10:4, 15, 22; 2 Corintios 4:4; 5:10. Sin embargo, Cristo es más bien un nombre propio en la mayoría de los textos.

La fórmula más sencilla, "Jesús el Mesías," ha desaparecido completamente, mientras que "Jesucristo" y la expresión "nuestro Señor Jesucristo" se usan frecuentemente. Cullmann señala que la práctica ocasional de Pablo de poner Cristo antes de Jesús demuestra que Pablo es, sin duda alguna, consciente de que este título no es realmente un nombre propio. La transformación del título *Christos* a nombre propio probablemente tuvo lugar en la Iglesia helenista, donde *Christos* era una palabra sin sentido, libre de connotaciones religiosas. Hechos 11:26 dice que en

Antioquía a los creyentes se les llamó *Christianoi* por primera vez, implicando que *Christos* ya era entendido como un nombre propio.

El hecho de que Pablo no hable regularmente de Jesús como Mesías no minimiza la importancia de su doctrina. El concepto es mucho más amplio que el uso del término. Ya hemos dicho que fue el reconocimiento del mesianismo de Jesús lo que convirtió a Saulo el nomista en Pablo el apóstol.[6] Sin embargo, que fuera el Señor exaltado al que Pablo reconoció como Mesías en Jesús, fue lo que le llevó a una reinterpretación radical tanto de la persona como de la función de éste. Sin embargo, Jesús todavía mantiene las funcionas tradicionales del Mesías. Su venida es una parte de la Historia de la redención de Israel, los pactos, la Ley, y las promesas (Ro. 9:5). La venida del Mesías cumple las promesas dadas a los profetas (Ro. 1:2) y su misión se llevó a cabo "según las Escrituras" (1 Co. 15:3). Mantiene las funciones del escatológico y esperado redentor judío. Y aparecerá en gloria para establecer su Reinado (2 Ti. 4:1; 2 Ts. 1:5); será el juez de toda la humanidad (1 Co. 5:10) y destruirá a los malos con el espíritu de su boca (2 Ts. 2:8). De hecho, su misión es establecer el Reinado de Dios en el mundo.

Pablo no dice nada sobre el Reino de Dios aparte de la mesianidad de Jesús, pero ambas son doctrinas fundamentales en su pensamiento. Probablemente, la razón sea que las cartas de Pablo fueron dirigidas a receptores gentiles más que judíos. Sí tuviéramos una correspondencia paulina para judíos, probablemente encontraríamos mucho más sobre la mesianidad de Jesús y de su Reino. Debe recordarse que estos tópicos podían dar lugar a una interpretación mala y grosera. Proclamar a algún rey en lugar de César le exponía a ser acusado de sedición (Hch. 17:3, 7).

Sin embargo, en sólo un pasaje, Pablo describe completamente la misión de Jesús desde el punto de vista de su reinado, y une el Reino de Dios con la resurrección y la salvación. El reinado de Cristo como Mesías comenzó en su resurrección. Su consumación ocurrirá sólo cuando "haya puesto a todos sus enemigos debajo de sus pies" (1 Co. 15:25). A través de su reinado, destruirá todo dominio, toda autoridad y todo poder; y por último acabará con la muerte. Cuando su reinado mesiánico acabe, entregará al Padre el Reino de Dios (1 Co. 15:24). Aquí, el Reino de Dios es el reinado redentor, dinámico de Dios, ejercido por la misión mesiánica de Cristo para traer orden al universo y para cumplir la totalidad del propósito redentor de Dios.[8] Esto tiene tanto un aspecto positivo como uno negativo. Positivamente, señala la resurrección – la vida para los que están en Cristo. Negativamente, habla de la subordinación y sujeción de todos los poderes espirituales y de todas las voluntades hostiles a la voluntad de Dios. "El reinado del Cristo resucitado es no sólo de gracia y bendición para la Iglesia, sino también de fuerza y sujeción sobre los poderes espirituales".

Hay en la enseñanza de Pablo sobre el Reino de Dios una polaridad entre presente y futuro. Algunas veces, el Reino de Dios es una bendición escatológica que se "heredará" (1 Co. 6:9, 10; 15:50; Gá. 5:21). Jesús también había hablado del Reino como de una herencia escatológica (Mt. 5:5). Los antecedentes de esta expresión se encuentran en la idea profética de heredar la tierra prometida (Is. 57:13; 60:21; 61:7; 65:9), y en el Nuevo Testamento la herencia es la salvación escatológica del Siglo Venidero. El Reino se equipara a "gloria", que es también un concepto escatológico (1 Ts. 2:12); y la meta de la salvación se propone en función de ser llamados al Reino de Dios y a su gloria. Este Reino será visible cuando Jesucristo venga de nuevo (2 Ti. 4:1). El pueblo de Dios sufre en este mundo en nombre del Reino de Dios (2 Ts. 1:5). En este momento deben esperarse y soportarse los sufrimientos; pero los que los soporten con paciencia serán tenidos por dignos del don gratuito de la salvación escatológica. Este sufrimiento no es una simple sumisión pasiva; incluye trabajar por el Reino de Dios (Col. 4:11), es decir, el ministerio dedicado al servicio del Reino venidero con la proclamación del mismo y el ayudar a otros para que entren en él.

Aunque el Reino de Dios es la salvación escatológica, también es una bendición actual. Gracias a lo que Cristo ha hecho, los santos ya han sido liberados del poder de las tinieblas – este siglo malo caído – y han sido trasladados al Reino de Cristo (Col. 1:13). Este "Reino de Cristo" no se puede equiparar a la Iglesia; es más bien la esfera de su gobierno que es más amplia que la Iglesia. De forma ideal, todos los que están en la Iglesia están también en el Reino de Cristo; pero del mismo modo que el Reino escatológico de Dios es más amplio que la Iglesia redimida e incluirá el sometimiento de todo lo hostil a la voluntad de Dios, también el Reino de Cristo es la esfera invisible del reinado de Cristo en el que las personas entran por la fe en Jesucristo. Así pues, el Reino de Dios no se ocupa primordialmente de cosas físicas, por necesarias que sean, sino de realidades espirituales: justicia, paz y gozo – los frutos del Espíritu Santo (Ro. 14:17).

La comprensión que tiene Pablo del mesianismo de Jesús conlleva una transformación de las categorías mesiánicas tradicionales, porque Él no reina desde el poder político, como lo haría un monarca terrenal, sino como Señor resucitado y exaltado. Ha sido exaltado en los cielos (Ro. 8:34), y ha ocupado su lugar a la diestra de Dios (Col. 3:1) y ahora reina (*basileuein*, 1 Co. 15:25). Sin embargo, sus enemigos ya no son reinos o imperios – los enemigos terrenales del pueblo de Dios – sino poderes invisibles, espirituales. El objeto de su reinado es someter a todos estos enemigos rebeldes bajo sus pies; el último enemigo será la muerte (1 Co. 15:26). Esto se corresponde con el hecho de que Jesús mismo ha rechazado un reino terrenal (Jn. 6:15), ha afirmado que su poder procede de un orden más elevado y no está basado en poderes mundanos (Jn. 18:31), y afirma que los poderes espirituales del mal son los principales enemigos del Reino de Dios (Mt. 12:28s.).

El Mesías es Jesús

No se puede dudar de que para Pablo, el que había sido resucitado de entre los muertos y exaltado en los cielos, y que ahora reina como Mesías a la diestra de Dios no es otro que Jesús de Nazaret. El debate moderno sobre el Jesús histórico y el Cristo exaltado o kerigmático a menudo ha oscurecido el pensamiento de Pablo tratando de hacerle responder a interrogantes que nunca se planteó. Los estudiosos modernos insisten demasiado en el hecho de que Pablo no proporciona materiales biográficos de Jesús, que tiene poco interés por la vida, palabras y acciones de Jesús, más aún, que no tiene ningún interés por el Jesús histórico, sino sólo por el Salvador divino, encarnado, "mitológico". Una solución a este problema es la crítica radical. El Jesús histórico ha quedado totalmente oculto a la vista tras el poder transformador de la fe cristiana, que ha transformado a un profeta judío en una deidad encarnada. La otra solución es que nunca hubo un Jesús "histórico", es decir, un Jesús sólo humano. El Jesús de los Evangelios se presenta como poseedor de una autoconciencia divina; y esto es una representación auténtica del Jesús de la Historia. Pablo sabe algo de la tradición de la vida de Jesús (1 Co. 11:23ss.); pero debido a que su propia experiencia no fue con el Jesús de la historia sino con el Señor exaltado, puede, bajo la dirección del Espíritu, sacar conclusiones acerca de su persona divina.

En todo caso, una cosa resulta clara. Para Pablo el Jesús exaltado no es otro que Jesús de Nazaret. Él sabe que fue israelita (Ro. 9:5), de la familia de David (Ro. 1:3), que vivió bajo la Ley (Gá. 4:4), que tuvo un hermano, Santiago (Gá. 1:19), que fue pobre (2 Co. 8:9), que ejerció el ministerio entre los judíos (Ro. 15:2), tuvo doce discípulos (1 Co. 15:5), instituyó la última cena (1 Co. 11:23ss.), fue crucificado, sepultado, y resucitado de entre los muertos (2 Co. 1:3, 4; 1 Co. 15:4).

Pablo también está familiarizado con las tradiciones del modo de ser de Jesús. Se refiere a su mansedumbre y amabilidad (2 Co. 10:1), su obediencia a Dios (Ro. 5:19), su paciencia (2 Ts. 3:5), su gracia (2 Co. 8:9), su amor (Ro. 8:35), su total abnegación (Fil. 2:9s), su justicia (Ro. 5:18), incluso su impecabilidad (2 Co. 5:21). Andrews señala que estas referencias deben tener un fundamento histórico, porque su descripción de Jesús no procede de ninguna descripción judía conocida del Mesías; "porque no existen escritos ni expectativas judíos, ni siquiera los del Siervo de Yahweh, que hubieran podido dar a Pablo el esquema de un ser dotado de tal ternura, compasión, amor y gracia".

Aunque estas pinceladas del Jesús de la Historia son auténticas, quizá sorprenda que sean tan pocas y tan de pasada, y que Pablo parezca tan poco preocupado por la vida, palabras y acciones de Jesús. La opinión de Bultmann de que la idea que Pablo tiene del evento salvador debe basarse sólo en el kerigma y no depender para nada de hechos históricos pasados echa por tierra 1 Corintios 15:5–8, donde Pablo apela a testigos oculares para verificar que la resurrección de Jesús fue un hecho. La respuesta al problema del papel que representa para Pablo el Jesús histórico ha de hallarse en la naturaleza del Evangelio y de las posiciones relativas de Jesús y de Pablo en la Historia de la redención. El corazón del mensaje de Jesús fue la venida y la presencia del Reino escatológico de Dios en su propia persona y misión. Sus palabras fueron importantes no por la sabiduría que contienen, ni por su contenido ético o religioso, sino porque en ellas las personas se enfrentan con el gobierno dinámico de Dios. Sus acciones fueron importantes porque eran el vehículo de la actuación de Dios entre los seres humanos para traerles liberación y salvación. El Reino de Dios estaba activo y presente en su misma persona. El significado de la persona y misión de Jesús estaba en el hecho de que, en él, Dios visitaba de forma redentora a los seres humanos en la Historia. De hecho, era consciente de una unidad distintiva con Dios, tanto en su misión como en su persona.

El kerigma de Pablo es esencialmente el mismo que el de Jesús, a saber, que en la persona y misión de Jesús Dios ha visitado a los seres humanos para traerles la salvación mesiánica. Pero hay una gran diferencia. Pablo está al otro lado de la cruz y de la resurrección y, por tanto, está en condiciones de ver algo que Jesús nunca pudo enseñar: el significado escatológico de su muerte y resurrección. La muerte y resurrección de Jesús tienen el mismo significado esencial que su vida, palabras y obras: la presencia del gobierno redentor de Dios, una visitación divina. Pablo entiende que lo que se había realizado en la vida de Jesús estaba incompleto sin la cruz y el sepulcro vacío. Aunque en sus palabras y obras estaban presentes las bendiciones del Reino de Dios, la bendición más grande era el triunfo sobre la muerte y el don de la vida; y esto podía hacerse realidad sólo con la muerte y resurrección de Jesús. Además, tanto en Jesús como en Pablo, como ya hemos visto, el Reino no es un poder político, sino la presencia dinámica de Dios para destronar a los poderes espirituales del mal, y para liberar a los seres humanos del sometimiento a Satán. Aunque esto fue realizado en la vida y misión de Jesús, Pablo cree que, en esta lucha, su muerte y resurrección consiguieron una victoria todavía mayor.

Esto es cierto porque durante la vida terrenal de Jesús los poderes del Siglo Venidero estuvieron presentes en su persona histórica, y por tanto limitados por su presencia humana para manifestarse. Los poderes del Reino fueron ejercidos solo por Jesús y por aquellos a los que él comisionó expresamente para que así lo hicieran. Sin embargo, después de la Pascua, cuando Jesús hubo sido "declarado Hijo de Dios con poder, según el Espíritu de santidad, por la resurrección de entre los muertos" (Ro. 1:4), cuando el que había sido Hijo de David (y de Adán) se había convertido por su exaltación en espíritu vivificante (1 Co. 15:45), los poderes del Siglo Venidero, que habían residido y operado en la persona histórica de Jesús, se vieron libres de su ubicación histórica y pudieron ser experimentados por todos los creyentes, prescindiendo de cualquier limitación de tiempo y espacio. Esto es lo que quiso decir Pablo cuando escribió "el reino de Dios (…) es (…) justicia paz y gozo *en el Espíritu Santo*" (Ro. 14:17). Tales bendiciones no son más limitadas por la presencia corpórea de Jesús en la tierra.

En otras palabras, el sentido escatológico absoluto de la persona y de los hechos del Jesús de la historia no sólo es perpetuado, sino superado en su muerte y resurrección. Pues, cuando Pablo proclamaba el sentido escatológico de la muerte, resurrección, y exaltación de Jesús, expresaba todo lo que habían significado su vida, hechos, y palabras, e incluso mucho más. Su relativo silencio sobre Jesús no refleja ningún desinterés, ni histórico ni teológico, sino solo la situación real en el despliegue de la historia de la redención. Todo lo que Jesús había significado en la historia fue incluido, y aumentado, en la predicación del Jesús exaltado.

La cuestión de Jesús en Pablo debe incluir un análisis de su declaración de 2 Corintios 5:16: "De manera que nosotros, de aquí en adelante, a nadie conocemos *kata sarka* (según la carne); y aun si hemos conocido a Cristo *kata sarka*, ahora ya no le conocemos así." Muchos estudiosos han visto en este versículo un contraste intencionado entre "el Jesús histórico" y el Cristo exaltado; entre "el valor de la vida terrenal de Jesús, el Cristo, en contraste con su estatus actual." Más recientemente, Bultmann contrasta *Christos kata sarka* con el Cristo proclamado en el kerigma. Cree que el Jesús histórico se ha perdido totalmente tras la tradición cristiana. Aún más, su posición teológica le lleva a decir que la fe cristiana ni conoce ni necesita al Jesús histórico. Califica de cómicos los esfuerzos frenéticos de los críticos conservadores para rescatarlo y cree que los problemas son únicamente de ellos. No obstante, la fe no tiene nada que ver con el *Christos kata sarka*. Bultmann no se preocupa por saber lo que sucedía en la mente de Jesús, porque este Cristo sólo es un fenómeno de la historia pasada que no puede tener ningún valor para la fe.[19] El Cristo al que se enfrenta la gente en el kerigma sólo es relevante para la fe; el *Christos kata sarka* debe quedarse en el primer siglo.

En esta interpretación, en efecto, confrontamos a dos Cristos: *Christos kata sarka* – el Jesús que vivía en la historia en Palestina, y un *Christos kata pneuma* (según el Espíritu) completamente diferente, proclamado por la iglesia y por Pablo como resucitado y exaltado. La ciencia histórica se ocupa del primero, la fe cristiana del segundo. Bultmann dice explícitamente que no hay continuidad entre el Jesús histórico y el Cristo del kerigma, porque éste, tanto en los Evangelios como en Pablo, es un ser divino, es decir, una persona mitológica, no "histórica," o sea, meramente humana. Sólo hay continuidad entre Jesús y la predicación de la iglesia; porque él es la fuente última de esta predicación.

Esta interpretación supone una modernización que oscurece el pensamiento de Pablo. Bultmann reconoce que la exégesis correcta de 2 Corintios 5:16 une *kata sarka* con el verbo, no con el sujeto. Pablo habla de *conocer* según la carne, no de un Cristo que es según la carne. Sin embargo, Bultmann insiste en que esto, en realidad, no es importante, porque "el 'Cristo entendido según la carne' es precisamente lo que es el 'Cristo según la carne' ". Esto puede ser así para el estudioso moderno, pero no lo fue para Pablo. Un crítico de Bultmann ha escrito "la distinción entre un *Christos kata sarka* y un *Christos kata pneuma* no es un informe (*Verzweiflungsakt*) desesperado de Pablo sino ¡un informe desesperado de los intérpretes que no lo han entendido!" El hecho es que para Pablo *Christos kata sarka* no es el Jesús real, tal como vivió en la Historia, como opina Bultmann; *Christos kata sarka*, para Pablo es una mala interpretación y una mala explicación del Jesús real. Cristo, entendido *kata sarka*, era un pretendiente blasfemo de la actividad mesiánica, un transgresor de la Ley. Esta interpretación errónea de Jesús llevó al Sanedrín a pedir su crucifixión y a Pablo a perseguir a la Iglesia. Sólo cuando se le abrieron los ojos, gracias a la acción del Espíritu, Pablo pudo entender quién fue en realidad el Jesús de la historia: el mesiánico Hijo de Dios. Para Pablo, la mala interpretación moderna del "Jesús histórico", como profeta apocalíptico judío que predijo la inminencia del fin del mundo, pero que no puede ser el Hijo de Dios condenado a muerte por nuestros pecados y resucitado para nuestra justificación (Ro. 4:25), es en realidad un *Christos kata sarka* – una interpretación errónea, una perversión del Jesús que vivió en la Historia. Para Pablo, sólo el Espíritu Santo podía capacitar al ser humano para entender correctamente lo que había sucedido en la historia.

Jesús el Señor

La designación más importante y característica de Jesús es Señor (*Kyrios*), y esto no sólo en las cartas de Pablo, sino en general en el cristianismo gentil. Las personas entraban en la comunión de la iglesia por la fe en la resurrección y por la confesión del Señorío de Cristo (Ro. 10:9). El corazón de la proclamación paulina es ese Señorío (2 Co. 4:5). La importancia de esta confesión en las iglesias paulinas se plantea vívidamente en las palabras "nadie puede llamar a Jesús Señor, sino por el Espíritu Santo" (1 Co. 12:3). Es obvio que Pablo no puede querer decir que es imposible pronunciar estas palabras excepto por inspiración del Espíritu (ver Mt. 7:21). Más bien quiere decir que una confesión sincera del credo cristiano demuestra que el que habla está motivado por el Espíritu Santo. Esta es la señal más obvia del cristiano: confesar el Señorío de Cristo (1 Co. 1:2; cf. Hch. 9:14, 21; 22:16; 2 Ti. 2:22)

Esta confesión tiene un doble significado. Refleja la experiencia personal del que confiesa. Confiesa a Jesús como Señor porque ha recibido a Jesucristo como tal (Col. 2:6). Ha entrado en una nueva relación en la cual reconoce la soberanía y el dominio absolutos del Jesús exaltado sobre su propia vida. Hay muchas otras autoridades en el mundo; tanto los llamados dioses como las autoridades humanas; pero el creyente reconoce solamente una autoridad final y definitiva sobre su vida – un Señor, Jesucristo (1 Co. 8:5–6). No se trata de una autoridad impuesta desde el exterior, sino aceptada con gozo. Por medio de ella es conducido a una relación personal con el Cristo exaltado.

Esta relación no sólo es personal e individual; es una relación que la iglesia como una unidad disfruta. Esto puede verse en el uso frecuente de expresiones como *nuestro* Señor Jesucristo" (28 veces), "nuestro Señor Jesús" (9 veces), "Jesucristo nuestro Señor (3 veces). Al confesar a Jesús como Señor, el que confiesa se une a la comunión de aquellos que ya han reconocido su Señorío.

La confesión del Señorío de Cristo no es sencillamente una expresión de devoción personal, porque ésta se basa a su vez en un hecho anterior: el señorío cósmico de Jesús. En el acto de confesión, el que confiesa no sólo reconoce una nueva relación personal con Cristo, sino que también afirma un artículo de fe, a saber, que en virtud de su muerte y resurrección, Jesús ha sido exaltado en un lugar de soberanía sobre todos los seres humanos, tanto vivos como muertos (Ro. 14:9). Confiesa a Jesús como su Señor porque Él ha sido exaltado por encima de todos los demás dioses y señores, ya sean reales o imaginarios (1 Co. 8:5–6).

Esto se afirma claramente en el himno cristológico de Filipenses 2:5–11. Sea lo que fuere la *morphë theou*, sea lo que fuere de lo que Jesús se despojara en la encarnación, un hecho resulta claro en todas las interpretaciones del pasaje: debido a ese autodespojarse y obediencia hasta la muerte, algo nuevo le ha sido otorgado – un nombre nuevo que indica un papel y posición también nuevos: *Kyrios*. Delante de Jesús, ahora exaltado como Señor, el universo entero debe doblar la rodilla. La creación de Dios, hasta ese momento rebelde; será sometida bajo los pies del exaltado de Dios.

El significado del título *Kyrios* es que es la traducción griega del tetragrámaton *YHWH*, el nombre del pacto para Dios en el Antiguo Testamento. El Jesús exaltado juega el papel de Dios mismo en el gobierno del mundo. A Dios le place realizar, en la persona de su Hijo encarnado, Jesucristo, la restauración de un universo caído. Cuando el mundo adora a Cristo como Señor, adora a Dios.

Como Pablo no aclara aquí el momento de la confesión del Señorío de Jesús, algunos comentaristas piensan que creyó que esta confesión universal se llevó a cabo en la exaltación, momento en el que se le tributaría un homenaje cósmico. Esto implicaría una teología diferente de la expresada en 1 Corintios 15:25–26, donde su reinado comienza en la ascensión y se consuma en la parusía; y no hay razón para no entender el pasaje de Filipenses a la luz de Corintios. La entronización de Jesús y su nombramiento tienen lugar en la ascensión; pero el reconocimiento universal de la soberanía de ese nombre y el sometimiento a la misma deben esperar a la parusía.

Esto nos lleva al sentido básico del título *Kyrios*. Es atribuir a Jesús las funciones de la divinidad. Si confesar el Señorío de Jesús significa salvación (Ro. 10:9), sus antecedentes se encuentran en el concepto veterotestamentario de invocación del nombre de Yahveh. Pablo mismo aclara esto cuando cita a Joel 2:32: "Porque todo aquel que invoca el nombre del Señor, será salvo" (Ro. 10:13). Así pues, encontramos que el Día del Señor (1 Co. 5:5; 1 Ts. 5:2; 2 Ts. 2:2) se ha convertido en el Día del Señor Jesús (2 Co. 1:14), el Día del Señor Jesucristo (1 Co. 1:8), e incluso el Día de Cristo (Fil. 1:6, 10; 2:16). Puesto que el Señor, el Cristo exaltado ejerce las prerrogativas de Dios. Así pues, el tribunal de Dios (Ro. 14:10) es también el tribunal de Cristo (2 Co. 5:10). Dios juzgará al mundo por medio de Cristo (Ro. 2:16) y hasta el fin de su reinado mesiánico, Dios gobierna al mundo por medio del Señor exaltado.

Es evidente que el señorío y la mesianidad son categorías muy parecidas, son dos formas de expresar la misma realidad. La razón para que el señorío predomine sobre el mesianismo en las cartas de Pablo no es que no entendiera ésta, o que no quisiera aplicar a Jesús las categorías mesiánicas, sino que la mesianidad era algo estrictamente judío, y no resultaba prudente proclamar públicamente en el mundo romano el señorío de otro que no fuera el César – ni siquiera el gobierno de un judío crucificado. Aunque en el contenido paulino la idea del señorío de Cristo se remonta al Antiguo Testamento, ésta fue una categoría significativa y aceptable en el mundo helenista, aunque podía entenderse erróneamente relacionada con los señores cúlticos (1 Co. 8:5–6). Por tanto, cuando Pablo escribe que Jesús murió y resucitó para que pudiera llegar a ser Señor (*kyrieusë*) de los muertos y de los vivos (Ro. 14:9), no dice nada que contradiga su afirmación de que Jesús debe reinar como rey (*basileuein*) hasta que haya sometido a todos sus enemigos (1 Co. 15:25).

Jesús como Hijo de Dios

Pablo también habla con cierta frecuencia de Jesús como el Hijo de Dios. Jesús era Hijo de Dios, "del linaje de David según la carne, que fue declarado Hijo de Dios con poder, según el Espíritu de santidad, por la resurrección de entre los muertos" (Ro. 1:3–4). Prevalece la convicción de que estas palabras no son originales de Pablo, sino que forman parte de una confesión primitiva conocida. Los críticos especulan en cuanto a su forma prepaulina y tratan de descubrir los añadidos paulinos concretos. Algunos críticos han creído ver una Cristología prepaulina, adopcionista. En la carne, Jesús era Hijo de David, y llegó a ser el Hijo de Dios en la resurrección de entre los muertos. R. H. Fuller hace una interpretación bastante novedosa: Jesús estaba destinado, desde el momento de la resurrección, a ser el escatológico Hijo de Dios en la parusía. Jesús no fue adoptado, sino predeterminado a ser el juez escatológico.[35] Todo esto es bastante especulativo, y sus conclusiones descansan en el prejuicio de que Jesús no pensaba en sí mismo como el Hijo de Dios. Este presupuesto crítico, sin embargo, no tiene ningún apoyo en los datos bíblicos, sino en un prejuicio teológico. En el pasaje en cuestión, Pablo llama a Jesús Hijo de Dios tanto según la carne como según la resurrección. La frase clave es "con poder". "Según la carne", es decir, según la forma de su vida terrenal, Jesús fue el Hijo de Dios en debilidad; fue designado Hijo de Dios *con poder* en el ámbito del Espíritu en su resurrección. El mismo lenguaje de Pablo implica que los cristianos prepaulinos sabían que en su vida terrenal, Jesús ya era el Hijo de Dios, aunque de otra forma, la de la humillación.[37] Es significativo que Pablo concluya llamando a Jesús "Señor Jesucristo", porque ese pasar a ser Hijo de Dios con poder equivale precisamente al nombramiento del Señorío en Filipenses 2:9. He aquí dos esferas de la existencia del Hijo de Dios: debilidad terrenal, poder celestial. Porque Jesús era Hijo de Dios cuando Él le envió a morir para realizar lo que la Ley no podía hacer (Ro. 8:3). Era el Hijo de Dios que vino en el cumplimiento del tiempo, nacido de mujer y nacido bajo la Ley, enviado para redimir a los que estaban bajo la Ley (Gá. 4:4).

La clave del significado de Jesús como Hijo de Dios puede encontrarse en el hecho de que su misión incluye introducir a otros en la posición de hijos de Dios, y esto es claramente un asunto relacional. Dios envió a su Hijo para que las personas pudieran recibir la adopción como hijas (Gá. 4:5). Sin embargo, la filiación de Jesús es única. Es el propio Hijo de Dios (Ro. 8:3, 31), el Hijo de su amor (Col. 1:13). La filiación de Jesús postula por una relación que es independiente de cualquier experiencia histórica que parezca incluir "una comunidad de naturaleza entre el Padre y el Hijo".

Que Pablo creía que Jesús no era sólo un hombre en la Historia, sino también una persona divina está claro en sus escritos. Le considera como a alguien que preexistía antes de su vida terrenal, que incluso estaba activo junto al Padre en la creación. "Sólo hay un Dios, el Padre, del cual proceden todas las cosas, y nosotros somos para él" (1 Co. 8:6). Es la imagen del Dios invisible, el primogénito de toda creación, aquél en quien y para quien todas las cosas fueron creadas, y aquél en quien todas las cosas subsisten (Col 1:15–17). "Primogénito" (*prototokos*) puede tener dos significados: prioridad temporal, o soberanía posicional. David, el más joven de ocho hijos, sería declarado el primogénito, el más excelso de los reyes de la tierra (Sal. 89:27). Como Pablo no dice nada acerca de la generación del Hijo preexistente, y como Cristo mismo es aquél por quien la creación misma llegó a existir, el segundo significado, la posición de primogenitura, parece ser el significado adecuado. Cristo es la cabeza de la creación y al mismo tiempo su agente. Su actividad creadora incluye no sólo el cosmos físico, sino también todos los seres espirituales, las cosas tanto visibles como invisibles.

Este ser preexistente, el Hijo de Dios, que compartió la actividad creadora de Dios, es aquél a quien Dios envió al mundo (Gá. 4:4; Ro. 8:3). Este evento se refleja en el dicho "Porque ya conocéis la gracia de nuestro Señor Jesucristo, que por amor a vosotros se hizo pobre, siendo rico, para que vosotros con su pobreza fueseis enriquecidos" (2 Co. 8:9). El pasaje clásico es Filipenses 2:6–11, que al mismo tiempo es uno de los textos paulinos más difíciles de interpretar. Las afirmaciones más importantes son: Cristo preexistía en la *morphë* de Dios. No consideró ser igual a Dios un *harpagmon*. Se despojó a sí mismo. Asumió la *morphë* de esclavo, y nació a imagen humana. En el *schëma* de los seres humanos, se humilló a sí mismo en obediencia para morir en la cruz. Por eso Dios lo ha exaltado dándole la posición de Señor de toda la creación.

Ya hemos analizado el significado de su categoría y Señorío, y hemos encontrado que se refiere a un rango o posición de soberanía absoluta, en el propósito redentor Dios, que Cristo no había disfrutado con anterioridad. En relación con eso, no es importante analizar la fuerza de *hyper* en "lo exaltó" (*hyperhyps sen*); no importa lo que signifique "hizo *más* que exaltado", o "lo elevó hasta lo más alto".[43] El significado de esta palabra queda explicado por las palabras siguientes. Cristo fue elevado al papel del Padre mismo.

Los interrogantes difíciles son: ¿Qué es la *morphë theou*? ¿Es la esencia divina – deidad; o es el modo de existencia divina – la gloria de Dios? ¿Es *morphë theou* algo que Cristo poseía, aunque no fuera igual a Dios? ¿O *morphë theou* debe identificarse como igualdad a Dios? *Harpagmon* puede ser activo o pasivo en su significado, pero es bastante improbable que sea activo, designando el acto de apoderarse de algo, o sea, un latrocinio. Si se entiende la palabra en sentido pasivo, refiriéndose a lo que se toma en posesión, hay dos posibilidades: algo que no se posee y es apresado (*res rapienda*) o algo poseído a lo que uno se aferra (*res rapta*). Es difícil decidir entre los dos significados.

Otra pregunta importante es, ¿de qué se despojó Cristo? ¿De la *morphë theou*? De ser así, ¿se despojó de su deidad, como sostiene la teoría kenótica clásica, o del modo de la existencia divina – su gloria? O, si *morphë theou* es igualdad a Dios, ¿se despojó de esa igualdad?

Las dos interpretaciones más probables del pasaje dependen de cómo se traduzca *harpagmon*. Si se entiende en el sentido de *res rapto*, el significado será, probablemente: Cristo existía en la forma y gloria de Dios, pero no consideró que esa igualdad fuera algo que tenía que retener a la fuerza sino que se despojó a sí mismo asumiendo la forma de esclavo.

La otra interpretación entiende *harpagmon* como *res rapienda*. Existía en la forma y gloria de Dios, pero no era igual a Él. Aún así, no consideró que esta igualdad fuera algo que debía tomar por la fuerza; al contrario, se despojó tomando la forma de esclavo y humillándose hasta la muerte. De ahí que Dios lo haya exaltado y hecho igual a sí mismo dándole su propio nombre, Señor, para que todas las criaturas tengan que adorar al Cristo exaltado cuando adoren al mismo Dios.

Es muy difícil decidir sobre una base exegética objetiva entre estas dos traducciones. Quizá puede partirse del hecho de que el texto no dice que Cristo se despojara de nada. El auto despojamiento se señala con el siguiente participio: *morphën doulou labon* – "tomando forma de siervo". El texto no dice que se despojara de la *morphë theou* o de la igualdad a Dios. Por otras referencias sabemos que Pablo considera al Jesús encarnado como la divinidad encarnada (Col. 1:19). Todo lo que el texto afirma es que "se despojó a sí mismo tomando algo diferente para sí, a saber, la manera de ser, la naturaleza o forma de un siervo o esclavo". Al hacerse humano, y entrar en una senda de humillación que conducía a la muerte, el divino Hijo de Dios se despojó a sí mismo.

Nos encontramos con un aspecto diferente en la comparación que se implícita entre Cristo y Adán. El corazón de la tentación de Adán fue ser igual Dios de una forma poco adecuada: apoderándose de ella (Gn. 3:5: "seréis como Dios"). Cristo no lo hace así, sino que eligió el camino del auto-despojamiento en lugar de la auto-exaltación. Por estas dos razones debe preferirse la segunda versión.

En ninguna interpretación hay sugerencia alguna de que Cristo se despojara su divinidad. Incluso es posible que en escasas ocasiones Pablo llame a Jesús "Dios". Romanos 9:5 dice literalmente: "De los cuales es el Cristo según la carne, el cual es sobre todas las cosas, Dios bendito por los siglos". Esto se puede traducir en el sentido de poner a Dios en oposición a Jesús (RV, DHH), o poniendo una coma antes de Dios (RSV) o como una nueva oración gramatical (NVI), haciendo de las últimas palabras una doxología. Hay que admitir que no pertenece al estilo de Pablo llamar a Jesús Dios; pero en este caso una doxología no armoniza con el contexto, y el estilo difiere de las demás doxologías paulinas. La idea de Pablo de la divinidad de Cristo es tan elevada que lo hace todo menos designar a Cristo Dios, y es probable que en este caso sí lo haga, aunque esto no sea más que algo tentativo. Tito 2:13 habla de nuestro gran Dios y Salvador Jesucristo.

Aunque Cristo es el Hijo de Dios, el agente tanto de la creación como de la redención, y como el Padre mismo, objeto de adoración universal, no usurpa la posición de Dios. Es difícil negar que Pablo enseñe una especie de subordinación del Hijo al Padre (1 Co. 15:28). Si esto es así, es una subordinación de economía y no de divinidad, de señorío y no de naturaleza.

Mientras que Cristo como Hijo de Dios es el mismo Dios encarnado, esto no significa que Pablo subestime la humanidad de Jesús. Nació de mujer (Gá. 4:4) como los demás seres humanos y con su forma (Fil. 2:7). Pablo utiliza una expresión interesante en Romanos 8:3: Dios envió a su Hijo "en semejanza de carne de pecado". Decir que Cristo vino en semejanza de carne sería doceta y sugeriría la irrealidad de la humanidad de Jesús. Decir que vino en carne pecadora lo haría pecador. La expresión paulina afirma que vino en carne real, como toda carne, con una excepción – no compartió la condición de pecado.

Cristo: el postrer Adán

En dos pasajes Pablo habla de Cristo como del "postrer Adán". "Así también está escrito: fue hecho el primer hombre Adán alma viviente; el postrer Adán, espíritu vivificante. Más lo espiritual no es primero, sino lo animal; luego lo espiritual. El primer hombre es de la tierra, terrenal; el segundo hombre, que es el Señor, es del ciclo" (1 Co. 15:45–47). Muchos comentaristas creen que esto tiene una resonancia de ideas antiguas de un primer hombre o *Urmensch* que descendió del mundo celestial para liberar al ser humano de su encarcelamiento en el mundo de la materia y conducirle de nuevo al ámbito de la luz y de la vida.

Sí encontramos en el pensamiento religioso contemporáneo la idea de un primer hombre celestial, Filón ve en Génesis 1:27 y 2:7 a dos Adanes diferentes. El primero es un Adán celestial, arquetipo del Adán terrenal, sin participación de ninguna sustancia corruptible o terrenal. El Adán terrenal fue hecho de arcilla y animado con el hálito divino creador. Sin embargo, este esquema filosófico es más platónico que religioso.[55] El hombre celestial pertenece al mundo noumenal y sólo es objeto de pensamiento. Sirve de pauta o arquetipo para el Adán terrenal, como hace todo el *noëtos kosmos*. Debe existir un plan en la mente de Dios antes de que pueda haber una realidad tangible. El Adán terrenal es doble, compuesto de cuerpo (arcilla) y mente o alma. El hombre celestial de Filón no tiene nada que ver con la revelación y la redención. La salvación se consigue con el dominio de la mente sobre los apetitos corporales, lo cual produce la liberación del cuerpo del mundo material para volver al ámbito celestial de los ángeles.[57]

El primer tratado de los escritos herméticos, *Poimandres*, también contiene esta idea de un primer hombre espiritual. No fue creado sino que era el hijo de Dios, a la imagen de Dios, porque él, como Dios, es mente. Este hombre primero fue puesto sobre toda la creación; pero se enamoró del mundo creado cayendo en el ámbito de lo material y consumando una unión con la naturaleza. La caída del hombre celestial fue también el origen del hombre terrenal, por lo que su naturaleza es doble: en parte inmortal (mente celestial), en parte mortal (cuerpo). El hombre primero en *Poimandres* se corresponde con una cosmología dualista.

La referencia de Pablo a Cristo como el hombre del cielo no refleja esas ideas o tendencias, y puede explicarse adecuadamente en el contexto de Adán y del escatológico Hijo del Hombre. "El hombre del cielo" (1 Co. 15:47) no es un ser primero que preexistió como hombre; es el hombre que fue crucificado, resucitó y fue exaltado, y cuya venida desde los cielos se espera. Este no es un hombre primero sino el equivalente paulino del Hijo del Hombre – término que no utiliza nunca. Pablo no habla en ninguna parte de la preexistencia de Jesús como hombre; preexistió en la forma de Dios (Fil. 2:6), y es el hombre del cielo "porque asumió nuestra naturaleza en la encarnación y la conserva en su vida celestial". Es el "postrer Adán" (1 Co. 15:45) porque en virtud de su resurrección y exaltación se ha convertido en "espíritu vivificante" (v. 45), el manantial del pueblo de Dios en el siglo nuevo.

Esta interpretación queda reforzada en Romanos 5:12ss. donde se ve a Adán y a Cristo como las cabezas de dos familias: Adán la fuente de pecado y muerte para todos sus descendientes, Cristo la fuente de justicia y vida para todos los que están en él.

Capítulo 32

La obra de Cristo: expiación

La palabra "expiación" no aparece en el Nuevo Testamento de la versión Reina Valera de 1995; La traducción de Romanos 5:11 es bastante adecuada: "Por quien hemos recibido ahora la reconciliación". Aunque la palabra no sea en sí misma un término novotestamentario, la idea de que la muerte de Cristo es una solución para el problema del pecado humano y conduce a las personas a la comunión con Dios es una de las ideas fundamentales del Nuevo Testamento.

El tema de la muerte de Cristo desempeña un papel tan importante en la estructura del pensamiento paulino que se merece un estudio a fondo. La centralidad del tema puede ilustrarse con el importante lugar que ocupa en la primera confesión de fe, confesión que no es de Pablo sino que la recibió de la Iglesia primitiva. "Porque primeramente os he enseñado lo que asimismo recibí: que Cristo murió por nuestros pecados, conforme a las Escrituras" (1 Co. 15:3). En casi todas las cartas Pablo, de una u otra forma, hace una referencia a la muerte de Cristo. Pablo utiliza una gran variedad de expresiones para mencionar la muerte de Cristo, su sangre, su cruz, o su crucifixión.

El amor de Dios

Lo primero que debe decirse de la muerte de Cristo es que es la revelación suprema del amor de Dios. Aunque el Nuevo Testamento, como el Antiguo, tiene como un antecedente de la acción expiatoria de Cristo la ira de Dios, de ninguna firma debe interpretarse como la transformación de la ira de Dios en amor. En el pensamiento griego pagano, a menudo los dioses se enojaban con los hombres, pero esa ira podía ser aplacada y obtener el favor de los dioses con algún sacrificio propiciatorio. Incluso en el Antiguo Testamento la idea de expiación como propiciación de una divinidad airada y la transformación de su ira en benevolencia es imposible de encontrar. Al contrario, Pablo afirma repetidas veces que el propio amor de Dios dio lugar a la expiación cuya consecuencia es la muerte de Jesús. Pablo nunca se ocupa de la cruz como si fuera un simple suceso de la Historia humana, ni tampoco le interesan las circunstancias históricas que llevaron a Cristo a la muerte. Para él la forma más ignominiosa y cruel de ejecución humana se ha convertido en el lugar donde Dios manifestó de forma suprema su amor. Esto no significa que Pablo no se ocupe de la muerte de Cristo como un hecho histórico, o que la cruz fuera un mero símbolo de una experiencia subjetiva. Supone su historicidad, pero se interesa primordialmente por su significado teológico.

La cruz no es sólo la medida del amor de Cristo sino de Dios mismo. "Dios estaba en Cristo reconciliando consigo al mundo" (2 Co. 5:19). "Dios muestra su amor para con nosotros, en que siendo aún pecadores, Cristo murió por nosotros" (Ro. 5:8). "(…) enviando a su Hijo en semejanza de carne de pecado y a causa del pecado, condenó al pecado en la carne" (Ro. 8:3). "El que no escatimó ni a su propio Hijo, sino que lo entregó por todos nosotros" (Ro. 8:32). "El amor de Dios en el sacrificio de Cristo es la clave de su teología". Es evidente que para Pablo, la prueba final del amor de Dios por las personas fue la cruz. Sin duda la expiación no es algo en lo que Cristo toma la iniciativa mientras el Padre adopta un papel pasivo.

Pablo no distingue entre el amor de Dios y el de Cristo. Ambos se ven en la cruz. En realidad, el amor de Cristo es el amor de Dios, y viceversa. "Lo que ahora vivo en la carne, lo vivo en la fe del Hijo de Dios, el cual me amó y se entregó a sí mismo por mí" (Gá. 2:20). "Porque el amor de Cristo nos constriñe, pensando esto: que si uno murió por todos, luego todos murieron" (2 Co. 5:14). "Cristo amó a la Iglesia, y se entregó a sí mismo por ella" (Ef. 5:25). La idea de que la cruz expresa el amor de Cristo por nosotros porque lleva a cabo la expiación ante un Padre severo y renuente, perfectamente justo y absolutamente inflexible, es una perversión de la teología del Nuevo Testamento.

Al mismo tiempo que reconocemos que la cruz es la obra de un Padre amoroso, debemos reconocer que la necesidad de expiación se debe a la ira de Dios frente al pecado. Pablo introduce su línea de pensamiento en Romanos, lo cual le lleva a su afirmación más profunda de la expiación (Ro. 3:21ss.), cuando dice "la ira de Dios se revela desde el cielo contra toda impiedad e injusticia de los hombres" (Ro. 1:18). Sea lo que fuere lo que hagan los estudiosos modernos con este texto, Pablo sentía claramente que no había contradicción ni incongruencia entre el amor y la ira de Dios. Él no relaciona las consecuencias del pecado con un principio impersonal; lo atribuye a la voluntad de Dios que no puede ser burlado (Gá. 6:7). Aunque el amor de Dios le lleva a salvar al hombre, "debe cumplir con este propósito con perfecta fidelidad a su propia naturaleza, sin negar su justicia, y en condiciones plenamente éticas". La ira es el juicio que cae sobre el pecado en el orden moral que Dios gobierna. La ira es la reacción divina ante el pecado. La expiación es necesaria porque las personas están bajo la ira y el juicio de Dios. "A no ser que le demos contenido real a la ira de Dios, a no ser que sostengamos que los seres humanos merecen que Dios les envíe las dolorosas consecuencias de sus malas acciones, le quitamos todo su significado al perdón de Dios".[12] El sentido de esta voluntad se verá en los párrafos que siguen. La cuestión ahora es que la obra expiatoria de Cristo no cambia la ira de Dios en amor, porque precisamente ese amor es la fuente de expiación.

Sacrificio

Pablo considera la muerte de Cristo como una muerte sacrificial. En algunas referencias, Pablo asocia claramente la muerte de Cristo con el ritual y el concepto veterotestamentarios del sacrificio. Ya sea que *hilastërion* (Ro. 3:25) se traduzca por "sede de misericordia" como lo hace la Septuaginta o no, al usar esta palabra Pablo alude de forma directa a la ofrenda por el pecado que el Sumo Sacerdote presentaba el gran Día de Expiación. Pablo describe la muerte de Cristo como "ofrenda y sacrificio a Dios en olor fragante" (Ef. 5:2). En Cristo, Dios ha hecho lo que la Ley no podía hacer con el pecado: "Enviando a su Hijo en semejanza de carne de pecado y a causa del pecado, condenó al pecado en la carne" (Ro. 8:3). Las palabras "a causa del pecado" (*peri hamartias*) se refieren probablemente a la muerte de Cristo como sacrificio, lo cual aparece con claridad en RSV, "and as a sin offering" ("y como ofrenda por el pecado"; cf. 2 Co. 5:21, donde "sin" = "sin offering"). Pablo también habla de Cristo como de nuestro cordero pascual que ha sido inmolado (1 Co. 5:7).

El aspecto sacrificial de la muerte de Cristo se ve en las frecuentes referencias a su sangre. Dios ha hecho que Cristo sea la propiciación con su sangre (Ro. 3:25); somos justificados por su sangre (Ro. 5:9); tenemos redención por su sangre (Ef. 1:7); hemos sido hechos cercanos por la sangre de Cristo (Ef. 2:13); tenemos paz por la sangre de su cruz (Col. 1:20).

Una breve reflexión sugiere que tales referencias no se ocupan primordialmente de la sangre física, real, de Jesús, porque, de hecho, Jesús derramó muy poca sangre. La idea es una referencia a la inmolación del cordero del sacrificio, al que se degollaba y cuya sangre salía a borbotones. Nada parecido le sucedió a Jesús. La sangre y el agua (Jn. 19:34) que salieron de su costado, lo hicieron después de que hubo expirado. En el Nuevo Testamento sangre significa vida quitada de forma violenta, vida ofrecida en sacrificio.

Esta idea se ha puesto en duda porque el derramamiento de sangre, y no la entrega de la vida en sacrificio, significa la ofrenda de la vida. "El significado del derramamiento de sangre en sacrificio es doble. Los hebreos consideraban la sangre como la sede de la vida (...) De ahí que la muerte de la víctima no fuera solo una muerte sino la generación de vida; la aplicación de la sangre era una aplicación de vida; y la ofrenda de la sangre a Dios en una ofrenda de vida. En esto radicaba, sobre todo, la virtud del sacrificio". Más recientemente, Taylor ha defendido esta idea. "La víctima es sacrificada para que su vida, en forma de sangre, pueda ser liberada (...) El propósito de hacer posible la ofrenda de la vida a la Deidad".[17]

Esta opinión no ha convencido a nadie. Cuando se habla del uso de la sangre en Hebreos y en Juan, James Denney dijo "me atrevo a decir que nunca ha habido una fantasía más poco fundamentada que viole tanto la interpretación de una porción de la Escritura que la que se introduce con esta distinción (...) No significa nada decir que con su muerte se 'libera' y se 'pone a disposición' de los hombres su vida, como algo diferente a su muerte". Concluimos pues, que la "sangre" cuando se separa de la carne no significa vida sino muerte, vida entregada en sacrificio.[19]

Vicaria

Cuando se aplica este término a la muerte de Cristo, la Teología le ha dado el sentido de que ésta no fue ni un suceso histórico, ni algo que hizo para su propio beneficio. "Murió por nosotros" (1 Ts. 5:9); "Cristo murió por nosotros" (Ro. 5:8); fue entregado "por todos nosotros" (Ro. 8:32); se entregó a sí mismo "por nosotros" (Ef. 5:2); se hizo maldición "por nosotros" (Gá. 3:13). Dichos de esta clase reflejan la actitud de Jesús hacia su muerte: "El Hijo del Hombre (...) vino (...) para dar su vida en rescate por muchos" (Mc. 10:45). Taylor ha llegado hasta el extremo de afirmar que esos versículos significan que Cristo en su muerte representaba a las personas. "San Pablo creía que en cierto modo, de alguna forma representativa, Cristo actuó por los seres humanos, y lo que sucedió tuvo una importancia suprema para ellos". "Lo que San

Pablo quiere decir cuando afirma que Dios hizo a Cristo 'pecado por nosotros' es que él de forma voluntaria se situó bajo la maldición del pecado, penetró en sus tinieblas más profundas, y compartió con las personas todo su horrendo peso y castigo".[21]

Sustitutiva

Taylor, junto a otros muchos estudiosos modernos, se niega a utilizar la palabra "sustitutiva" para describir la muerte de Jesús. Claro que hay que evitar toda interpretación burda en sentido de transacción. Pero ¿es suficiente decir que la muerte de Jesús fue sólo en "representación" de los seres humanos? Si, como Taylor dice, Cristo se situó voluntariamente bajo la maldición del pecado, experimentó sus tinieblas más profundas, compartió con las personas su horrendo peso y castigo, es difícil no concluir que no sólo murió *por* mí, sino que murió *en mi lugar*, ya que debido a su muerte, ya no moriré, sino que viviré eternamente con él. Al sufrir la muerte, el castigo del pecado, me libra de esa misma experiencia. Al someterse al juicio de Dios sobre el pecado, me ha librado de ese mismo juicio. El fundamento racional de esto es difícil de entender a no ser que Cristo sufriera el castigo y el juicio de Dios en lugar del pecador, en virtud de lo cual éste nunca tendrá que sufrir ese terrible castigo.

El supuesto universal que subyace a la enseñanza de la muerte de Cristo es que ésta es totalmente única. De entre todos las personas, sólo Jesús no conoció pecado (2 Co. 5:21), y por tanto, estaba libre de culpa, no tenía que morir. Su muerte no fue el resultado de su propio pecado o culpa; la sufrió en lugar de otros que sí eran culpables y merecían morir. En virtud de esta muerte inmerecida, los pecadores se ven libres de la maldición de la muerte y de la experiencia de la ira de Dios que realmente merecen. Sólo una experiencia sustitutiva o vicaria es la consecuencia lógica de esto. Puede encontrarse una prueba en las palabras de Pablo cuando dice que como Cristo ha muerto por todos, "luego todos murieron" (2 Co. 5:14). La verdad de estas palabras no es la misma que la que está en Gálatas 2:20, que se refiere a la identificación del creyente con la muerte de Cristo en virtud de la cual ha sido crucificado con Él para que pueda vivir una nueva vida de fe. Las palabras de Corintios se refieren a algo objetivo que tuvo lugar en la muerte histórica de Cristo. En la muerte de Cristo, murieron todos los seres humanos. Esa muerte fue en cierto sentido la muerte de todos los seres humanos. En la muerte de Cristo, morí yo; experimenté la condenación del pecado; todo lo que la culpa del pecado merece de la ira de Dios se cumplió en la muerte que experimenté en Cristo. Este hecho objetivo es la manifestación suprema del amor de Dios y debe ser el eje que domine mi vida, y la calidad de este amor se deriva del hecho de que la muerte de Cristo no fue solamente la suya; fue mía. Murió no sólo como mi representante; murió *en mi lugar*, porque gracias a su muerte no tendré que sufrirla yo. Ha muerto mi muerte por mí y en mi lugar.

Muchos intérpretes contemporáneos se niegan a reconocer este elemento sustitutivo en la enseñanza paulina basándose en que Pablo no utiliza la preposición *anti*, que es la forma correcta para expresar la idea de sustitución. Aparte del pasaje de 1 Timoteo 2:6, donde Pablo dice que Cristo se dio a sí mismo en rescate por todos (*antilutron huper pant n*), Pablo usa siempre la preposición *huper*; y el significado del pasaje de Timoteo se descarta porque en muchos círculos se niega la autenticidad paulina de las cartas pastorales.

Sin embargo, el argumento basado en la elección que hace Pablo de las preposiciones no excluye el elemento sustitutivo. En el griego helenista la preposición *huper* se utiliza a menudo en lugar de *anti*. En los papiros, *huper* se usa para el hombre que escribe una carta en lugar de otro. En estos ejemplos la persona sirve no sólo de representante, sino que actúa en lugar de la otra. En pasajes como 2 Corintios 5:15, "murió por todos", y Gálatas 3:13, donde se dice que Cristo se convirtió en maldición por nuestra causa, se requiere la idea de sustitución y "sólo violentando el contexto se puede prescindir de ella".

La objeción de que semejante doctrina sea repulsiva porque la sustitución se produce totalmente fuera de nosotros mismos y aparte de nosotros de forma que no tenemos más que aceptar sus beneficios, es el punto neurálgico del argumento. La enseñanza paulina es precisamente que Dios ha hecho algo aparte del ser humano que no merece, pero que ese mismo ser humano por medio de la fe puede recibir. "Porque por gracia sois salvos por medio de la fe; y esto no de vosotros pues es don de Dios: no por obras, para que nadie se gloríe" (Ef. 2:8–9). La objeción que Taylor plantea se convierte en un problema grave sólo cuando se separa la obra objetiva de Cristo de la obra subjetiva concomitante para convertirla en la totalidad de la doctrina de la salvación. Si la muerte propiciatoria, la justificación y la reconciliación constituyeran la totalidad de la obra de Cristo, entonces la salvación se convertiría en una transacción externa que se produce fuera del creyente y que no tendría nada que ver con su propia vida espiritual y ética. Sin embargo, el aspecto sustitutivo de la muerte de Cristo no agota su significado. Con la muerte de Cristo, el creyente encuentra no sólo una expiación objetiva del pecado; sino también una liberación del poder del pecado y de la dominación y esclavitud de la Ley y del mundo. Hay también corolarios inseparables de la muerte de Cristo que tienen relación con el ámbito subjetivo de la experiencia cristiana. El creyente debe identificarse con Jesús en su muerte, para que, habiendo muerto al pecado, pueda vivir en la vida nueva (Ro. 6:1ss.; Gá. 2:20). Sin embargo, el aspecto sustitutivo de la muerte de Cristo no es en modo alguno una obra subjetiva; es un logro objetivo de Dios en la muerte histórica de Cristo en la que Él hace recaer sobre el pecado su justo castigo y la condenación sobre aquél que no sólo es el representante del pecador, sino también su sustituto, Jesucristo.

Propiciatoria

La muerte de Cristo tiene relación no sólo con el ser humano y su pecado; también mira hacia Dios, y como tal es propiciatoria. Esta verdad se expresa en una sola palabra que se encuentra en el centro mismo de la enseñanza de Pablo de la muerte de Cristo. "Siendo justificados gratuitamente por su gracia, mediante la redención que es en Cristo Jesús, a quien Dios puso como *hilastërion* por medio de la fe en su sangre" (Ro. 3:24, 25). La palabra es *hilastërion*, que tradicionalmente se ha traducido como "propiciación" pero que muchos teólogos modernos han traducido como "expiación". Este sustantivo se deriva del verbo *hilaskomai*, que en toda la literatura griega significa propiciar o apaciguar a una persona que ha sido agraviada. Tradicionalmente, la teología ha reconocido en estas palabras de Pablo el sentido de que la muerte de Cristo ha apaciguado la ira de Dios contra el pecado, por lo que el pecador es liberado de esa ira y recibe el don gratuito de su amor. La Teología moderna ha reaccionado contra esta interpretación tradicional. La afirmación clásica es la de C.H. Dodd en su *The Bible and the Greeks* donde se analizan cuidadosamente la terminología hebrea de expiación, y los equivalentes griegos en la Septuaginta. Dodd señala que Dios casi nunca es el objeto de los verbos que describen el acto de expiación. Desde el punto de vista lingüístico, no es Dios el apaciguado, ni su ira la que ha sido calmada; al contrario, se expía el pecado. Dodd concluye que el fenómeno lingüístico en la Septuaginta no debe considerarse "como que transmite el sentido de propiciar a la Deidad, sino el de llevar a cabo un acto con el que se elimina la culpa o la contaminación". Presumiendo que el uso de la Septuaginta proporcione el trasfondo del pensamiento de Pablo, Dodd concluye que "el significado que transmite (de acuerdo con el uso de la LXX que para Pablo es constantemente determinante) es el de la expiación, no el de la propiciación. La mayor parte de los traductores y comentaristas están equivocados". La opinión de Dodd en cuanto a que el concepto bíblico de expiación signifique la expiación del pecado y no la propiciación de Dios ha sido muy aceptada. "No puede ser acertado pensar en la ira de Dios siendo 'apaciguada' por el sacrificio de Cristo, como han hecho algunas teorías 'transaccionales' de la expiación (…) No puede ser correcto oponer la ira del Padre y el amor del Hijo".

A pesar de la gran influencia que Dodd ha ejercido y la importancia de su opinión, sus conclusiones son susceptibles de objeción. Primero, la palabra en autores griegos helenistas no bíblicos, tales como Josefo y Filón, siempre significa "propiciar". Esto también es verdad en cuanto a su uso en los Padres Apostólicos.[31] Como ha dicho Morris "si los traductores de la LXX y los escritores del Nuevo Testamento elaboraron un significado totalmente nuevo de ese grupo de palabras, desapareció con ellos, y no ha vuelto a aparecer hasta nuestros días". Segundo, hay tres lugares en la Septuaginta donde la palabra *exhilaskesthai* se utiliza en el sentido de propiciar o apaciguar a Dios (Zac. 7:2; 8:22; Mal. 1:9); y el argumento de Dodd de que parece haber algo excepcional en el uso de esta palabra en estos pasajes, no es convincente. Tercero, si en la Septuaginta el verbo se usa de forma poco frecuente teniendo a Dios como objeto, es igualmente cierto que en las Escritura canónicas del Antiguo Testamento, al verbo *nunca* le sigue un acusativo para pecado. Cuarto, y lo más significativo de todo, Aunque el Antiguo Testamento no habla de apaciguar la ira de Dios, sin embargo es verdad que en muchos lugares en los que se utiliza la palabra, la ira de Dios constituye el contexto del pensamiento. En muchos lugares la expiación es necesaria para salvar una vida que de no ser así se perdería, al parecer debido a la ira de Dios.

En Romanos el contexto de la afirmación de Pablo de la propiciación, es la ira de Dios, la culpa del pecado, y la maldición de la muerte. Ha sido provista una propiciación para rescatar a las personas de la ira de Dios que se revela desde el cielo contra toda impiedad y maldad de los seres humanos (Ro. 1:18). Es sin duda distorsionar el pensamiento de Pablo interpretar la ira de Dios simplemente en términos de retribución natural, como trata de hacerlo Dodd. Dios es un Dios vivo que en el día del juicio hará descender su ira sobre quienes merezcan su justo juicio (Ro. 2:5). Todas las personas son pecadoras culpables delante de la presencia de Dios. El propósito central de Pablo en Rom. 1:18 a 3:20 no es evaluar el grado del pecado humano; es demostrar su universalidad y la de la culpabilidad delante de Dios. Tanto los gentiles como los judíos han recibido iluminación ya sea por medio de la naturaleza, de la conciencia o de la Ley; y tanto unos como otros han fracasado miserablemente en alcanzar justicia delante de Dios y, por tanto, aparecen como objetos que merecen la ira santa de Dios. Están condenados como pecadores culpables. La maldición final que merecen por su culpa es la muerte. Dios ha decretado en justicia que los gentiles que pecan merecen morir (Ro. 1:32). El destino de los pecadores es merecido (Ro. 2:12), porque la paga del pecado es la muerte (Ro. 6:23). La ira de Dios, derramada sobre el pecador culpable, da como resultado su muerte.

Éste es el tenebroso trasfondo de la doctrina novotestamentaria de la propiciación. En virtud de la muerte de Cristo, el ser humano es rescatado de la muerte; es absuelto de su culpa y justificado; se produce la reconciliación, por la cual ya no hay que temer más la ira de Dios. La muerte de Cristo ha salvado al creyente de la ira de Dios de modo que puede mirar hacia, no ya la ira de Dios, sino la vida (1 Ts. 5:9). La culpa y la maldición del pecado los ha llevado Cristo; la ira de Dios ha sido propiciada.

No resulta totalmente claro si se utiliza la palabra *hilastërion* como nombre o como adjetivo. En los otros lugares de la Biblia Griega en los que se encuentra la palabra la Biblia (He. 9:5; Éx. 25:17–20), se utiliza para referirse a la cubierta del arca, la sede de misericordia sobre la que se vertía la sangre expiatoria. Muchos intérpretes entienden que la palabra tiene este significado en Romanos 3:25. Dios envió a Jesús como sede de misericordia en su sangre. Sin embargo, esta interpretación ha sido causa de una fuerte oposición por parte de Morris, quien arguye a favor del uso adjetivo, "a quien Dios puso como poder propiciador", o "cosa propiciatoria". Aquí no se pueden analizar los argumentos, aunque uno de los más contundentes es que parece duro pensar en que Jesús sea a la vez el sacerdote que hace el sacrificio, la víctima y el lugar de rociamiento. El Nuevo Testamento considera que la cruz es el lugar del rociamiento de la sangre de Cristo. Además, Romanos no se mueve en la esfera del simbolismo levítico. Por tanto parece mejor traducir, "a quien Dios puso como propiciación (sacrificio)". De todos modos, el objeto de la propiciación es la ira de Dios, no simplemente el pecado de los seres humanos.

Se ha planteado la objeción de que Dios es el sujeto de *hilastërion*, no su objeto. La respuesta tiene que ver con reconocer que es Dios quien en la muerte de Cristo propicia su propia ira. "Si la muerte propiciatoria de Jesús se elimina del amor de Dios, podría ser inadecuado decir que se le quita al amor de Dios todo su significado, pero sí se le quita su significado apostólico". Si *hilastërion* significa sólo expiación, debe responderse a la pregunta, ¿por qué debería expiarse el pecado? ¿Cuál sería el resultado para el ser humano si no hubiera expiación? Es evidente que si las personas mueren en pecado, tienen que enfrentarse con el desagrado divino; y esto no es nada más que otra forma de decir que la ira de Dios está sobre ellas.

El carácter propiciatorio de la muerte de Jesús se refuerza aún más con el pensamiento de los versículos 25 y 26. La muerte de Cristo fue un acto de justicia, una demostración de que Dios es en realidad un Dios justo. En épocas anteriores parecía que pasaba por alto el pecado. Esto se debía a la paciencia divina; pero parecía que no había tratado al pecado como en realidad lo merecía. Esa negligencia ante el pecado parecía cuestionar la rectitud y la justicia de Dios. La muerte de Cristo eliminó este aparente reproche en contra de Dios, demostrando su justicia tratando el pecado con el juicio que merecía. Esto fue para demostrar en la actualidad que Dios es tanto justo como el que justifica a aquel que tiene fe en Jesús (v. 26).

Algunos intérpretes intentan traducir la palabra "y" (*kai*) como correlativa e interpretan la justificación del creyente como un acto de justicia. Es propio de la naturaleza de Dios otorgar perdón a los seres humanos pecadores, y, en consecuencia, cuando Él actúa de acuerdo con su naturaleza, manifiesta su justicia. Por tanto la justificación del pecador es en sí misma un acto de justicia, una manifestación de la esencia de Dios. Esta interpretación, sin embargo, no respeta el contexto del pasaje. La justa maldición del pecado es la muerte; y Dios habría manifestado su justicia si hubiera impuesto a cada pecador la pena de muerte. En este caso la condenación sería la manifestación de la justicia de Dios. Por tanto el *kai* debe entenderse no como copulativo sino como adversativo y ha de traducirse por "con la mira de manifestar en este tiempo su justicia, a fin de que él sea el justo, y con todo el que justifica al que es de la fe en Jesús". Si Cristo no hubiera muerto, Dios habría sido incapaz de justificar al pecador. Aparte de la muerte de Cristo, la única manifestación de justicia es la condenación del pecador en la muerte. En virtud de la muerte de Cristo, la justicia y la misericordia divinas han encontrado una realización perfecta. Dios ha tratado el pecado con justicia, tal como debe ser tratado, y, al mismo tiempo, con misericordia, ha perdonado al pecador de toda su culpa y lo ha liberado de la maldición de la misma. Podemos por tanto concluir, aunque las Escrituras no utilicen nunca esta terminología, que Cristo en su muerte, en el sentido más real de la palabra, experimentó la ira de Dios en lugar del pecador culpable.

El reconocimiento pleno del carácter propiciatorio y sustitutivo de la muerte de Cristo no debe permitirnos pasar por alto o dar menos importancia a la enseñanza concomitante de que la muerte de Cristo, como demostración del amor divino, tiene como objetivo despertar una respuesta amorosa en el corazón de las personas. La meta y el carácter sustitutivos de la muerte de Cristo como demostración suprema del amor de Dios deberían producir la transformación de la conducta, que queda afectada por el poder constrictivo de ese amor. Los que lo reconocen y lo aceptan deben someterse a su poder regulador; como Cristo murió por todos, las personas ya no deben dedicarse a satisfacer sus propios deseos sino que deben agradar a aquel que murió y resucitó para beneficio de ellas (2 Co. 5:14, 15). La influencia moral de la muerte de Cristo en las vidas de los seres humanos no debe pasarse por alto porque se haya abusado de esta enseñanza, haciendo de la misma la verdad básica de la expiación. El amor de Cristo manifestado en la entrega de sí mismo como sacrificio a Dios, debe imitarse andando en amor (Ef. 5:2). El ejemplo de la humildad completa de Cristo al someterse en obediencia perfecta a Dios, aunque esta obediencia le llevara a la muerte de cruz, debe imitarse con una conducta humilde por parte de sus discípulos en sus relaciones mutuas (Fil. 2:5ss.). El significado principal de la muerte de Cristo debe encontrarse en su naturaleza objetiva como sacrificio propiciatorio, sustitutivo, cuyos beneficios deben recibirse por fe como don gratuito; pero la influencia subjetiva de su muerte para despertar la respuesta de amor en los corazones de las personas no puede ni negarse ni ser pasada por alto. En la muerte de Cristo hay un significado tanto objetivo como subjetivo.

Redentora

Otro objetivo de la muerte de Cristo es la redención. Esto se expresa con dos grupos de palabras: *lutron, apolutrosis,* y *agorazo, exagorazo,* traducidas por comprar o adquirir. El sustantivo *lutron,* con el sentido de rescate o redención, no se encuentra en Pablo, pero sí en Marcos 10:45, donde se afirma que el Hijo del Hombre vino para entregar su vida en rescate por muchos. Tanto en el griego clásico como en el helenista, este grupo de palabras se utiliza para referirse al precio pagado para redimir algo que está empeñado, para el dinero pagado en el rescate de prisioneros de guerra, y para el dinero pagado para comprar la libertad de un esclavo.[44] El mismo significado de este grupo de palabras está en la LXX.[45] El verbo *lutro* se usa en Tito 2:14: "Quien [Cristo] se dio a sí mismo por nosotros para redimirnos de toda iniquidad". Se trata de una referencia bastante obvia a Marcos 10:45 e incluye una mención específica del precio del rescate: se dio a sí mismo.

Una forma compuesta del sustantivo se emplea en 1 Timoteo 2:6: "El cual se dio a sí mismo en rescate (*antilutron*) por todos". De nuevo se trata de una referencia concreta al precio del rescate: "Se dio a sí mismo". El empleo de *anti* sugiere sustitución. La muerte de Cristo fue un rescate sustitutivo.

La palabra más común en los escritos de Pablo es *apolutrosis*. Se trata de una palabra poco frecuente, que aparece solo ocho veces fuera del Nuevo Testamento. En el contexto se expresa varias veces el precio de la redención. Somos justificados por su gracia "mediante la redención que es en Cristo Jesús" (Ro. 3:24). "En quien tenemos redención por su sangre" (Ef. 1:7). A la luz de afirmaciones tan claras como éstas, es difícil aceptar la apreciación de Büchsel de que el sentido original de la raíz *lutron* se ha visto suavizado y queda sólo el sentido general de "liberación" en lugar del de rescate. Al contrario, cuesta resistir la conclusión de que subsiste la idea de *lutron* con toda su fuerza, que es idéntica a *timë* (precio), y que ambas son formas de describir la muerte de Cristo. El énfasis se pone en el *coste* de la redención del ser humano.

Hay otros pasajes donde *apolutrosis* se usa de forma escatológica, para el día de la redención del cuerpo (Ro. 8:23; Ef. 4:30). El uso en Efesios 1:14, oscurecido en la traducción RSV, también parece ser escatológico. El pasaje de 1 Corintios 1:30 es neutro: Dios ha hecho a Cristo "sabiduría, justificación, santificación y redención".

La redención también se expresa con el verbo *agorazo*, comprar o adquirir. "No sois vuestros, porque habéis sido comprados por precio" (1 Co. 6:19, 20). "El que fue llamado siendo libre, esclavo es de Cristo. Por precio fuisteis comprados; no os hagáis esclavos de los hombres" (1 Co. 7:22, 23). Aunque no se dice cuál es el precio de la compra, sin duda Pablo lo tiene en mente dado que en ambos casos se refiera a él. Éste no puede ser otro que la muerte de Cristo. Esta idea de compra tiene un énfasis algo diferente a las palabras utilizadas para rescate. Éstas apuntan más hacia el lado negativo – aquello de lo cual las personas son redimidas; pecado y muerte. La idea de compra pone de relieve un cambio de propiedad: el creyente es ahora propiedad de Dios por derecho de compra. "Ya no sois vuestros".

Encontramos una forma compuesta de compra: "Cristo nos redimió (*exagorazo*) de la maldición de la ley, hecho por nosotros maldición" (Gá. 3:13). Aquí está el pensamiento de que los que buscan justicia en la observancia de la ley están bajo una maldición, a no ser que cumplan a la perfección las exigencias de la Ley. Pero Cristo se convirtió en maldición al ser crucificado en un madero; y lo hizo "por nosotros". Esto se refiere a la liberación de la fatalidad de la condenación bajo la Ley, en la cual habíamos caído debido a nuestro fracaso a la hora de cumplirla. Esto conlleva claramente la idea de sustitución. Es "una de las indicaciones más claras de que San Pablo concebía la muerte de Cristo tanto sustitutiva como penal". También apunta hacia la cruz como el precio de esta redención, ya que la liberación se consiguió porque Cristo fue colgado de un madero. Gálatas 4:4 añade muy poco a esto: "Dios envió a su Hijo (…) para que redimiese a los que estaban bajo la ley". En estos versículos se enfatiza no tanto la redención para llegar a ser posesión de Cristo, sino la redención para ser libres.

Morris sintetiza bien la doctrina de la redención, incluyendo ambos grupos de palabras: (a) El estado de pecado del que el ser humano debe ser redimido, se compara con la esclavitud que la persona no puede romper, de forma que la redención implica una intervención por parte de alguien ajeno a ella que paga el precio que ella no puede pagar. (b) El precio que se paga. El pago de un precio es un elemento necesario en la idea de la redención; y Cristo ha pagado el precio de nuestra redención. (c) El estado resultante del creyente. Éste se expresa como una paradoja. Somos redimidos para ser libres, como hijos de Dios; pero esta libertad es esclavitud respecto a Dios. El punto básico de esta redención es que el pecado ya no tiene dominio. Los redimidos son los salvos que hacen la voluntad de su Amo.

Triunfante

Otro fin alcanzado con la muerte de Cristo es el triunfo sobre los poderes cósmicos. Hemos visto que la visión que tiene Pablo del mundo incluye el concepto de un mundo invisible de espíritus tanto buenos como malos, los seres humanos están esclavizados no sólo a la Ley, al pecado y a la muerte, sino también a este mundo espiritual maligno. Uno de los propósitos de la misión de Cristo es destruir "todo dominio, toda autoridad y potencia. Porque es preciso que Él reine hasta que haya puesto a todos sus enemigos debajo de sus pies" (1 Co. 15:24–25). De alguna forma inexplicable, la muerte de Cristo constituyó una derrota inicial de estos poderes. Así se propone explícitamente en Colosenses, "Despojando a los principados y a las potestades los exhibió públicamente, triunfando sobre ellos en la cruz" (Col. 2:15). Algunos exégetas interpretan esto de una manera diferente y la palabra que se traduce por "despojando" es *apekdusamenos*. En rigor, esto significa "despojar"; y algunos estudiosos lo consideran como una referencia a la muerte de Cristo en la que se despojó de su carne, por medio de la cual, los poderes del mal y de la muerte podían atacar a los las personas. Otra interpretación parecida es que se despojó de los poderes del mal que acompañaban a su humanidad.[56] Esto entiende el verbo como una verdadera voz media. Sin embargo, en el griego helenista la voz media puede tener un sentido activo, de manera que una traducción más satisfactoria sería la de RSV, que entiende el versículo en el sentido de que Cristo ha desarmado los poderes espirituales, despojándolos de sus insignias y de sus armas.[57] Así, pues, el versículo afirma que con su muerte Cristo triunfó sobre sus enemigos espirituales, consiguiendo un triunfo divino sobre los poderes cósmicos.

Se plantea un problema con el uso de *archon* como uno de los términos aplicados a estos poderes espirituales. Satanás es llamado el "príncipe (*archōn*) de la potestad del aire" (Ef. 2:2). En 1 Corintios Pablo habla de "los príncipes (*hoi archontes*) de este siglo, que perecen" (2:6). De nuevo, al hablar de la sabiduría de Dios, dice "la que ninguno de los príncipes de este siglo conoció; porque si la hubieran conocido, nunca habrían crucificado al Señor de gloria" (2:8). Muchos estudiosos entienden "príncipes de este siglo" con un significado paralelo al de "principados y potestades" de Efesios 3:10. Según esta interpretación, fueron realmente los poderes espirituales los que llevaron a Cristo a la cruz, pero lo hicieron por ignorancia, porque no reconocieron quién era. Cullmann ve este significado en Romanos 13:1–2, donde Pablo parece hablar de jefes de estado – gobernantes políticos como "autoridades" (*exousiai*) a los que el cristiano debería someterse. Arguye que las *exousiai* son en realidad gobernantes políticos, pero que son también poderes angélicos que están detrás del estado. Cristo, al vencer a los poderes espirituales, ha sometido tanto a los poderes angélicos como, por medio de ellos, a los gobernantes políticos que son sus agentes ejecutores. Así pues, Cristo en realidad ha puesto el estado en la esfera de su reinado, aunque quizá el estado no lo sepa. A esto lo llama "el fundamento cristológico del estado". Sin embargo, el significado más natural de *exousiai* en Romanos 13 es sencillamente los poderes políticos. No hay necesidad ni intención clara para ver poderes espirituales tras los gobernantes políticos, y es más fácil entender los *archontes* de 1 Corintios 2:6, 8 como gobernantes políticos, tales como Pilato y Herodes. Tampoco resulta claro que Pablo intentara referirse a poderes angélicos ignorantes que llevaron a Cristo a la cruz. Concluimos que estos pasajes de Corintios y de Romanos no añaden nada al pensamiento de Pablo acerca del triunfo de Cristo sobre los poderes espirituales.

Capítulo 33

La obra de Cristo: justificación y reconciliación

Pablo utiliza muchos términos para referirse a la obra de Cristo. Uno de los más importantes, sobre todo en Gálatas y Romanos, es la justificación. El verbo "justificar" es *dikaioo*, de la misma raíz que justo (*dikaios*) y justicia (*dikaiosune*). La idea expresada con *dikaioo* es "declarar justo", no "hacer justo". Como veremos, la idea raíz en la justificación es la declaración de Dios, el juez justo, de que la persona que cree en Cristo, por pecadora que sea, es justa – es vista como justa, porque en Cristo ha alcanzado una relación justa con Dios.

La importancia de la doctrina

La importancia de la justificación en el pensamiento teológico de Pablo ha sido muy discutida. Aunque Pablo utiliza el verbo "perdonar" (*aphiemi*) sólo una vez (Ro. 4:7), el sustantivo (*aphesis*) dos veces (Ef. 1:7; Col. 1:14), y "perdonar" (*charizomai*) dos veces (Ef. 4:32; Col. 2:13), usa el verbo "justificar" (*dikaioo*) catorce veces, y justicia (*dikaiosune*) cincuenta y dos veces. Es, sin embargo, un hecho que estos términos se concentran en Romanos y en Gálatas. El verbo "justificar" aparte de Gálatas y Romanos lo encontramos sólo en 1 Corintios 6:11 y en Tito 3:7.

Este hecho ha llevado a muchos estudiosos a la conclusión de que la doctrina de la justificación no era un elemento básico en el pensamiento teológico de Pablo sino que sólo formaba parte de una polémica que tenía que ver con la controversia judaizante. Él nunca habría formulado la doctrina de la justificación por la fe aparte de las obras de la Ley si no hubiera necesitado contestar a los judaizantes que insistían en que los gentiles debían observar la Ley para ser salvos. "De hecho, toda la religión paulina puede exponerse sin que diga ni una sola palabra acerca de esta doctrina, a no ser en el apartado que dedica a la ley". Albert Schweitzer, que redescubrió la importancia de la Escatología para Pablo, creía que la justificación por la fe, como punto de partida, daría lugar a una mala interpretación de Pablo, y que esta doctrina se debía sólo a un "cráter subsidiario" formado en el borde del "cráter principal", la doctrina mística de la redención por la posición en Cristo.[3] Andrews sigue a Sabatier cuando describe la justificación como una "noción judicial e inferior", que hace difícil llegar hasta una idea más elevada y refinada de una justicia impartida. Stewart no le resta importancia a la justificación de forma tan radical, pero cree que la verdadera clave para comprender el pensamiento y la experiencia de Pablo es la unión con Cristo y no la justificación. Davies sigue a Wrede y Schweitzer cuando considera la justificación sólo como una polémica conveniente contra los judaizantes, que forma parte de la periferia del pensamiento paulino. La verdad básica se encuentra más bien en la conciencia que tiene Pablo de la irrupción de los poderes de un nuevo siglo, prueba de lo cual era el advenimiento del Espíritu. Schoeps dedica un extenso libro a la teología paulina sin dedicarle ninguna sección a la justificación ni hacer ninguna exposición de un versículo tan importante como Romanos 3:26.

Muchos estudiosos, en especial aquellos que tienen en cuenta la tradición de la Reforma, consideran fundamental para el pensamiento de Pablo la doctrina de la justificación, y la reciente teología continental ha reconocido que es un elemento indispensable en el pensamiento paulino. Trataremos de demostrar como la antítesis que contrasta la justificación con la vida en Cristo o con la irrupción de los poderes de un nuevo siglo es falsa. Al contrario, la justificación es el veredicto de "sin culpa" del Juez justo, que pertenece al día escatológico del juicio pero que ya ha tenido lugar en la historia en el evento de Cristo. La justificación es una de las bendiciones del nuevo siglo nuevo que ha llegado hasta nosotros en Cristo. La justificación es una forma de describir la obra objetiva de Cristo por nosotros. La vida en Cristo es el aspecto subjetivo o experimental de esta misma obra redentora, y ambos elementos son esencialmente bendiciones escatológicas.

Antecedentes de la justificación

La doctrina paulina de la justificación puede entenderse sólo sobre la base del Antiguo Testamento. Entre los griegos, la justicia era una cualidad humana innata. Platón consideraba que la *dikaiosune* era una de las cuatro virtudes cardinales: justicia, sabiduría, templanza y valor o fortaleza. Los estoicos enfatizaban estas virtudes y a veces influían en el judaísmo helenista. Sin embargo, en el Antiguo Testamento, la justicia es una doctrina más bien de carácter religioso. El verbo que se traduce por "justificar" es *tsadaq*. Aunque el significado genuino de la raíz se ha perdido, en general los estudiosos están de acuerdo en que la idea básica es la de conformidad con una norma.

La palabra griega "justificar" es *dikaioo*. El sustantivo *dikaiosune* se puede traducir con la palabra "justificación" (Gá. 2:21) pero suele traducirse por "justicia". El adjetivo *dikaios* se puede traducir por "justo" o "recto". Algunos investigadores, sobre todo de la tradición católica, han insistido en que el significado de *dikaioo* es "hacer justo", y *dikaiosune* designa la cualidad ética de rectitud. Sin embargo, la mayor parte de los estudiosos contemporáneos entienden justificación en el sentido relacional más que de cualidad ética, y el significado paulino característico es "ser justo ante Dios".

El antecedente de la doctrina paulina es el Antiguo Testamento. Rectitud (*tsedeq, tsedaqa*) en el Antiguo Testamento no es primordialmente una cualidad ética. El significado básico de esta palabra es "la norma en los asuntos del mundo a la que deberían conformarse las personas y las cosas y según la cual pueden ser juzgados". La persona recta (*tsaddiq*) es la que se conforma a la norma dada. El verbo "ser justo" (*tsadaq*) significa conformarse a la norma dada, y según las formas, sobre todo en hiphil, significa "declarar justo" o "justificar".

Este grupo de palabras se utiliza en muchos contextos. A veces la norma consistía en las exigencias impuestas por las relaciones familiares. Así Tamar, que se hizo pasar por prostituta, fue más justa que Judá porque cumplió con las convenciones, lo cual no hizo Judá (Gn. 38:26). Se dice de David que fue justo porque se negó a matar a Saúl, con el que tenía una relación de pacto (1 S. 24:17; 26:23), y condenó a los que habían dado muerte a Is-boset, hijo de Saúl (2 S. 4:11). Pero después de la caída de la casa de Saúl, Mefi-boset no tenía derecho a esperar la compasión del nuevo rey (2 S. 19:28). Las exigencias de la justicia cambiaban con la relación.

Básicamente, "justicia" es un concepto *relacional*. Es justo el que ha cumplido con las exigencias que le impone la relación en la cual se encuentra. No es una palabra que designe un carácter ético personal, sino la fidelidad a una relación.

Como tal, justicia se convierte en una palabra de gran significado teológico. Se trata de la norma que Dios ha decretado para la conducta humana. La persona justa es aquélla que, en el juicio de Dios, satisface la norma divina y con ello tiene una relación adecuada con Dios. Estaría de acuerdo con Snaith en que la norma de justicia depende totalmente de la naturaleza de Dios. En última instancia sólo Dios puede decidir si alguien ha satisfecho la norma que ha decretado para la justicia humana. El antecedente de la justicia y de la justificación es finalmente la *teología*: el concepto de Dios como el soberano, el legislador y el juez del mundo. "El Juez de toda la tierra, ¿no ha de hacer lo que es justo?" (Gn. 18:25).

La idea de justicia a menudo se entiende de acuerdo con un contexto forense: la persona justa es aquélla a la que el juez declara libre de culpa. La responsabilidad del juez es declarar libre al inocente y condenar al culpable (Dt. 25:1; ver también 1 R. 8:32). A menudo se describe a Dios como el juez de los seres humanos (Sal. 9:4; 33:5; Jer. 11:20). El verbo aparece casi exclusivamente en un sentido forense. Es justo aquél al que después del juicio se le ha declarado como tal (Éx. 23:7; Dt. 25:1), es decir, el que es exonerado y, por tanto, está en condiciones de mantener una relación justa con Dios. Algunos estudiosos del Antiguo Testamento opinan que ésta es la connotación principal del vocablo. "Cuando se aplica a la conducta de Dios el concepto se reduce y se usa casi exclusivamente en sentido forense".

En el judaísmo la justicia llegó a definirse principalmente en función de la conformidad con la Torá – con la Ley de Moisés según se ejemplificaba en la tradición oral escriba. Los rabinos no creían que Dios exigiera una obediencia intachable a la Ley; esto excedía las posibilidades humanas. Los rabinos reconocían dos impulsos en las personas: uno hacia el bien (*yetzer hatob*) y otro hacia el mal (*yetzer hara*). La persona justa era la que cultivaba el impulso bueno y frenaba el malo de tal forma que al final sus buenas acciones sobrepasaran las malas. "La justicia de Dios estaba comprometida con tratar a los seres humanos estrictamente según sus acciones (…)El judaísmo no vacilaba en reconocer el mérito de las buenas obras, o en exhortar a los seres humanos a que adquirieran y acumularan una reserva meritoria para el más allá". A veces la posición de la persona respecto a Dios se describe como una especie de cuenta corriente que el Todopoderoso mantiene para cada israelita. El haber y el debe en este libro de cuentas divino se llevan a diario. Si el balance favorece el haber, la persona está justificada ante Dios; si es él debe, está condenada. Por consiguiente se dice que la persona es juzgada "de acuerdo con el balance". Las cosas que contribuyen más a equilibrar el haber son el estudio de la Torá, dar limosnas y hacer obras de misericordia.

Lo sorprendente – en realidad para un judío, lo chocante – sobre el uso que hace Pablo de la palabra es su afirmación de que Dios justifica al impío (Ro. 4:5). Si los impíos fueran tratados como se merecen, sería condenados. Un juez del Antiguo Testamento que justificara o declarara inocente al malo, demostraría ser un juez injusto. La justicia significa respetar las normas de la conducta recta – declarar libre al inocente y condenar al culpable. Pablo afirma que en el acto mismo de justificar al impío, Dios ha demostrado ser justo (Ro. 3:26): Además, esta declaración de libertad se da totalmente aparte de las obras de la Ley (Gá. 2:16; 3:11) – sólo por la fe (Gá. 2:16). Sorprende poco que Pablo entrara en conflicto con muchos cristianos judíos.

La justificación es escatológica

Uno de los hechos más importantes que nos ayudara a comprender la idea paulina es que la justificación es una doctrina escatológica. Hemos visto que en el judaísmo los seres humanos serán juzgados según sus obras en el juicio final. Dios es el legislador y el juez justo; y sólo en el juicio final Él pronunciará su veredicto sobre cada persona para que, finalmente, se determine su justicia o su injusticia. Sólo Dios, que ha establecido la norma de la conducta humana, puede determinar si alguien ha satisfecho esa norma y es, por tanto, justo. En el juicio final se declarará quién es justo y por tanto perdonado de toda culpa, y quién injusto con la subsiguiente condena. El significado esencial de la justificación, por tanto, es forense e implica una declaración de inocencia por el parte del justo juez.

Este significado escatológico de la justificación puede apreciarse en varios usos de la palabra *dikaioo*. Cuando Pablo dice "¿Quién acusará a los escogidos de Dios? Dios es el que justifica. ¿Quién es el que condenará?" (Ro. 8:33, 34), su horizonte es el juicio final, cuando el veredicto de libertad que Dios emite no puede ser descartado por nadie cuya acusación pudiera producir condenación. Cuando leemos los justos delante de Dios que no son los que oyen la Ley, sino que los que la cumplen *serán* justificados, debemos pensar en un día de juicio en el que Dios emitirá su veredicto acerca de la conducta del ser humano en función de la obediencia o desobediencia a la Ley (Ro. 2:13). La orientación temporal de las palabras "por la obediencia de uno, los muchos serán constituidos justos" (Ro. 5:19) es el juicio futuro, cuando Dios pronunciará un veredicto de justicia sobre los muchos. La *"esperanza* de la justicia" que aguardamos es el pronunciamiento judicial de justicia, es decir, de inocencia en el día del juicio (Gá. 5:5).

El marco escatológico de la justificación se ve incluso más claramente en uno de los pasajes pronunciados por nuestro Señor. "Yo os digo que de toda palabra ociosa que hablen los hombres; de ella darán cuenta en el día del juicio. Porque por tus palabras serás justificado, y por tus palabras serás condenado" (Mt. 12:36, 37).

En la comprensión escatológica de la justificación, así como en su aspecto forense, la doctrina paulina concuerda con la del pensamiento judío de la época. Sin embargo, en varios puntos la enseñanza paulina es radicalmente diferente del concepto judío; y una de las diferencias esenciales es que la justificación escatológica futura *ya ha ocurrido.* "Estando ya justificados en su sangre, por él seremos salvos de la ira" (Ro. 5:9). "Justificados, pues, por la fe, tenemos paz para con Dios" (Ro. 5:1). "Ya habéis sido justificados en el nombre del Señor Jesús" (1 Co. 6:11). En estos casos el verbo está en tiempo aoristo, para expresar un acto que ya ha sido cumplido. Por medio de la fe en Cristo, sobre la base de su sangre derramada, las personas ya han sido justificadas, perdonadas de la culpa del pecado, y por tanto, libres de condenación. También aquí encontramos otra ilustración de la modificación de la estructura escatológica antitética del pensamiento bíblico. La justificación, que significa primordialmente liberación en el juicio final, ya ha tenido lugar en el presente. El juicio escatológico ya no es sólo futuro; se ha convertido en un veredicto en la historia. La justificación, que forma parte del Siglo Venidero y tiene como resultado la salvación futura, se ha convertido también en una realidad actual ya que el Siglo Venidero ha penetrado en el siglo malo actual para traer sus bendiciones soteriológicas a los seres humanos. Un elemento esencial de la salvación del siglo futuro es el perdón divino y la declaración de justicia; este perdón y justificación, que consisten en la absolución divina del pecado, ya se ha efectuado por la muerte de Cristo y se puede recibir por fe aquí y ahora. El juicio futuro se ha convertido, pues, esencialmente en una experiencia presente. Dios, en Cristo, ha perdonado al creyente; por tanto, éste está seguro de la liberación de la ira de Dios (Ro. 5:9), y ya no está bajo condenación (Ro. 8:1).

El reconocimiento del carácter escatológico de la justificación anula la crítica de que lo fundamental en el pensamiento paulino es la conciencia de la llegada de los poderes del nuevo siglo. La justificación es una de las bendiciones de la irrupción del nuevo siglo en el viejo. En Cristo, el futuro es presente; el juicio escatológico ya ha tenido lugar en la historia. Así como el Reino escatológico de Dios, en los Sinópticos, es algo presente en la historia; así como la vida eterna escatológica en Juan, es algo presente en Cristo; así como la resurrección escatológica ya ha comenzado en la resurrección de Jesús; así como en Hechos (y en Pablo), el Espíritu escatológico se da a la iglesia; así también el principio del juicio escatológico ya ha ocurrido en Cristo, y Dios ha perdonado a su pueblo.

La justificación es forense

Muchos estudiosos reconocen que la idea básica de la justificación es forense. Este término ha caído, sin embargo, en cierto descrédito. Forense significa que se concibe a Dios como al gobernante, al legislador, al juez, y que la justificación es la declaración por parte del juez de que una persona es justa. Algunos que descartan el término "forense" enfatizan que la justificación sí conlleva una nueva posición o nueva relación. Esto equivale a lo mismo. La persona injusta tiene una relación con Dios como pecadora, y en última instancia debe experimentar la condenación del juez justo. La persona justificada, en Cristo, ha establecido una nueva relación con Dios. Éste le ve ahora como justo y le trata como tal. La justificación es el veredicto del juez justo según el cual la persona es justa en Cristo; pero esta justicia es una cuestión de relación y no ética. No debemos concluir que *dikaiosune* nunca tiene la connotación de justicia ética personal; a veces sí la tiene (2 Co. 9:9). Pero "hay un acuerdo casi universal en que la palabra justificar (*dikaioo*) no significa 'hacer justo' ". Antes bien, designa la posición, es decir, la relación de justicia.

Tiempo atrás, Sanday y Headlam, en su gran comentario de Romanos, plantearon una objeción lógica. Reconociendo el aspecto forense de la justificación, la interpretaron como si se tratara de una ficción. La justificación por la fe significa que el creyente, en virtud de esa fe, es considerado o tratado como si fuera justo delante de Dios. La persona a la que se considera justa de esta manera, sin embargo, en realidad no es justa, sino impía (Ro. 4:5), ofensora de Dios. Como Dios la trata como si fuera justa cuando en realidad es impía, "resulta que la vida cristiana tiene un comienzo ficticio".

Vincent Taylor, percibiendo la incongruencia de esa interpretación, niega que la justificación pueda considerarse como ficticia e interpreta la doctrina como una justicia real impartida. La fe que justifica debe producir una justicia real, no una justicia meramente imputada. "La justicia no puede imputarse a un pecador, más de lo que puede hacerlo la valentía a un cobarde o la sabiduría a un necio. Si por medio de la fe se considera justa a la persona, debe ser porque, en un sentido aceptable del término, es justa, y no porque alguien sea justo en lugar de él". En el pensamiento paulino, en el momento espiritual en que el ser humano es justificado, deja de ser impío o pecador; en un sentido adecuado al acto justificador de Dios, es verdaderamente justo". Con esto Taylor quiere decir que "es realmente justo de mente y propósito, aunque todavía no en sus acciones". "Es justo porque, por medio de la fe en Cristo Redentor, adquiere una mente justa". Con la justificación Dios en Cristo "hace por nosotros lo que no podemos hacer nosotros mismos y con ello pone en nosotros una mente justa por la que no tenemos ningún mérito".[24]

Norman Snaith crítica a Taylor porque no va lo suficientemente lejos cuando quita la justificación de la esfera de la justicia forense. Snaith concuerda con Taylor en que la justificación no tiene nada que ver con una justicia imputada; pero opina que no se ha liberado totalmente de la confusión de interpretar la justificación como otorgar una mente justa. Snaith insiste en que la justificación no tiene nada que ver con la justicia, y que ésta no es una condición para la salvación. La justicia es el resultado de la salvación y no una condición para ella. Snaith dice que hacer de la justicia una condición de la salvación es someter a Dios a una necesidad externa; tanto Dios como el ser humano deben inclinarse ante la justicia.

> *Mientras sigamos insistiendo en la justicia, de la forma que sea, como condición de la salvación, no reconocemos a Dios como Señor soberano. Aunque le honramos como tal con la boca, nuestra teología tiende todavía a insistir en que debe satisfacer la justicia antes de poder ser misericordioso. Incluso una justicia ficticia sería suficiente, pero debe satisfacer alguna clase de justicia. O bien es una justicia ante la cual deben inclinarse Dios y el ser humano por igual, o una mitad de Dios debe ser aplacada antes de que la otra mitad pueda realizar la obra salvadora.*

Snaith insiste en que la justificación es una palabra de salvación *que no requiere justicia como condición*, ya sea imputada o impartida. Lo único que se requiere para la justificación (salvación) es fe; y Pablo dedicó la mayor parte de su vida a combatir el error de que la salvación se consigue con la justicia. "Asumir que la justicia ética, ya sea imputada o impartida (infundida), sea una condición necesaria para la salvación, es una deformación de la enseñanza paulina".

Estas deformaciones de la enseñanza bíblica de la justificación deben responderse sobre dos bases: teológica y exegética. La justificación tiene un fundamento teológico, porque implica la cuestión del carácter de Dios y su relación con el género humano. Cuando Snaith insiste en que deberíamos abandonar la idea de que la terminología paulina de la justificación es primordialmente o incluso principalmente forense y judicial porque "en Pablo también el tribunal es, sobre todo, la totalidad de los asuntos humanos, y el jurado es el mundo humano", ataca el centro mismo de la teología, a saber, la doctrina de Dios. La idea bíblica es que Dios es al mismo tiempo legislador, juez y jurado. De hecho, la idea de un jurado es moderna y no debería imponerse sobre la idea bíblica. Dios es un juez justo y santo, y él, y solo él, toma la decisión acerca de la justicia o culpabilidad del ser humano. Cuando Snaith habla de justicia como si hubiera alguna necesidad fuera de Dios a la que Él mismo estuviera obligado, lo que está haciendo es vaciar la doctrina bíblica de Dios de su contenido judicial. Dios es el Redentor y el Salvador; es también un juez justo y santo; y la idea que minimiza o subordina el segundo elemento respecto al primero es "sub bíblica". La justicia no es una necesidad externa a Dios; Dios es justicia; Dios es amor *santo*. Es caricaturizar la doctrina bíblica de Dios hablar de él como si fuera en parte amor y en parte justicia, como si estuviera dividido; Él es amor perfecto y justicia perfecta; y en Dios todo es amor y todo es justicia.

La dificultad teológica que plantean tanto Taylor como Smith se basa en una interpretación errónea. La descripción de la justificación en el sentido de una justicia ficticia es errónea. La justicia forense de la justificación es una *justicia verdadera*, porque la relación del ser humano con Dios es tan verdadera como su condición ética subjetiva. La relación del ser humano con Dios no es ficción. Él no trata al pecador *como si* fuera justo; es de hecho justo. Por medio de Cristo ha entrado en una relación nueva con Dios y es realmente justo en función de esta relación. Impartir justicia ética, la mente y voluntad rectas que describe Taylor, pertenece a la regeneración en sus connotaciones más amplias. Como veremos, el aspecto subjetivo y el objetivo no deben confundirse, y la doctrina de la justificación tiene que ver con la posición del ser humano, su relación con Dios y la actitud de Dios respecto a él. Cuando Jesús alabó a Juan el Bautista, "todo el pueblo y los publicanos (…) justificaron a Dios, bautizándose con el bautismo de Juan" (Lc. 7:29); esto difícilmente puede significar que a Dios "se le pegue" alguna cualidad de justicia sino que el pueblo atribuyó a Dios la justicia y reivindicó la conducta divina por medio de Juan. Que Cristo se manifestó en la carne, y fue justificado (NVI "vindicado" como RSV) en el Espíritu (1 Ti. 3:16) significa que por medio de la resurrección fueron vindicadas su deidad y su condición libre de pecado. Cuando Pablo habla de la justificación de Dios por sus palabras (Ro. 3:4), quiere decir que las personas deben reconocer la justicia de Dios. Es como si Dios fuera juzgado delante del género humano y fuera a demostrarse con sus palabras que Él es justo. Cuando el pecador que ofreció una oración de humildad y contrición descendió a su casa justificado y no así el fariseo (Lc. 18:14), no había adquirido una nueva cualidad de justicia subjetiva, sino que, por su humildad y contrición, había recibido la vindicación de Dios.

El uso teológico de la palabra en Pablo refuerza todavía más la afirmación de que la justificación es un asunto de relación con Dios y no de justicia ética. Dios es el que justifica. ¿Quién es el que condenará? (Ro. 8:33, 34). La justificación es lo opuesto a la condenación. La condenación no es pecaminosidad de naturaleza o vida; se trata del *decreto* pronunciado en contra de un ser humano pecador. Así también, la justificación no es una justicia ética subjetiva; es el decreto de perdón de toda culpa y produce la libertad de toda condena o castigo. El concepto forense de justificación puede ilustrarse mejor con el contraste entre la dispensación de la condenación y la dispensación de la justicia (2ª Co. 3:9). Y aún se refuerza más con el dicho de Pablo: "al que no conoció pecado, por nosotros lo hizo pecado, para que nosotros seamos justicia de Dios en él" (2ª Co. 5:21). Este versículo afirma que, de alguna manera, Jesús llevó sobre él el pecado de todo el mundo; y al mismo tiempo afirma que no conoció pecado. Su "pecaminosidad" debe ser, pues, de carácter forense por cuanto ocupó el lugar de los pecadores, llevando su pecado, su culpa, y la maldición correspondiente. Así también, los que están en él han llegado a ser la justicia de Dios. Justicia en este contexto no es una justicia ética subjetiva como la "pecaminosidad" de Cristo no es una pecaminosidad ética subjetiva; significa más bien que el ser humano en Cristo ocupa ahora una posición de justo y tiene una relación con Dios que sólo los justos pueden disfrutar. Es, de hecho, una persona justa en cuanto a su relación con Dios.

La doctrina de la justificación significa que Dios ha pronunciado el veredicto escatológico de perdón sobre la persona de fe en el presente, antes del juicio final. La justicia que se deriva no es perfección ética; es "ausencia de pecado" en el sentido de que Dios ya no le imputa al ser humano el pecado (2ª Co. 5:19). El justo no es "considerado como si fuera justo"; es en realidad justo, ha quedado absuelto de su pecado gracias al veredicto de Dios. Cuando Cristo fue hecho pecado (2ª Co. 5:21), Dios no le trató simplemente "como si" fuera pecador. Antes bien, Dios hizo que el que era (éticamente) sin pecado *fuera* pecador (en sentido forense). Así pues, la persona en Cristo es justa, pero no en el sentido ético sino en el forense, en función de su relación con Dios. La justicia es una cualidad ética y a la vez una relación; y lo segundo no es más ficticio que lo primero. Lo segundo tiene que ver con la justificación; lo primero con la santificación. La justificación, por tanto, no es una cualidad ética ni algo que una persona tenga como propio. Tampoco es algo que se pueda experimentar subjetivamente. Es una justicia que la persona posee en virtud del veredicto favorable del tribunal divino ante el cual es responsable. Tampoco es el equivalente a ser inocente, porque va más allá del estado de inocencia. Cuando todas las evidencias del caso han sido juzgadas, el Dios del universo, que es tanto legislador como juez justo, pronuncia un veredicto de perdón. Por tanto, a los ojos de Dios, el ser humano no es pecador sino justo.

El fundamento y los medios de justificación

El pensamiento judío contemporáneo está de acuerdo con Pablo en considerar la justificación como un acto forense escatológico. En el juicio final Dios vindicará a los justos. El fundamento de esta vindicación última, según el pensamiento judío, sería la conformidad con la Ley de Dios; y a veces, la aceptación de ésta y su obediencia también se describían como fe. Los gentiles serán condenados porque han rechazado la Ley y "no han creído en sus mandamientos" (4 Esd. 7:24). La aceptación de la Ley por parte de Israel fue un acto de fe que produjo buenas obras en conformidad con la Ley (4 Esd. 9:7; 13:23; cf. también *Ap. Bar.* 59:2).

Respecto a esto, la doctrina de Pablo de la justificación difiere radicalmente del pensamiento judío. Como demuestran las referencias anteriores, la aceptación misma de la Ley, el reconocimiento mismo por parte de Israel como Ley de Dios, fue un acto de "fe" que contribuyó a la justicia del pueblo. Este concepto judío hace de la fe una obra meritoria. No se esperaba la conformidad perfecta, sino sólo una justicia suficiente que fuera mayor que la deuda por los propios pecados. La doctrina paulina no equilibra los pecados de la persona con su justicia; la vindicación en función de la Ley sólo se lograba con la conformidad perfecta a sus exigencias, "porque no son los oidores de la ley los justos delante de Dios, sino los hacedores de la ley serán justificados" (Ro. 2:13). En los primeros capítulos de Romanos, la argumentación de Pablo, que hace a todos los seres humanos pecadores, no afirma que sus pecados excedan su justicia; más bien se trata de que todos los seres humanos son pecadores y culpables delante de un Dios santo porque han pecado. Es el mismo hecho del pecado lo que hace a los seres humanos culpables como pecadores, y no la calidad o cantidad de ese pecado. Puesto que la persona es incapaz de obedecer perfectamente lo que exige la Ley, "por las obras de la ley ningún ser humano será justificado delante de él" (Ro. 3:20). La Ley, no sólo no trae justificación, sino que trae condenación, ya que el pecado se define por medio de la Ley y de su elucidación de la voluntad santa de Dios (Ro. 3:20). Aunque la Ley en sí es santa y buena, es el medio por el cual la persona cae en la cuenta de que no llega a cumplir la voluntad de Dios, y por el cual resulta convicto de su condición de pecado (Ro. 7:7–12). La discusión de Pablo con los judaizantes de Galacia se centró en los medios y fundamento de la justificación. Es totalmente imposible que el ser humano sea justificado por las obras de la Ley (Gá. 2:16; 3:11). La persona que ha creído una vez en Cristo y después se aparta para buscar la justificación en la obediencia y en la conformidad a la Ley ha caído de la gracia (Gá. 5:4), es decir, ha abandonado los medios gratuitos de salvación para seguir otros que sólo pueden acabar en condenación.

El fundamento de la justificación no es la obediencia a la Ley; es la muerte de Cristo. Su muerte es tanto la manifestación suprema del amor de Dios por los pecadores, como el fundamento sobre el cual se garantiza la justificación; "estando ya justificados en su sangre" (Ro. 5:9). El fundamento de nuestra aceptación no son nuestras obras ni nuestra fe, ni lo es la acción de Cristo dentro de nosotros; es lo que Él ha hecho por nosotros objetivamente. Así pues, si fuera posible que el ser humano se justificara por medio de la Ley, la muerte de Cristo de nada habría servido (Gá. 2:21).

La muerte de Cristo como fundamento de la justificación se expone detalladamente en Romanos 3:21–26. Las personas son "justificados gratuitamente por su gracia, mediante la redención que es en Cristo Jesús, a quien Dios puso como propiciación por medio de la fe en su sangre" (vv. 24, 25). El derramamiento de la sangre de Cristo, es decir, su muerte sacrificial, suministra el medio de propiciación sobre cuya base se le puede otorgar al ser humano, como don gratuito, el perdón o la justificación. Esta muerte propiciatoria de Cristo fue un acto de justicia divina (v. 25). Antes de la muerte de Cristo parecía que Dios pasaba por alto los pecados, es decir, parecía más benévolo porque no exigía el castigo de la muerte que merecía el pecado. En la muerte de Cristo, Dios ya no pasa por alto los pecados sino que los trata como debe hacerlo un Dios justo. Así pues, la muerte de Cristo es una demostración, en el tiempo presente, de que Dios es justo y de que también declara justo al que tiene fe en Jesús (v. 26). La justicia de Dios permanecería intachable si Dios hiciera caer sobre cada pecador la condenación que merece su pecado, la condena de la muerte. Esto es lo que merece el pecador, y la justicia de Dios no podría ponerse en entredicho si en el juicio final hiciera caer sobre el pecador ira y condenación, y por fin la muerte (Ro. 6:23a). Sin embargo, Dios no es sólo justo; es también misericordioso y amoroso; y por misericordia vindica al pecador y le perdona su culpa para librarlo de la maldición del pecado. Con la muerte de Cristo, Dios ha demostrado y también ha efectuado esta justificación de pecadores que nada merecen. La muerte de Cristo fue un acto de justicia de parte de Dios; y sólo podemos concluir que este acto consistió en que recayera sobre Cristo, que era éticamente impecable, la culpa y la maldición que merece el pecado, o sea, la muerte. La muerte de Cristo no fue merecida por su propia pecaminosidad, porque él no conoció pecado; y a no ser que su muerte implicara una experiencia forense voluntaria de la pecaminosidad de los seres humanos, de modo que su muerte fuera la maldición justa que merecía la pecaminosidad humana, esta muerte sería el caso más monstruoso de injusticia que la Historia haya visto jamás. Como Dios manifestó tanto su justicia como su amor recayendo sobre Jesús la culpa y la maldición del pecado, ahora puede con perfecta justicia otorgar al pecador la vindicación del perdón.

Así pues, aunque el *fundamento* de la justificación es la muerte de Cristo, el *medio* por el que se hace eficaz en la persona es la fe. La justificación es un don otorgado para que se reciba por fe (Ro. 3:24, 25). La fe significa aceptación de esta obra de Dios en Cristo, dependencia completa de ella, y abandono total de las propias obras como medio de justificación. Vincent Taylor, en su esfuerzo por evitar el carácter forense de la justificación, a veces parece identificar fe y justicia. Sostiene que Dios considera justo al ser humano porque éste es en realidad justo; "en virtud de su fe que descansa en la obra de Cristo, es en realidad justo de mente y de propósito, aunque todavía no en acto". "La actitud mental que hace que esta relación sea posible es la fe".[31] Estas palabras describen la justicia de mente que el ser humano debe poseer para ser justificado por la fe; la fe es en sí misma la justicia sobre cuya base Dios justifica. Si esto fuera así, la fe sería el fundamento y no el medio de justificación, y de hecho resultaría casi una obra meritoria. Sin embargo, Pablo arguye enfáticamente que el ser humano es justificado sobre el principio de la fe, que es lo contrario del principio de las obras (Ro. 3:28). El fundamento de la justificación no está dentro de mí, ya sea justicia de mente o de actitud o de voluntad; es la obra objetiva de Cristo en su muerte. La fe es el medio por el cual uno se apropia de forma personal la obra objetiva de Cristo. Significa el abandono de todo esfuerzo para justificarse a sí mismo y una dependencia completa de la obra de Cristo por la persona. Excluye, pues, todo orgullo; la fe es de hecho algo totalmente opuesto a la jactancia. Jactarse significa la exaltación del yo y de los logros propios; esto es en esencia pecaminoso. La fe es dependencia completa y total de Dios y de la provisión divina para la salvación.

Justificación y pecados posteriores a la mismas

A menudo se ha planteado la cuestión de la relación de la doctrina de la justificación con los pecados cometidos después de ella. Podría parecer que la justificación perdona al creyente sólo los pecados anteriores, y que debe proporcionarse algún otro medio para los posteriores. La solución a este problema se encuentra en el carácter escatológico de la justificación. Como la justificación es un evento escatológico, pertenece al fin de la vida, momento en el que las personas se encontrarán frente al juicio final de Dios para responder de toda su conducta. Su ubicación temporal, por tanto, no es en realidad el momento en el que se cree; de hecho no es más que el juicio final que, en Cristo, se ha introducido retrospectivamente en el curso de la Historia. Como juicio final, mantiene su orientación hacia la totalidad de la vida del creyente. Está justificado no sólo de los pecados cometidos antes de creer; ha sido justificado de *toda* culpa.

Imputación

En la Teología reformada clásica, un corolario de la justificación es la doctrina de la imputación de la justicia de Cristo al creyente. Sin embargo, Pablo nunca afirmó expresamente que la justicia de Cristo se impute a los creyentes. Sus palabras son, "al que no obra, sino que en aquél que justifica al impío, su fe le es contada por justicia" (Ro. 4:5).

Estas palabras se podrían tomar en el sentido de que Dios considera la fe como el logro humano más meritorio y, por tanto, como el equivalente de la justicia plena. Esto, sin embargo, ignora el contexto del pensamiento paulino. En el pensamiento judío de la época, se consideraba la fe como una obra meritoria; y la preocupación principal de Pablo era refutar la idea de que la salvación se basa de algún modo en obras o méritos humanos. Se excluye claramente la fe de la categoría de logros humanos. La justicia se le cuenta "al que no obra" (Ro. 4:5). Lo que se le cuenta no es la fe sino la justicia sobre la base de la fe. David cometió pecados notorios (Ro. 4:8). Es evidente que lo que se le imputa es la justicia, totalmente aparte del mérito humano.

Pablo responde al interrogante cuando dice, "para que nosotros fuésemos hechos justicia de Dios *por él*" (2 Co. 5:21). Cristo fue hecho pecado por nosotros. Podríamos decir que nuestros pecados le fueron imputados a Cristo. Él, aunque sin pecado, se identificó con nuestros pecados, sufrió su castigo y su maldición – la muerte. Así pues, se nos cuenta la justicia de Cristo aunque sigamos siendo pecadores por naturaleza y por obras. La conclusión lógica e inevitable es que las personas de fe son justificadas porque se les imputa la justicia de Cristo.

Reconciliación

La reconciliación (*katallassoo, katallagoo*) es una doctrina íntimamente relacionada con la de la justificación. La justificación es el perdón del pecador de toda culpa de pecado; la reconciliación es la restauración del ser humano justificado a la comunión con Dios. Aunque la enseñanza de la reconciliación no desempeña un papel importante en el pensamiento de Pablo, a pesar del poco espacio que se le dedica, es una doctrina esencial e integral en su forma de pensar. La idea misma de reconciliación sugiere aislamiento. La reconciliación es necesaria entre dos personas cuando ha sucedido algo que ha perturbado la comunión y ha hecho que una de ellas se sienta hostil respecto a la otra. El pecado ha aislado al ser humano respecto a Dios. Ha roto la comunión y se ha convertido en un obstáculo. Explicada así, no parecería haber problema en la enseñanza bíblica. Sin embargo, se plantea el siguiente y difícil interrogante: "¿Quién queda aislado, y quién necesita la reconciliación?" No se necesita gran cosa para saber que el ser humano ha quedado aislado de Dios, que es rebelde de mente y de corazón, y que esta rebelión debe cambiarse por una sumisión voluntaria y alegre a Él. Pero ¿está Dios aislado del ser humano? ¿Necesita Dios tanto como el ser humano la reconciliación? ¿Se agota la reconciliación en la esfera subjetiva de la experiencia humana, o es la reconciliación también un logro objetivo fuera de esa experiencia? ¿Es posible que la reconciliación signifique que la ira de Dios debe ser cambiada por amor antes de que el ser humano pueda ser salvo? Algunas interpretaciones de la reconciliación han sugerido que se necesita precisamente esto, que la ira de Dios debe ser apaciguada para que su hostilidad se convierta en amor. Otros estudiosos niegan que pueda añadirse algún elemento de esta naturaleza a la doctrina bíblica de la reconciliación. "Un Dios que necesita ser reconciliado, que se enfrenta al ser humano que le ha ofendido y espera hasta que llegue la satisfacción para calmar su hostilidad, no es el Dios apostólico de gracia. No es de ningún modo el Dios y Padre de Jesucristo". Stewart no encuentra ningún elemento objetivo en la doctrina de la reconciliación; solo la actitud rebelde y hostil del ser humano respecto a Dios necesita la reconciliación con Dios. Estos son los problemas que se suscitan con la doctrina de la reconciliación.

Los datos exegéticos

Cuando se examina de cerca el lenguaje de Pablo acerca de la reconciliación, inmediatamente se ve con claridad que nunca se dice de forma expresa que Dios se esté reconciliando con las personas, o que sea reconciliado con ellas. Él es siempre el sujeto de la reconciliación y el ser humano o el mundo es el objeto de la misma. "Dios estaba en Cristo reconciliando consigo al mundo" (2 Co. 5:19). "Fuimos reconciliados con Dios por la muerte de su Hijo" (Ro. 5:10). "Y a vosotros también, que erais en otro tiempo extraños y enemigos en vuestra mente, haciendo malas obras, ahora os ha reconciliado en su cuerpo de carne, por medio de la muerte" (Col. 1:21, 22). Cristo por medio de la cruz ha reconciliado con Dios tanto a judíos como a gentiles (Ef. 2:15, 16). La reconciliación es, pues, la obra de Dios y el ser humano es su objeto. La persona no se puede reconciliar a sí misma con Dios; la acción divina es la que debe hacerlo.

Estos datos nos llevan a una conclusión ineludible, que debe ponerse muy de relieve: sea lo que fuere lo que la doctrina implique en otros sentidos, Dios es quien ha iniciado y también ha concluido la reconciliación en Cristo. No hay que pensar en ninguna clase de dualidad en el carácter de Dios en virtud del cual una parte es amor y otra enemistad la cual debe ser aplacada antes de que el amor pueda actuar, ni tampoco hay que suponer que exista una antítesis entre Dios Padre y Cristo Hijo y que el Hijo, por medio de la muerte ha aplacado la ira de Dios y cambiado su hostilidad en amistad y su odio en amor. Dios Padre es el Autor de la reconciliación. Quizá la traducción correcta de 2 Corintios 5:19 sería, "Dios, en Cristo, estaba reconciliando al mundo consigo". La reconciliación es iniciada por el amor de Dios, y aunque, como veremos, la doctrina de la reconciliación tiene una dirección hacia Dios, de forma que tendremos que concluir que en un sentido Dios mismo se reconcilia con el ser humano, esto no debe interpretarse como si la hostilidad de Dios tuviera que cambiarse por amor. Dios es amor eterno. La muerte de Cristo fue una manifestación y una prueba del amor de Dios por las personas aunque fueran pecadoras y fueran hostiles contra él (Ro. 5:8). Ninguna interpretación de la doctrina de la reconciliación puede ser satisfactoria si afirma que la ira de Dios debe transformarse en amor o su hostilidad convertirse en amistad. El mismo amor de Dios es la fuente y fundamento de la reconciliación.

La reconciliación es objetiva

Un examen más profundo de los pasajes de Romanos 5 y 2 Corintios 5 lleva a la conclusión ineludible de que la reconciliación no es primordialmente un cambio en la actitud del ser humano respecto a Dios; es, como la justificación, un evento objetivo que Dios lleva a cabo para la salvación del ser humano. La reconciliación primero fue producida por Dios *para* las personas, no *en* ellas. Cuando aún éramos enemigos fuimos reconciliados con Dios por la muerte de su Hijo (Ro. 5:10). La muerte misma de Cristo realizó la reconciliación cuando todavía éramos enemigos de Dios. Este mismo pensamiento ya se había expresado con claridad, aunque con palabras diferentes: "Siendo aún pecadores, Cristo murió por nosotros" (Ro. 5:8). El amor de Dios manifestado en la reconciliación no se centra en el momento en que la persona cree en Cristo y se encuentra con un cambio en su actitud de enemistad en amor; la manifestación del amor de Dios sucedió cuando todavía éramos pecadores, en el evento histórico, objetivo, de la muerte de Cristo. La reconciliación se llevó a cabo por esa muerte. Por tanto, es un don que debe recibirse (Ro. 5:11). Le viene al ser humano de Dios y no se debe ni directa ni indirectamente a ningún acto propio.

El carácter objetivo de la reconciliación se ilustra todavía más con el hecho de que es un mensaje dado al apóstol para que lo proclame a las personas. Dios en Cristo ha reconciliado a los seres humanos consigo mismo y ha dado a los apóstoles el ministerio de la reconciliación. Dios ha dado a la humanidad un mensaje que debe ser proclamado a los demás; es el mensaje por el que la reconciliación se ha llevado a cabo. Es la proclamación de que Dios ha hecho algo por la humanidad. En virtud de una obra realizada, Pablo ruega a las personas que se reconcilien con Dios. Como Dios ha realizado una obra de reconciliación para las personas, éstas a su vez deben responder con sumisión amorosa a la iniciativa graciosa de un Dios amante y con ello deben reconciliarse con Dios. Citaremos las palabras clásicas de James Denney:

> *La obra de la reconciliación, en el sentido novotestamentario, es una obra* concluida, *que debe concebirse como concluida* antes de que se predique el evangelio. *Es las buenas nuevas del Evangelio por las que los evangelistas proclaman que Dios ha hecho en Cristo una obra de reconciliación que está disponible nada menos que para todo el mundo, y de la cual el mundo puede beneficiarse. La invitación del evangelista es:* "recibe *la reconciliación; consiente en que se haga efectiva en tu caso".* La obra de la reconciliación no es una obra que se produzca en el alma aunque se ha llevado a cabo en favor de las personas, y con un efecto tan directo que podemos decir que Dios ha reconciliado al mundo consigo. Es una obra (...) fuera de nosotros *en la que Dios en Cristo se ocupa de tal modo del pecado del mundo, que éste ya no va a resultar un obstáculo entre él mismo y las personas (...) la reconciliación, en el sentido novotestamentario, no es algo que se está haciendo; es algo ya hecho.*

La necesidad de la reconciliación

El carácter objetivo de la reconciliación quedará mejor ilustrado si se considera que su necesidad depende no sólo de la hostilidad subjetiva de los pecadores hacia Dios, sino primordialmente de la situación de alienación y hostilidad de los pecadores hacia Él. "Siendo enemigos" (*echthroi*) fuimos reconciliados con Dios por la muerte de su Hijo (Ro. 5:10). Ya hemos visto que este término puede traducirse de forma activa – la hostilidad de la humanidad hacia Dios – o en su forma pasiva – la situación de hostilidad del ser humano, y por tanto el peligro de ser considerado como tal por Dios. Como las personas son hostiles hacia Dios en la mente (Col. 1:21), Dios debe considerarles como pecadores, como sus enemigos. En Romanos 5:10, Pablo "tiene presente la actitud de Dios más que la de los hombres". Porque los pecadores son enemigos de Dios, están bajo su ira.[38] Al mismo tiempo, Dios ama a sus enemigos. La maravilla de la reconciliación es que aunque estábamos en una situación de enemistad con Dios, Él llevó a cabo la obra de la reconciliación que otorgó a los seres humanos la posibilidad de recibir los dones de su amor.

El carácter de la reconciliación. El carácter objetivo de la reconciliación se confirma con bastante solidez a través de las palabras con las que Pablo describe más concretamente su contenido específico: "No tomándoles en cuenta a los hombres sus pecados" (2 Co. 5:19). La reconciliación tiene que ver, primordialmente, no con la actitud de las personas hacia Dios, sino con la actitud de Dios hacia las personas y hacia sus pecados. Los seres humanos son éticamente pecadores; y cuando Dios cuenta sus transgresiones contra ellos, debe verles como pecadores, como enemigos, como objetos de su ira; porque es una necesidad ética y religiosa que la santidad de Dios manifieste su ira contra el pecado. La reconciliación es un acto de Dios, iniciado por su amor, en virtud del cual ya no tiene en cuenta las transgresiones de las personas; tiene que ver con la actitud divina hacia los seres humanos, cuyo resultado es que Dios ya no les sigue considerando como enemigos, en una situación hostil. Ha sido eliminada la barrera del pecado. Dios ha hecho libres a las personas de la culpa y de la deuda del pecado, y esto se ha llevado a cabo totalmente por la iniciativa divina, no por logros humanos. Así pues, la reconciliación establece una diferencia tanto en Dios como en las personas.

Denney destaca que la disposición de un padre a perdonar una ofensa no es igual al perdón. Cuando perdona, no sólo ama a su hijo arrepentido como siempre lo ha hecho, sino que su actitud respecto a él ha cambiado. Es diferente de lo que era cuando sólo esperaba la oportunidad de perdonar. La única forma natural de expresar la diferencia es decir que el padre se reconcilia con el que le ha ofendido. "En la experiencia de perdón, de hecho, no sólo somos reconciliados con Dios, sino que Dios se reconcilia con nosotros. No se reconcilia en el sentido de que se consigue algo de él a favor de nosotros y en contra de su voluntad, sino en el sentido de que se hace realidad su voluntad de bendecirnos, como no había ocurrido antes, sobre lo que Cristo ha hecho, y de nuestra apropiación de ello". Muchos estudiosos se niegan a seguir la afirmación de Denney de que Dios se reconcilia con las personas: se niegan a ir más allá de lo que dicen las palabras mismas de Pablo. Sin embargo, debemos tratar de penetrar en la mente de Pablo, y no sólo utilizar su terminología, sino además deducir las implicaciones necesarias de sus afirmaciones. Quizá Pablo se abstuviera de afirmar claramente que Dios se reconcilió, debido al peligro de mal entendimiento y mala interpretación de tal afirmación en un mundo pagano en el que la ira de los dioses debía ser aplacada con sobornos del mismo modo que se calmaba la ira de las personas. A pesar de la ausencia de expresiones verbales explícitas a este respecto, parece ser una inferencia necesaria que hay un sentido en el cual Dios se ha reconciliado a sí mismo; y este mismo acto de reconciliación, de auto reconciliación, cuyo precio es la muerte de su Hijo, es una magnífica ilustración de la magnitud del amor de Dios hacia pecadores hostiles.

El aspecto subjetivo de la reconciliación

La reconciliación es primordialmente un acto divino objetivo con el que Dios ha eliminado la barrera del pecado que separaba a la persona de Dios, y que ha hecho posible la restauración de la comunión con Él. Este acto se llevó a cabo cuando los seres humanos eran objetivamente enemigos de Dios y subjetivamente hostiles a él. Sin embargo, la reconciliación no se torna eficaz, la comunión no queda restaurada, en el caso de una persona concreta, hasta que ésta haya recibido el acto divino de la reconciliación, es decir hasta que *esté reconciliada con Dios*. Dios ha realizado la obra objetiva, y ha encargado a los apóstoles la proclamación de las buenas nuevas; ellos a su vez invitan a las personas a aceptar la reconciliación ofrecida por Dios y a reconciliarse con Él (2 Co. 5:20).

Estamos de acuerdo con Hodge en que este versículo no sugiere que la persona pueda reconciliarse con Dios, y que implica simplemente una exhortación a aceptar la oferta de la reconciliación. "Todo lo que los hombres tienen que hacer es no rechazar el amor que Dios ofrece". Pero la mente carnal, es decir, la naturaleza humana no regenerada, es hostil a Dios (Ro. 8:7). Mientras el ser humano sea un enemigo mentalmente (Col. 1:21), rechazará la reconciliación ofrecida por Dios y permanecerá no reconciliado. Las palabras mismas de Hodge, "abrazar", "no rechazar", indican una reacción subjetiva de parte del ser humano; y es difícil ver por qué el acto mismo de "abrazar" o "no rechazar" el amor que Dios ofrece no implica un cambio en esa actitud de hostilidad hacia Dios, y la convierte en sumisión voluntaria. Nuestra preocupación actual no es tratar de resolver la cuestión de precisamente qué implica este cambio de actitud, y de si es análogo a la fe o resultado de la regeneración. Sólo insistiríamos en que, hasta que no se recibe con una actitud de alegre entrega la oferta de reconciliación objetiva de parte de Dios, ninguna persona puede reconciliarse con Él; sigue siendo pecadora y el último día sufrirá todo el impacto de la ira de un Dios santo. El contenido de la reconciliación, por tanto, aunque es ante todo el acto objetivo de Dios, también es la reacción afirmativa de las personas a la oferta de reconciliación. Sólo entonces se hace realidad para el pecador; sólo entonces queda reconciliado con Dios.

Esta reconciliación interna parece ser el objeto de referencia de Colosenses 1:21, 22. Como pecadores, los seres humanos están apartados y son hostiles *de mente*; y la descripción de hostilidad en términos de actividad humana exige el significado activo de la palabra *echthroi* y sugiere la interpretación subjetiva de la reconciliación. Los que eran abiertamente hostiles a Dios han sido reconciliados por medio de la muerte de Cristo. Las mentes hostiles de los cristianos colosenses se han convertido a una sumisión voluntaria y alegre; y el resultado último de este cambio interno de actitud hacia Dios será la perfección en la santificación (v. 22).

Una vez más, en la doctrina de la reconciliación, nos encontramos frente a frente con la inseparable relación entre los aspectos objetivos y subjetivos de la obra de Cristo, que es análoga a la también inseparable relación entre justificación y vida en Cristo. La reconciliación es tanto objetiva como subjetiva; y es imposible que el ser humano acepte el acto objetivo de la reconciliación como un don de Dios si al mismo tiempo no experimenta en su propia mente una reconciliación hacia Él que le inicia en una vida santificada que será consumada en el día escatológico, cuando Cristo presente a Dios a los redimidos, perfeccionados en santidad.

Los resultados de la reconciliación

La justificación es el veredicto divino de perdón para el pecador; la reconciliación es la restauración de la comunión como resultado de la justificación. La justificación es la condición ética de la reconciliación, el don que se hace al pecador de una posición que le permite establecer la comunión con Dios. Una vez que el pecador ha sido restaurado a la comunión, se producen algunos resultados maravillosos, el primero de los cuales es *paz con Dios*. El concepto de paz es muy rico y polifacético, y no se puede analizar por completo aquí. Solo podemos indicar algunos de los aspectos más importantes de la paz, como resultado de la bendición de la reconciliación, la cual se basa en la justificación. "Justificados, pues, por la fe, tenemos paz para con Dios por medio de nuestro Señor Jesucristo" (Ro. 5:1). La paz de la que se habla aquí no es una experiencia subjetiva; es más bien lo contrario de la experiencia de enemistad u hostilidad examinada anteriormente. La persona justificada ha sido reconciliada y, como consecuencia, tiene paz con Dios. La ira de Dios ya no es una amenaza: es aceptada en Cristo. Tenemos paz con Dios por cuanto Dios está ahora en paz con nosotros; queda suprimida su ira. La paz se refiere aquí no a un estado mental sino a una relación con Dios. Ya no somos sus enemigos sino los objetos de su favor. Aunque se reconoce que el resultado de este estado es una paz interna del corazón, lo que aquí se describe no es eso, sino la relación objetiva externa. De hecho, la paz mental interna es inconcebible desde el punto de vista bíblico hasta que el ser humano no tenga primero paz con Dios, la paz de la reconciliación. La paz con Dios, por tanto, se basa en la obra redentora de Cristo.

Una segunda bendición que resulta de la reconciliación con Dios es una *reconciliación entre las personas* que habían estado apartadas entre sí. Como las personas han sido reconciliadas con Dios tanto objetiva como subjetivamente, quedan eliminadas las enemistades humanas que habían levantado obstáculos entre ellas, y los que son reconciliados con Dios disfrutarán de la paz mutua. El pasaje clásico es la exposición de Pablo de la relación entre judíos y gentiles en Efesios 2. Los gentiles en otro tiempo estaban separados del pueblo de Dios, eran extraños a los pactos de la promesa, sin esperanza y sin Dios en el mundo. Quienes en otro tiempo estuvieron apartados, han sido hechos cercanos por la sangre de Cristo, "porque él es nuestra paz, que de ambos pueblos hizo uno, derribando la pared intermedia de separación (…) para crear en sí mismo de los dos un solo y nuevo hombre, haciendo la paz, y mediante la cruz reconciliar con

Dios a ambos en un solo cuerpo, matando en ella las enemistades" (Ef. 2:14–16). La hostilidad que existía entre judíos y gentiles puede considerarse como típica de todas las barreras que rompen la comunión de los seres humanos. Gracias a la reconciliación de Dios en Cristo, las personas que estaban aisladas entre sí se reconciliarán y eliminarán todo muro divisorio de hostilidad, porque Cristo es nuestra paz. En lugar de dos razas, judía y gentil, separadas por la hostilidad, hay una nueva creada en paz gracias a que la reconciliación con Dios lo es en un solo cuerpo por medio de la cruz. Así pues, se acaba con la enemistad entre los seres humanos. La reconciliación entre judío y griego puede tomarse como algo representativo de todas las clases de enemistad interpersonal. En Cristo hay paz entre las personas.

Capítulo 34

La psicología paulina

Pablo utiliza un léxico muy rico cuando habla del ser humano, pero raras veces habla de él como tal. Su perspectiva es la persona como cristiano.

Su idea sobre el ser humano se ha interpretado de tres maneras. Los estudiosos de la generación anterior interpretaban 1 Tesalonicenses 5:23, donde Pablo ora por la preservación del espíritu, el alma y el cuerpo, como una afirmación psicológica y perciben una tricotomía: espíritu, alma y cuerpo son tres partes inseparables de la persona. Otros han interpretado a Pablo de acuerdo con el dualismo griego y creen ver una dicotomía de alma y cuerpo.[2] Otros investigadores más recientes han reconocido que términos como cuerpo, alma y espíritu no son facultades diferentes, separables, del ser humano, sino formas diferentes de verle en su totalidad.

Antecedentes

Para valorar la psicología paulina, necesitamos tener presentes los elementos principales de los conceptos antropológicos griegos y hebreos. Uno de los pensadores más influyentes de la Historia de la filosofía griega fue Platón. Él creía en dos mundos, el noumenal y el fenoménico, y en el dualismo antropológico de cuerpo-alma. El cuerpo no era *ipso facto* malo, pero sí era una carga y un obstáculo para el alma. El hombre sabio cultivaba el alma para poder elevarse por encima del cuerpo y verse libre de él en la muerte con el fin de poder acceder al mundo superior. En la época helenista, los gnósticos consideraban el cuerpo *ipso facto* malo, ya que formaba parte del mundo material. Stacey ha señalado que la mayor parte de los filósofos griegos siguieron a Platón en su idea de alma y cuerpo, y que influyó tanto en el mundo civilizado que "actualmente nadie es capaz de examinar la relación entre el alma y el cuerpo sin que se dé alguna manifestación de la idea platónica".

La antropología hebrea es muy diferente de la griega. No hay ni rastro del dualismo. La palabra hebrea que se utiliza para nombrar el cuerpo aparece sólo catorce veces en todo el Antiguo Testamento y nunca se presenta en contraste con el alma (*nephesh*). Es más frecuente que se utilice la palabra que se traduce como carne (*basar*) para designar el cuerpo (23 veces). Esta palabra tiene primordialmente un significado físico. Un uso frecuente es "carne" como símbolo de fragilidad humana en relación con Dios. *Basar* aparece como algo que las personas y los animales poseen en su debilidad, y que Dios no tiene. "No contenderá mi espíritu con el hombre para siempre, porque ciertamente él es carne" (Gn. 6:3). "Y los egipcios hombres son, y no Dios; y sus caballos carne, y no espíritu" (Is. 31:3). *Basar* se refiere a los seres humanos en su fragilidad y transitoriedad, a la persona en sus limitaciones, como distinto al Dios infinito.

El alma (*nephesh*) no es una posesión del ser humano superior al cuerpo, más bien ser refiere a la vitalidad o principio de la vida en él. Dios sopló en la nariz del ser humano el hálito de vida, y él se convirtió en *nephesh* viviente (Gn. 2:7). El cuerpo y el hálito divino juntos constituyen el *nephesh* vital, activo. La palabra se extendió luego, a partir del principio vital, para incluir los sentimientos, pasiones, voluntad e incluso la mente humana. Luego pasa a ser utilizada como sinónimo del ser humano mismo. Las familias se contaban como otras tantas almas (Gn.12:5; 46:27). La vida incorpórea del nephesh nunca se visualiza. La muerte afligía al nephesh (Nm. 23:10) tanto como al cuerpo.

Un tercer término es espíritu (*ruah*). El significado de esta palabra, según su raíz, es "aire en movimiento", y se utiliza para toda clase de viento. El *ruah* de Dios es su hálito, el poder que actúa en el mundo (Is. 40:7), creando y sosteniendo la vida (Sal. 33:6; 104:29–30). El *ruah* del ser humano – su hálito – proviene de Dios (Is. 42:5; Job 27:3). Así pues, se concibe al ser humano como poseedor de *ruah*, dado por Dios, como un elemento de su personalidad (Gn. 45:27; 1 S. 30:12; 1 R. 10:5). Dios es el espíritu supremo (Gn. 6:3; Is. 31:3). *Ruah* en el ser humano se amplía para incluir todo el ámbito de la vida emocional y volitiva, y se superpone a *nephesh*. La diferencia entre *nephesh* y *ruah* es que *nephesh* designa la relación entre los seres humanos, su vida en común, mientras que *ruah* se refiere a la relación con Dios. Sin embargo, ni *nephesh* ni *ruah* se conciben como algo con capacidad para sobrevivir a la muerte de *basar*. Ambos designan al ser humano como una unidad vista desde perspectivas diferentes.

En el período intertestamentario se manifiesta un desarrollo peculiar: tanto *pneuma* como *psyche* se conciben como entidades capaces de una existencia separada. *1 Enoc* habla de las almas de las personas que han muerto (9:3, 10) y también de sus espíritus (13:6; 20:3). Al describir el Seol, habla de "los espíritus de las almas de los muertos" (22:3) y luego se refiere a sus espíritus (22:5, 7, 9, 11, 13). La *Sabiduría de Salomón* usa de forma intercambiable alma y espíritu (1:4–5; 15:11; 16:14; cf. *1 En.* 98:12) y se refiere a la preexistencia del alma (8:19), y a su existencia después de la muerte (16:14). Además, se ve al cuerpo como una carga para el alma (9:15). Varias veces se usan juntas las palabras cuerpo y alma para referirse al ser humano como una unidad (2 Mac. 6:30; 7:37), y la *Sabiduría de Salomón* 8:19s. habla de la unión de dos partes desiguales, cuerpo y alma, para formar al ser humano. En *Sabiduría*, *psyche* se utiliza varias veces y parece hacer referencia a una entidad separada del ser humano (2:22; 3:1), y en uno de los textos el alma queda aprisionada después de la muerte (16:14). Después de la muerte, el alma, que había sido "prestada" al ser humano, debe ser devuelta, probablemente a Dios (15:8). Aunque *Sabiduría* parece reflejar influencias helenistas, "esta idea de preexistencia (…) no era la creencia altamente desarrollada que Filón incorporó a su dualismo, tomándola de los filósofos griegos". En *Sabiduría* 15:16, se dice que el ser humano tomó prestado su espíritu durante toda la vida, lo cual implica que su *pneuma* existió en la presencia del Señor antes de nacer.

Otro desarrollo en la literatura intertestamentaria es que mientras que en el Antiguo Testamento *ruah* es el poder de Dios que actúa en el mundo, en los escritos posteriores es primordial el uso personal de *pneuma*. Se olvida el origen del espíritu en el hálito divino y se le considera como elemento constitutivo del ser humano. Esto no implica necesariamente una influencia griega, sino sólo que el desarrollo de *ruah* se completó en el *pneuma* que encontramos en los escritos intertestamentarios. Dios, el Señor de todo, es el "Señor" de los espíritus (*1 En.* 49:2, 4; 67:8). A menudo se emplea espíritu para Dios; nunca para el alma. Esto sugiere que *pneuma* representa al ser humano en su orientación hacia Dios, mientras que *psyche* le representa en su aspecto humano. Otro aspecto de este desarrollo es que *pneuma* se usa con frecuencia para los espíritus sobrenaturales que pueden afectar al ser humano para bien o para mal.

Psyche

El uso paulino de *psyche* está más próximo al Antiguo Testamento que la literatura intertestamentaria. Pablo nunca utiliza *psyche* como una entidad separada en el ser humano, ni tampoco insinúa que ella pueda sobrevivir a la muerte del cuerpo. *Psyche* es "vida" entendida de acuerdo con sus antecedentes hebreos. En Romanos 11:3, Pablo cita al Antiguo Testamento en el momento en que Elías se queja de que "buscan mi *psyche*". *Psyche* en este caso es, sin duda, su vida. Cuando Epafrodita arriesgó su vida por Pablo, casi murió (Fil. 2:30). Cuando Aquila y Priscila arriesgaron la vida por la *psyche* de Pablo, casi perdieron su vida por él.

Hay uno o dos ejemplos en los que *psyche*, como en el Antiguo Testamento, se utiliza para una persona concreta. "Toda alma de hombre que hace lo malo" (Ro. 2:9) se traduce correctamente en RV como, "toda persona que hace lo malo". Cuando exhorta a "toda alma" a que se someta a las autoridades, Pablo obviamente se refiere a "toda persona" (Ro. 13:1, RV).

A menudo *psyche* va más allá de la vida puramente física para referirse al ser humano como persona que piensa, siente y trabaja. Cuando Pablo está dispuesto con gozo a gastar lo suyo e incluso a gastarse a sí mismo por las almas de sus convertidos (2 Co. 12:15), se refiere a algo mucho mayor que su vida corporal. No hace falta entender que aquí hay un claro contraste entre cuerpo y alma; Pablo se preocupa por el bienestar de todo el ser humano y de todo lo que la vida conlleva, pero hay un énfasis en la vida interior. El deseo de Pablo de compartir con los tesalonicenses no sólo el Evangelio, sino también su misma alma (1 Ts. 2:8) sugiere algo más que una disposición a morir por ellos: significa compartir todo su ser, incluyendo todo lo que representa una personalidad redimida. Luchar con el alma por el evangelio se aproxima mucho a permanecer firme en el espíritu (Fil. 1:27); aquí *psyche* es casi equivalente a *pneuma*. Hacer la voluntad de Dios de corazón (Ef. 6:6; *ek psyches*) significa servirle con todo el ser y personalidad. Sin embargo, *psyche* y *pneuma* no son estrictamente intercambiables, sino que se refieren a la vida interior desde dos puntos de vista. *Pneuma* es el yo íntimo en su relación con Dios y con los demás; *psyche* es el ser humano como ser viviente, como personalidad humana, como vitalidad desde la perspectiva de su cuerpo y de su carne. Pablo nunca habla de la salvación del alma, ni hay ninguna insinuación de la preexistencia de ésta. "*Psyche* es ese estado específicamente humano de estar vivo, propio del ser humano como un yo que se esfuerza, que quiere, que tiene un propósito". Nunca se utiliza la síntesis helenista de cuerpo y alma.[17]

Hay una diferencia entre Pablo y el Antiguo Testamento. El término básico para referirse al ser humano en el Antiguo Testamento, en la literatura intertestamentaria y en los rabinos era *nephesh* o *psyche*. En Pablo, *pneuma*. "Espíritu" consigue avances espectaculares, *psyche*, retrocesos dramáticos. Stacey piensa que esto no se debe a influencias helenistas, sino a la experiencia cristiana en la cual su conocimiento del *pneuma hagion* establece la base de su antropología, y *pneuma* asume el papel principal.

Espíritu

El uso paulino más importante de *pneuma* es para designar al Espíritu de Dios. Habla a menudo del *pneuma* de Dios (Ro. 8:14; 1 Co. 2:11; 3:16; 2 Co. 3:3, etc.), del Espíritu Santo (1 Ts. 4:8; Ef. 1:13; 4:30), y del Espíritu de Cristo (Ro. 8:9; Gá. 4:6; Fil. 1:19). Ya hemos visto que

Pablo, en cierto sentido, identifica a Cristo con el Espíritu en la obra de la salvación. El segundo Adán se convirtió en Espíritu dador de vida (1 Co. 15:45).

La esfera de la actividad del Espíritu es la humanidad, y el Espíritu de Dios se preocupa sobre todo por el espíritu del ser humano.

El ser humano sirve a Dios con el espíritu (Ro. 1:9). El ser humano como espíritu puede gozar de la unión con el Señor (1 Co. 6:17). La oración (1 Co. 14:14) y la profecía (1 Co. 14:32) son ejercicios del espíritu humano. La gracia otorgada por Dios a la persona está en la esfera del espíritu (Gá. 6:18). La renovación se experimenta en el espíritu (Ef. 4:23). La vida divina impartida al ser humano se halla en el ámbito del espíritu, incluso cuando el cuerpo perece (Ro. 8:10). Dios, por medio del Espíritu, da testimonio al espíritu de la persona de que es hija de Dios (Ro. 8:16). Aunque Pablo nunca afirma esto de forma explícita, no se puede dudar de que habría podido decir, con las palabras de Jesús, "Dios es espíritu" (Jn. 4:24). Como el ser humano es también espíritu, puede entrar en una relación de comunión con Dios, y disfrutar de sus bendiciones.

Otro aspecto importante de *pneuma* se encuentra en contextos en los que se contrapone al cuerpo como una dimensión íntima del ser humano que contrasta con la externa. Es necesario buscar la santificación tanto del cuerpo como del espíritu (1 Co. 7:34; 2 Co. 7:1). En Romanos 8:10 hay un claro contraste entre los aspectos interno y externo de la persona. Cuando el Espíritu mora en el ser humano, aunque su cuerpo muera (esté potencialmente "muerto") por causa del pecado, su espíritu vive por causa de la justicia. En este siglo el Espíritu Santo da vida sólo al espíritu del ser humano: en el Siglo Venidero también infundirá vida al cuerpo mortal (v. 11). Bultmann reconoce una aparente dificultad en este pasaje, que resuelve interpretando *pneuma* como referencia no sólo al yo, a la persona, sino al *pneuma* divino que se ha convertido en el yo-sujeto del cristiano. Esta interpretación parece armonizar con los datos de una determinada teoría en lugar de deducir la teoría de los datos. El contraste entre el cuerpo mortal y el espíritu no es el del ser humano frente al Espíritu de Dios, sino el de la parte material frente a la inmaterial o espiritual. Una es mortal, muere; la otra ha recibido la vida.

El contraste entre lo interno y lo externo está muy claro cuando espíritu significa una cualidad o elemento diametralmente opuesto a la carne. La adoración de Dios en espíritu (Fil. 3:3) es lo opuesto a la adoración de una forma puramente humana. La circuncisión "en el espíritu" es lo opuesto a la circuncisión física literal (Ro. 2:28s.).

En la exposición sobre la glosolalia, se distingue el espíritu incluso del entendimiento (1 Co. 14:14). "Porque si yo oro en lengua desconocida, mi espíritu ora, pero mi entendimiento queda sin fruto". Hay un ámbito de comunión con Dios en el cual el espíritu disfruta de la comunión con el Espíritu, un ámbito que trasciende los procesos del entendimiento porque el ser humano es espíritu. Puede disfrutar de la comunión inmediata con Dios en una relación "mística" que no contradice, sino que trasciende la facultad cognoscitiva. Bultmann trata de eludir la dificultad de este versículo interpretando "mi espíritu" como si fuera el Espíritu de Dios otorgado al ser humano. El contraste es, por tanto, entre el entendimiento humano y el Espíritu divino. Esto, sin embargo, da lugar a una exégesis más bien retorcida porque cuando uno interpreta esta expresión a la luz de otras expresiones iguales o similares en otros pasajes, es inevitable concluir que el espíritu lo es del ser humano, su verdadero yo interno que disfruta de la comunión directa con Dios por medio de la oración.

Como *pneuma* es el verdadero yo íntimo, la palabra se utiliza naturalmente para representar al ser humano como tal en función de su autoconciencia como un ser que quiere y sabe. Proceder con el mismo espíritu (2 Co. 12:18) significa actuar con la misma actitud e intención.

Permanecer firmes en un espíritu (Fil. 1:27) significa compartir la misma perspectiva y juicio y se refiere a una orientación común de la voluntad. Cuando Pablo habla de encontrar refrigerio o descanso para su espíritu (1 Co. 6:18; 2 Co. 2:13; 7:13), significa que ha encontrado descanso interno. Hay, sin embargo, un contraste entre reposo de mente (2 Co. 2:13) y reposo de la carne (2 Co. 7:5). El primero enfatiza sólo la tensión interna, mientras que el segundo incluye las aflicciones externas.

Se ha planteado la cuestión de si todos los seres humano poseen *pneuma*, o si es algo peculiar de los cristianos por haber recibido el *pneuma* de Dios. Un versículo clave es 1 Corintios 2:11: "¿Quién de los hombres sabe las cosas del hombre, sino el espíritu del hombre que está en él?" Esta parece ser una afirmación sicológica de aplicación universal. En este caso se utiliza *pneuma* para la autoconciencia del ser humano. Aunque Pablo no lo afirma, se deduce que, como todas las persona son *pneumata*, están en condiciones de disfrutar de una relación peculiar entre sí. Además, como también Dios es *pneuma*, el *pneuma* humano es el "órgano que recibe el Espíritu de Dios". Como el ser humano posee *pneuma*, puede relacionarse con Dios. Kümmel quizá tenga razón cuando insiste en que este versículo no significa que el ser humano ocupe una posición especialmente cercana a Dios; pero sí sugiere que como el ser humano es *pneuma*, es capaz de recibir el *pneuma* divino y así llegar a una relación viva y muy cercana a Dios. Estamos de acuerdo con Stacey en que todas las personas poseen *pneuma*, pero recibir el *pneuma* divino significa la renovación del *pneuma* humano de manera que adquiere nuevas dimensiones. En Romanos 8:10, al que se refiere Stacey, Pablo dice que aunque vuestros cuerpos estén muertos (o sea, moribundos, mortales), vuestros espíritus estarán vivos debido a la justicia. No podemos estar de acuerdo con los estudiosos que, en este versículo, interpretan *pneuma* en el sentido de *pneuma* divino. El pensamiento parece ser que aunque el cuerpo sigue siendo mortal y moribundo, el *pneuma* divino ha impartido al ser humano el don de la vida, la cual se experimenta en la esfera del *pneuma* humano. Cuando Pablo dice que las personas están muertas en su situación humana, pero que han sido vivificadas en Cristo (Ef. 2:1), debe querer decir que estaban muertas espiritualmente, o sea, que sus espíritus no disfrutaban de una relación viva con Dios. Ser vivificado quiere decir recibir un avivamiento en el espíritu de tal manera que las personas entren en una comunión viva con Dios.

Aunque Pablo nunca habla de la supervivencia del alma o del espíritu después de la muerte, debemos preguntarnos si la muerte significa extinción, como sugiere Stacey, o si Pablo cree en alguna especie de supervivencia del yo después de la muerte. En esto debemos estar de acuerdo con Whiteley, que habla de una "modificación de la idea unitaria" del ser humano por parte de Pablo.[36] En dos textos Pablo se refiere a la supervivencia después de la muerte. Estar ausente del cuerpo equivale a estar en el Señor (2 Co. 5:8). Claro está, él se aparta de la idea de estar "desnudo", o sea, de ser un espíritu desencarnado, porque la existencia plena debe ser siempre existencia corporal: y lo que Pablo anhela es la resurrección del cuerpo. Sin embargo, se consuela con el pensamiento de que estará con el Señor. El mismo pensamiento se expresa en Filipenses 1:23: "Teniendo deseo de partir y estar con Cristo, lo cual es muchísimo mejor". No podemos atribuir esta modificación de una idea monista del ser humano a un dualismo helenista, sino a la convicción misma de Pablo de que ni siquiera la muerte puede separar al creyente del amor de Cristo (Ro. 8:38).

Soma

Un tema tan obvio y sencillo como el "cuerpo" (*soma*) no debería resultar difícil de interpretar, pero se han suscitado problemas que lo convierten en un asunto sumamente complejo. Como ya se ha dicho, Bultmann ha defendido con vigor la posición de que el concepto paulino de ser humano no es el de persona con dos partes constitutivas, una vida espiritual interna y el cuerpo material externo. Bultmann insiste en que el ser humano no puede dividirse, sino que hay que verlo como una entidad indivisible; y que *soma, pneuma* y *psyche* constituyen, sencillamente, maneras diferentes de considerarle en su totalidad. De acuerdo con esta interpretación, Bultmann insiste en que *soma* no es algo que se adhiera externamente al verdadero yo del ser humano (a su alma, por ejemplo), sino que pertenece a su esencia misma de modo que se puede decir, "el ser humano no tiene *soma*, es *soma*". Bultmann admite que hay dichos en los que parece haber ecos del uso popular e ingenuo que contrasta el *soma* con el alma o espíritu, pero que esos pasajes no reflejan el pensamiento paulino en su esencia. El ser humano, su persona como un todo, puede describirse con *soma*. Si entregara mi cuerpo para ser quemado (1 Co. 13:3) me entrego a mí mismo a la muerte. Cuando Pablo dice que golpea su cuerpo y lo somete a servidumbre (1 Co. 9:27), quiere decir que se somete a un control. Que la mujer no ha de ejercer potestad sobre su propio cuerpo (1 Co. 7:4) significa que no debe ejercer control sobre sí misma, sino someterse a su marido. La ofrenda del cuerpo como sacrificio vivo (Ro. 12:2) significa la entrega de uno mismo a Dios. Que Cristo sea magnificado en mi cuerpo (Fil. 1:20) significa honrar a Cristo en mi persona, en mí mismo. Tomando como punto de partida estas referencias, Bultmann interpreta que el cuerpo significa "el ser humano en cuanto es capaz de hacer de sí mismo el objeto de su propia acción, o de experimentarse como sujeto al que le sucede algo". Como *soma*, el ser humano puede controlarse a sí mismo.

En esto hay una verdad que merece que se ponga de relieve. Sin duda, *soma* es un elemento esencial del ser humano y, desde este punto de vista, se puede tomar como el equivalente de "yo". No tengo experiencia de mí mismo a no ser que sea de forma existencialmente corporal. "Yo" debe expresarse siempre en términos corporales y, como consecuencia, el control de mi cuerpo es el control de mi yo. La verdad que se deduce es ésta: la existencia somática se concibe como el modo normal y adecuado de existir. *Soma* es un elemento *esencial*, que no carece de importancia, en la existencia humana. La vida del alma no se contrapone a la vida corporal como si fuera una vida genuina y esencial frente a lo que es foráneo o incidental, o como si el cuerpo por sí mismo fuera un obstáculo que se interponga en el camino de la realización de la vida humana verdadera. Veremos que el cuerpo puede *convertirse* en un obstáculo, pero no lo es en sí mismo. No hay desprecio del cuerpo per se.

Puede verse la consecuencia de esto en el hecho de que la existencia redimida, glorificada, será somática, no "espiritual", o sea, un modo inmaterial de ser. La glorificación incluirá la redención del cuerpo (Ro. 8:23). La venida de Cristo significará la transformación de nuestros cuerpos a la semejanza de su cuerpo glorioso (Fil. 4:3–21). El argumento básico de 1 Corintios 15 se enfrenta a la idea griega de la supervivencia de la personalidad aparte de cualquier forma de existencia corporal. El argumento de Pablo descansa sobre la necesidad del cuerpo de tener una vida plena, rica. La resurrección incluye una existencia somática, aunque no *carnal*. "Carne y sangre", es decir, nuestros cuerpos carnales actuales, no pueden heredar el Reino de Dios (1 Co. 15:50). Esta imposibilidad no es inherente a la maldad intrínseca del cuerpo como tal, sino a su naturaleza mortal. Hay, sin embargo, clases diferentes de cuerpos: la vida resucitada será vida corporal y Pablo la describe como "cuerpo espiritual" (1 Co. 15:44). El único punto a subrayar aquí es que esto implica un cuerpo real, aunque sea muy diferente de nuestros cuerpos actuales. La obra de la redención no significa simplemente la salvación del alma o del espíritu, sino también la del cuerpo. La forma final y perfecta de vida que Dios ha querido para que su pueblo goce de la plenitud de las bendiciones espirituales, será una existencia somática. La supervivencia de la personalidad, que a menudo se presenta como la esencia de la esperanza cristiana, es una enseñanza griega y no equivale a la esperanza bíblica de una redención cumplida.

Ahora podemos pasar a hacer una breve presentación de la enseñanza positiva de Pablo acerca de la actitud cristiana respecto al cuerpo. *Primero*, aunque el cuerpo es parte integral del ser de la persona, es de carne corruptible y mortal (Ro. 6:12; 8:11; 2 Co. 4:11) y, por tanto, no es el ámbito en el que uno encuentra ahora su verdadera vida. Es de hecho un "cuerpo de muerte" (Ro. 7:24). *Segundo*, el cuerpo no sólo es débil y mortal, sino también instrumento de la carne. Sin embargo, el pecado y la muerte no residen en la corporeidad o en el cuerpo natural, sino en la carne. Como el pecado puede reinar en el cuerpo mortal (Ro. 6:12), éste, visto como el instrumento del pecado, puede llamarse cuerpo pecador (Ro. 6:6) y, por tanto, el ser humano en el que mora el Espíritu debe hacer morir las obras del cuerpo (Ro. 8:13). Esto, sin embargo, no significa mortificar el cuerpo, sino controlar sus actos pecaminosos.

Tercero, el cuerpo debe mantenerse sometido. Aunque es parte integral de la existencia humana, como el cuerpo es mortal y susceptible al pecado, debe ser disciplinado y se le debe impedir que domine la vida espiritual. Ésta se encuentra cuando el Espíritu de Dios la activa y vigoriza. El ser humano externo, el cuerpo, se desgasta lentamente y sucumbe ante la muerte (2 Co. 4:16). El objeto más elevado de la existencia se encuentra en el ámbito espiritual y el cuerpo, por tanto, debe convertirse en el siervo del espíritu que es el verdadero yo. El cuerpo no puede convertirse en amo, porque en sí mismo no es parte de la vida verdadera. Pablo proclama esta verdad en 1 Corintios 9. En la primera parte del capítulo contrasta los ámbitos espiritual y físico. Como ministro de lo espiritual, Pablo insiste en que tiene derecho a recompensas y goces físicos. Sin embargo, se niega a ejercer su libertad para impedir que el ámbito material se convierta en su dueño. La "corona corruptible", es decir, las satisfacciones materiales, corporales, no son su meta. Por eso ejerce un riguroso autocontrol, como el atleta que se entrena, sometiendo su cuerpo a su control para que no prevalezca sobre su vida espiritual. El ámbito material debe estar sometido al espiritual, no sea que Pablo quede descalificado y pierda la corona. Aquí no hay indicios de que las satisfacciones físicas en sí mismas impliquen alguna influencia mala o degradante; al contrario, se da a entender que son perfectamente naturales y buenas. El peligro es que se conviertan en un fin de la propia vida y así echen por tierra las metas espirituales más elevadas. El cuerpo debe estar sometido a disciplina cuando se corre el riesgo de frustrar los fines espirituales.

Cuarto, el autocontrol sobre el cuerpo se alcanza con una consagración a Dios. Debe presentarse el cuerpo a Dios como sacrificio vivo (Ro. 12:1). Esto no se consigue con el ascetismo, ni con la mortificación del cuerpo. Al contrario, el cristiano debe reconocer que en su cuerpo mora el Espíritu de Dios (1 Co. 6:19) y que es miembro de Cristo (1 Co. 6:15). El cuerpo debe ser un instrumento al servicio de Cristo. Como el cuerpo comparte la santificación incluso mientras es mortal, se sigue que el cristiano debe cultivarlo, cuidarlo y utilizarlo como un medio para la realización más plena de su vida espiritual. Tan íntima es la relación entre cuerpo y espíritu, que los pecados del cuerpo afectan a las fuentes mismas de la personalidad. Por tanto, los goces corporales no son un fin en sí mismos, sino que deben supeditarse a los fines espirituales.

Quinto, como ya hemos señalado, los cuerpos de los creyentes deben también ser redimidos el día que se consume la salvación (Ro. 8:23; Fil. 3:21).

Sarx

El aspecto más difícil y complicado de la sicología paulina es su doctrina de *sarx*. La dificultad surge tanto debido a la complejidad del uso paulino de la palabra como a las diversas y contradictorias interpretaciones que se han hecho. En primer lugar describiremos los diferentes significados que se le dan a la palabra en la terminología paulina.

Sarx hace referencia a los tejidos corporales. A menudo se utiliza para describir los tejidos que forman el cuerpo y se contrapone a los huesos y a la sangre. Hay diferentes clases de carne, de personas, de animales, de pájaros, de peces (1 Co. 15:39). Debe experimentarse el dolor y el sufrimiento en la carne (2 Co. 12:7); la circuncisión se hace en la carne (Ro. 2:28). El cuerpo de Jesús era un cuerpo de carne (Col. 1:22). La carne, sin embargo, es corruptible y no puede heredar el Reino de Dios (1 Co. 15:50).

Para una transición natural, se usa la parte por el todo, y en muchos lugares *sarx* es sinónimo de la totalidad del cuerpo, y no como un sinónimo de sus tejidos. Por eso, Pablo puede hablar de estar ausente en el cuerpo (1 Co. 5:3) o en la carne (Col. 2:5). "El que se une con una ramera es un cuerpo con ella. Porque dice: los dos serán una sola carne" (1 Co. 6:16, 17). Pablo puede decir que "para que también la vida de Jesús se manifieste en nuestra carne mortal" o "en nuestra carne mortal" (2 Co. 4:10, 11).

Siguiendo el uso veterotestamentario, *sarx* se utiliza para hacer referencia no simplemente a la parte material del cuerpo o al cuerpo mismo, sino concretamente a la constitución material del ser humano. Con este uso la palabra puede referirse concretamente a las relaciones humanas, al origen físico del ser humano y a los vínculos naturales que le atan a los demás. Pablo habla de sus parientes "según la carne", sus hermanos judíos (Ro. 9:3). Los "hijos según la carne" (Ro. 9:8) son los nacidos por generación natural en contraposición a los nacidos por intervención divina. Israel "según la carne" (1 Co. 10:18) es el Israel natural, los que son físicamente judíos. Pablo usa incluso "mi carne" (Ro. 11:14) como sinónimo de sus parientes, los judíos. Cristo descendía de David según la carne (Ro. 1:3). La expresión no designa simplemente la fuente de su vida *corporal*, sino de toda su existencia humana, incluyendo tanto su cuerpo como su espíritu humano.

Sarx es el ser humano en función de su aspecto y condiciones externas. Algunos aspectos van más allá del ser humano en su vida corporal para incluir otros factores que son elementos inseparables de la existencia humana. "Confianza en la carne" (Fil. 3:3ss.) no quiere decir confianza en el cuerpo, sino confianza en todo el conjunto del ámbito externo de la existencia humana. Incluye los antepasados judíos de Pablo, su estricta formación religiosa, su celo y su prominencia en los círculos religiosos judíos. La expresión "gloriarse según la carne" en algunas versiones se traduce por "gloriarse de las cosas mundanas" en 2 Corintios 11:18. Gloriarse "en la carne" es prácticamente sinónimo de prominencia mundana (Gá. 6:12–14). Los judaizantes insistían en la circuncisión para promover un sentimiento de orgullo en cuanto a la vida religiosa, de forma que pudieran tener una base para gloriarse. Pero estas distinciones y fundamentos externos ya no atraían a Pablo porque el mundo había sido crucificado para él y él para el mundo.

En las tres referencias anteriores, "la carne" se refiere a la esfera de las relaciones sociales en las que a una persona se le compara con las demás, y se enfatizan sobre todo los logros religiosos y su atractivo para el orgullo humano. También se usa la palabra para hacer referencia a las relaciones externas en la descripción de los vínculos sociales que hay entre el esclavo y el amo

(Flm. 16; Col. 3:22; Ef. 6:5). *En sarki* describe también el ámbito de las relaciones materiales, que ocasionan ciertos problemas (1 Co. 7:28).

Este uso da a luz a un pasaje, por lo demás, difícil: "De manera que nosotros de aquí en adelante a nadie conocemos según la carne; y aun si a Cristo conocimos según la carne, ya no lo conocemos así" (2 Co. 5:16). Algunas versiones traducen correctamente la expresión, "desde un punto de vista humano". Se puede utilizar este versículo para apoyar la opinión de que Pablo no se interesa por el Jesús histórico; ni tampoco aporta pruebas para responder a la pregunta de si él llegó a conocer al Jesús histórico. Pablo se refiere a una transformación de su propia perspectiva respecto a todas las relaciones de la vida. En cierta época el "punto de vista humano" predominó en la perspectiva de Pablo y por eso resultaba de suma importancia si alguien practicaba una justicia legal y se dedicaba a una obediencia perfecta de la Torá judía. Desde este punto de vista, Jesús, que buscó a publicanos y pecadores, y que fue crucificado como un criminal común, no podía de ningún modo ser el Mesías, sino que tenía que ser un impostor. Sin embargo, ahora el punto de vista de Pablo se ha transformado por completo y estos asuntos de relaciones humanas y de orgullo religioso carecen totalmente de importancia. Estar en Cristo es ser una nueva creación en virtud de la cual se le da a la vida y a las relaciones una interpretación totalmente diferente (v. 17).

En algunos pasajes este uso se extiende para describir el estado o esfera total en la que viven las personas por naturaleza, la forma de vida que caracteriza la existencia humana ordinaria. A Pablo se le había acusado en Corinto de buscar sus propios fines egoístas y de actuar para su propio beneficio. Algunos le acusaron de actuar "según la carne"; pero él contesta que aunque vive "en la carne", no milita "según la carne", porque sus armas no son carnales sino espirituales (2 Co. 10:1–3). Aquí la expresión "andar en la carne" no se puede referir a la existencia corporal per se; esto resulta demasiado obvio, incluso mencionarlo. Pablo admite que vive en medio de un *sistema mundano* pero insiste en que su ministerio no se lleva a cabo con recursos que se deriven de dicho sistema o que estén de acuerdo con sus principios. No se enfatiza la pecaminosidad del orden mundano; de hecho, el cristiano necesariamente debe vivir en este medio. Ese sistema es, sin embargo, importante para proporcionar los recursos para lograr una meta divina. Aparece el mismo uso donde Pablo dice que "no sois muchos sabios según la carne, ni muchos poderosos, ni muchos nobles" (1 Co. 1:26). El ámbito "según la carne" es la esfera de la vida que caracteriza la existencia humana; tiene su sabiduría, su nobleza y su poder. No es intrínsecamente pecaminoso, pero es incapaz de alcanzar la sabiduría y el conocimiento de Dios. Es necesario un nivel nuevo y más elevado de existencia para entrar en el reino de las realidades divinas.

El uso ético de *sarx*

Hay un grupo de referencias características de Pablo, que se suelen llamar el uso "ético" de *sarx*. El rasgo más importante acerca de este uso es que el ser humano como carne, en contraposición al Espíritu, es pecaminoso, y sin la ayuda de ese Espíritu no puede agradar a Dios. El texto más expresivo es la primera parte de Romanos 8. Pablo contrapone claramente los que son "de la carne" y los que son "del Espíritu". Los que son de la carne no pueden agradar a Dios. "Más vosotros no vivís según la carne, sino según el Espíritu, si es que el Espíritu de Dios mora en vosotros" (Ro. 8:8, 9). Formalmente, la afirmación "los que viven según la carne no pueden agradar a Dios" contradice Gálatas 2:20: "Lo que ahora vivo en la carne, lo vivo en la fe del Hijo de Dios". Obviamente, Pablo utiliza la misma expresión para designar dos cosas totalmente diferentes. Vivir "en la carne" (Gá. 2:20) es vivir en el cuerpo físico, lo cual puede ser una existencia en fe. "Según la carne" en Romanos 8:8, y según el versículo 9, significa no ser morada del Espíritu, es decir, ser una persona no regenerada. Los que no han sido regenerados, en quienes no mora el Espíritu, no pueden cumplir la Ley de Dios y agradarle. Sin duda, esta afirmación no quiere decir que no puedan hacer nada que agrade a Dios. Romanos 2:15 afirma que incluso los gentiles tienen la Ley de Dios escrita de alguna forma en el corazón; y si obedecen esa Ley interna, necesariamente agradan a Dios. Romanos 8:8 significa que la persona no regenerada no puede agradar a Dios amándole y sirviéndole como Él quiere. Así pues, la Ley es incapaz de conseguir que las personas agraden a Dios porque la carne es débil (Ro. 8:2). Vivir según la carne es muerte; vivir según el Espíritu es vida (Ro. 8:6). En otro lugar dice Pablo; "yo sé que en mí, esto es, en mi carne, no mora el bien" (Ro. 7:18). Carne en este caso no puede ser la carne física, porque el cuerpo de carne es el templo del Espíritu (1 Co. 6:19) y miembro de Cristo (1 Co. 6:15), y debe ser un medio para glorificar a Dios (1 Co. 6:20). Pablo quiere decir que en su naturaleza no regenerada no mora nada que tenga la bondad que Dios exige.

La carne es algo que permanece en el creyente, incluso después de que haya recibido el Espíritu. Escribiendo a cristianos, Pablo dice que la carne y el Espíritu se oponen entre sí "para que no hagáis lo que quisiéreis" (Gá. 5:17). Hay un conflicto que se desarrolla en el seno del cristiano. Recibir el Espíritu no quiere decir que el problema de la carne quede resuelto. Hay un conflicto entre la carne y el Espíritu por el cual el creyente debe aprender a conseguir que el Espíritu predomine.

Puntos de vista diferentes

Hemos seguido a RV al poner en mayúscula Espíritu, porque pensamos que se refiere al Espíritu divino que es dado y que no forma parte intrínseca del ser humano. Sin embargo, muchos estudiosos han interpretado la doctrina de Pablo de la carne en el sentido de un dualismo helenista, en el cual ésta es el cuerpo, y que se considera como esencialmente pecaminoso.[45] La fuente del mal es la materialidad misma. Esta interpretación dualista ha recibido su formulación clásica con Pfleiderer, que interpreta el concepto paulino de pecado en el sentido de que es un ser espiritual demoníaco que reside en la carne física; y aunque, como consecuencia de ello, la carne misma no es idéntica al pecado, es sin embargo la sede y el órgano del principio pecaminoso demoníaco. Como el ser humano físicamente consiste en carne, se ha visto esclavizado al poder pecaminoso que mora en su sustancia material.

En contra de esta interpretación dualista, se presenta el hecho indiscutible de que Pablo no consideraba que el cuerpo fuera pecaminoso per se; y por tanto, cuando ve la *sarx* como pecaminosa, debe referirse a algo diferente a la sustancia física que constituye mi cuerpo. El cuerpo ha sido hecho para el Señor (1 Co. 6:13) y debe unirse a Cristo (v. 15). En él mora el Espíritu de Dios (1 Co. 6:19) y ha de ser un medio por el que Dios sea glorificado (v. 20). El cuerpo comparte la experiencia de la santificación (1 Co. 7:34) y debe ser presentado a Dios como sacrificio vivo, santo y agradable a Dios (Ro. 12:1).

Una segunda opinión interpreta *sarx* a la luz de un supuesto dualismo ético innato en la naturaleza humana. Dentro de la persona hay dos principios: el superior y el inferior, *pneuma* y *sarx*, y entre ellos hay un conflicto incesante. El cristiano es aquél que, con la ayuda divina, ha encontrado la victoria del principio espiritual superior. El espíritu del ser humano es el verdadero ego, el yo mejor, la naturaleza espiritual en la que está muy próximo a Dios, la parte imperecedera que le relaciona con el mundo eterno e inextinguible. En los cristianos esta vida superior se ha convertido en el elemento predominante, y en ellos el espíritu humano se desarrolla y adquiere preponderancia en la conducción de la vida. Este dualismo ético innato se describe vivamente en las palabras de Beyschlag:

> *Pero ninguno de los apóstoles ha descrito, como Pablo, la fuerza dominante de la carne, la naturaleza sensual, egoísta, o ha enfatizado la debilidad de lo divino en el ser humano, que es como cera evanescente o germen latente; y nadie, como él, ha hecho sentir el peso de toda la obra de la salvación sobre este elemento malo en el ser humano y la naturaleza; porque la salvación, iniciada por Cristo como el ser espiritual ideal, consiste en quebrantar el poder de la carne y en avivar la cera evanescente del espíritu para convertirla en una llama diáfana, santa, con recursos de lo alto; y esta llama transfigura ante todo el corazón y la conducta, y, por fin, convierte el cuerpo mortal en la imagen del Cristo perfeccionado.*

La objeción ante esta interpretación se basa en el hecho de que el conflicto que Pablo ve entre la carne y el espíritu no lo es entre la carne y el espíritu humano, sino entre la carne humana y el Espíritu de Dios. En el versículo 9 puede verse con claridad que el participante más elevado en el conflicto que se describe en Romanos 8:4–8 es el Espíritu Santo y no el espíritu humano, cuando dice, "más vosotros no vivís según la carne, sino según el Espíritu, si es que el Espíritu de Dios mora en vosotros" (Ro. 8:9). En este estado el espíritu humano está en realidad vivo, pero se debe al hecho de que el Espíritu de Dios que ha resucitado a Jesús de entre los muertos mora en la persona (Ro 8:10, 11). Pablo habla a menudo del espíritu humano, como ya hemos visto, pero no lo contrapone a *sarx*. El conflicto que se describe en Gálatas 5:16–26 no está en el ser humano no regenerado, sino sólo en la persona en la que el Espíritu de Dios ha hecho morada. Dentro de esta clase de persona, surge un conflicto entre el Espíritu y la *sarx*, que se resuelve sólo cuando la "carne es crucificada" y el Espíritu llega a dominar por completo su vida.

Una tercera interpretación es la de Rudolf Bultmann, que insiste en que el concepto paulino de carne no va más allá de la exposición anterior en la que se considera a ésta como el ámbito de la existencia terreno natural del ser humano, la cual, en contraste con Dios, es débil y transitoria. Cuando este ámbito de lo externo y natural pasa a ser el objetivo de la búsqueda humana, se convierte no sólo en lo terrenal-transitorio contrastando con lo transcendente-eterno, sino que se considera como positivamente pecaminoso y opuesto a Dios. Esa conducta o actitud que se dirige hacia la carne, tomándola como norma, es pecaminosa. La búsqueda de lo meramente humano, lo terrenal-transitorio, es pecaminoso, porque la persona debe encontrar su verdadera vida en Dios.

Esta interpretación es mucho más atractiva y concuerda con los datos exegéticos más que las otras dos que se han expuesto anteriormente. Pero estos datos exigen una posición que vaya más allá de Bultmann. Él mismo se ve forzado a reconocer que a veces *sarx* se personifica y equivale prácticamente a "yo". Además, las "obras de la carne" no se dirigen primordialmente al mundo de lo externo y al ámbito de lo terrenal-natural; pecados como la enemistad, la envidia, el egoísmo y los celos son "pecados del espíritu", que pueden o no manifestarse en el ámbito de las relaciones externas (Gá. 5:19–21). Se centran en sí mismos y no en Dios, y la carne es mi yo que busca sus propios fines en contraposición al Espíritu de Dios. La interpretación de Bultmann le exige hacer una exégesis de expresiones como "mientras estábamos en la carne" (Ro. 7:5) y "más vosotros no vivís según la carne, sino según el Espíritu" (Ro. 8:9) de forma proléptica, como referencias de carácter promisorio al estado glorificado. Éste, sin embargo, no parece ser el significado de Pablo. No mira hacia una liberación futura de la carne sino que afirma el estado presente de existencia en el Espíritu y no en la carne. El que vive "en el Espíritu" de hecho sigue viviendo "en la carne" (Gá. 2:20); pero aunque sigue viviendo en el cuerpo y en el mundo natural, ya no vive "en la carne" sino "en el Espíritu" porque el Espíritu de Dios mora realmente dentro de él. Sólo se puede concluir que la expresión vivir "en la carne", significa vivir como persona no regenerada, ser alguien en quien no mora el Espíritu de Dios. *Sarx* desde el punto de vista ético es la naturaleza humana, la persona vista como una totalidad, aparte de la justicia y la santidad de Dios y en contraposición a las mismas. Como tal, no sólo es débil e impotente, sino también pecaminosa y rebelde contra Dios. Pablo distingue de forma absoluta entre los ámbitos "en el Espíritu" y "en la carne" en Romanos 8:4–11. El ser humano pertenece a un nivel o a otro; y su posición se define dependiendo de si el Espíritu de Dios mora o no en él. Aquellos en los que mora el Espíritu *están* o *viven* "en el Espíritu"; el ser humano natural está o vive "en la carne". Éste vive toda su vida en la humanidad que acabará con la muerte. El ser humano puede servir a Dios sólo cuando el Espíritu de Dios mora en él y le vivifica en el ámbito del espíritu (v. 10).

Una cuarta opinión es la de W. D. Davies, que ve los antecedentes del conflicto entre carne y espíritu en la doctrina rabínica de las dos inclinaciones, la buena (*yetzer ha tob*) y la mala (*yetzer ha ra*), que moran en todas las personas y luchan por la supremacía. Sin embargo, hay una diferencia peculiar entre Pablo y los rabinos; para éstos la inclinación buena era una posesión innata de todas las personas, mientras que el Espíritu que se opone a la carne en Pablo no es el espíritu humano sino el Espíritu divino, que los creyentes poseen.[54]

Sarx es la naturaleza humana no regenerada

Seguimos a los investigadores que entienden este uso "ético" de *sarx* como referencia no a la materialidad física del ser humano ni a un elemento inferior en el mismo, sino a la persona como un todo, vista en su condición caída, opuesta a Dios. Éste es un desarrollo natural del uso veterotestamentario de entender al ser humano de acuerdo con su fragilidad y debilidad frente a Dios. Cuando se aplica esto al ámbito ético, se enfatiza la debilidad ética humana, o sea, su pecaminosidad delante de Dios. *Sarx* representa no una parte de la persona sino a ésta como un todo – no regenerada, caída, pecadora. "En el caso de *sarx* el pensamiento predominante es el del ser humano que se encuentra solo frente a Dios – en otras palabras, el hombre natural concebido sin haber recibido todavía la gracia, o que todavía no está bajo su influencia total". "El apóstol no identifica *sarx* con el cuerpo material o sustancia externa del ser humano". "Gá. 5:19s. aclara que cuando se utiliza 'carne' en un sentido moral no tiene necesariamente un significado físico, ya que la mayor parte de los pecados atribuidos a la naturaleza inferior (*sarx*) podían muy bien ser practicados por un espíritu desencarnado".

> *El pecado no se manifiesta sólo en los deseos físicos, sino en todas las esferas de la vida (...) La persistencia de actos pecaminosos sugiere la existencia de un principio de pecado en el ser humano, una naturaleza pecadora inferior, que se identificó con la carne. Ésta se convirtió en sinónimo de la naturaleza inferior en general, en contraposición al yo más elevado (...) La naturaleza inferior era hasta tal punto una entidad que incluso tenía entendimiento (Col. 2:18; Ro. 8:6) propio.*

No podemos seguir a Stacey si lo que quiere decir es que la "naturaleza inferior" se identifica con la carne física. Como ya se ha dicho, muchas de las referencias "éticas" no tienen connotaciones físicas. "Las pruebas están en contra de la opinión de que Pablo creía que la carne era algo físico o una fuerza compulsiva hacia el mal. La carne que escoge el mal no es el cuerpo o materia como tal, sino un impulso heredado hacia el mal".

Aunque Pablo contrasta marcada y absolutamente el vivir "en la carne" (no regenerado) y el vivir "en el espíritu" (regenerado) en el creyente permanece una lucha entre carne y espíritu. Si "carne" significa naturaleza humana no regenerada, el creyente todavía posee esa naturaleza, aunque haya recibido el Espíritu. Incluso en el cristiano la carne lucha contra el Espíritu de modo que no puede ser la persona (perfecta) que desearía ser (Gá. 5:17).

Se refleja la misma situación en 1 Corintios 2:14–3:3, donde Pablo describe tres clases de personas: *psychikos*, el ser humano natural (2:14); *sarkikos*, el ser humano carnal (3:3); y *pneumatikos*, el ser humano espiritual (3:1). En este texto el "ser humano natural" es el no regenerado, el que vive "en la carne" (Ro. 8:9), es decir, cuya vida está dedicada enteramente al nivel humano y como tal es incapaz de conocer las cosas de Dios. El "ser humano espiritual" es aquel cuya vida está regida por el Espíritu Santo. Entre ellos hay una tercera clase que son "carnales" todavía, que son niños en Cristo. Deben por tanto vivir "en el Espíritu" aunque todavía no andan "según el Espíritu"; como son niños en Cristo debemos concluir que el Espíritu de Dios mora en ellos; sin embargo, el Espíritu Santo no ejerce un control total sobre sus vidas, y todavía andan "como hombres" (v. 3), poniendo de manifiesto las obras de la carne a través de celos y luchas. El que vive "en el Espíritu" y no "en la carne", es decir, el regenerado en quien mora el Espíritu de Dios, todavía tiene que aprender a andar según el Espíritu y no según la carne.

El triunfo sobre la carne

Aunque en el cristiano persiste la lucha entre el Espíritu y la carne, Pablo conoce el camino del triunfo del Espíritu. La carne del cuerpo entra en la órbita de la santificación (1 Ts. 5:23). Pero la carne, como naturaleza humana no regenerada, sólo puede ser entregada a la muerte.

Nos encontramos aquí con una tensión paulina conocida entre lo indicativo y lo imperativo. Pablo considera la muerte de la carne como algo que ya ha sucedido en la muerte de Cristo. Los que pertenecen a Cristo han crucificado la carne con sus pasiones y deseos (Gá. 5:24). El cuerpo de carne fue sepultado en la circuncisión de Cristo, es decir, en la circuncisión del corazón, que Cristo realiza (Col. 2:11). Pablo dice, "con Cristo estoy juntamente crucificado" (Gá. 2:20), y "nuestro viejo hombre fue crucificado justamente con él" (Ro. 6:6). La identidad de la carne y el yo se fortalecen por esta enseñanza acerca de la crucifixión, porque Pablo quiere decir lo mismo con la crucifixión de la carne que cuando afirma, "los que hemos muerto al pecado, ¿cómo viviremos aun en él?" "Somos sepultados juntamente con él para muerte en el bautismo" (Ro. 6:2–4). Soy yo, quien ha muerto con Cristo.

Se expresa la misma idea de una forma diferente en Colosenses 3:9: "No mintáis los unos a los otros, habiéndoos despojado del viejo hombre (*ton palaion anthropon*) con sus hechos, y revestíos del nuevo (*ton neon [anthropon]*). "Esto considera que se ha producido ya un cambio. El "viejo hombre" "denota el ser pecaminoso del inconverso". Ésta es otra forma de decir que el viejo yo (*anthropon*) ha sido crucificado con Cristo (Ro. 6:6).

Esta muerte de la carne no es algo, sin embargo, que funcione automáticamente. Es un evento que debe ser apropiado por la fe. Esto implica dos aspectos. Los creyentes deben reconocer que la carne ha sido crucificada con Cristo, y por tanto "consideraos [*a vosotros*] muertos al pecado, pero vivos para Dios en Cristo Jesús" (Ro. 6:11). Uno no se puede considerar muerto con Cristo a no ser que haya muerto y haya sido crucificado con Cristo; pero como esto ya ha sucedido, se puede poner en práctica en la experiencia diaria. Como he muerto con Cristo, hago "morir las obras de la carne" (Ro. 8:13). "Carne" se usa aquí como vehículo de las obras carnales – la vida sensual de la naturaleza no regenerada. Como hemos sido llevados de la muerte a la vida, debo presentarme "a Dios como instrumento de justicia" (Ro. 6:13). Como hemos muerto con Cristo debo hacer "morir lo terrenal (…) fornicación, impureza (…)" (Col. 3:5). Como hemos descartado la vieja naturaleza y nos hemos revestido de la nueva, debemos vestirnos de compasión, benignidad, humildad, y así sucesivamente (Col. 3:12).

Otra forma de describir el triunfo sobre la carne es "andad en el Espíritu, y no satisfagáis los deseos de la carne" (Gá. 5:16; cf. Ro. 8:4). Andar en el Espíritu quiere decir vivir cada momento bajo el control del Espíritu Santo. Andar implica vivir paso a paso, momento a momento; andar en el Espíritu quiere decir caminar bajo la dirección, control y liderazgo del Espíritu Santo.

Corazón

Pablo utiliza otras palabras para caracterizar al ser humano, la más importante de las cuales es corazón (*kardia*). El uso paulino es en esencia el mismo que el de la palabra hebrea *leb* y designa la vida íntima de la persona desde varios puntos de vista. El corazón o aspecto íntimo de la persona se contrasta con lo externo y visible. La verdadera circuncisión es un asunto del corazón (Ro. 2:29), no de la carne. La ausencia física puede significar presencia en el corazón (1 Ts. 2:17). La gloria externa es vanidad comparada con la del corazón (2 Co. 5:12). El corazón tiene secretos que sólo el Espíritu Santo puede revelar (1 Co. 4:5; 14:25). El verdadero conocimiento del ser humano únicamente se puede encontrar escudriñando el corazón (Ro. 8:27).

El corazón es la sede de las emociones, tanto buenas como malas. Puede sentir concupiscencia por lo malo (Ro. 1:24); pero Pablo puede decir que el deseo de su corazón es la conversión de sus hermanos judíos (Ro. 10:1). Pablo escribió a los corintios con "angustia de corazón" (2 Co. 2:4); sintió pena en el corazón porque los judíos habían rechazado a Cristo (Ro. 9:2). Ruega a los corintios que lo admitan o le abran su corazón (2 Co. 7:3).

Una palabra que tiene un significado parecido es *splangchna*, a veces traducida (KJV) erróneamente por "entrañas". Los *splangchna* eran los órganos más nobles – el corazón, el hígado, y los pulmones – y en Pablo se utiliza la palabra para hacer referencia al afecto cristiano (2 Co. 6:12; 7:15; Col. 3:12; Flm. 7, 12, 20). En Filipenses 1:8 y 2:1 significa amor.

Kardia también se puede utilizar para la actividad intelectual del ser humano. En Romanos 1:21, el corazón de los impíos carece de entendimiento. En 2 Corintios 9:7 Pablo exhorta a sus lectores a que den con liberalidad "como propuso en su corazón" (RV). Los "ojos del corazón" deben ser iluminados (Ef. 1:18) para entender la esperanza de los cristianos.

Kardia se puede utilizar para la sede de la voluntad. El corazón tiene propósitos o intenciones que sólo Dios conoce (1 Co. 4:5). El corazón puede ser impenitente porque se obstina en el mal (Ro. 2:5). El corazón puede ser obediente (Ro. 6:17), es decir, apoyado por la voluntad.

El *kardia* es el órgano del juicio ético. Los "corazones necios" de los impíos son aquellos cuyo pecado los ha hecho incapaces de juzgar adecuadamente (Ro. 1:21). Los gentiles poseen la ley, escrita en el corazón, que les permite distinguir entre bien y mal (Ro. 2:14). El corazón puede estar corrompido (Ro. 2:5) o iluminado (2 Co. 4:6).

El *kardia* es la sede de la experiencia religiosa. Dios puede brillar en el corazón (2 Co. 4:6); el corazón recibe el pago inicial del Espíritu (2 Co. 1:22); el corazón experimenta el derramamiento del amor de Dios (Ro. 5:5); Cristo puede morar en el corazón (Ef. 3:17); la paz de Cristo puede reinar en el corazón (Col. 3:15).

Entendimiento

Pablo a menudo habla del entendimiento (*nous*), para designar a un ser que conoce, piensa y juzga. *Nous* no se utiliza para hacer referencia a la persona que se dedica al razonamiento reflexivo, especulativo; la palabra se puede utilizar para el juicio práctico.

Que *nous* es el órgano del entendimiento es obvio en la exposición paulina acerca del tema de las lenguas. Cuando uno ruega en una lengua, su espíritu ruega pero su entendimiento es estéril (1 Co. 14:14), es decir, no entiende sus propias palabras. La paz de Dios sobrepasa todo entendimiento (Fil. 4:7). Pablo exhorta a los tesalonicenses a que no se dejen mover de su forma de pensar (2 Ts. 2:2), es decir, confundir en el pensamiento.

Que *nous* no es la razón especulativa sino el juicio moral resulta claro por el hecho de que los impíos tienen una "mente reprobada" (Ro. 1:28). Viven "en la vanidad de su mente" (Ef. 4:17). Incluso se puede decir que la carne tiene su entendimiento (Col. 2:18), que conduce al orgullo vano. En los creyentes el entendimiento debe renovarse constantemente (Ro. 12:2; Ef. 4:23). Resulta claro que *nous* es una facultad humana que puede ser dominada por el mal o por Dios.

El aspecto religioso de la palabra se ve en que Pablo puede hablar del entendimiento de Dios (Ro. 11:34), y de la mente de Cristo (1 Co. 2:16), que significa comprensión de la misma mente de Dios. La "mente del Señor" es sin duda su plan escondido de salvación, ahora ya revelado.

Nous también puede designar "la conciencia moral en cuanto determina concretamente la voluntad y la acción". En Romanos 7, el *nous* aprueba la Ley de Dios, reconoce su carácter espiritual, y desea obedecerla (Ro. 7:23). Pero la carne domina el entendimiento en el ser humano no regenerado, de forma que aunque sirva a la Ley de Dios con el entendimiento, con la carne sirve a la ley del pecado (Ro. 7:25).

El hombre interior

Pablo utiliza la expresión *ho eso anthropos* de dos maneras diferentes: para la persona no regenerada y para la persona regenerada. En Romanos 7:22, el "hombre interior" se utiliza como sinónimo del "entendimiento" que puede aprobar la Ley de Dios y la obedecerá, pero se siente impotente. Behm describe esto como "el lado espiritual del hombre, o el hombre mismo en cuanto que disfruta de autoconciencia, al pensar, querer y sentir". En 2 Corintios 4:16, el hombre interior se contrapone al "hombre exterior" – el hombre como ser terrenal corruptible. Mientras que el hombre exterior se va desgastando, el interior se va renovando cada día. "El hombre interior es el verdadero yo que pasa del cuerpo de carne al cuerpo de resurrección". En ambos casos, "el hombre interior" es el yo esencial, más elevado, redimido o redimible, hecho para Dios y opuesto al pecado.[74]

Conciencia

Pablo utiliza otra palabra que no tiene una equivalencia hebrea: *syneidesis*. Sin embargo, aunque el término fue muy usado por los filósofos griegos, especialmente los estoicos, la idea está incluida en la palabra hebrea de corazón, *leb*. La conciencia es una facultad universal. Pablo habla de su propia conciencia (Ro. 9:1), la conciencia de los cristianos (1 Co. 8:1–13; 10:23–11:1), y la conciencia de los gentiles (Ro. 2:15). La conciencia es la facultad de juicio moral. La palabra *syneidesis* significa conocimiento compartido con el propio yo. Es la conciencia que tiene la persona de su conducta como propia, y su juicio en cuanto a si tiene razón o está equivocada. Cuando Pablo dice, "de nada tengo mala conciencia" (1 Co. 4:4), quiere decir que su conciencia está limpia; no lo condena por haber hecho algo malo. Sin embargo, la conciencia no es ni el único ni el último tribunal. No es una guía autónoma, autosuficiente. Sigue diciendo, "no por eso soy justificado; pero el que me juzga es el Señor". La conciencia es, por tanto, como mucho una guía de valor relativo. Se podría tener una conciencia limpia, y aun así ser culpable de algo malo delante de Dios. En Romanos 9:1, se relaciona el veredicto de la conciencia con el Espíritu Santo, pero en ninguna parte se desarrolla la relación entre los dos.

Desafía a los corintios a que juzguen su conducta a la luz de la conciencia de ellos. Se recomienda a la conciencia de cualquier persona "delante de Dios" (2 Co. 4:2). Esto quiere decir que la conciencia juzgará la conducta de Pablo a la luz de la revelación que Dios ha dado. De nuevo afirma que Dios conoce las motivaciones de su conducta, y espera que las conciencias de los corintios estarán de acuerdo (2 Co. 5:11). En 1 Timoteo 1:5 y 19, relaciona la buena conciencia con la fe sincera. Sin embargo, la conciencia no es un guía absoluto. Cuando las personas se apartan de la fe, su conciencia se cauteriza (1 Ti. 4:2), es decir, se endurece de forma que no resulta una guía segura. Todo esto sugiere que la conciencia del cristiano debe siempre ejercerse a la luz de la revelación divina en Jesucristo.

En la cuestión de comer carne ofrecida a los ídolos, habla de los que tienen una conciencia "débil" porque no todos poseen el conocimiento correcto (1 Co. 8:7). No entienden que "todas las cosas son a la verdad limpias" (Ro. 14:20). Sin embargo, incluso en el caso de éstos, la conciencia es una guía que no debe violarse; y Pablo exhorta a los que tienen una conciencia fuerte, es decir, que entienden que "del Señor es la tierra y su plenitud" (1 Co. 10:26), para que se comporten de forma que no estimulen con su ejemplo a los débiles a mancillar su propia conciencia (1 Co. 8:9–13).

Los no creyentes, igual que los cristianos, tienen conciencia. Cuando los gentiles que no poseen la Ley del Antiguo Testamento para guiarlos en el bien, muestran "la obra de la ley escrita en sus corazones, dando testimonio su conciencia, y acusándoles o defendiéndoles sus razonamientos" (Ro. 2:15). Pablo no insinúa que la conciencia sea la guía que puede llevar a la salvación; sólo dice que como tienen conciencia, conocen la diferencia entre lo bueno y lo malo.

Capítulo 35

La nueva vida de Cristo

La nueva vida en Cristo se sintetiza en la clásica frase de Pablo, "si alguno está en Cristo, nueva criatura es, las cosas viejas pasaron: he aquí todas son hechas nuevas" (2 Co. 5:17). Este versículo se interpreta de forma popular con un sentido de experiencia subjetiva. Todos los apetitos y deseos de esta persona no regenerada han desaparecido para ser reemplazados por deseos y apetitos totalmente nuevos. Sin embargo, esta afirmación debe interpretarse en el contexto del pensamiento paulino en particular, y en el contexto del pensamiento novotestamentario en general.

La idea de novedad es claramente escatológica. Los profetas esperaban el día en el que Dios haría nuevas todas las cosas (Is. 43:19; cf. Jer. 31:21). Cuando Él complete su obra redentora, hará un nuevo pacto con su pueblo (Jer. 31:31ss.; cf. Ez. 34:25; 37:27); implantará un corazón y un espíritu nuevos en ellos (Ez. 11:19; 18:31; 36:26); los llamará con un nombre nuevo (Is. 62:2), les dará un cántico nuevo (Sal. 96:1), y creará cielos nuevos y tierra nueva (Is. 65:11; 66:22).

La idea de novedad conserva en el Nuevo Testamento su carácter escatológico. Dios creará cielos nuevos y tierra nueva (Ap. 21:1; 2 P. 3:13); la nueva Jerusalén descenderá del cielo para establecerse entre los seres humanos (Ap. 21:2; cf. 3:12); Dios proveerá vino nuevo para el banquete escatológico (Mc. 14:25); dará a su pueblo un nombre nuevo (Ap. 2:17; 3:12) y un cántico nuevo (Ap. 5:9; 14:3); hará nuevas todas las cosas (Ap. 21:5). Una nueva creación es el glorioso final de la revelación de la salvación de Dios; es la meta suprema de toda la *Heilsgeschichte* ("historia de la salvación") bíblica.

La afirmación paulina de que en Cristo lo viejo ha pasado y ha llegado lo nuevo es escatológica. "El nuevo *ser*, que ha surgido con Cristo, trae una nueva creación, la creación de una nueva humanidad". Esto debe entenderse dentro de la perspectiva escatológica total de Pablo. Obviamente la "nueva creación" no se refiere a una renovación del mundo físico; esta nueva creación aguarda la consumación escatológica (Ro. 8:21). La afirmación debe definirse en términos de lo que Pablo ve como nuevo en Cristo. El paso de lo viejo no significa el fin del siglo viejo; continúa hasta la parousia. Pero el siglo viejo no permanece intacto; el siglo nuevo lo ha quebrantado. En Cristo hay liberación del presente siglo malo (Gá. 1:4). En Cristo las personas ya no necesitan conformarse al siglo viejo (Ro. 12:2). El nuevo pacto con Dios ya ha comenzado (1 Co. 11:25). Dios ha traído en Cristo una nueva creación que debería manifestarse en buenas obras (Ef. 2:10). Ha creado "una nueva humanidad" que consiste en todos los que están en Cristo, ya sean judíos o gentiles (Ef. 2:15). Que esta nueva creación no se refiere en primera instancia a una nueva naturaleza moral interna se demuestra con el hecho de que Pablo dice a los que están en Cristo que deben vivir vidas rectas porque ya se han despojado de la vieja humanidad y se han revestido de la nueva, "la cual conforme a la imagen de la que lo creó se va renovando hasta el conocimiento pleno" (Col. 3:9–10). Revestirse de la nueva humanidad es algo más profundo que una renovación moral, aunque lo exige. La renovación de la nueva humanidad no designa una renovación gradual de carácter moral sino que ésta, que ya existe en Cristo, se va haciendo realidad en la iglesia cristiana de forma progresiva.[7] Aunque revestirse de la nueva humanidad es algo que ya ha sucedido en Cristo, no es un evento que se haya producido una vez por todas, porque Pablo exhorta a despojarse de la vieja humanidad que se manifiesta en una conducta pagana y a revestirse de la nueva que ha sido creada según Dios (Ef. 4:22–24). La idea subyacente es que aunque los creyentes viven en el siglo viejo, como están en Cristo, pertenecen al siglo nuevo con su nueva creación (indicativo), y han de vivir una vida que exprese su nueva existencia (imperativo).

En Cristo

La expresión "en Cristo" es una de las formulaciones paulinas más características y su significado preciso ha sido debatido enérgicamente. Deissmann llama la atención del mundo de los especialistas acerca del significado teológico de esta expresión al enfatizar su dimensión "mística". En la interpretación de Deissmann resulta básica la identificación de Cristo y el Espíritu (2 Co. 3:17). El "Cristo-Espíritu" tiene un cuerpo que no es terrenal o material, sino que es el resplandor divino. El Cristo-Espíritu es el nuevo ambiente del cristiano. Es análogo al aire. Así como estamos en el aire y él está en nosotros, también estamos en Cristo y viceversa. Algo parecido a esto dice Johannes Weiss, que interpreta la doctrina paulina del Cristo-Espíritu como "un fluido que nos rodea y penetra en nosotros (…) un ser amorfo, impersonal, que todo lo penetra".[10] Esta misma idea puede parecer intolerable a los que no están familiarizados con las formas de pensamiento antiguas según las cuales lo "espiritual" era *ipso facto* inmaterial. Sin embargo, el mundo antiguo tenía categorías mentales diferentes. "Espíritu" podía entenderse en términos de una materia invisible sutil que podía penetrar todas las formas visibles de la materia.

La afirmación básica de Deissmann, a saber, que el significado fundamental de "en Cristo" es de comunión mística, ha sido aceptada por muchos estudiosos. "En Cristo" designa una comunión consciente con él. Nada nos podrá separar del amor de Dios en Cristo Jesús (Ro. 8:39). La nueva vida significa justicia, paz y gozo en el Espíritu Santo (Ro. 14:17). En Cristo hay consuelo (Fil. 2:1) y también lo hay en el servicio humilde (Fil. 2:5). La paz de Dios guarda los corazones y las mentes de los que están en Cristo (Fil. 4:7). Pablo puede sentirse gozoso en Cristo en toda clase de situaciones humanas (Fil. 4:13).

Otros estudiosos no niegan la verdad fundamental del misticismo personal que propone Deissmann, pero señalan que hay muchos pasajes que tienen un sentido colectivo. "En Cristo" equivale prácticamente a ser parte de la Iglesia. Las iglesias de Judea están en Cristo (Gá. 1:22). Los que dirigen a la Iglesia como ministros lo hacen en Cristo (1 Co. 4:15). Hay un cuerpo en Cristo (Ro. 12:5). Todos los creyentes son uno en Cristo Jesús (Gá. 3:28). Gentiles y judíos participan de la misma promesa en Cristo (Ef. 3:6). Los santos y hermanos creyentes de Colosa están unidos en Cristo (Col. 1:2). En esos dichos, hay un énfasis corporativo inconfundible. Los creyentes están en Cristo no sólo como personas, sino como pueblo.

La centralidad de la interpretación "mística" ha desaparecido entre los estudiosos recientes. Además de los dichos que se pueden interpretar de forma mística y eclesiológica, hay numerosas afirmaciones que implican hechos objetivos que afirman lo que Dios ha hecho en Cristo. Éstas no pueden adscribirse a categorías místicas o eclesiológicas. Dios nos ha escogido en Cristo (Ef. 1:4) y nos ha predestinado (Ef. 1:5). Tanto la redención (Ro. 3:24) como la santificación (1 Co. 1:2) se han producido en Jesucristo. La reconciliación del mundo se ha realizado en Cristo (2 Co. 5:19). La justificación llega a las personas en Cristo (Gá. 2:17). En él está disponible el acceso a Dios (Ef. 2:12). El perdón de pecados se da en él (Ef. 4:32). La totalidad de la salvación está en Cristo (2 Ti. 2:10). Además de estos dichos "jurídicos" los hay que tienen relación con la vida y el servicio cristianos cotidianos. Pablo habla la verdad en Cristo (Ro. 9:1). Está orgulloso en Cristo (Ro. 15:17) todo su proceder es en Cristo (1 Co. 4:17); su encarcelamiento en Roma es en Cristo (Fil. 1:13); los creyentes incluso mueren en Cristo (1 Ts. 4:16).

La clave de esta desalentadora diversidad de usos puede encontrarse en la expresión paralela "en Adán". Así como todos mueren en él, también en Cristo todos serán vivificados (1 Co. 15:22). Esto implica una doble idea: la de solidaridad y la del contraste escatológico entre los dos siglos. Pablo concibe dos grupos de personas. Las naturales que están en Adán; las renovadas que están en Cristo. Así como Adán es la cabeza y el representante de la vieja raza, Cristo es la cabeza y el representante de la nueva humanidad. En Adán vino el pecado, la desobediencia, la condenación y la muerte; en Cristo viene la justicia, la obediencia, el perdón y la vida (Ro. 5:12ss.). Los que están en Adán pertenecen al viejo *ser*, con su esclavitud al pecado y a la muerte; los que pertenecen a Cristo son parte del nuevo *ser* con su libertad y vida. Best expresa esto en términos de la Historia de la redención. "La expresión 'en Cristo' se aplica a la situación histórico-salvífica (*heilsgeschichtlich*) de aquellos que pertenecen a él en virtud de su unión existencial con su muerte y resurrección". Puede expresarse la misma idea en términos escatológicos. "La mejor forma de explicarla es en el sentido de que no surge ni del misticismo ni de las ideas realistas de la comunión sacramental, sino de la Escatología cristiana primitiva. La muerte y la resurrección de Jesús fueron eventos escatológicos, que dieron lugar a la transición de este siglo al Siglo Venidero. Los creyentes pudieron aprovecharse de ella, pero la transferencia de un siglo al otro solo pudo darse 'en Cristo'. Los que le pertenecían por la fe pasaron por la muerte y por la resurrección y así fueron vivificados para Dios".[20] Por tanto estar "en Cristo" significa estar en la nueva esfera de la salvación. Estar en Cristo significa experimentar la novedad del nuevo ser. En el ámbito de la fe, y no en el de la naturaleza y de la sociedad, lo viejo ha pasado, y ha llegado lo nuevo (2 Co. 5:17). En cierto sentido, incluso los creyentes siguen estando en Adán, porque mueren; siguen estando en el antiguo ser, porque viven en un mundo pecaminoso y comparten la condición caída de la creación. Pero desde el punto de vista de la redención, *heilsgeschichtlich*, han entrado en una nueva existencia en Cristo – la vida del nuevo ser.

En el Espíritu

La persona en Cristo está también "en el Espíritu". Si lo opuesto de "en Cristo" es estar en Adán, lo opuesto de "en el Espíritu" es estar "en la carne" (Ro. 8:9). Hemos visto que la expresión "en la carne" puede tener varios significados. Sólo tiene un sentido sicológico y social cuando designa la simple existencia humana en el cuerpo (Gá. 2:20), pero aquí tiene una connotación religiosa y designa la vida que se vive sólo en el nivel humano, excluyendo todo lo que se relaciona con Dios. Es sinónimo de vida en el viejo ser de pecado, esclavitud y muerte. Los que están "en Adán" también están "en la carne". Sin embargo, la persona que está "en Cristo", en el ser de vida y libertad, también está en el Espíritu. Llegados a esto, es difícil encontrar alguna diferencia significativa entre los dos términos. Estar "en el Espíritu" significa estar en el ámbito que el Espíritu ha creado, donde Él bendice y da nueva vida. Es difícil ver en este versículo algo de la experiencia interna del creyente; parece tener un sentido local pleno. Vida "en el Espíritu" no es una bendición otorgada a un determinado tipo de creyente: se aplica a todos por igual. Ser cristiano significa haber recibido la vida por el Espíritu Santo. Ambas cosas van juntas: la vida interior que Él comunica, es decir, el Espíritu Santo, y la vida en ese nuevo ámbito. "Si alguno no tiene el Espíritu de Cristo no es de él" (Ro. 8:9).

Vida en el Espíritu significa existencia escatológica, vida en el siglo nuevo. Esto se basa en el hecho de que la presencia del Espíritu Santo en la Iglesia es en sí misma un evento escatológico.

Este significado *heilsgeschichtlich* de "en el Espíritu" se aprecia en 1 Corintios 6:11: "Ya habéis sido lavados, ya habéis sido santificados, ya habéis sido justificados (...) por el Espíritu de nuestro Dios". Lavar puede incluir el acto simbólico del bautismo, pero su significado primario es de purificación del pecado. La justificación es el acto de perdón, santificación es el hecho de la dedicación a Dios. Todos ellos se entienden como hechos que ya han ocurrido en la vida de los que están en el Espíritu. Del mismo modo, los gentiles que antes eran impuros han sido santificados en el Espíritu Santo (Ro. 15:16). En el Espíritu Santo, los creyentes son sellados para el día de la redención (Ef. 4:30). Por medio de Cristo, pero en el Espíritu, las personas tienen acceso a Dios Padre (Ef. 2:18). En el Espíritu los creyentes son juntamente edificados para formar una morada para Dios (Ef. 2:22). La afirmación de que el Reino de Dios significa "justicia, paz y gozo en el Espíritu Santo" (Ro. 14:17) debe probablemente entenderse en el mismo sentido. Justicia y paz normalmente designan una relación objetiva con Dios. Estar "en el Espíritu" tiene el mismo significado que estar en el Reino de Cristo (Col. 1:13), porque con la venida del Espíritu Santo al mundo, primero en el ministerio de Jesús (Mt. 12:28) y después en Pentecostés, se inició el nuevo siglo. Estar en el Espíritu significa estar en la esfera del reinado redentor de Dios, que está mediado por el Espíritu.

Otros textos acerca de los que están en el Espíritu se refieren a aspectos de la vida cristiana. La oración debería ser en el Espíritu (Ef. 6:18) y el amor también (Col. 1:8). El ministerio del

Evangelio se lleva a cabo en el Espíritu (1 Ts. 1:5). El culto a Cristo se lleva a cabo en el Espíritu (1 Co. 12:3). Otros pasajes tienen un significado más instrumental Efesios 3:5; 1 Corintios 12:9; y probablemente 1 Corintios 12:13.

No en la carne

El hecho de que los creyentes están en el Espíritu tiene su equivalente en que ya no están en la carne. "Vosotros no vivís según la carne, sino según el Espíritu" (Ro. 8:9). Es difícil entender esto de forma proléptica, como referencia a una forma promisoria del estado glorificado. La misma idea está en Romanos 7:5: "Mientras estábamos en la carne", que indica claramente que los que están en el Espíritu ya no están en la carne. También aquí hay un contraste entre dos modos de existencia – dos ámbitos de vida: el viejo ser – en la carne – de pecado y muerte; el nuevo ser – en el Espíritu – de justicia y vida. La persona que está en el Espíritu sigue viviendo en su carne humana mortal (Gá. 2:20), pero ha entrado en un nuevo ámbito de vida en el Espíritu. En el viejo ser, las preocupaciones de la carne, del mundo, de la vida natural eran el punto central y el fin primordial de su existencia; en el nuevo ser, las cosas de Dios y de Cristo han pasado a ser su amor primordial. Toda persona está en un ámbito u otro. El factor determinante es si el Espíritu de Cristo mora en la persona. Uno no pasa de un ámbito a otro por crecimiento o progreso gradual, sino recibiendo a Jesucristo como Señor.

Muertos a la carne

Otra forma que tiene Pablo de expresar la misma verdad es con los términos de hacer morir y de crucificar la carne. Cuando uno llega a estar en el Espíritu, se ve liberado del ámbito de la carne. Se considera como muerto; ha sido crucificado (Gá. 5:24). Pablo puede expresar la misma verdad diciendo que él ha muerto. "Con Cristo estoy juntamente crucificado" (Gá. 2:20). Ésta no es una afirmación subjetiva de algo que sucede en la conciencia cristiana, sino una afirmación teológica de la posición propia en Cristo, pero tiene grandes consecuencias para la conciencia y vida cristianas. Se expresa la misma idea cuando Pablo dice que ha sido crucificado al mundo y el mundo para él (Gá. 6:14). Que Pablo pueda decir que el mundo ha sido crucificado para él demuestra que no es una experiencia subjetiva. Vive en el mundo, pero ya no pertenece al mundo, porque ha entrado en una nueva existencia. No se trata de afirmaciones de experiencias místicas, sino de un hecho teológico que el creyente ha de aceptar por la fe como la base completa de su vida. Son formas diferentes de expresar el único hecho escatológico: la persona en Cristo – o en el Espíritu – es una nueva criatura para la cual la antigua vida de esclavitud al pecado ha pasado y ha llegado una vida nueva de libertad y justicia.

Muerto-vivo con Cristo

Una vez más Pablo utiliza la expresión de morir y resucitar con Cristo para indicar la misma verdad (Ro. 6:1–11). El bautismo en Cristo (v. 2) significa unión con él en su muerte, haber sido sepultado con él, lo cual a su vez significa muerte al pecado, la crucifixión de la vieja humanidad, la destrucción del "cuerpo de pecado" (v. 6). En el aspecto positivo, significa libertad del pecado y vida en Dios. En este pasaje la resurrección con Cristo es futura y escatológica (vv. 5, 7), pero Efesios 2:5–6 habla de una resurrección presente con Cristo, y la afirmación de que estamos vivos en Dios (v. 11) muestra que la idea está en la mente de Pablo en Romanos 6.

Este pasaje se ha interpretado a menudo como un misticismo individualista, como una experiencia personal íntima, o como la contemporización de los beneficios de los eventos pasados de la muerte y resurrección de Cristo por medio del sacramento del bautismo. Sin embargo, estudios recientes han demostrado que debe interpretarse de acuerdo con el pensamiento escatológico de Pablo. Morir y resucitar con Cristo significa muerte al viejo ser de pecado y muerte, y participación en el nuevo ser de vida y justicia. La muerte y la resurrección de Cristo no fueron simples eventos históricos del pasado, sino sucesos escatológicos. Con la muerte y la resurrección Cristo dio comienzo a un nuevo ser. "Pablo piensa en un ser o dominio como una esfera unificada, gobernada por ciertos poderes que determinan el carácter que tiene la existencia en ella". Adán, que introdujo pecado y muerte, determina la existencia en el viejo ser, y Cristo es el hombre inclusivo "que representa y encarna la totalidad del nuevo ser porque determina la naturaleza de la existencia en él". Esta muerte y resurrección no es una experiencia mística que *ipso facto* cambia la naturaleza íntima del individuo cuando cree, ni tampoco es una transformación que se produce con la eficacia sacramental del bautismo. Es más bien un hecho escatológico que ha ocurrido en la misión de Jesucristo, pero que sólo se puede percibir por la fe. Desde Cristo, hay dos dominios: el de Adán y el de Cristo. "El nuevo mundo y su salvación ya están presentes, pero quedan ocultos entre el antiguo mundo". Desde la acción de Dios en Cristo, la persona se encuentra frente a la elección de ubicarse en uno de los dos dominios. Puede permanecer indiferente y seguir en el camino de pecado y muerte; o puede decidirse por Cristo y ser introducida por la fe en el nuevo dominio de vida y justicia. Éste es un hecho escatológico que todo creyente debería conocer (Ro. 6:2, 6), y sobre cuya base debe considerarse vivo para Dios. Significa un cambio de dominio. En el viejo ser, regía el pecado (v. 12), pero en el nuevo, se ha quebrantado el dominio del pecado (v. 14). Los creyentes deben reconocer este cambio de dominio, y *por esta razón* deben cambiar su adhesión del pecado a Dios (vv. 17, 18, 22). Debido a este cambio ocurrido en Cristo se exhorta a los creyentes a entregarse a la justicia (v. 19).

Circuncisión

La metáfora de la muerte y resurrección va unida a la circuncisión en Colosenses 2:11–12: "En él también fuisteis circuncidados con circuncisión no hecha a mano, al echar de vosotros el cuerpo pecaminoso carnal, en la circuncisión de Cristo; sepultados con él en el bautismo, en el cual fuisteis también resucitados con él, mediante la fe en el poder de Dios que le levantó de los muertos". Éste es un pasaje notoriamente de difícil exégesis. Muchos comentaristas entienden la circuncisión de Cristo como metáfora por su muerte, y el "echar de vosotros el cuerpo pecaminoso carnal" como referencia a la crucifixión de Cristo.[37] Sin embargo, como Pablo se ha referido a la circuncisión del corazón, es más fácil entender la circuncisión hecha sin las manos como referencia a esta circuncisión "espiritual" (cf. Ro. 2:29), en especial dado que la circuncisión es una metáfora no demasiado usual para referirse a la muerte de Cristo. Por tanto, "echar el cuerpo pecaminoso carnal" equivale a despojarse de la vieja humanidad (Col. 3:9). Este grupo de metáforas – circuncisión, echar el cuerpo carnal, sepultura en el bautismo, resurrección con Cristo – se explican en el versículo 13, donde Pablo cambia el lenguaje para decir que fuera de Cristo las personas están muertas en sus pecados y, como gentiles, alienadas de los pactos de Israel (ver Ef. 2:11–12); aun así Dios les ha dado vida en Cristo. Muerte, sepultura y resurrección con Cristo; un estado de muerte y de vida: éstas son dos formas diferentes de afirmar la misma verdad escatológica. Además, no se refieren sólo a una experiencia subjetiva del creyente individual, sino a un evento que ha ocurrido en la muerte y resurrección de Cristo. El creyente entra en este nuevo ámbito por la fe y el bautismo.

La vida en la que entra el creyente se explica cómo perdón de nuestros pecados (v. 13), y la anulación del "acta de los decretos que había contra nosotros" (v. 14). Un "acta" es la afirmación legal de una deuda firmada por el deudor. Los judíos estaban en deuda con Dios porque no habían cumplido la Ley; los gentiles estaban en deuda también porque no habían seguido la luz de la creación (Ro. 1:20) ni la de la conciencia (Ro. 2:15). Cristo en la crucifixión tomó esta acta de su deuda, de su pecado, de su condenación, y satisfizo esa deuda tomando sobre sí el castigo por ella. Así pues, la muerte de Cristo sirve para transferir al creyente del ámbito de la deuda, de la condenación y de la muerte – el viejo ser – al ámbito de la vida en el nuevo ser.

Muerte al mundo

Esta unión del creyente con Cristo en su muerte significa que también ha muerto a los elementos del mundo (Col. 2:20). Esto no es una experiencia, sino un hecho sobre el cual el cristiano debe vivir su vida. Como ha muerto al mundo, ya no debe vivir como si fuera un simple ser mundanal humano. En el contexto, esto se define como someterse a normas legalistas de prácticas ascéticas para lograr un nivel más elevado de santidad, más que experimentar la libertad que hay en Cristo. La búsqueda de tales perversiones del Evangelio es negar la verdadera existencia cristiana. Cristo ha sido resucitado y se ha sentado en el cielo a la diestra de Dios. Es Señor del nuevo ser de redención. El creyente ha sido resucitado con Cristo, exaltado en los cielos, y su "vida está escondida con Cristo en Dios" (Col. 3:3). También en esto debería resultar obvio que no se trata de una experiencia subjetiva; presenta la nueva esfera en la que vive el creyente. Como ha sido exaltado en los cielos, el creyente ha de poner la mente "en las cosas de arriba, no en las de la tierra" (Col. 3:2). Obviamente este mandato no significa indiferencia completa hacia los asuntos humanos y los detalles de la vida cotidiana. Aunque esta forma de hablar parece más bien dualista, no incorpora ni un dualismo platónico ni una doctrina gnóstica de la materia como mala. El dualismo es religioso y no cosmológico. Las "cosas de arriba" representan el ámbito de Dios, que ya ha penetrado en la Historia humana en la persona y misión de Jesús y traído a las personas[43] el nuevo ámbito de vida.

En Efesios 2:5–6 se encuentra la misma teología de la muerte, de estar vivo con Cristo y de ser exaltado con él para sentarse en los lugares celestiales, aunque sin ninguna mención del bautismo en la muerte o resurrección de Cristo. Esta nueva vida se describe además como una nueva creación de Dios, para buenas obras (v. 10).

Cristo mora

No sólo el ser humano renovado está en Cristo y en el Espíritu; tanto Cristo como el Espíritu moran en él. En Romanos 8:9–10 se ve que se trata de dos aspectos de la misma realidad: "Mas vosotros no vivís según la carne, sino según el Espíritu, si es que el Espíritu de Dios mora en vosotros (…) Pero si Cristo está en vosotros (…)" He aquí los aspectos objetivo y subjetivo de la misma realidad. Sorprende, sin embargo, dada la frecuencia de la expresión "en Cristo", que Pablo se refiera sólo de vez en cuando a la morada de Cristo en el creyente, aunque sí habla a menudo de la morada del Espíritu. Sí aclara que concibe a Cristo como morando en el creyente. El creyente ha sido crucificado con Cristo, pero tiene una nueva vida porque Cristo vive en él

(Gá. 2:20). Es Cristo en el creyente el que le garantiza la esperanza de la redención final (Col. 1:27). Cristo mismo es nuestra vida (Col. 3:4). No se trata de una experiencia que se da una vez por todas, porque Pablo ora para que los creyentes se fortalezcan en el ser interior, "para que habite Cristo por la fe en vuestros corazones" (Ef. 3:17).

Pablo habla con mucha mayor frecuencia de que el Espíritu Santo mora en el creyente. Dios ha derramado su Espíritu (Ro. 5:5; 2 Co. 1:22; 5:5; Gá. 3:5; 1 Ts. 4:8), y los cristianos han recibido el Espíritu (Ro. 8:15; 1 Co. 2:12; 12:13b; 2 Co. 11:4; Gá. 3:2) y tienen el Espíritu (Ro. 8:23), que mora en ellos (Ro. 8:9, 11; 1 Co. 3:16; 6:19; 2 Ti. 1:14). El Espíritu actúa en los cristianos, dándoles testimonio (Ro. 8:16), ayudándoles en su debilidad (Ro. 8:26), guiándoles (Ro. 8:14). El Espíritu es el Espíritu de Cristo (Ro. 8:9), el "Espíritu de su Hijo" (Gá. 4:6).

El Señor es el Espíritu

La estrecha relación entre Cristo y el Espíritu se formula en 2 Corintios 3:17: "El Señor es el Espíritu". Algunos estudiosos han entendido esto en el sentido de que Pablo identifica por completo al Cristo resucitado con el Espíritu Santo, a partir de ideas helenistas, según las cuales se concibe al Espíritu como un fluido que nos rodea y penetra, y se ve al Cristo resucitado como "algo amorfo, impersonal, que todo lo penetra". Sin embargo, hay que entender el texto en su contexto cristiano, no en el gnóstico.

El pensamiento cristiano concibe dos mundos: el de Dios y el de las personas. Toda la Historia del pensamiento novotestamentario debe entenderse como la irrupción de la Palabra de Dios en el ámbito de la Historia para garantizar la redención del ser humano. Aunque Pablo puede utilizar a menudo un lenguaje parecido al del dualismo gnóstico, su teología básica es diferente.[46] Salvación no quiere decir huir ni escapar del mundo material inferior hacia un mundo espiritual más elevado; significa la redención del ámbito de la historia humana por medio de la irrupción del ámbito espiritual de Dios, de forma que el ámbito histórico se eleva a un nivel nuevo y más alto de existencia. Los "cuerpos espirituales" de la resurrección no son cuerpos compuestos de una sustancia etérea y sutil – *pneuma* – sino que son *cuerpos* adaptados para una nueva existencia redimida, gobernada por el *pneuma theou*. Es imposible entender en términos concretos qué quiso básicamente decir Pablo, ya sea en términos de religiones antiguas comparadas o de la química moderna. Concibe un cuerpo real pero transformado por el *pneuma*, de forma que resulta totalmente diferente a los cuerpos físicos como sustancia.

Esta visión de Pablo es fundamental para entender la relación que existe entre el Jesús de la historia y el Señor ascendido. Jesús "era del linaje de David según la carne, que fue declarado Hijo de Dios con poder, según el Espíritu de santidad por la resurrección de entre los muertos" (Ro. 1:3, 4). Esto no refleja dos formas de considerar a Jesús sino dos etapas de su ministerio. En el nivel humano era Hijo de David: después de la resurrección entró en un nuevo ámbito de existencia en la que se demostró que era Hijo de Dios con poder "en la esfera del Espíritu Santo". Esto no es cristología adopcionista sino una afirmación de que "después de la resurrección, ese Espíritu se convierte en el modo o manera de la existencia de Jesús como Señor: las limitaciones y debilidad de la carne han dado paso al *poder* en el Espíritu. Con la resurrección ha dado comienzo la era del Espíritu, la era del poder, en la cual se hace efectivo, en todos los creyentes, el impacto de Cristo".

Esta verdad se afirma con más claridad en la frase de Pablo de que "fue hecho el primer hombre Adán alma viviente; el postrer Adán, espíritu vivificante" (1 Co. 15:45). No se trata de una especulación adámica de un hombre celestial y otro terrenal. En Filón el primer hombre era el hombre ideal en la mente de Dios, el arquetipo de la creación; el segundo hombre era el hombre real, Adán. El primer Adán no desciende a la Tierra como Salvador o Redentor, sino que sigue siendo el hombre ideal en la mente de Dios. Para Pablo, el último Adán es Cristo en su gloria resucitada, quien ha penetrado en el ámbito transformado de la existencia. Él no especula respecto a la naturaleza de esta existencia. "Pablo, a diferencia de los gnósticos, nunca habla de la sustancia espiritual del Señor preexistente".[51] El Cristo ascendido no sólo ha entrado en el ámbito del espíritu; se ha convertido en espíritu que da vida, capaz, debido a su nueva forma de existencia, de impartir vida a las personas como no le fue posible hacerlo en los días de su vida terrenal.

Estos antecedentes nos permiten entender el versículo tan debatido en el que Pablo identifica al Señor resucitado con el Espíritu: "Porque el Señor es el Espíritu; y donde está el Espíritu del Señor, allí hay libertad" (2 Co. 3:17). Esto no puede significar identificación personal completa, porque Pablo habla tanto del Señor como del Espíritu *del Señor*. En este contexto, Pablo contrasta el viejo orden de la Ley Mosaica con el nuevo orden en Cristo. El viejo orden era un "ministerio de muerte" (2 Co. 3:7); el nuevo orden es un ministerio del Espíritu que significa vida. Este nuevo orden ha sido iniciado por el Señor resucitado, que ha entrado en el ámbito del Espíritu. El Señor y el Espíritu no se identifican de forma personal, pero el Espíritu es la forma en la que el Señor actúa en la nueva dispensación. El Espíritu es Cristo mismo presente en su Iglesia. Por esto Pablo puede intercambiar tan libremente las expresiones "en Cristo– en el Espíritu"; "Cristo en vosotros – el Espíritu en vosotros". Probablemente la expresión precisa sería, "Cristo mora en su pueblo en el Espíritu".

Cuando buscamos más de cerca el significado de que Cristo y el Espíritu moren en el creyente es indiscutible que Pablo lo concibe como un nuevo poder interno y una nueva dinámica con los que Dios realiza una renovación de la "persona interior". Cristo mora en la persona interior, dándole fortaleza (Ef. 3:16–17) y renovándolo día a día (2 Co. 4:16).

La primera obra del Espíritu es capacitar a los seres humanos para que entiendan la obra divina de la redención. Esto se afirma en un lenguaje de resonancias gnósticas que propone una teología no demasiado gnóstica. Pablo habla de una sabiduría oculta de Dios, de la revelación de verdades divinas por medio del Espíritu, de ser capacitados por el Espíritu para tener los pensamientos de Dios, de una sabiduría que trasciende toda sabiduría humana (1 Co. 2:6–13). Todo esto puede entenderse sólo con la iluminación interna del Espíritu. "El hombre natural (*psychikos*) no percibe las cosas que son del Espíritu de Dios, porque para él son locura, y no las puede entender, porque se han de discernir espiritualmente (1 Co. 2:14). Fuera de contexto, este modo de hablar se podría referir a los misterios celestiales del mundo espiritual que sólo son percibidos por un círculo esotérico que tiene una iluminación espiritual especial. Sin embargo, el contexto del pasaje es la proclamación o predicación de un evento histórico y su significado. Es la palabra de la cruz (1 Co. 1:18): la ejecución del Jesús de la Historia. Éste fue un evento cuyo significado resultó locura para los griegos y ofensa para los judíos. En otras palabras, Pablo reconoce un significado oculto en el evento histórico de la muerte de Cristo ("Dios estaba en Cristo reconciliando consigo al mundo" 2 Co. 5:19) que no resulta evidente a los ojos humanos pero que se puede aceptar sólo por una iluminación sobrenatural. El Espíritu no revela realidades celestiales, sino el verdadero significado de un evento histórico. No imparte cierta clase de verdad esotérica "gnóstica", sino el verdadero significado de un evento ocurrido en la Historia. Sólo con la iluminación del Espíritu pueden en-tender las personas el significado de la cruz; sólo con el Espíritu pueden ellas, por tanto, confesar que Jesús, que fue ejecutado, es también el Señor, 1 Co. 12:3). Por eso Pablo puede llamar al Espíritu "espíritu de sabiduría y de revelación en el conocimiento de él" (Ef. 1:17). "Revelación" no significa verdad teológica abstracta sino el significado de la persona y obra de Jesús – lo que Dios "operó en Cristo, resucitándolo de los muertos y sentándole a su diestra en los lugares celestiales" (Ef. 1:20). El Espíritu es también "espíritu de fe", es decir, el Espíritu que imparte la fe (2 Co. 4:13).

Poseer las "arras" (*arrabon*) del Espíritu significa caminar por fe (2 Co. 5:5, 7). Una aparente contradicción con la idea de que es el Espíritu el que capacita a las personas para creer está en Gálatas 3:2, donde Pablo parece decir que la fe procede de la recepción del Espíritu. "¿Recibisteis el Espíritu por las obras de la ley, o por el oír con fe?" (Gá. 3:2). Sin embargo, Pablo aquí no se ocupa primordialmente de presentar la relación entre la fe y la recepción del Espíritu; se ocupa del contraste entre la era de la Ley y la del Evangelio. Aquélla era una época de obras en la carne, ésta de fe en el Espíritu.

El Espíritu no sólo crea la fe, capacitando a las personas para que acepten el significado salvador de la cruz; mora en el creyente capacitándole para vivir "según el Espíritu". Crea un espíritu de filiación dándole al creyente una convicción íntima de que es hijo de Dios (Ro. 8:15–16; Gá. 4:6), y le capacita para tener acceso directo al Padre (Ef. 3:16–17). Capacita a las personas para que ofrezcan a Dios una adoración verdadera (Fil. 3:3). Capacita a los seres humanos para que capten algo de la grandeza del amor de Dios (Ef. 3:16–17). Ayuda en la oración (Ro. 8:26; Ef. 6:18). Trae una esperanza que no es simplemente una actitud optimista hacia el futuro o un cambio en la vida emocional sino la convicción profunda de la certeza de la consumación escatológica del propósito redentor de Dios (Ro. 15:13; Gá. 5:5). Él produce el fruto del Espíritu, el mayor de cual es "amor". El amor de Dios es derramado en el corazón del creyente por el Espíritu Santo. El "amor del Espíritu" (Ro. 15:30) puede muy bien traducirse por, "amor creado por el Espíritu" (ver Col. 1:8). Este amor se manifiesta primordialmente en su relación con otras personas; es paciente, amable, bueno, confiado, gentil y auto disciplinado (Gá. 5:22–23).

Junto con el amor están el gozo y la paz (Gá. 5:22; Ro. 14:17; 15:13). Estos términos se pueden entender mal muy fácilmente e interpretarse en términos de una experiencia humana emocional; el gozo es felicidad emocional y la paz es tranquilidad emocional. Sin embargo, estas son palabras teológicas, que tienen profundas implicaciones para la vida emocional, pero que en sí mismas transmiten un significado mucho más profundo. Gozo es primordialmente un sentimiento religioso que encuentra su satisfacción más honda en el Señor. Por tanto, uno puede gozar aunque esté en medio de penas (2 Co. 6:10) o experimentando sufrimientos físicos (Col. 1:24). Uno puede tener gozo en el Evangelio en medio de aflicciones violentas (1 Ts. 1:6). Es significativo que el don escatológico del Espíritu se dé mientras nos lamentamos internamente debido a la maldición del pecado y al deterioro del mundo (Ro. 8:23) y "gimamos con angustia" frente a la muerte (2 Co. 5:4).

Del mismo modo, la paz no es ante todo tranquilidad emocional, sino un término que abarca la salvación de toda la persona. El "evangelio de paz" (Ef. 6:15) es las buenas nuevas de que Dios ha hecho la paz con el ser humano para que podamos tener paz con Dios (Ro. 5:1). Paz es prácticamente sinónimo de salvación (Ro. 2:10) y es un poder que protege a la persona en su ser íntimo (Fil. 4:7) y que gobierna en sus corazones (Col. 3:15).

Resumen

En resumen, concluimos que la unión con Cristo en su muerte y resurrección, el morar Cristo por el Espíritu, y la bendición de la vida eterna son formas diferentes de describir la misma realidad: la situación de la persona de fe que se ha convertido en nueva creación en Cristo y entrado en la nueva era de salvación y vida.

Habría que analizar más qué significa esta nueva vida en Cristo: el morar Cristo por el Espíritu, en función de la antropología paulina. Hemos visto que implica un elemento cognoscitivo concreto. Sólo con la iluminación interna del Espíritu Santo se puede entender el significado verdadero de la cruz. Sin embargo, no se propone la idea de que una mente renovada posea facultades intelectuales más elevadas que antes.

La vida nueva se experimenta en el ámbito del espíritu. Cuando Pablo dice que fuera de Cristo las personas están muertas (Ef. 2:1), debe de querer decir muertas espiritualmente. No debe de querer decir que los no redimidos no tengan espíritu – que el Espíritu sea un don de la vida nueva en Cristo. Que los seres humanos están muertos en el espíritu significa que no viven en comunión con Dios. Que han sido vivificados significa que han sido introducidos en la comunión del Dios vivo.

Esto se afirma en un versículo cuya exégesis es objeto de discusión, pero que tiene un significado pleno y lúcido en este contexto, "si Cristo está en vosotros, el cuerpo en verdad está muerto a causa del pecado, más el espíritu vive a causa de la justicia" (Ro. 8:10). Además, si nuestro espíritu ha sido vivificado por el Espíritu Santo que mora en nosotros, este mismo Espíritu un día dará vida a nuestros cuerpos mortales. Aunque este versículo se interpreta a menudo como el Espíritu Santo morando en la persona armoniza mejor con el contexto paulino, entendiéndolo como el espíritu humano vivificado.[65] El cuerpo sigue siendo mortal y está bajo la maldición de la muerte, pero el espíritu humano ha sido vivificado.

Otra forma de decir lo mismo es la renovación del entendimiento (Ro. 12:2). Aunque *nous* se refiere a veces a la facultad cognoscitiva del ser humano, aquí se refiere a él en función de "la dirección interna del pensamiento, la voluntad y la orientación de conciencia moral". La obra interna de Cristo debe entenderse no en términos de una transformación completa de la personalidad humana o del desplazamiento de algo humano por algo divino, sino en función de una penetración de poder divino que realiza una reorientación de la voluntad hacia Dios. Ahora la persona ha sido capacitada para hacer lo que la Ley no pudo realizar; ha sido capacitada para amar y adorar y servir a Dios, y así cumplir con el mandamiento más elevado de la Ley (Ro. 8:4).

El resultado práctico de esta nueva vida es, sin embargo, tensión – la tensión entre lo indicativo y lo imperativo. Como la persona de fe *es* una nueva creación y ha entrado en el nuevo ser de salvación, ha muerto con Cristo (Ro. 6:5); ha sido crucificada con Él (Gá. 2:20); la vieja humanidad ha sido crucificada con Él (Ro. 6:6); la carne ha sido crucificada (Gá. 5:24); el cuerpo de carne ha sido descartado en la circuncisión del corazón (Col. 2:11). Esto es lo indicativo. No es algo subjetivo, automático y espontáneo; indica un nuevo estado de existencia que debe manifestarse en una nueva vida. Negativamente, se debe dar muerte a las obras del cuerpo (Ro. 8:13) – "lo terrenal en vosotros" (Col. 3:5). Es evidente que Pablo no aboga por un ascetismo físico; las obras del cuerpo – "lo que es terrenal" – no son sinónimas de la carne – la antigua naturaleza humana natural y rebelde con sus obras pecaminosas: "Fornicación, impureza, pasiones desordenadas, malos deseos y avaricia" (Col. 3:5). Pablo cambia el lenguaje de muerte por revestirse: "Despojaos del viejo hombre, que está viciado conforme a los deseos engañosos" (Ef. 4:22). El "viejo hombre" denota "el ser pecaminoso de la persona inconversa". Es importante que advirtamos la tensión entre lo indicativo y lo imperativo: el viejo hombre – la vieja naturaleza – que ha sido entregada a la muerte – ha sido, en principio despojada; aun así, se exhorta a los creyentes a que hagan en la práctica lo que ya han hecho en principio. Pablo no dice que el pecado haya muerto, sino que el creyente ha muerto al pecado. No dice que la carne haya sido descartada, sino que ya no vivimos en la carne, y, por tanto, no debemos andar según ella. Nunca dice; "no pequéis", sino más bien, "no permitáis que el pecado reine en vosotros".[70]

El aspecto positivo de los resultados de la nueva vida se expresa de varias formas. "Renovaos en el espíritu de vuestra mente, y vestíos del nuevo hombre" (Ef. 4:23–24). Esto puede llevarse a cabo sólo porque ya se ha cumplido en Cristo (Col. 3:10). La misma idea se expresa con el lenguaje de andar en la nueva vida (Ro. 6:4), andar según el Espíritu (Ro. 8:4; Gá. 5:16). El poder del Espíritu que mora no es un poder espontáneo y avasallador; exige una respuesta humana. Andar según el Espíritu significa vivir cada momento y tomar cada decisión bajo la dirección del Espíritu que mora en nosotros.

Andar en el Espíritu es andar en tensión entre el Espíritu y la carne. Aunque la carne ha sido crucificada con Cristo, puede seguir siendo un poder activo en la vida del cristiano, el cual debe estar siempre alerta para mantenerla bajo el control del Espíritu. "El deseo de la carne es contra el Espíritu, y el del Espíritu es contra la carne; y éstos se oponen entre sí, para que no hagáis lo que quisiereis" (Gá. 5:17). La crucifixión y la muerte de la carne no quiere decir que ya no tengamos que tenerla en cuenta en la experiencia cristiana. El cristiano nunca será la persona que desea ser – libre de tentación, de lucha, de tensión. El viejo yo siempre está con él; sólo el andar constante según el Espíritu puede quebrantar el predominio de la carne.

Capítulo 36

La Ley

El pensamiento de Pablo sobre la Ley es difícil de entender porque parece hacer muchas afirmaciones contradictorias. Afirma que los que cumplan la Ley serán justificados (Ro. 2:13) y encontrarán vida por ella (Ro. 10:5; Gá. 3:12); pero al mismo tiempo dice que nadie será justificado por la Ley (Ro. 3:20), sino que el código escrito sólo lleva a la muerte (2 Co. 3:6), porque la Ley no puede dar vida (Gá. 3:21). Asegura que, en cuanto a la obediencia a la Ley, él era irreprochable (Fil. 3:6) y aún cree que nadie puede someterse perfectamente a ella (Ro. 8:7).

La enseñanza de Pablo acerca de la Ley a menudo se enfoca desde la perspectiva de su experiencia histórica como rabino judío o como judío típico del siglo primero sometido a la Ley. Sin embargo, no debería verse el pensamiento de Pablo ni como una confesión de su autobiografía espiritual ni como una descripción del carácter legalista del fariseísmo del siglo primero, sino como una interpretación teológica de dos clases de justicia tal y como las entiende un pensador cristiano: legalismo y fe. Esto se aclara en Romanos 10, donde Pablo lamenta el destino de Israel por haber fallado al no reconocer a Jesús como su Mesías y abrazar el don divino de la salvación gratuita. ¿Por qué fue ciego Israel ante las invitaciones de Cristo? Su respuesta es que hay dos formas de justicia y como Israel sólo siguió una, perdió la otra. Israel siguió la "ley de justicia" (Ro. 9:31), es decir, la Ley que revelaba la voluntad de Dios y mostraba cuál era la relación adecuada con Él: pero Israel erró la meta porque utilizó mal la Ley al hacer de ella el medio para alcanzar la justicia por sus propias obras en lugar de hacerlo por medio de la fe (Ro. 9:32). Así demostraron ser ignorantes de la justicia que proviene de Dios y que se recibe por fe; en lugar de eso, trataron de establecer su propia justicia de obras y no se sometieron a la justicia de Dios que es por la fe (Ro. 10:1–3). En esas palabras, Pablo deja muy claro el aspecto fundamental: establecer la propia justicia (por obras) o someterse a la justicia de Dios (por fe).

Cuando escribe como lo hace sobre la Ley, Pablo escribe desde un punto de vista eminentemente cristiano. Su experiencia de justificación por medio de la fe en Cristo y el conflicto subsiguiente con los judaizantes le llevaron a tener perspectivas que no hubiera podido tener como judío, y a una reinterpretación fundamental del papel de la Ley en la Historia de la redención.

Antecedentes del pensamiento de Pablo sobre la Ley

Para entender el pensamiento de Pablo sobre el papel de la Ley, debemos tener en cuenta el triple antecedente de la religión del Antiguo Testamento, el judaísmo y sus propias experiencias. La médula de la religión del Antiguo Testamento no puede describirse como legalismo, ni tampoco la Ley fue dada como un medio para alcanzar una relación justa con Dios a través de la obediencia. Al contrario, el contexto de la Ley era el pacto que la precedía y subyacía a la misma; y el pacto fue iniciado gracias a un acto gratuito de Dios. Israel fue constituido como pueblo de Dios no por los méritos alcanzados por la obediencia a la Ley, sino por la elección libre de Dios. Israel pertenece a Dios porque se le ha revelado con la liberación de su pueblo de Egipto. La Ley fue dada como un medio de vincular a Israel con su Dios. La obediencia a la Ley no constituyó a Israel como pueblo de Dios; antes bien, le proporcionó una norma de obediencia por la cual debía preservarse la relación del pacto. "Así pues, el objeto de la ley es fundamentar la relación nación-pacto y de la persona con el Dios del pacto y con los miembros de la nación que pertenecen a él". La recompensa de la obediencia a la Ley era la preservación de la relación positiva con Yahve. Este es el significado de Levítico 18:5: "Guardaréis mis estatutos y mis ordenanzas, los cuales, haciendo el hombre, vivirá en ellos", es decir, disfrutará de las bendiciones de Dios. Sin embargo, la vida no era una recompensa por las buenas obras; era un don de Dios. Esto queda ilustrado en Deuteronomio 30:15–20, donde Moisés le presenta al pueblo la elección entre la vida o la muerte, lo cual se determina de acuerdo con lo que Israel escoja. "Sólo por la fe, es decir, adhiriéndose al Dios de salvación, el justo tendrá vida (cf. Hab. 2:4; Am. 5:4, 14; Jer. 38:20). Es obvio que debe entenderse la vida como un don." Además, la obediencia exigida por la Ley no podía satisfacerse con un simple legalismo, porque la Ley misma exigía amor a Dios (Dt. 6:5; 10:12) y al prójimo (Lv. 19:18). La obediencia a la Ley era una expresión de confianza en Dios, y sólo quienes le ofrecían esa confianza eran realmente su pueblo.

Uno de los factores más importantes del antiguo pacto era el doble carácter del pueblo de Dios. Por una parte, era una teocracia – una nación; pero también era un pueblo espiritual. La pertenencia a la nación exigía obediencia a mandatos externos, por ejemplo, la circuncisión; pero la circuncisión de la carne no hacia el hombre justo delante de Dios; también debía haber una circuncisión del corazón (Jer. 4:4; Dt. 10:16). Cuando la nación era desobediente a las exigencias del Pacto, los profetas anunciaban que Dios había rechazado a la nación y que elegiría un remanente fiel, justo tanto de corazón como de obras. Así pues, incluso en el Antiguo Testamento hay una distinción entre la nación y la "iglesia", entre el Israel físico y el Israel verdadero, espiritual, que tiene la Ley escrita en el corazón (Jer. 31:33).

En el período intertestamentario se produjo un cambio fundamental en el papel de la Ley en la vida del pueblo. Su importancia oscurece el concepto del pacto y se convierte en la condición para pertenecer al pueblo de Dios. Aún más importante, la observancia de la Ley se convierte en la base para el veredicto de Dios respecto al individuo. La resurrección será la recompensa de los que han sido devotos de la Ley (2 Mac. 7:9). Ella es la base de la esperanza del fiel (*Test. Judá* 26:1), de la justificación (*Apoc. Bar.* 51:3), de la salvación (*Apoc. Bar.* 51:7), de la vida (4 Esd. 7:21; 9–31). La obediencia a la Ley incluso traerá el Reino de Dios y transformará todo el mundo, maldito por el pecado (*Jub.* 23). Así, ella alcanza la posición de Dios y del ser humano.

Este nuevo papel de la Ley caracteriza al judaísmo rabínico; y por esta razón, "el punto de partida del Antiguo Testamento se altera e invalida de forma decisiva y peculiar". La Torá se convierte en el único mediador entre Dios y el ser humano; todas las demás relaciones entre Dios y la persona, Israel, o el mundo quedan subordinadas a ella. Con la obediencia a la Ley se garantizan tanto la justicia como la vida en el mundo venidero. "Cuanto más estudio de la ley, más vida (…)" "Si (alguien) se ha ganado palabras de la ley, se ha ganado vida en el mundo venidero" (*Pirke Aboth* 2:7).

Esto no quiere decir que el judaísmo del que Pablo provenía careciera totalmente de valores espirituales. Había círculos en los que los elementos más elevados de devoción interior acompañaban a la estricta obediencia a la Ley. Ni tampoco debe olvidarse que en el corazón de la devoción personal judía del siglo I así como del culto de la sinagoga estaba el recital de la Shema con su llamamiento al amor de Dios con todo el corazón. Sin embargo, resulta evidente, incluso en esto, la tendencia hacia la exterioridad, ya que la repetición misma de la Shema se consideraba como un sometimiento al reinado de Dios.[12]

Es cierto que el arrepentimiento desempeñaba un papel muy importante en la piedad judía. Aunque los judíos nunca consideraron imposible el cumplimiento de la Ley, éste era, desde luego, un verdadero problema. Deben observarse todos los mandamientos tanto escritos como orales. "Violar uno de ellos equivalía a rechazar toda la ley y a despreciar el yugo de Dios (*Sifre acerca de Nm. 15:22*)". Sin embargo, la salvación no dependía de una obediencia intachable a la Ley. En el ser humano hay un impulso malo tanto como uno bueno, por lo que nadie puede alcanzar una perfección sin pecado.

Por tanto la persona "justa" no es la que obedece la Ley sin excepción, sino sólo aquél que se esfuerza por reglamentar su vida de acuerdo con ella. La sinceridad y la supremacía de este propósito, y el esfuerzo denodado por cumplirlo son las señales de la persona justa. Como Dios sabía que el ser humano no podía cumplir la Ley de forma perfecta debido al impulso malo que Dios mismo había puesto en su criatura, Él daba el arrepentimiento como una forma de poder conseguir el perdón de pecados. El arrepentimiento, pues, debe coexistir con la Ley, y es una de las siete cosas que preexistieron a la creación.[17] El arrepentimiento desempeña un papel tan importante en el judaísmo que Moore lo llama "la doctrina judía de la salvación". El hombre justo, pues, no es el que llega a guardar la Ley, sino el que intenta hacerlo, se esfuerza en ello, y se arrepiente si falla. Este arrepentimiento es la única, pero inexorable condición para el perdón de Dios, y es eficaz por grande que sea el pecado o por mucho que tarde la persona en llegar a dicho arrepentimiento.[19] El arrepentimiento es la purificación de la persona interior, y con ello se elimina su pasado para que sea una nueva creación. Se efectuaban sacrificios porque la Ley los exigía, pero el judaísmo no tenía ninguna teoría de la expiación. Era el arrepentimiento el que garantizaba la eficacia de los sacrificios.[21]

Este antecedente del pensamiento judío lleva a Schoeps a decir que ya sea que la persona cumpla o no la Ley, la simple intención de cumplirla le acerca a Dios. Esta buena intención es "una afirmación del pacto que precede a la ley". Pablo, sin embargo, pasó fatalmente por alto la doctrina judía del arrepentimiento. No llegó a entender la relación entre el pacto y la Ley, y aisló ésta del contexto dominante del pacto de Dios con Israel.

Schoeps basa su argumentación en la idea veterotestamentaria de la relación entre pacto y Ley, atribuyendo este entendimiento al judaísmo. Sin embargo, parece que el hecho histórico fue todo lo contrario: a saber, que el judaísmo en realidad puso la Ley en lugar del pacto, o identificó el pacto con la Ley. Schoeps admite este hecho cuando dice, "por pacto no se entiende otra cosa sino la Torá". Es significativo que el concepto de pacto desempeñe un papel tan insignificante en los escritos rabínicos, y tienda a ser identificado con la circuncisión y con el sábado. Moore, sobre la base de *Mishná Sanedrín* 10.1 arguye que la vida eterna, en última instancia, se le garantiza a todo israelita "sobre la base de la elección original del pueblo por la gracia de Dios, producida no por méritos colectivos o individuales, sino únicamente por el amor de Dios". Esta conclusión es difícil de sostener, si no es por otra razón que la de la exclusión en los párrafos siguientes de ciertos israelitas de la vida eterna. Esto se refuta por la exposición del destino de los justos, de los malos, y de la clase media cuya justicia y cuyos pecados se compensan mutuamente. Los justos entran inmediatamente en la vida eterna. Sin duda las personas extremadamente malas serán sometidas para siempre al castigo del infierno. Otros menos malos, junto a las naciones malas, son arrojados al infierno para ser castigados durante doce meses para ser luego destruidos. En cuanto a la gran mayoría de los israelitas que eran "medio justos y medio pecadores", las escuelas de Hillel y de Shammai diferían. Aquélla sostenía que Dios, por su misericordia, inclinaría la balanza hacia ésta y no les enviaría al infierno, mientras que la escuela de Shammai sostenía que serían arrojados al infierno, de donde saldrían sanados.[31] Aunque es cierto que fue la bondad de Dios la que entregó la Ley a Israel, y le proporcionó la base para la salvación, ésta depende de las buenas obras, incluyendo la del arrepentimiento. Esta conclusión recibe un gran apoyo de las numerosas referencias en la literatura judía a los libros en los que se registran las buenas obras de los justos, tesoros donde se almacenan, balanzas en las que se sopesan méritos y deméritos. La gracia de Dios otorga el perdón al ser humano arrepentido que ha transgredido la Ley, pero el devoto que cumple la Ley, por cuanto la cumple, no necesita la gracia.

De todos modos, es evidente que la vida de Pablo como judío fue de obediencia legalista a la Ley. Él mismo nos dice que fue un judío consagrado, un fariseo irreprochable en cuanto a su obediencia a la letra de la Ley (Fil. 3:5–6). Destacaba por su celo no sólo por la Ley escrita, sino también por las tradiciones orales de los escribas (Gá. 1:14).

Ante tales afirmaciones, es imposible aceptar una interpretación autobiográfica de Romanos 7 que describe a Pablo como asediado por una lucha interna que sumergió su alma en tinieblas y en confusión. haciéndole sentir que la Ley le había destruido y que la esperanza casi se había esfumado".[36] De hecho, la clave para la comprensión que Pablo tenía de la Ley radica en el hecho de que su misma devoción por la Ley le había llevado al orgullo (Fil. 3:4, 7) y a la jactancia (Ro. 2:13, 23). La jactancia es la antítesis misma de la fe (Ro. 4:2), porque significa el esfuerzo de crear una justicia humana por obras (Ro. 3:27) que busca la gloria delante de Dios y que confía en sí misma en vez de en Él. Este orgullo y esta jactancia humanos son una afrenta a la naturaleza misma de Dios, el único que debe recibir la gloria y delante del cual ningún ser humano puede jactarse (1 Co. 1:29). El único objeto de la jactancia de la persona es Dios mismo (1 Co. 1:31; 2 Co. 10:17).

He aquí el hecho que llevó a Pablo a un replanteamiento completo de la Ley. Fue su celo por ella lo que le había cegado ante la revelación de la justicia de Dios en Cristo. Lo que él como judío había pensado que era justicia, ahora se daba cuenta de que era la esencia misma del pecado, porque su orgullo por la propia justicia (Fil. 3:9) le había cegado ante la revelación de la justicia divina en Cristo. Sólo la intervención divina camino a Damasco pudo quebrantar su orgullo y llevarle a una aceptación humilde de la justicia de Dios.

La Ley en la era mesiánica

Muchos elementos de la interpretación que Pablo hace de la Ley no sólo no tienen un equivalente en el judaísmo, sino que de hecho difieren tanto del pensamiento judío que los estudiosos judíos modernos se niegan a aceptar su afirmación de que era un rabino palestino e insisten en que representa un judaísmo distorsionado de la diáspora. Al contrario, Pablo representa una interpretación cristiana original que puede entenderse sólo desde su perspectiva escatológica. Con Cristo ha comenzado la era mesiánica. En Cristo. "las cosas viejas pasaron; he aquí todas son hechas nuevas" (2 Co. 5:17). Antes de que estuviera en Cristo, Pablo entendía la Ley *kata sarka*, desde un punto de vista humano, de acuerdo con el *ser*, incluso cuando interpreta su experiencia (2 Co. 5:16). Vista *kata sarka*, la Ley era la base de las buenas obras, que llevaban al orgullo y a la jactancia. Vista *kata pneuma*, desde la perspectiva del nuevo siglo en Cristo, la Ley asume un papel totalmente diferente en el propósito redentor de Dios. Los profetas habían anunciado un día en el que Dios haría un nuevo pacto con su pueblo, cuando la Ley ya no sería primordialmente un código escrito externo, sino una Ley implantada dentro de las personas, escrita en sus corazones (Jer. 31:33). Esta promesa de una nueva dimensión de interioridad no lleva consigo la abolición total de la Ley mosaica. Según las promesas del Antiguo Testamento, los judíos discutían sobre el papel que desempeñaría la Ley en la era mesiánica y en el mundo venidero. Moore concluye que en la era mesiánica la Ley se estudiaría más fielmente y se aplicaría mejor que en este mundo; y en el Siglo Venidero, aunque gran parte de la Ley ya no sería aplicable dadas las condiciones de la nueva tierra, ésta seguiría expresando la voluntad de Dios, aunque Él mismo sería el maestro.

Con Cristo ha llegado una nueva era en la que la Ley desempeña un papel nuevo y diferente. Pablo considera estas dos eras, la de la Ley y la del Evangelio como dos pactos. El viejo pacto es el de la "letra" (*gramma*), y es una dispensación (*diakonia*) de condenación y muerte, mientras que el nuevo pacto es el del Espíritu, una dispensación de vida y justicia (2 Co. 3:6ss.). Estas palabras no se refieren a dos formas de interpretar la Escritura: un enfoque literal y otro espiritual o alegórico. Contrastan las eras de la Ley y de Cristo como dos formas diferentes de la Ley. Bajo el viejo pacto, la Ley era un código externo escrito que proponía a las personas la voluntad de Dios. Cuando fallaron, la Ley les condenó a muerte. El nuevo pacto en este pasaje no dice nada explícito en cuanto a la permanencia de la Ley. La diferencia en la nueva era es que el Espíritu Santo ha sido dado a los seres humanos para que escriba la Ley en su corazón, como anunció Jeremías, y con ello la Ley deja de ser un código escrito externo para pasar a ser un poder interior, dador de vida, que produce justicia.

La mayor parte de los intérpretes de este pasaje han pasado por alto el hecho de que, puesto que el Espíritu Santo es un don escatológico, todo el texto tiene una orientación escatológica. La nueva era, que es la de Cristo y la del Espíritu, ha venido como cumplimiento de Jeremías 31, aunque la antigua era permanezca.

Aunque este pasaje de 2 Corintios no diga nada de la permanencia de la Ley. Pablo dice a los romanos, *"telos gar nomou Christos eis dikaoisunën panti to pisteuonti"* (porque el fin de la ley es Cristo, para justicia a todo aquel que cree, Ro. 4:10). Este versículo se puede traducir de dos formas diferentes, "Cristo es el fin de la Ley con el objetivo de que todo el que cree tenga justicia". Es decir, Cristo ha dado por terminada la Ley a fin de que sólo esté a disposición de las personas la justicia basada en la fe. Otra traducción es, "Cristo es el fin de la Ley en lo que se refiere a la justicia para todo el que cree". O sea, la Ley como tal no ha sido abolida, pero ha dejado de ser una forma de justicia, porque en Cristo la justicia es por fe, no por obras.

Puesto que Pablo acaba de contraponer la justicia de Dios con la de la Ley y enseguida se ocupa de la justicia de la Ley (v. 5), resulta preferible la segunda traducción. Pablo no afirma la abrogación total de la Ley, para que así la justicia pueda llegar a los creyentes.[43] Afirma que la Ley ya no sirve relacionada con la justicia en Cristo, y la consecuencia es que la Ley ya no es una forma de justicia para el creyente. Esto no es cierto históricamente; los judíos siguen practicando la Ley. Es verdaderamente *heilsgeschichtlich* – para las personas de fe.

Esto es cierto porque Cristo es el fin de la Ley. *Telos* puede significar tanto fin como meta, y ambos significados pueden verse en este pasaje. Cristo ha dado por finalizada la era de la Ley porque ha cumplida todo lo que la Ley exige.

Pablo explica la vida del creyente en la nueva era de varias formas diferentes. La nueva era es la de la vida; y como el creyente ha sido identificado con Cristo en su muerte y resurrección, está muerto a la antigua vida, incluyendo el dominio de la Ley. Pablo utiliza la metáfora de la mujer que se ve libre del marido cuando éste muere, y la aplica diciendo que el creyente que ha muerto con Cristo está por eso libre de la Ley (Ro. 7:4). Por tanto ya no servimos a Dios bajo la esclavitud a un código escrito, sino con la nueva vida del Espíritu (Ro. 7:6). La Ley misma, que se había convertido en base para la jactancia, y por tanto para el pecado, ha convencido a Pablo de que debe morir al reinado de la Ley (Gá. 2:19).

Aparece una contradicción aparente en el pensamiento de Pablo cuando insiste, por una parte, en que el creyente ya no está bajo la Ley, pero al mismo tiempo, según Hechos, aprueba la Ley para los cristianos judíos (Hch. 21:20ss.), e incluso para el circuncidado Timoteo por ser medio judío cuando se unió a la labor misionera (Hch. 16:3). Sin embargo, esta contradicción se corresponde con la perspectiva escatológica de Pablo. Aunque los creyentes han experimentado la libertad de la nueva era en Cristo, siguen viviendo en la perversa era presente. La Ley, con sus exigencias rituales, pertenece a este mundo – el antiguo orden. La actitud adecuada para las personas de la nueva era respecto a la era antigua no es negativa sino neutral: "Porque en Cristo Jesús ni la circuncisión vale nada, ni la incircuncisión, sino una nueva creación", porque la circuncisión pertenece al mundo, y la persona en Cristo ha sido crucificada para el mundo (Gá. 6:15).

Una aplicación de este principio es que Pablo mismo como judío observaba la Ley cuando se encontraba en un contexto judío (1 Co. 9:20). Como hombre en Cristo, ya no estaba bajo la Ley, y por tanto, donde la situación le exigía ejercer el ministerio para los gentiles, actuaba "como si yo estuviera sin ley" (1 Co. 9:21). Esto implica, lógicamente, una conducta inconsecuente pero la inconsecuencia descansa en la aplicación consecuente de una profunda verdad teológica: que los cristianos pertenecen a dos mundos al mismo tiempo y tienen obligaciones respecto a ambos.

La Ley como la voluntad de Dios

Pablo nunca concibió que las exigencias de la Ley llegaran a su fin por alguna imperfección que hubiera en ella. La Ley es y sigue siendo la Ley de Dios (Ro. 7:22, 25). No es pecaminosa (Ro. 7:7) sino santa, justa y buena (Ro. 7:12) porque proviene de Dios ("espiritual", Ro. 7:14).

A estas alturas es importante advertir que Pablo puede hablar de la Ley desde varios puntos de vista. La palabra griega *nomos* no equivale a la hebrea Torá. Nomos es básicamente "costumbre", petrificándose en lo que llamamos "ley", y es humana en cuanto a su perspectiva.

Torá significa "instrucción" y se utiliza no sólo para la legislación que Dios dio para que fuera obedecida, sino también para las instrucciones y las enseñanzas divinas. En su sentido más amplio, designa la revelación divina como un todo. Bajo la influencia del Antiguo Testamento, Pablo utiliza *nomos* no sólo para designar una legislación – "la ley de los mandamientos expresados en ordenanzas" (Ef. 2:15), sino también, como Torá, como referencia a la parte del Antiguo Testamento donde no se da una legislación. Y en otros lugares Pablo utiliza *nomos* en su forma griega para designar un principio (Ro. 3:27; 7:23, 25; 8:2).

Así pues, podemos entender cómo Pablo puede reflejar el punto de vista judío de que la Ley es una norma de vida según la cual él, como fariseo, pudo vivir de forma irreprochable (Fil. 3:6). Este nivel de interpretación lo condujo al orgullo y jactancia por sus propios logros éticos. Al mismo tiempo, hay una exigencia más honda de la Ley, porque ésta expresa la voluntad toda de Dios. La Ley misma da testimonio de la justicia de Dios (Ro. 3:21). La exigencia de la Ley es tal que sólo el amor puede satisfacerla (Ro. 13:8).

Cuando Pablo dice que la mente carnal "es enemistad contra Dios; porque no se sujeta a la ley de Dios, ni tampoco puede" (Ro. 8:7), se refiere a más que a estatutos legales. La hostilidad para con Dios es en realidad repudio de la Ley de Dios; lo que la Ley de Dios exige no es una simple obediencia externa sino un corazón obediente y sumiso. El problema de Israel estaba precisamente ahí. Buscando una "ley de justicia", o sea, una Ley que justificara a las personas delante de Dios, no lograron alcanzar esta justicia porque se negaron a someterse a la justicia de Dios por fe y en su lugar buscaron una justicia de obras, que no es verdadera justicia (Ro. 9:31–32; 10:1–2). La justicia humana que se logra con obras (Fil. 3:6) es en sí misma una negación de la verdadera justicia; es "mi propia justicia" (Fil. 3:9), y en consecuencia es base para la jactancia (Ro. 2:23; Ef. 2:9); y esta misma jactancia es la esencia del pecado, porque es la exaltación del yo frente a Dios. Jactarse de la propia justicia equivale a confiar en la carne (Fil. 3:3). La justicia legal conduce a este orgullo egoísta. pecaminoso y frustra la verdadera justicia que Dios exige. Cuando los judíos se glorían en la Ley y juzgan con orgullo a los que no tienen la Ley, muestran que no conocen la verdadera justicia (Ro. 2:17–21). El mismo acto de juzgar los hace reos de pecado (Ro. 2:1). La ambición del ser humano de colocarse en lugar de Dios para ser su propio señor es pecado. Esto es precisamente lo que hace el juez cuando se arroga el derecho de sentarse a juzgar a sus iguales. Cuando Pablo acusa a los judíos de inconsecuencia por quebrantar la Ley precisamente en los puntos por los que condenan a otros – robo, adulterio, expoliación del templo – debe tener presente la exigencia más elevada de la Ley de una justicia interna, porque no se daban casos de dicha conducta entre los judíos del siglo I, a los que los gentiles reconocían sus fuertes normas morales. Pablo debe referirse a quitarle a Dios el honor que se le debe, de adulterio espiritual, de profanar la devoción que se le debe sólo a Él poniéndose como jueces y señores de los demás (Ro. 2:17ss.). Pablo dice enseguida que la circuncisión – el símbolo de toda observancia de la Ley – está en realidad en el corazón y no en la carne, y que ser judío es tener un corazón recto respecto a Dios (Ro. 2:25–29).

Si, pues, la Ley encarna toda la voluntad de Dios, se sigue que, de forma ideal, la plena conformidad con la Ley conduciría a la vida (Ro. 7:10). Los que cumplen la Ley serán justificados (Ro. 2:13). Pero llegado a este punto, Pablo va más allá del judaísmo. El judaísmo basaba la salvación en la conformidad con la Ley, pero reconocía que la mayor parte de las personas en realidad no la cumplían. Por tanto, tenía que mezclar su doctrina de la salvación por obediencia a la Ley con una doctrina de perdón y arrepentimiento, por la cual Dios, en su misericordia, da salvación a personas que son en parte pecadoras y en parte justas.

Pablo cree que esto implicaba la confesión de dos principios contradictorios: obras y gracia. Insiste, pues, en algo que ningún rabino judío aceptaría, a saber, que si la justicia es obediencia a la Ley, entonces la obediencia debe ser perfecta – sin fallo alguno. Quien se somete a la Ley debe observar toda la Ley (Gá. 5:3). Quién quiera que no haga todo lo que está escrito en la Ley es maldito (Gá. 3:10). Pablo estaría de acuerdo con las palabras de Santiago de que quién obedece toda la Ley pero falla en un solo punto es culpable de quebrantarla y está bajo condenación (Stg. 2:11).

El problema del cumplimiento perfecto de la Ley se agudiza sumamente cuando se trata de aquellos aspectos en los que se exige más que conformidad a reglamentaciones externas. Esto se revela cuando Pablo dice que se puede aceptar la circuncisión y aun así no observar la Ley (Ro. 2:25). A primera vista esta afirmación parece absurda, porque el hecho mismo de la circuncisión es obediencia a la Ley. Cuando más tarde afirma que la verdadera circuncisión es asunto del corazón y no algo externo y físico (Ro. 2:28–29), resulta evidente que la "obediencia a la ley no quiere decir cumplir preceptos detallados escritos en el Pentateuco, sino cumplir la relación con Dios hacia la cual se encamina la ley; y esto resulta ser, en última instancia, una relación no de obediencia legal sino de fe".

El fracaso de la Ley

Aunque la Ley sigue siendo para Pablo la expresión justa y santa de la voluntad de Dios, ha fracasado en hacer que las personas sean justas delante de Él. Al ser humano le es imposible ser justificado por las obras de la Ley (Gá. 2:16). De hecho, no hay ley posible que pueda justificarle delante de Dios (Gá. 3:21). La razón es doble.

La más fundamental es que la debilidad y pecaminosidad del ser humano le hacen incapaz de prestar obediencia a lo que exige la Ley. La condición del corazón humano es tal que no hay ley que le pueda ayudar. La debilidad de la carne (Ro. 8:3) y la pecaminosidad de la naturaleza humana (Ro. 7:23) no se podían cambiar con la Ley. La idea de ciertos rabinos de que los malos impulsos podían ser superados con el estudio de la Ley, sería rechazada por Pablo con firmeza.

La razón de que la Ley no pueda hacer justas a las personas pecadoras es que es un código externo, mientras que los corazones pecaminosos de los seres humanos necesitan un poder interno transformador. La Ley es un código escrito, no una vida impartida por el Espíritu de Dios (Ro. 7:6). Esta idea se expande por el contraste entre los pactos nuevo y antiguo. El pacto antiguo de la Ley consistía en mandamientos escritos en tablas de piedra, que sólo podían manifestar la voluntad de Dios, pero no proporcionar a personas pecadoras el poder para obedecer la voluntad de Dios. Por tanto, aunque era magnífico, el código escrito condena a las personas como pecadoras y las coloca bajo el juicio de muerte. "La letra mata", mientras que lo que los seres humanos necesitan es vida (2 Co. 3:6).

La reinterpretación de la Ley

Al reflexionar sobre el fracaso de la Ley en contraposición con la obra de Cristo en cuanto a que aquélla condujera al conocimiento de la justicia de Dios, Pablo formula una nueva interpretación del papel de la Ley dentro de los propósitos redentores generales de Dios. Primero, aplica la incapacidad de la Ley para procurar la salvación mostrando que ésta no era la intención divina. la Ley es secundaria respecto a la promesa, y en ésta se encuentra el camino de salvación por fe que Dios quiere.

A los gálatas, Pablo les dice que Dios hizo un pacto de promesa con Abraham mucho antes de dar la Ley a Moisés (Gá. 3:15–18). Juega con la palabra *diatheke*, que puede significar tanto testamento como pacto, para indicar que como testamento humano válido no se puede contestar ni alterar con añadidos, de forma que la Ley, que llegó después, no puede invalidar la promesa dada a Abraham. Y como este pacto con Abraham fue de promesa, queda excluida la posibilidad de justicia por obras, porque promesa y Ley se excluyen mutuamente. La promesa deja de ser promesa si tiene algo que ver con la Ley.[54]

Esta idea se hace más sólida en Romanos con el argumento de que Abraham no poseía la Ley pero fue considerado justo por fe (Ro. 4:1–5). Pablo señala que esta justicia se logró por la fe incluso antes de que fuera dada la señal de la circuncisión. La circuncisión, pues, en su significado genuino, no pertenece a la Ley sino que es señal y sello de la fe que justifica (Ro. 4:9–12).

Es desalentador para el estudioso contemporáneo del pensamiento de Pablo y del judaísmo que él no elabore un esquema consistente de la relación entre pacto y Ley. Usa, por ejemplo, *diatheke* para el pacto de la promesa establecido con Abraham (Gá. 3), pero también para el pacto de la Ley (2 Co. 3:14), así como para el pacto en Cristo. No cabe duda de que, aunque dice que la Ley fue una dispensación de muerte, no piensa que el viejo pacto de la Ley significaba la muerte para todos los que se hallaban bajo él. Al contrario, la implicación de la línea de pensamiento que aparece en Gálatas 3 y Romanos 4 es que todos los israelitas que confiaron en el pacto de la promesa dado por Dios a Abraham y no utilizaron la Ley como camino de salvación por obras, tenían garantizada la salvación. Esto se explicita en el caso de David, quien, bajo la Ley, bendijo a aquél a quien Dios tiene por justo aparte de las obras (Ro. 4:6–7). Cuando Pablo habla de la *venida* de la fe (Gá. 3:25), no quiere decir que nadie hubiera ejercido antes la fe salvadora. Al contrario, para él la fe apareció con Abraham; pero la fe pudo frustrarse cuando se constituyó la Ley como base de la justicia y jactancia humanas.

Si la salvación es por vía de la promesa y no de la Ley, ¿cuál fue el papel de la Ley en el propósito salvador de Dios? Al responder este interrogante, Pablo llega a conclusiones que resultaban tanto novedosas como inaceptables para el judaísmo. Se añade (*pereiselthen*) a la Ley no para salvar a las personas del pecado sino para mostrarles qué era pecado (Ro. 3:20; 5:13, 20; Gá. 3:19). Al declararles la voluntad de Dios, al mostrarles qué prohíbe Dios, la Ley muestra qué es el pecado. Al prohibir la codicia, muestra que codiciar es pecado (Ro. 7:7). Así pues, el poder del pecado es la Ley (1 Co. 15:56), porque sólo en la Ley se define con claridad el pecado. El texto de que la Ley hizo que el pecado sobreabundara (Ro. 5:20) no quiere decir que fue la Ley la que dio existencia al pecado y la que hizo al ser humano más pecador de lo que era sin ella. La Ley no es en sí misma pecaminosa ni productora de pecado (Ro. 7:7). Antes bien, pone al descubierto la verdadera situación del ser humano, para que se revele su responsabilidad como pecador ante Dios (Ro. 3:19).

Así pues la Ley es un instrumento de condenación (Ro. 5:13), ira (Ro. 4:15) y muerte (Ro. 7:19; 2 Co. 3:6). No es ella misma la que produce esta situación trágica; es el pecado en la persona el que hace que la Ley sea un instrumento de muerte (Ro. 7:13). La dispensación de la Ley se puede llamar dispensación de muerte (2 Co. 3:7), de esclavitud al mundo (Gá. 4:1–10), un pacto de esclavitud (Gá. 4:21–31), un período de infancia en el que se está bajo el control de ayos (Gá. 3:23–26).

Sin duda, Pablo no quiere sugerir que todas las personas que vivieron entre Moisés y Cristo hubieran estado esclavizadas al pecado y a la muerte, y que no hubiera salvación hasta que Cristo vino. Su alusión a David (Ro. 4:6–8) demuestra lo contrario. La promesa precede a la Ley y estuvo en vigor tanto antes como después de su cumplimiento en Cristo. Ni tampoco quiere decir que ésa fuera su experiencia como judío bajo la Ley. Esto es lo que él entiende que la Ley hace, aparte de la promesa. El argumento de Pablo, tanto en Romanos como en Gálatas, no tiene como fin instruir a los judíos respecto a cómo deberían entender la Ley, sino conseguir que los cristianos gentiles, que no tenían vínculos raciales con la Ley, como era el caso de los judíos cristianos, no cambiaran la salvación por la gracia por la salvación por las obras de la Ley.

Desde esta misma perspectiva cristiana debe interpretarse el muy discutido pasaje de Romanos 7:13–25. La antigua interpretación autobiográfica es muy difícil a la luz de las propias descripciones de Pablo de su vida judía en Gálatas 1:14 y Filipenses 3:5–7. Es igualmente difícil entender el pasaje como una descripción de la experiencia del cristiano derrotado que todavía vive en la carne en contraposición con el cristiano que ha aprendido a depender del Espíritu (Ro. 8). La preocupación de Pablo en este texto no es la vida en la carne sino la naturaleza de la Ley. "¿La ley es pecado?" (Ro. 7:7). No; pero como el pecado mora en la persona, la Ley santa muestra que el pecado es pecado y con ello se convierte en instrumento de muerte. Pero es el pecado, y no la Ley, el que trae muerte (Ro. 7:10–11).

Este tema se amplía en los versículos 13–24. Todo el capítulo contiene la comprensión cristiana de la situación actual del ser humano bajo la Ley, ya sea que esto se corresponda o no con su experiencia consciente. Como fariseo, Pablo se sintió muy satisfecho de su obediencia a la Ley y encontró en ello causa de orgullo y jactancia. Pero como cristiano, entiende que se estaba engañando porque había utilizado mal la Ley. Sólo a la luz de su vida en Cristo puede entender cuál había sido en realidad su situación bajo la Ley; y sólo como cristiano puede entender por qué ella sólo puede condenar a muerte a la persona siendo como es santa, justa y buena. La razón no es la naturaleza pecaminosa de la Ley sino la naturaleza pecaminosa del ser humano. Así pues Romanos 7 es una descripción de la existencia bajo la Ley entendida desde una perspectiva cristiana. La voluntad de Dios, por tanto, es deleite para la persona, y desea cumplir la exigencia más elevada de la Ley que es amar a Dios y al prójimo. Cuando Pablo piensa en su vida como judío bajo la Ley, se da cuenta, en contraposición con su convencimiento anterior, de que no había cumplido la Ley. Debido al pecado que residía en su carne, había sido incapaz de ofrecer la justicia que Dios exige, porque el bien que exige la Ley no es una obediencia meramente externa y formal, sino la exigencia de Dios de una justicia auténtica.[61] El ser humano es incapaz de esto – tan incapaz, que es como si su propia voluntad se viera avasallada completamente por el pecado, que rige su vida (vv. 17, 20). La liberación de esta esclavitud del pecado y de la muerte se encuentra sólo en Jesucristo.

La permanencia de la Ley

Al cumplir la promesa dada a Abraham, Cristo ha concluido la era de la Ley e iniciado la era de Cristo, que significa para el creyente libertad de la esclavitud y el fin de la Ley. Sin embargo, es evidente que, por cuanto Pablo considera siempre la Ley como santa, justa y buena, nunca piensa que haya sido abolida. Sigue siendo la expresión de la voluntad de Dios.

Esto resulta evidente por su frecuente afirmación de que la redención en Cristo capacita al creyente, en cierto sentido, para cumplir la Ley. En Cristo, Dios ha hecho lo que la Ley no podía hacer, a saber, condenar el pecado en la carne, para que la exigencia justa de la Ley se pudiera cumplir en aquellos que andan según el Espíritu (Ro. 8:3–4). He aquí la paradoja: al ser liberados de la Ley, la confirmamos (Ro. 3:31). Es obvio que la vida nueva en Cristo capacita al cristiano para guardar la Ley no como un código externo sino como una exigencia más elevada, es decir, precisamente, en aquello para lo que la Ley era incapaz debido a que era un código escrito externo. Pablo repite, pues, que la ética cristiana esencial del amor, que es un don del Espíritu Santo (1 Co. 13; Gá. 5:22) es el cumplimiento de la Ley. Toda la Ley se cumple en una palabra, "Amarás a tu prójimo como a ti mismo" (Gá. 5:14). En lugar de la Ley como código escrito está ahora la ley de Cristo. Esta "nueva ley" no se puede reducir a normas específicas sino que va más allá de cualquier legislación. Ningún conjunto de normas puede decirle a uno cómo llevar la carga de otro (Gá. 6:2); sólo el amor puede dictar semejante conducta. Sin embargo, la ley de Cristo, que es la ley del amor, sí cumple la Ley. El amor no cometerá adulterio, ni mentirá, ni robará, ni codiciará, ni hará nada malo al prójimo (Ro. 12:8–10).

Probablemente Pablo se refiere a esta misma ley de Cristo cuando expone su propia relación personal con la Ley. Como hombre en Cristo, ya no está bajo la Ley y, por tanto, puede ejercer su ministerio para los gentiles como si no tuviera Ley (*anomos*). Aun así, no por eso es antinomiano (*anomos theou*) sino *ennomos Christou* – "sujeto a la ley de Cristo". Como le motiva el amor, se adapta a las personas de todas las clases para traerlas al Evangelio.[63]

La permanencia de la Ley se refleja también en el hecho de que Pablo apela a normas específicas de ella como normas de conducta cristianas. Menciona varios mandamientos específicos (*entolai*) del Decálogo que se cumplen con el amor (Ro. 13:8–10). Su alusión a "cualquier otro mandamiento" designa todo lo que en la Ley se refiere al prójimo. Aun así, en el carácter de la Ley como *entolai* se indicaba su externalidad. Una vez más Pablo cita el mandamiento de amar a padre y madre como el primer mandamiento con una promesa (Ef. 6:2). Es evidente que la Ley sigue siendo la expresión de la voluntad de Dios para la conducta, incluso para quienes ya no están bajo ella.

Resulta bastante claro, sin embargo, que el aspecto permanente de la Ley es lo ético y no lo ritual. "La circuncisión nada es, y la incircuncisión nada es, sino el guardar los mandamientos de Dios" (1 Co. 7:19). La mayor parte de los estudios acerca de Pablo enfatizan el hecho de que él no distingue de forma explícita entre los aspectos éticos y rituales de la Ley. Esto es sin duda verdad; pero la distinción implícita es ineludible y debería ponerse de relieve. Aunque la circuncisión es un mandamiento de Dios y parte de la Ley, Pablo pone la circuncisión en contraposición con los mandamientos, y con ello distingue lo ético de lo ritual – lo permanente de lo temporal. Así, puede recomendar los *entolai theou* a los gentiles y aun así rechazar totalmente los *entolai* ceremoniales, tal como la circuncisión, los alimentos, las fiestas e incluso la observancia del sábado (Col. 2:16), porque éstos no son sino sombra de la realidad que ha venido en Cristo.

Así Cristo ha dado por acabada la Ley como camino de justicia y como código ritual; pero ella como expresión de la voluntad de Dios es permanente; y la persona en la que mora el Espíritu Santo y está vivificada por el amor, puede cumplir la Ley de una forma en la que nunca pudieron lograr los que estaban bajo la Ley.

Capítulo 37

La vida cristiana

Ya hemos resumido la idea que tiene Pablo de la situación de la persona en Cristo. Ahora debemos preguntarnos acerca de su idea de la vida cristiana, la conducta cristiana, la ética cristiana. ¿Cuál es su concepto de la buena vida? ¿Cómo se manifiesta en la conducta práctica la nueva vida en Cristo?

Definimos "ética" en el sentido más amplio de la palabra e incluye tanto la conducta personal como la actitud cristiana en cuanto a la ética social.

Cuando uno lee a Pablo con este interrogante en mente, inmediatamente se pone de manifiesto que no tiene un sistema ético. Esto puede ilustrarse fácilmente con una lectura superficial de las listas de virtudes paulinas. El "fruto del Espíritu" en Gálatas 5:22, 23 a menudo se entiende como normativo en el concepto paulino de la vida cristiana buena, pero estas virtudes deben compararse con listas similares en Filipenses 4:8 y Colosenses 3:12–15. No hay superposición entre la lista de Filipenses y las otras dos; y aparecen sólo cuatro virtudes más de una vez: amor, amabilidad, mansedumbre y paciencia. Estas listas no ofrecen una ética formal, ni tienen el propósito de describir la norma de la persona buena ni el ideal cristiano al que todos debemos aspirar.[2] Son más bien formas diferentes en las que Pablo enfoca situaciones históricas concretas para explicar cómo debe expresarse la nueva vida en Cristo.

Fuentes

Relacionada íntimamente con la ética paulina está la cuestión de las fuentes en las que se inspiró y las influencias que modelaron su pensamiento sobre la conducta cristiana. Es muy poco probable que las instrucciones éticas que da sean una creación suya original, o que las recibiera por revelación divina. Al contrario, se pueden detectar varias y diferentes influencias, aunque no se puedan aislar totalmente. Parece incuestionable que una de las más poderosas fue el Antiguo Testamento. Aunque Pablo afirma enérgicamente que para los que están en Cristo la Ley ha concluido (Ro. 10:4), aun así considera el Antiguo Testamento como la revelación de la voluntad de Dios. Apela a varios mandamientos concretos del Decálogo que el cristiano cumple con el amor (Ro. 13:8–10), Se refiere al mandamiento de amar al padre y a la madre como una norma de conducta cristiana (Ef. 6:2). Como cristiano, seguía considerando que el Antiguo Testamento había sido escrito "para nuestra enseñanza" (Ro. 15:4). Sin embargo, es significativo que Pablo nunca cite extensamente el Antiguo Testamento para desarrollar una norma de conducta. "No hay pruebas que indiquen que el apóstol lo considerara en ningún sentido como una fuente de instrucciones morales detalladas, ni siquiera como un manual de normas éticas". Nunca trata de codificar o interpretar de una manera formal las enseñanzas éticas y morales del Antiguo Testamento. No se puede determinar ninguna influencia directa de la literatura intertestamentaria.

Algunos estudiosos detectan una fuerte influencia del historial rabínico de Pablo. De hecho, W. D. Davies opina que él podría describirse como "rabino cristiano" que enseñaba una nueva Torá. Aunque uno esperaría influencias rabínicas, decir que Pablo es un portador y un intérprete autoconsciente de esa tradición y que su enseñanza ética incorpora una reformulación sustancial de materiales rabínicos es ir demasiado lejos.[7]

En la terminología y estilo paulinos se pueden detectar claros indicios de una influencia helenista. Pablo cita una vez un proverbio griego, "las malas conversaciones corrompen las buenas costumbres" (1 Co. 15:33), pero esto no demuestra una dependencia literaria. Se ve una influencia griega en el uso de algunas metáforas de guerra (2 Co. 10:3ss.; 1 Ts. 5:8) o de competiciones atléticas (1 Co. 9:25); en el uso de expresiones "lo que conviene" (Flm. 8; Col. 3:18; Ef. 4:5), "como conviene" (Ef. 5:3), "lo que es vergonzoso" (Ef. 5:12); y sobre todo las virtudes de Filipenses 4:8. Las palabras "amable" (*prosphilës*), "gracioso" (*euphëmos*), "excelencia" (*aretë*, que significa excelencia moral o virtud), y "digno de alabanza" (*epainos*) se toman del léxico ético helenista. Aunque no se puede dudar que Pablo utilizó el lenguaje de la filosofía popular helenista, lo cierto es que lo usa de forma diferente a los maestros griegos de la época. No le preocupa describir el ideal de humanidad perfecta; se preocupa mucho por la nueva vida en Cristo y de cómo debería manifestarse. Así pues, utiliza dos conceptos helenistas comunes: "libertad" (*eleutheria*) y "contentamiento" (*autarkeia*) pero les da un significado muy diferente. La persona libre es la que es esclava de Cristo, y el contentamiento no significa autosuficiencia sino conformidad con la provisión divina para la vida.

Se detecta el pensamiento helenista en dos puntos concretos. A menudo Pablo se refiere a la conciencia (*suneidësis*, once veces en la correspondencia corintia). Lo importante es que en hebreo no hay una palabra para conciencia. El único lugar donde aparece en la LXX con el mismo significado que en Pablo es en la *Sabiduría de Salomón* 17:10, que tiene influencia de la filosofía griega. Conciencia para Pablo, como para el mundo helenista, era la capacidad humana universal de juzgar las propias acciones. Sin embargo, Pablo no la concibe como una guía autoritaria para la acción moral o una norma de conducta. La conciencia le dice a la persona que algo es bueno o malo, pero no es una guía segura.[10]

Otro término propio de la filosofía helenista es "naturaleza" (*physis*). Pablo afirma que los gentiles que no poseen la Ley revelada de Dios son capaces "por naturaleza" de hacer lo que la Ley exige (Ro. 2:14). Algunos estudiosos entienden esto como un reflejo de la filosofía popular griega. Sin embargo, aunque el lenguaje puede haber sido tomado del pensamiento griego, Pablo lo utiliza de una forma no griega. Su pensamiento no sugiere que exista una ley natural universal intrínseca a la naturaleza humana, sino que el Dios Creador ha puesto en el ser humano el conocimiento del bien y del mal. Cuando alguien obedece las directrices positivas de la conciencia, hace "por naturaleza", es decir, instintivamente, lo justo. Sin embargo, la razón por la que Pablo recurre a la naturaleza y a la conciencia no es principalmente para sugerir que las personas tienen una guía interna intrínseca que las lleva a lo éticamente correcto. Más bien afirma que incluso los que no tienen la Ley revelada poseen un sentido íntimo que les permite discernir entre el bien y el mal, pero han fallado en obedecer esta luz del mismo modo que los judíos han fallado en observar la Ley.

Otra fuente importante de la enseñanza ética de Pablo es la de Jesús. Algunos estudiosos opinan que la ética paulina fue básicamente una interpretación original de la enseñanza ética de Jesús, pero en un marco diferente, mientras que otros creen que fue una distorsión total de ella. Esta cuestión no es nada fácil. En algunas ocasiones, pocas, Pablo recurre directamente a la autoridad del Señor: en el asunto del divorcio (1 Co. 7:10–11), en el apoyo de los obreros cristianos (1 Co. 9:14), en la conducta adecuada para la Cena del Señor (1 Co. 11:22ss.), en la venida del Señor (1 Ts. 4:15), y en la conducta general (1 Co 14:37). En otros lugares Pablo se hace claramente eco de las enseñanzas de Jesús sin referirse a ellas: Ro. 12:14 = Mt. 5:44; Ro. 12:17 = Mt. 5:39ss.; Ro. 13:7 = Mt 22:15–22; Ro. 14:13–14 = Lc. 17:1–2; Ro. 14:14 = Mc. 7:15; 1 Ts. 5:2 = Mt. 24:34; 1 Ts. 5:13 = Mc. 9:50; 1 Ts. 5:15 = Mt. 5:39–47. Estas alusiones dejan la clara impresión de que Pablo estaba familiarizado con un cuerpo de tradición ética cuyo origen estaba en Jesús. Su afirmación de que no posee ninguna palabra del Señor referente a los que no están casados (1 Co. 7:25) lo confirma. Esta conclusión se refuerza por su cautela al distinguir ente su propia opinión y la palabra del Señor (1 Co. 7:12).

Sin embargo, no podemos sino sentirnos impresionados ante el hecho de que Pablo recurra muy pocas veces a la enseñanza ética de Jesús y que todavía con menos frecuencia lo cite de forma directa. "Debe verse con cierta sorpresa el hecho de que la enseñanza del Jesús terrenal parezca no desempeñar un papel tan vital, o cuando menos tan obvio, en las instrucciones éticas concretas de Pablo como el Antiguo Testamento". Más aún, Pablo nunca se refiere a Jesús como maestro o a sus seguidores como discípulos.

Algunos estudiosos han interpretado la referencia paulina a la "ley de Cristo" (Gá. 6:2) en el sentido de que es una alusión a un cuerpo más o menos fijado de la tradición de Jesús; y cuando afirma que está "bajo la ley de Cristo" (*ennomos Christou*, 1 Co. 9:21), quiere decir que está atado por una tradición ética que proviene de él. Esta conclusión es difícil de sostener.[17] No hay pruebas de que Pablo conociera un cuerpo estable de tradición ética que viniera de Jesús. Es mucho más probable que la ley de Cristo sea la ley del amor que Jesús dijo estaba incorporada en la totalidad de la Ley del Antiguo Testamento (Mt. 22:40).

De esta revisión de las posibles fuentes del pensamiento ético de Pablo, se deducen varias conclusiones. Es evidente que Pablo no es legalista. No trata de reemplazar la Ley del Antiguo Testamento con un nuevo código cristiano ético. Por otra parte, tiene convicciones muy arraigadas sobre la conducta cristiana correcta. Las fuentes de su pensamiento ético son complejas. La infraestructura es el Antiguo Testamento. No vacila en utilizar conceptos helenistas, pero los interpreta siempre en términos de la nueva vida en Cristo. Pablo utiliza todos los ideales éticos disponibles para expresar sus convicciones de cómo debería vivir el cristiano.

Motivaciones

¿Cuáles son las motivaciones de la vida cristiana? Una opinión popular sostiene que la motivación principal es **el Espíritu Santo que mora en el cristiano**. Se dice que Pablo enseñaba que "el Espíritu de Dios actuando en el corazón del ser humano era una guía ética adecuada, y la persona bajo la inspiración del Espíritu conocía a fondo la voluntad de Dios y estaba capacitada para quererla y cumplirla (…)" Marshall sigue diciendo que Pablo reconocía que pocos cristianos eran maduros y que la mayoría eran niños. Sin embargo, una afirmación tan general es engañosa, porque Pablo apela no sólo a la presencia del Espíritu Santo en el cristiano como poder motivador, sino también a muchos otros principios. Además, no está totalmente claro hasta qué punto Pablo consideraba que el Espíritu daba a los cristianos un conocimiento intuitivo de lo justo; y veremos que su doctrina de la presencia del Espíritu no se concibe como un poder íntimo espontáneo sino que implica una tensión entre lo indicativo y lo imperativo. Tampoco está claro que la presencia del Espíritu se considere como la motivación más importante.

A veces Pablo apela simplemente **a la razón y al sentido común**. La embriaguez es disolución y perdición (Ef. 5:18). Los cristianos deberían vivir de forma que se les respete (1 Ts. 4:12) y merezcan la aprobación de las personas (Ro. 14:18). Los cristianos deberían evitar todo lo que avergüence (Ef. 5:12). La lista de virtudes en Filipenses 4:8–9 se recomienda por sí misma, y Pablo sólo apela al buen sentido de sus lectores.

Estas motivaciones, sin embargo, son secundarias; las motivaciones primarias son profundamente teológicas. Pablo utiliza algo la motivación de **la imitación de Cristo**, pero, de forma explícita, sólo se refiere a ella una vez. Los tesalonicenses se habían convertido en "imitadores del Señor" por la forma en la que recibieron el Evangelio (1 Ts. 1:6). Lo que parece enfatizarse es el hecho de que lo recibieran "en medio de gran tribulación". La misma idea aparece en Corintios: "Sed imitadores de mí, así como yo de Cristo" (1 Co. 11:1). El contexto de esta *imitatio Cristi* es el servicio sacrificado. Pablo no buscaba sus propios fines sino el bienestar de aquellos entre los que ejercía el ministerio. "En todas las cosas agrado a todos, no procurando mi propio beneficio" (1 Co. 10:33). Encontramos esta misma idea en el gran pasaje cristológico de Filipenses 2:5ss., donde Pablo presenta el ejemplo de la obediencia sacrificial de Cristo al Padre para mostrar que los cristianos no deberían buscar sus propios intereses sino los de los demás. Por inferencia, él señala el ejemplo de Cristo, que, "por amor a vosotros se hizo pobre, siendo rico" en su encarnación (2 Co. 8:9) para que los corintios pudieran servir a sus hermanos de Jerusalén con una generosa dádiva para paliar su pobreza. Es cierto que Pablo no presenta la *vida terrenal* de Jesús como una norma de excelencia moral. Cristo, sin embargo, debe ser imitado en su amor humilde y en su entrega de sufrimiento y muerte.[23]

A menudo se ha reconocido que la ética paulina está fuertemente anclada en su teología. Pablo veía la raíz de todo mal en la impiedad. El tenebroso cuadro que presenta Pablo de la sociedad pagana, con su corrupción y sus vicios, nace del hecho de que no quisieron reconocer a Dios (Ro. 1:28). La impiedad precede a la maldad y es su última fuente (Ro. 1:18). El rechazo de Dios llevó a las tinieblas y a toda clase de locuras éticas.

En el aspecto positivo, uno de los motivos teológicos principales es el de **la unión con Cristo**. Esta verdad se expresa de varias maneras. Pablo tuvo que ocuparse de una moralidad muy laxa en Corinto, al parecer nacida de las influencias gnósticas, que llevaron a ciertos corintios a pretender que lo que se hacía con el cuerpo era indiferente para el espíritu; porque el cuerpo no tenía importancia para la persona espiritual. Su lema era "todas las cosas me son lícitas" (1 Co. 6:12), incluso la licencia sexual. Pablo responde a esta aberración recordando a los corintios que estaban unidos a Cristo, no sólo en espíritu sino con todo su ser. "¿No sabéis que vuestros cuerpos son miembros de Cristo?" (1 Co. 6:15). Aquí surge la tensión entre lo indicativo y lo imperativo. Debido a ciertos hechos redentores, se producen algunos resultados inevitables. He sido unido a Cristo (indicativo); por tanto debo vivir de cierta manera (imperativo). He sido unido a Cristo; por tanto no puedo tener relaciones ilícitas con prostitutas.

Que esta forma de pensar es parte del núcleo de la teología de Pablo se demuestra en Romanos 6, donde se expresa en un lenguaje diferente esta misma verdad de la unión con Cristo. Si alguien por la justificación ha sido perdonado de todas sus culpas delante de Dios, ¿no queda acaso libre de pecar impunemente? Pablo dice que esto es imposible. "Porque somos sepultados juntamente con él para muerte por el bautismo, a fin de que como Cristo resucitó de los muertos por la gloria del Padre, así también nosotros andemos en vida nueva" (Ro. 6:4). El bautismo representa la unión con Cristo en su muerte y resurrección. "Sepultados con él en el bautismo, en el cual fuisteis también resucitados con él, mediante la fe en el poder de Dios que le levantó de los muertos" (Col. 2:12). Por la fe las personas quedan unidas con Cristo en su muerte y resucitan a una nueva vida (indicativo); por tanto deben andar en novedad de vida (imperativo), y esta vida nueva no puede ser una que deje al creyente indiferente al pecado. Como consecuencia, la posición que se refleja en la pregunta, "¿perseveraremos en el pecado para que la gracia abunde?" (Ro. 6:1) contiene una patente contradicción interna.

El significado ético de la unión con Cristo vuelve a ilustrarse en Efesios 2, donde ésta se expresa como una nueva vida por medio de la identificación con Cristo en su resurrección y ascensión. El creyente es resucitado a una nueva vida, e incluso es exaltado en el cielo para que se siente con Cristo a la diestra de Dios. El contraste entre la antigua vida y la nueva se expresa primordialmente en términos éticos. Fuera de la fe en Cristo, los seres humanos están muertos – pero muertos debido a sus transgresiones y pecados, pues viven bajo el dominio de "los deseos de nuestra carne, haciendo la voluntad de la carne y de los pensamientos" (Ef. 2:3). La nueva vida en Cristo, que es una nueva creación, se manifiesta en buenas obras (Ef. 2:10). También aquí está lo indicativo y lo imperativo: el creyente que estaba muerto en pecados ahora vive con Cristo (indicativo); por tanto debe vivir una vida de buenas obras (imperativo).

Otra motivación para llevar una conducta agradable a Dios es que **Cristo y el Espíritu Santo moran en el cristiano**. Como hemos visto, algunos intérpretes de Pablo opinan que ésta es la motivación más importante. Marshall enfatiza mucho el contraste que establece entre la vieja economía y el nuevo siglo, con su dinámica interna del Espíritu. Él insiste en que para el cristiano el método-código ya no existe y que ha sido reemplazado por el método-espíritu. La Ley ha sido abolida como principio de salvación y también como principio de conducta. "Pablo insiste en que el cristianismo no es un código (un control externo), sino un 'Espíritu' (un control interno)". Pablo encontró el secreto de la buena vida en una buena disposición, y el secreto es la influencia del Espíritu de Dios en la vida interna de la persona. Esta interpretación de Pablo recibe un mentís directo en que apela a los mandamientos de la Ley como voluntad revelada de Dios y normativa para la conducta cristiana.[28] El contraste que establece entre el código escrito externo y la nueva vida del Espíritu (Ro. 7:6; 2 Co. 3:3) no significa que considere la presencia del Espíritu como un poder espontáneo que capacita a las personas para que hagan automáticamente lo justo, ni tampoco descarta el Antiguo Testamento *in toto*. La Ley ya no tiene vigencia como camino de justicia (Ro. 10:4). Pero Pablo distingue entre la Ley como código legal y como revelación permanente de Dios, y más de una vez afirma que la nueva vida del Espíritu es la que capacita al cristiano para cumplir de verdadera Ley (Ro. 8:3–4; 13:10, Gá. 5:14).

Es evidente que Pablo concibe el Espíritu como un nuevo poder que está presente y que se manifiesta en la conducta. La nueva vida es el don del Espíritu (2 Co. 3:6; Gá. 6:8), y ésta se demuestra por el "fruto del Espíritu" (Gá. 5:20), que Pablo interpreta como virtudes cristianas. Se busca un obvio contraste entre obras y frutos: entre esfuerzo humano y dinámica espiritual interna. La presencia del Espíritu significa una nueva experiencia de amor (Ro. 5:5), libertad (Ro. 8:2) y servicio (Ro. 7:6).

Sin embargo, no está claro que Pablo conciba la presencia del Espíritu como un poder interno espontáneo que produzca progreso y crecimiento graduales en las virtudes cristianas. Que Pablo espera un crecimiento de carácter moral, es evidente. "Nosotros todos, mirando a cara descubierta como en un espejo la gloria del Señor, somos transformados de gloria en gloria en la misma imagen, como por el Espíritu del Señor" (2 Co. 3:18). Sin embargo, en este pasaje el Espíritu no es el poder presente de la nueva vida sino que se identifica con el Señor ascendido, glorificado. La preocupación del cristiano por su Señor exaltado significará que se conformará cada vez más a la imagen de Cristo. Sin embargo, el contexto del pasaje es el del ministerio. "Por lo cual, teniendo nosotros este ministerio según la misericordia que hemos recibido (…)" (2 Co. 4:1). "Lo que se describe es la *doxa* del oficio, de la proclamación, de la *kërussomen* (4:5)", no la excelencia moral en general.

Es sorprendente que Pablo no apele al Espíritu como fuente directa de iluminación moral. Pablo es consciente de que el Espíritu Santo revela las cosas de Dios (1 Co. 2:10), pero esto no significa que él se sienta independiente del Antiguo Testamento y de la enseñanza de Jesús. Sólo en un lugar Pablo apela al Espíritu como una guía moral, y aun así, aunque afirma poseerlo, sólo da su propia opinión (1 Co. 7:40). En su pasaje exhortativo más extenso (Ro. 12:1–15:13), sólo se alude tres veces, y como de paso, al Espíritu (Ro. 12:11; 14:17; 15:13), y en ninguna de ellas sugiere que sea una guía moral. Es dudoso que Pablo conciba al Espíritu como una fuente de conocimiento espontáneo del bien y del mal. De hecho, nunca propone ninguna teoría acerca de cómo se conoce lo justo. El Espíritu es un poder que mora en el creyente para capacitarle para vivir de acuerdo con la voluntad de Dios.

También aquí hay una tensión entre lo indicativo y lo imperativo. "Si vivimos por el Espíritu [indicativo; la nueva vida es desde el Espíritu], andemos también por el Espíritu [imperativo]" (Gá. 5:25). Sin embargo, esta nueva vida no es un poder espontáneo, interno, libre, sino un poder que se halla en tensión con la carne. La carne y el Espíritu se oponen entre sí, "para que no hagáis lo que quisiereis" (Gá. 5:17). Esta dialéctica se resuelve sólo con una vida de decisión constante. Esto exige una negativa persistente de la carne y un "andar en el Espíritu" igualmente constante. "Como siempre habéis obedecido (…) mucho más ahora (…) ocupaos en vuestra salvación con temor y temblor" (Fil. 2:12). Esto es lo que quiere decir con la expresión ser guiados por el Espíritu (Ro. 8:14; Gá. 5:18).

En conexión íntima con la presencia del Espíritu está **la doctrina de la santificación**. Una opinión muy predominante afirma que la justificación es lo que designa el comienzo de la vida cristiana, mientras que santificación designa el desarrollo de esa vida por medio de la acción interna del Espíritu. Esto, sin embargo, es una simplificación excesiva de la enseñanza del Nuevo Testamento y oscurece una verdad importante. De hecho, la idea de santificación es soteriológica más que un concepto moral. La idea misma de "santidad" es ante todo cúltica, y de forma secundaria moral. Procksch llega a decir que santidad en el Nuevo Testamento no se refiere a la conducta ética sino a una condición de inocencia ética. Santificación no es sinónimo de crecimiento moral.[38] Lo que es santo está dedicado a Dios o pertenece de alguna forma al servicio de Dios. Israel como pueblo, incluso en la incredulidad, sigue siendo un pueblo santo por causa de los patriarcas (Ro. 11:16). Los hijos de matrimonios mixtos son santos por causa de un padre creyente (1 Co. 7:14). La Iglesia como un todo es un templo santo (Ef. 2:21). Cuando Pablo dice que la muchacha o la mujer no casada se preocupa por los asuntos del Señor, por ser santa en cuerpo y espíritu (1 Co. 7:34), no puede estar refiriéndose a un estado ético; si así fuera, el matrimonio mismo sería impuro, y esto contradice el pensamiento de Pablo. En este caso santidad es dedicación completa e imperturbada a las cosas de Dios. Algunas versiones hacen bien al traducir el verbo como "consagrado" cuando Pablo habla de alimentos que algunas personas consideraban impuros por razones cúlticas, pero que no podían considerarse como tales cuando se consagraban a Dios (1 Ti. 4:5; ver también 2 Ti. 2:21).

Cuando se aplica a los cristianos, santidad o santificación no es en primer lugar un concepto ético, aunque se incluye. Denota ante todo la verdad soteriológica de que los cristianos pertenecen a Dios. Son el pueblo de Dios. Por eso el uso más común de *hagios* en Pablo es para designar a todos los cristianos como santos – el pueblo de Dios. Los cristianos son santos, incluso en su existencia corporal, cuando se entregan a Dios (Ro. 12:1). Los creyentes gentiles entran en el pueblo santo de Dios "santificados por el Espíritu Santo" (Ro. 15:16). Más importante es que se considera a todos los creyentes como ya santificados en Cristo. En este sentido, santificación no indica un crecimiento en conducta ética sino que es una verdad redentora. Pablo se dirige a los corintios entre los que había pecados escandalosos, no sólo como a santos sino como a santificados en Cristo Jesús (1 Co. 1:2; ver también 1:30). Purificación, santificación, justificación son eventos reales del pasado. Santificación en este caso significa inclusión en el pueblo que Dios considera como propio. "La santificación consiste no en una cualidad moral concreta que ha sido alcanzada sino en una relación específica con Dios que ya se ha dado".[41] La santificación tiene una meta escatológica. El propósito de Dios es que la Iglesia le sea finalmente presentada en esplendor, que no tenga mancha ni arruga ni cosa semejante, sino que sea santa y sin mancha" (Ef. 5:27; ver Col. 1:22; 1 Ts. 3:13; 5:23).

Como los creyentes pertenecen a Dios – han sido santificados – se les invita a experimentar la santificación y a descartar la impureza. Aunque la santificación es obra del Espíritu Santo (2

Ts. 2:13), también implica una respuesta humana. Pablo pide a los corintios que se purifiquen de toda contaminación de cuerpo y espíritu, y que perfeccionen su santidad en el temor de Dios (2 Co. 7:1). Los creyentes ya no deben ceder a la impureza sino a la justicia para santificación (Ro. 6:19). Dios no nos ha llamado a la impureza sino a la santidad (1 Ts. 4:7).

Debería advertirse que cuando se insiste en el aspecto ético de la santificación, la preocupación primordial es la pureza. Lo opuesto a la santidad es la inmundicia (*akatharsia*) (1 Ts. 4:7). La santificación se preocupa sobre todo de la pureza sexual (1 Ts. 4:4), pero en relación íntima con ella está la codicia (lit., "un deseo de tener más"). La codicia es avaricia, ser posesivo, querer adquirir. La inmoralidad es pecaminosa porque busca poseer algo que no es propio, algo a lo que no se tiene derecho. Tanto la inmoralidad como la codicia se ven como impureza o contaminación. La codicia significa en última instancia insaciabilidad, de modo que se excluyen totalmente todos los valores espirituales.

La insistencia de Pablo en la pureza moral se debía sin duda a la persistencia de pecados sexuales en el mundo helenista, sobre todo en la práctica de las religiones paganas. El ser humano dedicado totalmente a Dios manifestará su devoción cristiana separándose de la pecaminosidad pagana típica. La santificación no es un término que designe la totalidad de la buena vida como tal, sino la dedicación de los cristianos a Dios en contraposición con los males que prevalecen en la sociedad.

La cuestión importante que debe tenerse en cuenta es que hay una tensión entre lo indicativo y lo imperativo. La santificación es un evento real pasado (indicativo); por tanto, debe experimentarse aquí y ahora (imperativo). Los creyentes han sido santificados; por tanto deben purificase de todo lo que les contamina. Como consecuencia no es correcto decir que la justificación es el comienzo y la santificación la continuación de la vida cristiana. Ambos implican la tensión entre indicativo e imperativo. Como hemos sido justificados por la fe, tenemos paz con Dios (Ro. 5:1). Como hemos sido santificados – separados para ser pueblo de Dios, debemos vivir como lo que somos y apartar todo lo que contamine. Por tanto, el hecho de la santificación hecha realidad es una de las motivaciones a las que Pablo apela para la conducta ética, sobre todo en la esfera sexual.

Otro motivo poderoso que influye en la conducta es **la Escatología**. Los cristianos, igual que el mundo, deben presentarse ante el tribunal de Dios (Ro. 14:10) y de Cristo (2 Co. 5:10) "para que cada uno reciba según lo que haya hecho mientras estaba en el cuerpo". Aunque los creyentes no han recibido el espíritu de esclavitud para temer (Ro. 8:15), aun así se les exhorta a "perfeccionar la santidad en el temor de Dios" (2 Co. 7:1). A los esclavos se les anima a ser obedientes con temor y temblor (Ef. 6:5), y a los cristianos a ocuparse de su salvación del mismo modo (Ef. 2:12); el que quien obre mal recibirá lo que se merece por la injusticia cometida (Col. 3:25).

Relacionados con el motivo escatológico se suscitan dos problemas diferentes: la recompensa y el castigo de los creyentes. En cuanto a recompensas, el pensamiento de Pablo es bastante claro. Las utiliza como motivación y como incentivo para un ministerio fiel y eficaz más que para una vida ética; pero no se pueden separar totalmente ambas cosas. El día del juicio pondrá a prueba el servicio del ser humano a Cristo. Los que han edificado sobre el fundamento de Cristo recibirán recompensa. "Si la obra de alguno se quemare, él sufrirá pérdida, aunque él mismo será salvo, aunque así como por fuego" (1 Co. 3:15). Los que tienen un fundamento adecuado y hacen obras indignas, no serán excluidos del Reino, sino que perderán sus privilegios y su posición en él. Debemos concluir que Pablo pensó que en el Reino habría posiciones escalonadas, que se otorgarían sobre la base de la fidelidad cristiana.

Un problema más difícil es si Pablo opina o no que los creyentes perderán la salvación si niegan su profesión de fe a través de una vida de pecado. Varios pasajes parecen afirmar eso. Cuando él escribe a los gálatas que "el que siembra para su carne, de la carne segará corrupción" (Gá. 6:8), es difícil pensar que esto tiene sólo un interés teórico para los cristianos puesto que todos los creyentes sembrarán *ipso facto* para el Espíritu. La severa advertencia de destrucción para aquellos que destruyan la Iglesia con enseñanzas falsas y cismas (1 Co. 3:17) ciertamente se refiere a líderes de la misma. La amonestación de Pablo a los corintios a que no imiten la caída de los israelitas en el desierto (1 Co. 10:6ss.), con una conducta inmoral sugiere que la salvación debe demostrarse en la vida para que sea verdadera. La advertencia de que las personas o los idólatras inmorales e impuros no heredarán el Reino de Dios (Ef. 5:5) está dirigida a cristianos. Es difícil evitar la conclusión de que cuando Pablo describe su propia autodisciplina porque está comprometido en una carrera para ganar un premio (*brabeion*) imperecedero, que es la meta de todos los cristianos, se refiere al de la vida eterna. En otro pasaje se utiliza la misma palabra para referirse a la resurrección (Fil. 3:11). La corona que espera ganar al final de la carrera es la corona de vida – el don escatológico de Dios.[47] Por tanto, cuando Pablo contempla la posibilidad de que si corriera "como a la ventura" podría "ser eliminado" (*adokimos*, 1 Co. 9:27), es difícil no concluir que piensa en un posible fracaso para alcanzar la meta de la vida cristiana.

De estos pasajes y de otros parecidos, se concluye que Pablo utiliza la obtención final de la salvación en el Reino de Dios como motivación para una vida cristiana fiel y dedicada. Es significativo que él no utilice la sanción ética de una forma teórica para exponer la posibilidad de perder la salvación; la utiliza como una aprobación de la seriedad moral para evitar una distorsión del Evangelio de gracia que le convierta en entusiasmo helenista, libertinaje o pasividad moral. Hay una tensión deliberada en las exhortaciones éticas de Pablo: ocupaos de vuestra salvación (…) porque Dios es el que obra en vosotros (Fil. 2:12). La vida eterna es un don gratuito de Dios (Ro. 6:23), pero al mismo tiempo es una recompensa otorgada a los que se han mostrado perseverantes y leales en las persecuciones y aflicciones (2 Ts. 1:4ss.). Los que siembran para el Espíritu cosecharán vida eterna (Gá. 6:8).

La motivación más importante para la vida cristiana es **el amor**. El amor es la ley de Cristo (Gá. 6:2). Esto significa que toda la conducta ética puede resumirse en el principio del amor, tal y como Jesús enseñó (Mc. 10:30–31). El amor cumple las exigencias de la Ley. El Espíritu es el Espíritu de amor (Ro. 15:30; Col. 1:8) que ha derramado el amor de Dios en nuestro corazón (Ro. 5:5). El fruto del Espíritu no es más que un comentario acerca del primer fruto, mostrando cómo actúa el amor (Gá. 5:22–23). El *charisma* más excelente, que todos deberíamos anhelar, es el amor (1 Co. 13). "El amor es el que activa toda la conducta humana (Col. 3:14) (…) El noble himno de 1 Co. 13 está en el corazón de toda la enseñanza de Pablo tanto para la ética individual como social".

Una de las ilustraciones más vívidas de cómo debería actuar el amor en la comunión cristiana puede apreciarse en el problema que se plantea por los alimentos ofrecidos a los dioses. Toda ciudad helenista tenía una considerable cantidad de templos, y la mayor parte de la carne que se vendía en el *macellum* o mercado (1 Co. 10:25) procedía de alguno de ellos donde había sido sacrificada a algún dios pagano; posiblemente una gran parte de esa carne se consumía en un banquete en el mismo templo, y el resto se vendía al público en el mercado. A los judíos se les había prohibido comer alimentos sacrificados a los ídolos. La Iglesia primitiva aconsejaba a los cristianos gentiles dc Asia Menor que se abstuvieran de tales carnes, no como una forma de salvación, sino como un *modus vivendi* por los cristianos judíos, a quienes ofendía gravemente esa práctica (Hch. 15:20).

En ciudades como Roma y Corinto (Ro. 14:1–23; 1 Co. 8:1–13; 10:14–33), la situación era diferente. Pablo parece que no impuso los requisitos del decreto de Jerusalén más allá del Asia Menor. Los cristianos de las ciudades europeas se encontraban divididos en ese punto. Algunos opinaban que esos alimentos eran impuros porque habían estado asociados con cultos paganos, mientras que otros creían que el alimento en sí no se había contaminado cúlticamente y podía ser consumido. Esto creaba disensiones en las iglesias. Los que comían estas viandas despreciaban los escrúpulos de los que no comían, mientras que los que se abstenían criticaban duramente y condenaban a los que lo hacían (Ro. 14:2–4).

La solución de Pablo a este problema mantiene una tensión entre libertad y amor. Prohíbe expresamente la participación activa en las fiestas del templo (1 Co. 8:10). Sin embargo, opta claramente por los que opinan que esos alimentos no son impuros, y afirma que los cristianos tienen libertad en Cristo para participar de cualquier alimento; nada es impuro en sí mismo (Ro. 14:14). Llama débiles en la fe a los que tienen escrúpulos en tales asuntos (Ro. 14:1). Aconseja claramente a los cristianos que coman lo que compren en el mercado sin tener mala conciencia (1 Co. 10:25). Además, si un cristiano tiene un amigo pagano que lo invita a comer, tiene libertad para hacerlo (1 Co. 10:26). Los que tienen escrúpulos contra tales alimentos deben ejercitar el amor y no condenar a los que no tienen los mismos escrúpulos (Ro. 14:3). Por otra parte, los que se sienten libres para comer deben mostrar amor y no despreciar a los que tienen escrúpulos (Ro. 14:3). Aquellos cuya conciencia les recrimina no deben comer (Ro. 14:22); aquellos cuya conciencia está limpia tienen libertad para comer. Sin embargo, el amor exige que, cuando la persona libre se encuentre en una situación en que el ejercicio de su libertad ofenda realmente a un hermano y violente su conciencia y, por tanto, sea inducido a pecar, se abstenga por amor. Parece obvio que tal abstinencia se recomiende sólo en casos en que el hermano más débil pueda ser tentado a pecar; de lo contrario toda la norma de conducta en lo que respecta a estos asuntos se vería regida por el rigor de los cristianos más débiles. "Si la conciencia del hermano más débil gobierna generalmente la conducta de los cristianos, la moralidad cristiana se ve atrapada por un legalismo de rigor". El principio básico es evidente: la libertad personal debe compensar con el amor a los hermanos. Es evidente que ese amor no es una emoción sino la preocupación cristiana en acción.

Indicativo e imperativo

Hemos visto en algunas de las motivaciones paulinas para la vida cristiana una tensión entre lo indicativo y lo imperativo. Esto refleja la infraestructura teológica fundamental de todo el pensamiento paulino: la tensión entre los dos siglos. El cristiano vive en dos siglos. Es ciudadano del nuevo siglo aunque sigue viviendo en el antiguo. Lo nuevo ha llegado (2 Co. 5:17) mientras que lo viejo permanece. Lo indicativo implica la afirmación de lo que Dios ha hecho para iniciar la nueva edad; lo imperativo implica la exhortación de vivir esta vida nueva instalados en el antiguo siglo. Lo nuevo no es completamente espontáneo e irresistible. Hay una tensión dialéctica con lo antiguo. Por tanto, lo indicativo sólo no basta; siempre debe darse lo imperativo: la respuesta a la acción de Dios.

Esto tiene un significado profundo para la ética paulina, y puede ilustrarse explícitamente con la porción parenética de la carta más teológica de Pablo: Romanos 12:1–15:21. "Así que, hermanos, os ruego por las misericordias de Dios, que presentéis vuestros cuerpos en sacrificio vivo, santo, agradable a Dios, que es vuestro culto racional. No os conforméis a este siglo (*aion*), sino transformaos por medio de la renovación de vuestro entendimiento, para que comprobéis cuál sea la buena voluntad de Dios, agradable y perfecta" (Ro. 12:1–2). Las misericordias de Dios (indicativo) significan todo lo que se ha llevado a cabo en la revelación de la justicia de Dios (Ro. 1:17, indicativo). Sobre la base de lo que Dios ha hecho, Pablo exhorta a los cristianos al acto final de culto con el ofrecimiento de sí mismos a Dios (imperativo).

Este significado de lo imperativo se amplía más con la exhortación de no conformarse a este siglo. Los cristianos viven en este siglo, pero su norma de vida, su pauta de conducta, sus fines y metas, no son los de este siglo, centrados básicamente en el ser humano y que son fuentes de orgullo. El objetivo de la persona que ha experimentado la vida del nuevo siglo es conformarse a la voluntad de Dios. Sin embargo, la voluntad de Dios no es una decisión que surge desde dentro como una respuesta a todas las decisiones morales que deben tomarse; es necesario que se "compruebe", que se descubra, que se afirme. La voluntad de Dios en este caso no es una conducta adecuada en situaciones específicas: es el propósito redentor de Dios para el ser humano. "La voluntad de Dios es que uno debe poner todo su ser a su disposición. En este 'pertenecer' total a él debe dedicarse a lo que es bueno".

Esto se hace realidad sólo por una renovación interior del entendimiento. Sólo así puede comprobarse cuál sea la voluntad de Dios. En el pensamiento bíblico, entendimiento (*nous*) no es un término que represente las emociones del ser humano o simplemente su capacidad intelectual o racional: designa específicamente su voluntad. "Con él (*nous*) no se quiere indicar la mente o el intelecto como facultad especial, sino el conocer, comprender y juzgar, que forman parte de la persona como tal, y determinan la actitud que adopte". La novedad del cristiano no quiere decir, como aparece en RV, que "las cosas viejas pasaron; he aquí todas son hechas nuevas" (2 Co. 5:17). Significa más bien que lo nuevo se ha introducido en el contexto de lo antiguo. Lo que se renueva – o vivifica – es el espíritu de la persona (Ef. 2:1; Ro. 8:10) y su entendimiento o voluntad. Ahora quiere hacer la voluntad de Dios; ahora se ha consagrado a Dios como sacrificio vivo en un acto de culto espiritual. El entendimiento renovado se contrapone obviamente a la "mente reprobada" (*adokimon noun*) de Romanos 1:28, que sin duda no se refiere a ideas erróneas o a una falsa teología, sino a una voluntad perversa que se manifiesta a través de todo tipo de corrupta y mala conducta. Por otra parte, el entendimiento renovado puede conformarse a la voluntad de Dios. Que esto no significa renovación ética íntima resulta evidente por el hecho de que Pablo dedica tres capítulos a la exposición de la conducta ética cristiana adecuada. "Incluso el entendimiento renovado necesita una buena dosis de motivación".

Ascetismo

Este no conformarse al mundo a menudo se ha entendido como ascetismo o falta de compromiso social. Pablo enseña la autodisciplina y el control riguroso del cuerpo. "Golpeo mi cuerpo, y lo pongo en servidumbre, no siendo que habiendo sido heraldo para otros, yo mismo venga a ser eliminado" (1 Co. 9:27). Esto no quiere decir que él trate de someter sus apetitos corporales como si fueran malos en sí mismos. Al contrario, debe glorificarse a Dios por medio del cuerpo (1 Co. 6:20), y el cristiano debe comer y beber para la gloria de Dios (1 Co. 10:31). Sin embargo, como el cuerpo es el medio por el cual puede darse el pecado, el creyente debe controlarlo para que el pecado no prevalezca (Ro. 6:12). Las "obras de la carne" – sus actividades pecaminosas potenciales – deben hacerse morir (Ro. 8:13; Col. 3:5). Por otra parte, Pablo rechaza expresamente las prácticas ascéticas. Censura a los colosenses por seguir una enseñanza dualista que buscaba desacreditar el carácter sagrado de los apetitos corporales con reglas como "no manejes, ni gustes, ni aún toques", porque al tratar el cuerpo con rigor, parece promoverse un vida religiosa de profunda devoción a realidades espirituales, cuando en realidad, "no tienen valor alguno contra los apetitos de la carne" (Col. 2:23). Es evidente que "carne" aquí no es existencia corporal, sino el yo humano, orgulloso, que busca y halla prestigio en lo externo de la religión más que en la devoción y confianza en Dios. De hecho, Pablo designa esta misma interpretación ascética de la religión como un elemento del mundo, porque apela al orgullo y a los logros humanos más que a la confianza humilde en la salvación en Cristo. La idea cristiana es que "del Señor es la tierra y su plenitud" (1 Co. 10:26). Pablo mismo era un asceta en asuntos sexuales (1 Co. 7:7), pero reconoció que se trataba de un don especial que le fue concedido para que pudiera dedicarse sin distracciones al ministerio del Evangelio. Además, él desearía que todos los cristianos pudieran poseer el mismo don (1 Co. 7:1), pero no porque haya nada pecaminoso en el sexo, o porque el célibe haya alcanzado un nivel más elevado de moralidad y santidad que el casado. Su preocupación es totalmente práctica: "El soltero tiene cuidado de las cosas del Señor, de cómo agradar al Señor; pero el casado tiene cuidado de las cosas del mundo, de cómo agradar a su mujer" (1 Co. 7:32–33). Pablo piensa que lo ideal sería que todos los cristianos fueran como él: misionero sin distracciones; pero su razón es promover el Evangelio, no lograr una mayor santificación.

Separación

En las relaciones sociales, Pablo exige que el creyente no se una en yugo desigual con los no creyentes (2 Co. 6:14). Esto no puede significar la ruptura de todos los vínculos y relaciones que cotidianamente relacionan a los creyentes y a los no creyentes en la interacción social. Pablo aprueba expresamente que los cristianos se relacionen con paganos socialmente; y en esa situación, el creyente no debe ser escrupuloso sobre si la carne que se sirve procede de un templo de ídolos (1 Co. 10:27). Por otra parte, prohíbe expresamente unirse con paganos en fiestas que se hacen en sus templos (1 Co. 8:10), porque su conducta podría interpretarse como indiferencia a la idolatría. La advertencia contra el "yugo desigual" se dirige contra vínculos estrechos que relacionan a cristianos con no creyentes en formas paganas de pensamiento y acción. El hecho de que Pablo interprete esta prohibición en términos de idolatría (v. 16) y contaminación del cuerpo (7:1) sugiere que lo que tiene en mente primordialmente es el culto en templos paganos, con sus manifestaciones licenciosas y su inmoralidad flagrante. La no conformidad con este siglo no significa ni el ascetismo ni el rechazo de las costumbres sociales del mundo, sino el alejamiento de su idolatría y de su conducta pecaminosa. El cristiano es ciudadano de su propia cultura y ciudadano del Siglo Venidero al mismo tiempo.

Vicios

El tipo de vida a la que no debe conformarse la nueva humanidad se ofrece en algunas listas de vicios (Ro. 1:29–32; 1 Co. 5:11; 6:9; 2 Co. 12:20; Gá. 5:19–21; Ef. 4:31; 5:3–4; Col. 3:5–9). Estos pecados forman cinco grupos: pecados sexuales tales como fornicación, impureza, lascivia, adulterio, sodomía y homosexualidad; pecados de egoísmo tales como codicia y extorsión; pecados de palabra tales como murmuración, crítica, censura, jactancia, habla vergonzosa, habla necia, superficialidad y clamor; pecados de actitud y relaciones personales tales como enemistad, disensión, sedición, celos, ira, conflicto, herejías y envidia; y pecados de ebriedad como la glotonería, al igual que la idolatría. Si predominan los pecados sexuales, no es porque se consideren peores que los demás, más bien se debe a la notoria inmoralidad del mundo grecorromano. Un famoso dicho ilustra esto: "Tenemos prostitutas para nuestro placer, concubinas para el uso físico cotidiano, esposas para darnos hijos legítimos y para ser administradoras fieles en los asuntos domésticos".[62] Además, la prostitución cúltica era común. El templo de Afrodita en Corinto tenía un millar de prostitutas sagradas. La fornicación aparece en todas las listas, encabezándolas. Sin embargo, la codicia y la idolatría aparecen en cinco de las listas, y la ira en cuatro. Pablo estaba muy preocupado por cómo manejaban los cristianos sus asuntos comerciales. La ambición egoísta que se manifestaba en codicia (lit., "el deseo de tener más"), no debía tener cabida en la vida cristiana.

Es interesante que encontremos listas parecidas de vicios en los textos filosóficos paganos. Pablo no fue original en cuanto a los pecados que él creía que había que evitar, pues hay muchas semejanzas con lo mejor del pensamiento pagano. Sin embargo, la motivación fundamental es radicalmente distinta. Los griegos se interesaban por cómo la persona virtuosa podría evitar lo que iría en detrimento de su rango moral; los vicios que Pablo enumera, por otra parte, pertenecen al viejo siglo y son antitéticos a lo nuevo que Cristo ha introducido. Uno exalta los logros humanos; otro se centra en la acción redentora de Dios en Jesucristo.

Ética social

Pablo tiene bastante que decir sobre la relación del cristiano con las instituciones sociales de su tiempo. En la perspectiva cristiana moderna, la ética social ocupa un puesto predominante en nuestro pensamiento ético. Con ética social se quiere decir la preocupación en que las estructuras sociales deberían basarse en principios de humanidad e interés por el bienestar humano. Es difícil encontrar una ética social clara en Pablo. Es imposible evitar la conclusión de que su perspectiva escatológica influyó en su actitud hacia las estructuras sociales. No parece tener una perspectiva histórica genuina ni parece preocupado por el impacto del Evangelio en las estructuras sociales de su época. De hecho, dice expresamente, "tengo, pues, esto por bueno a causa de la necesidad que apremia" (1 Co. 7:26). Los casados no deberían tratar de romper el vínculo matrimonial, los judíos no deberían tratar de parecer gentiles y viceversa, los esclavos no deberían tratar de liberarse ni siquiera si se les ofrece la oportunidad. Sin embargo, en el contexto del pasaje se ve una cierta indiferencia respecto a la propia situación dentro de las estructuras sociales del antiguo siglo. "Cada uno en el estado en que fue llamado, en él se quede" (1 Co. 7:20) porque "la apariencia de este mundo se pasa" (1 Co. 7:31). La "necesidad que apremia" (1 Co. 7:26) y la brevedad del tiempo (1 Co. 7:29) han sido interpretados de varias formas. La necesidad actual puede referirse a la tensión inevitable que surge entre la nueva creación en Cristo y el viejo siglo, o a la idea de que las maldiciones escatológicas (la gran tribulación) están muy cerca y ya se prevén en los sufrimientos de los cristianos.[66] De cualquier modo, a Pablo claramente le domina un sentido de la inminencia de la parousia y del fin del mundo que hacían que resultaran relativamente inconsecuentes los asuntos de ética social. "En la perspectiva del NT, el período entre los dos advenimientos, es breve, por largo que pueda ser desde nuestra perspectiva histórica". Basándose en eso, Murray saca la conclusión de que "la perspectiva escatológica debería caracterizar siempre nuestra actitud ante lo temporal y pasajero".[68] Esto es difícil en nuestro mundo moderno si significa indiferencia ante el impacto del Evangelio en las estructuras sociales. La situación y estructura culturales de la Iglesia son muy diferentes a las del cristianismo del siglo primero, y el cristiano moderno no puede aplicar las enseñanzas de la Escritura en una relación individual sino que debe buscar la verdad básica que subyace a las formulaciones concretas del Nuevo Testamento.

Mujeres

Respecto a la posición de las mujeres el siguiente principio es obvio en la enseñanza paulina. Pablo afirma un nuevo principio cristiano sobre el lugar de las mujeres a los ojos de Dios. "No hay varón ni mujer, porque todos vosotros sois uno en Cristo Jesús" (Gá. 3:28). Delante de Dios, las mujeres ocupan una posición para nada inferior a la de los hombres. Además, Pablo amonesta a los varones a que amen a sus esposas con una preocupación análoga al amor de Cristo (Ef. 5:25). Ante la baja consideración por las mujeres tanto en el judaísmo como en el mundo grecorromano,[70] éste es un principio revolucionario. Sin embargo, Pablo mantiene la idea judía de la subordinación de la mujer al hombre. La cabeza de todo hombre es Cristo, y la cabeza de toda mujer es su esposo (1 Co. 11:3). Así como el hombre es la imagen y gloria de Dios, así la mujer es la gloria del hombre (1 Co. 11:7). Esto significa que "el origen y *raison d'être* de la mujer deben encontrarse en el hombre". Las mujeres deben mostrar su subordinación no participando nunca en culto público sin cubrirse la cabeza; sólo los hombres pueden orar con la cabeza descubierta (1 Co. 11:4ss.). Además, Pablo dice que no permite que las mujeres hablen en público en las reuniones de culto (1 Co. 14:34ss.).

Matrimonio

Aunque Pablo fue célibe y consideró el celibato como un don de Dios que todos deberían desear, reconoció que no todos los hombres poseían esta capacidad, y recomienda expresamente que los hombres se casen antes que verse consumidos por deseos sexuales insatisfechos (1 Co. 7:9). No cabe duda de que esto demuestra una idea más bien baja del matrimonio, pero es claramente no ascética. Dentro del vínculo matrimonial, Pablo aconseja desprendimiento y entrega de sí mismo. Ni el marido ni la mujer deben privar al otro del placer sexual (1 Co. 7:4–5), sino que cada uno debería preocuparse de dar satisfacción al otro. El sexo se considera aquí no simplemente como un medio de procreación, sino de placer mutuo.

Pablo rechaza totalmente el divorcio, y lo hace basado en la autoridad del Señor. Si se da la separación, la mujer no debe volver a casarse, y el hombre no se puede divorciar de su mujer (1 Co. 7:10–11). Si uno de los cónyuges se convierte, y el no creyente no quiere continuar la relación, se admite la separación (1 Co. 7:12–15): "No está el hermano o la hermana sujeto a servidumbre en semejante caso" (1 Co. 7:15). Esta frase es ambigua y se ha interpretado en el sentido de que "no está obligado a continuar viviendo con el no creyente" o "no está atado al vínculo matrimonial" y por consiguiente está libre para volverse a casar. Sin embargo, dado el claro rechazo de Pablo en reconocer el divorcio, la primera interpretación es probablemente la correcta. Si el hombre muere, la mujer está libre para volverse a casar, asumiendo que el cónyuge sea creyente (1 Co. 7:39). Pablo no examina el caso de si el marido puede casarse si la mujer muriera; probablemente estaría permitido.

Esclavitud

Una de las instituciones más perversas del mundo grecorromano fue la esclavitud. Era universal e inseparable de la organización social de la época. Se ha calculado que en tiempos de Pablo había tantos esclavos como hombres libres en Roma, y la proporción de esclavas respecto a hombres libres en Italia se ha calculado en tres por uno. En los avatares de la guerra, se vendía como esclava la población de ciudades enteras, y los esclavos a menudo eran más educados o cultivados que sus amos. Aunque a menudo se les trataba con amabilidad y consideración, legalmente eran propiedad de sus amos: eran cosas y no seres humanos. Su destino dependía totalmente del capricho de sus dueños.

Pablo no critica la institución como tal. En este sentido, no se preocupó de la "ética social" – del impacto del Evangelio en las estructuras sociales. De hecho, aconseja a los esclavos que su posición social les sea indiferente (1 Co. 7:21), porque el esclavo es realmente libre delante de Dios. La fe cristiana ha de vivirse dentro de las estructuras sociales existentes, porque forman parte de este mundo, que es pasajero (1 Co. 7:31). Por tanto los esclavos como cristianos deben obedecer y ser leales a sus amos, prestándoles un servicio completo (Col. 3:22–25; Ef. 6:5–8), mientras que los amos deben tratar a sus esclavos con justicia y consideración (Col. 4:1; Ef. 6:9). Cuando un esclavo fugitivo, Onésimo, se encontró con Pablo en Roma y se hizo cristiano, Pablo lo devolvió a Filemón, su amo, con instrucciones para que le acogiera como a un hermano en Cristo (Flm. 16). No se menciona la liberación del esclavo. Sin embargo, dentro de la comunión de la Iglesia, tales distinciones sociales han sido superadas (1 Co. 12:13; Gá. 3:28), aunque no se puedan evitar socialmente.

La actitud de Pablo hacia el Estado se propone en la carta a los Romanos. Aunque era una estructura autoritaria en cuyo funcionamiento la religión pagana desempeñaba un papel importante, era el agente de la ley y el orden, y como tal, "es servidor de Dios, vengador para castigar al que hace lo malo" (Ro. 13:4). Incluso los cristianos – en realidad, sobre todo los cristianos – deben estar sometidos al Estado porque ha sido divinamente ordenado, y deben apoyarlo pagando los impuestos justos. El apoyo de la ley y el orden se basa en la fuerza física: "Porque no en vano lleva la espada" (Ro. 13:4). Es probable que la alusión de Pablo a un poder que detiene la acción ilegal del Anticristo (2 Ts. 2:6) se refiera al Gobierno romano como instrumento de ley y orden.

Es evidente que Pablo no se preocupa de las estructuras sociales, sino sólo de cómo el cristiano debería vivir su vida cristiana inmerso en una determinada estructura social. Introdujo, no obstante, algunos principios cristianos que, si se practicaran con fidelidad, producirían inevitablemente un impacto profundo en las estructuras sociales, una vez los cristianos se convirtieran en personas importantes en la sociedad. Pero según su idea, las estructuras sociales pertenecen al viejo siglo, que es transitorio. No hay pruebas de que Pablo viera la Iglesia como una estructura junto a otras estructuras sociales a las que modificaría para bien.

Capítulo 38

La Iglesia

Forma

La forma externa de la Iglesia, según se refleja en las cartas paulinas es básicamente la misma de Hechos, con algunas diferencias notables de énfasis. La Iglesia estaba formada por grupos de creyentes dispersos por todo el mundo mediterráneo desde Antioquía hasta Roma, sin ninguna organización externa o formal que los uniera. El único nexo de unión era la autoridad apostólica. Pablo, como apóstol, se arrogaba una autoridad, sobre todo en la enseñanza, e insistía en que todas las iglesias debían reconocerla. Sin embargo, esta autoridad era de persuasión espiritual y moral, no formal y legal. Hechos describe a Pablo como ejerciendo autoridad en el

Concilio de Jerusalén, para persuadir más que como una autoridad oficial. La decisión final les correspondió a los "apóstoles y a los ancianos, con toda la iglesia" (Hch. 15:22ss.). Aunque Pablo pronuncia un anatema contra los falsos maestros (Gá. 1:8), no llevó a cabo ninguna acción formal o legal contra ellos. Santiago ejerció una gran autoridad en Jerusalén y posteriormente se creyó que fue el primer obispo de esa ciudad, pero no está claro hasta qué punto esa autoridad se extendió más allá de la ciudad. "Algunos de parte de Jacobo" (Gá. 2:12; cf. Hch. 15:1) quizá le representaron formalmente o quizá afirmaron poseer su autoridad. De todos modos, la idea de que la unidad de la Iglesia encontró su expresión en alguna forma de organización externa o estructura eclesiástica no tiene ningún fundamento en el Nuevo Testamento. Además, la idea de las denominaciones hubiera resultado repulsiva para Pablo. Lo que más se aproxima a las denominaciones son las sectas en Corinto, que Pablo condenó radicalmente (1 Co. 1:12ss.).

No está clara la forma que adoptó la Iglesia en una determinada ciudad. La correspondencia corintia sugiere que todos los creyentes de esa población se reunían en un solo lugar (1 Co. 14:23). Hechos habla de reuniones en aposentos altos en casas particulares (Hch. 1:13; 12:12; 20:8), pero es difícil creer que un lugar de reunión fuera lo suficientemente grande como para albergar a todos los cristianos de una determinada ciudad. La Arqueología confirma que en los tres primeros siglos, el lugar de reunión de los cristianos fueron casas particulares, no edificios eclesiásticos destinados al culto. A veces se reservaba toda una casa para las reuniones cristianas. Por otra parte, Pablo se refiere a "iglesia de la casa de", es decir, a grupos de creyentes que se reunían en una casa particular (Ro. 16:5; 1 Co. 16:19; Col. 4:15; Flm. 2; ver también Ro. 16:14, 15). Probablemente había suficientes cristianos en cada una de las grandes ciudades paulinas como para formar varias iglesias domésticas. Estos hechos todavía generan más confusión en cuanto a la forma externa que pudo tener la iglesia local.

La organización de la iglesia local es algo confusa en las cartas paulinas más extensas, aunque en las cartas pastorales encontramos una descripción más clara. Hechos dice que Pablo nombró a ancianos en las iglesias que fundó (Hch. 14:23), con lo que introdujo en las iglesias helenistas la misma estructura que se había desarrollado en la iglesia de Jerusalén (Hch. 11:30). El lenguaje de Hechos sugiere que los ancianos (*presbyteroi*) también podían llamarse supervisores u obispos (*episkopoi*, Hch. 20:17, 28). En las cartas más importantes de Pablo, nunca se menciona a los ancianos; en la iglesia de Filipos el liderazgo lo llevaban a cabo obispos y diáconos (Fil. 1:1). Que las iglesias paulinas tenían un liderazgo formal está claro por el llamamiento de Pablo a los tesalonicenses de que respetaran a quienes "os presiden (*proistamenoi*) en el Señor, y os amonestan" (1 Ts. 5:12). Se utiliza el mismo participio para los líderes eclesiásticos en Romanos 12:8. En vista de que se utiliza el mismo participio en las pastorales para obispos (1 Ti. 3:4), diáconos (1 Ti. 3:12) y ancianos (1 Ti. 5:17), hay buena razón para concluir que *proistamenoi* designa el oficio de obispo-anciano y diácono.

En Efesios, Pablo se refiere a evangelistas y a pastores-maestros (Ef. 4:11). Los evangelistas son predicadores que llevan a cabo la tarea misionera de predicar el Evangelio, pero sin la autoridad de los apóstoles. El término denota una función más que un oficio. También se menciona la enseñanza como el don del Espíritu que sigue al de apóstoles y profetas (1 Co. 14:28s.). Como los profetas eran neumáticos, es probable que los maestros no lo fueran. Los maestros también van asociados con los profetas en Hechos 13:1. El lenguaje de Efesios 4:11 supone que pastor-maestro es un solo oficio que contiene una doble función: la de pastorear o supervisar el rebaño, y la de enseñar. Es probable que este término designe a líderes de la iglesia local y que sea básicamente el mismo que *prebyterioi* y *episkopoi*.

Pablo también enumera uno de los dones del Espíritu como "administración" (1 Co. 12:28). La palabra significa literalmente "timonero" y debe referirse al don de liderazgo en las iglesias, un verdadero director del orden de la misma y por tanto de su vida". Es sumamente probable que este término designe el don ejercido por los *episkopoi* y los *proistamenoi*.

La organización de la iglesia aparece en un esquema más claro en las cartas pastorales. Las funciones de los diáconos no se describen de forma específica (1 Ti. 3:8–12) porque eran bien conocidas, pero se ponen de relieve sus requisitos. Igual que los ancianos, deben tener la capacidad para dirigir bien y estar dedicados al Evangelio, pero nada se dice en cuanto a la enseñanza. No deben ser calumniadores ni avariciosos, ya que tienen acceso a muchos hogares y se les confía la administración de los fondos. Pablo se refiere en el mismo contexto a mujeres; estas mujeres obviamente ayudaban a los diáconos y eran probablemente diaconisas (ver Ro. 16:1).

En 1 Timoteo 5:17–22 se proponen los requisitos y deberes de los ancianos. Ejercen una triple función: dirigir, predicar y enseñar. La forma verbal que tiene el texto sugiere que todos los ancianos dirigen, pero no todos predican o enseñan. Esto coincide con la recomendación de Pablo a los ancianos de Éfeso de que se preocupen por el rebaño, lo supervisen y alimenten (Hch. 20:28). Los deberes de los obispos se esquematizan en 1 Timoteo 3:1–5. Aparte de las cualidades de excelencia personal, deben ostentar dones de enseñanza y dirección. Las mismas cualidades se enumeran en Tito 1:5–9, añadiendo, además, la hospitalidad y la capacidad de defender el Evangelio contra los falsos maestros.

En los Padres Apostólicos, especialmente en Ignacio, el obispo aparece como diferente a los ancianos y superior a ellos, con lo cual se dio origen al oficio del obispo monárquico. Muchos han sostenido que las cartas pastorales reflejan el comienzo de este desarrollo. Menoud dice que siempre se habla del obispo en singular mientras que los diáconos y ancianos se mencionan invariablemente en plural. Saca la conclusión de que en cada comunidad había un solo obispo y era responsable de deberes distintos a los de los ancianos. Sin embargo, el famoso ensayo de Lightfoot[13] ha persuadido a muchos estudiosos de que los dos términos son intercambiables. Tanto los ancianos como los obispos se dedican a dirigir y a enseñar, y se usan las dos palabras para describir un solo oficio en Tito 1:5, 7. Sin embargo, la variedad de opiniones de los estudiosos sugiere que difícilmente se puede ser dogmático en la explicación de la organización de las iglesias paulinas. Incluso si presbítero y obispo son dos palabras para el mismo oficio, el cuadro es menos que claro. Que los presbíteros actuaban de forma colegiada resulta evidente en 1 Timoteo 4:14, donde Timoteo fue ordenado con "la imposición de las manos del presbiterio". Sin embargo, no está claro si había un solo obispo-anciano en cada congregación local o un claustro de ancianos, como en la sinagoga judía; y en las ciudades grandes con varias congregaciones, no resulta claro si los ancianos de varias congregaciones constituían un solo presbiterio para la comunidad cristiana de toda la ciudad. Parece probable que no hubiera una pauta normativa para el gobierno de la Iglesia en la era apostólica, y que su estructura de organización no fuera un elemento esencial de su teología. Dado el énfasis teológico básico en la unidad de la Iglesia, es importante entender que unidad no significa uniformidad organizativa.

Charismata

Otro hecho importante de la forma visible de la iglesia paulina fue el ejercicio de los dones espirituales o charismata. El cuadro siguiente presenta un resumen de las diferentes listas de dones espirituales.

	1 Co. 12:28	12:29–30	12:8–10	Ro. 12:6–8	Ef. 4:4
1. Apóstol	1	1			1
2. Profeta	2	2	5	1	2
3. Discernimiento de espíritus		6			
4. Maestro	3	3		3	4
5. Palabra de sabiduría/conocimiento			1		
6. Evangelistas					3
7. Exhortadores				4	
8. Fe			2		
9. Milagros	4	4	4		
10. Sanidad	5	5	3		
11. Lenguas	8	6	7		
12. Interpretación	7	8			
13. Ministerio				2	
14. Administración	7				
15. Dirigentes				6	
16.	6				

Ayuda dores	
17. Miseri cordia	7
18. Dar	5

Algunos estudiosos han argumentado que el liderazgo de las iglesias paulinas fue totalmente carismático y no oficial. Sin embargo, un estudio cuidadoso de los dones indica claramente que, aunque algunos de ellos son verdaderamente carismáticos, otros son obviamente capacidades naturales que el Espíritu Santo utilizaba. Funciones como ministerio, administración, dirección, ayuda, demostrar misericordia y dar utilizan los talentos naturales de las personas, mientras que la profecía, milagros, sanidad y lenguas son dones sobrenaturales que escapan al control de la persona. Las funciones no carismáticas probablemente eran ejercidas por los obispos-ancianos, maestros y diáconos. Sin embargo, Pablo analiza funciones y posiciones no formales en la Iglesia. Escribe 1 Corintios 12 no por un interés en la organización correcta, sino por el ordenamiento adecuado de toda la comunión cristiana. Concibe a cada creyente como un miembro activo del cuerpo de Cristo – "a cada uno le es dada la manifestación del Espíritu para provecho" (1 Co. 12:7). El *charisma* que se le otorga a cada uno no es tanto un don sobrenatural como el llamamiento del Espíritu para que sirva a la iglesia, de modo que cuando Pablo enumera los *charismata*, se refiere en parte a oficios y en parte a funciones.

Es obvio que, aparte de la prioridad de apóstoles y profetas, él no le asigna un orden especial de importancia a los distintos dones. Apóstoles y profetas eran de importancia básica porque eran los vehículos de la revelación (Ef. 3:5) y con ello proporcionaban el fundamento para la Iglesia (Ef. 2:20). Todos los apóstoles eran profetas, pero no todos los profetas eran apóstoles. Los apóstoles tenían una autoridad en las iglesias que los profetas no poseían. Los profetas hablaban por iluminación directa del Espíritu (la Palabra de Dios). Debemos recordar que las iglesias primitivas no tenían las Escrituras del Nuevo Testamento que preservan para las generaciones posteriores el testimonio profético del significado de la persona y obra de Cristo. No sabemos, aunque se puede presumir, que poseyeran un cuerpo fijo de tradición catequética. De cualquier modo, es evidente por 1 Corintios 12 y 14 que los profetas eran personas inspiradas por el Espíritu para que hablaran con un lenguaje inteligible la revelación de Dios. Su propósito era edificar la iglesia (1 Co. 14:3). La profecía no era un oficio, sino un don que el Espíritu podía otorgar a cualquier miembro de la congregación. Los profetas cristianos se preocupaban de eventos futuros en cuanto implicaban la consumación de la historia redentora, como lo indica el Apocalipsis de Juan (Ap. 1:3), pero este elemento no se pone de relieve en los escritos paulinos. La profecía es el medio para manifestar los misterios de Dios (1 Co. 13:2).

El don del Espíritu más deseado en Corinto era el de lenguas o glosolalia. La persona que experimentaba este don prorrumpía en alabanzas a Dios en un lenguaje que no entendían ni él ni sus oyentes. La persona que hablaba experimentaba una gran exaltación del espíritu, pero no tenía ninguna comunicación racional de la voluntad de Dios (1 Co. 14:14) como en el caso de los profetas. La experiencia carecía totalmente de significado para los oyentes a no ser que se otorgara el don de interpretación (1 Co. 14:13) al que hablaba o a otro, que después traduciría de forma racional la jerga ininteligible. Entonces los oyentes entenderían lo que se decía y se unirían para decir "amén" (1 Co. 14:16). Sin embargo, los corintios creían que las lenguas eran la prueba superlativa del Espíritu, y ciertos excesos en el ejercicio de este don habían creado desórdenes y disensiones en la Iglesia. Pablo propone el orden justo. La meta no es el éxtasis personal, sino la edificación de la iglesia (1 Co. 14:26). En una reunión determinada no pueden hablar en lenguas más de dos o tres personas, por turno, y sólo si hay presente alguien para interpretar. Las lenguas deben subordinarse a la profecía, pero la manifestación profética debe conducirse también de una manera ordenada (1 Co. 14:29).

Es importante advertir que algunos de los *charismata* son claramente sobrenaturales y se pueden ejercer sólo con la actividad soberana del Espíritu, mientras que otros, como ayudar, mostrar misericordia y ofrecer donativos son dones que todos los cristianos deberían ejercitar. La pregunta sobre si todos los *charismata* deberían o no ser normativos para la vida de toda la Iglesia recibe diferentes respuestas. Como los dones de apostolado y profecía se dieron para fundar la Iglesia (Ef. 2:20), es posible que los dones propiamente sobrenaturales pertenezcan básicamente al período apostólico. De todos modos, Pablo aclara que la manifestación más elevada del Espíritu es el amor. No siempre se advierte que 1 Corintios 13 es parte de la exposición de Pablo acerca de los *charismata*. Otros dones, como la profecía y las lenguas, cesarán, pero el amor permanece como la prueba más elevada de que un creyente ha sido dotado por el Espíritu.

Ekklesia

La mejor forma de enfocar la teología de la Iglesia es examinar el uso de Pablo de la palabra *ekklesia*. En su marco helenista, puede designar una asamblea reunida como cuerpo político (Hch. 19:39) o una asamblea como tal (Hch. 19:32, 39). Sin embargo, en Pablo los antecedentes de *ekklesia* están en el Antiguo Testamento en referencia a Israel como el pueblo de Dios. En esta palabra se encuentra implícita la idea de que la Iglesia está en continuidad directa con el pueblo de Dios del Antiguo Testamento.

Ekklesia puede designar una reunión de cristianos para rendir culto a Dios; *en ekklesia* (1 Co. 11:18; 14:19, 28, 35) se puede traducir simplemente por "en la iglesia". Esto no quiere decir en un edificio llamado iglesia; *ekklesia* nunca se emplea para un edificio, como en castellano. Es la reunión de los santos para ofrecer culto al Señor. Como tal, *ekklesia* puede designar a los creyentes que se reúnen en una casa concreta como iglesia doméstica (Ro. 16:5; 1 Co. 16:19; Col. 4:15; Flm. 2); puede designar la totalidad de creyentes que viven en un lugar – en Cencrea (Ro. 16:1), Laodicea (Col. 4:16) o en las ciudades de Judea (Gá. 1:22) y Galacia (Gá. 1:2). El uso más significativo, como en Hechos, es para la Iglesia universal o católica. Se usa claramente para hacer referencia a la totalidad de los creyentes, en Colosenses dos veces (1:18, 24) y nueve en Efesios (1:22; 3:10, 21; 5:23, 24, 25, 27, 29, 32). Este uso probablemente aparece también en 1 Corintios 12:28; 15:9; Gálatas 1:13; y Filipenses 3:6, aunque es discutible.

El uso mismo de *ekklesia* sugiere el concepto paulino de Iglesia. La congregación local es la iglesia; la totalidad de los creyentes es la Iglesia. Esto nos lleva a la conclusión de que no se concibe a la Iglesia de forma numérica sino orgánica. No se piensa en la Iglesia universal como en la totalidad de las iglesias locales; antes bien, "cada comunidad, por pequeña que sea, representa a la comunidad total, la Iglesia". La traducción correcta de versículos como 1 Corintios 1:2 y 2 Corintios 1:1 no es "la congregación corintia que se encuentra junto a otras congregaciones", sino "la congregación, iglesia, asamblea, que se encuentra en Corinto". La iglesia local no es parte de la Iglesia, sino que es *la iglesia* en su expresión local. Esto quiere decir que todo el poder de Cristo está disponible para toda congregación, y ésta funciona en su comunidad como la Iglesia universal lo hace en el mundo. La congregación local no es un grupo aislado, sino que se encuentra en solidaridad con la Iglesia como un todo.

Pueblo de Dios

La Iglesia es el nuevo pueblo (*laos*) de Dios. El término "pueblo" en el pensamiento bíblico tiene a menudo un sentido técnico que designa a los que tienen una relación especial con Él. Este uso no es de ninguna forma exclusivo de Pablo, sino que aparece con frecuencia en el Nuevo Testamento. En la antigua dispensación, Israel era el pueblo de Dios. El rechazo de su Mesías hace que Pablo se pregunte: "¿Ha desechado Dios a su pueblo?" (Ro. 11:1). No se necesita ningún calificativo más para designar a Israel como pueblo de Dios. Pablo expone extensamente el problema de Israel (Ro. 9–11) y en el curso de su explicación aclara que la Iglesia es el nuevo pueblo de Dios. Esto se expresa con gran viveza por el uso de citas de Oseas. El profeta habla de la apostasía actual de Israel y de su salvación escatológica. Oseas recibió instrucciones de llamar a uno de sus hijos "no mi pueblo", porque el Israel apóstata ya no era el pueblo de Dios y él no era su Dios (Os. 1:9). Sin embargo, en el día de salvación cambiará esta situación; serán llamados "hijos del Dios viviente" (Os. 1:10). "Y diré a Loammi: Tú eres pueblo mío, y él dirá: Dios mío" (Os. 2:23). En Oseas estas profecías se refieren claramente a Israel, pero Pablo las aplica a la Iglesia, que está formada tanto de judíos como de gentiles (Ro. 9:24). Esto no significa que el título *laos* se le quite a Israel, sino que sobre una base diferente comienza a existir otra pueblo junto con él. Que Israel en cierto sentido sigue siendo el pueblo de Dios se ve en la afirmación de Pablo de que el pueblo judío es todavía un pueblo "santo" (Ro. 11:16), un pueblo que pertenece a Dios. El destino de los judíos se ve a la luz de toda la Historia de *Heilsgeschichte*. Si los patriarcas – las primicias y la raíz – son santos, también lo es el pueblo. Todavía "son amados por causa de los padres, porque irrevocables son los dones y el llamamiento de Dios" (Ro. 11:28s.).

Israel

Esto replantea toda la cuestión de la relación entre la Iglesia e Israel. Pablo distingue claramente entre el Israel empírico y el Israel espiritual: entre el pueblo como un todo y el remanente fiel. "Porque no todos los que descienden de Israel son israelitas" (Ro. 9:6). Aquí Pablo contrapone al Israel según la descendencia natural el Israel que ha sido fiel a Dios. Aunque la nación como tal ha rechazado a su Mesías, hay un remanente escogido por gracia (Ro. 11:5) que ha creído. El verdadero judío no es el que es lo es externamente; es judío quien lo es internamente; y la circuncisión no es algo de la carne, sino del corazón (Ro. 2:28s.). Esto puede no referirse a todos los creyentes, sino sólo a los judíos que han cumplido verdaderamente la Ley.

A este remanente creyente se le han añadido los gentiles creyentes. La metáfora del olivo que usa Pablo sugiere la unidad del antiguo pueblo de Dios – Israel – y la Iglesia. El olivo se refiere al único pueblo de Dios. Las ramas naturales – judíos incrédulos – han sido separadas del árbol, y las ramas silvestres – los gentiles creyentes – han sido injertadas en el mismo. "Esto deja bien claro que la Iglesia de Jesucristo vive de la raíz y el tronco del Israel del Antiguo Testamento".

Así pues, aunque Dios no ha descartado a su pueblo Israel de una manera definitiva e irrevocable, la Iglesia que se compone de judíos y gentiles se ha convertido en las ramas del olivo – el pueblo de Dios – el verdadero Israel. No sólo los judíos fieles, sino todos los creyentes, incluyendo a los gentiles, son la verdadera circuncisión que adora a Dios en espíritu y gloria en Cristo Jesús (Fil. 3:3). Todos éstos han sido circuncidados en el corazón (Col. 2:11). Al igual que los circuncidados espiritualmente, son hijos de Abraham (Gá. 3:7), su padre (Ro. 4:11, 16, 18); son su linaje (Gá. 3:29) y descendientes de Abraham (Ro. 4:16). Quienes antes eran ajenos a la comunidad de Israel y a los pactos de la promesa (Ef. 2:12) ahora han sido acercados al Dios de Israel. En vista de tales afirmaciones, es sumamente probable que cuando Pablo habla del "Israel de Dios" (Gá. 6:16) se refiera a la iglesia como el verdadero Israel espiritual. También está implícito esto cuando Pablo habla del "Israel según la carne" (1 Co. 10:18), que se contrapone implícitamente al "Israel según el espíritu".

Esto no quiere decir que él cierre la puerta al Israel según la carne. A tenor del uso de Pablo, de la metáfora del olivo, aunque las ramas naturales – los judíos – han sido desgajadas del olivo y las ramas silvestres – los gentiles – han sido injertadas en el pueblo de Dios, es su voluntad soberana guiar todavía a las ramas naturales hasta la fe y así volverlas a injertar en el árbol (Ro. 11:23–24). El argumento de Pablo es circular. Israel no cayó en la incredulidad como para caer definitivamente (Ro. 11:11), sino para que por medio de su incredulidad la salvación pudiera llegar a los gentiles. La salvación de los gentiles a su vez provocará los celos de Israel. "Y si su transgresión es la riqueza del mundo, y su defección la riqueza de los gentiles, ¿cuánto más su plena restauración?" (Ro. 11:12). Incluso en la incredulidad, Israel sigue siendo un pueblo "santo" (Ro. 11:16) y en última instancia volverá a ser injertado en su propio olivo (Ro. 11:24). De este modo – por provocación de los gentiles – "todo Israel será salvo" (Ro. 11:26). Éste es el lenguaje de la *Heilsgeschichte* y no quiere decir que hasta el último israelí será salvo, sino que lo será el pueblo como un todo. Pablo no especula acerca de cuándo y cómo ocurrirá la salvación de los judíos, pero probablemente se trata de un evento escatológico que tendrá lugar al fin del siglo.[30] Cualquiera que sea la forma que adopte la salvación de Israel, es evidente que sus términos deben ser los mismos que los de los gentiles: la fe en Jesús como el Mesías crucificado y resucitado.

El templo de Dios

Otra metáfora que utiliza Pablo para mostrar que la Iglesia es el verdadero Israel es la del templo. Tanto el Antiguo Testamento como el judaísmo previeron la creación de un nuevo templo en el Reino de Dios (Ez. 37:26ss.; 40:1ss.; Ag. 2:9; *1 En.* 90:29; 91:13; *Jub.* 1:17, 29). Jesús había hablado de la formación de su Iglesia en términos de levantar un templo (Mt. 16:18). También se ponen en sus labios palabras proféticas enigmáticas: "Yo derribaré este templo hecho a mano, y en tres días edificaré otro hecho sin mano" (Mc. 14:58). Es posible que los primeros cristianos entendieran esto en el sentido de que se iba a establecer la nueva comunidad cristiana. Aunque la Iglesia primitiva continuó adorando en el templo, como judía que era (Hch. 2:46), Esteban fue el primero en caer en la cuenta de que el culto en el templo nada significaba para el cristiano (Hch. 7:48s.). Pablo cree que la comunidad cristiana ocupa el lugar del templo como templo escatológico de Dios, como el lugar donde Dios mora y es adorado.

La metáfora tenía un triple énfasis. El creyente como persona se ha convertido en templo de Dios porque el Espíritu mora en él (1 Co. 6:19). Como templo de Dios, el creyente es santo, pertenece a Dios. Por tanto uno ya no puede disponer de su vida según le apetezca. La inmoralidad contradice el carácter esencial del creyente. En Corinto había tendencias libertinas que desacreditaban el cuerpo bajo el lema, "todas las cosas me son lícitas" (1 Co. 6:12), incluso la licencia sexual. Pablo corrige esta idea con la afirmación de que el cuerpo es el templo del Espíritu de Dios.

No sólo el creyente como persona sino también la congregación local es templo de Dios porque el Espíritu mora en la comunión colectiva. Esto también tiene una aplicación muy práctica. La comunidad de Corinto estaba dividida por cismas que se agrupaban en torno a unos nombres prominentes: Pablo, Apolos, Cefas y Cristo. Esto no parece ser un simple sectarismo, sino que procedía del impacto del judaísmo gnóstico, que a su vez perturbaba a la iglesia. Esta situación es condenada por Pablo con un lenguaje aterrador. Debido a que la iglesia local es morada de Dios, quien quiera que la "destruya", o sea, produzca la ruina de la congregación local con enseñanzas falsas y destruya su unidad, Dios lo destruirá (1 Co. 3:17).

El hecho de que la Iglesia es el templo donde mora Dios excluye la posibilidad lógica de llegar a unirse "en yugo desigual con los incrédulos" (2 Co. 6:14). Esto debe referirse a las relaciones con paganos idólatras que pudieran comprometer el propio testimonio cristiano. Es evidente que Pablo no quiere prohibir todos los contactos sociales con incrédulos, "pues en tal caso os sería necesario salir del mundo" (1 Co. 5:10). La clave está en las palabras "¿Y qué acuerdo hay entre el templo de Dios y los ídolos?" (1 Co. 6:15). Se excluía, debido a la santidad de la Iglesia, cualquier yugo con incrédulos que pudiera comprometer al creyente con prácticas idólatras e inusuales.

Pablo aplica la misma metáfora a la Iglesia universal (Ef. 2:19–22). Los creyentes gentiles ya no son ajenos al pueblo de Dios; son su verdadera casa; son un templo levantado sobre el fundamento de Cristo, los apóstoles y los profetas, que llega a convertirse en el templo santo del Señor. Aquí en la Iglesia más que en el judaísmo debe hallarse la morada de Dios. La presencia de Dios fue quitada del templo de Jerusalén para ubicarla en el nuevo templo, la Iglesia cristiana.

El hecho de que Pablo utilice la metáfora del templo para designar tanto a la iglesia local como a la universal refuerza algo ya evidente en el empleo de *ekklesia*, a saber, la unidad de la Iglesia en su diversidad. La congregación local no es parte de la Iglesia; se piensa en la Iglesia universal como en la suma y totalidad de sus partes; antes bien, la congregación local es la Iglesia en su expresión local.

Un pueblo escatológico

Esto nos lleva a la idea de que la Iglesia es un pueblo escatológico. Hemos visto que la expectativa de un nuevo templo fue un concepto escatológico aplicado a la Iglesia. La Iglesia es también el pueblo del Reino de Dios y por tanto un pueblo escatológico. Esto significa dos cosas, los creyentes están destinados a heredar el Reino en su consumación escatológica (1 Ts. 2:12; Ro. 8:17; Ef. 1:18) porque ya han experimentado ese mismo Reino (Col. 1:13; Rom. 14:17).

Se afirma explícitamente en Filipenses 3:20, donde Pablo dice que la ciudadanía (*politeuma*) verdadera está en los cielos; y esperamos la venida del Señor, quien cumplirá la esperanza escatológica en la transformación de nuestro cuerpo mortal. Este dicho tenía un significado especial para los filipenses, los cuales constituían una colonia romana en medio de Grecia. La palabra *politeuma* designa una colonia de extranjeros cuya organización refleja su patria. "Tenemos nuestra patria en los cielos y aquí en la tierra tenemos una colonia de ciudadanos del cielo." La vida y la comunión cristianas en la Historia serán presagio de la vida del Reino de Dios y reflejarán algo de la realidad escatológica venidera en el mundo.

Esta verdad se afirma también en Gálatas 4:24s., donde el monte Sinaí como la madre de niños esclavos se contrasta con la Jerusalén celestial como la madre de niños libres – los cristianos.

El Espíritu Santo

El carácter escatológico de la Iglesia es evidente porque ésta ha sido creada por el Espíritu Santo. Hemos visto arriba que la presencia del Espíritu Santo es una realidad escatológica. La Iglesia apareció en la Historia debido a la venida del Espíritu escatológico. La Iglesia es pues un producto de los poderes del Siglo Venidero. Aunque el Espíritu Santo trabaja de forma variada en la Iglesia, otorgando varios dones a individuos diferentes (1 Co. 12:7), Él mismo es propiedad de todo creyente. Pedro dijo el día de Pentecostés que todos los que se arrepintieran y se bautizaran recibirían el don del Espíritu Santo (Hechos 2:38, genitivo de aposición). Pablo afirma que la posesión del Espíritu es necesaria para pertenecer a Cristo (Ro. 8:9). Aunque Pablo pone de relieve la obra del Espíritu en la experiencia cristiana individual, hay también un lado corporativo: es la obra del Espíritu crear la Iglesia. "Porque por un solo Espíritu fuimos todos bautizados en un cuerpo, tanto judíos como griegos, tanto esclavos como libres; y a todos se nos dio a beber de un mismo Espíritu" (1 Co. 12:13). La mayor parte de estudiosos modernos cree que el bautismo mencionado aquí es el bautismo de agua por el cual es otorgado el Espíritu a los creyentes. "El bautismo de agua es el bautismo del Espíritu." Sin embargo, esto no es autoevidente y no se da por sentado. Hay una considerable diferencia en decir que el significado paulino del bautismo de agua es "el medio de incorporación en la comunidad cristiana,"[40] o si es el Espíritu Santo el medio de incorporación en dicha comunidad. Parece muy probable que "el bautismo de 1 Co. 12:13 (…) no sea el bautismo de agua sino el bautismo en el Espíritu. El bautismo de agua es la señal y el sello del otro bautismo." Si Pablo está preocupado por el bautismo, no lo subraya; el énfasis está en la obra del Espíritu. Tanto Juan el Bautista (Mt. 3:11) como el Señor resucitado (Hch. 1:5) distinguían entre el bautismo de agua y el bautismo del Espíritu, y el pensamiento central de Pablo es la obra del Espíritu Santo formando a la Iglesia.

Es discutible que el bautismo *en heni pneumati* ("por" o "en un solo Espíritu") emplee el dativo de agencia o de esfera. Si se usa Mateo 3:11 y Hechos 1:5 como analogía, el Espíritu es la esfera del bautismo en contraste con el agua, pero la analogía del contexto en 1 Corintios 12:9 sugiere que el Espíritu es el agente del bautismo. De cualquier modo, se enfatiza el papel del Espíritu; formar el cuerpo de Cristo es la obra del Espíritu Santo. Es verdadero, aunque Pablo hable del bautismo de agua, y aunque pocos comentarios lo subrayen. Cuando alguien cree en Cristo y se bautiza, se hace miembro del cuerpo de Cristo. Este dato no debe confundirse con la enseñanza del Nuevo Testamento sobre la morada del Espíritu Santo en el creyente, ni sobre los dones de servicio del Espíritu (1 Co. 12:5); aparece como algo establecido. En el pensamiento del Nuevo Testamento no puede haber ningún creyente aislado: un cristiano lejano a otro cristiano. Como creemos en Cristo, nos hacemos miembros del cuerpo de Cristo; nos juntamos con Cristo mismo y con todos los que constituyen su cuerpo por medio de nuestra unión con Cristo. En el sentido bíblico del término, sí es cierto que *extra ecclesiam nulla salus* ("fuera de la Iglesia, no hay salvación"). El Espíritu Santo ha sido dado por el Señor exaltado para formar en la Historia un pueblo nuevo que constituye su cuerpo.

El carácter escatológico de este pueblo nuevo es tal que atraviesa nuestras estructuras sociológicas y humanas normales. La raza no importa; el nivel social no importa; por medio del bautismo del Espíritu toda clase de persona es miembro por igual del Cuerpo de Cristo porque todos hemos experimentado el derramamiento escatológico del Espíritu.

Comunión

Una de las facetas más notables de este pueblo escatológico es la comunión (*koinonia*). Comunión era una de las características de la Iglesia de Jerusalén (Hch. 2:42). Esto es más que compañerismo humano o el placer que las personas con una misma mentalidad experimentan unas con otras. Es algo más que una comunión en una religión común. Es una creación escatológica del Espíritu Santo. Probablemente 2 Corintios 13:14 debe traducirse como "la comunión creada por el Espíritu Santo"; y Filipenses 2:1 puede traducirse "si en realidad ha creado el Espíritu una comunión." Esta relación existe entre personas porque comparten una relación compartida con Cristo (1 Co. 1:9). Existe un vínculo único entre todos los que están en Cristo que trasciende cualquier otra relación humana.

Los escogidos

Desde lo divino, los que han entrado en esta comunión lo hacen así porque han sido llamados por Dios (1 Co. 1:9). La Iglesia es la comunión de los escogidos (Ef. 1:4; 1 Ts. 1:4), no importa el nivel social, la educación, la riqueza, ni la raza (1 Co. 1:27). La Iglesia puede designarse sencillamente por ser los escogidos de Dios (Ro. 8:33; Col. 3:12; 2 Ti. 2:10; Tito 1:1). Se enfatiza el hecho de que la Iglesia no es primordialmente una institución humana, ni un movimiento religioso que se fundamenta en las buenas obras, ni siquiera en la lealtad a un gran maestro o líder: es una creación de Dios, basada en su propósito gratuito (Ro. 9:11; 11:5–6). Nunca puede haber un pueblo, como Israel, formado de acuerdo con vínculos naturales o raciales. Es cierto que en la Iglesia hay un núcleo de judíos; pero son un remanente, escogido por gracia (Ro. 11:5). La idea de elección no se aplica primordialmente a una persona para su salvación, sino que es un concepto *Heilsgeschichte* de la elección del pueblo de Dios. El antecedente es Israel como el pueblo elegido de Dios, y designa a la Iglesia como su sucesora. Es principalmente un concepto colectivo.[47]

Santos

También desde el punto de vista divino, la Iglesia es la comunión de los santos (*hagioi*) o de los santificados (*hagiasmenoi*). Éste es uno de los términos más comunes de Pablo para los cristianos. La idea raíz de santidad proviene del Antiguo Testamento y designa todo lo que ha sido separado para uso divino: Jerusalén es la ciudad santa (Mt. 4:5; 27:53); el templo es el lugar santo (Mt. 24:15; Hch, 6:13); el altar es santo y también el don ofrecido en el altar (Mt. 23:19); la Ley es santa (Ro. 7:12); Israel es un pueblo santo (Is. 62:12); la Iglesia como el nuevo Israel es la comunión de los santos.

Casi nunca se utiliza *hagios* en singular para hacer referencia a los miembros individuales de la Iglesia. Que el término tiene primordialmente una connotación *Heilsgeschichte* más que ética queda demostrado por el encabezamiento de la carta de Pablo a los corintios donde se les llama "los santificados en Cristo Jesús, llamados a ser santos" (1 Co. 1:2). La congregación de Corinto lo era todo menos "santa" en cuanto a vida y conducta: enseñanzas falsas, cismas e inmoralidad perturbaban la iglesia. Aun así, era una congregación de santos, de los santificados porque a pesar de la conducta pecaminosa de muchos de sus miembros y del carácter de la misma iglesia, seguía siendo la Iglesia de Dios en Corinto. Como tal, Cristo se ha convertido en su santificación (1 Co. 1:30; 6:11) así como en su redención. El reto de Pablo a sus iglesias era que deberían hacer realidad en la vida y en la conducta lo que ya era suyo en Cristo. Como eran los santos de Dios, debían vivir vidas santas.

Creyentes

Si desde la perspectiva divina la Iglesia es una comunión de santos elegidos, desde el aspecto humano, es una comunión de los que responden a la Palabra proclamada de Dios y creen en Jesucristo y le confiesan como Señor (Ro. 10:9). La Iglesia está formada por aquellos que invocan el nombre del Señor Jesucristo (1 Co. 1:2) y pueden designarse con el término de "creyentes" (*hoi pisteuontes*) (1 Co. 1:21; 14:22; Gá. 3:22; 1 Ts. 1:7; 2 Ts. 2:13). Que la fe personal en Jesucristo es constitutiva de la Iglesia está claro en Romanos 4, donde Pablo dice que la salvación producida por Cristo sólo es efectiva para aquellos que, como Abraham, creen. Abraham no fue aceptado por Dios por sus buenas obras o ritos religiosos (circuncisión), sino porque creyó en Dios. La circuncisión era la señal o el sello de la justicia que tenía por fe. Así pues, es el padre de todos los que creen, aparte de los ritos del judaísmo, pero que emulan la fe de Abraham (Ro. 4:11s.).

El papel indispensable de la fe salvadora se ilustra también en Roma-nos 9:30–32. Israel según la carne fue rechazado porque buscó la justicia que es por obras mientras que los gentiles alcanzaban la justicia y eran introducidos en el verdadero Israel porque la buscaban por fe. He aquí una diferencia notable entre la participación en el antiguo y nuevo Israel. La pertenencia al antiguo Israel exigía la circuncisión y la aceptación de la Ley; la pertenencia al nuevo Israel exige fe personal, individual y confesión de Cristo como Señor (Ro. 10:9).

El cuerpo de Cristo

La metáfora paulina más característica para la Iglesia es la de cuerpo de Cristo. Los estudiosos han debatido la fuente de este concepto y se han defendido numerosas teorías. Sin embargo, los antecedentes de la idea no son importantes. Lo que sí importa es cómo la emplea Pablo. Posiblemente él pudo haber formulado la idea del cuerpo de Cristo como fruto de su propia creatividad.[51]

Él nunca habla de la Iglesia como un cuerpo *per se*; es el cuerpo *en Cristo* (Ro. 12:5) o el cuerpo *de Cristo* (1 Co. 12:27). Como tal, la Iglesia en cierto sentido se identifica con Cristo (1 Co. 12:12). Esta es una afirmación sorprendente. "Porque así como el cuerpo es uno, y tiene muchos miembros, pero todos los miembros del cuerpo, siendo muchos, son un solo cuerpo, así también Cristo". Hubiéramos esperado que Pablo dijera, "así también la iglesia". Pablo utiliza la metáfora del cuerpo para expresar la unidad de la Iglesia con su Señor. Ésta no es un cuerpo o una sociedad de creyentes, sino el cuerpo de Cristo. El énfasis primordial de la metáfora es la unidad de los creyentes con Cristo; pero Pablo introduce el concepto tanto en Romanos como en Corinto para tratar el problema de las relaciones de los cristianos entre sí.

Esta verdad de la solidaridad de los creyentes con el Señor tiene antecedentes en la enseñanza de Jesús y en la experiencia de la conversión de Pablo. "El que a vosotros recibe, a mí me recibe" (Mt. 10:40); "en cuanto lo hicisteis a uno de estos mis hermanos más pequeños, a mí lo hicisteis" (Mt. 25:40). La voz que Pablo oyó en el camino de Damasco, cuando se dirigía a perseguir a la Iglesia, le preguntó, "Saulo, Saulo, ¿por qué me persigues?" (Hch. 9:4). Esta estrecha relación llega casi a una identidad completa. Pablo una vez dice que "vuestros cuerpos son miembros de Cristo" (1 Co. 6:15). Pero en la exposición de 1 Corintios 12, se piensa en los cristianos como miembros del cuerpo de Cristo y no como miembros de Cristo. Es decir demasiado afirmar que Pablo pensó en la Iglesia como en una extensión de la encarnación – que así como Dios se encarnó en Cristo, Cristo está encarnado en la Iglesia. Pablo mantiene una clara distinción entre Cristo y su Iglesia.

La razón por la que Pablo usa la metáfora de la Iglesia como el cuerpo de Cristo en Romanos y Corintios se debe, como ya se dijo, a querer dejar establecida una relación adecuada de los cristianos entre sí. Hay un cuerpo, pero tiene muchos miembros y estos miembros difieren mucho entre ellos. Había cierta tendencia sobre todo en Corinto, a distinguir entre los cristianos y a desear los dones más espectaculares del Espíritu. Esto dio lugar a tensiones y disensiones en la congregación. Pablo dice que hay sin duda grandes diferencias entre los papeles de los diferentes miembros del cuerpo, pero que todos pertenecen al mismo cuerpo, y el miembro más insignificante es importante. Como Dios es quien ha distribuido los miembros del cuerpo como le ha parecido mejor, no debería haber discordias, sino amor mutuo y preocupación entre los distintos miembros de la iglesia (1 Co. 12:24s.). En realidad, los miembros más pequeños deberían recibir el mayor honor.

Pablo lleva la metáfora un poco más lejos en las cartas de la prisión y habla de Cristo como la cabeza del Cuerpo – idea que no se encuentra en Romanos ni Corintios (Ef. 4:15; Col. 1:18). Esto deja bien claro que él no identifica completamente a Cristo con su iglesia. Es el Salvador del cuerpo (Ef. 5:23). Pablo obviamente va más allá de la analogía ordinaria del cuerpo físico y su cabeza, porque se describe al cuerpo recibiendo su alimento y manteniendo su unidad por la cabeza (Col. 2:19); y el cuerpo debe crecer en todo en aquél que es la cabeza (Ef. 4:15). Esto pone de relieve, incluso más que las cartas anteriores, la dependencia completa de la Iglesia de Cristo para todo lo relacionado con su vida y crecimiento. Esto también significa que la Iglesia es el instrumento de Cristo en el mundo. Es "la plenitud de Aquel que todo lo llena en todo" (Ef. 1:23). "Plenitud" (*pleroma*) tiene dos significados diferentes. Algunos consideran que significa que la Iglesia completa a Cristo: lo llena. Sin embargo, es más fácil entenderlo en el sentido de que la Iglesia, como cuerpo de Cristo, está llena de su vida y poder, y debe actuar por medio de Cristo en el mundo. La Iglesia es "participante de todo lo que Él tiene y su propósito es la continuidad de su obra".[55]

Esta metáfora pone de relieve también la unidad de la Iglesia, especialmente dado que *ekklesia* en Efesios y Colosenses se refiere a la Iglesia universal más que a la congregación local. La meta final del ministerio redentor de Cristo es restaurar el orden y la unidad de todo el universo, que el pecado ha perturbado. El plan de Dios es "reunir todas las cosas en Cristo (…) así las que están en los cielos, como las que están en la tierra" (Ef. 1:10). Esta unidad cósmica en Cristo ya se ha alcanzado en principio. Ya ha sido exaltado por encima de todo poder hostil y ha sido hecho cabeza sobre todas las cosas para su Iglesia (Ef. 1:22). En este contexto, "cabeza" no es análogo de la cabeza del cuerpo, sino que representa primacía. Probablemente la meta propuesta en Efesios 4:13 es escatológica: "Hasta que todos lleguemos a la unidad de la fe y del conocimiento del Hijo de Dios, a un varón perfecto, a la medida de la estatura de la plenitud de Cristo". Sin embargo, la certidumbre misma de la unidad escatológica exige el esfuerzo de hacer realidad en la Historia esta unidad en Cristo, la cual no es algo que deba ser creada; ha sido dada en Cristo, aunque pueda perturbarse (Ef. 4:3). Hay, sólo puede haber, una Iglesia porque hay un solo Cristo, y no puede estar dividido (1 Co. 1:13). "Un cuerpo y un Espíritu (…) una misma esperanza (…) un Señor, una fe, un bautismo, un Dios y Padre de todos" (Ef. 4:4–6). Esta unidad no es algo estático con una estructura externa de organización formal. En realidad, en su forma externa, la iglesia de 50–60 d. C. estaba formada por muchas comunidades autónomas dispersas. No parece haber habido una única forma de gobierno eclesiástico que prevaleciera. La unidad significa ser uno en Espíritu y vida, en fe y comunión. Es una unidad que se hace realidad dentro de una considerable diversidad. Es una unidad que debería excluir las divisiones de la congregación local (1 Co. 1:13), lo cual se expresa en una preferencia humilde por el otro (Ro. 12:3) y en amor y afecto mutuos (1 Co. 12:25–26), y significa el fin de toda distinción racional (Ef. 2:16) excluyendo toda aberración doctrinal o religiosa (Col. 2:18–19).

La Eucaristía

La unidad del cuerpo de Cristo se ilustra todavía más con la Eucaristía. "Siendo uno solo el pan (*artos*), nosotros, con ser muchos, somos un cuerpo; pues todos participamos de aquel mismo pan" (1 Co. 10:17). Pablo utiliza aquí el simbolismo de un pan partido en trozos y distribuido entre los presentes para ilustrar la unidad de los diferentes miembros (ver *Didache* 9:4). Debe haber unidad entre los que participan de la Eucaristía porque tienen una unidad anterior con Cristo. Beber de la copa significa participar de la sangre de Cristo, y comer el pan representa la participación del cuerpo de Cristo (1 Co. 10:16). Los creyentes encuentran su unidad en Cristo. El problema de con qué realismo deberían tomarse estas palabras ha sido motivo de un amplio debate. La copa y el pan son en realidad un memorial de la muerte de Cristo, y se usan como recordatorio de la muerte de Jesús (1 Co. 11:25). Pero comer y beber implican algo más que un recuerdo de un evento pasado; también representan una participación en el cuerpo y la sangre de Cristo y, por tanto, en su cuerpo. "El pan y el vino son vehículos de la presencia de Cristo (…) Compartir el pan y el vino es unión (participación) con el Cristo celestial". Sin embargo, la Eucaristía media la comunión con Cristo en el mismo sentido en que el altar, en la economía del Antiguo Testamento, mediaba la comunión con Dios, y los sacrificios a los ídolos mediaban la comunión con los demonios (1 Co. 10:18–21). Algunos interpretan estas palabras en un sentido muy realista, sacramental, otros en un sentido más simbólico, metafórico. Por la fe nos identificamos con Cristo en su muerte y pasamos a ser miembros de su cuerpo; compartir el pan y la copa constituye un evento en el que la fe aprehende a Cristo. "La presencia real de Cristo en la Cena del Señor es exactamente lo mismo que su presencia en la Palabra – nada más, nada menos".

Bautismo

Simboliza también la unión con Cristo. A no ser que 1 Corintios 12:13 se refiera al bautismo de agua, el bautismo no tiene el mismo énfasis colectivo que la Eucaristía. Es el rito de admisión a la Iglesia, pero representa la identificación del creyente con Cristo. Las personas son bautizadas "en Cristo Jesús" (1 Co. 6:3). El bautismo "en Cristo" significa revestirse de él (Gá. 3:27). También significa unión con Cristo en su muerte y resurrección (Ro. 6:1–4; Col. 2:12). No es una repetición de ellas, ni las simboliza. Se trata de un símbolo de la unión del creyente con Cristo, en el cual muere a su vieja vida y es resucitado para andar de una forma nueva. Es un símbolo de muerte y resurrección espirituales. Pablo no habla del bautismo como si fuera una purificación a no ser que 1 Corintios 6:11, Efesios 5:26 y Tito 3:5 sean referencias indirectas a las aguas bautismales.

Igual que pasa con la Eucaristía, se debate mucho hasta qué punto el bautismo es sacramental y hasta qué punto simbólico. El problema no se puede resolver de forma definitiva, porque en la Iglesia primitiva la fe salvadora y el bautismo eran prácticamente sinónimos y simultáneos. Sin embargo, en el Nuevo Testamento, "nunca deberíamos hablar de 'bautismo' sin pensar en 'fe' ". Sin fe, el bautismo no tiene ningún significado. "Sepultados con él en el bautismo, en el cual fuisteis también resucitados con él, mediante la fe en el poder de Dios" (Col. 2:12). En 1 Corintios 10:1–13 Pablo combate una idea materialista y genuinamente sacramental del Bautismo y de la Cena del Señor. Ciertamente Pablo no pensaba que los israelitas estuvieran unidos con Moisés en ningún sentido verdaderamente sacramental cuando fueron bautizados con Moisés en la nube y en el mar (1 Co. 10:2). Además, es dudoso que Pablo escribiera como lo hace sobre el bautismo en 1 Corintios 1:13–16 si lo considerara como un verdadero sacramento. Esto no significa menospreciar la importancia del Bautismo y de la Cena del Señor. Sin duda, Pablo no hubiera podido concebir que algún creyente no participara de los dos ritos cristianos.

No está demasiado claro que Pablo concibiera el bautismo como el equivalente cristiano de la circuncisión. La "circuncisión de Cristo" (Col. 2:11) es más fácil de entender como la circuncisión del corazón que Cristo realiza. Este es un evento totalmente espiritual, "no hecho a mano", y es sinónimo de morir al pecado. La circuncisión, pues, se contrapone al bautismo, y no tiene relación con él.[67]

Capítulo 39

Escatología

Introducción

Ya hemos visto que el marco de todo el pensamiento teológico de Pablo se basa en un dualismo apocalíptico entre este siglo y el Siglo Venidero. Es evidente que esto no era una creación paulina, porque es algo que ya encontramos en germen en el judaísmo del siglo I; además, los Sinópticos lo presentan como la estructura básica de la enseñanza de Jesús.

Sin embargo, hemos visto que Pablo, como cristiano, modificó radicalmente este dualismo temporal. Debido a lo que Dios había hecho en la misión histórica de Jesús, el contraste entre los dos siglos no permanece intacto. Al contrario, las bendiciones redentoras que su muerte y resurrección trajeron a la humanidad, y el don del Espíritu Santo, son eventos escatológicos. Esto quiere decir que la escatología paulina es inseparable de su pensamiento teológico total.

Los eventos de la consumación escatológica no son simplemente sucesos aislados que esperan el futuro y acerca de los cuales Pablo especula. Son más bien sucesos redentores que ya han comenzado a manifestarse dentro de la Historia. Las bendiciones del Siglo Venidero no pertenecen ya exclusivamente al futuro; han llegado a formar parte de la experiencia actual. La muerte de Cristo es un evento escatológico. Debido a ella, la persona justificada se encuentra ya en el siglo venidero, el del juicio escatológico, absuelto de toda culpa. En virtud de la muerte de Cristo, el creyente ya ha sido liberado del presente siglo malo (Gá. 1:4). Ha sido rescatado del gobierno de las tinieblas y ya conoce la vida del Reino de Cristo (Col. 1:13). En la cruz, Cristo ha derrotado a los poderes del mal responsables del caos de este mundo (Col. 2:14s.).

La resurrección de Cristo es un evento escatológico. El primer acto de la resurrección escatológica se ha separado de la consumación escatológica y se ha desarrollado en la Historia.

Cristo ya ha abolido la muerte y ha manifestado la vida y la inmortalidad del Siglo Venidero en un evento que ha sucedido en la Historia (2 Ti. 1:10). Así pues, la luz y la gloria que pertenecen al Siglo Venidero han brillado ya en este mundo tenebroso en la persona de Jesucristo (2 Co. 4:6).

Debido a estos eventos escatológicos, el creyente vive la vida del nuevo siglo. La misma expresión que describe la posición del creyente, "en Cristo", es un término escatológico. Estar "en Cristo" significa estar en el nuevo siglo y experimentar su vida y sus poderes. "Si alguno está en Cristo, nueva criatura es; las cosas viejas pasaron; he aquí todas son hechas nuevas" (2 Co. 5:17). El creyente ya ha experimentado la muerte y la resurrección (Ro. 6:3–4). incluso ha sido resucitado con Cristo y exaltado en los cielos (Ef. 2:6), participando de la resurrección y ascensión de su Señor.

Aun así, la experiencia de esta vida nueva del Siglo Venidero no es un evento que pertenezca a la historia secular; sólo los creyentes lo conocen. Estas buenas nuevas de la nueva vida permanecen ocultas a los no creyentes. Sus ojos están cegados para que no puedan contemplarlas (2 Co. 4:4). Siguen en la oscuridad de este presente siglo malo.

Además, la nueva vida del creyente es una experiencia ambigua, porque sigue viviendo en el siglo antiguo. Ha sido liberado de su poder, pero debe seguir viviendo en él, aunque no debe confrontar su vida, sino que debe experimentar los poderes renovadores del nuevo siglo (Ro. 12:1–2). La nueva vida del creyente es sólo "en el Espíritu". Todavía debe utilizar este mundo, pero ya no se preocupa por utilizarlo al máximo (1 Co. 7:31), porque este mundo es transitorio. Aunque Cristo está en él, y su espíritu ha sido vivificado con los poderes del nuevo siglo, su cuerpo va muriendo (Ro. 8:10).

Por consiguiente, la transición desde el pecado y la muerte del siglo antiguo a la vida del siglo nuevo es todavía parcial, aunque real. En el siglo antiguo no se puede experimentar todo lo que significa el nuevo siglo. Aquél debe desaparecer y dar lugar al Reino de Dios en el Siglo Venidero, cuando todo lo que es mortal será absorbido en la vida (2 Co. 5:4). Así pues, el creyente vive en una tensión entre escatología vivida y escatología anticipada. Ya está en el Reino de Cristo (Col. 1:13), pero espera el Reino de Dios (1 Co. 15:50). Ya ha experimentado la nueva vida (2 Co. 2:16), pero espera la herencia de la vida eterna (Gá. 6:8). Ya ha sido salvado (Ef. 2:5), pero todavía espera su salvación (Ro. 13:11). Ha sido resucitado a novedad de vida (Ro. 6:4), y aun así anhela la resurrección (2 Co. 5:4).

La actual ambigüedad de la nueva vida en Cristo exige el retorno de Cristo para completar la obra de la redención ya comenzada. El tema central de la escatología paulina es la consumación del propósito salvador de Dios. Aparte del retorno de Cristo y de la inauguración del Siglo Venidero, la obra salvadora de Dios sigue incompleta.

El estado intermedio

La escatología de Pablo se ocupa principalmente de los eventos que señalarán la transición del presente siglo al Siglo Venidero: el retorno de Cristo y la resurrección de los muertos. Sin embargo, antes de examinar estos temas, debemos plantear una cuestión previa que tiene que ver con el estado de los muertos entre la muerte y la resurrección. Ya hemos visto que aunque en el Antiguo Testamento en el Seol existen las sombras de la muerte, los Salmos recogen algunas sugerencias de una vida más allá de la tumba. El judaísmo desarrolló la idea del Seol como un lugar tanto de castigo como de bendición, y esto se refleja en la parábola de Jesús del rico y

Lázaro (Lc. 16:19–31). Jesús aseguró al ladrón moribundo que ambos entrarían en el Paraíso al morir.

La cuestión del estado intermedio en Pablo depende en gran parte de la interpretación de 2 Corintios 5:1–10. La forma más natural de interpretar el texto es a la luz del gran énfasis paulino en la resurrección del cuerpo. Según esto, Pablo afirma que después de la disolución de este cuerpo terrenal, transitorio, el creyente recibirá de Dios un cuerpo eterno, celestial, en la resurrección. En este cuerpo terrenal nos lamentamos debido a su debilidad y fragilidad. Lo que deseamos es adquirir un cuerpo nuevo, y no ser un alma o espíritu desnudo, desencarnado. Las fragilidades de este cuerpo producen ansiedad; pero incluso así, la idea de ser un espíritu desnudo, o sea, sin cuerpo, repugna; anhelamos el cuerpo resucitado para que lo que es mortal pueda ser transformado en vida. Sin embargo, a pesar de la repugnancia natural de Pablo de estar sin cuerpo, ve un cierto valor en ese estado, como espíritu desencarnado, pues significa estar con el Señor.

Una de las dificultades principales de esta interpretación es la palabra "tenemos", que sugiere que tenemos este cuerpo en la muerte, no en una resurrección futura. Sin embargo, el tiempo presente puede ser la forma que tiene Pablo de expresar sencillamente la certeza absoluta de que vamos a tenerlo. No habría que insistir en la cuestión del tiempo.

En esta interpretación, Pablo no aporta nada en cuanto al modo de existencia en el estado intermedio. Tiene la convicción, que comienza a aparecer en los Salmos, y que Jesús expresó al ladrón moribundo, de que "la muerte no podía llevar al creyente a ninguna situación que signifique separación del Señor". Por lo que él sabe, la muerte del cuerpo significa la supervivencia del espíritu, aunque en un estado desencarnado, "desnudo"; y su idea del papel del cuerpo en la existencia humana le lleva a no querer saber nada. Pero su convicción cristiana supera su aversión natural respecto a este estado desencarnado, porque nada, ni siquiera la muerte, le puede separar del amor de Cristo (Ro. 8:38); y si se está más cerca del Señor, se encontrará un estado de bienaventuranza.

Esta interpretación se confirma con una alusión que se hace de pasada en Filipenses 1:23: "Teniendo deseos de partir y estar con Cristo, lo cual es muchísimo mejor" que las frustraciones y fragilidades de la existencia mortal. "Con Cristo": esto es todo lo que Pablo sabe acerca del estado intermedio. No supera lo que Jesús le dijo al ladrón moribundo (Lc. 23:43).

Muchos estudiosos han rechazado esta interpretación. Hace mucho tiempo que R. H. Charles definió cuatro etapas en el desarrollo del pensamiento paulino, la tercera de las cuales se refleja en 2 Corintios 5, donde Pablo espera recibir un cuerpo inmortal en la muerte. Pone de relieve la palabra "tenemos". Al morir, entramos en posesión de un cuerpo inmortal en el cielo. W. L. Knox creía que este cambio de idea se debió a "una revisión completa de la escatología paulina en un sentido helenista".[9] W. D. Davies ha rechazado la tesis de la influencia helenista y ha tratado de demostrar que la expectativa dualista de un cuerpo al morir y un cuerpo en el Siglo Venidero podría entenderse sobre la base de antecedentes rabínicos. Acepta, sin embargo, la tesis de que Pablo experimentó un cambio significativo de idea entre la composición de Primera y Segunda Corintios. Esta tesis también la han defendido, con varios argumentos, algunos estudiosos recientes.[11]

Por impresionante que sea este despliegue de expertos, parece difícil entender por qué, si el creyente se reviste de un cuerpo celestial, eterno, al morir, subsiste la necesidad de que la "resurrección y redención del cuerpo se alcancen al fin del siglo". Esta crítica es tanto más pertinente por cuanto en los otros escritos de Pablo no hay indicios de un cuerpo intermedio, y es más fácil interpretar 2 Corintios 5 a la luz de sus largas referencias a la resurrección en la parousia. Parecería, por tanto, que esta interpretación va definitivamente en detrimento del significado de la consumación venidera, a pesar de que se niegue este hecho.

El sueño de los muertos

La tesis de que entre la muerte y la resurrección el alma se encuentra en un estado de sueño ha recibido, en tiempos recientes, el valioso apoyo de Cullmann. Cullmann tiene desde luego razón en que Pablo, y todos los demás escritores bíblicos, ven el destino final del hombre en términos de una resurrección corporal y no de la inmortalidad del alma. En cuanto a esto, la expectativa del estado de los muertos en 2 Corintios 5 es muy hebrea, porque le repugna la idea de existir en un cuerpo desencarnado, mientras que a los griegos les complacía. De hecho, la esencia misma de la idea griega era que el alma huía de la cárcel del cuerpo, para poder encontrar su verdadera libertad en el mundo celestial. La idea de Pablo contrasta marcadamente con la griega. Lo que anhela es el nuevo cuerpo que ha de recibirse en la resurrección. Su expectativa de estar sin el cuerpo en el estado intermedio no se debe a una influencia griega.

Es cierto que a menudo Pablo describe el estado de muerte en términos de sueño (1 Ts. 4:13; 1 Co. 15:16, etc.). Sin embargo, sueño era un término común para la muerte, tanto en la literatura griega como en la hebrea y no tiene que tener por necesidad ningún significado teológico. Es difícil, a pesar de lo que dice Cullmann del placer de los sueños, interpretar las referencias de Pablo al partir y estar con Cristo (Fil. 1:23), al estar ausente del cuerpo, pero presente en el Señor (2 Co. 5:8), como un estado en el que "seguimos estando con Cristo (…) en el estado de sueño", y por eso estamos más cerca de Dios, aunque en un estado inconsciente.[18]

El retorno de Cristo

En el Antiguo Testamento "el Día del Señor" podía designar un día en el futuro histórico inmediato cuando Dios visitaría a su pueblo con juicio (Am. 5:18; cf. Is. 2:12ss.). Podía designar también la visitación final de Dios para establecer su Reino en el mundo, trayendo salvación a su pueblo fiel y juicio a los malos (Sof. 1:14ss.; Jl. 3:14ss.). En el Nuevo Testamento este término se ha convertido en un término técnico para el día en el que Dios visitará al mundo para dar término a este siglo e inaugurar el Siglo Venidero. El término no ha de considerarse como un día específico del calendario, sino como todo el período que será testigo de la visitación final y redentora de Dios en Cristo.

La expresión adquiere diferentes formas: el Día del Señor (1 Ts. 5:2; 2 Ts. 2:2; cf. también Hch. 2:20; 2 P. 3:10); el Día del Señor Jesús (1 Co. 5:5; 2 Co. 1:14); el Día del Señor Jesucristo (1 Co. 1:8); el Día de Jesucristo (Fil. 1:6); el Día de Cristo (Fil. 1:10; 2:16); ese Día (2 Ts. 1:10; 2 Ti. 1:18). En vista de que el Cristo exaltado para Pablo es, como para la Iglesia primitiva, el Señor (Fil. 2:11; Ro. 10:9), debería ser obvio que los esfuerzos por distinguir entre el Día del Señor y el Día de Cristo, y encontrar en ellos dos programas, no tienen fundamento. La venida de Cristo para reunir a su pueblo, tanto a vivos como a muertos, consigo mismo (1 Ts. 4:13–17) se llama el Día del Señor (1 Ts. 5:2), nombre que recibe también su venida para juzgar al hombre de pecado (2 Ts. 2:2).

Pablo utiliza tres palabras para describir el retorno del Señor. La primera es *parousia*, que puede significar tanto "presencia" (Fil. 2:2) como "llegada" (1 Co. 16:17; 2 Co. 7:7). Esta palabra se utilizaba en un sentido semitécnico para la visita de personas de un rango elevado, en especial, de reyes y emperadores que visitaban una provincia. Desde su ascensión, se describe a

Cristo como sentado a la diestra de Dios en el cielo. Visitará de nuevo la tierra personalmente (ver Hch. 1:11) al fin del siglo (ver Mt. 24:3) con poder y gloria (ver Mt. 24:27) para resucitar a los muertos en Cristo (1 Co. 15:23), para reunir a su pueblo consigo (2 Ts. 2:1; cf. Mt. 24:31), y para destruir el mal (2 Ts. 2:8; ver también 1 Ts. 2:19; 3:13; 4:15; 5:23).

La venida de Cristo será también una *apokalypsis*, un "quitar el velo" o descubrimiento". El poder y la gloria que ahora son suyos en virtud de su exaltación y su estar en el cielo, deben ser manifestados al mundo. Cristo ya ha sido elevado, con su resurrección y exaltación, a la diestra de Dios, donde ha recibido soberanía sobre todos sus enemigos espirituales (Ef. 1:20–23). Ahora lleva el nombre que está sobre todo nombre; ahora es el Señor exaltado (Fil. 2:9). Ahora reina como Rey a la diestra de Dios (1 Co. 15:25). Sin embargo, su reinado y su Señorío no resultan evidentes para el mundo. Su *apokalypsis* será la revelación a éste de la gloria y el poder que ahora posee (2 Ts 1:7; 1 Co. 1:7; ver también 1 P. 1:7, 13). Así pues, la segunda venida de Cristo es inseparable de su ascensión y su estar sentado en el cielo, porque manifestará su Señorío actual al mundo y será el medio por el cual toda rodilla se doblará finalmente, y toda lengua reconocerá su Señorío (Fil. 2:10–11).

Un tercer término es *epifaneia*, "aparición", que indica la visibilidad del retorno de Cristo. Aunque este término se encuentra casi exclusivamente en las cartas pastorales, Pablo dice a los tesalonicenses que Cristo matará al hombre de pecado con el hálito de su boca, y que los destruirá con la *epifaneia* de su *parousia*" (2 Ts. 2:8). El retorno del Señor no será un evento secreto, oculto, sino una irrupción de la gloria de Dios en la historia.

La conexión inseparable entre las dos acciones en la obra redentora de Cristo se ilustra con el doble uso de *epifaneia* para designar tanto la encarnación como la segunda venida de Cristo. Dios ya ha quebrantado el poder de la muerte y manifestado la realidad de la vida y la inmortalidad dentro de la Historia con la aparición (*epifaneia*) de nuestro Salvador Jesucristo en la carne (2 Ti. 1:10). Sin embargo, ésta no es la última instancia de la redención. Todavía nos aguarda la esperanza del futuro, en la "manifestación (*epiphaneia*) gloriosa de nuestro gran Dios y Salvador Jesucristo" (Tito 2:13). Dado este doble uso, resultan excesivamente críticas las objeciones que a veces se formulan en contra de hablar de una "segunda" venida de Cristo.

La teología dispensacional distingue en el retorno de Cristo dos partes: una venida secreta antes de la gran tribulación para la Iglesia, y una aparición gloriosa, al final de la tribulación, para traer salvación a Israel y para establecer su reino milenial. Estas dos venidas suelen llamarse el rapto y la revelación. Aunque los teólogos dispensacionalistas mantienen la idea de un doble retorno de Cristo, han abandonado muchos de los argumentos exegéticos usuales. De hecho, Walvoord llega incluso a admitir que el "pretribulacionismo", o sea, una venida de Cristo para la Iglesia antes de la gran tribulación, no se enseña explícitamente en la Escritura.[25] Esta admisión es significativa. El hecho es que la esperanza de la Iglesia no es un evento secreto, invisible para el mundo. La esperanza cristiana es la aparición visible de la gloria de Dios en el retorno de Cristo (Tito 2:13), la revelación de Jesús al mundo como Señor cuando venga con sus poderosos ángeles (2 Ts. 1:7).

A menudo se ha dicho para defender una doble venida de Cristo que por cuanto ha de venir "con todos sus santos" (1 Ts. 3:13), necesariamente debe venir primero "para" ellos. Si la venida para sus santos es el rapto al comienzo de la gran tribulación, su venida "con sus santos" es un evento posterior al final de la misma. Esta expresión, sin embargo, no proporciona ninguna prueba a favor de esta idea de dos venidas de Cristo. Si los "santos" (*hagioi*, los santos) de 1 Ts. 3:13 son personas redimidas, el texto no diría más que 1 Tesalonicenses 4:14, donde Pablo afirma que en la venida de Cristo para arrebatar a su Iglesia, "traerá Dios con Jesús a los que durmieron en él". Sin embargo, los "santos" de 1 Tesalonicenses 3:13 puede ser otra referencia a los santos ángeles que acompañarían al Señor en su retorno.

Los antecedentes de este lenguaje de la venida de Cristo en gloria se encuentran en el lenguaje del Antiguo Testamento para referirse a la teofanía. El Antiguo Testamento concibe a Dios actuando en la historia para conseguir sus propósitos redentores: pero también mira hacia un día de visitación divina cuando Dios vendrá en juicio y salvación para establecer su Reino. En el Nuevo Testamento esta teofanía divina se cumple en la venida de Cristo; el retorno glorioso del Señor es necesario para traer la salvación a su pueblo (1 Ts. 5:8–9) y el juicio sobre los malos (2 Ts. 1:7–8) y para establecer el Reino, que ya es suyo, en el mundo (2 Ti. 4:1).

La teología de la venida de Cristo es la misma en Pablo que en los Sinópticos. La salvación no es algo que se refiera sólo al destino del alma individual. Incluye todo el curso de la historia humana y del género humano. La venida de Cristo es un evento definitivo para todas las personas: significa salvación o juicio. Además, la salvación no es un asunto meramente individual; afecta a todo el pueblo de Dios e incluye la transformación de todo el orden físico.

Esta redención es por completo la obra de Dios. La venida de Cristo es un evento cósmico en el que Dios, que visitó a las personas en el humilde Jesús histórico, les visitará de nuevo en el Cristo glorificado. La meta de la redención es nada menos que el establecimiento del gobierno de Dios en todo el mundo, "para que Dios sea todo en todos" (1 Co. 15:28).

El Reino de Dios

En nuestro examen de la mesianidad de Jesús, tuvimos oportunidad de delinear la enseñanza de Pablo acerca del Reino de Dios. Hemos visto que ese Reino es el gobierno mesiánico de Dios en Cristo, que comenzó en su resurrección y ascensión y continuará "hasta que haya puesto a todos sus enemigos debajo de sus pies" (1 Co. 15:25). El Reino de Dios – el gobierno perfecto de Dios en el mundo – es la meta escatológica de la redención, pero es una meta cuyo alcance se retrotrae a la Pascua.

Ahora debemos ocuparnos de la cuestión del aspecto escatológico del Reino, especialmente si Pablo esperaba un reino mesiánico interino antes del inicio del Siglo Venidero.

En la profecía de Ezequiel hay antecedentes de esta idea. El profeta mira hacia la restauración de un remanente creyente al que Dios ha dado un nuevo corazón y un nuevo espíritu (Ez. 33–37). Ésta no es, sin embargo, la meta del propósito redentor de Dios. Antes de que se establezca por completo la era de paz, se producirá la terrible guerra final con las fuerzas bárbaras, recalcitrantes, del mal provenientes de lugares distantes del mundo (Ez. 38–39). Sólo después de esta batalla se purificará completamente el mundo y estará listo para la nueva Jerusalén, a la que volverá la gloria de Dios.

El judaísmo abundaba en ideas sobre la naturaleza del Reino de Dios. Además de las ya expuestas, a veces encontramos un reino temporal que precede a la venida del Siglo Venidero, parecido a lo que encontramos en Ezequiel. Este reino mesiánico temporal se encuentra en *1 Enoc* (91:13–14), en 4 Esdras (7:28) y en el *Apocalipsis de Baruch* (29:3ss.). En la literatura rabínica se encuentran ideas similares, en las que se distingue a veces entre los "días del Mesías" temporales y el "Siglo Venidero" eterno. Esto también se encuentra en Apocalipsis 20. Debido a este pasaje, los teólogos cristianos hablan a veces de los días del Mesías" como del milenio.

En 1 Corintios 15:23–26, Pablo describe el triunfo de Cristo como realizado en varias etapas. La resurrección de Cristo es la primera etapa (*tagma*). La segunda se dará en la parousia, cuando los que son de Cristo compartan su resurrección. "Luego el fin, cuando entregue el Reino al Dios y Padre, cuando haya suprimido todo dominio, toda autoridad, y porque es preciso que Él reine hasta que haya puesto a todos sus enemigos debajo de sus pies".

Vos opina que Pablo, al demostrar que el reinado mesiánico de Cristo comenzó con su resurrección-ascensión ha establecido que el Reino de Dios debe darse en su totalidad antes de la parousia. Schoeps opina igual, diciendo que Pablo adaptó el esquema de un reinado mesiánico temporal por su convicción de que la resurrección ya había comenzado y que Cristo era el Exaltado. Sostiene que Pablo probablemente conoció una tradición rabínica de que los días del Mesías durarían cuarenta años. Por eso Pablo esperaba que el reinado celestial de Cristo fuera muy breve, y esperaba la parousia y el Siglo Venidero a lo más tardar en cuarenta años.[34]

Estamos de acuerdo con Vos en que Pablo considera que el reinado mesiánico de Jesús comenzó con su resurrección-ascensión. Pero esto no excluye el sentido natural del pasaje citado. Los adverbios traducidos por "entonces" son *epeita*, *eita*, los cuales denotan una secuencia: "después de esto". Hay tres etapas distintas: la resurrección de Jesús; después de esto (*epeita*) la resurrección de quienes son de Cristo en su parousia; después de esto (*eita*) el fin (*telos*). Algunos estudiosos entienden *to telos* en el sentido del fin de la resurrección, o sea, la resurrección de los incrédulos; pero esto parece imposible.[36] El significado natural de *to telos* es la consumación, la cual verá la inauguración del Siglo Venidero. Hay un intervalo indefinido entre la resurrección de Cristo y su parousia; y un segundo intervalo indefinido se ubica entre la parousia y el *telos*.

El misterio del pecado

La venida de Cristo irá precedida de ciertos eventos escatológicos. En su primera carta a los Tesalonicenses, Pablo habla sólo del retorno de Cristo para reunir a los santos, tanto vivos como muertos, para que estén con él (1 Ts. 4:13–18). Escribe con seria anticipación, advirtiendo a los tesalonicenses que vivan con una actitud de expectativa de ese día, de forma que no sean sorprendidos (1 Ts. 5:1–11). Como resultado de ello, los creyentes de Tesalónica se alteraron, y algunos afirmaron tener revelaciones de Dios o haber recibido información de Pablo indicando que el fin estaba cerca y que los sucesos del Día del Señor ya habían comenzado (2 Ts. 2:1–2). Pablo corrige esta idea errónea de inminencia diciendo que antes de que llegue el fin, aparecerá un líder, al que llama el hombre de pecado, que se adjudicará toda autoridad, tanto secular como sagrada, y exigirá la sumisión total de las personas a su gobierno, incluso el culto (2 Ts. 2:3–4). La afirmación de que se sentará en el templo de Dios es una forma metafórica de expresar, en un lenguaje veterotestamentario, su desafío a Dios (ver Ez. 28:2; Is. 14:13–14). Tendrá poderes satánicos para engañar a las personas y apartarles de la verdad (vv. 9–10). La esencia de su persona es su "pecado". Desafía tanto la Ley de Dios como las leyes de los hombres, insistiendo en que sólo su voluntad es ley.

A este "hombre de pecado" también se le llama la Bestia en Apocalipsis 13, pero normalmente se le designa como el Anticristo. Su aparición irá acompañada de "la apostasía" (2 Ts. 2:3). La palabra apostasía se traduce a veces como "caer" y se entiende en el sentido de alejamiento de la Iglesia cristiana. Se traduce mejor por "rebelión" o "revuelta" como en DHH y RSV. La idea no es tanto la de apartarse del Señor, para caer en la apatía, como un ubicarse voluntariamente en una violenta oposición a Él. Esta rebelión será un evento concreto, un suceso apocalíptico. El Anticristo no sólo se opondrá a toda autoridad divina, sino que se verá apoyado por una rebelión general contra Dios.

La "manifestación" del hombre de pecado no será algo nuevo en la Historia humana, sino sólo la manifestación final de un principio que ha estado activo incluso en tiempos de Pablo (v. 7). Él veía ya en acción al espíritu de oposición y rebelión contra Dios. Sin embargo, este principio malo en la actualidad está controlado. Hay algo que frena la aparición del hombre de pecado (v. 6). Pablo no nos dice qué es este principio constreñidor. Por otra parte, indica que este principio está en una persona; "sólo que hay quien al presente lo detiene, hasta que él a su vez sea quitado de en medio" (v. 7). Cuando el que detiene sea quitado de en medio, se manifestará el inicuo.

En toda la obra paulina no hay palabras más tenebrosas que éstas, y cualquier interpretación de ellas, no deja de ser una hipótesis. En muchos círculos evangélicos, la única interpretación que se considera posible es la de que el poder constreñidor es el Espíritu Santo; y se citan con frecuencia este versículo como apoyo del rapto de la Iglesia antes de la tribulación. Cuando la Iglesia sea arrebatada, el Espíritu Santo será quitado del mundo. Cuando se quite este poder, entonces el pecado quedará libre completamente. Es cierto que algunos padres primitivos vieron en el Espíritu Santo el principio constreñidor, pero esta opinión no tiene demasiado a su favor. No hay indicios de la enseñanza de que el Espíritu Santo, que fue dado en Pentecostés, deje el mundo en la parousia.

Recientemente se ha propuesto que el texto debe entenderse a la luz de la acción misionera de Pablo. Éste creía que todo el mundo debía ser evangelizado antes de la parousia de Cristo, y que él era el misionero principal en el desempeño de esta misión para los gentiles. Hasta que dicha misión se completara, no podía llegar el fin. Por tanto la misión es el principio constreñidor y Pablo mismo la persona que detiene.

La opinión tradicional ha sido que este principio es el Imperio romano y quien detiene es el Emperador. Esta idea, o alguna variante de la misma, encaja mejor con la teología paulina. En Romanos 13:4, Pablo afirma que la autoridad vigente (aunque fuera la de la Roma pagana) "es servidor de Dios para tu bien". Dios ha puesto a las autoridades humanas para preservar el orden, o sea, para aprobar a los que hacen el bien, y castigar a los que obran mal. La antítesis de esto es el pecado de 2 Tesalonicenses 2:4: la deificación del estado de forma que ya no es un instrumento de ley y el orden, sino un sistema totalitario que desafía a Dios y exige el culto de las personas. Éste es el estado demoníaco. "Y entonces se manifestará aquel inicuo (...) cuyo advenimiento es por obra de Satanás, con gran poder y señales y prodigios mentirosos" (v. 9). Éste es el mismo estado demoníaco, totalitario, que se describe en Apocalipsis 13. En tiempos de Pablo, Dios había investido de esta autoridad al Imperio romano y a su cabeza, el Emperador. Pablo cree que un día se derrumbará el gobierno de la ley, el orden político será eliminado y ya no habrá forma de frenar al principio de pecado. Entonces caerán por completo las últimas defensas que el Creador ha erigido en contra de los poderes del caos. Esto puede entenderse bastante bien por el principio de la deificación del Estado como desafío al orden divino. Los principios tanto de orden como de pecado pueden estar operando al mismo tiempo, incluso en el mismo Estado. Estos dos principios estarán en conflicto durante el curso del siglo. Al final del mismo, la ley y el orden caerán, el pecado demoníaco dominará, y la Iglesia experimentará un breve período de terrible maldad que acabará rápidamente con el retorno de Cristo (v. 8).

El misterio del endurecimiento y salvación final de Israel

Otro evento que Pablo espera que ocurra en relación con la consumación es la salvación de Israel. Pablo expone esta verdad en Romanos 9–11. El rechazo de Cristo por parte de Israel y su caída subsiguiente no fueron un simple accidente histórico, sino un factor en el propósito redentor de Dios – un evento en la *Heilsgeschichte*. Incluso en el rechazo de Israel, Dios tenía un propósito: que con su caída, la salvación pudiera llegar a los gentiles (Ro. 11:11). Después Pablo hace una afirmación clara: "Si su transgresión es la riqueza del mundo, y su defección la riqueza de los gentiles, ¿cuánto más su plena restauración?" (11:12).

En esta afirmación toma forma la teología de Pablo acerca de la salvación futura de Israel. Si la caída de Israel ha traído la salvación a los gentiles, ¿con cuánta mayor plenitud vendrá la salvación al mundo gentil si se produce la "plena restauración", o sea, la salvación, de Israel? Israel era el instrumento escogido de Dios para traer la salvación al mundo. Ésta era la médula de la promesa hecha a Abraham. Va a ser el padre de muchas naciones; y en él serán benditas todas las familias de la tierra (Gn. 12:1–3; 17:6). Por esto Cristo vino al mundo como israelita. El rechazo de su Mesías por parte de Israel y la caída subsiguiente fueron los medios que Dios utilizó para traer la salvación a los gentiles. Pero éste no es el último capítulo de la Historia. La era de la Iglesia tal como la conocemos no es el final. Todavía tienen que acontecer dos cosas: la plena restauración del Israel literal debe llegar y con su salvación el mundo gentil recibirá riquezas mayores.

Pablo desarrolla más esta verdad en los versículos siguientes. Israel sigue siendo el pueblo escogido. Sigue siendo el objeto especial del cuidado de Dios, y será todavía el instrumento de salvación. Esto se afirma en Romanos 11:15–16. Las primicias de Israel (los patriarcas) eran santos, es decir, objetos de la elección y cuidado de Dios; y la nación toda (Israel como pueblo) también es santa. Si la raíz del árbol es santa, también lo es todo el árbol. El pueblo de Israel sigue siendo un pueblo "santo" – un pueblo que Dios ha escogido para su propósito redentor en el mundo. Este propósito de futuro se pone de manifiesto en las siguientes palabras: "Porque si su exclusión es la reconciliación del mundo, ¿qué será su admisión, sino vida entre los muertos?" (v. 15).

He aquí un doble contraste: el rechazo actual de Israel por causa de su incredulidad se contrasta con una futura acogida creyente. El otro contraste es incluso más significativo. El rechazo actual del Israel incrédulo significa que el mensaje de reconciliación se ha dirigido a todo el mundo; la restauración futura de Israel significará mucho más que esto: un estado de bendición que Pablo describe con la expresión "vida de entre los muertos". La equilibrada estructura de la frase muestra que se trata de una bendición que desciende sobre el mundo gentil. Su equilibrio es la clave de su interpretación, y el diagrama siguiente lo ilustra:

I	II
a. Rechazo actual de Israel	a. Reconciliación del mundo
b. Restauración futura de Israel	b. Vida de entre los muertos

Israel es el sujeto de los dos componentes en I; y el mundo gentil es el sujeto de los dos componentes en II. "Vida de entre los muertos" (IIb) no es un componente paralelo a Israel (Ib), sino a "el mundo" (IIa). Se contrapone a Israel (Ib). "Vida de entre los muertos" no se refiere a la restauración de Israel, sino a los resultados que tendrá para los gentiles su restauración. La salvación futura de Israel dará como resultado un nuevo orden de bendición y felicidad para el mundo gentil que se compara con el surgimiento de la vida de entre los muertos. Se reserva para el futuro un disfrute de la realidad de la vida en Cristo que va más allá de cualquier cosa que se haya experimentado hasta ahora; y esto se realizará por medio de la conversión de Israel. Pablo no nos dice aquí cuándo o cómo se producirá esta era de bendición.

Pablo resume todo el tema en los versículos 25–27. Israel ahora está endurecido. Los gentiles ahora son admitidos. Al final "todo Israel será salvo". "Todo Israel" no tiene que significar por necesidad todos y cada uno de los israelitas, sino el pueblo como un todo. Pablo no añade aquí el pensamiento de que por medio de la salvación de Israel vendrá al mundo entero una nueva ola de vida; en este caso su preocupación se centra sólo en el destino de Israel.

Pablo no explica cómo se realizará la salvación de Israel. Una cosa, sin embargo, es clara: debe realizarse fundamentalmente de acuerdo con las mismas condiciones que la salvación de los gentiles, a saber, por medio de la fe salvadora en Jesús como el Mesías crucificado. Las palabras de Romanos 11:26, "vendrá de Sion el Libertador, que apartará de Jacob la impiedad", pueden referirse a la segunda venida de Cristo, aunque no necesariamente. Se trata de una cita compuesta de Isaías 59:20 y 27:9, ninguna de las cuales se refiere al Mesías. En lo que se refiere al pasaje de Romanos 11, la salvación de Israel podría producirse con un gran movimiento de evangelización que le introduciría en la Iglesia: sin embargo, Pablo no dice nada acerca de cristianos gentiles que evangelizan a los judíos.

Cualesquiera que sean las medios para la salvación de Israel, parece ser un evento escatológico, según el pensamiento de Pablo. Es imposible que Israel se pueda salvar por algún otro medio que no sea la fe en Jesús como su Mesías. Saulo de Tarso fue llevado a la fe por una visión especial del Cristo glorificado; pero fue salvo por fe como cualquier creyente y de este modo incorporado a la Iglesia. El Israel literal, rechazado transitoriamente, tiene que llegar todavía a la fe y ser injertado en el árbol de olivo – el verdadero pueblo de Dios (Ro. 11:23). Piper ha sugerido que en el plan divino de la Historia de la redención, el Israel convertido puede llegar a ser por primera vez en la Historia *una nación verdaderamente cristiana*.

La resurrección y el rapto

Pablo tiene algo más que decir acerca de la resurrección que ningún otro escritor del Nuevo Testamento. La redención se aplica a toda la persona, incluso al cuerpo (Ro. 8:23). A menudo, Pablo contrasta los sufrimientos de la existencia terrenal con la gloria futura (Ro. 8:18), pero nunca considera la vida corporal en sí misma como algo malo de lo que desea verse libre. Más que repudiarlo, el cuerpo, que a veces nos humilla, debe transformarse y glorificarse (Fil. 3:21). El Espíritu Santo ha vivificado nuestro espíritu y también dará plenitud de vida a nuestros cuerpos mortales en la resurrección (Ro. 8:11). La doctrina de Pablo acerca de la resurrección se basa en su idea unitaria del ser humano.

Hemos visto, sin embargo, que cuando Pablo reflexionaba sobre la muerte, no podía concebir que ni siquiera ella pudiera separar al creyente del amor de Dios. Estar ausente del cuerpo significa estar con el Señor, al parecer como espíritu sin cuerpo. Sin embargo, esto no es lo que Pablo anhela. El estado intermedio, aunque es un estado de bendición, no es la meta de la salvación. La consumación de la salvación y la plena posesión de nuestra herencia en la resurrección (Ef. 1:14) esperan el retorno de Cristo cuando "traerá Dios con Jesús a los que durmieron en él" (1 Ts. 4:14). Entonces los espíritus de los muertos se reunirán con sus cuerpos, pero transformados, glorificados. Pablo no sabe nada de espíritus glorificados aparte del cuerpo. El problema que hizo necesaria su larga exposición sobre la resurrección fue la negación de la resurrección del cuerpo (1 Co. 15:12, 35). Si Pablo hubiera enseñado alguna forma de inmortalidad bienaventurada del alma o la resurrección del espíritu de su inmersión en el mundo de la materia para entrar en la esfera divina, los corintios no habrían tenido problemas. Lo que les resultaba difícil era aceptar la idea de la resurrección. Un cuerpo adecuado para la vida del Reino debe ser diferente de los cuerpos de este siglo. Pablo afirma que de acuerdo con la lógica puede haber un cuerpo así cuando dice que hay diferencia entre el grano y la planta que brota de él (1 Co. 15:35–38). También hay diferentes clases de carne – de hombres, bestias, peces, pájaros (v. 39), y hay diferentes clases de cuerpos – terrenales y celestiales, que difieren en cuanto a gloria (vv. 40–41). Por tanto no debería sorprendernos que Dios haya adaptado una clase nueva y diferente de cuerpo para la vida del Siglo Venidero.

Sin embargo, Pablo no trata de describir la naturaleza del cuerpo resucitado. No sabe nada de su constitución, pero puede hablar de algunas de las cualidades que le hacen diferente al cuerpo físico. Éste es perecedero, deshonroso y débil. El nuevo cuerpo será imperecedero, glorioso y poderoso (vv. 42–43). El contraste se resume en las palabras *psychikon* versus *pneumatikon* (v. 44). La primera palabra es imposible de traducir literalmente. Aunque *psyche* puede significar "alma", a menudo significa la totalidad de la vida natural, y éste es el significado en este caso. El *soma psychikon* es el cuerpo "natural" o "físico" adaptado a la vida de este siglo, y no un cuerpo cuya sustancia sea *psyche*. El cuerpo resucitado será *pneumatikon*, es decir, no formado por *pneuma*, sino adaptado a todo lo que significa la vida del *pneuma*, el *pneuma* de Dios.

En otros textos hay resonancias de esta idea. Es el Espíritu Santo que mora en el creyente el que dará vida a nuestros cuerpos mortales (Ro. 8:11). La experiencia actual del Espíritu Santo es las "arras" (*arrabon*) iniciales que garantizan la absorción final de lo mortal en la vida del cuerpo resucitado (2 Co. 5:4–5; ver también Ef. 1:14). Al Espíritu Santo también se le llama las primicias (*aparche*) de la cosecha escatológica completada, que será la redención del cuerpo (Ro. 8:23). El "cuerpo espiritual" de Pablo es, pues, un nuevo cuerpo que en cierto modo es la continuación del cuerpo físico, pero que será diferente debido a que será transformado por el Espíritu Santo y hecho a la semejanza del cuerpo glorioso del Jesús resucitado (Fil. 3:21). El cuerpo físico era de polvo, como el cuerpo de Adán; el cuerpo espiritual será celestial, como al cuerpo de Cristo (1 Co. 15:45–49); pero sigue siendo cuerpo.

Pablo asocia de forma inseparable, la resurrección de los santos con la resurrección de Cristo. El mismo poder que resucitó a Cristo resucitará a su pueblo (1 Co. 6:14; 2 Co. 4:14). De hecho, la resurrección misma de Cristo fue el primer acto de la resurrección final. Es las "primicias" de las cuales la resurrección escatológica será la cosecha (1 Co. 15:20). Por tanto Pablo se ocupa sólo de la resurrección de "los muertos en Cristo" (1 Ts. 4:16). Pablo no dice nada en sus cartas de la resurrección de aquellos que no son solidarios con Cristo – los no salvos. Lucas lo cita en Hechos 24:15 como afirmando la resurrección tanto de justos como de injustos y podemos muy bien creerlo porque Pablo sí enseña el juicio de todas las personas (Ro. 2:6–11). Pero nada dice acerca del tiempo y la naturaleza de la resurrección si no es de los cristianos. Tampoco se refiere al estado de los no salvos después de la muerte. Ni siquiera menciona el Hades en sus cartas.

La resurrección ocurrirá simultáneamente a la venida de Cristo (1 Ts. 4:16; 1 Co. 15:52). El cambio que se producirá en los muertos en Cristo también afectará a los que estén vivos en él. Los "que vivimos, que habremos quedado hasta la venida del Señor" (1 Ts. 4:15) no tendrán ninguna ventaja sobre los que durmieron. La misma transformación se producirá tanto en vivos como en difuntos (1 Co. 15:51). Los vivos se pondrán, por así decirlo, el nuevo cuerpo resucitado encima del cuerpo mortal (*ependusasthai*, 2 Co. 5:4) sin la disolución de éste. Esto es lo que Pablo quiere decir con el así llamado "rapto" de la iglesia. El que los creyentes sean "arrebatados" inmediatamente después de la resurrección, para encontrarse con el Señor en las nubes es la forma viva que tiene Pablo para expresar la transformación instantánea de los vivos, a partir de los cuerpos débiles y corruptibles de este orden físico en los cuerpos poderosos e incorruptibles que pertenecen al nuevo orden del Siglo Venidero. Es la señal de la transición del nivel de la existencia mortal a la inmortalidad. Las palabras importantes son "así estaremos siempre con el Señor" (v. 17).

Pablo se refiere al rapto, o sea, la transformación de los santos vivos, cuando dice, "no todos dormiremos; pero todos seremos transformados" (1 Co. 15:51). Acaba de afirmar que "la carne y la sangre no pueden heredar el reino de Dios, ni la corrupción hereda la incorrupción" (v. 50). Con estas palabras probablemente se refiere a que los santos que vivan en la parusia, se revestirán del cuerpo resucitado sin pasar por la muerte. Lo llama "misterio" (v. 51), la revelación de una nueva verdad, a saber, que el cambio de los vivos así como el de los muertos ocurrirá inmediatamente en la parusia.

Juicio

Aunque Pablo se refiere a menudo al juicio, en ninguna parte desarrolla esta doctrina como lo hace con la resurrección. Habla de los que "atesoran para sí mismos ira" en el día de la ira cuando el justo juicio de Dios será revelado (Ro. 2:5). En ese día Dios juzgará los secretos de las personas por Jesucristo (Ro. 2:16). Otras referencias, hechas de pasada, al juicio se encuentran en Romanos 13:2; 1 Corintios 11:32; Romanos 3:6; 1 Corintios 4:5; 2 Tesalonicenses 2:12; y 2 Timoteo 4:1. En cierta manera que no se nos explica, los santos juzgarán al mundo con Dios, incluso hasta el punto de juzgar a los ángeles (1 Co. 6:2–3).

El pasaje más extenso acerca del juicio es Romanos 2. Habrá un día de juicio (Ro. 2:5) cuando Dios juzgará a todas las personas según sus obras. A los justos les dará vida eterna, a los malos ira y enojo (vv. 6–10). Además, los seres humanos serán juzgados según la luz que tengan. Todas las personas poseen la luz de la naturaleza con la cual deberían reconocer la existencia del Dios verdadero y adorarle sólo a él (Ro. 1:18ss.). Los judíos serán juzgados por la Ley (Ro. 2:12), y los que no tengan la Ley serán juzgados por la ley de Dios escrita en sus corazones por la conciencia (vv. 14–16). Aunque estos versículos sugieren teóricamente que las personas pueden sobrevivir al día del juicio sobre la base de las buenas obras, Pablo afirma claramente que ellas no han vivido de acuerdo con la luz que tienen. Los gentiles han pervertido la luz de la revelación general (Ro. 1:21ss.), y los judíos no han observado la Ley (Gá. 3:10–12). Sin embargo, Dios en su misericordia ha proporcionado la forma de salvación en la obra redentora de Cristo, y la base última del juicio será el Evangelio (Ro. 2:16; 2 Ts. 1:8). El juicio final de Dios será totalmente justo y sin arbitrariedades.

Hay otro elemento importante en la enseñanza paulina acerca del juicio. La tensión novotestamentaria constante entre la Escatología experimentada y la futura se encuentra en la doctrina del juicio. La justificación es un hecho escatológico que se ha producido en la Historia. Significa perdón de la culpa del pecado gracias a una decisión favorable del Juez. Esta decisión ya ha sido emitida para los justos sobre la base de la muerte de Cristo (Ro. 3:21–26). Debido a la justificación actual, seremos salvos de la ira en el día del juicio (Ro. 5:9).

Sin embargo, el juicio sigue siendo un evento escatológico, incluso para los creyentes. La justicia que esperamos (Gá. 5:5) es el perdón en el juicio final. "Porque es necesario que todos nosotros comparezcamos ante el tribunal de Cristo" (2 Co. 5:10), que es también el tribunal de Dios (Ro. 14:10, algunas versiones; ver DHH). Sin embargo, gracias a la justificación en Cristo, el día del juicio ha dejado de ser terrorífico para la humanidad en Cristo (Ro. 8:1, 33–34). Sin embargo, el creyente será juzgado por sus obras. Nuestra vida quedará al descubierto ante el escrutinio divino para que cada uno pueda recibir la recompensa adecuada por lo que ha hecho durante su vida corporal, de acuerdo con lo que ha hecho, ya sea bueno o malo. Este juicio no es "una declaración de maldición, sino una valoración",[55] y da lugar no a condenación o a perdón, sino a recompensa o pérdida sobre la base del valor de la vida cristiana. El mismo principio de juicio se expone en 1 Corintios 3:12–15. Pablo habla aquí de la obra de los líderes cristianos, pero el principio vale para todos los creyentes. El único fundamento sobre el que se puede construir algo permanente es Jesucristo. Sin embargo, no todos edifican igual. Algunos erigen estructuras con oro, plata o piedras preciosas; otros edificarán casas sin valor, de madera, heno u hojarasca. Resulta claro que Pablo aplica la metáfora de una forma no demasiado rigurosa, porque estos materiales no solían emplearse en las construcciones antiguas. Pablo utiliza de forma deliberada una metáfora radical para contraponer lo de mucho valor con lo que no lo tiene. Algunos cristianos vivirán vidas sin valor; sus obras, como la madera, el heno o la hojarasca se consumirán en las llamas del juicio de forma que no quedará nada de su vida en la tierra. Esto no significa la pérdida de la salvación: "él mismo será salvo", pero sufrirá la pérdida del "bien hecho, siervo fiel y bueno". Los que han edificado con fidelidad y de forma efectiva serán recompensados por su amor y devoción. Pablo no dice cuál será la recompensa. El principio que se implica en este juicio es que, aunque la salvación es totalmente por gracia, el cristiano no debe tener ninguna duda de que Dios le considera plenamente responsable por la calidad de su vida actual en el cuerpo.

La consumación

La meta del propósito redentor de Dios es la restauración del orden del Universo que se ha visto perturbado por el mal y el pecado. Esto incluye el ámbito de la experiencia humana, el mundo espiritual (Ef. 1:10), y, como veremos, incluso la naturaleza misma. Dios reconciliará por fin todas las cosas consigo mismo por medio de Cristo (Col. 1:20). Todas las cosas fueron originalmente creadas por medio de Cristo y para Él (Col. 1:16), y finalmente Él disfrutará de la preeminencia que le corresponde (Col. 1:18). El Cosmos mismo, que se ha visto destrozado por el conflicto y la rebelión contra Dios, será restaurado a la paz con su Creador. Esta reconciliación escatológica se cumplirá por medio de la sangre de su cruz (Col. 1:20). Pablo ve en la muerte de Cristo el triunfo sobre todos los poderes espirituales malignos (Col. 2:14–15), aunque no explica en ninguna parte qué implica esto; y la reconciliación escatológica final no es sino la extensión real de la victoria alcanzada en la cruz.

Este mismo énfasis en la reconciliación universal se repite en otro pasaje. En el gran himno de la kenosis, se exalta a Jesús como Señor, y debido a esa exaltación, toda rodilla debe doblarse y toda lengua debe confesar que Jesucristo es Señor, para la gloria de Dios Padre (Fil. 2:10–11). Ninguna voluntad rebelde puede finalmente quedar fuera del ámbito del Señorío de Cristo.

El sometimiento final de toda voluntad hostil también se afirma en 1 Corintios 15 como una extensión del gobierno real de Cristo en el Universo. Debe reinar como rey (*basileuein*) hasta que haya sometido a todos sus enemigos, el último de los cuales es la muerte (1 Co. 15:25). Cuando haya subyugado a todo poder espiritual hostil, entregará el Reino a Dios Padre (v. 24). En vista del énfasis paulino en que Jesús ha sido exaltado y reina como Señor a la diestra de Dios (Ef. 1:20–23; Fil. 2:9), debemos pensar que Él ya ha comenzado su reinado con la ascensión. Señor y rey son conceptos intercambiables que expresan la soberanía exaltada de Cristo. Su soberanía descansa en este pasaje de su resurrección.

La restauración final incluye el mundo material. La creación entera espera la manifestación de los hijos de Dios, cuando experimentarán la redención de sus cuerpos, porque la creación será liberada de la esclavitud de la corrupción y experimentará la libertad de la carga del mal al cual se ha visto sometida (Ro. 8:19–23). Aunque Pablo no desarrolla esta verdad de la redención de la naturaleza, hay una teología bíblica profunda que subyace a la misma. La redención del mundo natural del mal y de la corrupción es el corolario de la redención del cuerpo. Los profetas describieron constantemente el establecimiento del Reino de Dios como un mundo redimido (Is. 11:6–9; 65:17–25); y el Nuevo Testamento comparte la misma teología. Nunca se ve la creación como algo malo de lo que hay que huir. El ser humano como cuerpo es criatura de Dios. No es pecaminoso porque sea criatura sino porque se ha rebelado contra Él. En la consumación final, el ser humano todo y el mundo del que es parte serán liberados de la maldición del mal.

Algunos intérpretes han visto en el lenguaje de esta reconciliación final un "retorno universal", interpretado como una salvación universal de todas las criaturas que sienten, tanto humanas como angélicas. Esta interpretación puede, sin duda, encontrase en versículos como Colosenses 1:20, si se ignora el contexto de toda la enseñanza paulina. Sin embargo, la reconciliación universal significa que la paz queda restaurada en todas partes. El reconocimiento universal del Señorío de Cristo (Fil. 2:10–11) no es sinónimo de salvación universal. Hay un elemento severo en la escatología de Pablo que no es posible soslayar. Quedan voluntades recalcitrantes que deben someterse y que se inclinarán ante el gobierno de Cristo, aunque a regañadientes. Pablo no dice, más que de forma muy general, de qué manera serán tratadas.

Pablo describe el estado final de aquellos que no han obedecido el Evangelio de Cristo, diciendo que "sufrirán pena de eterna perdición, excluidos de la presencia del Señor y de la gloria de su poder" (2 Ts. 1:9; ver 1 Ts. 5:3). Los rebeldes e impenitentes acumulan para sí mismos ira en el día de ira, cuando el juicio justo de Dios será revelado (Ro. 2:5, 8; ver 5:9; 1 Ts. 1:10; 5:9). Pablo también describe el destino de los no salvos con el concepto de perdición (*apollumi*). Esto es tanto una condición actual (1 Co. 1:18; 2 Co. 2:15; 4:3) como una maldición futura (Ro. 2:12; 2 Ts. 2:10). Esta condenación escatológica también es destrucción (*ap leia*, Fil. 3:19; Ro. 9:22). Una idea concomitante es la de la muerte. La muerte, en el sentido totalmente inclusivo de la palabra, es el castigo del pecado (Ro. 5:12; 6:16, 23). Aunque esta muerte es la muerte del cuerpo (Ro. 8:38; 1 Co. 3:22), el término incluye mucho más. Esto se demuestra por el hecho de que es lo opuesto a la vida eterna (Ro. 6:23; 7:10; 8:6; 2 Co. 2:16). Es tanto un hecho actual (Ro. 7:10s.; Ef. 2:1) como un destino futuro (Ro. 1:32; 6:16, 21, 23; 7:5). La idea central es la exclusión de la presencia del Señor en su Reino ya consumado (2 Ts. 1:9) y la pérdida subsiguiente de las bendiciones de la vida que proceden del disfrute de la presencia divina. Sin embargo, los términos que Pablo utiliza dejan muy claro que el juicio final tiene como resultado una condenación terrible que es el justo merecimiento del pecado y de la incredulidad; pero en ninguna parte describe qué implica esta condenación.

Sin embargo, el juicio de los malos no es un fin en sí mismo, sino sólo un acto necesario en el establecimiento del reinado de Dios en su mundo. Él ha hecho todo lo posible por conducir a las personas a sí; si rechazan su voluntad, deben hacer frente al juicio, porque al final Dios no puede tolerar ninguna oposición a su santa voluntad. El propósito divino es que las personas se reúnan en subordinación voluntaria al gobierno divino, para que al final "Dios sea todo en todos" (1 Co. 15:28).

Quinta parte

HEBREOS Y LAS EPÍSTOLAS GENERALES

Capítulo 40

Hebreos

Introducción

Los problemas del autor y los destinatarios de la carta a los Hebreos están por resolver. La opinión tradicional ha sido que Hebreos tiene el nombre adecuado, y que fue escrita para una comunidad de cristianos judíos, probablemente de Roma (13:24), la cual, ante una persecución amenazadora, apostataba de Cristo y volvía al judaísmo. Sin embargo, no hay referencias a la controversia judeocristiana; se considera a Cristo superior al Antiguo Testamento, no al judaísmo; además, la advertencia en contra de "apartarse del Dios vivo" (3:12) apunta hacia lectores cristianos gentiles más que a cristianos judíos. Con el propósito de examinar la teología de Hebreos, podemos dejar este problema abierto. En cualquier caso, la carta[3] fue escrita para un grupo de cristianos que se enfrentaban con una persecución (10:32; 12:4), con los que el autor estaba relacionado (13:18, 19, 23), y que estaban a punto de apartarse de Cristo. El autor escribe para avisarles en contra de la apostasía. Este propósito parece claro en los diferentes textos parenéticos que encontramos a lo largo del libro. El autor trata de fortalecer la lealtad de sus lectores a Cristo argumentando que las bendiciones que las personas reciben en Cristo son superiores a todo lo que lo había precedido: Cristo es superior a la antigua revelación (1:1–3), a los ángeles (1:4–2:18), a Moisés (3:1–19), a Josué (4:1–13) y al sacerdocio del Antiguo Testamento (4:14–10:31). Si los lectores son cristianos gentiles, debían haber sido antiguos prosélitos judíos que conocían bien el Antiguo Testamento. Podemos estudiar la teología de Hebreos sin necesidad de decidir si los lectores eran cristianos judíos o gentiles. El problema con el que se enfrenta el autor sería básicamente el mismo en cualquiera de los dos casos.

Dualismo

La visión básica del mundo en Hebreos ha sido objeto de muchas discusiones. En ella hay un dualismo doble: lo de arriba y lo de abajo – el mundo celestial verdadero y el mundo terrenal transitorio; y también hay un dualismo escatológico: el siglo presente versus el siglo venidero. A menudo se ha argumentado que el dualismo espacial de los dos mundos – arriba y abajo – refleja el pensamiento platónico interpretado por Filón, mientras que el dualismo escatológico es un remanente de la escatología cristiana primitiva.

Algunos estudiosos han insistido en que este dualismo espacial es el verdadero centro de la teología de Hebreos, y que el escatológico es un residuo no asimilado de la tradición.

Mientras que los apocalípticos judíos y cristianos consideraban la diferencia entre perfección e imperfección, sobre todo bajo las categorías de tiempo, distinguiendo entre este siglo y el siglo venidero, el lenguaje de Hebreos sugiere categorías de espacio, distinguiendo entre este mundo y el mundo celestial de las realidades espirituales. Para el autor de Hebreos, la realidad presente de la esfera celestial a la cual ha pasado Cristo y en la cual estamos anclados, es el hecho fundamental.

Igual que Filón, nuestro autor acepta una especie de marco filosófico y cosmológico que es más platónico que bíblico. Dos eones sucesivos (...) son reemplazados por dos planos coexistentes y superpuestos: el mundo suprasensible y el mundo fenoménico. El primero contiene las ideas eternas, que el segundo trata de encarnar materialmente. Aquél es el "cielo", para Filón, y en nuestra carta.

Otros estudiosos han dado un mayor peso al papel de la Escatología, pero han concluido que el escritor es incapaz de asimilar dos teologías totalmente diferentes. "Nuestro autor se contenta con colocar las dos presentaciones una junto a la otra. Trata de dar lugar a ambas en una teología que es a la vez primitiva y helenista, y que por tanto sufre, a pesar de su grandeza y de ser muy sugerente, de falta de armonía interna". Otros estudiosos han estado en desacuerdo con estas conclusiones y han reconocido que la perspectiva escatológica es fundamental para la teología de Hebreos. Este problema debe examinarse cuidadosamente.

La idea de los dos mundos aparece en los capítulos 8 y 9, en la exposición de la institución sacerdotal del Antiguo Testamento. Los sacerdotes israelitas ofrecían dones y sacrificios en un templo terrenal. Estos, sin embargo, no encarnaban realidades últimas; "sirven a lo que es figura y sombra de las cosas celestiales" (8:5). El tabernáculo del Antiguo Testamento fue hecho según el verdadero en el cielo. Las copias terrenales se purificaban con sacrificios cruentos; las realidades celestiales deben purificarse con sacrificios mejores (9:23). Cristo, después de su ascensión, entró en el santuario celestial verdadero (9:24). La institución de la Ley era sólo una sombra de las buenas cosas futuras, y no la verdadera imagen de las realidades celestiales (10:1). La fe es el medio por el cual el creyente puede, ahora, hacer suyo este mundo invisible de realidades celestiales (11:1).

Verdaderamente, esto suena muy parecido al dualismo filónico. Filón creía que todo el mundo fenoménico era transitorio y efímero: sólo una copia del mundo espiritual, invisible y real de las ideas del cielo, que son aprehendidas por la mente. Filón ha desplazado totalmente la esperanza judía en el futuro con la esperanza griega de la ascensión del alma después de la muerte al mundo invisible de la realidad eterna.

Hebreos, sin embargo, no ha descartado la Escatología. En todo el libro se encuentran elementos de la misma. El objeto del trato de Dios con las personas es "el mundo venidero" (2:5). Este mundo futuro no estará sometido a los ángeles sino a Cristo. Sin embargo, Cristo se ha sentado a la diestra de Dios, coronado ya de gloria y honor, aunque sin ser todavía Señor de todas las cosas (2:8). Espera a que sus enemigos sean puestos como estrado de sus pies (1:11; 10:13). Esto ocurrirá en "el día" (10:25), o sea, el Día del Señor que se aproxima. Cristo "aparecerá por segunda vez, sin relación con el pecado, para salvar a los que le esperan" (9:28). Este pasaje dice con claridad inconfundible que los cristianos recibirán la salvación prometida (10:36) sólo en la parusia de Cristo. "Porque aun un poquito, y el que ha de venir vendrá, y no tardará" (10:37). Esto proporciona la clave para entender el descanso que le espera al pueblo de Dios (4:9), la herencia eterna prometida (9:15), la patria prometida (11:14) o una patria mejor (11:16) prometida a los santos del Antiguo Testamento. El empleo de la palabra "celestial" para describir este Reino (11:16) no aparta los ojos de un futuro escatológico para dirigirlos a un mundo presente de realidades invisibles. Pablo describe la resurrección escatológica en términos de cuerpos celestiales (1 Co. 15:40). "Los *epourania* son lo que es verdaderamente real, lo que es escatológicamente futuro". La patria anhelada de 11:16 y la Jerusalén celestial de 12:22 también son escatológicas: la meta final de la comunidad de Dios. El Reino inconmovible (12:28) y la ciudad por venir (13:14) pertenecen a la misma perspectiva futurista. Después de que Dios conmueva el orden actual surgirá el nuevo orden (12:26; cf. 1:11). Hebreos concibe un Reino invisible que ya existe en el cielo. Cuando una catástrofe cósmica conmueva el presente, el Reino de Dios permanecerá incólume y sobresaldrá en su realidad y permanencia suprema. Aquí Hebreos no dice de forma explícita que debe venir el Reino de Dios, sino que su venida está implícitamente vinculada con la segunda venida de Cristo (9:28). La teología, en este caso, es la misma que la de Apocalipsis 20:11; 21:1, donde los cielos y la tierra huyen de delante del Juez que está en el gran trono blanco, para ser reemplazados por un cielo nuevo y una tierra nueva. A la luz de esta perspectiva escatológica, las referencias de pasada a la resurrección (6:2; 11:35) y al juicio (6:2; 10:27, 31; 12:23) no deben verse como alusiones accidentales sino que pertenecen a su expectativa del fin. También es posible que las dos referencias a la fidelidad "hasta el fin" (3:14; 6:11) sean referencias escatológicas, que designan el fin del siglo, no el fin de la vida. Este siglo acabará con una catástrofe cósmica en la que el orden actual del mundo se conmoverá (1:11–12; 12:26) y se hará visible el verdadero Reino eterno de Dios, ahora invisible.

La perspectiva escatológica sólo da cuenta del frecuente énfasis en la esperanza. Debemos mantener nuestra confianza y nuestro orgullo en nuestra esperanza (3:6; 10:23); debemos hacer realidad la seguridad plena de la esperanza hasta el fin, al parecer el fin del mundo (6:11); debemos asirnos a la esperanza puesta delante de nosotros (6:18); Cristo ha introducido una esperanza mejor que la de los santos del Antiguo Testamento porque hemos experimentado su cumplimiento parcial.

Además, no es exacto decir que Hebreos, como Filón, contrapone el mundo fenomenal al nominal, considerando a aquél como irreal y efímero. Hebreos aplica la idea de dos mundos primordialmente al culto del Antiguo Testamento. El tabernáculo, con sus sacerdotes, era copia y sombra del santuario celestial: *El verdadero ha venido a las personas en la vida y muerte históricas de Jesús de Nazareth.* La Historia se ha convertido en el mediador de lo eterno. No hay nada efímero ni transitorio en la vida y obra de Jesús. El evento cristológico fue Historia con un significado eterno. Lo que hizo Jesús, lo hizo *de una vez por todas* (*ephapax*, 7:27; 9:12; 10:10).

Ningún libro del Nuevo Testamento pone de relieve la humanidad de Jesús de una manera tan enfática como Hebreos. Participó de la misma naturaleza que aquellos a quienes vino a salvar (2:14). Tuvo que ser en todo semejante a ellos (2:17). Como ellos, ha sufrido y ha sido tentado (2:18). Hebreos pone de relieve la condición sin pecado de Jesús, pero fue tentado en todos los aspectos como las demás personas (4:15). Sus sufrimientos fueron reales; arrancaron de él clamores y lágrimas (5:7). Su humanidad fue real; tuvo que aprender el significado de la obediencia (5:8).

Naturalmente, Hebreos presenta a Jesús entrando en el lugar santo en el cielo, tomando su propia sangre (9:12). "Primero no entró Cristo en el santuario hecho de mano, figura del verdadero, sino en el cielo mismo para presentarse ahora por nosotros ante Dios" (9:24). Sin embargo, es difícil pensar que el autor de Hebreos concibiera a Jesús, después de la ascensión, entrando realmente en un lugar santo literal en el cielo. Claro que dice; "fue, pues, necesario que las figuras de las cosas celestiales fuesen purificadas así [con sacrificios de animales]; pero las casas celestiales mismas, con mejores sacrificios que éstos" (9:23). Es evidente que las cosas celestiales no experimentan profanación o pecado y por tanto no necesitan purificación. Un comentarista dice, "no podemos explicar el versículo 23 de una manera satisfactoria." Una afirmación como ésta debería dejar bien claro que Hebreos describe cosas celestiales con un lenguaje terrenal, simbólico. Lo que Cristo hizo en la cruz, aunque fue un evento en el espacio y en el tiempo, en sí mismo sucedió en el mundo espiritual. La eternidad, en este suceso, se cruza con el tiempo; lo celestial se encarna en lo terrenal; lo transcendental se da en lo histórico. La entrada de Cristo en el lugar santo y la aspersión de su sangre para purificar y la salvación eterna se produjeron cuando "se presentó una vez para siempre por el sacrificio de sí mismo" (9:26). Cristo se ofreció en la cruz para purificar a su pueblo (9:14). La santificación se consiguió cuando Jesús sacrificó su cuerpo "una vez para siempre" (10:10). Al morir, ofreció "una vez para siempre un solo sacrificio por los pecados" (10:12). Hebreos utiliza el lenguaje litúrgico del culto del Antiguo Testamento para describir el significado espiritual de lo que Jesús consiguió con su muerte en la cruz. Aquí, en la historia, sobre la tierra, no es una sombra, sino la misma realidad.

Además, Hebreos coloca a los cristianos en la misma tensión escatológica que el cristianismo primitivo. Cristo ha venido "en la consumación del siglo/de los siglos" (9:26). Esta expresión se parece a la expresión paulina, "los fines de los siglos" (1 Co. 10:11), y es una expresión escatológica que indica que la venida de Cristo señaló el tiempo del cumplimiento de la esperanza del Antiguo Testamento. Puesto que ha introducido el tiempo del cumplimiento, se describe la era actual como "postreros días" (1:2). Esta expresión la utilizaron algunas veces los profetas del Antiguo Testamento para designar la era mesiánica del cumplimiento (Is. 2:2; Ez. 38:16; Os. 3:5; Mic. 4:1). Así pues, Hebreos reconoce el presente como el tiempo del cumplimiento escatológico (Escatología hecha realidad), mientras que la consumación espera la segunda venida de Cristo.

Esta tensión entre el "ya" y el "todavía no" es evidente en muchos pasajes del libro. Aparece por primera vez en el análisis del descanso que Dios prometió a su pueblo. Aunque Josué condujo a Israel a la tierra prometida, esto no podía compararse con el descanso prometido. "Por tanto, queda un reposo para el pueblo de Dios" (4:9) en la consumación escatológica. No debemos dar por sentado este descanso sino que debemos procurar "entrar en aquel reposo" por obediencia (4:11). Sin embargo, debido a que el presente es el tiempo del cumplimiento, los creyentes ya entran en el reposo de Dios (4:3). Hay una experiencia proléptica de la bendición escatológica. "El 'reposo', precisamente porque es de Dios, es tanto presente como futuro; las personas entran en él, y deben procurar entrar en él. Esto es paradójico, pero es una paradoja que Hebreos comparte con toda la Escatología primitiva".

La Escatología hecha realidad aparece de nuevo de forma incidental cuando se habla de saborear el don celestial; y los poderes del Siglo Venidero (6:4–5). "El siglo venidero" es una expresión escatológica peculiar, aun cuando Hebreos nunca utilice la expresión contrapuesta, "este siglo". El don celestial, como el llamamiento celestial (3:1) y la ciudad celestial (12:22), es escatológico, "el objetivo último para la comunidad de Dios". Aun así, la bendición escatológica ya puede ser "saboreada", o sea, experimentada en parte.

También se puede decir que los creyentes entran en el santuario por la sangre de Jesús, por el camino nuevo y vivo que abrió para nosotros por medio del velo, es decir, de su carne (10:19–20). Podemos, pues, ahora acercarnos a Dios. El culto del Antiguo Testamento se caracterizaba por la dificultad de acceder a Dios. Mientras permanezca en pie el tabernáculo externo, el camino al santuario todavía no estará abierto (9:8). Como Cristo ha abierto el camino al verdadero santuario espiritual, los creyentes de cualquier parte pueden experimentar el verdadero acceso a Dios. "El tabernáculo celestial en Hebreos no es el producto del idealismo platónico, sino el templo escatológico del judaísmo apocalíptico, el templo que está primordialmente en el cielo para que pueda manifestarse en la tierra". Pero como Cristo ya ha aparecido como el gran Sumo Sacerdote, los creyentes ya tienen acceso al santuario y a la presencia de Dios. Éste es uno de los temas principales de Hebreos: únicamente por medio de la obra expiatoria de Cristo puede hallarse la entrada a la presencia de Dios. Si se rechaza esto, no queda ningún otro camino.

La Escatología hecha realidad se encuentra en la exposición sobre la Jerusalén celestial y el Monte Sion. Durante su permanencia en la tierra, los cristianos son como los santos del Antiguo Testamento, que "eran extranjeros y peregrinos sobre la tierra" (11:13). Aquí no tienen "ciudad permanente, sino que esperamos la por venir" (13:14). Éste es el Monte Sion, la Jerusalén celestial (12:22). Sin embargo, aunque esta Jerusalén vendrá a la tierra sólo en la consumación escatológica, también se puede decir que los cristianos, con su conversión, han llegado a esta ciudad (12:22). Ésta es otra forma de describir el acceso actual a Dios ganado por Cristo. Ahora podemos aproximarnos al trono de gracia (4:16); nos podemos acercar a Dios (7:19); podemos acercarnos a la Jerusalén celestial, pero todavía no entramos en ella.

La triple tensión entre las formas del Antiguo Testamento, la realización en el Nuevo Testamento y la realidad celestial es evidente en 10:1: "Porque la ley, teniendo la sombra de los bienes venideros, no la imagen misma de las cosas (…)" El Antiguo Testamento proporcionó sólo una sombra de las realidades; el Nuevo Testamento proporciona más la "imagen misma" (*eikon*) de estas realidades. Aun así, esas realidades quedan para el futuro. La imagen es mucho más que una sombra. Es una réplica exacta, "no una reproducción parcial, imperfecta, sino una manifestación adecuada de la realidad misma". La posesión de la realidad espera la consumación escatológica.

Si Hebreos utiliza un lenguaje dualista filónico, se asimila totalmente la visión cristiana del mundo de la historia de la redención con una consumación escatológica. Sin embargo, no es una escatología estrictamente futurista: ha penetrado en la Historia en la persona y obra de Cristo. Así pues, los creyentes experimentan ya las realidades celestiales; aun así, esperan su plenitud al final del siglo.

Cristología

Hebreos tiene una Cristología de altos vuelos y muy explícita. La preexistencia de Cristo se menciona ya al comienzo. Por medio de Cristo Dios creó al mundo (1:2). También, Cristo con la palabra de su poder sustenta el Universo (1:3). Refleja la gloria de Dios y lleva el sello mismo de su naturaleza (1:3). No se habla de la encarnación pero está claramente en la mente del autor cuando habla de la venida de Cristo a este mundo (10:5; cf. también 2:9).

La designación favorita para Cristo en Hebreos es "Hijo de Dios" (1:2, 5; 4:14; 5:5; 6:6; 7:3. etc.). Como Hijo, es heredero de todo (1:2). Como Hijo de Dios, comparte la divinidad. Los ángeles le adoran (1:6). Hebreos incluso llama a Jesús Dios al aplicarle el Salmo 45: "Tu trono, oh Dios, por el siglo del siglo" (1:8). La divinidad de Cristo también puede verse en el uso de Señor (*Kyrios*). Varias veces se citan pasajes del Antiguo Testamento en los que se habla de Dios como el Señor (7:21; 8:8, 11; 10:16, 30). Pero Jesús también es *Kyrios*. El Jesús de la Historia recibe dos veces el nombre de Señor (2:3; 7:14); y una vez, se aplica a Cristo un pasaje que en el Antiguo Testamento se refiere a Dios (1:10). En cierto sentido no definido, Jesús es Dios.

Quizá no es específicamente significativo, pero Hebreos se refiere a Jesús bastante más a menudo con su nombre humano (10 veces) que con su nombre mesiánico, Cristo (9 veces). El nombre compuesto, Jesucristo, ocurre tres veces. "Cristo" se utiliza sin las implicaciones mesiánicas usuales del Antiguo Testamento. El empleo de "Jesús" ilustra que el autor está muy preocupado por el Jesús real de la Historia.

Hebreos menciona la resurrección de Jesús una sola vez (13:20), pero pone de relieve que Cristo está sentado en el cielo. La ascensión está claramente en su mente cuando habla de que Jesús traspasa los cielos (4:14). Allá es coronado con gloria y honor (2:9), y está sentado a la diestra de Dios (1:3, 13; 12:2), donde espera hasta que todos sus enemigos sean sometidos bajo sus pies. Como el Cristo exaltado, sigue para siempre, y vive para siempre para representar a su pueblo en la presencia de Dios (7:24).

Aunque a Cristo se le llama "el autor y consumador de la fe" (12:2) y el que penetra hasta dentro del velo (6:19), no habla de que el alma en la muerte vaya a unirse a Jesús en el cielo. Hay una referencia a "los espíritus de los justos hechos perfectos" (12:23), pero no se entretiene en ello. Dos veces se menciona la resurrección (6:12; 11:35) y Jesús debe aparecer una segunda vez para traer a los santos la plenitud de salvación (9:28).

El énfasis en la divinidad plena de Jesús no minimiza de ningún modo la idea del autor de su humanidad. Ya hemos visto que Hebreos pone de relieve la humanidad plena y real de Jesús más que cualquier otra carta. Su verdadera humanidad, sus tentaciones y sufrimientos fueron necesarios para que Jesús se sintiera unido a su pueblo, para entenderlo, y para ayudarlo. Se ha identificado con aquellos a quienes salvaría en todos los aspectos menos en uno: no tuvo pecado (4:15).

El Sumo Sacerdote

El tema central en la cristología de Hebreos es el Sumo Sacerdocio de Cristo. El argumento principal del libro es que la institución sacerdotal del Antiguo Testamento fue sólo una sombra de la realidad y no podía solucionar el problema del pecado. La realidad celestial se ha acercado en la muerte de Jesús, con la que dominó al pecado una vez por todas. Por tanto la apostasía a Cristo significa condenación, porque no hay otro camino.

El pensamiento del autor, en el cual contrasta el sacerdocio de Cristo con el sacerdocio de Aarón, está constantemente presente en el tema de los capítulos 5–10. Dice que el culto del Antiguo Testamento en realidad no fue capaz de solucionar el verdadero problema, el de purificar la conciencia (9:9). Implicaba sólo el sacrificio de simples animales, y esto no puede afectar al problema real del pecado (10:4). Todo lo que puede conseguir es una pureza ceremonial externa (9:13), y es por tanto débil e inútil (7:18). De hecho, la estructura del tabernáculo del Antiguo Testamento sirvió para mantener a las personas lejos de Dios más que para abrir el camino hacia su presencia (9:8). Los sacrificios se repiten constantemente (10:1) y son impotentes para quitar el pecado (10:11). De hecho, la repetición misma de los sacrificios sirve sólo como recordatorio del pecado (10:2–3). Los sacerdotes del Antiguo Testamento eran inadecuados, porque eran hombres mortales (7:23) que debían ofrecer sacrificios por sus propios pecados al igual que por los del pueblo (5:3; 7:27).

En cuatro oportunidades diferentes, Hebreos describe lo inadecuado de la era del Antiguo Testamento en términos de su fracaso para conducir a las personas a la perfección. "Se presentan ofrendas y sacrificios que no pueden hacer perfecto de conciencia al que practica ese culto" (9:9; cf. 7:11, 19; 10:1). La idea de perfección (*teleioo*) es uno de los temas repetidos en Hebreos. Es la meta de la vida cristiana (6:1, *teleiotes*) y fue algo que incluso Jesús tuvo que alcanzar. Tuvo que lograr la salvación por medio del sufrimiento (2:10). Es obvio que, como Jesús era el Hijo preexistente de Dios, y también impecable en su humanidad, la "perfección" no puede significar perfección moral o un estado de impecabilidad. Algunas versiones traducen el sustantivo con la palabra "madurez" (6:1). En 5:8, la perfección de Jesús se equipara a su obediencia. "Por lo que padeció, aprendió la obediencia, y habiendo sido perfeccionado (…)" La perfección de Jesús debe referirse, pues, a que, como Redentor de las personas, fue completamente adecuado y eficaz. Aplicado a los seres humanos, designa su consagración completa a Dios. La perfección y la santificación están íntimamente relacionadas. "Porque con una sola ofrenda hizo perfectos para siempre a los santificados" (10:14). Como hombre, aunque sin pecado, Jesús tuvo que aprender la confianza y dependencia completas en Dios. La humanidad perfecta no se puede hacer realidad aparte de la dependencia de Dios y la comunión con Él. Jesús cumplió esto en sí mismo, y abrió el camino para que todas las personas entren en la misma experiencia de consagración completa a Dios. Esta perfección es totalmente inalcanzable en el sistema del Antiguo Testamento; por tanto hubo que desplazarlo (7:11). El sacerdocio del Antiguo Testamento y su sistema de sacrificios fueron sólo una sombra de la realidad futura; no encarnaron la realidad misma (10:1); por tanto tuvieron que ser sustituidos por un sacerdocio y sacrificio mejores que encarnaran la realidad.

Este sacerdocio perfecto lo hizo realidad Jesús. Contaba con los requisitos que le situaban aparte del sacerdocio de Aarón y lo capacitaban para llevar a las personas a la perfección. No escogió el papel para sí sino que Dios le nombró (5:5). Tomó sobre sí la humanidad completa. Compartió la misma naturaleza que las demás personas, en todos los aspectos esenciales, para la humanidad (2:17). Sufrió todas las tentaciones que ellos sufren; por tanto, puede compadecerse de aquellos a los que vino a salvar (4:15). Como ser humano, fue diferente sólo en un punto; no tuvo pecado (4:15), y por tanto no tuvo que ofrecer sacrificio por sí mismo como los sacerdotes del Antiguo Testamento (7:27). Por medio de sus sufrimientos humanos, aprendió la perfección: la dedicación completa a Dios y la confianza en Él (2:10; 5:9; 7:28). En contraste con los sacerdotes de Aarón que murieron, Jesús posee el sacerdocio de forma permanente, porque continúa para siempre (7:23). Así pues, el verdadero Sumo Sacerdote es "santo, inocente, sin mancha, apartado de los pecadores, y hecho más sublime que los cielos" (7:26).

Hebreos explica la superioridad del Sumo Sacerdocio de Jesús como perteneciendo al orden de Melquisedec. Éste fue un sacerdote de Salem (Jerusalén) con el que Abraham se encontró después de regresar de una batalla triunfal. Abraham reconoció a Melquisedec como a un verdadero sacerdote, y por ello le dio un diezmo de todo lo que poseía. Melquisedec aparece en el Antiguo Testamento de repente y desaparece de forma abrupta. No hay referencias de su nacimiento, de sus antepasados ni de su muerte. Hebreos aprovecha las omisiones de la Escritura para interpretarlas en el sentido de que era "sin padre, sin madre, sin genealogía; que ni tiene principio de días, ni fin de vida, sino hecho semejante al Hijo de Dios, permanece sacerdote para siempre" (7:3). Se trata de una analogía imperfecta, porque Jesús tuvo madre humana, y Hebreos es consciente de sus antepasados (7:14). El punto principal es que Abraham dio diezmos a Melquisedec y recibió su bendición. Esto demuestra que Abraham reconoció que Melquisedec era más grande que él. Como Aarón todavía no había nacido y estaba aún en las entrañas de Abraham, Leví en Abraham dio diezmos a Melquisedec, con lo que demostró la superioridad del último. Cristo es el Sumo Sacerdote según el orden de Melquisedec, y es por tanto superior al sacerdocio de Aarón (5:6, 10; 6:20; 7:1–17). Éste no parece ser un razonamiento sugerente para la mente moderna, pero sí lo fue para su tiempo. Hebreos utiliza esto como apoyo escriturístico de Jesús como sacerdote quien, como Hijo de Dios, sigue siendo sacerdote para siempre.

El servicio que trajo el nuevo Sumo Sacerdote, como ya hemos visto, se considera desde dos puntos de vista: el histórico y el celestial. Jesús mismo es tanto el Sumo Sacerdote como el sacrificio que el Sumo Sacerdote ofrece a Dios. "Se ofreció a sí mismo sin mancha a Dios" (9:14; cf. 7:27). Quitó de en medio el pecado con el sacrificio de sí mismo (9:26); con su muerte purifica nuestros pecados (1:3). Su muerte es eficaz; gustó la muerte por todos (2:9). Su muerte llevó a cabo la expiación por los pecados del pueblo (2:17). Es evidente que el autor de Hebreos tiene en mente la muerte histórica de Jesús porque habla de la ofrenda del cuerpo de Jesucristo hecha "una vez para siempre" (10:10; cf. 7:27). El autor de Hebreos no tiene una "teoría de la expiación". No reflexiona acerca de por qué fue necesario que Jesús muriera, y de cómo su muerte realiza la salvación. Simplemente afirma que "sin derramamiento de sangre no se hace remisión" (9:22).

Como ya hemos visto, Hebreos considera que la muerte de Jesús en la cruz fue tanto un evento histórico, como un evento en el mundo espiritual. Si tomáramos de forma literal el lenguaje de Hebreos, tendríamos que pensar que después de su muerte y resurrección Jesús ascendió al cielo, "traspasando los cielos" (4:14), donde entró en el lugar santo celestial, por su propia sangre (9:12), que ya había sido derramada en la cruz, y purificó el santuario celestial (9:23–24). Es, sin embargo, evidente que el santuario celestial no necesita purificación. El autor de Hebreos aplica el lenguaje del culto del Antiguo Testamento a la obra de Cristo en la cruz. En realidad mezcla la obra expiatoria y purificadora de Cristo en la cruz con la obra celestial como mediador.

Hay otro aspecto del servicio que Cristo prestó. Con su ascensión, se ha convertido en predecesor de todos los que lo siguen (6:20). Los santos de la nueva era tienen un camino abierto ante ellos hacia la presencia de Dios que las personas de la antigua economía no conocieron. Aunque se describe a Jesús como Rey mesiánico, sentado a la diestra de Dios (8:1; 10:12; 12:2), también se le describe como el sacerdote celestial que ejerce su ministerio, como mediador en la presencia de Dios. "Puede también salvar perpetuamente a los que por él se acercan a Dios, viviendo siempre para interceder por ellos" (7:25). Ha entrado en el santuario celestial no sólo para purificarlo con su propia sangre (9:12), sino también "para presentarse ahora por nosotros ante Dios" (9:24). El cuadro presenta a los cristianos que todavía están en el mundo, débiles y tentados, pero ayudados, en su tentación, por un intercesor celestial que ora por ellos de forma eficaz.

La misión del Sumo Sacerdote es eficaz. Tres palabras, que aparecen a menudo en Hebreos, describen sus logros a favor de las personas: ha producido su purificación, su santificación y su perfección, ninguna de las cuales el orden del Antiguo Testamento fue capaz de llevar a cabo. La ofrenda perfecta de Cristo en la cruz sirve para limpiar "vuestras conciencias de obras muertas para que sirváis al Dios vivo" (9:14). El Antiguo Testamento fue incapaz de realizar esto; la repetición constante de los sacrificios del Antiguo Testamento servía como un recordatorio de que en realidad no conseguían nada de valor eterno. "Los que tributan este culto, limpios una vez, no tendrían ya más conciencia de pecado" (10:2). Pero en la obra de Cristo, el creyente recibe la garantía de que Cristo ha quitado el pecado con su propio sacrificio (9:26). Por tanto "acerquémonos con corazón sincero, en plena certidumbre de fe, purificados los corazones de mala conciencia, y lavados los cuerpos con agua pura" (10:22). La última expresión es probablemente una referencia a las aguas del bautismo – la purificación de la conciencia. Debido a la obra de Cristo, los creyentes pueden tener la seguridad de que ya no son pecadores sino personas que han sido purificadas y limpiadas de toda mancha y culpa de pecado. El perdón de pecados (10:18) es sinónimo de esta purificación.

La obra de Cristo es eficaz también en la realización de la santificación de los redimidos. "Somos santificados mediante la ofrenda del cuerpo de Jesucristo hecha una vez para siempre" (10:10). Jesús "para santificar al pueblo mediante su propia sangre, padeció fuera de la puerta" (13:12). La santificación no tiene una connotación de no tener pecado, sino de dedicación a Dios. Los sacrificios del Antiguo Testamento "santifican para la purificación de la carne" (9:13), o sea, producen santidad ritual y dedicación a Dios; pero sólo el sacrificio de Cristo puede producir una verdadera dedicación.

Hebreos resume la obra total de Cristo en términos de "perfección", inalcanzable bajo el antiguo pacto (7:11). "Con una sola ofrenda hizo perfectos para siempre a los santificados" (10:14). Ha dado el poder, a los que han sido purificados y dedicados a Dios, de hacer realidad todo lo que la condición humana debería significar: dependencia completa de Dios y confianza en Él.

La muerte de Cristo es eficaz no sólo para los que llegan a la fe en Él. Como también es un evento en el mundo espiritual, se ha convertido en "mediador de un nuevo pacto, para que interviniendo su muerte para la remisión de las transgresiones que había bajo el primer pacto, los llamados reciban la promesa de la herencia eterna" (9:15).

El nuevo pacto

Así pues, Cristo es la inauguración de un nuevo pacto. "Porque cambiado el sacerdocio, necesario es que haya también cambio de ley" (7:12). Éste es uno de los temas centrales de Hebreos, y aparece en las primeras palabras del libro. El antiguo pacto transmitió una revelación inadecuada de Dios. "Dios habiendo hablado *muchas veces* y de *muchas maneras* en otro tiempo a los padres por los profetas' " (1:1). El castellano es mucho más débil que el griego: *polymeros* y *polytropos*. La revelación del Antiguo Testamento fue fragmentaria, produciéndose en muchos segmentos. Ningún elemento de la revelación la transmitió completamente. La revelación del Antiguo Testamento también fue variada, llegando a las personas de diferentes maneras: por medio de visiones, sueños, teofanías, apariciones angélicas y profetas, ninguna de las cuales resultaba adecuada para transmitir la revelación plena.

En estos días de cumplimiento mesiánico, Dios ha hablado de una forma diferente: por medio de alguien que es su Hijo. En Jesús, Hijo perfecto de Dios y hombre perfecto, Dios puede decir a las personas todo lo que quiere que oigan. En estas palabras iniciales, el autor de Hebreos no se refiere al pacto antiguo o nuevo, aunque en su pensamiento está obviamente el contraste. Esto se hace explícito en el libro, posteriormente sobre todo en relación con la obra sacerdotal de Cristo.

Como Jesús será Sumo Sacerdote para siempre, es "fiador de un mejor pacto" (7:22). "Es mediador de un nuevo pacto, para que (…) los llamados reciban la promesa de la herencia eterna" (9:15), algo que el antiguo pacto era incapaz de realizar. "Si aquél primero hubiera sido sin defecto, ciertamente no se hubiera procurado lugar para el segundo" (8:7). El significado del nuevo pacto se expone con una profecía de Jeremías 31:31–34. El antiguo pacto había demostrado ser ineficaz para crear un pueblo fiel. "Ellos no permanecieron en mi pacto" (8:9). El nuevo pacto diferirá del antiguo por cuanto pondrá las leyes de Dios en la mente y las escribirá en el corazón. Entonces se cumplirá la meta de la relación de Dios con su pueblo: "Seré a ellos Dios y ellos me serán a mí por pueblo" (8:10). El nuevo pacto traerá consigo una nueva dimensión de interioridad. El pueblo de Dios obedecerá su voluntad gracias a una motivación interna, no a causa de una ley externa escrita. Experimentarán un conocimiento inmediato de Dios. Había un sentido en que el Israel del Antiguo Testamento tenía conocimiento de Dios, pero era transitorio. Israel cayó repetidas veces en la apostasía y se olvidó de su Dios (Ju. 2:10; Os. 4:1, 6). El nuevo pacto traerá un conocimiento duradero, permanente de Él. "Todos me conocerán, desde el menor hasta el mayor de ellos" (8:11). Esto se realizará porque "seré propicio a sus injusticias, y nunca más me acordaré de sus pecados y de sus iniquidades." (8:12). El pacto del Antiguo Testamento, con sus sacrificios reiterados, servía sólo como un recordatorio constante de los pecados. El nuevo pacto realizado en la sangre de Cristo permitirá a Dios olvidar los pecados de su pueblo y con ello proporcionar una forma de purificar sus conciencias del pecado (10:22). En resumen, el nuevo pacto proporcionará dos cosas: un mejor sacrificio que realiza un perdón perfecto de los pecados, y un nuevo corazón en el creyente para que pueda cumplir la voluntad de Dios. Este tema de un nuevo corazón, paralelo a la idea juanina de un nuevo nacimiento y a la idea paulina de Cristo que mora en el Espíritu, no es un tema destacado en Hebreos. El autor se refiere a él en esta cita de Jeremías. Su preocupación principal es la provisión que el nuevo pacto le hace al creyente para que pueda acercarse a Dios, tener verdadero acceso a la presencia santa que el antiguo pacto no suministraba.

Para iniciar el nuevo pacto, Cristo elimina el antiguo. Éste es uno de los temas principales de Hebreos. Si alguien que pertenece a Cristo apostata para alejarse de él no puede regresar a la forma antigua de culto, porque éste ha quedado abolida. "Al decir: nuevo pacto, ha dado por viejo al primero; y lo que se da por viejo y se envejece, está próximo a desaparecer" (8:13). Ya sea que esto quiera decir o no que estaba a punto de desaparecer el servicio del templo en Jerusalén, significa por lo menos que para el cristiano el antiguo orden ya no tiene validez. Todo lo que simbolizaba el antiguo orden se cumplió en la realidad de Cristo y por tanto lo antiguo había cumplido su misión y ya no cabía en la economía divina. Este hecho se repite: "Quita lo primero, para establecer esto último" (10:9). Como Cristo ha abierto un camino nuevo y vivo para nosotros a través del velo, es decir, de su carne (10:20), es obvio que el antiguo orden, que sirvió sólo para mantener a las personas lejos de la presencia de Dios (9:8), debe ser abolido. Así pues, Cristo como el mejor Sacerdote ha cumplido todo lo que prometía el antiguo orden: una esperanza mejor, por la cual nos acercamos a Dios (7:19); un mejor pacto (7:22), que se basa en mejores promesas (8:6); mejores sacrificios (9:23) – todo por su sangre derramada (12:24).

El autor de Hebreos menciona otro logro de Cristo en su muerte, en el que no se detiene. Por medio de su muerte ha destruido a aquél que tiene el poder de la muerte, es decir, el diablo, de forma que puede liberar a las personas que están sometidas a esclavitud de por vida por culpa de la muerte (2:14–15). Este tema de *Christus Victor* ha aparecido también en Juan y en Pablo. Hebreos no indica de qué forma la muerte de Cristo consigue derrotar al poder satánico, pero éste es un elemento teológico que aparece constantemente en el Nuevo Testamento, desde el conflicto de Jesús con los demonios y el triunfo sobre Satanás (Lc. 10:18) hasta la destrucción final del mismo en el lago de fuego (Ap. 20.10). La palabra que se traduce por "quitar" (*katargeo*) es la misma que se utiliza para Cristo que elimina la "muerte" (2 Ti. 1:10) en su muerte y resurrección. No designa la destrucción completa del diablo, sino el hecho de que su poder, su dominio sobre las personas, que vivían con temor de la muerte han sido quebrantados.

En este contexto de la obra sacerdotal de Jesús Hebreos habla de su segunda venida. Ha aparecido "una vez para siempre" en el momento escatológico para eliminar el pecado con su propio sacrificio, pero debe aparecer "por segunda vez, sin relación con el pecado, para salvar a los que le esperan" (9:28). La obra de Sumo Sacerdote de Cristo prosigue en su intercesión en el cielo; se completará sólo cuando vuelva. En este caso "salvación" es algo escatológico, y será la obra del Cristo que regresará. Lo que se llevó a cabo en la cruz se ha hecho de una vez para siempre (*ephapax*, 9:12; 10:10); su obra actual en el cielo como antecesor sacerdotal es "para siempre" (*eis to dienekes*), es decir, durante todo el tiempo que dure este siglo. Hay un aspecto de la salvación que espera su segunda venida: el retorno definitivo de un pueblo redimido a la ciudad celestial.

La vida cristiana

El prerrequisito fundamental para la vida cristiana según Hebreos es la fe. En esta carta, fe tiene un énfasis diferente al de Juan y al de Pablo. Estos conciben la fe como confianza y entrega personales a Jesús que nos llevan a la unión con Cristo y por tanto a la salvación. En Hebreos, fe es la facultad de percibir la realidad del mundo invisible de Dios y de convertirlo en el objeto primordial de la propia vida, en contraposición con el carácter transitorio y a menudo malo de la existencia humana actual. Hebreos nos da lo que equivale a una definición de la fe tal como se emplea esta palabra en este libro: "Es, pues, la fe la certeza de lo que se espera, la convicción de lo que no se ve" (11:1). Esta afirmación implica tanto el carácter trascendental como el escatológico de las bendiciones divinas. La fe es lo que hace real para el creyente el mundo invisible de Dios. "Porque es necesario que el que se acerca a Dios crea que lo hay, y que es galardonador de los que le buscan" (11:6), no en esta vida sino en el cumplimiento de la salvación prometida. La persona de fe es la que no considera que el mundo visible de la experiencia humana es el mundo de los valores últimos. Reconoce que arriba están las realidades espirituales del Reino de Dios, que no puede percibir con sus sentidos físicos pero que para ella son más reales que el mundo fenoménico.

Éste es el contexto de la afirmación de que Jesús es "el autor y consumador de la fe" (12:2). Abrió el camino y cumplió a la perfección las exigencias de una verdadera fe. Es obvio que no puede querer significar una entrega personal a Dios que llevó a la salvación de Jesús. Quiso decir más bien que el que se enfrentó con la cruz y su vergüenza pudo ver más allá de su experiencia humana de sufrimiento y muerte hacia "el gozo puesto delante de él" (12:2). Jesús ofreció el ejemplo perfecto de la persona que soportó todos los males que la vida pudo acumular sobre ella porque vivía con confianza plena en Aquel que es invisible.

La fe también sabe que ese mundo invisible, en última instancia, será la meta de los que confían en Dios. Es "la certeza de lo que se espera" (11:1). El mundo invisible un día se convertirá en realidad visible; la Jerusalén celestial descenderá a los seres humanos. La fe es la facultad que hace reales estas promesas.

Al pueblo de la era del Antiguo Testamento que sucumbió, le ocurría esto por falta de fe. No supieron ver más allá de su situación inmediata en la Historia; y si les resultó adversa, no tuvieron nada a qué aferrarse. No entendieron las promesas de Dios. Dios prometió reposo al pueblo del Antiguo Testamento, "pero no les aprovechó el oír la palabra, por no ir acompañada de fe en los que la oyeron" (4:2). Todo lo que alcanzaron a ver fue el reposo en Palestina; no se acordaron del verdadero reposo de Dios. Como contraste, "los que hemos creído, entramos en el reposo" (4:3, pero se trata de una bendición espiritual, no humana, terrenal).

Este elemento aparece a lo largo del gran capítulo de los héroes de la fe (cap. 11). Los que tuvieron fe miraron más allá de su situación inmediata y confiaron en la promesa de Dios. Por fe Abraham y sus hijos entraron en la tierra prometida, pero miraron más allá hacia la promesa de Dios, "la ciudad que tiene fundamentos" (11:10). Los santos del Antiguo Testamento "conforme a la fe murieron (…) sin haber recibido lo prometido, sino mirándolo de lejos y creyéndolo, y saludándolo, y confesando que eran extranjeros y peregrinos en la tierra" (11:13). Buscaban una patria (11:14), un país mejor, es decir, celestial (11:16). Esta confianza descansaba en la promesa de Dios, quien "les ha preparado una ciudad" (11:16). Moisés se negó a aceptar un puesto elevado en Egipto, prefiriendo sufrir con el pueblo de Dios porque "tenía puesta la mirada en el galardón" (11:26).

La enumeración de los héroes de la fe en Hebreos 11 podría sugerir que la fe es la facultad de poder ver las demostraciones de poder y de liberación de Dios. Sin embargo, aunque se citan liberaciones poderosas, no son el tema central, porque "otros fueron atormentados, no aceptando el rescate, a fin de obtener mejor resurrección" (11:35). A esto le sigue una enumeración de personas de fe que no vieron ninguna liberación sino sólo sufrimientos, violencia y muerte. "Y todos éstos, aunque alcanzaron buen testimonio mediante la fe, no recibieron lo prometido" (11:39). La fe es hacer propia la promesa de Dios para la salvación definitiva ya sea que esta vida produzca bendiciones o males físicos.

Hebreos se escribió para estimular a los creyentes a permanecer perseverantes en una fe que hace propias las promesas de Dios y las bendiciones que ya han venido en Cristo. Ya se habían encontrado con persecuciones moderadas. La vida cristiana no resultaba ser garantía contra males y aflicciones. Ya habían soportado "vituperios y tribulaciones" y "hechos espectáculo" y se les había despojado de sus bienes (10:33–34). Sin embargo todavía no habían sufrido hasta el punto de derramar la sangre (12:4), o sea, del martirio. La mayoría había perseverado en la fe, sabiendo que tenían "una mejor y perdurable herencia en los cielos" (10:34). El autor escribe por qué necesitan fortaleza para poder cumplir la voluntad de Dios y recibir así lo prometido (10:36), y por medio de la fe preservar el alma (10:39).

Las numerosas exhortaciones que se hacen a lo largo del libro reflejan la situación práctica de la cual habla el autor. En los párrafos introductorios, después de exponer la superioridad y la divinidad de Cristo, se pregunta, "¿cómo escaparemos nosotros, si descuidamos una salvación tan grande?" (2:3). Sus oyentes corren el peligro de "deslizarse" del mensaje que han escuchado (2:1).

El problema se plantea con suma viveza cuando el autor afirma que es imposible restaurar al arrepentimiento a aquellos que han escuchado el Evangelio, han profesado recibirlo, pero luego "recayeron" (6:1–8). Aunque el verbo que se utiliza no es el verbo usual para apostasía (*aphistemi*; cf. 3:12), el contexto indica claramente una apostasía deliberada y voluntaria, no un pecado común o lo que ahora se llama "retroceso". La RV traduce correctamente la idea. Los que han abrazado el Evangelio y entrado en la vida cristiana y en la comunión de la Iglesia cristiana pueden desilusionarse porque Dios no les protege del mal y del sufrimiento, como esperaban. Pueden, por tanto, de forma deliberada, volverle la espalda a Cristo y negar la profesión que han hecho. No queda camino de salvación para quienes han sido iluminados así y han rechazado voluntariamente la luz, porque no puede haber salvación excepto en Cristo.

Se expresa este mismo peligro en 3:12: "Mirad, hermanos, que no haya en ninguno de vosotros corazón malo de incredulidad para apartarse (*apostenai*) del Dios vivo". Éste es el verbo usual para cometer apostasía.

El pasaje en 10:26 ha llevado a muchos intérpretes a pensar que el autor de Hebreos habla del pecado postbautismal en general. "Porque si pecáremos voluntariamente después de haber recibido el conocimiento de la verdad, ya no queda más sacrificio por los pecados, sino una horrenda expectación de juicio" (10:26–27). Sin embargo, los comentaristas modernos generalmente admiten que ellos (los pecadores de los que se habla) son apóstatas, es decir, los que niegan el cristianismo después de haberlo abrazado, con pleno conocimiento de lo que hacen. Hay un paralelismo con los apóstatas en el desierto, que se apartaron del Dios vivo (3:12). Endurecieron el corazón y se rebelaron. Hebreos los describe sencillamente como "los que pecaron" (3:17). Tal apostasía, con la que se encontraban los lectores de Hebreos, significa nada menos que burlarse del Hijo de Dios, profanar la sangre del pacto con la que habían sido santificados, afrentar al Espíritu de gracia (10:29). Al autor de Hebreos no le interesan cuestiones que podría formular el teólogo sistemático: ¿Eran realmente salvas esas personas sólo para perder luego la salvación? Se enfrenta con la situación real de personas que habían presentado toda clase de pruebas de conversión, apartándose de los caminos paganos anteriores que habían estado siguiendo e identificándose con la comunidad cristiana, acabando por negar su fe en Cristo ante una persecución. Para aquellos que vuelven la espalda a Cristo, "ya no queda más sacrificio por los pecados". Cristo es el único camino. Negarlo significa cerrar la puerta de la salvación. Frente a la persecución, el cristiano necesita paciencia, de forma que "habiendo hecho la voluntad de Dios, obtengáis la promesa" (10:36). Que esta clase de apostasía parece que todavía no se había difundido mucho resulta evidente por las palabras, "nosotros no somos de los que retroceden para perdición, sino de los que tienen fe para preservación del alma" (10:39).

En los párrafos finales, Hebreos contiene algunas exhortaciones prácticas para la conducta cristiana. Se exhorta a los lectores a vivir con amor y pureza. No se menciona a los ancianos u obispos; la iglesia la dirigen los "pastores" (*hegoumenoi*), que hablan la palabra de Dios y cuidan de la iglesia (13:7, 24). Se estimula a practicar la costumbre de ofrecer hospitalidad a los hermanos cristianos que viajan (13:2). El autor concluye con una nota personal: Timoteo ha sido puesto en libertad, y el autor espera acompañarlo para visitar a sus lectores. Esto parece muy paulino, pero tanto la teología como la estructura de Hebreos son tan diferentes de las cartas de Pablo que difícilmente Pablo pudo haber sido el autor.

Capítulo 41

Santiago

Además de Hebreos, el Nuevo Testamento incluye varias cartas breves que han recibido el nombre de "católicas", en el sentido de universales porque, a excepción de 2 y 3 Juan, se dirigen a la Iglesia en general. Las principales ideas de estas cartas necesitan sólo una breve síntesis, porque no añaden demasiado al pensamiento teológico básico del Nuevo Testamento.

La teología del Nuevo Testamento no debe preocuparse primordialmente por cuestiones introductorias, como autor, fecha y origen; antes bien, se puede prescindir totalmente de las mismas. Se han dado respuestas radicalmente diferentes en cuanto al autor y fecha de Santiago. Los estudiosos de una generación anterior, sobre todo en Gran Bretaña, solían considerar Santiago como una de las primeras cartas del Nuevo Testamento y escrita por Santiago, el hermano de Jesús. Ponían de relieve el carácter judío del libro, y sus afinidades con la literatura veterotestamentaria y helenista judía. La Crítica se ha ido al otro extremo de manera que A. E. Barnett puede decir que no hay nada en la carta que sugiera un origen judío de los lectores.[3] Fecha el libro alrededor del 125–130 d. C. Este juicio parece mal fundado en vista de que una de las interpretaciones clásicas de Santiago es que fue originalmente un escrito judío, cristianizado simplemente con la interpolación del nombre "Cristo" en dos lugares (1:1; 2:1).

La obra tiene un tono totalmente judío. Moule ha asumido una posición juiciosa al presumir que quizá Santiago fue escrita por un cristiano judío para reconciliar a los judíos no cristianos. Debe haber pertenecido todavía a sus sinagogas. De no ser así la alternativa es que el libro se hubiera escrito cuando ya se había introducido una interpretación antinomiana de la libertad cristiana, gracias o no a las cartas de Pablo.

Los estudiosos conservadores han sabido defender bastante bien la posición tradicional de la paternidad jacobina. Hay semejanzas sorprendentes entre Santiago y las enseñanzas de Jesús.[7] Sheperd piensa que las alusiones que contiene reflejan un conocimiento del Evangelio de Mateo pero no hay citas directas, y es igualmente posible que Santiago se inspirara en una tradición anterior en lugar de hacerlo en el Evangelio escrito. Además sus alusiones nunca son en el mismo lenguaje. El mayor problema es que no utiliza referencias claras a Jesús y sus enseñanzas, que es lo que podría esperarse si Santiago fuera el autor de la carta. Sin embargo, es un principio sicológicamente sólido, escogido quizá voluntariamente, mantener totalmente en el trasfondo el que fuera el hermano de Jesús. Sabemos por 1 Corintios 15:7 que Santiago creyó como resultado de una aparición especial del Señor resucitado y que se convirtió en el líder de la iglesia de Jerusalén (Hch. 15:13; 21:12; Gá. 1:19), desempeñando como cabeza de esa iglesia un papel único en la era apostólica. La referencia a "la lluvia temprana y tardía" (5:7) revela claramente un origen palestino. La tradición posterior lo confirma, y nos dice que Santiago fue martirizado por judíos hostiles en el año 62 d. C. Podemos concluir que Santiago, el hermano de Jesús, escribió la carta, desde Jerusalén, para cristianos judíos, a los que otros judíos estaban oprimiendo.

Énfasis en lo práctico

El propósito de Santiago es enteramente práctico. Es imposible concluir, por el contenido de la carta, que no le interesa la teología; el teólogo puede escribir homilías prácticas. Santiago escribe para estimular a los hermanos cristianos judíos, que en su mayor parte provenían de estratos bajos de la sociedad, y a los que oprimían a otros judíos ricos. No hay pruebas claras de que sufrieran persecución por ser cristianos. Es evidente, sin embargo, que Santiago escribe como cristiano a hermanos cristianos. A Jesús lo llama "Señor Jesucristo" (1:1), y en otro pasaje le llama "nuestro glorioso Señor Jesucristo" (2:1). Aunque ésta es la expresión más cristológica de toda la carta, implica claramente la fe en la glorificación, o sea, en la resurrección y ascensión de Jesús – e incluso en su divinidad. Santiago vive en el anticipo de los últimos días – tiempo, según se implica, en el que no tendrá ningún valor la acumulación de tesoros terrenales. El retorno inminente (parusia) del Señor sigue siendo una esperanza viva (5:7, 8); "el juez está delante de la puerta" (5:9). Esta esperanza favorece una datación temprana. Es obviamente en la parusia cuando se completará la salvación: experiencia que se describe como recibir "la corona de vida" (1:12), la salvación del alma respecto a la muerte (5:20), o heredar el Reino (2:5). Esas referencias hechas de paso manifiestan con claridad que lo escatológico desempeña un papel importante en el pensamiento de Santiago.

La Iglesia

Santiago dice muy poco acerca de la naturaleza estructural de la Iglesia. Sorprende quo utilice el termino judío "sinagoga" para designar la asamblea cristiana (2:2). Se refiere a los ancianos de la Iglesia (5:14) y los instruye en algunos deberes pastorales cristianos: visitar a los enfermos y ungirles con aceite. Esto va acompañado de la confesión de pecados (5:16). Se refiere probablemente al ministerio de los ancianos de reconquistar a alguien que se ha apartado de la fe para caer en el error, y a quien de este modo "salvan de muerte a un alma" (5:20). En las iglesias que Santiago conocía, los maestros desempeñaban un papel importante, y al parecer ésta era una posición anhelada (3:1). Sería probablemente decir demasiado que la enseñanza representaba un oficio formal; tampoco resulta clara la relación entre ancianos y maestros. El hecho de que Santiago, después de su advertencia en cuanto a los maestros, pronuncie una condenación de los pecados de la lengua (3:2) sugiere que era consciente de los problemas prácticos de los maestros que eran incontrolados e indiscretos en el empleo del lenguaje y a quienes les interesaba más la elocuencia que la corrección en la conducta.

A Santiago le interesa la tentación, lo cual, a su vez, refleja algo de la idea que tenía sobre la naturaleza humana. Al parecer conocía a cristianos que no querían asumir la responsabilidad por sus pecados, atribuyéndolos a la situación en la que Dios les había puesto, con lo cual le hacían culpable a Él. Santiago insiste en que Dios no puede ser tentado ni trata de tentar a nadie con el pecado. Cada uno es tentado cuando su propio deseo lo incita y seduce (1:14). La traducción de algunas versiones, "concupiscencia", no es fortuita, porque en general connota la tentación de pecados sexuales. El pensamiento de Santiago no es éste. La palabra "deseo" (*epithumia*) no es en sí misma una palabra que tenga alguna connotación mala; de hecho Pablo la utiliza para el deseo de estar con Cristo (Fil. 1:23). No está claro si Santiago quiere indicar o no el deseo de cosas malas. Sería posible interpretar deseo, en este pasaje, en un sentido natural, deseo de cosas que en sí mismas y por sí mismas no son malas: algo análogo a nuestra interpretación sicológica de los impulsos humanos. No tienen nada malo, hasta que alguien "de su propia concupiscencia es atraído y seducido". Lograrlo se convierte en un fin en sí mismo, de forma que uno anhela satisfacer ciertos deseos más de lo que desea la voluntad de Dios. Esto puede ilustrarse con el rico insensato, cuya gran ambición de acumular tesoros terrenales le llevó a poner su amor por ellos por delante de su obligación para con Dios (Lc. 12:16ss.). Cuando los deseos, buenos en sí mismos, atraen y seducen al ser humano, apartándole de la búsqueda de la voluntad de Dios, se produce el pecado, y la muerte es el resultado final. Parece claro que en el pensamiento de Santiago, el deseo mismo no es pecaminoso o malo; se vuelve así sólo cuando el hombre "es atraído y seducido" por él.

La vida cristiana

Santiago tiene poco que decir acerca de la naturaleza de la vida cristiana, pero lo que dice es importante. Se entra en la vida cristiana cuando "nos hizo nacer por la palabra de verdad, para que seamos primicias de sus criaturas" (1:18). La palabra, como sucede a menudo en el Nuevo Testamento, es el evangelio proclamado. Cuando se recibe – cuando es "implantado" en el corazón (1:21), el hombre entra en la salvación. La palabra "nos hizo nacer' (*apekuesen*) significa "dar vida a". Santiago ya la ha utilizado en el versículo de que el pecado da a luz la muerte (1:15). La palabra es un término médico común que designa el nacimiento físico. Ésta es la forma que él tiene de decir lo que otros escritores del Nuevo Testamento significan con expresiones análogas, tales como recibir el Reino de Dios como un niño (Mc. 10:15); nacer de lo alto (Jn. 3:3); ser sepultado y resucitar con Cristo (Ro. 6:1ss.; Ef. 2:1ss.); ser nueva creación (2 Co. 5:13): y regeneración (Tito 3:3). Todas estas expresiones, incluyendo la de Santiago, indican que debe producirse un cambio interior por el Espíritu Santo – por Cristo – por la palabra, para que uno pueda entrar en la vida cristiana. Los que nacen de nuevo así y entran en la nueva vida se convierten, en un sentido especial, en pueblo de Dios. Representan que en realidad Dios como Creador tiene un derecho legítimo sobre toda la raza humana. Su pueblo redimido es las primicias de su Creación.

Es interesante que, aunque Santiago ve la fuente de la tentación en la naturaleza interna del ser humano, reconoce la existencia del diablo, y da a entender que también él es fuente de tentación; porque advierte a sus lectores "resistid al diablo, y huirá de vosotros" (4:7). Esta resistencia puede referirse no sólo a la tentación de pecar sino a todas las estratagemas que el diablo intenta para apartar a las personas de la verdad. La misma palabra "resistir" se utiliza en Efesios 6:13: "Tomad toda la armadura de Dios, para que podáis resistir en el día malo, y habiendo acabado todo, estar firmes". Pero debe incluir la tentación de pecar. Santiago obviamente comparte la idea judeocristiana de la existencia de los demonios, aunque se refiere a ellos sólo de pasada (2:19). No comenta en absoluto el problema de cómo la tentación puede proceder tanto de la persona interior como del demonio.

Está claramente implícito que el cristiano viva en una tensión entre el "ya" y el "todavía no". Por voluntad divina se nace de nuevo; pasa a ser del pueblo redimido de Dios (1:18), con la palabra de Dios implantada en el corazón (1:21). A pesar de este hecho, el cristiano está sujeto tanto a las tentaciones de pecar de muchas maneras como a la presión de las pruebas (1:2) que pueden llevarlo a apartarse de la fe (5:19); aun así, espera la parousia de Cristo cuando heredará el Reino de Dios (2:5) y entrará la vida eterna (1:12).

La idea de Santiago sobre la esencia del vivir cristiano refleja con claridad las palabras de Jesús. Se expresa en términos judíos, pero lo sitúa en un contenido propiamente cristiano. El deber del cristiano es cumplir la Ley real (2:7). La Ley es real porque su autor no es otro que el Rey del universo. La obediencia a la Ley real da libertad (1:25). En el día del juicio Dios juzgará las obras de las personas según esta Ley de Libertad (2:12). Es evidente que Santiago tiene en mente la Ley del Antiguo Testamento, según se deduce de su exposición acerca del peso de varios pecados (2:9–11). "Cualquiera que guardare toda la ley, pero ofendiere en un punto, se hace culpable de todos" (2:10). La cuestión que Santiago desea resaltar es muy interesante, en vista de la idea prevaleciente de que los pecados sexuales son más graves que todos los demás. Lo que parece tener más importancia para él es mostrar parcialidad y esto a los no cristianos. El contexto de toda la exposición precede a su afirmación acerca de pecados relativos, es el pecado de buscar el favor de un no creyente rico que por casualidad asiste a una sinagoga cristiana (2:1ss.), y se ve lleno de atenciones, mientras que la persona pobremente vestida, es dejada de lado. Sin embargo, el contenido esencial de la Ley se resume en términos cristianos: "Amarás a tu prójimo como a ti mismo" (2:8; ver Mt. 22:39). Si uno cumple realmente la Ley, mostrará amor tanto al pobre como al rico, por igual.

La relación con la doctrina paulina de justificación

Santiago presenta un problema ideológico del que algunos han dicho que contradice directamente la doctrina paulina de la justificación. Claro está, la admisión de una contradicción verbal es inevitable. El corazón de la doctrina paulina de la justificación fue el perdón divino únicamente por medio de la gracia, sobre la base de la fe, sin las obras de la Ley. Ningún ser humano será justificado a los ojos de Dios por las obras de la Ley (Ro. 3:20). Santiago parece contradecir a Pablo. "¿De qué aprovechará si alguno dice que tiene fe, y no tiene obras? ¿Podrá la fe salvarle? (...) Así también la fe, si no tiene obras, es muerta en sí misma. Pero alguno dirá: tú tienes fe, y yo tengo obras. Muéstrame tu fe sin tus obras, y yo te mostraré mi fe por mis obras" (2:14–18). Los estudiosos han dicho que el autor conocía Romanos y Gálatas y quiso refutarlos a propósito. Hay, sin embargo, una solución más juiciosa. Aunque las palabras son semejantes, los conceptos son muy diferentes. Es probable que Santiago refute perversiones de la doctrina paulina, ya fuera que se conocieran las cartas de Pablo o no. De hecho, Pablo y Santiago tienen un significado diferente de las palabras fe y obras. Por fe, Pablo quiere decir aceptación del evangelio proclamado y entrega personal. Santiago quiere decir algo diferente. "Tú crees que Dios es uno; bien haces. También los demonios creen, y tiemblan" (2:19). Santiago utiliza el concepto de fe de acuerdo con la afirmación rabínica de 'emuna, que significa la afirmación del monoteísmo. Fe para Pablo es confianza personal, cordial; para Santiago, es opinión ortodoxa. Además, por obras Pablo designa las acciones judías de obediencia formal a la Ley que le dan a la persona la base para jactarse de sus logros.[16] Para Santiago, obras son acciones de amor cristiano – obras que cumplen la "ley real" de amor al prójimo. Esto resulta evidente en su ilustración de las "obras". Una palabra agradable a hermanos cristianos que tienen gran necesidad de amor; sólo atender su necesidad expresa amor (2:15). Probablemente la síntesis de Santiago acerca de la religión pura – visitar a los huérfanos y viudas en su aflicción y mantenerse sin mancha en el mundo (1:27) – significa evitar el espíritu de avaricia y posesión, y atender de forma sustancial las necesidades materiales de viudas y huérfanos desvalidos. Esto lo había hecho la iglesia primitiva de Jerusalén (Hch. 2:45; 6:1). En resumen, Santiago y Pablo se ocupan de dos situaciones diferentes: Pablo, de la autojusticia de la piedad legal judía, y Santiago, de la ortodoxia muerta.

Hay una mayor riqueza de material en Santiago sobre de la vida cristiana, pero que no exige la atención del teólogo. El lector hará bien en consultar introducciones y comentarios al Nuevo Testamento.

Capítulo 42

1ª Pedro

La primera carta de Pedro afirma haber sido escrita por el apóstol Pedro (1:1), un "anciano" que había sido testigo ocular de los sufrimientos de Cristo (5:1). Tiene por compañero a su "hijo", Marcos (5:13). Una fuerte tradición atribuye esta carta al apóstol Pedro, que utilizó como amanuense o secretario a Silvano (5:12).

Es altamente probable que fuera escrita en Roma – designada como Babilonia (5:13) – poco antes del inicio de la persecución de Nerón. La carta pretende esencialmente animar a los cristianos frente a la persecución que estaban sufriendo en manos del populacho pagano (4:12; ver 5:9), y la posibilidad de que tuvieran que enfrentarse con una persecución oficial por ser cristianos (4:15ss.). Esto es lo que sucedió en tiempos de Nerón. La carta se dirige "a los expatriados de la dispersión" de las provincias de Asia (1:1), pero es evidente que se trata de gentiles (2:10; 4:3). Probablemente Pedro es una carta circular, como Efesios. Muchos estudiosos, tanto actuales como antiguos,[4] ven en ella un ejemplo excelente de una teología cristiana relativamente primitiva, reconociendo paralelismos sorprendentes con los sermones de Pedro en Hechos y con la tradición de los Evangelios.[6] Aunque Pedro fue escrita para satisfacer necesidades prácticas y para fortalecer a los cristianos en medio de su sufrimiento y no para proporcionar instrucción doctrinal, ha sido llamada con razón "una carta docente", debido a que la vida cristiana se basa en la verdad.[8] Por tanto, el libro abunda sobre todo en verdades. Sin embargo, como estas ideas son teológicamente poco diferentes tanto de Pedro en Hechos como de Pablo, sólo hará falta aquí sintetizarla en una breve exposición.

Dualismo

Estudios recientes han puesto de relieve la semejanza entre la visión del mundo de Pedro y los sermones de Hechos. Está ausente el lenguaje que expresa el dualismo encontrado en los Evangelios y en Pablo, este siglo y el Siglo Venidero, y también las referencias al Reino de Dios se omiten. Sin embargo, sí aparece la tensión escatológica entre el presente y el futuro, que no es simplemente cronológica, sino también soteriológica.[11] La muerte de Cristo no es simplemente un evento que promete una salvación escatológica; es en sí misma el objeto de la profecía mesiánica. La gloria escatológica tiene una relación inseparable con los sufrimientos de Cristo (1:11). Este fuerte énfasis en el cumplimiento de la profecía significa que en cierto sentido ha comenzado la era mesiánica. La muerte de Cristo no fue sólo un evento histórico, sino un evento predestinado por Dios antes de la fundación del mundo (1:20). Con su muerte, Cristo ha inaugurado "los postreros tiempos" (1:20).

La resurrección de Cristo

La resurrección de Cristo participa de este carácter escatológico porque ha resucitado y ha ido al cielo y ahora está "a la diestra de Dios; y a él están sujetos ángeles, autoridades y potestades" (3:22). Este lenguaje se parece al de Pablo (Ef. 1:22). Esto significa nada menos que Cristo ya ha hecho posesión de su gobierno mesiánico a la diestra de Dios, donde debe reinar "hasta que haya puesto a todos sus enemigos debajo de sus pies" (1 Co. 15:25). En el reinado mesiánico de Cristo hay cierta tensión entre el ya y el todavía no. Que Pedro considera el presente como el comienzo de la era escatológica (mesiánica) se ve en el hecho de que la salvación es una herencia escatológica que se revelará en los últimos tiempos (1:5), y en que a la aparición histórica de Jesús se la llama "los postreros tiempos" (1:20; ver Hch. 2:17; He. 1:2).

La resurrección de Cristo no es sencillamente un evento del pasado; es un evento en virtud del cual todos los que creen pueden, en un tiempo posterior, acceder a una nueva vida por medio de la proclamación de las buenas noticias (1:23). Dios, que en la resurrección de Cristo ha producido una obra de vida nueva, la concede a todos los que responden a su Palabra. Es evidente que Pedro considera la vida cristiana como el poder interno transformador de Cristo.

El mundo, no obstante, sigue siendo un lugar malo. El Diablo "anda alrededor buscando a quien devorar" (5:8). Con esta vívida metáfora, Pedro describe la situación del cristiano en el mundo: expuesto a persecuciones y sufrimientos; por tanto la salvación es también un asunto de esperanza. De hecho, "nos hizo renacer para una esperanza viva" (1:3). Lo que sucede en el nuevo nacimiento es sólo la primera palabra; la última obra será una herencia, una salvación que está reservada en el cielo (1:5). "Esperanza" es una palabra clave importante en Pedro.

Escatología

Así pues, la Escatología desempeña un papel importante en la carta. Pedro no utiliza la palabra *parousia*, pero habla varias veces de la revelación (*apokalypsis*) de Cristo (1:7, 13; 4:13; ver también 5:4). Dios ha otorgado ya la gloria mesiánica al Cristo ascendido (1:21) y no es nada menos que su gloria mesiánica la que será manifestada en la revelación de Cristo (4:13) y que los cristianos, afligidos en este mundo, compartirán (5:1, 10). Esta bendición escatológica recibe el nombre de herencia (1:4), una salvación preparada para ser revelada en el tiempo postrero" (1:5), la salvación de las almas (1:9) que es la meta de toda la enseñanza profética (1:10), una corona de gloria (1:4). La parte negativa es que será un día de visitación (2:12), o sea, de juicio (ver también 4:17). Todo esto se parece a la Escatología cristiana primitiva. Si bien se representa la herencia escatológica como ya existente y reservada en el cielo (1:4), no se piensa en ella como en una bendición que se recibe al morir, cuando el alma sale del cuerpo, a pesar de que Pedro habla de "la salvación de vuestras almas" (1:9); es una bendición que será revelada desde el cielo cuando Cristo vuelva del cielo.

Pedro no dice nada definitivo del estado escatológico aparte de lo contenido en esa expresión cristiana tradicional. No menciona la resurrección de los creyentes, aunque debemos presumirla, y no dice nada para describir la naturaleza del Reino escatológico. Su principal preocupación no es la Escatología como tal, sino la importancia de la esperanza cristiana para capacitar a los creyentes a hacer frente, de forma victoriosa, a los sufrimientos de esta vida. Pedro considera que el fin está cerca (4:7); los cristianos tienen que sufrir sólo un poco más antes de que Cristo los libere (5:10). En resumen, encontramos en Pedro, como en otras partes, un dualismo doble: un contraste entre la situación mala actual y la era escatológica futura, y un contraste entre el mundo malo actual y el cielo de arriba. La salvación escatológica significará, de hecho, el descenso de las bendiciones celestiales actuales sobre los creyentes en la tierra. Como en Juan, hay una tensión entre presente y futuro, y entre lo de arriba y lo de abajo.

El contraste entre el mundo malo y el cielo

El contraste entre el mundo malo y el cielo es particularmente marcado y desempeña un papel esencial en el pensamiento de Pedro. Habla del mundo (*kosmos*) sólo dos veces y, con ello, significa la creación (1:20) o el mundo habitado (5:9). Pero la idea de un mundo malo, hostil a Cristo y, por tanto a los cristianos, es el marco de su pensamiento. Sin embargo, éste es el mundo de las personas que están dedicadas a vidas pecaminosas (4:3). Tiene en mente la sociedad corrupta y degradada de los paganos en medio de la cual viven los cristianos. Sus lectores han sido liberados del desenfreno y la embriaguez, y sus amigos están sorprendidos de que ya no sigan tales prácticas (4:4). Éste es el marco en el que figura la nota de Pedro sobre la negación del mundo; no es negación del mundo como tal, sino de la sociedad mala cuyas prácticas compartieron en otro tiempo, y de la cual han sido rescatados (1:18, 14). En este trasfondo de marcado contraste, los cristianos han de considerarse como extranjeros y peregrinos en el mundo (2:11). Pedro hubiera podido agregar, con Pablo, "nuestra ciudadanía está en los cielos" (Fil. 3:20). Como pueblo de Dios, deben considerarse como "santos" (1:15), sacerdocio santo (2:5), raza escogida y nación santa (2:9). Han sido santificados al ser rociados con la sangre de Cristo (1:2; cf. Éx. 24:8). Cuando Pedro cita Levítico 11:44–45: "Sed santos, porque yo soy santo" (1:16) la idea básica es que, como Israel fue apartado de todas las naciones para ser el pueblo de Dios, también la Iglesia es el pueblo nuevo de Dios y contrasta con el mundo. "Santidad", básicamente, es dedicación, separación llevada a cabo por Dios. La Iglesia está en el mundo, pero considera a éste y sus costumbres como hostiles a la vida cristiana. Aun así exhorta a que se sometan a las Instituciones: el ciudadano al Estado (2:13–14), las mujeres a sus maridos (3:1) y los esclavos a sus amos (2:18).

Dios

El concepto de Dios en Pedro contiene la materia prima de la Teología trinitaria, pero su expresión es completamente más práctica que hipotética. Su énfasis en Dios hace una referencia particular a la presión del cristiano en el mundo, y los sufrimientos que padece. Su introducción contiene referencias a Dios, el Padre, el Espíritu Santo y Jesucristo (1:2). También pone un énfasis especial en la Soberanía y Transcendencia de Dios. Los individuos han entrado en este nuevo pueblo de Dios, no porque hayan escogido hacerlo así, sino porque son cristianos: Porque han sido escogidos y predestinados por el Padre, santificados y apartados por el Espíritu Santo, para que vivan en obediencia a Jesucristo (1:2), siendo santificados y apartados por el rociamiento de su sangre.

Sufrimiento humano

El énfasis más importante del pensamiento de Pedro sobre Dios recae en su divina Providencia en el sufrimiento humano. Los sufrimientos de los que Pedro habla no tienen que ver con la aflicción física, ni con eventos naturales, ni con accidentes, ni con la tragedia humana y cotidiana que acosa a cada ser humano. Éste es el sufrimiento a que estamos llamados por el hecho de ser cristianos. Las pruebas que debemos padecer (1:6) son tales como el ser calumniados de malhechores (2:12), y son tan duras que se les llama pruebas de fuego (4:12). El sufrimiento se debe solamente a ser cristianos (4:16). Sin embargo, no debe tomarse como algo extraño (4:12), sino como la experiencia normal de los creyentes en una sociedad mala (5:9). Aunque vengan tantas pruebas de parte de Satanás (5:8), Pedro enfatiza que suceden según la voluntad de Dios: "Porque es mejor que padezcáis haciendo el bien, si la voluntad de Dios así lo quiere, que haciendo el mal," 3:17). Dios es el Juez justo, tanto del mundo como de su propio pueblo. Por tanto, los que sufren según la voluntad del Padre deben continuar haciendo el bien y encomendar sus almas al fiel Creador (4:19).

Además, en tal sufrimiento, los cristianos no hacen más que seguir el ejemplo de Cristo y participar de su aflicción (4:13). Esto es realmente un elemento esencial en la vida cristiana. "Pues para esto fuisteis llamados, porque también Cristo sufrió por vosotros, dejándoos ejemplo para que sigáis sus pisadas" (2:21). Respecto a eso, Pedro enfatiza la humildad de Cristo. "Cuando padecía, no amenazaba, sino que se encomendaba al que juzga con justicia" (2:23). Esto nos recuerda las palabras de Jesús, en las que dice que cada persona que quiera ser su discípulo tiene que estar dispuesta a tomar su cruz (Mc. 8:34). Esto significa una disposición a compartir los sufrimientos de Jesús, incluso su muerte.

Puesto que el sufrimiento cristiano es según la voluntad de Dios y solamente sigue el ejemplo de Cristo, la respuesta cristiana no debe ser sencillamente la de la pasividad, sino la del regocijo. El sufrimiento bajo la mano de Dios tiene un efecto saludable: prueba la validez y la realidad de la fe cristiana. Demuestra que la fe del creyente es genuina, aunque sea probado por fuego y esto es una causa de regocijo (1:6–7). Además, el sufrimiento tiene, de alguna manera, una influencia santificadora. "Porque el que ha padecido en la carne ha roto con el pecado" (4:1). Algunos interpretan el verbo como pasivo (*pepautai*), es decir que las personas son liberadas del dominio del pecado. No obstante, el verbo puede estar en voz media y ser así bastante inteligible en el contexto. Los que han sufrido porque son cristianos, obviamente se han apartado de sus vidas pecaminosas anteriores y sufren, precisamente, porque ya no participan del mal que llevan a cabo los amigos de antes (4:3–4). Tanto sufrimiento es un testimonio del cambio que se ha operado en su vida: del mal pagano a la conducta cristiana. En vista de todo esto, Pedro exhorta a sus lectores a "humillaos, pues, bajo la poderosa mano de Dios para que él os exalte a su debido tiempo. Echad sobre él toda vuestra ansiedad, porque él tiene cuidado de vosotros" (5:4–7). Pedro quiere, pues, que sus lectores enfrenten los males que les suceden no con un pesimismo estoico, sino con la seguridad de que éstos tendrán un resultado final positivo en la voluntad de Dios y en la vida cristiana.

Cristología

Con toda claridad, Pedro tiene una Cristología profunda aunque aparezca incidentalmente. Incluso no hablando de Cristo como "el Hijo," su declaración inicial, que le sitúa en un plano de igualdad al Padre, hace necesario creer que él es el único Hijo. Algunos intérpretes perciben una referencia a la preexistencia de Cristo en el versículo en que menciona que fue destinado desde antes de la fundación del mundo (1:20), pero no tiene por qué ser necesariamente así. Los cristianos también fueron destinados (1:1). Pedro básicamente considera a Cristo como "el Señor" (1:3, 13; 3:15). Su preocupación es más práctica que teológica: la relación entre los creyentes y Cristo como su Señor. El Padre también es el Señor (1:25; 3:12). Pedro le aplica a Jesús, como el Señor, atributos que en el Antiguo Testamento se aplican a Dios, el Padre (2:3; ver Salmo 34:8). El lugar que le asigna Pedro a Cristo es el de "uno que necesita la doctrina de la encarnación para que resalte".

Expiación

Aunque Pedro no hace ninguna exposición clara de la expiación, la muerte de Cristo y su sentido redentor son importantes en su pensamiento. En su frase inicial hay una referencia a la sangre de Cristo (1:2), que en este caso efectúa la santificación del creyente y su participación en el pueblo de Dios. En otra referencia, "la sangre preciosa de Cristo" (1:19) es el medio de rescatar a la gente de sus vidas pecaminosas. En su muerte, Cristo "llevó nuestros pecados en su cuerpo sobre el madero" (2:24). Ésta parece ser una alusión a Isaías 53:12: "él ha llevado el pecado de muchos". Esto significa nada menos que Cristo llevó la culpa de nuestros pecados, es decir, la separación de Dios. Él padeció las consecuencias penales de nuestros pecados. La idea central de Pedro es práctica. El efecto de la muerte expiatoria de Cristo es que "habiendo muerto a los pecados, vivamos para la justicia" (2:24). La palabra "morir" (*apoginomai*) es diferente a la usada, generalmente, por Pablo, y en este contexto significa "no tener más que ver con" o "no compartir de". Pedro no trata de la eliminación de la culpa como tal, sino del cambio en esta vida de los que antes habían sido paganos.

Además, Pedro dice que Cristo murió por (*peri*) los pecados "una vez", el justo por los injustos, para llevarnos a Dios (3:18). Sólo por la muerte de Cristo los pecadores pueden llegar a ser el pueblo de Dios. La palabra "una vez" (*hapax*) es importante. Indica que un evento histórico ha sido investido por Dios con poder expiatorio y eficaz.

La Iglesia

El concepto de Pedro de la Iglesia es importante, aunque no use la palabra *ekklesia*. Considera la Iglesia como el Israel verdadero. El antiguo Israel ha tropezado en aquél que Dios puso como Piedra angular de su casa espiritual. "Aquéllos tropiezan, siendo desobedientes a la palabra" (2:8). Incluso esto no es un accidente histórico: ha ocurrido por la Providencia de Dios. "Aquéllos tropiezan (…) pues para eso mismo fueron destinados" (2:8). El lugar de Israel ha sido asumido por la Iglesia, "linaje escogido, real sacerdocio, nación santa" (2:9). Ellos constituyen el templo genuino de Dios, como piedras vivas de la casa espiritual (2:5). También son un sacerdocio santo, sustituyendo el sacerdocio vetotestamentario, que sirve a Dios ofreciendo "sacrificios espirituales, agradables a Dios" (2:5). El hecho de que Pedro considere a la Iglesia como el Israel verdadero se sostiene en que él, como Pablo (Rom. 9:25–26), aplica a la Iglesia palabras que, en su contexto vetotestamentario, hacen referencia a la conversión futura del Israel literal (Os. 1:10), "Vosotros en el tiempo pasado no erais pueblo, pero ahora sois pueblo de Dios; no habíais alcanzado misericordia, pero ahora habéis alcanzado misericordia" (2:10; ver también Os. 2:23).

Pedro refleja una organización sencilla de la Iglesia. Es dirigida por ancianos (5:1), a quienes Pedro exhorta a "apacentar el rebaño de Dios" (5:2) con disciplina y doctrina. Pedro no les llama "obispos," aunque resulte familiar en el contexto religioso. Cristo es el "Pastor y *episcopos* de vuestras almas" (2:25).

No hay ninguna referencia a la cena del Señor, y sólo una al bautismo. Después de mencionar el arca de Noé, en la que ocho personas fueron salvadas, dice, "El bautismo, que corresponde a esta figura, ahora, mediante la resurrección de Jesucristo" (3:21). Este breve versículo ha dado lugar a muchas preguntas con cierta dificultad exegética que no pueden ser discutidas aquí. Cuando Pedro dice que en cierto sentido, el bautismo puede salvarnos, el contexto aclara que él niega enfáticamente que los elementos externos del bautismo constituyan su esencia o poder.[19] El significado del bautismo no es el lavamiento externo de la carne por agua; es la apelación a Dios por una buena consciencia. Es posible decir que el bautismo nos salva solamente "mediante la resurrección".

El Descenso al Hades

Hemos discutido la Escatología de Pedro al principio de este capítulo, con referencia a su visión del mundo. Todavía nos queda un versículo difícil. La resurrección de Cristo no era la mera revivificación de su cuerpo físico. Fue "muerto en la carne, pero vivificado en el espíritu" (3:18). Es difícil decir si "espíritu" debe ser escrito con mayúsculas o no, depende de si el espíritu es el de Cristo en contraste con su cuerpo (RV; DHH), o si es el Espíritu Santo (NVI). Si es lo primero, tal vez se refuerce la idea de una "resurrección completamente espiritual" en contraste con la resurrección del cuerpo. Esto, sin embargo, se opone a la creencia cristiana primitiva, que siempre pensaba en la resurrección del *cuerpo*, aunque, eso sí, del cuerpo trasformado por el Espíritu Santo. Por tanto, es mejor considerar carne y espíritu no como dos partes de Cristo, sino como dos perspectivas del Cristo completo. Carne es la esfera humana de la existencia; Espíritu es Cristo en su esfera celestial de existencia. Esto puede incluir su resurrección corpórea, pero del cuerpo glorificado por el Espíritu Santo.

Nuestro problema es con las siguientes palabras: "en el cual también fue y predicó a los espíritus encarcelados, que en otro tiempo fueron desobedientes, cuando en los días de Noé la paciencia de Dios esperaba, mientras se construía el arca" (3:19–20). No podemos hacer nada más que esbozar las tres interpretaciones más importantes. La de más relevancia en la Patrística es que en el estado intermedio Cristo, en el Espíritu, fue y les predicó a los espíritus encarcelados en el Hades, los cuales, o vivían en los días de Noé o en la época anterior a Cristo.[23] Esta opinión pasó pronto de moda, porque abría una puerta a la posibilidad de la salvación después de la muerte. Una segunda perspectiva, la de Agustín y muchos de los Reformadores, es que Cristo, en su estado de preexistencia, predicó mediante Noé a sus contemporáneos vivos. La tercera, y más aceptada actualmente, es que en el estado intermedio Cristo les proclamó la victoria del Evangelio a los ángeles caídos encarcelados en el Hades. La "predicación" no significa la oferta de la salvación, sino el anuncio triunfal de que por su muerte y resurrección, Cristo había quebrantado el poder del mundo espiritual.[25]

La vida cristiana

Hay dos énfasis sobresalientes en Pedro con respecto a la vida cristiana, a los cuales tenemos que hacer referencia en pocas palabras, porque ya hemos hablado de ellos. El primero es constancia en el sufrimiento. El sufrimiento es la experiencia habitual de los cristianos porque el mundo es para ellos una tierra extranjera. Debe padecerse con paciencia y constancia, incluso con regocijo, porque se da bajo la mano providencial de Dios, conlleva bendiciones extras y da la seguridad de compartir la gloria futura de Cristo (4:13).

El segundo es sobre el buen comportamiento (el verbo, *agathopoieo*, "hacer el bien," aparece cuatro veces en Pedro, 2:15, 20; 3:6, 17 – pero nunca en Pablo). Este hacer el bien no es por las buenas obras del legalismo judío, sino por la conducta justa en contraste con el pecado pagano (4:2). Esta buena conducta es, en sí misma, un testimonio para los no creyentes y frustrará su hostilidad (2:15), ganándoles, posiblemente, para Cristo (3:1). Incluye una relación recta con los el resto de personas, y sumisión a las Instituciones establecidas del Estado (2:13, 15), de la familia (3:1, 6), e incluso de los esclavos a sus amos (2:18). La vida cristiana debe manifestarse en un amor genuino a los hermanos (1:22) y en compasión y humildad (3:8; 5:6).

Capítulo 43

2ª Pedro y Judas

La Segunda Carta de Pedro afirma proceder de la pluma del apóstol, Simón Pedro (1:1), que fue testigo de la majestad de Cristo en su transfiguración (1:16–18), poco antes de su muerte (1:14). Si esta afirmación es cierta, la Segunda Carta debe haber sido escrita poco después de 1 Pedro. Hay algunas dificultades reconocidas para aceptar la autoridad apostólica del libro, pero los estudiosos conservadores no creen que estas dificultades sean insuperables y, por eso siguen defendiendo su autenticidad petrina.

La ocasión de la carta determina su contenido. 2 Pedro se escribió con un propósito totalmente diferente a 1 Pedro; ésta es la razón de la gran diferencia en el contenido de las dos cartas. Si 1 Pedro se escribió para animar a los lectores ante la persecución, 2 Pedro lo fue para advertir a sus destinatarios contra los falsos maestros (2:2). Son sin duda maestros dentro de la iglesia que se han apartado de la verdadera fe (2:21). Podemos determinar, basados en el marcado énfasis de Pedro en el "conocimiento", con el que se opone a estos falsos maestros, que se trataba de gnósticos que pretendían tener un acceso especial a la verdad divina. Es evidente que afirmaban haber alcanzado la verdadera libertad (2:19), pero es igualmente evidente que su libertad lo era en cuanto a la disciplina cristiana y para dar curso libre a sus apetitos corporales. Sabemos que el gnosticismo antiguo tuvo dos corrientes: control ascético de los apetitos y libertad antinomiana; y los oponentes de Pedro siguieron la segunda vía. Una de las principales herejías doctrinales fue la negación de la parusía de Cristo; y Pedro dedica la mayor parte del capítulo tercero a este problema.

Dualismo: ¿Gnóstico o apocalíptico?

Muchos estudiosos rechazan la autenticidad apostólica de 2 Pedro basándose en que su teología refleja el cristianismo del siglo II y no la forma apostólica auténtica. Se dice que su cristología es una deformación, que su escatología es subcristiana, y que su ética es insatisfactoria, ya que considera el mal como un encarcelamiento en el mundo de los sentidos. Todo esto se refuerza con el argumento de Käsemann en cuanto a que la concepción del mundo que tiene el autor es la del dualismo helenista más que la de la tensión escatológica cristiana. Käsemann ve este dualismo en la contraposición entre huir de la corrupción que hay en el mundo debido a la pasión humana, y participar de la naturaleza divina (1:4). "Sería difícil encontrar en todo el Nuevo Testamento una frase que, en su formulación, sus motivos individuales y todo su enfoque, señale de forma más clara la recaída del cristianismo en el dualismo helenista." Esto se refrenda con el argumento de que "fe" en Pedro (1:1, 5) significa aceptación de una tradición ortodoxa más que compromiso personal con Cristo. La fe es aceptación de una doctrina ortodoxa, con la que la persona recibe la capacidad de huir del encarcelamiento de la sensualidad y alcanzar en última instancia un mundo sin muerte.

Esta es en realidad una exégesis posible del texto citado (1:1–4), pero es improbable. En primer lugar, el posible dualismo helenista se viene abajo ante la enérgica escatología apocalíptica de 3:10ss. La entrada en el Reino eterno de Dios (1:11) no es la apoteosis del alma al morir sino el acceso a los nuevos cielos y a la nueva tierra (Is. 65:17; 66:22).

Además, no está del todo claro que la fe sea aceptación de la doctrina apostólica. Pedro enfatiza de forma indiscutible que los apóstoles son transmisores de verdad (3:2; cf. 1:12) refutando la pretensión de los gnósticos de que poseían un acceso nuevo y original a la verdad divina. Sin embargo, la fe, aunque no se define, tiene como paralelo el conocimiento (1:2-3 - *passim*); y en Pedro, éste no es conocimiento de la verdad teológica, ni unión mística con Dios, como en el gnosticismo, sino conocimiento de Dios y de Jesús nuestro Señor (1:2). Igual que en el Evangelio de Juan, es una relación personal con Dios en Cristo. Además, la idea de que los cristianos comunes hayan alcanzado la fe en igualdad de condiciones con los apóstoles "por la justicia de nuestro Dios y Salvador Jesucristo" (1:1) armoniza mejor con la idea de una fe salvadora en Cristo que con una teología correcta. Esta fe no es un logro humano sino un don de Dios.

Sin duda, la expresión de participar de la naturaleza divina fue tomada expresamente del lenguaje gnóstico. Sin embargo, esta forma de hablar puede encontrarse también a mediados del siglo I d. C. y no resulta del todo claro que Pedro quiera significar lo mismo que los gnósticos, a saber, la apoteosis. En su contexto, el pensamiento parece referirse más bien a entrar en la vida cristiana que a la vida después de la muerte. Huir de la corrupción que hay en el mundo y participar de la naturaleza divina son dos aspectos de la experiencia cristiana. Pedro lo llama "vida" en el versículo 3; y la vida en este caso es paralela a la religiosidad y se refiere a una experiencia actual. Aunque Pedro utiliza el lenguaje gnóstico, lo hace para refutar lo que los gnósticos pretendían. Con ello quiere significar lo mismo que Pablo quiere decir con unión con Cristo.

Además, no hay motivos para entender la idea de Pedro acerca de la "corrupción que hay en el mundo" (1:4) en el sentido de encarcelamiento en el mundo de los sentidos. De hecho, puede que éste no sea el caso, porque la huida de la contaminación del mundo ya se ha producido "por el conocimiento del Señor y Salvador Jesucristo" (2:20) en el caso del verdadero "gnóstico". Los gnósticos enseñaban que la *gnosis* era el destino del hombre después de la muerte; en esta vida el cuerpo no importa, por eso cada cual es libre de dar rienda suelta a todos sus apetitos corporales. Pedro dice que al contrario, que esta misma conducta inmoral constituye la contaminación del mundo de la que el "gnóstico" cristiano se ha visto librado.

Si ésta es la interpretación correcta de 2 Pedro, encontramos en él, como en otras expresiones apostólicas del cristianismo, la tensión entre el ya y el todavía no. Los cristianos ya han sido liberados de la corrupción que hay en este mundo; aun así, aguardan los nuevos cielos y la nueva tierra en la cual mora la justicia. Ya han entrado en la vida; han participado de la naturaleza divina en el sentido de haber recibido el don del Espíritu de Dios y el de la filiación; pero esperan entrar en el reino eterno de nuestro Señor y Salvador Jesucristo (1:11).

La inspiración de la Escritura

2 Pedro tiene un especial interés debido a su enseñanza sobre las Escrituras. Subraya la importancia y la primacía de la norma apostólica de verdad. Lo hace así porque muchos de la Iglesia se habían apartado de ella y propagado enseñanzas herejes, blasfemando el camino de la verdad (2:1–2). En realidad, la verdad es el mandamiento entregado a la Iglesia por medio de los apóstoles (3:2). Sin embargo, esto no contradice el compromiso personal y la relación con Cristo. De ninguna forma es una simple ortodoxia formal. Pablo afirma con igual vigor la autoridad de los apóstoles como vehículos de la verdad divina (Ro. 16:26; Ef. 3:5).

Pedro contiene una de las afirmaciones clásicas de la inspiración de la Biblia. "Ninguna profecía de la Escritura es de interpretación privada, porque nunca la profecía fue traída por voluntad humana, sino que los santos hombres de Dios hablaron siendo inspirados por el Espíritu Santo" (1:20–21). La referencia básica de Pedro es a las Escrituras del Antiguo Testamento. La primera parte del pasaje es difícil. Puede querer ser una refutación de gnósticos entusiastas que pretendían poseer una nueva palabra de Dios que completaba el Evangelio recibido. Significa, pues, que la interpretación de la Escritura no es algo privado, sino que pertenece a la Iglesia, que es la custodia de la verdad apostólica. Sin embargo, esto no explicaría por qué Pedro pone la inspiración y su interpretación tan unidas, siendo la segunda el resultado lógico de la primera. Pedro se refiere a la autenticación de la Escritura más que a su interpretación. Claro que él contrapone la verdad de la Escritura a los "mitos" (1:16) de los gnósticos; pero lo hace autentificando la Escritura por la inspiración de sus autores. "Los verdaderos profetas no profetizaron por iniciativa propia según su propio capricho". Implica que la única fuente de verdad divina es la Escritura, porque sus autores fueron inspirados, y por tanto pudieron escribir la verdad divina.

El concepto que tiene Pedro de la palabra profética es importante. Es totalmente fiable, pero se parece a una lámpara que brilla en un lugar oscuro. Las lámparas antiguas eran muy diferentes a la luz eléctrica; su luz era bastante limitada. Sin embargo, era suficiente para que quien la llevara pudiera caminar por las calles oscuras. Dicho de otra forma, la palabra profética es la verdad de Dios, pero es sólo una verdad limitada. La verdad plena se revelará cuando "el día esclarezca y el lucero de la mañana salga en vuestros corazones" (1:19) – en la parusía. La profecía, pues, es luz que brilla desde el futuro sobre el presente oscuro para que el pueblo de Dios pueda hallar el camino en el mundo. No es de ningún modo una reproducción exacta del futuro.

2 Pedro nos proporciona la referencia más temprana al hecho de que la Iglesia apostólica consideraba los escritos paulinos – o al menos parte de los mismos – como Escritura. Pedro se refiere a las cartas de Pablo que sus lectores conocían y que a veces eran difíciles de entender, "las cuales los indoctos e inconscientes tuercen, como también las otras escrituras, para su propia perdición" (3:16). La palabra que se traduce por "escrituras" (*graphai*) quizá no tenga en este caso un sentido técnico, aunque probablemente designe las Escrituras del Antiguo Testamento, colocando a los escritos de Pablo en el mismo nivel. No hace falta pensar que Pedro conocía toda la colección de escritos paulinos, sino sólo algunos.

Ángeles

Pedro, probablemente siguiendo Judas 6, nos habla de ángeles, tema omnipresente en escritos apócrifos como *1 Enoc*, pero que no se encuentra en el resto del Nuevo Testamento, excepto en Judas. Hay una clase de ángeles que pecaron (Judas dice que abandonaron su propia morada, v. 6) y que fueron arrojados luego al Seol, donde están aprisionados hasta el día del juicio (2:4). Esta es la fuente novotestamentaria para la idea de que los espíritus malignos son ángeles caídos.

El retraso de la parusía

Debemos concluir, por el contenido de 2 Pedro, que uno de los errores doctrinales de los gnósticos era la negativa de la escatología cristiana y de la venida del Señor, ambas fundamentales. Ésta podría ser la única razón por la que Pedro dedique tanta atención a la Escatología. Mientras que Pedro habla de la *apocalypsis* de Cristo (1:7, 13), 2 Pedro habla de su *parousia* (3:4). Esto no debería constituir ningún problema, porque Pablo utiliza ambos términos de forma intercambiable. Los gnósticos negaban la enseñanza del retorno de Cristo. Es obvio por el versículo 4 que 2 Pedro se escribió en una época tardía de la era apostólica, cuando la demora de la parusía podría haberse considerado un problema. Los gnósticos ridiculizaban la idea de la parusía, probablemente para apoyar la creencia en la salvación en la muerte. Se burlaban, "¿Dónde está la promesa de su advenimiento? Porque desde el día en que los padres durmieron, todas las cosas permanecen así como desde el principio de la creación" (3:4). Muchos estudiosos interpretan a los "Padres" como los padres cristianos y utilizan este argumento para apoyar una fecha del siglo II. Pero la palabra nunca se utiliza en el Nuevo Testamento para cristianos, y es más probable que se refiera a los padres del Antiguo Testamento. La mención de la creación nos remonta a los tiempos del Antiguo Testamento.

Pedro responde que Dios no cuenta el tiempo como las personas. Un día es como mil años y mil años como un día. Es decir, la parusía de Cristo podría demorarse mientras los seres humanos cuentan el tiempo. En realidad, el retraso de la parusía tiene un propósito misericordioso: da a las personas pecadoras más tiempo para arrepentirse (3:9). Sin embargo, Cristo volverá en un momento inesperado, como un ladrón en la noche. La parusía puede acelerarse con una conducta cristiana adecuada. La proclamación universal del Evangelio debe preceder al fin, y acelerará su venida.[18] El Día de Dios no es para el cristiano un día de terror sino de entrada en su Reino eterno (1:11) y por tanto es objeto de expectativa ansiosa.

El Día de Dios

Los dos aspectos del Día de Dios que Pedro subraya son el hecho del juicio y la venida de un nuevo orden justo. Pone de relieve el juicio porque, en última instancia, sólo el juicio divino puede ocuparse debidamente de los maestros apóstatas y darles su merecido. El día será un día de juicio y destrucción de los impíos (3:7). La importancia del juicio divino se ve porque en el capítulo 2 es un tema central. Si Dios no perdonó a los ángeles que pecaron, si no perdonó al mundo antiguo cuando se corrompió en tiempo de Noé, si condenó a Sodoma y Gomorra, se puede tener la seguridad de que someterá a juicio a los apóstatas corruptos (2:4–10).

La venida del Día de Dios, que es sinónimo del "día del Señor" (3:10) y del "día del juicio" (2:9), será testigo de una transformación completa del actual orden caído. Se presentan en medio de una conflagración de fuego (3:10, 12) que purificará el universo de su corrupción, incluyendo a los apóstatas corruptos, y será testigo del establecimiento de nuevos cielos y nueva tierra (3:13). A menudo se ha dicho que Pedro en este caso refleja la idea estoica de una conflagración mundial; pero esto es bastante dudoso, porque la teología fundamental es totalmente diferente. La idea estoica de *ekpryosis* sostenía que un fuego invisible era la esencia de las cosas y era parte constitutiva de todo el mundo y de todos los seres. El mundo estaba destinado a convertirse en el fuego originario, sólo para que se iniciara un nuevo ciclo de existencia y surgiera un nuevo orden mundial. Este ciclo de fuego-mundo-fuego proseguiría de forma indefinida. La teología de Pedro está más en la línea de la idea bíblica del fuego como agente del juicio divino.

Los profetas ven siempre el Reino de Dios estableciéndose en la *tierra*, pero describen la relación entre los órdenes antiguo y nuevo de formas diferentes. A veces se subraya la continuidad; el nuevo orden es muy parecido al antiguo, excepto en que se elimina la maldición (Am. 9). A veces se subraya la discontinuidad, y al orden redimido se le llama nuevos cielos y tierra nueva (Is. 65:17; 66:22). Sofonías ve una destrucción total del orden antiguo. "Toda la tierra será consumida con el fuego de su celo; porque ciertamente destrucción apresurada hará de todos los habitantes de la tierra" (Sof. 1:18). Aun así, ve un orden nuevo liberado de la maldición del mal (3:20). El profeta no expone la relación entre el nuevo orden y el antiguo que es destruido; hay tanto continuidad como discontinuidad.

Pedro subraya al máximo el elemento de discontinuidad, al contemplar la destrucción total del antiguo orden en un juicio de fuego. Aun así, la destrucción no es el fin; es el surgimiento de nuevos cielos y de una tierra nueva liberada de la corrupción que ha penetrado el antiguo orden. No dice nada más acerca de la naturaleza de ese nuevo orden, ni de la clase de existencia que promete.

Sin embargo, la esperanza no es el fin. Promete juicio para los apóstatas; pero proporciona la base de una exhortación ética, "puesto que todas estas cosas han de ser deshechas, ¡cómo no debéis vosotros andar en santa y piadosa manera de vivir!" (3:11). "Por lo cual, oh amados, estando en espera de estas cosas, procurad con diligencia ser hallados por él sin mancha e irreprensibles, en paz" (3:14).

Judas

Hay poco que tenga un interés teológico en Judas que no esté en 2 Pedro. Judas se refiere al mismo problema de los gnósticos libertinos que 2 Pedro, y escribe para animar a sus lectores a que luchen por una fe ortodoxa (v. 3). Se han introducido en la Iglesia falsos maestros que "niegan a Dios el único soberano, y a nuestro Señor Jesucristo" (v. 4), que rechazan la autoridad y blasfeman de los ángeles (v. 8), que son burladores (v. 18) del camino cristiano aceptado. Judas no dice que se burlen de la idea de la parusía de Cristo, como lo hace 2 Pedro (3:3). Pretenden tener una iluminación especial del Espíritu pero de hecho no poseen el Espíritu (v. 19). Su error se manifiesta en su licencia sensual (vv. 4, 12). "Los falsos maestros pretendían estar tan llenos del Espíritu que en sus vidas cristianas no había lugar para la ley". Judas, como 2 Pedro, subraya el hecho del juicio escatológico de estos apóstatas (v. 14). Resulta evidente, por la alusión a las predicciones de los apóstoles, que Judas, como 2 Pedro, debe haber sido escrita hacia el final de la época apostólica (v. 17).

Los dos elementos de interés teológico son las referencias de Judas a "los ángeles, que no guardaron su dignidad, sino que abandonaron su propia morada, los ha guardado bajo oscuridad, en prisiones eternas, para el juicio del gran día" (v. 6; ver 2 P. 2:4), y su uso de la literatura apócrifa. Cita al pie de la letra a "Enoc, séptimo desde Adán" (v. 14). Estas palabras exactas se encuentran en el *Apocalipsis de Enoc*, llamado ordinariamente *1 Enoc*. Esto plantea un doble problema: ¿Consideró Judas al *Apocalipsis de Enoc* como Escritura canónica, y, creía que estas palabras fueron dichas por el Enoc de la antigüedad? Es evidente que Judas considera que Enoc es un escrito de gran valor, pero no lo llama Escritura (*grafe*). Además, el apocalipsis de Enoc se refiere dos veces a Enoc como la séptima generación a partir de Adán.

Es probable que Judas utilizara otro libro apócrifo, la *Asunción de Moisés*, en el versículo 9. Aunque este libro no ha llegado hasta nosotros, tanto Clemente como Orígenes que, al parecer estaban familiarizados con él, creían que Judas lo utilizó. Sin embargo, esto nos plantea problema diferente del de la cita de Enoc. No está del todo claro que Judas utilizara este libro porque lo considerara como Escritura inspirada.

Estos dos casos del uso de literatura no canónica no son únicos. Pablo utiliza un midrásh rabínico en 1 Corintios 10:4 sobre la roca que siguió a los Israelitas en el desierto, incluso cita a un poeta pagano en su discurso de Atenas (Hch. 17:28) y también en 1 Corintios 15:33. Menciona a los magos que resistieron a Moisés, dándoles los nombres de Janes y Jambres (2 Ti. 3:8), probablemente tomados de alguna fuente no canónica.

Capítulo 44

Las cartas de Juan

La mayor parte de los críticos está de acuerdo en que las cartas juaninas son del mismo autor que el Cuarto Evangelio.

Los errores de los oponentes

La Primera Carta se dirige claramente a una iglesia o iglesias en las cuales han aparecido falsos profetas (4:1) que han iniciado un movimiento cismático en la Iglesia (2:19). Pretendían tener una iluminación especial del Espíritu (2:20, 27) que les comunicaba la verdadera *gnosis theou*. Esto explica la fuerte insistencia en el verdadero conocimiento de Dios. Se opone a la pretensión de los apóstatas en cuanto al conocimiento con el que sólo puede proceder de la tradición cristiana. Por medio de esta iluminación espiritual, estos cismáticos pretendían haber alcanzado un estado más allá de la moralidad cristiana ordinaria, en la cual ya no tenían pecado sino que habían alcanzado la perfección moral (1:8–10). Es evidente que su error ético era diferente al de los oponentes que encontramos en 2 Pedro, los cuales se habían entregado a una burda inmoralidad. En 1 Juan no aparece tal exceso inmoral. Su principal error ético parece ser el orgullo y la altivez espirituales, lo cual les llevaba a despreciar a los cristianos ordinarios que no pretendían haber alcanzado el mismo nivel de iluminación espiritual que los gnósticos. Por esto Juan da tanta importancia al amor de los hermanos.

Su principal error teológico, en contraste con 2 Pedro, fue cristológico; negaban la encarnación (2:22; 4:1). Sabemos por la literatura patrística que una forma inicial del gnosticismo fue el docetismo. Los docetas gnósticos mantenían el típico contraste griego entre espíritu y materia, y creían que como la materia era *ipso facto* mala, Dios no podía de ningún modo haber entrado en contacto directo con el mundo fenoménico en Cristo. Por tanto, o negaban la encarnación en términos generales, o enseñaban que el cuerpo de Cristo era sólo una apariencia (*dokeo*) y no real. El Cristo celestial asumió una forma humana, pero sólo en apariencia. Muchos estudiosos han creído que la forma concreta de la herejía a la que se opuso Juan era la que enseñaba Cerinto, uno de los herejes cristianos más antiguos. Llegaron incluso a negar la realidad de los sufrimientos de Cristo. Aceptaban el bautismo pero se negaban a aceptar la pasión como parte de la obra mesiánica de salvación. Vino mediante agua pero no mediante sangre (5:6). Al refutar la negativa gnóstica de la pasión de Jesús, Juan subraya el efecto expiatorio de su muerte. No dice nada acerca de la resurrección – al parecer esto no se discutía; pero alude varias veces a la eficacia de la cruz. Por la sangre de Jesús somos purificados del pecado (1:8). Entregó su vida por nosotros (3:16). Con su muerte, llevó a cabo una obra de propiciación por nuestros pecados, incluso por los pecados de todo el mundo (2:2). Su muerte propiciatoria es la prueba suprema del amor de Dios (4:10).

Juan escribe para apremiar a sus lectores: "Probad los espíritus si son de Dios" (4:1). Es decir, deben medir las manifestaciones carismáticas de los llamados profetas según la norma de la sana tradición cristiana, en cuyo centro está la encarnación de Cristo (4:2–3).

Un pasaje, sacado de su contexto, podría sugerir una percepción mística cristiana de la verdad con la que Juan se opone al entusiasmo gnóstico. "Pero vosotros tenéis la unción del Santo, y conocéis todas las cosas" (2:20). Esto quiere decir, por lo menos, que no es necesario seguir el movimiento separatista gnóstico para alcanzar el verdadero conocimiento de Dios. El don del Espíritu Santo es en sí mismo una unción que capacita al cristiano para entrar en el verdadero conocimiento. La cuestión es si esto significa una iluminación no mediada, directa, por parte del Espíritu o si es una acción interna de éste que capacita a la persona para percibir la veracidad de la tradición cristiana. Dada la fuerte insistencia de Juan en la sana doctrina, lo segundo parecería ser la interpretación justa. Se enfatiza la expresión "*todos* vosotros conocéis" (ver DHH, contra RV). Se da el Espíritu a todos los creyentes; todos comparten el verdadero conocimiento de Dios, no unos pocos que han recibido una iluminación especial.

Juan repite esta idea: "Pero la unción que vosotros recibisteis de él permanece en vosotros, y no tenéis necesidad de que nadie [tal como pneumólogos gnósticos] os enseñe: así como la unción misma os enseña todas las cosas (...)" (2:27). Nos recuerdan las palabras del Evangelio, "cuando venga el Espíritu de verdad, Él os guiará a toda la verdad" (Jn. 16:13). El propósito de este conocimiento (todas las cosas) debe ser todo lo que pertenece al Evangelio cristiano. La verdad no es simplemente algo intelectual; exige una obra interna del Espíritu para ser real.

La negación de que Cristo haya venido en la carne es también negar que Jesús es el Hijo de Dios (4:15; 5:5). La razón vuelve a ser que Dios pertenece al ámbito de la luz y por definición no podía morar entre los hombres: Por tanto, Cristo no podía ser el Hijo de Dios en el sentido en que el cristiano lo entiende.

Otro aspecto de la Cristología gnóstica hereje se refleja en la afirmación de Juan, "¿Quién es el mentiroso, sino el que niega que Jesús es el Cristo?" (2:22). En un contexto judío, esto hubiera tenido un significado definido: Jesús podía ser un profeta, pero ciertamente no el Mesías de las esperanzas proféticas del Antiguo Testamento. En un contexto helenista, "Cristo" conlleva un significado diferente. Distingue entre el Cristo divino, concebido como una emanación de la Divinidad eterna, y el hombre Jesús. Su idea dualista del universo impedía a los gnósticos aceptar una unión real entre el Cristo celestial y el Jesús humano. Al contrario, los dos estaban relacionados sólo temporal y externamente. En algún momento de la vida de Jesús, por ejemplo, en el bautismo, el Cristo divino descendió a Él, pero le volvió a abandonar antes de la pasión. Juan refuta una idea como ésta, e insiste en una encarnación real del Hijo de Dios. Jesús y Cristo son uno y el mismo.

La respuesta de Juan a la herejía

Al hacer frente a esta herejía, Juan no ataca a los falsos maestros como lo hace 2 Pedro. Su preocupación es no sólo polémica sino también pastoral. Le preocupa estimular a sus lectores para que permanezcan en una fe cristiana sana y viva de forma consecuente con una conducta cristiana genuina.

Cerca del comienzo del tratado, Juan refuta el error gnóstico utilizando un lenguaje gnóstico. "Dios es luz, y no hay ninguna tinieblas en Él" (1:5). Los gnósticos creían que Dios era luz pero que el mundo material visible era un ámbito de tinieblas. El camino de la salvación consistía en obtener la *gnosis* que no era simplemente aprehensión intelectual sino que implicaba una experiencia mística directa con la que el alma del ser humano podía eludir toda atadura de las tinieblas y, en la muerte, remontarse al mundo de la luz. Juan, sin embargo, dice que el Evangelio cristiano lo propone de otra forma: "La luz verdadera ya alumbra" (2:8). Más que huir de las tinieblas, las personas deben acoger la luz que ya ha brillado en las tinieblas de este mundo (Jn. 1:9). Sin embargo, las tinieblas para Juan no son el mundo físico; son algo totalmente ético. "Él que dice que está en la luz, y aborrece a su hermano, está en tinieblas todavía" (2:9). "El que aborrece a su hermano, permanece en tinieblas y anda en tinieblas, y no sabe a dónde va, porque las tinieblas le han cegado los ojos" (2:11). "Como la luz verdadera ya brilla y las tinieblas van pasando" (2:8). En esto hay algo de escatología hecha realidad. Con la venida de Cristo al mundo, "ha comenzado una nueva era: la noche le abre el paso al día, las tinieblas a la luz." Los ámbitos de la luz y las tinieblas no son dos esferas estáticas de arriba y de abajo como en el gnosticismo. La luz es en realidad la palabra de Dios, pero al "mundo" lo caracterizan la tinieblas. El mundo en 1 Juan, como en el Evangelio, no es la creación sino el mundo de las personas visto en su rebelión y hostilidad a Dios. Los creyentes siguen en el mundo (4:17); pero "el mundo entero está bajo el maligno" (5:19). Juan habla varias veces del mundo como género humano. Cristo es la propiciación por nuestros pecados; "y no solamente por los nuestros, sino también por los de todo el mundo" (2:2). Y también, "muchos falsos profetas han salido por el mundo" (4:1). "El Padre ha enviado al Hijo, el Salvador del mundo" (4:14; ver 4:9).

Pero el uso que prevalece es el mundo de la sociedad pagana contemporánea, dedicada a la consecución de la satisfacción de groseros placeres sensuales (que Juan llama "los deseos de la carne"), a una idea materialista de la vida y los valores ("los deseos de los ojos"), y a la autoglorificación ("la vanagloria de la vida", 2:16). Los falsos profetas son del mundo, y el mundo los escucha (4:5). El mundo no entiende a los cristianos más de lo que entendió a Cristo (3:1). De hecho, les odia (3:13). Como respuesta, el cristiano no ha de amar al mundo. Ha de poner el afecto en un conjunto totalmente diferente de valores y no en el placer sensual, el materialismo y la autoglorificación (2:16). Es obvio que la negación del amor por el mundo no puede significar una negación del amor por las personas que constituyen el mundo, porque Cristo vino como el Salvador de todas las personas, incluso del mundo (4:14); aunque la carta, como el Evangelio, exhorta a amar sólo a los "hermanos", o sea, los que constituyen la comunión cristiana, aun así, el amor es la esencia de la conducta cristiana. Como Cristo ha introducido a los cristianos en un nuevo orden donde brilla la luz, por medio del poder de la fe en Cristo como Hijo de Dios, el creyente debe conquistar el mundo (5:4). El mundo malo es en realidad una situación transitoria, no permanente. "El mundo pasa, y sus deseos" (2:17). Solo él que cumple la voluntad de Dios (2:17), es decir, el que camina en la luz que ha brillado en Cristo, permanecerá para siempre.

Aunque Juan utiliza un lenguaje dualista – luz y tinieblas, Dios y el mundo – no es dualista en su pensamiento sino que se ubica plenamente en el centro de la tradición cristiana. Su teología se estructura en el dualismo del pasado y el futuro – el ya y el todavía no. El corazón del Evangelio es algo que la Iglesia ha poseído "desde el principio" (2:7). Es lo que ocurrió en el evento histórico de Jesucristo. Aquí Juan utiliza la misma teología que aparece en el Evangelio, aunque la carta habla del "Verbo de vida" (1:1). Esta palabra divina, como el Logos de Juan 1:1, "era desde el principio" aunque se manifestó en la historia en la persona de Jesús. Juan pone de relieve la realidad histórica objetiva de la encarnación. Significó la aparición en carne de una vida que pudo ser vista, tocada y oída (1:1–3).

Vida eterna

Esta vida se manifestó para traer vida a las personas. Como el Evangelio, la carta se concentra en la experiencia actual de la vida eterna. La menciona por lo menos diez veces, siempre con un énfasis en el presente. "Nosotros sabemos que hemos pasado de muerte a vida" (3:14). Uno de los propósitos de la carta es asegurar a los cristianos, que han rechazado la luz gnóstica más elevada, que pueden saber que tienen vida eterna (5:13). En Cristo, Dios ya nos la ha dado; el que tiene al Hijo tiene la vida (5:11–12).

Sin embargo esta experiencia de vida eterna tiene también un marco futuro. "El que cumple la voluntad de Dios permanece para siempre" (2:17). Juan espera la realización de todo lo que Cristo significa en su parousia escatológica (2:28). Aunque hemos recibido la vida, aunque hemos nacido de nuevo (2:29), todavía no somos como Cristo. Esperamos su parusia, el momento en que experimentaremos un cambio inimaginable. "Aún no se ha manifestado lo que hemos de ser; pero sabemos que cuando él se manifieste, seremos semejantes a él, porque lo veremos tal como él es" (3:2). Esta es una esperanza purificante. "Todo aquel que tiene esta esperanza en él, se purifica a sí mismo, así como él es puro" (3:3). Es evidente que Juan vive en la expectativa de una parusia inminente, porque "es el último tiempo" (2:18).

Anticristo

Uno de los fenómenos que caracterizan la última hora es la aparición de anticristos. La palabra *antichristos* se encuentra sólo en las cartas juaninas en el Nuevo Testamento (2:18, 22; 4:3; 2 Jn. 7), pero la idea también está en otras partes. El Anticristo es el adversario del Mesías, ya sea que se le oponga o que lo reemplace. En el discurso del Monte de los Olivos hay una expresión similar. "Se levantarán falsos Cristos, y falsos profetas (…) de tal manera que engañarán, si fuera posible, aun a los escogidos" (Mt. 24:24). El pensamiento de Juan acerca de los anticristos es la misma; son falsos profetas que niegan que Jesús sea el Mesías (2:22) y se apartan de la Iglesia (2:19) y, presumiblemente, tratan de descarriar a todos los que les escuchan.

Otra interpretación de anticristo (aunque la palabra no se emplea) aparece en 2 Tesalonicenses 2 y Apocalipsis 13: un solo anticristo que se opone abiertamente al culto de Cristo y se propone como objeto de adoración. Podemos concluir que el espíritu del anticristo se manifiesta dondequiera que sea en maestros herejes, cismáticos, pero se encarnará de forma culminante en una sola mala persona al final del siglo.

Pecado

Que Juan tenga mucho que decir acerca del pecado se debe indudablemente a una enseñanza gnóstica que afirma que el que ha sido iluminado espiritualmente puede lograr una perfección que le sitúa más allá de la tentación y del pecado. Éste es el primer paso hacia el antinomianismo, que había avanzado mucho en la herejía gnóstica a la que se refiere 2 Pedro. Como refutación de esta idea, Juan afirma, "si decimos que no tenemos pecado, nos engañamos a nosotros mismos, y la verdad no está en nosotros" (1:8). Ni siquiera el cristiano más maduro puede lograr la perfección total en esta vida. La perfección no se alcanzará hasta que lleguemos a ser semejantes a él en su parusia (3:2). Y también, es hereje tratar con ligereza el pecado. "Si decimos que no hemos pecado, le hacemos a él mentiroso, y su palabra no está en nosotros" (1:10). Dios ha provisto una solución para los pecados que comete el cristiano. "Si confesamos nuestros pecados, él es fiel y justo para perdonar nuestros pecados, y limpiarnos de toda maldad" (1:9). "Si andamos en luz (…) la sangre de Jesucristo su Hijo nos limpia de todo pecado" (1:7).

Igualmente le preocupa que su oposición a la idea gnóstica de perfección total no condujera a sus lectores a una actitud permisiva hacia el pecado. Por tanto, se apresura a decir, "estas cosas os escribo para que no pequéis" (2:1). El ideal cristiano es la victoria completa. Pero enseguida añade, "y si alguno ha pecado, abogado tenemos para con el Padre, a Jesucristo el justo. Y él es la propiciación por nuestros pecados" (2:1–2). Aquí Juan utiliza una palabra que se encuentra sólo en la Primera Carta y en el Evangelio: *parakletos*. En el Evangelio el Espíritu Santo será enviado a los discípulos de Jesús para que sea su Ayudador. Aquí Jesús es nuestro *parakletos* en los cielos en la presencia de Dios. La palabra encaja con el significado más técnico de abogado: alguien que representa a otro y defiende su caso. La salvación del pecado en el tiempo presente se basa no sólo en la obra propiciatoria de Cristo en la cruz, sino también en su posición exaltada en la presencia de Dios. La idea incluye intercesión por los creyentes en la tierra, como en Hebreos 7:25; 9:24 y Romanos 8:34.

Después Juan parece contradecir plenamente lo que ha escrito antes acerca del pecado en la vida cristiana. Algunas versiones tienen una traducción así: "El que peca es del diablo" (3:8). "Todo aquel que es nacido de Dios, no peca porque la simiente de Dios permanece en él; y no puede pecar porque es nacido de Dios" (3:9). "Sabemos que todo aquél que ha nacido de Dios, no peca, pues aquél que fue engendrado por Dios le guarda, y el maligno no le toca" (5:18). Estos versículos en realidad constituyen una contradicción verbal formal de lo que Juan dice en 1:8 y 2:1. Hay dos posibles soluciones al problema. La traducción antes citada quizá exagera el sentido del texto. En 3:8 y 9, la traducción literal, como en Reina-Valera (cf. NVI), es, "el que practica el pecado es del diablo". Los verbos están siempre en el tiempo presente, y el significado puede muy bien ser que el que ha nacido de nuevo no puede seguir viviendo en pecado porque ha sido puesto en él un nuevo principio de vida. *Debe* haber un cambio obvio en su conducta. Cuando uno sigue a Cristo, por necesidad romperá con su pasado pagano. Esta idea se expresa en otros pasajes del Nuevo Testamento. "No puede el buen árbol dar malos frutos, ni el árbol malo dar frutos buenos" (Mt. 7:18). Pablo expresa la misma idea con una metáfora diferente. "Porque el que ha muerto [con Cristo], ha sido justificado del pecado" (Ro. 6:7). "No reine, pues, el pecado en vuestro cuerpo mortal" (Ro. 6:12). Esta interpretación es muy plausible y consistente y no se puede rechazar porque esté basada en sutilezas gramaticales.[13] Los tiempos en griego son bastante significativos. El tiempo de 2:1 es aoristo; la meta de la vida cristiana es que uno no cometa pecado. En la práctica se quebranta el dominio y prevalencia del pecado; pero esto no significa perfección total.

Otra interpretación, menos satisfactoria, se remonta a Agustín. "Uno no peca a medida que mora en él". El dicho, "todo aquel que permanece en él, no peca" (tiempo presente, 3:6) da credibilidad a esta opinión.

Juan tiene algo más que decir acerca del pecado que nos resulta más bien enigmático. "Si alguien viere a su hermano cometer pecado que no sea de muerte, pedirá, y Dios le dará vida; esto es para los que cometen pecado que no sea de muerte." "Hay pecado de muerte, por el cual yo no digo que se pida" (5:16). No podemos más que interpretar "pecado que sea de muerte" en el contexto de toda la carta, y entenderlo en el sentido del pecado de apostasía, un repudio deliberado y desafiante de la misma fe cristiana. Es curioso que Juan nunca prohíba ni mande orar por esos; sólo lo desalienta. No dice expresamente que tal pecado sitúe a alguien más allá de la redención, lo que hace es expresar un convencimiento claro de que semejante pecado tan radical le excluye a uno de las oraciones de la Iglesia.

La vida cristiana

La carta, como el Evangelio (Jn. 3:3), habla de la entrada en la vida cristiana como de un nuevo nacimiento, ser engendrado por Dios, tener la simiente de Dios en lo más íntimo de uno (2:29; 3:9; 4:7; 5:1, 4, 18). Aquí Juan, como 2 Pedro 1:4, utiliza un lenguaje conocido para los gnósticos para expresar una verdad cristiana. Utiliza un lenguaje metafórico difícil de interpretar en términos sicológicos, y se puede ver en el hecho de que otra forma de expresar la misma verdad es hablar de "tener al Hijo" (5:12), del mismo modo que el Evangelio habla de recibir a Cristo (Jn. 1:12). Con el nuevo nacimiento, hemos entrado en una nueva relación; nos hemos convertido en los hijos de Dios (3:1, 2, 10; 5:2). Pablo concibe a los creyentes como hijos de Dios, pero por adopción más que por nuevo nacimiento (Ro. 8:15). Sin embargo, con el nuevo nacimiento y el implante de la semilla divina, Juan quiere claramente decir algo más que una nueva relación. Significa una nueva dinámica, un nuevo poder, que ha entrado en la personalidad humana, que se refleja en un cambio de conducta. En tiempos modernos, probablemente pensaríamos en un cambio de orientación de la voluntad humana. Mientras que el no cristiano se contenta con buscar caminos pecaminosos y prescinde de las exigencias de Dios, el hijo de Dios ha encontrado una nueva orientación de su voluntad – hacer la voluntad de Dios, amarle y servirle, romper con el pecado y seguir la justicia.

Juan utiliza un lenguaje que parece místico para describir la vida cristiana. Una de sus palabras características es "permanecer". Dios permanece en el que cree (4:16); Cristo permanece en los creyentes (3:24); la Palabra de Dios permanece en él (2:14); la vida permanece en él (3:15); el amor permanece en ellos (3:17); la verdad permanece en ellos (2 Jn. 2); la unción (del Espíritu) permanece en ellos (2:27); los creyentes, a su vez, permanecen en Dios (2:24); en Cristo (2:5, 6, 24, 27); en la luz (2:10); en la sana doctrina (2 Jn. 9). A modo de contraste, los no creyentes permanecen en la muerte (3:14).

Lo que Juan quiere decir no corresponde a la esfera mística sino a la conducta cristiana, sobre todo a la manifestación del amor. "El que dice que permanece en él, debe andar como él anduvo" (2:6). "El que ama a su hermano, permanece en la luz" (2:10). "Todo aquel que permanece en él, no peca" (3:6). "El que no ama a su hermano, permanece en muerte" (3:14). "El que guarda sus mandamientos, permanece en Dios" (3:24). Permanecer en Cristo significa vivir una vida de amor en comunión ininterrumpida con los hermanos creyentes. Permanecer, pues, significa obediencia a la ley del amor.

Permanecer en Cristo también significa permanecer en la verdadera tradición cristiana – algo que los gnósticos no han hecho. "Lo que habéis oído desde el principio, permanezca en vosotros. Si lo que habéis oído desde el principio permanece en vosotros, también vosotros permaneceréis en el Hijo y en el Padre" (2:24). La mala enseñanza, que rompe la comunión del pueblo de Dios, significa romper con Dios y con Cristo.

La ética de Juan es una repetición de la ética que se encuentra en el Evangelio; es el nuevo mandamiento del amor (Jn. 13:34). El verbo "amar" (*agapao*) se encuentra por lo menos veintiocho veces. La totalidad de la vida cristiana se sintetiza en descartar el amor al mundo (2:15), en amar a Dios (4:21), y en expresar este amor por Dios con el amor a los hermanos (4:20). Éste es el mensaje escuchado desde el principio, que nos amemos unos a otros (3:11). Éste es tanto el antiguo mandamiento como el nuevo (3:7–8). Este nuevo amor significa seguir el ejemplo de Cristo y amar hasta el extremo de estar dispuesto a "poner nuestras vidas por nuestros hermanos" (3:16). El amor es la prueba de que hemos pasado de muerte a vida (3:14), que hemos sido engendrados por Dios (4:7), que conocemos a Dios (4:7), que Dios mora en nosotros (4:12). Este amor no es un simple logro humano; es la respuesta humana al amor de Dios. "En esto consiste el amor; no en que nosotros hayamos amado a Dios, sino en que él nos amó a nosotros, en que Dios envió a su Hijo en propiciación por nuestros pecados. Amados, si Dios nos ha amado así, debemos también nosotros amarnos unos a otros" (4:10–11). "Nosotros le amamos a él, porque él nos amó primero" (4:19). "Y nosotros tenemos este mandamiento de él: el que ama a Dios, ame también a su hermano" (4:21).

Segunda y Tercera de Juan

Segunda de Juan es una verdadera carta para una iglesia concreta, llamada "la señora elegida y a sus hijos" (v. 1), para ponerlos sobre aviso para que no den hospitalidad, como era la costumbre, a un supuesto maestro cristiano itinerante que no proclamaba la sana doctrina (vv. 8–11). Estos no son verdaderos profetas sino engañadores, porque no confiesan que Jesucristo ha venido en carne (v. 7). **Tercera de Juan** se escribió para aconsejar a un cierto Gayo acerca de cómo tratar a Diótrefes (v. 9), un cismático. No resulta claro si su espíritu de división se debía a su adhesión a la doctrina gnóstica, o era primordialmente personal. Pudo muy bien haber sido lo segundo.

Sexta parte

EL APOCALIPSIS

Capítulo 45

El Apocalipsis

Introducción

El libro de Apocalipsis pretende ser una revelación de los eventos que acompañarán el fin del siglo y al establecimiento del Reino de Dios. La Teología originaria del libro, por tanto, es su Escatología. Pretende ser una profecía de las cosas que deben ocurrir pronto (1:2–3), y cuyo evento central es la segunda venida de Jesucristo (1:7).

Sin embargo, la interpretación de este libro ha sido la más difícil y confusa de todos los del Nuevo Testamento. De la Historia de la interpretación han surgido varios enfoques distintos. Lo más fácil es seguir la tradición propia y concreta como una opinión verdadera y dejar de lado las demás; pero el intérprete inteligente debe familiarizarse con los diferentes métodos de interpretación que pueden criticar y purificar la propia opinión.

El contenido de Apocalipsis

Ya que el libro debe interpretarse como una totalidad, debemos tener en mente un esquema de su contenido. El siguiente esquema se basa en la estructura literaria del libro, que se indica con la expresión "en el Espíritu" (1:10; 4:2; 17:3; 21:10).

La primera visión (1:9–3:22) consiste en el Cristo exaltado y sus cartas a las siete iglesias. Se ve a Cristo en medio de siete candelabros (1:12s.), simbolizando su supervisión de la vida de su Iglesia en la tierra. Las cartas a las siete iglesias (cap. 2–3) son siete cartas reales a siete iglesias de Asia Menor. El hecho de que hubiera otras iglesias en Asia en esa época sugiere que se escogen siete como representativas de toda la Iglesia. Aquí en estas cartas está el mensaje de Cristo a su Iglesia de todos los tiempos.

La segunda visión (4:1–16:21) describe el salón del trono celestial con el rollo con siete sellos en la mano de Dios. Sólo puede abrirlo el León de la tribu de Judá, que es el Cordero inmolado de Dios (4:1–11). Sigue una triple serie de siete: la rotura de los siete sellos (5:1–8:1), el sonido de las siete trompetas (8:2–9:21), y el vaciado de las siete copas (15:1–16:21). Cada sello, trompeta y copa van seguidos de una representación simbólica de algo que sucede en la tierra. Antes de que suenen las siete trompetas, puede verse a las multitudes: la primera, 12,000 de doce tribus de Israel, llevan en la frente un sello (7:3) para que no les perjudiquen las plagas de las trompetas (9:4). La segunda es un grupo innumerable de redimidos reunidos de entre todas las razas (7:9–17) que han "salido de la gran tribulación" (7:14).

Un tema central en esta segunda visión es el conflicto entre Dios y Satanás, al que se describe, con carácteres mitológicos, como un furioso dragón rojo (12:3–4). El dragón se ve frustrado en sus esfuerzos por destruir al Mesías (12:5), y después de ser derrotado en una batalla con Miguel y los ángeles (12:7ss.) dedica sus esfuerzos a destruir a la Iglesia en la tierra (12:17). En la consecución de este propósito, el dragón, llama a dos bestias (12:17–13:1; 13:11), que desafían a Dios (13:6), apartan de Dios los corazones de las personas (13:4, 14), y persiguen a la Iglesia (13:7, 15). Esta bestia y su falso profeta (19:20) llegan a prevalecer en sus propósitos e imponen su gobierno sobre todos los seres humanos (13:7–8, 16–17).

La tercera visión (17:1–21:8) es la gran ramera, Babilonia (17:1, 5), la gran ciudad que domina a los reyes de la tierra (17:18). El juicio y la destrucción de Babilonia se anuncian y se describen después (18:1–24), seguidos de un himno de alabanza por su destrucción (19:1–5).

El resto de la tercera visión describe el triunfo final de Dios sobre los poderes del mal. Primero viene un himno de alabanzas que celebra el matrimonio del Cordero y de su Esposa (19:6–10). A esto le siguen escenas del Cristo triunfante que juzgará y vencerá (19:11–16) y su destrucción de la bestia y del falso profeta (19:17–21). Esto a su vez va seguido de la victoria sobre el dragón, que no es, sin embargo, destruido de inmediato como lo fueron la bestia y el falso profeta. Primero, es atado y encerrado en el "abismo" durante mil años (20:1–3) mientras que Cristo con sus santos y mártires que "volvieron a vivir" (*ezësan*) reinan sobre la tierra (20:4–6). A esto se le llama la "primera resurrección" (20:5). Al final de este reino transitorio, Satanás (el Dragón) es liberado de su encarcelamiento y vuelve a engañar a las naciones, levantándolas en lucha contra los santos (20:9). Satanás es entonces destruido junto a la bestia y el falso profeta en el lago de fuego (20:10). Después sigue la segunda resurrección, el juicio final (20:11–15), y la venida del nuevo cielo y de la nueva tierra para sustituir a los antiguos (21:1–8), en los cuales los redimidos disfrutarán de una comunión perfecta con Dios (21:3–4).

Una última visión describe a la Jerusalén celestial, que es la Esposa, la mujer del Cordero (21:9–22:5). El libro concluye con un epílogo (22:6–21), que invita a las personas a recibir el don de la vida de Dios (22:17).

Métodos de interpretación

1. La interpretación pretérita. La interpretación de Apocalipsis que prevalece entre los estudiosos de la escuela crítica trata al libro como un ejemplo típico del género de la literatura apocalíptica y lo interpreta de la misma manera que el *Apocalipsis de Enoc* (*1 Enoc*), *La Asunción de Moisés*, 4 Esdras y *Apocalipsis de Baruc*. Apocalipsis es una serie de "tratados para tiempos adversos". Surgen en tiempos de males y persecución fuera de lo común. El pueblo de Dios no puede entender el problema del mal en la Historia o por qué le sobrevienen semejantes sufrimientos y terribles persecuciones. Los apocalipsis se escribieron para responder a este problema y para animar a un pueblo en desazón. La solución se encuentra en la idea de que Dios ha entregado a este siglo a los poderes del mal, pero pronto intervendrá para destruirlo y establecer su Reino. El mensaje de los apocalipsis se dirige a sus propios contemporáneos y no contiene de ninguna forma profecías del futuro, sino pseudo-profecías de la historia vuelta a escribir bajo el disfraz de profecía.[2] Todas las alusiones a eventos o personajes históricos deben buscarse en el contexto histórico del mismo libro.

Esta interpretación asume que Apocalipsis fue producido por una iglesia que se enfrentaba a la amenaza de una terrible persecución de Roma, quizá en la provincia de Asia, donde florecía el culto al emperador. Por tanto la bestia es uno de los emperadores romanos, y el falso profeta es el culto de la adoración del emperador. El autor asegura a los cristianos que aunque puede producirse un gran martirio, Cristo regresará pronto, destruirá a Roma y establecerá en la tierra su reino.

Debe de haber un elemento de verdad en este enfoque, porque sin duda Apocalipsis se escribió para dirigirse a su propia generación. Pero para la interpretación preterista Apocalipsis no es más verdadera profecía que un apocalipsis de la época, 4 Esdras. Hay, sin embargo, algunas diferencias claras entre Apocalipsis y los apocalipsis judíos, la más importante es su conciencia de formar parte del curso de la *Heilsgeschichte* o Historia de la redención, elemento que está ausente en la apocalíptica judía. Por tanto, aunque podemos reconocer en Apocalipsis algunos matices de eventos de la época, debemos concluir que el elaborado simbolismo de la literatura apocalíptica judía se utilizó con el propósito de una predicción profética de la consumación del propósito redentor de Dios.

2. El método histórico. Esta interpretación, que los reformadores apoyaron, ve en Apocalipsis una profecía de la Historia de la Iglesia. En esa historia se buscan eventos, naciones y personajes concretos que encajen con los sellos, trompetas, etc. La identificación más importante de esta interpretación es la de la bestia y la del falso profeta con el Papado en sus aspectos políticos y religiosos. Este método puede ser milenarista (I. Newton, Bengel, H. Alford), amilenarista (Lutero, Hengstenberg), o postmilenarista (D. Brown). Una dificultad importante que encontramos en esta posición es que no se ha logrado un consenso en cuanto a cuál es en realidad el esquema histórico previsto en Apocalipsis.

3. El método simbólico o idealista. Uno de los métodos más atractivos es el que ve en Apocalipsis sólo símbolos de poderes espirituales en acción en el mundo. El mensaje del libro es la seguridad dada a los santos que sufren de que Dios finalmente triunfara, sin predecir eventos concretos, ni pasados ni futuros. William Milligan es un exponente destacado de esta opinión (*Expositor's Bible*). La objeción en contra de esta opinión es que el género literario apocalíptico utilizaba el simbolismo para describir eventos en la historia; y deberíamos esperar que Apocalipsis comparta por lo menos este rasgo con otros libros de su misma naturaleza.

4. La interpretación futurista extrema: dispensacionalismo. Una opinión que ha penetrado profundamente en muchas iglesias evangélicas americanas interpreta Apocalipsis de acuerdo con una premisa dispensacionalista que afirma la existencia de dos programas divinos diferentes: uno para Israel y otro para la Iglesia. Todos los sellos, trompetas y copas pertenecen a la gran tribulación; y como éste es el tiempo de "angustia para Jacob" (Jer. 30:7), por definición se refiere a Israel y no a la iglesia. En los capítulos 2 y 3 se ve a la iglesia en la tierra, pero en el libro no vuelve a aparecer "iglesia" hasta 22:16. Los veinticuatro ancianos que están delante del trono de Dios se consideran como la iglesia, arrebatada y recompensada (4:4). Por tanto el rapto de la iglesia debe haber ocurrido en 4:1; y el pueblo de Dios en la tierra son los judíos, doce mil de cada una de las doce tribus (7:1–8), que proclaman el "evangelio del Reino" durante la tribulación y ganan a una gran cantidad de gentiles (7:9–17). La bestia es la cabeza del imperio romano, que va a ser restaurado en los últimos días. La profecía de Daniel 9:27 también se interpreta como una referencia a la cabeza de este imperio restaurado. Los últimos siete días comenzarán con un pacto entre la bestia (anticristo) e Israel, pacto que la bestia conculcará después de tres años y medio para después pasar a perseguir a los judíos con ira. El gran conflicto de Apocalipsis se da entre el Anticristo e Israel, no entre el Anticristo y la Iglesia. Como los capítulos 4–19 tienen relación con el período de la tribulación, sólo los capítulos 2–3 se aplican a la Iglesia y a su era. La opinión usual ha sido que las siete iglesias representan siete períodos sucesivos de la historia de la Iglesia, siendo el período final uno de apostasía y apatía espiritual. Esta opinión, sin embargo, va siendo descartada por los teólogos dispensacionalistas contemporáneos.[10]

5. La opinión futurista moderada. Apocalipsis pretende describir la consumación del propósito redentor de Dios, que implica tanto juicio como salvación. Uno de los problemas clave en la interpretación del libro es la relación entre los sellos, las trompetas y las copas. En la solución a este problema puede hallarse la clave para la interpretación del libro. Juan ve un libro en forma de rollo, sellado con siete sellos en su borde exterior, y que reposa en la mano de Dios. Ninguna criatura puede romper los sellos y abrir el libro, excepto el León de la tribu de Judá, que es el Cordero inmolado. Esta es la clave del libro. El León vencedor, único que puede revelar los propósitos ocultos de Dios, es el Jesús que murió en la cruz.

El pequeño libro tiene forma de testamento antiguo, el cual solía sellarse con los sellos de los siete testigos. El libro contiene la herencia de Dios para su pueblo, basado en la muerte de su Hijo. La herencia de los santos es el Reino de Dios; pero las bendiciones de ese Reino no se pueden dar aparte de la destrucción del mal. De hecho, la destrucción de todos los malos poderes es una de las bendiciones del gobierno real de Dios. He aquí el doble tema de Apocalipsis: el juicio del mal y la venida del Reino.

La rotura sucesiva de los sellos nos va abriendo gradualmente el libro. Su contenido no se puede manifestar hasta que se haya roto el último sello. Sin embargo, a medida que se van rompiendo, sucede algo. Después del primer sello, la victoria invade la tierra; después del segundo, la guerra; luego el hambre, la muerte y el martirio. El sexto sello nos conduce al final del siglo y a la venida del gran Día del Señor y de la ira del Cordero (6:16–17). Esto sugiere que los eventos que rodean la rotura de los sellos no constituyen el fin, sino que son eventos que llevan hacia el fin. Esta estructura tiene su paralelo en Mateo 24, donde las guerras, las hambrunas y otros males no son sino el "principio de dolores", todavía no es el fin (Mt. 24:8). Además, el caballo blanco que vence tiene su paralelo en Mateo 24:14, y describe los triunfos de la predicación del evangelio en el mundo. Muchos comentaristas opinan que los cuatro jinetes deben ser del mismo tipo, y que por tanto el caballo blanco debe representar algún poder malo. Sin embargo, no se menciona ningún dolor, como es el caso de los otros jinetes, y el blanco en Apocalipsis siempre se asocia con Cristo o con el triunfo espiritual. Que la predicación del Evangelio se asocie con plagas no es en este caso más incongruente que puede serlo en Mateo 24:1–14. No es una objeción válida decir que el evangelio en el orden actual nunca triunfará. Esto es verdad; pero el Evangelio obtiene triunfos. Tanto la espada (He. 4:12; Ap. 2:12) como el arco (Is. 49:2–3) son símbolos de que Dios actúa entre las personas. En la rotura de los cinco sellos se ponen de manifiesto las gestaciones que Dios utiliza antes del fin para llevar al cumplimiento de la salvación y el juicio: la predicación del Evangelio y los males de la guerra, la muerte, el hambre y el martirio. Estos son, por así decirlo, anticipos de la salvación y el juicio consumados que contiene el libro sellado.

El sexto sello nos lleva al fin; pero con la rotura del séptimo sello, cuando por fin se puede abrir el libro y manifestar su contenido, no sucede nada (8:1). No hay ningún dolor. Aunque esto armoniza con la flexibilidad del simbolismo apocalíptico, que el libro desaparezca ahora de la vista y nunca se mencione de forma explícita su contenido, el hecho de que al séptimo sello no se le dé ningún contenido específico sugiere que todo lo que sigue, comenzando con las siete trompetas, constituye el contenido del libro. Aquí comienza la manifestación real de los eventos judiciales y redentores que constituyen la consumación.

Podemos concluir que una interpretación futurista moderada entiende las siete cartas como dirigidas a siete iglesias históricas que representan a toda la Iglesia. Los sellos representan las fuerzas de la Historia, por mucho que dure, con las cuales Dios realiza sus propósitos redentores y judiciales en ella, que conducen al fin. Los eventos que comienzan con el capítulo 7 son futuros y rodearan la disposición final de la voluntad divina en lo que respecta a la Historia humana.

No podemos tratar toda la Teología del libro; lo único que podemos hacer es sintetizar su mensaje central en tres partes.

El problema del mal

Apocalipsis prevé un breve período de terrible mal en la Historia, al final de los tiempos. Como Mateo 24:15ss. y 2 Tesalonicenses 2:3ss, habla de un personaje malvado que, inspirado y dotado satánicamente, desafía abiertamente a Dios y exige que las personas le den culto antes que a Él. Le será permitido desencadenar una verdadera guerra contra la Iglesia y ejercerá señorío a lo largo y ancho del mundo (Ap. 13:1–10). Sus propósitos se verán reforzados por un falso profeta, que prostituye con éxito la religión para dirigir la adoración de las personas hacia la bestia. El falso profeta sabe combinar los poderes de la religión y del intercambio económico hasta controlar todo el orden social en interés de la adoración de la bestia (13:11–18). Hay aquí una deificación satánicamente inspirada del que regula incluso la adoración de sus súbditos. La civilización apóstata se describe como Babilonia, la gran ramera, que ha desviado a los reyes de la tierra con sus incitaciones hacia un materialismo lujurioso e impío (17–18), de forma que también ellos se han vuelto contra Cristo (17:14) para adorar a la bestia.

Este breve intervalo será testigo de un martirio terrible. El ser humano podrá escoger entre negar a Cristo o morir. Una cantidad innumerable de creyentes de muchas naciones será martirizada porque ha sido fiel al Cordero (7:9–17). De hecho, su martirio será su victoria. Juan ve "a los que habían alcanzado la victoria sobre la bestia y su imagen" junto a un mar de vidrio delante del trono de Dios (4:6) cantando un himno de victoria (15:1–4). En el día en que se juega el destino eterno de las personas, el martirio será una victoria.

Sin embargo, esta lucha entre la bestia y el Cordero por las almas de las personas no es nada nuevo, ni tampoco la última manifestación satánica de odio por la Iglesia se limita al fin de los tiempos. La visión de Apocalipsis 12, que explica la terrible persecución final, es una de las visiones más importantes del libro. Juan contempla una visión de los poderes que operan en el mundo espiritual entre las bambalinas de la historia humana. Se describe a la iglesia como a una mujer espléndidamente adornada (12:1). No es la iglesia histórica sobre la tierra sino la iglesia ideal en el cielo. Como tal, no hay que identificarla directamente ni con Israel ni con la iglesia, aunque incluya a ambas. Como pueblo ideal, celestial, de Dios, da a luz tanto al Mesías (12:2, 5) como a la iglesia concreta en la historia (12:17). La idea de un pueblo celestial ideal de Dios no es exclusiva de Juan. Pablo habla de la Jerusalén de arriba que es la madre de todos los creyentes en la tierra (Gá. 4:26; ver también He. 12:22). Además, la última visión de Apocalipsis es de la Jerusalén celestial que desciende a la tierra; pero es la esposa de Cristo, la esposa del Cordero, el pueblo de Dios (Ap. 21:9–10). Así pues, los esfuerzos del dragón rojo (Satanás) por destruir a la mujer representan con rasgos vívidos y pintorescos una lucha secular entre Satanás y el pueblo de Dios.

El esfuerzo de Satanás por destruir al Mesías se ve frustrado (12:4–5). Al contrario, él mismo se ve arrojado de su lugar de poder como resucitado de un conflicto espiritual que se describe como una lucha entre Miguel y el Dragón. El lenguaje con el que se describe este triunfo sobre Satanás (12:10–12) sugiere que deberíamos interpretar esta victoria no como un evento escatológico, sino como la victoria alcanzada por Cristo sobre el mal satánico. Cuando Jesús mismo dijo una vez, "yo veía a Satanás caer del cielo como un rayo" (Lc. 10:18), se refería en términos simbólicos a la derrota de Satanás producida por su propia presencia entre las personas y por los poderes del Reino comunicado a ellas (Lc. 10:17; cf. Mt. 12:28–29). Debido a esta derrota del Dragón, éste se enfurece más y trata con más empeño de destruir a la mujer.

Esta visión describe la enemistad sin tregua de Satanás contra el pueblo de Dios, enemistad que adquiere una expresión histórica. Este parece ser el significado de las palabras de Juan en cuanto a que el Dragón se fue para hacer la guerra "contra el resto de la descendencia de ella" (12:17), la iglesia en la tierra. Este conflicto en el cielo entre el Dragón y la mujer explica el mal que la iglesia experimenta a lo largo de toda su historia (12:11), primero en manos del Imperio Romano, y en su manifestación última y más intensa, en manos del anticristo. Es el Dragón el que se para en la orilla para llamar a la bestia para que con un esfuerzo final destruya al pueblo de Dios. La bestia, la encarnación última del mal satánico, es una combinación de las cuatro bestias de Daniel 7 (13:2). Esto sugiere que la persecución de los últimos tiempos se ha manifestado a lo largo de toda la historia. Por tanto, el único elemento exclusivo es la intensidad de la tribulación; pero Jesús habló del mismo mal (Mt. 24:21–22). El temor evangélico moderno de sufrir en la gran tribulación ha olvidado la enseñanza bíblica de que la iglesia, debido a su carácter fundamental, es siempre una iglesia mártir (Hch. 14:22). La verdadera victoria consiste en derrotar a la bestia con la lealtad a Cristo hasta la muerte (15:2).

La visitación de la ira

Apocalipsis describe algo que no se enseña en ningún otro pasaje de la Biblia: que el tiempo de la gran tribulación será también un tiempo en el que Dios manifiesta juicios anticipados sobre las personas. Éste es el significado de las siete trompetas y de las siete copas. Son representaciones simbólicas de algunos de los juicios o maldiciones que Dios hará recaer en el último momento antes de la lucha entre el Cordero y el Dragón. No podemos decir qué son estas plagas. Las descripciones son altamente simbólicas. Son anticipos de la ira de Dios (16:1), que se consumará con el retorno de Cristo.

Hay que advertir tres hechos. Primero, las maldiciones se dirigen contra las personas que ostentaban el distintivo de la bestia y adoraron su imagen (16:2). En esta última hora terrible, las personas tendrán que posicionarse en un lado o en otro. El martirio puede aguardar a los seguidores del Cordero, pero la ira de un Dios santo espera a aquellos que se sometan a la bestia.

Segundo. las plagas tienen un propósito compasivo. Tienen como propósito que todas las personas se doblequen, por así decirlo, con arrepentimiento antes de que sea irrevocablemente tarde. Este propósito compasivo de los juicios de Dios se sugiere claramente en versículos como 9:20; 16:9 y 11, donde se reitera que, a pesar de que descienda sobre ellos con ira la mano de Dios, no se arrepintieron para darle gloria. Incluso el temor de la ira de Dios en estos últimos momentos terribles, antes del amanecer del nuevo siglo, tiene un objetivo compasivo.

Tercero, hay un grupo sellado que se ve protegido en contra de estas plagas y que no sufre la ira de Dios. Precisamente antes de que suenen las trompetas, Juan oye cómo se sella a un grupo de gente que se dice que son doce mil de cada una de las doce tribus de Israel (7:1–8). Estos son sellados para que estén protegidos de las plagas que Dios está a punto de derramar sobre la bestia y sus seguidores (7:4; 9:4). El sello de Dios o la señal de la bestia distinguirán a las personas en esta última hora, de si están del lado de Dios o del de Satanás.

Muchos comentaristas ven en este grupo sellado la salvación última de Israel que Pablo proveyó en Romanos 11 (ver también Mt. 10:23; 23:39). Así parece, excepto porque estas doce tribus no pueden ser el Israel literal, porque no son las doce tribus del Israel del Antiguo Testamento. No aparecen en ningún lugar de la Biblia las tribus que se mencionan aquí. Hay tres irregularidades que hacen difícil, si no imposible, ver en estos sellados al Israel literal. Se menciona primero a Judá, y por tanto se prescinde del orden del Antiguo Testamento. Se omite a Dan, sin ninguna explicación. Además, se menciona a José en lugar de a Efraín. Estos dos hechos sugieren que Juan con esta enumeración voluntariamente irregular de las doce tribus, quiere designar a un Israel que no es el Israel literal.

Que Juan concibe un Israel espiritual se demuestra con otras referencias. Habla dos veces de los "que se dicen ser judíos, y no lo son, sino sinagoga de Satanás" (2:9; 3:9). Con esto Juan quiere decir que hay personas que son judías de nacimiento pero no espiritualmente, sino que son más bien seguidores de Satanás. Verdadero judío, pues, no lo es quien lo es radical o religiosamente, sino el que reconoce a Cristo y sus pretensiones y por tanto reconoce a la iglesia como al verdadero pueblo de Dios. Los pseudojudíos no quieren hacer tal cosa.

Con esto como clave, podemos entender las doce tribus de Apocalipsis 7 como al verdadero Israel, los elegidos de Dios, ya sean judíos, o gentiles. Esta parece ser la razón voluntaria de la enumeración tan irregular de las doce tribus. Se trata del verdadero Israel, que no es el Israel literal sino la iglesia. En el umbral del último día, el pueblo de Dios será sellado en la frente para que no sufra la ira derramada sobre la bestia y sus seguidores. Sin duda, Juan recordó la señal de sangre en la puerta de las casas Israelitas en Egipto, con que se libraron de la plaga de muerte que cayó sobre las casas cuyas puertas no ostentaban la marca. He aquí un grupo que pasa por la tribulación pero que no sufre la ira de Dios.

Los dos grupos de Apocalipsis 7 describen al mismo pueblo de Dios desde dos perspectivas. Desde la divina, es un número ideal; doce mil de cada una de las doce tribus. El pueblo de Dios estará completo, y quedará preservado en medio de este tiempo terrible de ira. Sin embargo, desde la perspectiva humana, la iglesia es una gran multitud sin número, formada de todas las naciones, que sufrirá el martirio, pero que saldrá de la tribulación triunfante para colocarse delante del trono de Dios en victoriosa porque ha lavado sus ropas en la sangre del Cordero (7:14).

La venida del Reino

La venida del Reino de Dios se describe en colores bitonales: la destrucción del mal y la bendición de la vida eterna. La destrucción del mal se presenta en varias etapas. La segunda venida de Cristo, descrita en 19:11–16, tiene como propósito principal la destrucción del mal. Su venida se describe en términos guerreros. Cabalga en caballo de batalla y lleva ropa manchada de sangre por la lucha. Le acompañan ejércitos celestiales, al parecer de ángeles; pero no se unen a la lucha. La única arma que utiliza es una afilada espada que le sale de la boca – su palabra desnuda. No se trata de una conquista militar. Su triunfo sobre el mal radica en el poder de su palabra. Hablará y con ello conseguirá el triunfo.

Primero derrota a la bestia, al falso profeta y a sus seguidores (19:17–21). Esta victoria se describe en términos de destrucción sangrienta, pero el cuadro es obviamente simbólico. Su destino no es ser destruidos en la batalla sino ser arrojados a un lago de fuego y azufre.

Después la atención vuelve al Dragón que inspiró a la bestia. El Triunfador desaparece sorprendentemente de la escena, y en su lugar aparece un ángel que desciende del cielo para derrotar al Dragón. Esperaríamos que fuera arrojado enseguida al lago de fuego, pero este destino queda pospuesto. Primero, se ata al Dragón y se le encierra en un abismo por mil años. Solo al final de ellos es puesto en libertad y puede de nuevo seducir a las personas para que se rebelen contra Cristo y sus santos. Después el Dragón, que es el Diablo, es arrojado al lago de fuego junto con la bestia y el falso profeta.

El aspecto positivo de la venida del Reino de Dios también se presenta por etapas, y no en un gran evento aislado. Primero hay un reinado temporal de mil años en el que los santos resucitados reinan con Cristo (20:4). A esto lo sigue lo que podríamos llamar el Reino eterno con su cielo nuevo y su tierra nueva. Cada uno de estos aspectos del Reino de Dios va precedido por una resurrección. La resurrección del reino milenario se llama "la primera resurrección" (20:5). Algunos comentaristas opinan que es parecida a la de los mártires de la tribulación. De hecho se les menciona de forma especial; pero el lenguaje más bien tosco del griego está bien traducido en RV (ver también RSV): "Y vi tronos, y se sentaron sobre ellos, y se les concedió hacer juicio" (20:4). Este grupo se compone de todos los santos de Dios, que son resucitados y comparten el reinado de Cristo. La promesa de que los santos compartirán el gobierno y el juicio de Cristo aparece con cierta frecuencia en la Escritura (Dn. 7:9, 22; Mt. 19:28; 1 Co. 4:8; 6:2, 3; 2 Ti. 2:12; Ap. 2:26, 28; 3:12, 21; 5:9–10). Un segundo grupo está constituido por los mártires, sobre todo los de la tribulación. "Y vi las almas de los decapitados por causa del testimonio de Jesús y por la palabra de Dios". Son escogidos para ser objeto de atención especial. Hay un tercer grupo constituido por "los que no habían adorado a la bestia ni a su imagen, y que no recibieron la marca en sus frentes ni en sus manos". Que se trata realmente de un tercer grupo no se percibe en la mayor parte de las traducciones, pero la sintaxis de la frase griega cambia en ese momento. Este tercer grupo designa a aquellos que sobreviven a la persecución de la tribulación y que viven cuando Cristo regrese. De los tres grupos se dice que "volvieron a vivir" y reinaron con Cristo durante el milenio. Si el tercer grupo designa a los santos todavía vivos, la palabra *ezësan* incluye tanto la resurrección de los santos muertos como el rapto de los vivos, como en 1 Tesalonicenses 4:16s. y 1 Corintios 15:51s.

La primera resurrección es parcial, porque "los otros muertos no volvieron a vivir hasta que se cumplieron mil años" (20:5). La "segunda resurrección", aunque no se la llama así, se da al final del milenio (20:11–15), cuando resucitan los demás muertos para el juicio final. En conexión con la primera resurrección no se menciona ningún juicio, pero ahora los muertos están ante el gran trono blanco de Dios para ser juzgados. Este grupo incluye, al parecer, a todos durante el milenio. La base del juicio es doble: obras y el libro de la vida. El destino de las personas se decidirá de acuerdo con sus obras (Ro. 2:6–11) y de acuerdo con su relación con Jesús.

Uno de los puntos más debatidos en la interpretación conservadora de Apocalipsis es la del milenio. Se suele rechazar la doctrina sobre una base exegética y no teológica. Apocalipsis no expone en ninguna parte una teología del reino milenial. ¿Por qué debe haber un reino temporal sobre la tierra antes de que comience el Reino eterno sobre una tierra nueva? Una respuesta frecuente es que Apocalipsis simplemente refleja ideas apocalípticas de la época y adapta a la teología cristiana el concepto judío dual de los "días del Mesías" temporales y del "Siglo Venidero" definitivo. Cualquiera que sea el antecedente histórico del concepto, todavía debemos interrogarnos acerca de su significado teológico en el Nuevo Testamento. En esto nos vemos limitados por ciertas inferencias, porque el Nuevo Testamento no explica en ninguna parte la necesidad de este reino temporal, excepto para indicar que de alguna forma no revelada es esencial en el cumplimiento del reinado de Cristo (1 Co. 15:24ss.).

No debería objetarse por principio la idea de ese reino temporal, porque el Nuevo Testamento es muy claro en cuanto a que ya estamos experimentando un reinado temporal de Cristo en la era eclesial. Cristo es ya el Señor exaltado (Fil. 2:9) y reina a la diestra de Dios (Hch. 2:33–36; He. 1:3, 13; 8:1; 10:12–13; 12:2). Ya ha sido entronizado como Rey (Ap. 3:21; 1 Co. 15:24–26) y ha traído a las personas las bendiciones de su Reino (Ro. 14:17) y a las personas a él (Col. 1:13). Uno de los puntos vitales que unifican la diversidad de la teología del Nuevo Testamento es la tensión entre la teología vivida y la futura. Si, pues, en el siglo presente hay una superposición real de los dos siglos de forma que mientras vivimos en el siglo antiguo experimentamos los poderes del Siglo Venidero, no debería objetarse en principio la idea de que

Dios en su propósito redentor todavía puede disponer de un siglo en el que haya una mayor interacción entre los poderes del nuevo siglo y del presente siglo malo.

De hecho, es precisamente en este punto en el que encontramos una de las razones teológicas para tal reino. Cristo reina ahora come Señor y Rey, pero su reinado está velado, no se ve, el mundo no lo reconoce. La gloria que ahora posee solo la conocen las personas de fe. Por lo que se refiere al mundo, el reinado de Cristo es sólo potencial y no hecho realidad. Sin embargo, contrariamente a las apariencias, reina y "preciso es que él reine hasta que haya puesto a todos sus enemigos debajo de sus pies" (1 Co. 15:25). Luego este reinado debe hacerse público en poder y gloria y su Señorío debe reconocerse universalmente (Fil. 2:10–11).

El Siglo Venidero no será el tiempo del reinado de Cristo sino el Siglo de la gloria del Padre. Cuando Cristo haya reinado como Rey y haya sometido a todas las voluntades hostiles, entregará el Reino a Dios Padre y Él mismo se someterá finalmente a Él "para que Dios sea todo en todos" (1 Co. 15:27s.). Si, pues, el siglo presente es el tiempo del reinado velado de Cristo y de su gloria oculta, y el Siglo Venidero es el tiempo del dominio universal del Padre, el reino milenial será el siglo de la manifestación de la gloria de Cristo cuando la soberanía, que ahora posee pero que no se manifiesta abiertamente, y que entregará al Padre en el Siglo Venidero, se manifestará en el mundo.

La idea de un reinado temporal de Cristo tiene otra importancia teológica. Durante este intervalo Satanás está atado y encerrado en un "abismo" (20:2–3) para que no pueda engañar a las naciones. Al final de este período de justicia inigualable, cuando se libera a Satanás de su encarcelamiento, vuelve a tratar de engañar a las naciones (v. 8). Incluso después de que Cristo haya gobernado a las personas por mil años, el corazón humano sigue respondiendo a las seducciones satánicas.

La Palabra de Dios tiene mucho que decir acerca de lo justo y recto de los juicios de Dios (Ro. 3:4; 2 Ts. 1:5–6; 2 Ti. 4:8; Ap. 16:5, 7; 19:2; 1 P. 2:23; ver sobre todo Ro. 2:1–16). Además, la preocupación de Dios es tratar a las personas con justicia y juicio "para que toda boca se cierre y todo el mundo quede bajo el juicio de Dios" (Ro. 3:19). Si, pues, todavía ha de haber en la sabiduría soberana de Dios una era en la Historia en la que el mal esté frenado, en que prevalezca la justicia de un modo desconocido en este siglo –si ha de haber un tiempo de justicia social, política y económica en que las personas vivan juntas bajo el gobierno de Cristo en paz y prosperidad –si antes del juicio final Dios otorga a las personas una época en la que el medio social sea lo más perfecto posible, y sin embargo después de semejante período de justicia, los corazones no regenerados siguen siendo rebeldes a Dios, en el juicio final desde el gran trono blanco, toda boca deberá cerrarse y de nada servirán las excusas, para vindicación de la gloria y justicia de Dios. Hay teólogos actualmente que insisten en que el amor de Dios exige que el infierno se vea libre de todo ser humano, que Dios no puede ser justo y recto si al final una sola alma perece. La idea misma de castigo eterno es totalmente repugnante para la mente humana. Hay realmente necesidad de vindicar el juicio de Dios y también de manifestar su amor ilimitado. Los "aspectos más severos del amor de Dios" no se pueden diluir en sentimentalidades que no tomen al pecado en serio. El reinado milenial de justicia es el antecedente inmediato del juicio final, para que cuando el terrible destino de los malos se proclame, Dios pueda ser justificado en sus actos y su justicia sea vindicada en sus juicios.

El estado final del Reino de Dios es un cielo nuevo y una nueva tierra (21:1ss.). Esto expresa una teología de la creación que se encuentra por toda la Biblia. Los profetas del Antiguo Testamento describen al Reino de Dios en términos de una tierra redimida (Is. 11:6–9, Jl. 3:18: Am. 9:13–15). Esto se describe en términos de cielo nuevo y tierra nueva, incluso en el Antiguo

Testamento (Is. 65:17; 66:22). Sin embargo, este cuadro de un nuevo orden en el Antiguo Testamento es menos que perfecto, porque Isaías sigue hablando de pecado y muerte en la nueva tierra (Is. 65:20). Sin embargo, el substrato de estas expectativas es una Teología fundamental, aunque dichas expectativas deben clarificarse con revelaciones progresivas: que el destino último de la humanidad es terrenal. El ser humano es una criatura, y Dios creó la tierra para que fuera el escenario de su existencia como tal. Por tanto, así como la redención del ser humano en el aspecto corporal de su ser exige la resurrección del cuerpo, también la redención de la misma creación física exige una tierra renovada como escenario de su existencia perfeccionada. El ser humano nunca deja de ser criatura de Dios. El Nuevo Testamento no elimina esta teología, aunque revela más que el Antiguo Testamento al mostrar que la novedad del orden eterno es mucho más radical de lo que Dios había manifestado a los profetas. Jesús habló de la regeneración del mundo (Mt. 19:28), y Pablo habló de la redención del orden creado (Ro. 8:20–21). La nueva tierra de Apocalipsis 21 es la última instancia en la revelación de cómo esta redención se llevará a cabo. Así como podemos hablar de la resurrección del cuerpo aunque el cuerpo resucitado será muy diferente a los cuerpos físicos actuales, también podemos hablar de la redención de la creación aunque el nuevo orden sea en realidad una tierra nueva.

La tierra nueva es el escenario último de la meta final de la redención: "He aquí el tabernáculo de Dios con los hombres, y él morará con ellos; y ellos serán su pueblo, y Dios mismo estará con ellos como su Dios" (Ap. 21:3). Este rasgo – el hecho de que Dios será Dios para su pueblo – es el elemento central del pacto de Dios con su pueblo en el curso de la Historia de la redención. Que Yahve sería Dios para su pueblo era el elemento ininterrumpido en el pacto con Abraham (Gn. 17:7), con Moisés (Éx. 6:7; Dt. 29:13), y con David (2 S. 7:24s.), y es la característica permanente del nuevo pacto que Dios prometió establecer en el Reino futuro (Jer. 31:1, 33; Ez. 37:23; 36:28). Ahora por fin, esta promesa del pacto encuentra su cumplimiento perfecto en la nueva tierra del Siglo Venidero.

El centro de la nueva tierra es la ciudad santa, la nueva Jerusalén, que se describe como la Esposa del Cordero, adornada con esplendor (21:9–11). La descripción de la ciudad es muy simbólica. Sus habitantes incluyen a los redimidos de las épocas tanto del Antiguo Testamento (21:12) como del Nuevo (21:14). En la ciudad no habrá templo, porque habrá comunión inmediata entre Dios y su pueblo, sin mediación de ningún culto ni ritual (21:22). Quedarán excluidas la muerte y las enfermedades (22:1–2). La palabra más importante – la que contiene todas las bendiciones del nuevo orden – se sintetiza en tres, "verán su rostro" (22:4). Esta es la meta de la redención. Nadie ha visto nunca a Dios; el Unigénito es el único mediador que trae el conocimiento de Dios a las personas (Jn. 1:18). Cuando se haya completado la misión redentora de Cristo, los redimidos disfrutarán de la gloria de la visión beatífica. Verán el rostro de Dios. Todo lo demás es secundario.

Y así concluye la Biblia, con una sociedad redimida que mora en una nueva tierra que ha sido liberada de todo mal, con Dios morando en medio de su pueblo. Ésta es la meta del largo curso de la Historia de la redención. *¡Soli Deo gloria!*

Apéndice

Apéndice

Unidad y diversidad en el Nuevo Testamento

¿El Nuevo Testamento es una unidad? Está formado por veintisiete libros escritos en momentos diferentes y dirigidos a lectores diferentes; además, detrás de estos libros hay, al menos, ocho autores diferentes, así que está claro que no se trata de la clásica unidad (¡o no!) de los libros escritos por un único autor. La convicción, no obstante, que los cristianos han tenido a lo largo de la Historia mantiene que los autores humanos de la Biblia fueron inspirados por el mismo Autor divino, por lo que los libros que aparecen tanto en el Antiguo como en el Nuevo Testamento presentan en diversos aspectos una fuerte coherencia y un mensaje inspirado por Dios. La Iglesia siempre ha dicho que ha basado sus creencias en las Escrituras, dicho de otra forma, la "ortodoxia" es, según la Iglesia, la enseñanza de las Escrituras.

Estas creencias sobre la unidad y la "ortodoxia" de las Escrituras normalmente han hecho que los cristianos en el pasado, y también en el presente: (1) usaran la Biblia como una fuente de textos que probaban sus ideas, escogiéndolos indiscriminadamente y al azar para establecer una doctrina o dar autoridad a su manera de pensar; (2) respondieran a las aparentes incoherencias de la Biblia y a la tensión que éstas suscitan realizando un intento forzado de armonización, es decir, encontrando la manera de explicar las aparentes discrepancias y (3) interpretaran los pasajes bíblicos a la luz de la doctrina cristiana tal como la conocemos.

Algunas figuras a lo largo de la Historia han cuestionado la unidad de las Escrituras: en el siglo II Marción fue excomulgado por decir que había puntos irreconciliables entre el evangelio de la gracia de Pablo y la religión judía del Antiguo Testamento (y de gran parte del Nuevo Testamento). En el tiempo de la Reforma, Martín Lutero luchaba con la epístola de Santiago. Pero aunque estos casos son ejemplo de un cierto cuestionamiento sobre el Canon de las Escrituras inspiradas, casi podríamos decir que las dudas sobre la unidad *teológica* básica de la Biblia no se ha cuestionado hasta hace unos doscientos años.

Todo comenzó a cambiar con la aparición del Racionalismo moderno y de la Crítica bíblica. Se pasó de darle importancia al carácter divino de las Escrituras a poner un énfasis mayor en el elemento humano de éstas. "Como cualquier otro libro" (por citar una expresión tan usada), a los documentos bíblicos se les ha acabado asignando una interpretación histórica. Así que la Biblia no es un compendio de verdades eternas, sino una colección de escritos que surgieron por la necesidad de situaciones y contextos concretos. Además, esto coincidió con la aparición de la idea de que los escritos bíblicos eran humanos y, consecuentemente, debían ser falibles, conteniendo el mismo tipo de errores y contradicciones que cualquier otro documento escrito por un ser humano.

En esta era postilustrada en la que el estudio bíblico se ve inmerso, la Biblia ya no se ve como una unidad, antes se tenía esa garantía porque era la Palabra de Dios, sino como una colección de materiales diversos que tienen cosas en común, pero que también guardan sus propias características, lo que los diferencia de una forma bastante clara. Según el erudito de Tübingen del siglo XIX C.F. Baur, y su influyente reconstrucción de la Historia de los primeros cristianos, la "tesis" del cristianismo judío (encabezada por Pedro y representada en el Nuevo Testamento por Mateo y Santiago) chocaba con la "antítesis" del cristianismo heleno (representado por Pablo y Lucas), y este conflicto había sido resuelto con una "síntesis" católica (representada por Marcos). En este siglo, la figura probablemente más importante hasta hace bien poco ha sido W. Bauer, quien argumentó en su *Orthodoxy and Heresy in Earliest*

Christianity que el cristianismo original no era un movimiento unificado, sino que comprendía varios puntos de vista, algunos opuestos entre ellos.

Aunque hoy en día casi nadie sigue las ideas de la tesis de Baur, el pensamiento tanto de Baur como de Bauer sobre la diversidad y el conflicto en la Iglesia primitiva y el Nuevo Testamento es ya algo muy normal. De ahí que James Dunn, uno de los expertos británicos en el Nuevo Testamento más importantes, sea muy directo en su brillante obra *Unity and Diversity in the NT*, donde concluye que "en el primer siglo no había ninguna forma normativa de cristianismo" y que "El Nuevo Testamento (…) deja entrever que en el cristianismo, más o menos desde el primer siglo, había diversidad y desacuerdo" (373s.). Dunn no va tan lejos y no usa la palabra "contradicción" cuando habla del Nuevo Testamento, pero no duda en decir que algunos autores del Nuevo Testamento deliberadamente rechazan las ideas y los puntos de vista de otros autores novotestamentarios.

Algunos expertos creen que estas divergencias entre los autores del Nuevo Testamento son tan abismales que la idea de reconciliar los pensamientos de éstos es inconcebible. Por ejemplo, se dice que la religión de Pablo es radicalmente diferente a la de Jesús. Pero la posición de Dunn es algo más cauta. Aunque mantiene que existe una clara diversidad en el Nuevo Testamento, defiende que la creencia en Jesús como el Señor resucitado une a todos los autores del Nuevo Testamento, por opuestos y diferentes que parezcan a veces. Cree que el Canon de las Escrituras define tanto el centro como el hilo conductor de la creencia cristiana, es decir, que deja claro las ideas que una creencia cristiana debe incluir, si es que quiere llamarse cristiana, pero también muestra que la auténtica fe cristiana puede tener un amplio abanico de formas de expresión. Sin embargo, aunque Dunn subraya que el tema de la diversidad no debe llevarse hasta el último extremo, también deja claro que no existe una única "ortodoxia" o "teología" del Nuevo Testamento. Debemos hablar de varias "teologías" (como tanto nos ha recordado la Crítica de la redacción).

Esta lógica conclusión supone que en algunas ocasiones las Escrituras se han tratado de forma ilegítima, a saber: (1) usar versículos y pasajes de la Biblia como representativos de toda la Biblia, como si ésta fuera un cuerpo doctrinal homogéneo, (2) mucha de la armonización forzada que se ha creado entre ideas y pasajes de la Biblia, ya que muchos no saben apreciar la diversidad de ésta y (3) interpretar textos bíblicos según una ortodoxia cristiana posterior, dado que la llamada ortodoxia cristiana sólo representa una de las varias posiciones teológicas representadas en el Nuevo Testamento, y dado que es un error interpretar textos más antiguos a través de una ortodoxia posterior.

A partir de lo que hemos dicho sobre lo que podría llamarse una perspectiva "tradicional" de la unidad y la diversidad en la teología del Nuevo Testamento (que hace un énfasis exagerado en la unidad) y sobre la perspectiva crítica (que, al contrario, pone el énfasis en la diversidad), es bastante obvio que este tema es de una importancia considerable para el estudiante cristiano y el teólogo. Las conclusiones a las que lleguemos deben marcar el rumbo de nuestra interpretación de los textos bíblicos, de nuestra comprensión del Canon y de la autoridad de las Escrituras, e incluso de la manera de ver y de enfrentarnos a la diversidad actual de la Iglesia. Sin embargo, el propósito principal de este capítulo final no es adentrarnos en estos temas tan importantes, sino simplemente considerar si el mismo Nuevo Testamento justifica, y en qué medida, la actual tendencia de los investigadores, encabezada por Dunn, a abogar por la diversidad del Nuevo Testamento.

Unidad y Diversidad: ¿qué tiene que decir el Nuevo Testamento mismo?

¿Qué evidencias hay en el Nuevo Testamento que incidan más en el tema de la unidad o, por el contrario, en el de la diversidad? No será posible contestar de una manera exhaustiva en un estudio tan breve, pero vamos a intentar tratar algunas de las cuestiones clave: (1) examinaremos el tema de las diferentes facciones de la Iglesia primitiva. ¿Había diferentes versiones – y todas válidas – del cristianismo? (2) Consideraremos la cuestión de la evolución de la Iglesia primitiva. ¿Había una ortodoxia cristiana estática, un modelo de creencia cambiante? (3) Por último, nos detendremos en el debate Jesús-Pablo, y veremos si en la Iglesia primitiva había un fuerte respeto por la tradición, similar a la preocupación por la ortodoxia de la Iglesia posterior. Después de considerar estos tres temas, concluiremos de forma breve intentando determinar si existe una teología del Nuevo Testamento con una estructura central y coherente.

La Diversidad: ¿competición entre las diferentes iglesias?

Dunn y otros arguyen que el cristianismo del Nuevo Testamento comprendía ramas o "trayectorias" (así las llaman Robinson y Koester) bastante diferenciadas. Había un cristianismo judío muy pronunciado, asociado sobre todo con la ciudad de Jerusalén; había un cristianismo helenista, que muchas veces acababa desembocando en el gnosticismo; había un cristianismo apocalíptico que hacía un fuerte énfasis en un final inminente; y con el tiempo, también apareció el cristianismo católico. Nos centraremos especialmente en los aspectos judío y heleno del cristianismo del primer siglo; primero veremos por qué expertos como Dunn creen que había un serio conflicto entre los cristianos judíos y los helenistas; luego veremos que había más unidad de la que se dice[9].

Si creemos en el libro de los Hechos, los cristianos judíos y helenistas empezaron a ir por dos líneas bien distintas desde casi los inicios del cristianismo. Así, los apóstoles y los cristianos que hablaban arameo adoraban en el templo y se mantenían fieles a las prácticas judías. Pero los cristianos que hablaban griego, aunque también eran de trasfondo judío, parece que ya desde muy temprano optaron por otro camino. Según Hechos 6 el conflicto apareció porque se decía que la Iglesia no había sabido administrar la "distribución diaria" de alimentos. Así que se eligió a siete hombres para que trataran el asunto y, como sus nombres eran griegos, se cree que todos eran líderes de la comunidad de cristianos helenos.

En Lucas, el discurso de Esteban sugiere que la división entre los cristianos judíos y los helenistas no fue debida tan sólo a una cuestión cultural y práctica, sino que también fue debida a una cuestión teológica. Esteban no muestra nada de aprecio por el templo; incluso lo llama *cheiropoietos*, (que literalmente quiere decir "hecho a mano", 6:48; cf. Hebreos 9:11, 24), un adjetivo que los judíos usaban para referirse a los ídolos paganos (por ejemplo, Isaías 31:7; 46:6; Daniel 5:4, 23; 6:27, LXX). La actitud tan radical que Esteban muestra sobre el templo le separa de los apóstoles y de otros cristianos que parece que se han mantenido fieles al templo, y hace que la jerarquía judía inicie una persecución feroz. En Hechos vemos que se expulsa a los cristianos de Jerusalén, a excepción de los apóstoles (8:1). No explica por qué no expulsaron a los apóstoles, pero puede entenderse que la persecución va dirigida concretamente hacia los helenistas, y no contra los cristianos de habla aramea, cuya actitud hacia el templo era más tradicional. Así que vemos que surge una división teológica entre un cristianismo judío más conservador y un cristianismo helenista más radical.

La divergencia entre el cristianismo helenista y el judío se intensificó, especialmente cuando las cuestiones sobre los gentiles y la observancia de la ley mosaica se convirtieron en temas de debate. Hechos no es el único libro que da testimonio de estas claras divisiones de opinión: en algunas cartas de Pablo y, sobre todo en Gálatas, vemos al apóstol como el líder de ese grupo radical helenista, que negaba la importancia de la observancia de la ley judía, incluso para los cristianos judíos; Jacobo, el hermano de Jesús, se convierte en el líder de la iglesia de Jerusalén, y muchos de los cristianos judíos de Jerusalén cumplen "celosamente" la ley judía (del mismo modo que lo había hecho Saulo, el fariseo antes de convertirse) y son el polo opuesto a la posición liberal de Pablo (Hechos 21:18–26). La división continúa.

Reconocer que esta tensión era una realidad en medio de la Iglesia primitiva no significa que necesariamente se tenga que reconocer la diversidad de la enseñanza en el Nuevo Testamento. Pero la verdad es que es fácil probar y llegar a la conclusión de que esta diversidad también existía: se dice que el Evangelio de Mateo y la Epístola de Santiago representan el punto de vista del cristiano judío conservador. Según muchos, Santiago entabla de forma deliberada una polémica discusión sobre la definición paulina de la justificación por fe: Pablo explica que Abraham fue justificado por la fe que tuvo, y no por cumplir la ley; Santiago usa el mismo ejemplo para decir exactamente lo contrario e insistir en la importancia de las buenas obras (cf. Gálatas 3, Romanos 4, y Santiago 2). Por lo que a Mateo se refiere, hace unas claras declaraciones sobre la indiscutible validez de la ley veterotestamentaria (5:17–20; 23:1–3), deliberadamente evita incluir el comentario que Marcos hace sobre Jesús, "que hace limpios todos los alimentos", porque Mateo no lo cree así (cf. Marcos 7:19; Mateo 15:9, 10) y puede que también de forma deliberada esté arremetiendo contra Pablo en 5:19, cuando dice que los que quebrantan los mandamientos, por insignificantes que sean, serán los más pequeños en el reino de los cielos.

Puede parecer que el libro de Hechos contradice, al menos en parte, esta tesis, que apunta a una clara división entre el cristianismo heleno y el judío: el autor de Hechos describe un conflicto punzante de la Iglesia primitiva, pero cuenta que los apóstoles, Pablo y Jacobo – líderes de la iglesia – trabajaban juntos y, en cuanto a los temas de controversia, intentaban llegar a un acuerdo (capítulos 15, 21). Así que, aunque Jacobo y Pablo tenían objetivos y estrategias muy diferentes – el uno trabajaba entre la congregación de Jerusalén y el otro era misionero entre los gentiles – Lucas deja entrever que podían dialogar sobre los temas polémicos que surgían y así, llegar a acuerdos.

Lo que ocurre es que muchos dicen que esto no es más que el deseo de Lucas de encubrir la triste realidad: Lucas escribió después de que los acontecimientos tuvieran lugar y lo que busca es enfatizar la unidad y suavizar la diversidad. Y lo hace aún en detrimento de la fiabilidad histórica, describiendo a un Pablo mucho más conciliador y comprensivo con los judíos y judaizantes de lo que en realidad era (por ejemplo, Hechos 16:3; 21:20–26), y no dando mucha importancia a la ofrenda que Pablo trae a Jerusalén de parte de las iglesias gentiles, que era tan importante para Pablo (cf. 1ª Corintios 15; 2ª Corintios 8 y 9, y Romanos 15, con la alusión de Hechos 24:17). Se cree que Lucas no da importancia a la iniciativa de Pablo de recoger la ofrenda porque fue rechazada por la iglesia de Jerusalén y que Lucas no quiere añadir este suceso, ya que evidenciaría claramente la falta de unidad.

La Unidad: acuerdo entre los diferentes grupos

Esta interpretación de que Hechos es una tapadera histórica no debe tomarse a la ligera. Está claro que el relato histórico de Lucas (como el de cualquier historiador) es parcial, pero el no mencionar la ofrenda puede que sólo refleje el hecho de que esta iniciativa, que parecía tener mucha importancia para Pablo ya que tenía muchas ganas de que llegara el momento de poder entregarla, quedó en la sombra del olvido, volviendo la vista atrás, a causa de los acontecimientos en torno al arresto de Pablo.

En cuanto al retrato que se hace de Pablo como reconciliador, diremos que no hay nada en Hechos que contradiga de forma obvia al Pablo de las epístolas. Si comparamos Hechos 15 con Gálatas 1 y 2 surgen algunas cuestiones cronológicas interesantes, pero en relación con las posiciones de las diferentes partes en el debate sobre los gentiles y la ley, estamos ante el mismo cuadro. Gálatas sugiere un espectro de posiciones: Pablo a la izquierda defendiendo la libertad de los gentiles; Bernabé con Pablo, aunque de forma vacilante (véase que en Gálatas 2:13 dice "aún Bernabé"); Pedro, a quien Pablo desafía de tal forma que queda bastante claro que sus convicciones son las mismas que las de Pablo, aun cayendo en una pronunciada incoherencia; Jacobo, a quien se asocia en 2:12 con el ala conservadora, pero que en cambio se une a Pedro y a Juan para aprobar el ministerio de Pablo (2:9); y en la derecha más extrema estaban los alborotadores, los que insistían en que los gentiles que se convertían a través de Pablo debían ser circuncidados. El esquema sería el siguiente:

Pablo	Bernabé	Pedro	Jacobo	los alborotadores en pro de la circuncisión
radical	compañero	simpatizante	mediático	anti-Pablo

Este retrato corresponde exactamente a Hechos 15, donde Pablo y Bernabé hablan en favor de la libertad, Pedro les defiende, Jacobo, como líder, propone un acuerdo que básicamente está en la línea de Pablo, y los alborotadores siguen diciendo que los gentiles se tienen que circuncidar.

Más adelante, las descripciones tanto de Hechos como de Pablo de las repetidas tensiones entre éste y Jerusalén, vuelven a converger. En Hechos 21 Pablo llega a Jerusalén y tiene que sufrir el recelo y la desconfianza de los cristianos y la oposición violenta de los judíos no cristianos. Lucas no encubre esta tensión, y la descripción que hace corresponde precisamente con la situación de Romanos 15, donde Pablo anuncia su visita a Jerusalén y pide a sus lectores que oren "para que sea librado de los que son desobedientes en Judea, y que mi servicio a Jerusalén sea aceptable a los santos" (15:31).

Así que no deberíamos rechazar la descripción lucana de un Pablo reconciliador sin haberla considerado. Hechos deja muy claro que había más armonía entre Pablo y Jerusalén de la que muchos críticos establecen, pero no sólo eso, sino que Pablo también lo ratifica en sus escritos. Ya hemos mencionado Gálatas 1 y 2, donde Pablo está intentando desesperadamente rebatir a los que le acusan de ser un apóstol de segunda fila, y él asegura que no ha recibido "su evangelio" de los hombres, sino que es una revelación divina. Pero, aunque insiste en que es independiente de Jerusalén, también menciona los contactos que tiene en Jerusalén, y hace referencia en concreto a un encuentro de dos semanas con Pedro, y a dos reuniones con los líderes de Jerusalén para tratar el tema de la validez del Evangelio. Pablo quería que su evangelio fuera reconocido, no quería ser un "llanero solitario". Deja claro que su evangelio fue reconocido y que Pedro, Juan y Jacobo le aprobaron y le dieron la mano en señal de comunión fraternal. Pablo dice que algunos de sus opositores predican "otro evangelio" – un evangelio falso – pero declara que él y los "pilares" de Jerusalén predican el mismo evangelio, el auténtico y, si queremos, el ortodoxo.

Es lógico y obvio que sí hubiera tensiones y diferencias en cuanto a la práctica religiosa. Pero llegar a decir que hubo una división radical a causa de las diferentes ideas entre Pablo y Jerusalén es una exageración. La ofrenda para los santos de Jerusalén, en la que Pablo invirtió mucho esfuerzo, es una prueba de su preocupación por que continuase la unidad y comunión entre los cristianos helenistas y los judíos. Puede ser que en esta ofrenda, Pablo también viera una señal del final de los tiempos, el cumplimiento de los pasajes del Nuevo Testamento que hablan de que las riquezas de los gentiles llegarán a Jerusalén (por ejemplo, Isaías 60:5, 6). Esto es tan sólo una especulación, pero lo es también decir que representa el reconocimiento por parte de Pablo de la importancia de la Iglesia de Jerusalén y de una continua preocupación de que su misión sea reconocida como parte de la misión de la iglesia "católica".

Puede que haya algo de verdad en la idea de que el Pablo de Hechos es más reconciliador que el Pablo de las epístolas. Pero esto no pone en duda la fiabilidad de Hechos: Pablo mismo dice que era osado, severo y duro cuando escribía las cartas, pero que cuando estaba ante la gente era muy tímido y humilde (2ª Corintios 10:1, 10). Y las epístolas no hablan siempre de un Pablo que trataba los temas de forma agresiva y radical: es muy contundente cuando ve que el Evangelio de la gracia para los gentiles no se acepta; pero incluso en Gálatas, su carta más agresiva, llega a decir que "ni la circuncisión es nada, ni la incircuncisión" (6:15), y en 1ª Corintios habla explícitamente de su papel como reconciliador: "A los judíos me hice como judío, para ganar a los judíos … A los que están sin ley, como sin ley" (9:20, 21). Pablo deja claro que su flexibilidad es una cuestión de principio: "para que por todos los medios salve a alguno" (9:22). Aunque esa misma flexibilidad sería considerada por algunos – léase, sus oponentes judíos – como una señal de traición. Sin embargo, queda claro que el retrato que Hechos hace de Pablo no es históricamente imposible, y que la diferencia que existía entre Pablo y las otras facciones de la Iglesia no son tan abismales como se ha llegado a decir[18].

Pero entonces, ¿qué decir de las posiciones contradictorias que aparecen en los escritos del Nuevo Testamento? Al tratar este tema también se puede caer en la exageración. Es verdad que, a primera vista, parece que Pablo y Santiago están enfrentados a causa del tema de la justificación: Pablo insiste en el tema de la fe, y Santiago, en el de las obras. Pero esta impresión es errónea, como muestran las tres observaciones siguientes:

(1) Pablo y Santiago se encuentran en situaciones bastante distintas. Cuando Pablo ataca la "justificación por obras" lo hace para defender a los cristianos gentiles de aquellos judíos o cristianos judíos que quieren que se circunciden y se rindan ante la ley judía. La crítica que Santiago hace de "la justificación por fe sin obras" no tiene nada que ver con judíos ni con gentiles. Escribe a unos cristianos cuya falta de amor y caridad ponía en evidencia su profesión de fe.

(2) Podría ser que algunas de las personas a las que Santiago se está dirigiendo hubieran tomado la enseñanza de Pablo sobre la libertad cristiana y la hubieran deformado de tal manera que consiguieran preocupar a Santiago hasta el punto de escribir su epístola. Sin embargo, está muy claro que tanto Pablo como sus escritos tienen la misma preocupación que Santiago sobre el mal uso de la libertad cristiana y sobre la importancia de vivir según la ley del amor. Incluso en Gálatas, donde se defiende a ultranza la libertad cristiana, Pablo insiste en que los cristianos deben vivir en amor el cumplimiento de la ley, y a aquellos que viven de forma corrupta les avisa que va a haber un juicio (5:13, 14; 6:7, 8).

(3) Los dos temas importantes: La salvación por gracia de Pablo, y la fe en acción de Santiago, corresponden a dos de los aspectos más destacados de la enseñanza de Jesús tal y como aparecen en los Evangelios: por un lado, la forma controvertida en que acepta a los pecadores y las parábolas como el hijo pródigo (Mateo 9:10–12; Lucas 15:11–32) y, por otro lado, el Sermón del Monte con su llamada a la perfección y con la advertencia que Jesús hace a aquellos que dicen "Señor, Señor" y no hacen la voluntad de Dios (Mateo 5:48; 7:21–23; Lucas 6:36, 46). La

coexistencia de estos dos temas centrales en la enseñanza de Jesús sugiere que, al menos, los evangelistas no vieron que hubiese ninguna incompatibilidad entre ellos.

También sugiere la posibilidad de que en tiempos de la Iglesia primitiva la "ortodoxia" estaba definida por la persona y la enseñanza de Jesús, y tanto Pablo como Santiago dependían de él y eran la continuidad de su enseñanza. Obviamente, a lo largo de la Historia, los intérpretes, inmersos en sus circunstancias, enfatizarán diferentes aspectos de la tradición de Jesús y, a veces, lo harán de forma controvertida. La crítica que Esteban hace del templo de Jerusalén ha sido interpretada como la continuación de las palabras de Jesús sobre la corrupción y la destrucción que habían de venir sobre el templo, y sobre la construcción de un nuevo templo[21]. La interpretación de Esteban de las palabras de Jesús no fue considerada del mismo modo por todos los cristianos de Jerusalén, pero se extendió como si fuera algo "ortodoxo" y la Iglesia primitiva llegó a aceptar dicha interpretación como una enseñanza del mismo Jesús.

En cuanto al desacuerdo que encontramos entre el Evangelio de Mateo y el de Marcos sobre el tema de la ley judía, diremos que el problema se encuentra en una interpretación no muy fiable de Mateo:

(1) La posición que sostiene que Mateo copió el Evangelio de forma delatadora de su rechazo ante el relato en el que Jesús hace limpios todos los alimentos, está basada en la cuestionable interpretación de que Mateo depende del Evangelio de Marcos. Es muy posible que Mateo conociera los escritos de Marcos, pero también había a su alcance una gran cantidad de tradición independiente. Prueba de ello es, precisamente, el pasaje sobre lo que contamina al hombre (Mateo 15 y Marcos 7). Puede ser que Mateo utilizara una interpretación de la enseñanza de Jesús más antigua que la de Marcos, y que Marcos interpretara dicho evento teniendo en mente a sus lectores gentiles, tratando así el tema de los alimentos puros e impuros.

(2) Aunque Mateo contiene algunos textos que parecen una defensa clara de que los cristianos también deben guardar la ley de manera rigurosa, otros textos sin embargo dan una impresión muy diferente, sobre todo 11:28–30 y 17:24–27. En el primero de estos textos Jesús invita a la gente a que tome su yugo, que es fácil y ligero. En el segundo, el curioso relato sobre el impuesto del templo, Jesús dice que los "hijos de los reyes" están "exentos" de dicho impuesto. Según estos textos de Mateo, no se puede decir tan abiertamente que fuera un legalista riguroso.

El versículo clave es la importante declaración cristológica de Mateo 5:17: "No penséis que he venido a abrogar la ley o los profetas; no he venido para abrogar, sino para cumplir". Los eruditos han luchado mucho para descubrir cuál es el significado de estas palabras y, especialmente, de la palabra "cumplir". Quizá la interpretación más plausible sea que todo aquello que el Antiguo Testamento ("la ley de los profetas") ha estado aguardando y a lo que ha estado apuntando ("el reino de Dios") ha llegado con Jesús, incluida la Justicia Mayor, que Jesús ilustra en los versículos siguientes. Jesús no es la negación del Antiguo Testamento; al traer el reino de Dios afirma el Antiguo Testamento y lo completa, va más allá. Si esto es lo que Mateo busca transmitir, la enseñanza de Jesús suplanta, en cierto sentido, la ley del Antiguo Testamento, y se demuestra que Mateo no era un legalista riguroso. Ciertamente, se podría decir que tanto aquí como en otros pasajes Mateo y Pablo tienen mucho en común: Pablo coincide con Mateo en el "cumplimiento" que los cristianos deben hacer de la ley, en la primacía del amor, en la libertad, y en el tema de no ofender a los demás (cf. Gálatas 5:14; Romanos 13:10). Así que en el Nuevo Testamento hay más unidad de la que puede parecer a primera vista.

No podemos cambiar de tema sin hacer una última observación sobre Mateo. Algunos eruditos, después de observar las posiciones sobre un Mateo riguroso y las posiciones sobre un

Mateo liberal han detectado cierta diversidad, e incluso cierto conflicto, dentro del mismo Evangelio. Y toman el texto de Mateo 5:17–20 para demostrarlo. Dicen que el versículo 19, con la advertencia de que "cualquiera, pues, que anule uno solo de estos mandamientos, aun de los más pequeños, y así lo enseñe a los otros, será llamado muy pequeño en el reino de los cielos; pero cualquiera que los guarde y los enseñe, éste será llamado grande en el reino de los cielos", refleja una visión judeocristiana muy rigurosa que Mateo mismo reinterpreta y rechaza, poniéndolo en el contexto de otras enseñanzas que señalan que Jesús es el "cumplimiento" de la ley y los profetas, y que la justicia de Jesús es mayor que la de los escribas y fariseos. Esta sugerencia no es imposible. Tampoco es imposible que las declaraciones pro gentiles y anti gentiles que aparecen en Mateo reflejen este tipo de diversidad (cf. 10:5; 15:24; 28:18). Sin embargo, es muy arriesgado acusar a un autor tan válido como Mateo de realizar una obra incoherente, llena de inconsistencias, aunque sea en versículos adyacentes. Cuando se trata de autores como Mateo o Pablo (cuyas declaraciones sobre la ley son tanto o más confusas que las del mismo Mateo), o de cualquier otro, el erudito moderno corre el peligro de subestimar a los autores bíblicos y a la complejidad y sutileza de las ideas que quieren transmitir. En todo caso, si autores como Mateo o Pablo presentan ideas, incluso dentro de un mismo libro, que parecen estar en conflicto entre ellas, entonces deberíamos tener mucho cuidado en no extraer conclusiones precipitadas y generales sobre la diversidad *entre los diferentes autores* del Nuevo Testamento.

Todo esto no debería tomarse como una negación de que había diferencias culturales, religiosas e incluso teológicas entre los diferentes grupos de cristianos que encontramos en el Nuevo Testamento. Es evidente que había tensiones que ponían en peligro la unidad de la Iglesia. Sin embargo, al mismo tiempo vemos que entre ellos había mucho en común y, sobre todo, el mismo compromiso hacia Jesús.

La Diversidad: la evolución de las ideas

Según algunos expertos, la existencia de escuelas de pensamiento cristiano radicalmente diferentes en tiempos de la Iglesia primitiva no es la única razón que hace imposible poder hablar de una teología del Nuevo Testamento unificada: también hacen referencia a la importante evolución teológica que tuvo lugar en el mismo período del Nuevo Testamento.

Por ejemplo, se dice que la Cristología evolucionó: la idea de Juan de que Jesús era el Hijo de Dios preexistente y eterno está más desarrollada que el pensamiento cristiano primitivo sobre la persona de Jesús, e incluso más de lo que el mismo Jesús dice de sí mismo. Dunn, Raymond Brown y otros creen que Jesús sí era consciente de una relación filial con Dios y así lo manifestó al usar, por ejemplo, la expresión "Abba". Consideran, no obstante, que el pensamiento cristiano primitivo no establece esta asociación hasta la resurrección. A partir de ese momento se considera a Jesús como Hijo de Dios (Romanos 1:4: "que fue declarado Hijo de Dios con poder, conforme al Espíritu de santidad, por la resurrección de entre los muertos").

Pero, según se dice, la Iglesia no tenía bastante con esta interpretación, y la idea fue evolucionando: Jesús se convirtió en el Hijo de Dios por la adopción del Espíritu Santo en su bautismo y, por eso, el relato del Evangelio en Marcos y en otras fuentes anteriores comienza con el bautismo de Jesús. La siguiente evolución fue asociar la idea del estatus de Hijo de Dios mediante la actuación del Espíritu Santo con un evento anterior: su nacimiento, tal como reflejan los Evangelios de Mateo y Lucas. Finalmente, el paso que llevaría a lo que se convirtió en la doctrina ortodoxa sobre la persona de Jesús como el eterno Hijo de Dios lo encontramos en el

Evangelio de Juan. Así que dentro del Nuevo Testamento mismo encontramos un cuadro de evolución y diversidad, y no de una ortodoxia estática.

Se dice que la evolución que tuvo lugar en la Escatología es aún mayor. Muchos son los que creen que Jesús y los primeros cristianos creían en un final inminente: creían firmemente que la nueva era de la expectativa apocalíptica judía estaba comenzando y que el reino vendría de forma completa en cuestión de una generación. Esta expectativa puede verse en varias declaraciones de Jesús, como Marcos 9:1: "Algunos de los que están aquí no probarán la muerte hasta que vean el reino de Dios después de que haya venido con poder" (ver también Mateo 10:23; Marcos 13:30). También puede verse en las primeras cartas de Pablo, sobre todo en 1ª y 2ª Tesalonicenses, donde la expectativa de los tesalonicenses del final inminente y la consecuente ansiedad sobre los cristianos que ya han muerto derivan de la propia enseñanza de Pablo sobre la Segunda Venida del Señor (1ª Tesalonicenses 1:10; 4:3–18; 2ª Tesalonicenses 2:2). Pablo intenta calmar a sus lectores, pero a la vez parece compartir la opinión de que el fin llegará mientras él y sus contemporáneos estén aún con vida (1ª Tesalonicenses 4:17: "nosotros, los que estemos vivos…").

Parece ser que con el tiempo esta expectativa y sentido de inminencia fue disminuyendo. No sólo eso, sino que el llamado "retraso de la parusía" – que el Señor no volviera tan pronto como se creía – se convirtió en un serio problema en medio de la Iglesia. Así, en 2ª Pedro el problema se trata de forma explícita: para Dunn, el argumento que Pedro usa en 2ª Pedro 3:8 es "bastante insatisfactorio ("para el Señor un día es como mil años…") porque "acaba con la Escatología apocalíptica de raíz". Pero este problema también lo tratan, aunque de forma implícita, otros autores del Nuevo Testamento. Por ejemplo, Lucas recoge el discurso escatológico de Jesús (capítulo 21) de forma que elimina la impresión que aparece en la versión de Marcos, relacionando el desastre de Jerusalén que predice con la venida del Señor y el libro de Hechos apenas alude a Segunda Venida. El Evangelio de Juan es aún más radical ya que casi no da importancia a la idea de la Segunda Venida del Señor y la sustituye por la venida de Jesús de forma individual en la persona del Espíritu Santo. En el corpus paulino la segunda venida del Señor va perdiendo importancia y Pablo empieza a anunciar su propia muerte antes de la parusía (por ejemplo, en Filipenses 1:23). Los expertos han detectado que, de igual forma, la actitud ética de Pablo también va cambiando, va siendo menos radical en su posición ante instituciones como, por ejemplo, el matrimonio para tener una postura más positiva (por ejemplo, pasa de 1ª Corintios 7 a Efesios 5).

También, junto con los cambios en la expectativa escatológica, podemos ver cambios en la comprensión de la misión y el ministerio de la Iglesia. Hay un cambio que va desde la comprensión limitada de Jesús de que su misión estaba dirigida tan sólo a los judíos (como vemos en Mateo 10:5; 15:24) hasta la postura que incluye a los gentiles. Marcos 13:10, donde Jesús dice que el Evangelio debe ser predicado a todas las naciones, es "un claro ejemplo de un añadido interpretativo debido al cambio de perspectiva que ya se había extendido en tiempos de la tradición sinóptica".

Otra evolución consiste en el cambio de estilo de la vida eclesial: de un estilo fuertemente carismático que se percibe en las epístolas de Pablo, como 1ª Corintios, a una estructura mucho más institucionalizada que se respira en las pastorales. Esta evolución es uno de los rasgos de las pastorales que han convencido a muchos eruditos de que su autor no fue el apóstol Pablo: se dice que en las pastorales se aprecia un "catolicismo temprano" – acompañado de un énfasis en la organización y la tradición, y no tanto en el Espíritu y en la Escatología – nada típicos de Pablo. Si Lucas, que en Hechos recoge que Pablo nombra a los líderes de las iglesias (14:23), parece apoyar la visión que Pablo tenía de las pastolares, es, según dicen, porque está cortado por el mismo patrón de catolicismo temprano: el retrato que Lucas hace de la Iglesia no tiene nada de histórico, ya que nombrar a líderes "habría ido en contra de la visión paulina de la Iglesia como comunidad carismática".

La conclusión vuelve a ser que el Nuevo Testamento no nos ofrece una ortodoxia única y uniforme, sino un conjunto de ideas que evolucionan y una variedad de posiciones teológicas diferentes que, muchas veces, van en direcciones opuestas.

La Unidad: continuidad de ideas

Sin embargo, lo dicho anteriormente no quiere decir que haya muchas más evidencias a favor de la diversidad que a favor de la unidad. Por lo que a Cristología se refiere, existe claramente un mayor énfasis en que Jesús es el Hijo de Dios en el Evangelio de Juan que en los Sinópticos. Pero debemos tener en cuenta las siguientes observaciones:

(1) Hay evidencias de que el mismo Jesús se reconocía como el Hijo de Dios. En concreto, contamos con la fórmula "Abba" (Marcos 14:36; y los ecos de Gálatas 4:6; Romanos 8:15).

(2) También hay evidencias de que los evangelistas de los Sinópticos estaban familiarizados con algo parecido a la visión de Juan sobre Jesús. Mateo y Lucas, en concreto, incluyen lo que se ha llamado la "bomba joánica": "Nadie conoce al Hijo, sino el Padre, ni nadie conoce al Padre, sino el Hijo, y aquél a quien el Hijo se lo quiere revelar" (Mateo 11:27; paralelo: Lucas 10:22). Este tipo de lenguaje no es común en los Sinópticos, pero tan sólo mirando esta importante declaración – y hay otras que son casi tan sorprendentes (como Marcos 13:32) – podemos ver que entre Juan y los Sinópticos no hay un abismo tan grande como el que se suele dibujar.

(3) El modelo de una evolución hacia una Cristología joánica se ve desacreditado no sólo por esa declaración Q que encontramos en Mateo 11:27 y el texto paralelo de Lucas 10:22 (si el documento Q es de los años 40 o 50), sino aún más por las epístolas de Pablo, ya que, a pesar de los esfuerzos de Dunn por convencernos de lo contrario, existen evidencias contundentes de que la idea de Jesús como el preexistente Hijo de Dios ya estaba firmemente enraizada cuando se escribieron los primeros libros del Nuevo Testamento. De aquí también se desprende que debemos tener cautela al afirmar que el silencio de un autor sobre un tema en concreto indica ignorancia sobre ese tema. Aun no aceptando la asociación tradicional de Marcos y Lucas con Pablo – y hay razones para defender dicha tradición[38] – las evidencias que Pablo aporta apuntan a que es muy probable que la idea de la preexistencia de Jesús ya estuviera entre los evangelistas.

(4) La gran importancia que se da en Juan a que Jesús es el Hijo de Dios quizá no se deba tanto a la creatividad teológica del evangelista, sino al contexto concreto en el que estaba escribiendo. Parece ser que se encontraba en medio de una situación en la que se estaba cuestionando la identidad de Jesús, en la que los judíos, los mismos seguidores de Juan el Bautista, e incluso algunos desertores de su propio movimiento (cf. 1ª Juan 2:19–23) estaban sembrando dudas entre los cristianos de la Iglesia de Juan (cf. 1:8, 9). Es interesante comparar el énfasis cristológico del Evangelio de Juan con las declaraciones cristológicas de Pablo en Colosenses (1:14–20): encontramos parecidos sorprendentes y es muy posible que Pablo y Juan estuvieran respondiendo ante un contexto o situación similar justo en la misma zona del Mediterráneo (el Evangelio de Juan se ha relacionado con Éfeso, una importante ciudad cerca de Colosa).

Por lo que se refiere a la Escatología y al "catolicismo temprano", es muy probable que las perspectivas cambiaran con el paso del tiempo. Sin duda alguna las expectativas que Pablo tenía de que estaría vivo cuando el Señor volviera fueron cambiando a medida que el tiempo iba pasando y él se iba haciendo mayor; también vemos que temas como el orden de la Iglesia fueron adquiriendo más importancia a medida que su ministerio se acercaba al fin. Pero aunque está claro que en medio de la Iglesia primitiva se creía que estaban en los últimos tiempos, la idea de que Jesús y sus discípulos esperaban el final inminente de la historia del mundo, fácilmente se exagera o se simplifica demasiado. Jesús esperaba que, en breve, ocurrieran cosas trascendentales (incluyendo la destrucción de Jerusalén), pero al referirse a su Venida, vemos que ni él mismo sabía cuándo iba a ocurrir, y advirtió que no se especulara sobre dicho tema (Marcos 13:21–23, 32). También refirió parábolas que hablaban de un señor que tardaba mucho en regresar (por ejemplo Mateo 15:11–30) y sobre la misión de la Iglesia, incluyendo la misión a los gentiles (Mateo 24:14; paralelo: Marcos 13:10).

El énfasis en la tardanza del Señor en las parábolas del siervo, de las diez vírgenes y de los talentos se ha interpretado a veces no como la venida de Jesús, sino la de la Iglesia que, en los últimos días, se enfrenta al retraso de la parusía. De hecho, estas parábolas apuntan a que no se puede conocer el momento de la venida del Señor y no al retraso. Ciertamente, la parábola del siervo nos advierte de que el Señor puede venir *antes* de lo que la gente se imagina y que es peligroso pensar que esa venida se va a retrasar (Mateo 24:45–51). Las parábolas hablan claramente del ministerio de Jesús y hay evidencias (¡aparte de que Mateo y Lucas las atribuyan a Jesús!) de formar parte de la tradición cristiana temprana, ya que forman parte del llamado documento Q y Pablo ya las conocía cuando escribió 1ª Tesalonicenses.

Por lo que a la misión hacia los gentiles se refiere, Dunn está convencido de que Jesús no dijo lo que aparece en Marcos 13:10. Sin embargo, aunque tal sentencia no encaja muy bien en el contexto marcano, la conclusión de Dunn no es muy contundente. Se puede defender la originalidad de la misma declaración en el Evangelio de Mateo; además, Pablo estaba familiarizado con una versión de dicha declaración (Mateo 24:14; Romanos 11:25). Y aún con más firmeza se puede defender que la inclusión de los gentiles es una parte integral de la visión escatológica de Jesús, basada en el Antiguo Testamento (por ejemplo Isaías 11:10 [citado en Romanos 15:12]; 49:6; etc.).

Por lo que a Pablo se refiere, está claro que tenía todas sus esperanzas puestas en la venida del Señor. El hecho de que podía venir en cualquier momento era una de las motivaciones más grandes de su ministerio y eso se ve reflejado, por ejemplo, en su enseñanza sobre el celibato en 1ª Corintios 7 (por ejemplo, versículo 31) y también en la urgencia con la que habla de llevar a cabo la misión entre los gentiles ya que (como ya hemos sugerido) tenía que ocurrir antes de la venida del Señor.

Reconocer lo dicho hasta ahora no es admitir que la teología de Pablo sufrió una revisión total y que ésta aparece reflejada en sus escritos. En 1ª Tesalonicenses, la primera o la segunda de sus cartas, habla de la venida del Señor de una forma que implica que él podría estar vivo cuando eso ocurriera, pero no está prediciendo que eso vaya a ocurrir. Es verdad que dice "nosotros, los que estemos vivos" cuando el Señor vuelva (4:17), pero también dice que "ya sea que estemos despiertos o dormidos" viviremos juntamente con Él (5:20). Pablo habla de manera bastante clara sobre la incertidumbre de los tiempos y las épocas comparando la venida del Señor con la de un ladrón (5:1, 2). Lo más seguro es que esté tomando la idea de la parábola de Jesús y el ladrón y, generalmente, su enseñanza escatológica en 1ª y 2ª Tesalonicenses parece depender grandemente de las enseñanzas de Jesús. Esto es de gran importancia para nuestra consideración sobre la unidad y la diversidad en el Nuevo Testamento, pero la cuestión inmediata está en que vemos que Pablo, desde el principio, combina una expectativa de un final inminente con la consciencia de que el momento de ese final nos es desconocido y que antes de que llegue deben ocurrir otros acontecimientos, incluyendo la misión a los gentiles.

Algunos sugieren que como Pablo cambió su perspectiva escatológica, también cambió de manera radical su posición ante algunos temas éticos, como por ejemplo el matrimonio. Pero esto es muy poco probable y, de nuevo, es una manera muy simple de interpretar su pensamiento. Los que dicen que en 1ª Corintios 7 presenta una visión muy negativa del matrimonio, contrastándola con la visión positiva de Efesios 5 no han sabido comprender los diferentes contextos en los que se dan esos dos pasajes. En 1ª Corintios 7 Pablo habla del valor del celibato dado que el tiempo apremia, pero lo hace para responder a los corintios cristianos que abogaban por el ascetismo sexual, usando el slogan de "es bueno para el hombre el no tocar mujer", yendo en contra del matrimonio y a favor del divorcio. Pablo responde que el celibato ofrece algunas ventajas porque así la persona está libre para el ministerio (habla por experiencia propia), pero rechaza determinantemente que esa elección sea la correcta para alguien que no tiene el don del celibato y recomienda el matrimonio y las relaciones sexuales dentro del matrimonio (versículos 1–4, 7, etc.). En otras palabras, Pablo rechaza una visión negativa del matrimonio.

El contexto de Efesios 5 es bastante diferente. Pablo está tratando el tema de las relaciones familiares y no habla para nada del celibato. Aquí se ve claramente la visión positiva que tiene del matrimonio, pero tampoco hay ninguna razón para pensar que en ese momento aconsejaría sobre el celibato algo diferente a lo que dijo en 1ª Corintios.

Tanto en 1ª Corintios (6:16 y 7:3) como en Efesios (5:31) Pablo basa su teología sobre el sexo y el matrimonio en el versículo de Génesis 2:24, donde dice que el marido y la mujer serán una sola carne. Así que en los dos textos la teología sobre el matrimonio es básicamente la misma y todo indica que Pablo está bajo la influencia de la enseñanza de Jesús, que también utiliza este versículo y enseña sobre el matrimonio. En 1ª Corintios es evidente que Pablo recoge la enseñanza de Jesús sobre el divorcio y, posiblemente, sobre "ser una sola carne" y sobre la soltería (cf. Mateo 19:1–12). Si esto es así, entonces estos datos son de suma importancia para nuestra reflexión sobre la "ortodoxia" de la Iglesia cristiana primitiva.

Finalmente, ¿qué ocurre con los que arguyen que en el Nuevo Testamento hay una evolución importante hacia un ministerio institucional y un orden eclesial? Debemos admitir que la atmósfera que se respira en 1ª Corintios, donde Pablo enfatiza el ministerio compartido dentro del cuerpo de Cristo y describe un estilo de alabanza aparentemente informal dirigido por el Espíritu, es un poco distinta a la que se respira en las epístolas pastorales, donde se habla de nombrar a ministros cualificados. Pero veamos cuatro observaciones a tener en cuenta al hablar de este tema:

(1) Es inevitable que las cartas dirigidas a colaboradores más jóvenes sobre la organización de la iglesia sean muy diferentes en énfasis y contenido a las cartas dirigidas a congregaciones de iglesias sobre temas concretos de fe y vida cristiana. Es normal que las cartas dirigidas a la situación de una iglesia joven y entusiasta sean diferentes a las dirigidas a congregaciones ya establecidas.

(2) La idea de que las congregaciones paulinas eran en sus principios comunidades no estructuradas y democráticas es bastante dudosa. En Hechos 14:23 vemos que Pablo y Bernabé nombran ancianos, imponiéndoles las manos en cada una de las congregaciones. Esto podría tratarse de un anacronismo por parte de Lucas, pero 1ª Tesalonicenses 5:12 vendría a corroborarlo: Pablo en una de sus primeras cartas apremia a los tesalonicenses a "reconocer a los que con diligencia trabajan entre vosotros, y os dirigen en el Señor y os instruyen". Se cree que Pablo escribió 1ª Tesalonicenses desde Corinto durante el viaje misionero del que se nos habla

en Hechos 14, es decir, poco después de su visita a Tesalónica. Sorprende que en Tesalónica, donde el ministerio de Pablo había sido breve a causa de la oposición, ya hubiera líderes conocidos en un período de tiempo tan corto. Así que, después de todo, la sugerencia de Hechos que recoge que era normal el nombramiento de ancianos tiene sentido (se les llamara o no "ancianos").

Sería extraño que Pablo hubiera nombrado ancianos en Tesalónica y en Corinto no. Además, aunque en 1ª Corintios no aparece ninguna mención explícita o prominente de estos ancianos hay indicios de que sí había líderes reconocidos. El lenguaje que Pablo usa en 16:15–18 al hablar de Estéfanas y de su familia es el mismo que usa al hablar de "los que os dirigen" en 1ª Tesalonicenses. La lista de dones que aparece en 1ª Corintios 12:28 hace referencia a dones de *kybernesis* y *antilempsis*. *Kybernesis* ("administración", relacionada etimológicamente con la palabra "gobierno") es sistemáticamente similar a una voz griega más conocida, esto es, *episkopo*, "supervisar"; y *antilempsis* significa algo parecido a la palabra "ayuda", significado similar a la traducción de *diakonia* ("servicio" o "ministerio"). Así, vemos que en 1ª Corintios Pablo habla de los dones que serían ejercidos por los líderes de la Iglesia que en otros lugares se han llamado *episkopoi* y *diakonoi*. Podría ser que en Corinto no hubiera un liderazgo formalizado y que algunas personas, bajo la dirección del Espíritu, se hicieran cargo de la dirección. Pero también es muy probable que Pablo y otros eligieran nombrar a unos hermanos en concreto tal y como Lucas describe.

El hecho de que estos líderes no se nombren de una forma destacada en las cartas de Pablo es, con toda seguridad, una muestra del fuerte concepto de responsabilidad compartida dentro del Cuerpo de Cristo y de un estilo de liderazgo sin pretensiones; en los dos casos vemos un contraste con la jerarquía eclesial posterior y parece muy probable que Pablo estuviera bajo la influencia de la enseñanza de Jesús, que exhortaba sobre la importancia del servicio (por ejemplo, Marcos 10:42–45). Del mismo modo, en Filipenses 1:1 vemos que menciona a unos "obispos y diáconos" a los que ya no vuelve a hacer referencia en toda la carta. Esto confirma que las iglesias de Pablo tenían unos líderes reconocidos, pero no los glorificaban, no les daban más importancia de la que tenían. No tenemos información sobre cómo se elegían o cómo trabajaban; lo más probable es que se usaran criterios similares a los que aparecen en las epístolas pastorales.

(3) Puede haber algo de verdad en la idea de que la Iglesia se fue convirtiendo en una comunidad más organizada, más establecida con el paso del tiempo y también en que la vertiente más carismática y profética de ésta fue haciéndose cada vez más controlada. Pero es un error ver estas dos vertientes, la carismática y la institucional, como vertientes opuestas. Actualmente, muchas iglesias marcadamente carismáticas cuentan con un liderazgo muy jerárquico y autoritario. No podemos decir que la iglesia de Corinto no tenía un liderazgo establecido sólo por el hecho de que fuera muy carismática. Lucas señala que en la Iglesia primitiva esta combinación era posible ya que, en Hechos, él mismo muestra por un lado su vertiente carismática y entusiasta y, por otro, una comprensión "católica" del liderazgo y de la organización de la Iglesia.

(4) Algunos eruditos que no están muy convencidos de que Pablo sea el autor de las epístolas pastorales han propuesto, con cierta verosimilitud, que el autor es Lucas, quien quizá escribió por encargo y de parte de Pablo. Independientemente de que esta teoría sea correcta o no, es interesante observar que algunos expertos creen que las pastorales reflejan una visión institucional y no carismática del Espíritu, mientras que otros las atribuyen a un autor que, a juzgar por el libro de Hechos, es quizá el más carismático de todos los autores del Nuevo Testamento. Esto, de nuevo, pone de relieve la dificultad de llegar a conclusiones (dado que

entre los expertos encontramos diferencias tan marcadas) y también apunta a la idea de que un mismo autor puede cambiar mucho de un escrito a otro.

Esta última idea describe muy bien a Lucas, ya que hay diferencias muy visibles entre sus dos obras: El Evangelio y el libro de los Hechos. En el ámbito descriptivo, por ejemplo, Lucas 24 parece enseñar que las apariciones después de la resurrección no fueron muchas y que todas, incluida la Ascensión, tuvieron lugar en un mismo día; Hechos 1 recoge que hubo muchas apariciones durante cuarenta días. En el plano teológico, el Evangelio de Lucas presenta una fuerte Escatología futurista que no encontramos en Hechos. Es conveniente reconocer y aceptar la diversidad que puede haber en los escritos de un mismo autor y esta cuestión es muy relevante a la hora de considerar si Pablo es el autor de las pastorales o no. También es importante que, teniendo esto en cuenta, no intentemos esconder la diversidad existente, incluso dentro de un mismo escrito.

El último ejemplo que comentaremos es la cuestión de la Escatología en el Evangelio de Juan. Es cierto que la enseñanza sobre la parusía es mucho menos explícita en Juan que en los Sinópticos, pero no por ello debemos concluir que Juan no presenta una escatología futura: de hecho, en 1ª Juan se enfatiza mucho la expectativa futura (2:18, 19). Algunos toman este dato para decir que el autor del Evangelio y el de la Epístola no es la misma persona y no dan importancia a los comentarios sobre el futuro que aparecen en el Evangelio, diciendo que fueron añadidos posteriormente, porque no están dentro de la línea de la Escatología realizada que caracteriza al Evangelio. Pero es preferible reconocer que normalmente los pensadores se expresan de forma diferente en contextos diferentes sin llegar a contradecirse.

A pesar de todas estas precauciones, sería un error concluir que no hubo ningún tipo de evolución en el pensamiento de la Iglesia cristiana primitiva. La narrativa bíblica vista como un todo es la Historia de la revelación progresiva de Dios y de su pueblo, que cada vez va comprendiendo más sobre su Dios. La venida de Jesús fue una señal muy importante de la "evolución" de la revelación divina. Pero además, los Evangelios dejan ver claramente que sus seguidores también fueron comprendiendo a Jesús de forma gradual y, a veces, ¡muy lenta y torpemente! De la misma manera que Jesús crecía en sabiduría (Lucas 2:52), fue creciendo la comprensión de sus seguidores. Esa evolución de la comprensión continuó después de la resurrección y en el período de la Iglesia primitiva a la par que los seguidores de Jesús, dirigidos por el Espíritu, tenían nuevas experiencias y se enfrentaban a nuevas situaciones. El Nuevo Testamento describe y presenta evidencias de la existencia de esta evolución. Por ello, es perfectamente justificable decir que un texto, de las características del prólogo del Evangelio de Juan, es el clímax del pensamiento cristológico.

Aparte de todo lo comentado, cabe decir, además, que las evidencias de la diversidad del Nuevo Testamento son muchas menos de las que normalmente se cree. El pensamiento de Juan se acerca a lo que Jesús pensaba de sí mismo mucho más de lo que algunos dicen: de hecho, la teología de Juan está fuertemente enraizada en la enseñanza de Jesús. En los últimos escritos de Pablo vemos que su pensamiento inicial ha evolucionado, pero nunca llega a contradecirse o a rechazar sus ideas iniciales; no se trata de una evolución en ese sentido. Obviamente, había desacuerdos teológicos en medio de la Iglesia primitiva (por ejemplo entre Pablo y los judaizantes de Galacia). Estos desacuerdos provocaron el desarrollo doctrinal, pero en el Nuevo Testamento no encontraremos una doctrina que evolucione según el interés individual, sino un deseo de conformar una ortodoxia (y ortopraxis) definida por la persona y las enseñanzas de Jesús. Los mismos documentos novotestamentarios, aunque enfatizan y subrayan diferentes matices y temas teológicos, presentan una incuestionable unidad. Se ha dicho de forma muy acertada que la evolución de la doctrina del Nuevo Testamento fue una evolución orgánica: del mismo modo que de un árbol en crecimiento brotan nuevas ramas, todas diferentes, la doctrina evolucionó de forma diferente en contextos religiosos y sociológicos distintos. Las ramas nacen, sin embargo, de un origen común y conforman un todo coherente, aunque no organizado de forma sistemática.

La diversidad: ¿Pablo versus Jesús?

Varias veces hemos comentado que la teología paulina deriva de la enseñanza de Jesús, pero detrás de esta declaración se esconde un tema muy polémico dentro del debate de la unidad y la diversidad del Nuevo Testamento, ya que muchas veces se ha dicho que Pablo tenía poco conocimiento acerca del Jesús histórico. Además, muchos dicen que ni siquiera le interesaba y que su Teología era radicalmente diferente. Es verdad que Jesús es el protagonista principal de las epístolas de Pablo, pero Pablo habla del Jesús que murió, resucitó y fue exaltado, y no del Jesús de Galilea que aparece en los Evangelios. También se ha dicho muchas veces que Pablo transformó la religión judía de Jesús en una secta helenista, influido quizá por las religiones mistéricas griegas que ya contaban con dioses que morían y resucitaban, o por los mitos gnósticos de un redentor celestial. Así, la diversidad del Nuevo Testamento es como un abismo: a un lado está Pablo, el fundador del cristianismo tal y como lo conocemos, con una religión radicalmente diferente a la de Jesús, que se encuentra al otro lado del abismo.

¿Qué evidencias aportan los que hacen esta lectura de Pablo? En primer lugar, que los temas de la enseñanza teológica paulina y también la manera en la que estos se tratan son totalmente diferentes a los de Jesús. El que había sido el tema central de la predicación de Jesús, el reino de Dios, ha desaparecido; en su lugar, Pablo habla de la justificación, estar "en Cristo", morir y resucitar con Cristo, vivir en el Espíritu, temas que no son importantes en los Evangelios sinópticos. Parece que, al llegar a Pablo, nos encontramos en un mundo de ideas completamente diferente.

La segunda área de evidencias, y la más importante, es la ausencia de referencias a la vida y ministerio de Jesús en las epístolas paulinas. Para explicar sus enseñanzas, Pablo muchas veces y de forma abierta se refiere al Antiguo Testamento como fuente de autoridad, pero muy pocas veces se refiere de forma explícita a las enseñanzas y al ministerio de Jesús: recoge la enseñanza de Jesús sobre el divorcio en 1ª Corintios 7:10 y la instrucción que Jesús da de que "los que proclaman el Evangelio deberían vivir del Evangelio" (1ª Corintios 9:14, que muchos han reconocido como una referencia a Mateo 10:10 y Lucas 10:7). También puede ser que en 1ª Tesalonicenses 5:4 Pablo haga referencia a la parábola del ladrón que Jesús narró. Pero aquí se acaba la lista de ambiguas referencias paulinas a la vida y enseñanza del Jesús de antes de la Pasión. Entonces, este silencio por parte de Pablo muestra, si no ignorancia, al menos cierta falta de interés por la persona de Jesús. Parece que el Jesús histórico no es digno de mencionar como autoridad. El que es la autoridad es el Jesús resucitado a través del Espíritu.

Para apoyar esta idea algunos dicen que, aunque Pablo pudiera haber usado la enseñanza de Jesús para crear un buen efecto y para reforzar sus argumentos, no lo hizo. Por ejemplo, cuando enseña sobre la ofrenda (en 2ª Corintios 8 y 9) podría haber citado a Jesús cuando éste enseña sobre los "tesoros" en la tierra y en el cielo, o alguna parábola sobre las riquezas. En su tan controvertida discusión sobre la comida y la bebida, podría haber acabado enseguida citando lo que se recoge en Marcos 7, que "Jesús declaró limpios todos los alimentos". De modo que si Pablo no usa estas valiosas "cartas" es porque o bien no conocía la enseñanza de Jesús, o bien no la consideraba un criterio válido para la ortodoxia.

Por último, incluso cuando Pablo cita las enseñanzas de Jesús, lo hace sin otorgarles una autoridad sacrosanta. Así, en 1ª Corintios 7 sabe que Jesús prohíbe el divorcio, pero se toma la libertad de permitir el divorcio de cristianos casados con no cristianos. En 1ª Corintios 9 hace referencia a cuándo Jesús enseña que los evangelistas deberían recibir un sueldo por su trabajo, pero deja claro que él no ha seguido esa enseñanza, sino que ha preferido mantenerse él mismo. Pablo pone la autoridad que le da el Espíritu por encima de la autoridad de Jesús.

Así que las divergencias entre Pablo y Jesús son considerables, y podrán usarse para hablar de la diversidad del Nuevo Testamento. Sin embargo, estos argumentos son, de hecho, bastante pobres.

La unidad: Pablo, un seguidor de Jesús

Es verdad que Pablo usa ideas y terminología diferentes a las de Jesús. Pero esta observación se puede refutar con las siguientes consideraciones:

(1) En primer lugar, en cuanto a la terminología, la discontinuidad no es tanta como parece. Por ejemplo, Pablo habla del "reino de Dios" en algunas ocasiones (por ejemplo, en 1ª Corintios 6:9, 10; Gálatas 5:21) y lo hace sin avergonzarse y de forma que deja ver que estaba muy familiarizado con la tradición de Jesús. Su idea del bautismo en la muerte y la resurrección de Cristo no tiene un paralelo exacto en la enseñanza de Jesús, pero podría perfectamente tener sus raíces en la invitación que Jesús hizo a sus discípulos – "tome su cruz, y sígame" – en su mención de que su muerte era el "bautismo" por el que Él tenía que pasar (Marcos 8:34; 10:38, 39).

(2) Incluso cuando la terminología es diferente, el pensamiento que se esconde detrás es básicamente el mismo. El uso que Pablo hace del "lenguaje de justicia/justificación" en relación con la salvación encuentra quizá su base en la enseñanza de Jesús (Mateo 5:20; 6:33; Lucas 18:14). Aunque a primera vista pueda parecer muy diferente al "lenguaje del reino" de Jesús, sobre todo si "justificación" se entiende tan sólo por salvación individual, cuando Pablo habla en Romanos 1:16, 17 de que "la justicia de Dios ha sido revelada", es muy probable que tuviera en mente la esperanza veterotestamentaria de que llegaría la salvación para el pueblo de Dios y que llegaría un mundo nuevo y justo (cf., por ejemplo, Isaías 6:11: "..."). En otras palabras, para Pablo, la justicia/justificación que es gracias a Jesús es corporativa e incluso cósmica, y no tan sólo individual. Así que, como vemos, esta idea paulina está estrechamente relacionada con el concepto del reino de Jesús.

(3) Esta conclusión nos lleva a decir que, a pesar de las superficiales diferencias lingüísticas, la estructura general de la Teología de Jesús, tal y como aparece explicada en los Evangelios, es muy similar a la de Pablo. Tanto en Jesús como en Pablo las Buenas Nuevas consisten en que el Día de salvación ha llegado con Jesús. Ambos comparten la expectativa de que lo que ha comenzado a través de Jesús, y de forma suprema, a través de su muerte y resurrección, verá pronto su cumplimiento total cuando Jesús venga por segunda vez. Y, en ambos, el llamamiento consiste en la fe y el discipulado.

(4) Es verdad que existen diferencias entre Jesús y Pablo, pero éstas se deben a los diferentes contextos en los que están ubicados y no a un mensaje o contenido distinto. Pablo apenas usa el lenguaje del Reino, probablemente porque el lenguaje del contexto judío rural de Jesús no era relevante o apropiado, o resultaba incomprensible, en el contexto griego y civilizado en el que Pablo se movía. El énfasis que hace en la muerte y resurrección de Jesús se debe a que tiene la ventaja de estar escribiendo después de la resurrección: era difícil o casi imposible que antes de la Pasión los discípulos comprendieran según qué cosas, pero Pablo las coloca como

presentación de su pensamiento y enseñanza teológica. Pero, por ejemplo, la teología paulina de la cruz está firmemente enraizada en la enseñanza que Jesús dio en la Última Cena y también en otras ocasiones.

Es cierto que las referencias explícitas de Pablo al ministerio de Jesús son pocas, pero esas pocas son tan sólo la punta del iceberg. De hecho, lo sorprendente es que cuando en 1ª Corintios 7 y 9 Pablo hace referencia explícita a las enseñanzas de Jesús sobre el divorcio y el ministerio, lo que está haciendo es presuponer que sus lectores conocen la tradición a la que está haciendo referencia, así que se toma la libertad de parafrasear la enseñanza en cuestión. En otros lugares de los escritos de Pablo encontramos muchas alusiones a la enseñanza de Jesús: lo que ocurre es que no avisa a sus lectores de que se está refiriendo a una enseñanza suya porque, probablemente, espera que ellos lo sepan reconocer. Ya hemos visto cómo en 1ª Corintios 7 la enseñanza de Pablo se parece mucho a la de Jesús, no sólo por lo que se dice sobre el divorcio, sino también por lo que se enseña sobre la unión sexual ("una sola carne") y sobre el don del celibato. En 1ª Corintios 9 hemos visto que hay una referencia explícita a la enseñanza de Jesús sobre el ministerio, aunque podríamos encontrar muchas otras ideas implícitas del discurso que Jesús hace sobre el ministerio.

También vemos que la enseñanza sobre la Segunda Venida que aparece en 1ª y 2ª Tesalonicenses es muy parecida a la enseñanza de Jesús en los Sinópticos: obviamente, Pablo conoce algunas de las parábolas escatológicas de Jesús (por ejemplo, la del ladrón en la noche, la de las vírgenes prudentes y las insensatas, la del siervo y la de los talentos), y también la esencia del discurso escatológico de Jesús (comparar la estructura y los temas de 2ª Tesalonicenses 2 con Marcos 13:1–29). No es fácil demostrar que Pablo en estos pasajes se base en la tradición de Jesús, pero en varias ocasiones el apóstol sugiere que les está recordando a los tesalonicenses las tradiciones que ellos ya conocen y han oído; incluso en un momento dado llega a decir "os decimos esto en palabra del Señor" (1ª Tesalonicenses 4:15). Aunque se podría estar refiriendo a una profecía cristiana y no a la enseñanza de Jesús, el parecido con las tradiciones sinópticas (tanto marcana, como del documento "Q") apunta a que, en esta ocasión, (igual que en 1ª Corintios 7:10, donde menciona la enseñanza del "Señor" sobre el divorcio) Pablo se está refiriendo a ella.

Podríamos seguir apuntando muchas más referencias implícitas a la enseñanza de Jesús en los escritos de Pablo. Por ejemplo, en Romanos, las secciones sobre ética se parecen mucho a las enseñanzas de Jesús en el Sermón del Monte.

En 1ª Corintios 11:23 Pablo relata la Cena del Señor y abre esa sección con las siguientes palabras: "Porque yo recibí del Señor lo mismo lo que os he enseñado: que el Señor Jesús, la noche que fue entregado, tomó pan (…)". La importancia del pasaje está en que Pablo, deliberadamente, enseñaba lo que había recibido de la tradición de Jesús a sus propios seguidores (el verbo que se utiliza en el original es el que se utilizaba para hablar de la transmisión de las tradiciones). Algunos eruditos creen que Pablo no enseñó nada de lo que Jesús hizo antes de "la noche que fue entregado", pero las evidencias de las alusiones y referencias tanto explícitas como implícitas que hemos estado comentando tienen mucho que decir a este grupo de eruditos. La interpretación más probable es que Pablo enseñó tradiciones de Jesús, pero en un contexto en el que confiaba en que sus lectores tuvieran un conocimiento previo de éstas.

En las cartas de Pablo encontramos algunos elementos que apuntan vagamente a que en la Iglesia primitiva había desacuerdo en la interpretación de las enseñanzas de Jesús. Puede que los críticos de Pablo le acusaran de ignorar las instrucciones misioneras de Jesús sobre "el derecho de un obrero a recibir un jornal" y que fuera por esa razón por la que tuvo que explicar su postura en 1ª Corintios 9 y en algún otro pasaje. Puede que sus críticos interpretaran las palabras de Mateo 5:37 de forma irónica y acusaran a Pablo de ser indeciso y deshonesto (2ª Corintios 1:17). Puede que compararan a Pablo con Pedro, que sí había sido un discípulo de Jesús, y le acusaran de haber dicho que él, al igual que Pedro, había recibido autoridad a través de la revelación de Jesucristo (cf. Gálatas 1:21, etc.; Mateo 16:16–20). Si hay algo de cierto en todas estas afirmaciones, se confirma que había cierto desacuerdo en la Iglesia primitiva, pero fuese cual fuese el caso, estas ideas dejan ver que la enseñanza de Jesús era estimada como la base fundamental que definía la ortodoxia cristiana.

Aún nos encontramos con un problema: ¿por qué no utiliza la enseñanza de Jesús de forma más explícita? Puede que haya algo de verdad en que Pablo dedica más esfuerzo a hablar de la muerte, la exaltación y la venida del Señor que al ministerio anterior a la Pasión y esto sea debido a que estos temas le interesaban más porque podía hablar de ellos desde la propia experiencia y porque tenían una gran importancia teológica. Sin embargo, aunque no vivió directamente el ministerio de Jesús como lo hicieron los doce apóstoles, nunca muestra falta de interés en la persona de Jesús, y el uso implícito que hace de la tradición de Jesús apunta, probablemente, a que esa tradición era muy conocida e importante en medio de la Iglesia primitiva. Si la vida y las enseñanzas de Jesús ya se enseñaban de forma sistemática como parte de la misión de la Iglesia, no tenía sentido que Pablo reprodujera exactamente lo mismo en sus epístolas; sin embargo, sí es normal que esperara que sus lectores reconocieran las alusiones que tanto aparecen en sus cartas. Sorprende ver que las epístolas del Nuevo Testamento en general (y no sólo las de Pablo) contienen poco material de los Evangelios. Muchos lo han explicado diciendo que la transmisión de la vida y las enseñanzas de Jesús eran algo diferente a la exhortación pastoral, por lo que en el Nuevo Testamento encontramos los dos géneros de enseñanza representados, uno en los Evangelios y el otro en las Epístolas.

Es peligroso decir que Pablo debería haber citado más a menudo las enseñanzas de Jesús, si es que las conocía, para apoyar sus argumentaciones. De hecho, en el caso de los alimentos puros e impuros, es probable que Pablo estuviera aludiendo a la enseñanza de Jesús cuando en Romanos dice: "estoy convencido *en el Señor Jesús*, de que nada es inmundo en sí mismo" (14:14).

Los argumentos que presentan los que dicen que Pablo se aleja de la enseñanza de Jesús en 1ª Corintios 7 y 9 no son muy convincentes. En 1ª Corintios 7 reproduce la enseñanza del Señor de forma bastante precisa al desalentar a la separación matrimonial y al oponerse a que los separados se vuelvan a casar. Es verdad que continúa refiriéndose a un caso especial: los cristianos que están casados con alguien que no es creyente, caso sobre el que el Señor no ha dejado ninguna instrucción. Pero el consejo que Pablo da no se aleja de los principios que Jesús estableció. Lo que hace es permitir la separación si se da este tipo de caso, aunque no la recomienda, pero no sanciona el volver a casarse (aunque algunos estudiosos han interpretado lo contrario). En 1ª Corintios 9 Pablo no se limita a ver de forma legalista la enseñanza de Jesús sobre el derecho del obrero a percibir un salario, sino que, basándose en los principios enunciados por Jesús, explica el porqué de sus acciones en ese determinado contexto. Puede ser que los oponentes de Pablo usaran ese texto para acusarle, pero vemos que la hermenéutica de Pablo – que no es ni mucho menos evasiva – es más sofisticada.

Parece que haya una contradicción entre aquellos que dicen que Pablo se basa en la tradición de Jesús, y entre lo que el mismo Pablo dice en Gálatas 1–2: que el Evangelio que anuncia no lo recibió de hombre, sino que fue una revelación divina (por ejemplo, 1:12). Sin embargo, parece poco probable que Pablo estuviera hablando de que el conocimiento de Cristo lo recibió a través de una revelación directa (contradiciendo lo que presupone en otros lugares). Lo que está afirmando en Gálatas es que su llamamiento apostólico y su autoridad no son inferiores a las de los otros apóstoles y que aprendió la esencia del Evangelio que está anunciando – y concretamente los elementos que los judaizantes le criticaban – en la experiencia que tuvo camino a Damasco. Así que antes de su conversión se creía justo ante Dios gracias a la Ley, y creía que Jesús y sus seguidores eran unos apóstatas, pero al convertirse descubrió (entre otras cosas) que Jesús era Señor, que él, Pablo, era pecador, que Dios era un Dios de gracia y que la Ley no era, ni mucho menos, el camino a la salvación.

Podemos concluir que Pablo, lejos de ser el fundador del cristianismo, se veía como esclavo de Jesucristo por dos razones: porque Jesús le había llamado de forma personal en el camino de Damasco y porque entendía que Jesús y sus enseñanzas eran la revelación de Dios y la definición de la ortodoxia cristiana. Hay diversidad, efectivamente, pero también un claro y deliberado compromiso con la unidad.

El tema central y la estructura de la Teología del Nuevo Testamento

Una cosa es demostrar que los diversos elementos y partes que conforman el Nuevo Testamento están, en última instancia, relacionadas, debido a la forma en la que tratan los diferentes temas (por ejemplo, que la posición de Pablo ante el divorcio casi no difiere de la de Marcos ni de la de Mateo, y que todas ellas derivan de la enseñanza de Jesús). Pero otra muy diferente es probar que los autores de Nuevo Testamento están de acuerdo sobre los diferentes elementos que conforman sus teologías y sobre la unidad y la coherencia de la Teología del Nuevo Testamento como un todo. A pesar de las coincidencias que hay entre Jesús y Pablo, o entre Pablo y Mateo, puede ser que el énfasis de la Teología de Jesús sea diferente al de Pablo o al de Mateo. Entonces nos debemos preguntar: ¿Tiene la Teología del Nuevo Testamento una estructura característica y un énfasis central? Puede que la Teología de Pablo sea una recopilación nada sistemática de diversos temas e ideas, pero hacernos esta pregunta es importante por dos razones:

(1) Si podemos identificar un marco coherente y un punto central en el pensamiento y en los escritos de un autor, eso nos ayudará a comprender las diferentes partes de la obra del autor. Por ejemplo, la inflexible enseñanza de Jesús sobre el divorcio se entiende de una forma más acertada cuando se ve a la luz del contexto de la proclamación del reino de Dios, es decir, el anuncio de una nueva era de perfección y de amor divino, mucho más que si simplemente se interpreta como una estricta enseñanza a la usanza de los rígidos fariseos.

(2) Llegar a identificar un marco coherente y un punto central de la Teología del Nuevo Testamento también es importante porque una respuesta negativa – es decir, llegar a la conclusión de que los puntos centrales de los diferentes autores del Nuevo Testamento difieren de forma significativa – restaría valor al argumento anterior sobre la armonía entre los diferentes elementos del cristianismo del Nuevo Testamento. Si Pablo y Jesús tienen muchos puntos parecidos, pero el punto central de la Teología de Pablo es la cruz y el punto central de la Teología de Jesús es otro, la divergencia que hay entre ellos es más importante que los puntos en común. Rudolf Bultmann lo explicaba de la siguiente manera: el "proclamador" se convirtió en el "proclamado", como si hubiera habido un cambio teológico de Jesús, que proclamaba el Reino, a Pablo, que proclamaba a Jesús.

Vemos que la cuestión sobre la estructura y el tema central de la Teología del nuevo Testamento es muy importante, pero no tiene una respuesta fácil. Si ya ha sido difícil para los estudiosos determinar si la Teología de alguien como Pablo tiene un punto central y, si lo tiene, cuál es – justificación, reconciliación, incorporación – más difícil aún es identificar la línea central de la Teología del conjunto del Nuevo Testamento. La tarea ante la que nos hallamos es muy complicada, sobre todo por la naturaleza aislada de mucho del material novotestamentario y porque no tenemos mucha información sobre el pensamiento de muchos de los autores del Nuevo Testamento. Como la Epístola de Santiago no trata el tema de la cruz, es imposible saber cuál era la doctrina sobre la cruz de su autor.

A pesar de todas estas complicaciones, no vale la pena desesperarse. Aunque es complejo identificar con total seguridad una línea central de la Teología de Pablo, no es tan difícil identificar algunos de los temas más importantes de su pensamiento. Del mismo modo, aunque no podemos desarrollar toda una Teología de Santiago a partir de su epístola, sí podemos intentar ver la manera en la que su pensamiento encaja en el marco más amplio de las Teologías de Pablo, Mateo o Lucas, por mencionar algunos ejemplos.

Es obvio que en nuestra búsqueda de un posible esqueleto teológico común a todo el Nuevo Testamento, iremos descubriendo que los escritos que lo forman se interesan por motivos o temas diferentes. Por ejemplo, en los escritos joánicos predomina el tema del amor, mientras que las ideas centrales de Hebreos son el sacerdocio y el sacrificio. Es imposible saber en qué medida la elección de dichos temas se debió a las circunstancias particulares que propiciaron la escritura de la carta o al pensamiento teológico de los respectivos autores; y quizá ni siquiera importa. Es muy probable que los autores concedieran importancia a temas diferentes según la etapa de ministerio que estuvieran viviendo. Pero aún nos encontramos ante la pregunta sobre la posibilidad de la existencia de un marco común de ideas y conceptos. Como diría Ralph Martin, ¿podemos encontrar "una formulación sintética del mensaje cristiano aplicable – tanto cuanto sea posible humanamente hablando – a todo el Nuevo Testamento"?

James Dunn dice que la persona de Jesús es el elemento unificador que vence cualquier argumento en defensa de la diversidad de la Teología del Nuevo Testamento. No podemos más que estar de acuerdo con esta afirmación, sobre todo después de nuestros hallazgos sobre el lugar de la tradición y el conocimiento de Jesús en la Iglesia primitiva que influyó a la teología de Pablo. La fuente de la Teología del Nuevo Testamento es Jesús, quien también es, constantemente y de forma ineludible, el punto de referencia.

Dunn ha recibido muchas críticas por haber definido la unidad del Nuevo Testamento de una forma tan clara y concreta. Sin embargo, hemos de ser justos y reconocer que no sólo habla de Jesús, sino más concretamente de

> *La unidad entre el Jesús histórico y el Cristo exaltado, es decir, la convicción de que el carismático predicador deambulante de Nazaret ministró, murió y resucitó de entre los muertos para unir de forma definitiva a Dios y a la Humanidad, el reconocimiento de que el poder divino a través del cual las personas adoramos a Dios, y podemos acercarnos a Él y ser perdonadas por Él, está representado en la misma persona, aquel hombre, el Cristo, el Hijo de Dios, el Señor, el Espíritu que da vida.*

Esta descripción de lo que para Dunn es el tema central del Nuevo Testamento incluye de forma explícita e implícita afirmaciones sobre el ministerio de Jesús como maestro y predicador, sobre su muerte, su resurrección, su exaltación, sobre su identidad como el Cristo y el Hijo de Dios y sobre su obra salvífica y el don del Espíritu Santo. Dunn tiene toda la razón al presentar estos elementos como puntos principales de la Teología del Nuevo Testamento. Ya sea los Evangelios (ver Marcos 1:1) o Pablo (Romanos 1:3, 4; 1ª corintios 15:1–3), la vida de Jesús, su enseñanza y, especialmente, su muerte y resurrección son todos temas centrales. La salvación, presente y futura, es posible gracias a Jesús; la ética consiste en vivir en relación con Jesús, siguiendo su ejemplo y sus enseñanzas (por ejemplo, Colosenses 2:10; 3:17: "Habéis sido hechos completos en Él, (…) Haced todo en el nombre del Señor Jesús").

Dunn continúa diciendo que aparte de la Cristología, hay otros elementos que aparecen constantemente en todo el Nuevo Testamento como la fe, las promesas de Dios, la creencia monoteísta, el bautismo y las comidas en comunión, el Espíritu, el amor al prójimo y la parusía de Cristo. Pero, aunque es verdad que todos estos temas aparecen en todo o en casi todo el Nuevo Testamento, Dunn insiste en que Jesús es el verdadero elemento central y distintivo, el que da sentido a todo el resto de elementos, el que es (entre otras cosas) el cumplimiento de las Escrituras y el que da el Espíritu.

La interpretación que Dunn hace es bastante convincente y aclaradora. Sin embargo, se puede caer en el error de pensar que la unidad de la Teología del Nuevo Testamento es muy simple y no abarca mucho. Si la resumimos en términos de amor, o de Historia de la salvación, o de reconciliación, o incluso de Cristología, caemos en la simplificación. Todas estas ideas forman parte del tema central de la Teología del Nuevo Testamento, pero ninguna de ellas recoge todo lo que ésta significa. Es verdad que la Teología del Nuevo Testamento se centra en Jesús, pero se trata de Jesús visto dentro del contexto del plan de Dios de la salvación y reconciliación con su pueblo y el mundo, plan que, obviamente, tiene que ver con el amor de Dios. De hecho, se trata más bien de un grupo de ideas relacionadas entre sí, como las que ha mencionado Dunn, que van apareciendo a lo largo del Nuevo Testamento, aunque explicadas y expresadas de formas diversas, y por autores diversos.

Sugerimos que la Teología del Nuevo Testamento consiste en la misión divina hacia el mundo, que incluiría los diferentes elementos:

1. El contexto: El Dios único y creador, el Dios de Israel, en su amor y en el cumplimiento de las Escrituras, intervino a través de Jesús para completar el plan de salvación que había encomendado a su pueblo Israel, y así hacer posible que el mundo hostil y enfermo pudiera volver a estar bajo su reinado, y devolverle la perfecta relación de amor para la cual Dios lo había creado.

2. El tema principal: Jesús era el Mesías de Israel bautizado por el Espíritu, y el Hijo de Dios. A través de su ministerio, su enseñanza, y de forma suprema a través de su muerte y resurrección anunció e inauguró su reinado salvífico, invitando a todo el mundo a recibir este regalo de Dios.

3. La comunidad: Aquellos que reciben a Jesús y la salvación por la fe – el bautismo y la eucaristía son expresiones de dicha fe – son gracias a Él y con Él el verdadero Israel, hijos de Dios, que tienen el Espíritu Santo de adopción. Están llamados a vivir como una comunidad restaurada, en amor y en comunión con Dios y con los demás, y a proclamar y a vivir las buenas nuevas de restauración en la tierra.

4. El clímax: la misión de restauración se completará con la venida del Señor para juzgar al mundo, cuando el mal será finalmente vencido, el pueblo de Dios será levantado y perfeccionado, y toda la creación será restaurada y volverá a tener su gloria inicial.

Todas las principales posiciones interpretativas del Nuevo Testamento reflejan esta coherente explicación, aunque la expliquen de diferentes maneras y den más importancia a unos elementos que a otros. Pero son estos cuatro elementos los que claramente aparecen en la enseñanza de Jesús sobre el reino, tal y como vemos en los Evangelios Sinópticos; a su vez, estos cuatros temas vuelven a aparecer en el Cuarto Evangelio (aunque no use tanto el lenguaje de "el reino", y la expectación ante el tiempo futuro no sea tan evidente), también en Pablo, en Hebreos y, de hecho, en todos los libros del Nuevo Testamento.

El diagrama sobre Jesús y el Reino que Ladd usa en el capítulo 4 está basado en el que Geerhardus Vos ya había hecho para explicar el pensamiento paulino. El diagrama sirve tanto para los Sinópticos como para el contexto paulino y es, de hecho, un claro resumen de la Teología del Nuevo Testamento. Yo también he elaborado mi versión del diagrama – teniendo en cuenta todo el Nuevo Testamento – y vendría a ser algo así:

Era anterior: pecado, Satanás, ira, enfermedad y corrupción, muerte, debilidad, carne

Aunque parezca un poco complejo, de hecho el diagrama no hace justicia a todo el contenido del Nuevo Testamento; por ejemplo, no se subraya suficientemente la importancia de la muerte de Jesús para la llegada del Reino: el Reino no llega tan sólo con la primera y la segunda venida de Jesús, sino que su muerte y su resurrección son dos elementos decisivos y claves. Pero el diagrama presenta con bastante exactitud la estructura esencial de la Teología del Nuevo Testamento y la perspectiva histórica de la salvación que el Nuevo Testamento da, el lugar central de Jesús, y la dualidad de la vida en el presente (cf. la parábola de Jesús sobre el trigo y la cizaña, o el dualismo paulino de la carne y el Espíritu), es decir, esa dimensión del "ya, pero todavía no" característica del pensamiento novotestamentario. En este espacio nos es imposible tratar detalladamente la manera en la que este diagrama explica la Teología del Nuevo Testamento (por ejemplo, para Pablo el bautismo es la expresión de la fe y la forma de morir a la era o condición anterior y entrar en la salvación, unido a Cristo; la ética cristiana tiene que ver con vivir una vida marcada por esa salvación – la vida del Reino y del Espíritu – y con hacer morir la antigua manera de vivir, que era en pecado y según la carne). El propósito del diagrama es que nos ayude a ver que la diversidad de la Teología del Nuevo Testamento se caracteriza por tener una profunda coherencia.

Esta coherencia deriva de Jesús mismo. El problema que Bultmann planteaba al proponer que se convierte al proclamador del Reino en la figura proclamada ha convencido a algunos, por más que tan sólo sea su interpretación particular de las evidencias del Nuevo Testamento – bastante cuestionable, por cierto – sobre todo porque no sabe reconocer todas las dimensiones e implicaciones cristológicas del ministerio de Jesús y su enseñanza sobre el Reino. La interpretación que Ladd hace de las evidencias históricas indica que la estructura común de la Teología del Nuevo Testamento tiene sus orígenes en la enseñanza de aquél del que da testimonio.

Conclusiones: Unidad y Diversidad

Debemos reconocer la diversidad

Ha quedado bastante claro que en medio de la Iglesia primitiva había una gran diversidad. Por ejemplo, los cristianos judíos presentaban a Jesús como el cumplimiento de la Ley y los Profetas y creían que ellos mismos tenían una justicia mayor incluso que la de los escribas y fariseos; por otro lado, los gentiles conversos a través de Pablo se gozaban en la libertad que habían encontrado en Cristo y en el Espíritu. Así que había tensión entre los diferentes grupos, muy pronunciada en algunas ocasiones.

También hemos visto que en todos los contextos se dio una evolución de las ideas: cambios como pasar de la Palestina rural al mundo urbano grecorromano, así lo requerían. Se precisó un cambio en la terminología (por ejemplo, Pablo no usa el lenguaje de "el reino"), y también un cambio en la Teología, ya que los primeros cristianos definían sus ideas en el contexto de las filosofías y religiones paganas (por ejemplo, el debate en Éfeso en torno a la Cristología). En cada lugar se planteaban problemas diferentes. En Tesalónica predominaba el debate en torno a la Escatología, mientras que en Galacia estaban preocupados por el tema de la Ley; el mismo autor escribió sobre temas diferentes, dando más énfasis a unas cuestiones que otras según el contexto en el que se hablaba y según los lectores a los que se dirigía. También tocaba diferentes géneros literarios: Epístolas y evangelios, epístolas a iglesias y epístolas personales. Todos los autores tenían personalidades e intereses diferentes: por ejemplo, Lucas parece haber sido más bien un carismático entusiasta y no tanto un sofisticado teólogo de la cruz como lo fue Pablo.

Es muy importante que sepamos apreciar esta diversidad, y también que sepamos sacar el máximo provecho de ella. Como decía Ladd en su introducción, "La Teología del Nuevo Testamento tiene una variedad que constituye una gran riqueza que no debe ser sacrificada". Es importante reconocer esta diversidad, no sólo porque conseguimos una comprensión más completa y polifacética de la fe cristiana, sino también porque eso apunta a cómo debería verse y expresarse la fe cristiana en los diferentes contextos del mundo contemporáneo.

No es ninguna casualidad que haya cuatro evangelios, y no uno. Alguien que cree ferviente y apasionadamente en la inspiración divina de las Escrituras querrá escuchar las diferentes voces del Nuevo Testamento y tendrá cuidado con no mezclarlas y confundirlas, para no borrar el rastro de esas diferencias ¡que provienen de la inspiración divina! Si Dios eligió la diversidad para llevar a cabo la revelación bíblica, nosotros hemos de respetar a los diferentes autores bíblicos de forma individualizada e interpretarles en sus diferentes contextos históricos. Es decir, nunca debemos intentar meterles en un molde.

La Unidad del Nuevo Testamento

Pero no debemos pecar de ingenuos: del mismo modo que existe el peligro de interpretar los textos bíblicos a través de la ortodoxia moderna, también existe el peligro de entender el Nuevo Testamento a través del moderno espíritu antidogmático y abiertamente ecuménico.

Nuestro estudio apunta a que cuando había desacuerdo entre los grupos del Nuevo Testamento, éste sólo consistía en diferencias de énfasis, es decir, en que unos grupos subrayaban más unas cuestiones que otras. De hecho, donde algunos hablan de diversidad, sólo existe según algunas teorías e interpretaciones bastante inciertas y poco lógicas. Algunos expertos contraponen Lucas a Pablo, Pablo a Santiago, Mateo a Marcos; también dicen que algunas partes de Mateo se contradicen con otras partes del mismo Evangelio, y que ocurre lo mismo entre los primeros escritos de Pablo y sus cartas pastorales. Cuando estos eruditos modernos dicen que los autores antiguos se contradicen entre sí, suele ser porque caen en el error de no tomar en serio la diversidad de aquel contexto, y de basarse en el criterio del "silencio" o de la omisión para decir que el hecho de que un autor no mencione algo en sus escritos (¡aunque sea una breve carta!) refleja una falta de interés por el tema omitido o, incluso, antipatía. El redescubrimiento de la individualidad de los autores bíblicos, defendida, entre otros, por los críticos de la redacción, en muchas ocasiones ha llevado a un énfasis exagerado y desigual sobre aquellos elementos distintivos o de división, y a cometer el error de pasar por alto los elementos de unión. Si Mateo y Lucas usaron el material de Marcos, implica que respaldan lo que Marcos relata; así que sus diferencias debían de ser mínimas.

Por tanto, es fácil encontrar los dos polos: unas veces se exagera la diversidad existente en el cristianismo primitivo y otras no se da crédito a la coherencia y cohesión que caracterizaba a la Iglesia del primer siglo. Es cierto que había desacuerdos y tensiones, pero cuando surgía el desacuerdo, no se aceptaba felizmente, sino que se analizaba detenidamente. A Pablo le preocupaba mucho el tema de la unidad entre los cristianos, tanto en el ámbito local como en los de mayor amplitud. Le importaba por cuestiones teológicas.

Por encima de todo, para Pablo era muy importante estar en comunión con los apóstoles de Jerusalén: no pretendía fundar su propia religión. Parece ser que los enemigos que Pablo tenía en la Iglesia primitiva intentaban desacreditarle acusándole de apartarse de la enseñanza de los apóstoles de Jerusalén. Es significativo que Pablo y sus oponentes estuvieran de acuerdo en la importancia de Jerusalén y de los apóstoles.

La teoría de que Pablo – y otros líderes de la Iglesia primitiva – desarrollaron sus propias visiones de la fe cristiana sin atenerse demasiado al sentido inicial y de que había diferentes "escuelas" del cristianismo es bastante cuestionable. B. Gerhardsson escribió hace poco un artículo sobre la tradición o fuentes del evangelio, donde comenta cómo operaban las comunidades religiosas:

> No todos disfrutan de la misma autoridad. A algunos se les conoce por estar muy bien informados, y estos siempre han sido los más aceptados y escuchados en las comunidades. La fenomenología nos dice que aquellos que estaban en una mejor posición para difundir la tradición y la historia de Jesús en la Iglesia primitiva eran aquellos que tenían la reputación de estar bien informados, especialmente aquellos que podían decir que "habían visto con sus propios ojos y habían oído con sus propios oídos".

Había grupos ejerciendo mucha fuerza sobre Pablo y la Iglesia primitiva. Aunque había discusiones entre Pablo y sus oponentes, debemos tener cuidado de no centrarnos tan sólo en los puntos de desacuerdo (simplemente porque parecen ser los temas más debatidos) y no reconocer que, en cuanto a otros temas, como por ejemplo la Cristología, no hay entre Pablo y Jerusalén ningún tipo de desacuerdo.

En el período del Nuevo Testamento no existía una ortodoxia establecida y aceptada: la Teología aún estaba en desarrollo. Pero ya hemos demostrado que había una aceptación generalizada de la Historia de Jesús, la cual era considerada como la base de la vida y el pensamiento cristianos. Jesús y su enseñanza eran el punto de referencia para cualquier tema: Escatología, Ética, la Cena del Señor, etc. Puede ser que la tradición o la historia de Jesús se enseñara de una forma sistemática. Es verdad que dentro de esas tradiciones había diferentes grupos que usaban la enseñanza de Jesús para subrayar sus posiciones (por ejemplo, Esteban y el tema del templo, Pablo y el tema de la gracia, Santiago y el tema de la fe en acción, etc.). Pero en esta tradición sobre Jesús había un cuerpo central de doctrina común a todas las posiciones, que era, además, la autoridad determinante para la constitución de la ortodoxia.

Se ha dicho que hablar de ortodoxia en la Iglesia novotestamentaria es un anacronismo. Sin embargo, hemos apuntado a que la ortodoxia ya estaba en proceso de formación, siempre con Jesús como punto de referencia. Fue un proceso que comenzó muy al principio; no se trata de algo por lo que la Iglesia empezó a interesarse décadas después. Había diferentes expresiones de cristianismo, pero no hay nada que indique que esta pluriformidad fuera vista como una virtud. Había temas que suscitaban en algunos la indiferencia, casos en los que la respuesta apropiada era el amor y la aceptación de los demás (por ejemplo, la cuestión religiosa y cultural en torno a los alimentos impuros, y la cuestión de los dones espirituales) y, sin embargo, para determinar esa indiferencia, siempre insistiendo en el principio del amor, Pablo y los demás líderes se basaban en Jesús. La herejía no es un concepto católico posterior: desde sus principios, la Iglesia se encargó de determinar lo que era verdadero y lo que era falso. Por ejemplo, en 1ª y 2ª Tesalonicenses, Pablo responde al debate escatológico y, a veces, de forma muy tajante. En sus cartas a los corintios también trata temas sobre los que sus lectores estaban discutiendo, o que estaban malinterpretando, como la ética sexual, los dones carismáticos, la resurrección. En Gálatas, critica a sus oponentes por predicar un evangelio falso y les trata de anatemas. Y Pablo no es el único que se enzarza en el debate para que la "ortodoxia" estuviera plenamente fundada en la posición cristiana: observamos el mismo interés en los escritos joánicos y también, aunque en menor medida, en el resto de los documentos novotestamentarios. En el Nuevo Testamento apenas hay signos de la indiferencia teológica que caracteriza a algunos sectores del cristianismo moderno: puede que Pablo y sus oponentes no respondieran exactamente de la misma forma a las diferentes cuestiones, pero están de acuerdo en que esas cuestiones son importantes. Ni ellos ni ningún autor del Nuevo Testamento escatiman palabras para defender el Evangelio, el mensaje original. La declaración de Dunn que dice que "la mayor herejía de todas es la insistencia en que sólo hay una obediencia eclesiástica, una ortodoxia" es una opinión muy moderna con la que los autores del Nuevo Testamento no habrían estado completamente de acuerdo.

Pruebas, armonización y ortodoxia

A raíz de lo que ya hemos dicho sobre la diversidad del Nuevo Testamento, podemos concluir que una lectura de las Escrituras que usa algunas pruebas de forma mecánica sin tener en cuenta los contextos histórico y literario es ilegítima y contraria a la naturaleza de la revelación bíblica. Lo mismo ocurre con una armonización que allana todo el material bíblico para igualar todo el terreno, y no aprecia esa variedad que Dios le ha dado a los textos bíblicos. No debemos caer en "la insípida reducción a la que lleva una armonización exagerada".

Por otro lado, si los argumentos que presentamos a favor de una tradición cristiana común están justificados, esto es relevante para la interpretación de cualquier texto en particular. J.C. Beker dice sobre la teología paulina:

El logro interpretativo de Pablo ha sido combinar la universalidad y la particularidad, o la diversidad y la unidad, de tal forma que no usa el Evangelio para imponer un "sistema ortodoxo", ni para fragmentarlo y convertirlo en pensamientos y reflexiones accidentales y fortuitas. (...) Si no vemos todo el cuerpo paulino en su situación "contingente", lo reduciremos a un sistema abstracto. Sin embargo, si el carácter "contingente" del Evangelio no interactúa con su núcleo esencial, la hermenéutica de Pablo se convierte en oportunista e incidental, por no decir caótica.

Podemos aplicar esta idea a todo el Nuevo Testamento: no debemos imponer un sistema a los diferentes textos, sino que deberíamos relacionar los textos entre sí, y relacionar cada uno de los textos con el cuerpo de la tradición novotestamentaria como un todo, recordando que la verdad siempre estará más allá de nuestra habilidad para percibirla, dado que lo hacemos desde un punto concreto en el tiempo.

Si lo que se ha dicho anteriormente sobre la tradición cristiana común es correcto, deberemos tener cuidado con las afirmaciones sobre la "omisión", y estar abiertos a una armonización responsable. Por ejemplo, si Juan o el autor de Hebreos dicen poca cosa de forma explícita sobre los sacramentos, eso no debería hacernos concluir precipitadamente que no conocen los sacramentos o que consideran que no son importantes. Podemos ver el caso de Lucas y la Eucaristía: partiendo de Hechos, podríamos concluir que Lucas no tiene ningún interés en la Cena del Señor (¡otra diferencia entre Lucas y Pablo!), ya que en su relato sobre la Iglesia primitiva no incluye ninguna referencia explícita a la Eucaristía, tan sólo algunas enigmáticas referencias como "el partimiento del pan". Pero dado que Lucas sí recoge la Última Cena en su Evangelio (incluido el mandamiento dominical "haced esto en memoria de mí"; 22:19), queda claro que la inferencia a partir de la "omisión" no es demasiado fiable. De hecho, deberíamos interpretar las referencias al "partimiento del pan" que aparecen en Hechos en el contexto de la institución que encontramos en el Evangelio. De igual forma, si la existencia de esta tradición cristiana común es cierta, cabe suponer que Juan y el autor de Hebreos estaban muy familiarizados con el bautismo y la Eucaristía, y esto debería condicionar nuestra lectura de textos como Juan 6:53, 54 y Hebreos 6:1–5, donde muy probablemente se está haciendo una referencia a los sacramentos. Este es el tipo de armonización que proponemos: precavida y humilde.

En cuanto a imponer que el texto diga lo que va bien a la ortodoxia cristiana contemporánea, advertiremos que hay que tener mucho cuidado con las "eisegesis" que imponen ideas al texto. Pero la conclusión de este capítulo es que una aproximación histórica abierta lleva, contrariamente a lo que muchos piensan, a encontrar menos argumentos que respalden la falta de armonía en el Nuevo Testamento, y más argumentos a favor de la convicción cristiana tradicional de que las Escrituras, dentro de su diversidad, presentan una unidad impresionante, y de que el credo y la ortodoxia de la iglesia católica y universal son los verdaderos herederos del cristianismo del Nuevo Testamento y de la religión de Jesús. Como prueba se puede presentar este mismo volumen: deliberadamente, Ladd trata las teologías de los autores del Nuevo Testamento por separado, y no de forma sintética; de esta forma, consigue subrayar la rica diversidad del testimonio de Cristo en el Nuevo Testamento, pero en dicho proceso también ofrece pruebas elocuentes de su unidad.

Bibliografía

I. *Obras importantes desde 1787 hasta 1963*

Denton, Robert C., *Preface to Old Testament Theology* [Prefacio a la teología del Antiguo Testamento], Seabury, New York, NY, 1963, (en especial, véase la bibliografía acerca de la teología del Antiguo Testamento desde antes de 1787 hasta el 1963 en las pp. 126–44).

II. *Una bibliografía breve desde 1963 hasta 1977.*

Alonso-Schökel, Luis, «Old Testament Theology» [Teología del Antiguo Testamento), *Sacramentum Mundi*, Kart Rahner, editor, Herder and Herder, Londres, 1969, tomo 4, pp. 286–90.

Anderson, B.W., «Crisis in Biblical Theology» [Crisis en la teología bíblica], *Theology Today* [La teología hoy], 28, 1971, pp. 321–27.

Baird, William, «The Significance of Biblical Theology for the Life of the Church» [L.a significancia de la teología bíblica para la vida de la iglesia], *Lexington Theological Quarterly* [Revista trimestral de Lexington], 11, 1976, pp. 37–48.

Baker, D. L., *Two Testaments, One Bible* [Dos testamentos, una Biblia], InterVarsity, Downers Grove, IL, 1976, (véase la bibliografía extensiva, pp. 393–535).

Barr, James, «Story and History in Biblical Theology» [Narración e historia en la teología bíblica], *Journal of Religion* [Revista de la religión], 56, 1976, pp. 1–17.

———, «Trends and Prospects in Biblical Theology» [Tendencias y perspectivas en la teología bíblica], *Journal of Theological Studies* [Revista de estudios teológicos], 25, 1974, pp. 265–82.

Becker, J.C., «Biblical Theology in a Time of Confusion» [Teología bíblica en un tiempo de confusión], *Theology Today* 25, 1968, pp. 185–94.

———, «Biblical Theology Today» [Teología bíblica hoy], *Princeton Seminary Bulletin* [Boletín del Seminario Princeton], 61, 1968, pp. 13–18.

———, «Reflections on Biblical Theology» [Reflexiones sobre la teología bíblica], *Interpretation* [Interpretación], 24, 1970, pp. 303–20.

Childs, Brevard S., *Biblical Theology in Crisis* [Teología bíblica en crisis], Westminster, Philadelphia, PA, 1970.

———, «The Canonical Shape of the Prophetic Literature» [La forma canónica de la literatura profética], *Interpretation* 32, 1978, pp. 46–55.

Clavies, H., «Remarques sur la méthode en théologie biblique» [Comentarios acerca de la metodología en la teología bíblica], *Novum Testamentum* 14, 1972, pp. 161–90.

Clements, R.E., «Problem of Old Testament Theology» [El problema de la teología del Antiguo Testamento], *Londres Quarterly and Holbom Review* [Trimestral de Londres y la revista Holborn], 190, 1965, pp. 11–17.

Deissler, Alfons, *Die Grundbotschaft des alten Testaments* [El mensaje básico del Antiguo Testamento], Herder, Freiburg i Breisgau, 1972.

Fohrer, Georg, *Theologische Grundstrukturen des alten Testaments* [La estructura básica teológica del Antiguo Testamento], Walter de Gruyter, Berlin, 1972.

Gaffin, Richard B., Jr., «Systematic Theology and Biblical Theology» [La teología sistemática y bíblica], *Westminster Theological Journal* [Revista teológica de Westminster], 38. 1976, pp. 281–99.

Harvey, Julien, «The New Diachronic Biblical Theology of the Old Testament» [La teología nueva diacrónica del Antiguo Testamento], *Biblical Theology Bulletin* [Boletín teológica bíblica], 1, 1971, pp. 7–29.

Hasel, Gerhard, *Old Testament Theology, Basic Issues in the Current Debate*, [Asuntos básicos en el debate actual acerca de la teología del Antiguo Testamento], edición revisada, Eerdmans, Grand Rapids, MI, 1975, (véase la bibliografía que Hasel seleccionó, pp. 145–55).

Hefner, P., «Theology's Task in a Time of Change, The Lirmtations of Biblical Theology» [La tarea de la teología en tiempos de cambio, las limitaciones de la teología bíblica], *Una Sancta* 24, 1967, pp. 39–44.

Hughes, Dale, «Salvation-History as Hermeneutics» [La historia de la salvación como hermenéutica], *Evangelical Quarterly* [Revista trimestral evangélico], 48, 1976, pp. 79–89.

Jansen, John F., «The Biblical Theology of Geerhardus Vos» [La teología bíblica de Geerhadus Vos], *Princeton Seminary Bulletin* 66, 1974, pp. 23–34.

———, «The Old Testament in "Process" Perspective, Proposal for a Way Forward in Biblical Theology» [El Antiguo Testamento en la perspectiva del «Proceso», una propuesta para un camino hacia adelante en la teología bíblica], *Magnolia Dei, The Mighty Acts of God* [*Magnolia Dei*, los hechos poderosos de Dios], Frank Cross *et alii*, editores, Doubleday, Garden City, NY, 1976, pp. 480–509.

Jasper, F.N., «The Relation of the Old Testament to the New» [La relación del Antiguo Testamento a la Nueva], *Expository Times* [El Tiempo expositorio], 78, 1967–68, pp. 228–32, 267–70.

Landes, G.M., «Biblical Exegesis in Crisis, What Is the Exegetical Task in a Theological Context?» [La crisis en el exégesis bíblico, ¿qué es la tarea exegética en un contexto teológico], *Union Seminary Quarterly Review* [Revista trimestral del Union Seminary], 26, 1971, pp 273–98.

Laurin, Robert B., *Contemporary Old Testament Theologians* [Teólogos contemporáneos antiguotestamentarios], Judson, Valley Forge, PA, 1970.

Lehman, Chester K., *Biblical Theology, Old Testament* [Teología bíblica: Antiguo Testamento], tomo 1, Herald, Scottdale, PA, 1971.

McCullagh, C.B., «Possibility of an Historical Basis for Christian Theology» [La posibilidad de una base histórica para la teología cristiana], *Theology* 74, 1971, pp. 513–22.

McKenzie, John, *A Theology of the Old Testament* [Una teología del Antiguo Testamento], Doubleday, Garden City, NY, 1974.

Martens, Elmer, «Motivations for the Promise of Israel's Restoration to the Land in Jeremiah and Ezekiel» [Motivos para la promesa de la restauración de la tierra en Jeremías y Ezequiel], University Microfilms, Ann Arbor, 1972.

———, «Tackling Old Testament Theology» [Echar mano a la teología del Antiguo Testamento], *Journal of Evangelical Theological Society* [Revista de la sociedad teológica evangélica], 20, 1977, pp. 123–32.

Martin-Achard, Robert, «La Théologie de l'ancien Testament aprés les travaux de G. von Rad» [La teología del Antiguo Testamento después del trabajo de G. von Rad], *Études théologiques el rehgieuses* [Estudios teológicos y religiosos], 47, 1972, pp. 219–26.

Murphy, R.E., «Christian Understanding of the Old Testament» [Comprensión cristiana del Antiguo Testamento], *Theology Digest* [Resumen de la teología], 18, 1970, pp. 321–32.

Ogden, Schubert, «The Authority of Scripture for Theology» [La autoridad de las Escrituras para la teología], *Interpretation* 30, 1976, pp. 242–61.

Polley, Max E., «H. Wheeler Robinson and the Problem of Organizing Old Testament Theology» [H. Wheeler Robinson y el problema de organizar la teología del Antiguo Testamento], *The Use of the Old Testament in the New and Other Essays* [El uso del Antiguo Testamento en el Nuevo y otros ensayos], James M. Efird, editor, Duke University Press, Durham, NC, 1972, pp. 149–69.

Robertson, Palmer, «The Outlook for Biblical Theology» [La perspectiva de la teología bíblica], *Toward a Theology For the Future* [Hacia una teología para el futuro], David F. Wells and Clark H. Pinnock, editores, Creation, Carol Stream, IL, 1971, pp. 65–91.

Ruler, A.A. van, *The Christian Church and the Old Testament* [La iglesia cristiana y el Antiguo Testamento], Eerdmans, Grand Rapids, MI, 1971.

Rylaarsdam, J.C., «Of Old Testament Theology» [Acerca de la teología del Antiguo Testamento], *Criterion* [Criteria], 11, 1971, pp. 24–31.

Sanders, J.A., «Major Book Review, *Biblical Theology in Crisis* by Brevard Childs» [Una reseña crítica de libro importante: *Teología bíblica en crisis* por Brevard Childs], *Union Seminary Quarterly Review*, 26, 1970, pp, 299–304.

Scullion, John J., «Recent Old Testament Theology, Three Contnbuúons» [Teología del Antiguo Testamento reciente, tres aportaciones], *Australian Biblical Review* [Revista bíblica de Australia], 24, 1976, pp, 6–17.

Tate, Marvin E., «Old Testament Theology, The Current Situation» [La teología del Antiguo Testamento, la situación actual], *Review and Expositor* [Revista y espositor], 74, 1977, pp, 279–300, (véase d número entero con artículos por Terence E. Fretheim [sobre la teología de Gen-Numb, pp. 301–20]; John D.W. Watts [acerca de la teología deuteronómico, pp. 321–53]; James L.Crenshaw [acerca de la teología sapiencial, pp. 353–69]; and Wayne Ward («Towards a Biblical Theology» [Hacia una teología bíblica], pp. 37 1–87).

Vaux, Roland de, «Is It Possible to Write a "Theology" of the Old Testament?» [¿Será posible escribir una «teología» del Antiguo Testamento?] *The Bible and the Ancient Near East* [La Biblia y el antiguo Cercano Oriente], traducción al inglés por Damián McHugh, Darton, Longman and Todd, Londres, 1971, pp. 47–62.

Verhoef, P.A., «Some Thoughts on the Present-Day Situation in Biblical Theology» [Algunos pensamientos acerca de la situación actual de la teología bíblica], *Westminster Theological Journal* [Revista teológica Westimnster], 33, 1970, pp. 1–19.

Walther, James Arthur, «The Sigmficance of Methodology for Biblical Theology» [El significado de la metodología para la teología bíblica], *Perspective* [Perspectiva], 10, 1969, pp. 217–33.

Wright, George Emest, *The Old Testament and Theology* [El Antiguo Testamento y la teología], Harper and Row, New York, NY, 1970.

———, «Reflections Concerning Old Testament Theology» [Reflexiones tocante a la teología del Antiguo Testamento], *Studia Bíblica et Semítica, Festschrift Th. C. Vriezen* [*Studia Bíblica et Semetica*, publicación conmemorativa Th.C. Vriezen], Wageningen, 1966, pp. 376–88

Youngblood, Ronald, *The Heart of the Old Testament* [El corazón del Antiguo Testamento], Baker, Grand Rapids, MI, 1971.

Zimmerli, W., *Grundriß der alttestamentlichen Theologe*, [Bosquejo de la teología del Antiguo Testamento], W. Kohlhammer, Stuttgart, 1972, (en breve disponible en inglés con el título: *An Outline of Old Testament Theology*).

Zyl, A.A. van, «The Relation Between Old Testament and New Testament» [La relación entre el Antiguo y Nuevo Testamentos], *Hermeneutica* [Hermenéutica], 1970, pp. 9–22.[1]

---

[1] Kaiser, W. C., Hijo. (2000). *Hacia una Teología del Antiguo Testamento* (pp. 331–334). Miami, FL: Editorial Vida.